읽는 교실

일러두기

1. 이 저서는 2022년 대한민국 교육부와 한국연구재단의 지원을 받아 수행된 연구입니다(NRF-2022S1A6A4045352).
2. 본문에서 이해를 돕기 위한 시각 자료는 〈그림〉으로, 수업에 활용할 수 있는 자료는 〈자료〉로 구분했습니다.
3. 본문에 등장하는 인물의 이름은 가명입니다.

AI 시대, 학교가 물어야 할
독서와 문해력 수업의 모든 것

읽는 교실

조병영 지음

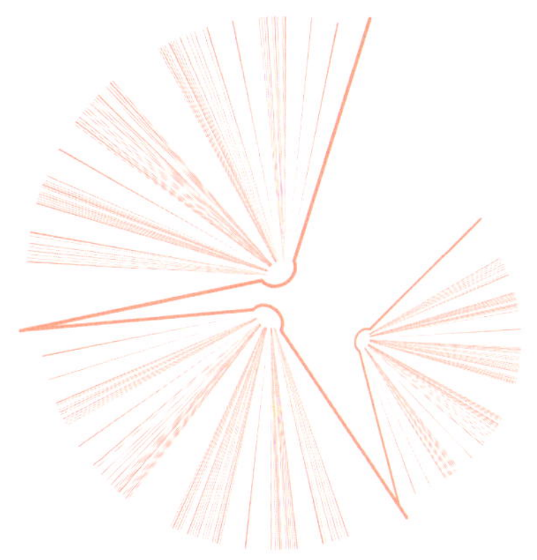

해냄

마침내 만나게 될 우리들의 청새치

어니스트 헤밍웨이의 소설 『노인과 바다』에 나오는 주인공 산티아고는 늙고 쇠약한 어부이다. 그는 생의 마지막 과업으로 먼바다에 나가 한 번도 보지 못한 큰 물고기를 잡고 싶어 한다. 이 소설의 반은 산티아고가 85일간 바다에 나가 고기를 기다리는 일로, 나머지 반은 그가 기어이 '그놈'을 잡았으나 결국은 상어에게 모두 뜯겨 뼈만 남은 물고기와 귀환하는 며칠 간의 사투로 채워진다.

산티아고는 84일의 낙담 후 85일째 새벽 바다에서 미끼를 던진다. 그러면서 생각한다. '하지만 난 미끼를 정확하게 드리울 수 있지. 나한테는 더 이상 운이 없을 뿐이야. 그런데 누가 알겠어? 그게 오늘일지. 하루하루가 새로운 날. 운이 있다면 좋을 거야. 하지만 오히려 난 빈틈이 없어야 해. 그래야 운이 찾아올 때 준비할 수 있거든.'

물고기 잡기와 아이 기르기에는 유사점이 있다. 대망의 결실을 보기 위해

선, 평생 해도 티가 나지 않지만, 하루도 거르지 말아야 할 일들을 정확하게 해야 한다. 오늘도 우리는 아이들과 수없이 번잡한 일들을 하며 살아간다. 잔소리를 했다가 칭찬을 하고, 친절하게 알려주다가 괘씸해서 돌아선다. 그러면서도 우리는 이런 일들 끝에 아이들이 몰라보게 달라질 거라고 기대한다. 1학년이 지나면 좋아질까, 4학년이 지나면 나아질까, 중학교를 지나면 철이 들까, 고등학교를 졸업하면서는 초대박 성공 신화를 쓸까…….

아이들을 가르치고 기르는 일이 어려운 건, 단지 우리에게 '운'이 없기 때문이다. 우리가 매일같이 끝도 없는 일들을 빠짐없이 처리해도, 우리 아이들이 산티아고의 커다란 청새치로 돌아올 거라고 기대하기 어렵다. 어쩌면 그건 평생에 한 번 있을까 말까 한 대형 사건이다.

그러나 우리가 우리의 일들을 빈틈없이 해내지 않을 때, 우리의 아이들은 결코 큰 물고기로 돌아올 수 없다. 모든 아이들의 성장을 위해, 그들이 큰 물고기로 세상을 헤엄쳐 다닐 수 있도록, 오늘도 우리는 그들 안에 있는 큰 사람을 보며, 우리가 중요하고 옳다고 믿는 일들을 꾸준히 할 뿐이다.

『읽는 교실』은 교육과 양육에 헌신하는 모든 이들에게, 읽기와 문해력에 관해 우리가 할 수 있는 잡다한 일들을 제안한다. 그것들은 저마다 충분한 과학적 근거와 교육적 가치를 지니고 있으며, 우리 자신과 아이들에게 여러모로 혜택을 준다. 그러나 이 책이 우리 아이들의 문해력 발달, 독자로의 성장, 인간 성취의 밑거름으로 쓰이기 위해서는 여러분들의 도움이 절실하다. 우리에게는 운이나 요행수가 아니라, 아이들이 좋은 사람이 되는 경험을 하도록 우리가 도와줄 수 있다는 바람과 설렘이 필요하다. 이 책은 여러분들의 '실천적 읽기'가 있어야만 비로소 완성된다.

이 책은 크게 5부로 구성되어 있다. 전문적인 내용을 쉽게 풀어쓰려 했지만 특수 용어와 개념이 많기에, 한 번에 모두 읽기보다 곁에 두고 필요할 때 찾아 읽기를 바란다. 주요 독자는 유초중등학교 및 도서관 선생님들이지만,

1부와 5부는 읽기와 독서, 문해력과 리터러시에 관심 있는 일반 독자들도 충분히 읽을 수 있다. 2부는 자녀들의 문해력 성장에 관심 많은 양육자와 부모들에게 도움이 될 만한 조언들이 담겨 있다. 3부와 4부는 학교, 교실, 도서관에서 학생들을 가르치는 선생님들에게 더욱 실용적일 것이다. 전반적으로 독해 기술이나 문해력 처방에 집중하기보다, 기꺼이 글을 읽고 쓰려고 노력하는 우리 아이들을 생각하며 읽으면 좋다.

이 책의 초안은 2022년부터 진행한 원격교육연수원의 강의 내용에 바탕을 둔다. 지금까지 만여 명이 넘는 선생님이 문해력 수업 연수에 참여해 주셨다. 학력 인구 감소와 다문화 사회 진입, 학력 격차와 기초학력 저하, 허위 정보와 확증편향, 최근의 인공지능과 학습 등 교육 환경의 변화와 쟁점을 두루 고려하여 이 책에 담았다.

'읽기'는 인간이 세상을 알아가는 가장 효과적이고 지속가능한 방법이다. 읽기가 주는 혜택의 범위는 세상을 직접 보고 듣고 만지는 '지각'이나, 그렇게 세상을 경험한 이로부터 전해 듣는 '증언'을 넘어선다. 경험적 생활세계뿐만 아니라 눈에 보이지 않는 미시 세계, 몸으로 다다를 수 없는 거시 세계, 생각으로 구축되는 사유 세계 모두를 우리는 읽는다. 읽기는 세상을 알아가는 행위이고, 문해력은 세상을 살아가는 힘이다.

불확정성의 시대, 전례 없는 인공지능 세상에서도 읽기와 문해력은 인간 스스로 창조해 낸 가장 인간다운 '지성'의 실천으로 오히려 더욱 빛을 발할 것이다. 그리고 여러분이 공감과 지혜로 해내는 소소한 모든 일들이 우리의 미래 세대가 읽는 사람이 되어 그 빛의 혜택을 만끽하도록 안내할 것이다.

2026년 3월

조병영

1부 문해력의 가치를 살리는 질문들

1장 이 시대에 문해력이 왜 중요한가?

2장 읽는 동안 머릿속에서 무슨 일이 일어나는가?

3장 읽고 싶다는 마음은 어떻게 생기는가?

2부 한 사람도 놓치지 않는 교실을 위하여

9장 다양한 배경의 아이들과 읽고 쓰기

3부 효과적으로 문해력을 기르는 교실 활동

10장 유창하게 읽게 하자

11장 정교하고 풍부한 어휘를 익히게 하자

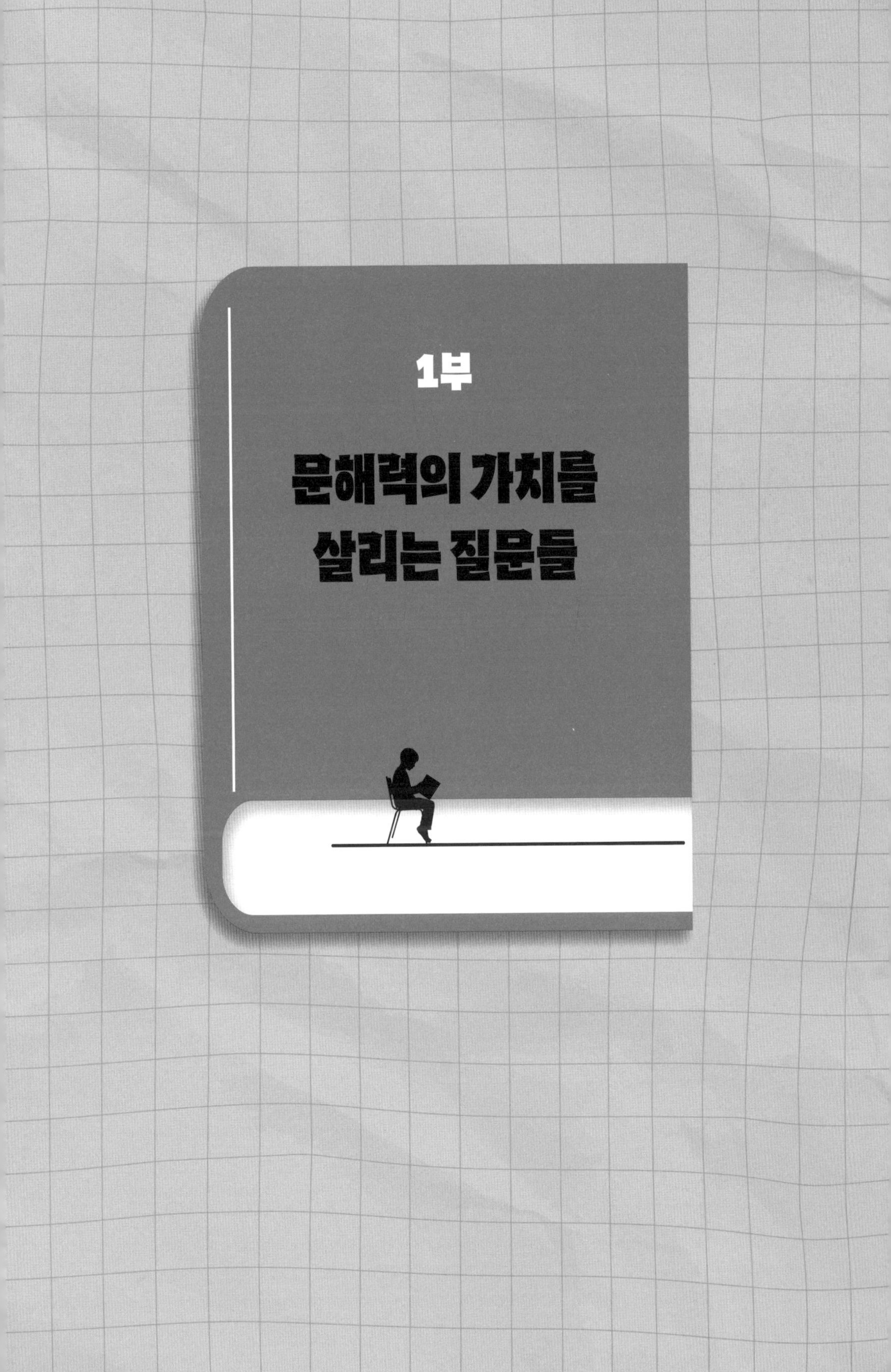
1부
문해력의 가치를
살리는 질문들

　문해력은 글을 풀어내는 힘이다. 글을 읽을 때도, 글을 쓸 때도 우리는 글의 언어, 기호, 의미를 풀어낼 수 있어야 한다. 그렇다면 글을 풀어내는 힘은 왜 중요할까? 이 책의 시작은 문해력이 과연 왜 중요한가라는 질문으로 열어본다.

　우리는 어떤 일을 처음 시작할 때 이렇게 묻는다. "이 일을 왜 해야 하는가? 무엇 때문에 이 일이 중요한가?" 어떤 경우든 일의 중요성이 이해되지 않으면, 그 일을 선뜻 용기 내어 실천하기 어렵다. 그래서 우리도 문해력이 무엇이고 왜 중요한지 살피는 과정을 건너뛸 수 없다.

　문해력의 중요성을 살피기 위해 두 가지 전략을 취한다. 하나는 문해력의 개념을 '리터러시(Literacy)'라는 원래 말의 관점에서 확장하는 것이다. 문해력의 의미를 넓고 깊게 조명하기 위해서이다. 다른 하나는 문해력의 교육적 가치를 지금 우리가 살고 있는 사회적, 문화적, 시대적 상황에 비추어 설명하는 것이다. 문해력의 중요성을 맥락적으로 탐구함으로써 문해력이 단지 능력일 뿐 아니라 실천이며, 우리 모두가 누려야 할 학습권이자 인권이라는 점을 분명히 하고자 한다.

1장

이 시대에 문해력이 왜 중요한가?

**우리는 리터러시의 관점에서
문해력 개념을 보다 실용적이고 분명하게 이해할 수 있을까?**

· 리터러시란 무엇인가?

· 텍스트란 무엇인가?

· 기호, 의미, 세계는 어떻게 관련되는가?

· 시민 권리로서의 리터러시

· 아동의 읽을 권리 열 가지

주요 키워드

문해력 / 리터러시 / 기호 / 의미 / 세계 / 텍스트

문해력 학습권 / 생활세계 경험 / 사회문화적 맥락

미래 역량

1 글을 넘어 세상을 읽는 힘

　21세기 디지털 시대에 '문해력'이 우리 사회의 화두가 되었다. 언론과 미디어가 진지하게 다루어준 덕분에 아이를 키우는 부모나 보호자는 물론 학교 현장에서 분투하고 있는 선생님들로부터도 문해력은 새삼 큰 관심을 받고 있다.[1] 더욱이 코로나19 팬데믹을 거치면서 대한민국 17개 시도교육청을 비롯한 정부 교육당국의 문해력 교육에 대한 의지와 노력은 자못 비상해 보인다.[2]

　'문해력(文解力)'이란 말은 무엇을 뜻하는 걸까? 이 말을 온라인 국어사전에서 찾아보면 '글을 읽고 이해하는 능력'으로 정의되어 있다.[3] '문자로 된 기록(글)을 읽고 정보를 파악'하는 능력이라는 뜻이다. 하지만 이것만으로 문해력의 말뜻을 충분히 이해할 수 있을까? 그렇지 않다. 이제 우리는 문해력의 사전적 정의를 넘어 이 말이 쓰이는 사회적 담화 맥락 속에서 그 뜻을 넓게 살펴볼 것이다.

사람들은 언제 문해력을 말하는가?

사람들은 '문해력' '문식성' '리터러시'라는 말을 언제 어떤 상황에서 사용할까? 이들은 따지고 보면 같은 말이지만, 그것이 각기 사용되는 맥락과 의미역은 제각각으로 보인다. 실제로 지난 10여 년 사이 50여 개 이상의 언론 매체의 보도 자료를 분석해 보면,[4] '리터러시'를 키워드로 포함한 기사가 1,520건, '문해력'은 1,704건이었고, 코로나19 감염병 상황이 시작된 2020년 전후로 이 두 키워드 관련 보도량이 급격하게 증가했다. 반면에 같은 기간 학문 용어인 '문식성'을 다룬 기사는 불과 37건에 그쳤는데, 문해력이나 리터러시에 비해 학계의 용어인 문식성이 대중과 언론에는 그다지 호소력을 갖지 못했음을 짐작할 수 있다.

특히, 같은 말이지만 경쟁어가 되어버린 '문해력'과 '리터러시'가 사뭇 서로 다른 맥락에서 쓰인다는 점이 흥미롭다[그림1]. 문해력은 '한글 교육' '초기 문해력' '저학년' '초등학생' '정부당국' 등과 관련되어 주로 아이들의 읽기 및 쓰기 능력, 학력 저하와 기초학력 보장 문제 등의 교육 맥락에서 사용된다(문해력이 교육의 문제로 인식됨). 이와는 대조적으로 리터러시는 'SNS' '인터넷' '스마트폰' '가짜뉴스' '미디어리터러시' '디지털리터러시' 등과 연계되어 디지털 환경 변화에 따른 소통력으로 논의되는 것처럼 보인다(리터러시는 디지털 문제로 인식됨).

여기서 주목할 것은 대중이 생각하는 문해력(기초학력)과 리터러시(디지털 역량)가 실제로 결코 분리되지 않는다는 점이다. 우리의 언어 체계인 한글을 다루고, 유창하게 문장을 읽고, 글 내용을 깊게 이해하는 능력 없이 디지털 사회의 복잡다단한 정보, 자료, 데이터를 융합적이고 창의적으로 활용하는 역량을 효과적으로 갖추기 어렵다. 동시에 인터넷을 기반으로 한 뉴미디어 사회가 요청하는 비판적, 분석적 역량을 갖춘 시민이 되는 일에 대한 기대와 전략 없이, 무작정 아이들에게 글을 읽고 쓰는 일만 반복하게 하는 것도 미래 교육의 새로운 가치를 만들어내기 어렵다. 문해력은 리터러시의 근

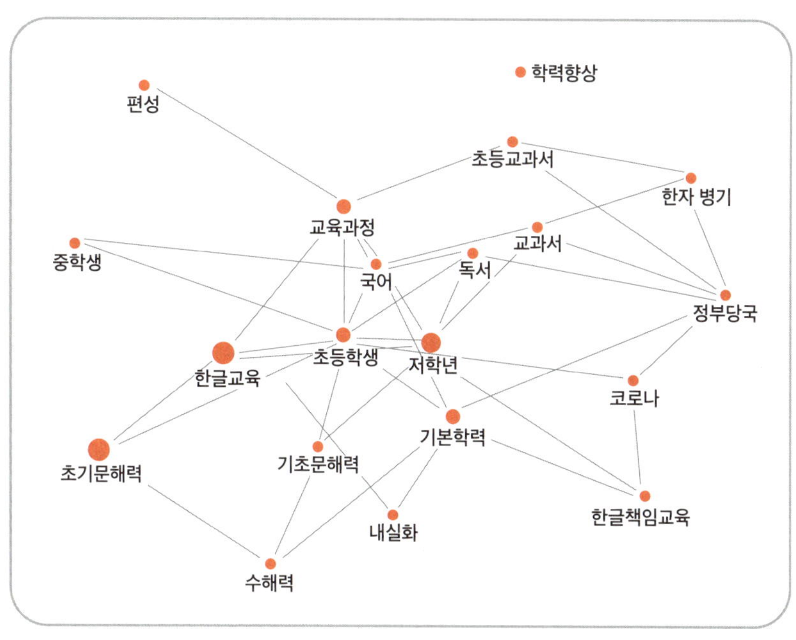

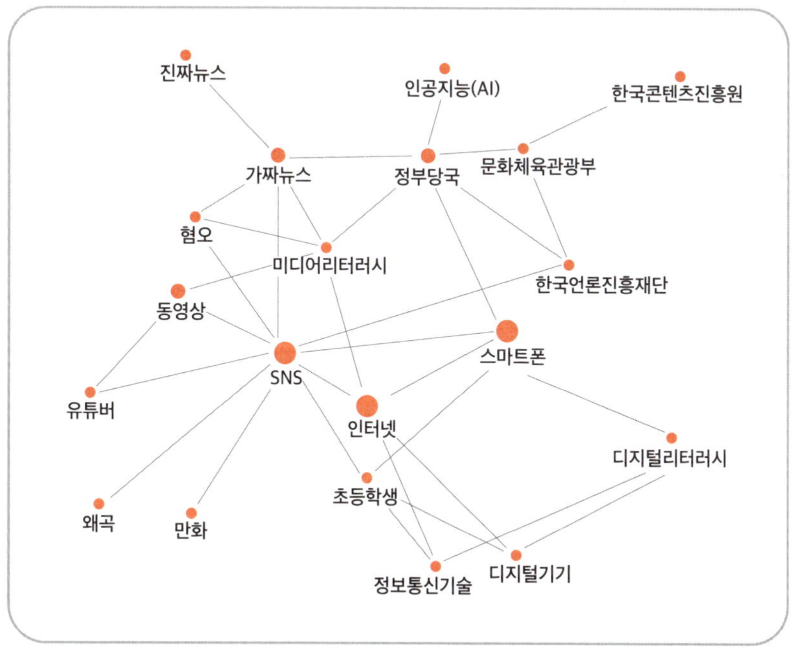

[그림1] 2011~2022년 2월 언론자료 네트워크 분석 결과: 문해력(위)과 리터러시(아래)

간이며, 리터러시는 문해력의 확장이다. 결국 이 둘은 한 몸이다.

리터러시의 세 가지 개념적 요소

리터러시는 일상의 말이면서도 이론적인 개념이다. 짧게는 지난 100여 년의 리터러시 연구사를 통틀어 이 말에 대한 수많은 개념화가 시도되었지만, 이런 노력들에 조금 무례하게 통틀어 말하자면 '리터러시란 읽고 쓰는 일'이라고 정의할 수 있다. 그런데 대관절 무엇을 읽고 쓴다는 것일까? 이 짧은 정의에서 '무엇'이란 쉽게 말해 '텍스트'를 의미한다. 리터러시란 텍스트를 읽고 쓰는 일이자, 이에 필요한 지식과 능력, 태도와 실천 의지 등을 포괄하는 개념이다.

텍스트를 읽고 쓴다는 것은 무엇일까? 우리 아이들이 텍스트를 읽고 쓰는 일에 어려움을 겪을 때, 교사와 부모는 무엇을 어떻게 도와주어야 한다는 말일까? 텍스트란 무엇이며, 그것으로 가르치고 배우는 과정에서 아이를 키우는 어른으로서 우리는 스스로 무엇을 물어야 할까?

이 질문들에 답하기 위해, 우리는 리터러시와 텍스트에 관해 의도적으로 '복잡하게' 생각해 볼 필요가 있다. 겉에서 속이 보이지 않는다면, 번거롭더라도 뜯어볼 수밖에 없다. 여기서는 '기호' '의미' '세상'이라는 세 요소를 고려하면서 리터러시의 의미, 텍스트를 읽고 쓰는 일의 본질에 대해 생각해 본다.

• 기호 | 리터러시는 '기호'를 읽고 쓰는 일이다. 기호란 어떤 뜻을 표현하기 위해 마련된 일련의 '상징 체계'를 말한다. 인류가 가장 오래, 가장 체계적으로, 가장 요긴하게 사용해 온 기호는 단연코 '문자 언어'이다. 한국 사람들에게는 당연하게도 한글이 가장 중요한 문자 기호 체계가 된다. 우리 아이들이 초등학교 저학년을 마치기 전에 한글을 깨쳐야하는 이유는 한국어 의사소통에서 가장 기본적이고 중요한 한글 문자

체계를 정확하고 효과적으로 읽고 쓰기 위함이다.

그런데 요즘은 어떤가? 이제 우리는 문자와 함께 이미지, 그래픽, 음향, 영상과 같은 시청각적 기호 체계들을 쉽고 빠르게, 다양하고 효율적으로 사용할 수 있다. 온라인 저작 도구, 디지털 출판 기술이 일상화되면서 사람들은 활자뿐만 아니라 다양한 감각적 기호들을 두루 섞어서 '역동적 텍스트'를 만들어낸다. 각기 나름의 역할과 기능을 가진 기호 체계들을 복합적으로 사용하여 텍스트를 생산하고 수용하는 것이다. 상징 기호의 복합적 사용은 디지털 기술의 발전과 더불어 점점 수월해지고 있다. 이제 사람들은 문자 텍스트와 시각적, 공간적, 감각적 텍스트를 '함께' 다룰 수 있어야 한다. 그러니 우리 아이들은 이전 세대에 비해 배울 것도 많고 할 것도 많아진, 한층 더 바빠진 세대가 아닐 수 없다.

리터러시는 기호를 다루는 일이므로, 만일 아이들의 문해력이 부족하다고 생각된다면 먼저 그들이 기호를 다루는 일에 문제가 없는지 질문해야 한다.

교과서를 혼자 읽지 못하는 초등학교 3학년 교실의 아이, 그에게 한글 철자와 소리, 자음과 모음, 글자와 글자, 단어와 단어를 연결해서 유창하게 문자 기호를 다루는 능력이 충분한지 관찰하자. 중학교 2학년 학생이 블로그 글 쓰기에 좌절할 때, 그 학생이 문자와 이미지를 동시에 편안하게 다룰 수 있는 충분한 기술과 경험을 가지고 있는지 점검하자. 고등학교 2학년 학생이 과학 공부에 어려움을 토로할 때, 그가 과학 교과서에 등장하는 복잡한 기호와 공식, 정교한 그래프와 도표에 관심을 기울이고 엄밀하게 읽어낼 수 있는지 판단하자.

• 의미 | 리터러시는 '의미'를 읽고 쓰는 일이다. 인간이 만들어낸 기호가 매우 추상적이라는 점과는 달리, 기호를 통해 표현하고자 하는 '의미'란 실은 인간의 생각과 삶의 경험을 따르는 매우 자연스럽고 구

체적인 산물이다. 그래서 '의미'의 쓰임과 가치는 늘 그 의미가 만들어지는 특정 '상황'에 따라서 특별하게 판단된다. 이 점에서 글을 읽고 쓰는 모든 인간은 특정 상황에 어울리게 의미를 이해하고 창안하는 '의미 구성자'라고 부를 만하다.

문자 기호는 추상적이다. 'ㄱ, ㄴ, ㄷ, ㄹ, ㅏ, ㅑ, ㅓ, ㅕ'와 같은 철자들은 자연에 존재하지 않는다. 바람에 흩날린 씨가 뿌려져 땅에서 저절로 자라는 생명이 아니라, 그저 사람이 만들어낸 인공물에 지나지 않는다. 인공적인 기호 체계는 해당 기호가 어떤 의미를 표현하는가에 관련된 일정한 규칙(일종의 읽고 쓰는 법)을 가지고 있다. 따라서 이 규칙을 이해하지 못하면 해당 기호 체계를 정확하고 효과적으로 사용할 수 없지만, 기호 체계와 규칙을 습득한 사람은 이렇게 추상적인 기호들을 여러 단위로 조합하여 구체적인 의미를 만들어 자유자재로 소통할 수 있다.

예를 들면, '아버지'라는 단어는 자연에 존재하지 않는다. 이는 '아버지'라는 소리와 그 소리를 대표하는 글자를 가진 추상적 기호에 지나지 않는다. 하지만 우리는 아버지라는 기호를 읽고, '아, 아버지! 늦은 퇴근길에 잊지 않고 닭튀김을 사 오시던 아버지!'라는 구체적 의미를 떠올린다. 우리의 머릿속에서 만들어진 아버지는 각자가 가진 아버지에 대한 정보와 경험, 관점과 태도를 아우른다. '추상적 기호인 아버지'가 퇴근길에 닭튀김을 사다주신 아버지라는 특별한 경험과 맞물리면서 '구체적 의미인 아버지'로 만들어진다. 텍스트 기호가 나의 경험과 만나 '새로운 의미'가 구성되는 것이다.

리터러시는 의미를 읽고 쓰는 일이므로, 우리 아이들이 글을 읽고 쓰는 일에 어려움이 있다면 그들의 의미 구성 능력과 경험을 점검해 보아야 한다. 초등학교 6학년 교실의 아이들은 복잡한 내용으로 가득 찬 사회 교과서를 읽을 때 어떤 전략을 사용하면서 어려운 말들의 의미를 추론해 나갈까? 중학교 2학년 교실의 청소년들은 추상적 개념이 밀집된 과학 교과서의 글을 어떻게 효과적으로 요약하면서 이해하고 있을까?

지금 오늘, 학교와 가정에서 아이들이 여러분과 함께 읽고 있을 때, 아이들은 글의 주제와 내용에 관해 이미 무엇을 얼마나 구체적으로 '알고' 있을까? 여러분이 가르치고 있는 글의 내용이 학생의 지식이나 경험에 비추어 지나치게 어렵거나 낯설지는 않을까? 교사와 부모가 당연하게 받아들이는 언어, 신념, 가치, 경험이 우리 아이들에게는 도무지 이해되지 않는 낯선 것들이 아닐까?

• 세상 | 리터러시는 '세상'을 읽고 쓰는 일이다. 우리는 왜 글을 읽고 쓸까? 어떤 이유로 우리는 글을 읽을 때 텍스트의 기호를 자유자재로 다루어야 하고, 의미를 구체적으로 만들어낼 수 있어야 할까? 리터러시란 다양한 세상(눈에 보이지 않거나 도달하기 어려운 세상까지도)과 삶에 관련된 다채로운 내용과 형식의 글을 다루는 일이자, 구체적인 의미를 만들어 학습자, 생활인, 전문가, 시민으로서의 권한과 책무를 수행하는 활동이다. 리터러시는 사람들 사이에서 벌어지는 문제 해결의 과정, 토론과 의사결정의 과정에 능동적이고 합리적으로 참여하는 행위이자, 텍스트를 통해서 세상을 이해하고 펼쳐내는 '사회적 실천'이다.

리터러시는 지금껏 우리가 알고 있던 좁은 의미의 문해력 즉, 한글을 읽고, 국어 교과서의 제재를 분석하고, 시험 지문에 효율적으로 대응해서 좋은 학교에 진학하고, 직장에서 승진하고, 사회에서 두각을 나타내는 '성공 수단'으로서 '개인 역량'을 넘어선다. 리터러시란 우리가 텍스트의 추상적 기호를 가지고 구체적 의미를 만들어서 복잡다단한 삶의 과정에 참여하는, 지적이고 정서적이며 사회적으로 맥락화된 실천 행위이다. 그리고 그것은 다양한 공동체 구성원으로서 사유하고 행동하는 인간만이 실천할 수 있는 '문명적 의사소통 행위'이다.

리터러시가 세상을 읽고 쓰는 행위라면, 우리 아이들의 문해력이 떨어진다고 판단하기 전에 반드시 질문해야 할 것들이 있다. 여러분이 제안한 텍스트의 세상이 그것을 읽고 있는 우리 아이들의 세상과 얼마나 가까울까? 텍스트의 세상이 아이가 지금까지 경험한 세상을 새롭게 바라보게 자극하고, 나아가서는 선입견이나 오개념을 기꺼이 수정하려는 의욕을 촉진할 수 있을까? 혹은 텍스트와 독자의 세상 거리가 너무 멀어서 학생들에게 글을 읽는 일이란 결코 서로 다른 세상이 만나지 못하는 좌절의 경험이었던 것은 아닐까? 글 읽기가 어떤 구체적인 의미도 살려내지 못하는 지루한 일이 되어버리지는 않을까? 아이를 걱정하는 어른이라면 반드시 물어야 할 질문들이다.

문해력 교육의 가치

이제 문해력을 리터러시의 관점에서 확장적으로 이해했는가? 문해력이란 간단하게는 글을 읽고 쓰는 능력이지만, 복잡하게는 추상적인 기호를 가지고 구체적인 의미를 만들어내는 매우 정교한 지적 작업, 나아가서는 일과 배움, 삶의 다양한 맥락에서 합리적으로 판단하고 창의적으로 문제를 해결하는 사회문화적 실천 과정에 맥락화된다.

언뜻 보면 '문해력'을 가르치는 일이 작고 간단한 일처럼 보인다. 하지만 그것은 인간 성장에서 결코 소홀히 할 수 없는 공동체의 과업이다. 문해력 교육은 우리 아이들을 지적 호기심으로 가득한 '평생학습자'로 길러내는 일, 삶의 다양한 분야에서 문제를 해결하며 창의적으로 활동하는 '영역 전문가'를 키우는 과정의 중심에 위치한다. 궁극적으로 문해력 교육은 우리 아이들이 학교 안팎의 세상일에서 타인과 동행하면서 그들(과 자신)의 목소리를 경청하고, 유연한 소통력과 책무성을 발휘하면서 공감과 협력의 공동체를 이끌어갈 '시민'으로 성장하는 데 기여해야 한다.

문해력의 뜻을 넓고 깊게 이해할 수 있어야 우리 사회의 교육 행위가 어떤 의미와 가치를 지니는지 새롭게 탐구하고 발견할 수 있다. 그래야만 가르치고 배우는 일에 지치지 않는다. 오늘 우리 아이가 한글을 깨치고 단어를 외는 것으로 우리의 일이 끝난다고 생각하면 속 시원할지 모른다. 그러나 오늘 우리 아이들에게 단어 하나, 글 한 줄, 책 한 편을 좀 더 세심하게 읽고 쓰도록 안내하고 도와주는 일이 합리적으로 생각하는 학생, 시민, 전문가, 평생학습자를 키우는 과정이라고 생각한다면, 정말 작아 보이는 이 일은 한 사람, 한 사회를 바꾸는 변혁적 행위의 결정적인 출발점이 된다.

2 문해력과 학습의 상란관계

문해력이 왜 중요할까? 여러 이유가 있지만, 가장 직접적인 이유는 글을 읽고 쓰는 능력이 학습을 돕기 때문이다. 학교생활은 읽고 쓰는 일들의 연속이다. 다른 그 어떤 곳과 달리, 학교에서는 텍스트를 읽고, 그것으로 대화와 토론을 하고, 그렇게 배운 것들을 쓰고 말하고 나누면서 아이들이 자란다.

학교에 잘 적응하는 첫 번째 길은 학교에서의 배움에 필요한 읽기와 쓰기 능력을 제때 갖추고 활용하는 것이다. 학교 적응에 어려워하는 아이들 중에는 심리적, 행동적 문제가 아니라 글을 읽고 쓰는 데 어려움을 겪는 경우가 많다. 그래서 우리에게는 아이들이 학습에 필요한 문해력, 새로운 것을 배우는 탐구의 과정에서 요청되는 문해력을 체득하도록 도와줄 의무가 있다. 우리가 문해력을 가르치는 일은 우리 아이들의 학습권을 지켜주고 북돋는 가장 중요하고 효과적인 방법이다.

문해력과 학습의 관계를 이해하는 네 가지 관점

학습과 문해력은 매우 긴밀한 관계를 맺는다. 그래서 학습에 대한 연구와 이론은 문해력에 관한 연구와 이론에 밀접하게 관련된다. 학습 연구의 핵심에 글을 읽고 쓰는 행위가 있고, 글을 읽고 쓰는 일이 어떻게 배움과 관련되는지를 연구하면 학습의 본질을 조금 더 분명하게 이해할 수 있다.

역사적으로 심리학에 기반하여 학습 관점의 변화를 정리해 볼 수 있다. 여기서 심리학이란 쉽게 말하면 '생각의 학문'이다. 심리학은 인간이 어떤 생각을 왜 그렇게 하는지, 그러한 생각의 과정과 절차는 무엇이고 어떤 요인들이 영향을 미치는지, 인간이 창의적(혹은 관성적), 의식적(혹은 무의식적), 성찰적(혹은 무비판적)으로 생각할 수 있는 조건은 무엇인지 탐구하는 학문이다. 앞서 말한 것처럼, 문해력은 기호를 가지고 의미를 만들어내는 '생각'의 실천 역량이다. 따라서 심리학의 관점에서 학습과 문해력은 불가분의 관계를 맺는다.

- **행동의 변화** | 앞서 말한 심리학의 정의와는 달리, 오래전 심리학에서 학습에 관한 연구를 시작할 때는 '생각'이라는 것에 관심을 두지 않았다. 이때 심리학자들은 생각은 눈에 보이지 않는 것이라 관찰하거나 측정하기 어렵기 때문에 과학적으로 연구할 수 없다고 보았다. 그래서 동물이나 사람의 눈에 보이는 행동이 외부 환경에서 주어지는 자극에 따라 어떻게 달라지는지 확인하려는 경향을 보였다. 이러한 심리학적 관점을 행동주의라고 부른다.[5]

행동주의 심리학은 유기체가 특정한 외부 조건(혹은 자극)에 적응하는 반복 학습을 강조한다. 이를 조건화라고 하는데,[6] 어떤 조건(일종의 '자극')에 따라 행동(일종의 '반응')이 발현되는 연결 관계가 새롭게 생성되는 것을 말한다. 이런 조건화를 위해서는 학습자가 조건과 행동을 동시에 되풀이해 경험하는 반복 훈련이 필요하다. 여러 번 자극과 반응이 무의식적으로 연결되는 경험이 반복되어야 조건화가 가능하다는 뜻이다.

행동주의의 고전적 조건형성 실험인 '파블로프의 개'를 생각해 보자. 개는 고기를 보면 침을 흘리는데, 이것은 개가 애초에 가지고 있는 반사 행동이다. 1890년대 구소련의 생리학자였던 이반 파블로프(Ivan Pavlov)는 어느 날부터 수많은 개들에게 고기를 가져다주면서 항상 종을 울리기 시작했다. 아침저녁뿐 아니라 하루이틀을 넘어 수없이 여러 번 이런 일을 반복했다. 결과적으로 실험이 지속되던 어느 날 파블로프가 고기 없이 종을 쳤을 때 그의 개들은 종소리만 듣고도 침을 흘리기 시작했다. 여기서 종은 새로운 조건이고, 반복 노출에 의해 종소리와 개가 침을 흘리는 것 사이에 연결 관계가 형성된 것이다.

오늘날에는 행동주의 심리학자들을 찾아볼 수 없지만, 지금도 행동주의적 방식의 교육 행위가 생각보다 자주 일어나고는 한다. 행동주의 심리학은 조건화, 반복 훈련, 기능의 분절화, 관찰 가능한 행동의 변화라는 중요한 학습 원리들을 밝혀냈지만, 그렇다고 이 원리들만으로 좋은 학습을 설명할 수는 없다.

가령, 전통적 객관적 지필 시험은 일면 행동주의적 교육 행위에 가깝다.[7] 전통적 시험은 피험자가 주어진 문제의 정답을 제출하게 함으로써 관찰 가능한 결과만으로 점수를 부여하며, 어떻게 문제를 해결하여 정답이라는 결론을 도출했는지에는 관심을 두지 않는다.

따라서 대개의 경우 전통적 시험에서는 문제 유형의 반복 훈련, 문제 풀이에 필요한 기능들의 '쪼개기 훈련(작은 기능들을 따로따로 훈련하면 그것이 이루는 더 큰 능력을 완수할 수 있다는 가정을 전제함)'으로도 성공할 가능성이 높다. 그러나 이런 시험에 성공한다고 해서 좋은 학습을 했다고 말하기는 어렵다.

사람들 중에는 문해력도 행동주의적으로 해석하려는 경향이 보인다. 문해력이 글자와 단어를 반복적으로 읽고 외우고 끄집어내는 능력이라거나, 혹은 글 읽기에 필요한 몇 가지 능력을 쪼개어 따로따로 연습한 뒤에 합치면 문해력이 온전하게 숙달될 것이라는 가정이다. 물론 이런 방법이 자라나는 아이들에게 완전히 해가 된다고 말할 수는 없으나(기초 기능의 반복 훈련은 반드시 필요하다), 그렇다고 이런 관점만으로 우리가 생각하는 온전한 문해력을 설명할 수는 없다. 오히려 행동주의적 문해력 개념은 문해력 학습과 지도에 적잖이 부정적 결과를 초래해 왔다. 문해력을 배우는 일이 다양하고 깊게 읽고 쓰는 경험이 아니라, 정해진 짧은 토막글을 반복적으로 읽고 숙달하는 행위로 축소되어 마치 수업 시간이 암기 시간처럼 변질되기도 한다.

• **정보의 처리** | 행동주의 관점의 치명적인 단점은 외부 자극에 의해 행동의 변화가 일어날 때 왜 그런 변화가 일어났는지, 학습자가 이 과정에서 언어와 사유 능력을 발휘하여 어떻게 주체적 역할을 수행하는지 전혀 설명하지 못한다는 것이다.[8] 이런 한계에 봉착한 언어학자 및 심리학자들은 학습자가 외부 환경과 상호작용하는 과정에서 새로운 것을 배울 때 인간의 머릿속에서 일어나는 '정신적 과정'에 집중하기 시작했다. 즉, 학습을 '인지(Cognition)'의 작동으로 보기 시작한 것이다 (지금의 인공지능 연구도 여기서 출발한다).

인지란 쉽게 말하면 '생각'이다. 인지가 작동한다는 것은 학습자가 '생각을 한다'는 것이며, 따라서 학습의 본질을 설명하기 위해 어떻게 생각이 전개되는가라는 인지 과정의 문제가 중요해졌다. 사람의 인지에 관심을 두는 심리학을 두고 좁게는 인지심리학, 넓게는 인지과학이라고 부르고, 특별히 학습과 관련해서는 학습과학이라고 부른다.

행동주의 이후 제1세대 학습과학은 인간의 인지적인 학습을 정보처리 과정으로 보았다.[9] 이 관점에 의하면 우리가 무엇을 배운다는 것은 외부에서 주어진 정보를 정확하게 효율적으로 처리하고, 그 결과를 언어적이거나 행동적인 반응으로 산출하는 과정이다. 그래서 정보의 성격(내용, 구조, 형식), 정보를 처리하는 절차와 과정(일종의 '알고리즘'), 정보 처리의 결과인 이해를 관찰하고 측정하려는 실험 심리학이 매우 중요하게 대두되었다.

정보처리 관점의 학습은 지금도 우리 교육에서 주를 이룬다. 예컨대, 역사 공부를 한다는 것은 역사 교과서에 나오는 역사적 사실에 관한 정보를 효율적으로 처리하여 기억하고, 필요할 때 주어진 질문과 과제에 맞게 적재적소에서 꺼내놓는 과정이다. 마찬가지로 과학 공부를 한다는 것은 과학 교과서에 담긴 수많은 과학 정보를 효율적으로 처리하여 기억해 두었다가 시험 등의 문제 상황에서 마치 '현금처럼' 인출하는 과정이다.

글을 읽는 과정 역시 이렇게 설명할 수 있다. 역사적 글 읽기는 역사 텍스트에 담긴 정보를 처리하는 것이며, 과학적 글 읽기는 과학 텍스트의 정보를 처리하는 것이다. 이 관점에서는 교과서에 빼곡하게 들어찬 교과 내용을 여러 번 반복해서 읽고, 모르는 것들에 대해 전략적으로 시간과 노력을 투자하여 암기하며, 이러한 기억에 바탕을 두고 주어진 문제와 질문에 답할 수 있는 능력이 문해력의 핵심으로 부각된다.

그렇다면 글 정보를 정확하고 빠르게 처리했다고 해서 글을 잘 읽었다고 말할 수 있을까? 정확하고 빠른 글 이해는 글 읽기의 가장 기본이지만, 그것이 다양한 기호를 통합하고 연결하는 글 읽기, 복잡 미묘한 맥락적 의미를 다루는 글 읽기, 텍스트가 표상하는 세상을 이해하는 글 읽기의 전부라고 말할 수 있을까?

• **지식의 구성** | 인지에 관심이 많던 심리학자들은 정보처리 관점만으로는 온전하게 학습의 본질을 설명하기 어렵다고 깨달았다. 정보처리 기계로서의 인지 관점을 통해서 전문가의 문제 해결 전략을 심도 있

게 연구했지만(심지어 이를 '인공지능'이라는 기계로 구현하는 데까지 도달했지만), 이러한 '알고리즘적 사고(정해진 절차에 따라 움직이는 생각)'가 인간 학습의 복잡성을 설명하는 모든 것이 될 수는 없었다.

그래서 학자들은 학습이 정보의 처리를 넘어 '지식을 구성'하는 과정임을 주장하기 시작했다. 이러한 새로운 관점에서 배움이란 외부에서 주어진 정보를 효과적으로 처리하는 수동적 과정을 넘어서 학습자 스스로 외부 정보를 자신의 지식(흔히, 스키마라고 부름)과 연결하여 '새로운 앎'으로 창안하는 과정인 것이다. 이는 학습과 인지에 관한 구성주의 관점을 반영한다.[10]

제2세대 학습과학의 구성주의 관점에서 보자면, 역사 텍스트를 읽으며 역사 공부를 한다는 것은 역사 교과서의 정보를 처리하는 것에 더하여 역사적 사실 정보를 학습자 자신의 경험과 연결하여 새로운 해석으로 만들어내는 과정으로까지 확장된다. 그러니까 역사 교과서의 내용을 줄줄 외우는 것으로 역사 학습이 귀결되는 것이 아니라, 역사 교과서에서 얻은 내용을 역사적 상황, 맥락, 의미 등을 고려하여 '자신의 말'로 해석하고 설명하는 것으로 나아가야 하는 것이다. 역사적 학습과 문해 과정에서 특히 학습자 자신이 이미 알고 있는 역사적 배경지식, 삶을 통해 쌓아온 생활세계 경험이 모두 학습자의 역사적 지식 구성에 심대한 영향을 미친다.

오늘날 한국의 교육과정은 인지적-사회적 구성주의에 입각해 교육의 내용과 방법을 구안하고 있다. 공교육의 다양한 차원에서 교육과정과 수업의 혁신이 일어나고 있으며, 수많은 선생님들이 구성주의적 교육 혁신 여정에 능동적으로 동참하고 있다. 교육평가에 있어서도 많은 교육자들이 어떻게 학생들의 지식 구성 경험을 포착해 낼 수 있을까 고민하고 있다. OECD가 주도하는 국제 수준의 학업성취도 평가나 선진국들의 국가 수준 평가 모두 구성주의적 학습관을 적용해 새로운 모형들을 개발하고 적용해 왔다.

최근에 각광받고 있는 문제 기반 학습, 프로젝트 기반 학습, 탐구 학습, 개념 기반 학습 등은 모두 우리 아이들이 지식을 창안하고 앎의 과정에 능동적으로 몰입할 수 있는 학습 경험을 제공하기 위한 것이다.

• **정체성의 형성** ǀ 그런데 우리는 여기서 한 걸음 더 나아가야 한다. 정보를 처리하고 의미를 구성하는 것이 창의적인 학습을 개념화하는 데 도움이 되지만, 그것만으로 정말 아이들이 잘 배웠다고 단언할 수 있는지 되물어야 한다. 지식의 구성 과정을 중요시하는 교육과정과 수업을 통해서 우리 아이들은 초중등학교 12년 동안 정말 많은 것들을 익히고 배운다. 그렇다면 우리 아이들이 무엇인가를 새롭게 알게 되고, 그것을 설명할 수 있게 되는 것만으로 온전하게 학습이 이루어졌다고 확언할 수 있을까? 그런 학습은 현실 삶의 과정에서도 지속가능한 강력한 배움이 될 수 있을까?

제3세대 학습과학은 '배우는 사람'을 중시한다. 다시 말해, 학습자가 배우는 사람으로서 정체성을 형성하는 과정, 그 결과를 학습의 본질로 전제한다.[1] 왜 그럴까? 무엇을 아는 것보다 중요한 것은 그것을 알고 싶어 하는 사람, 그렇게 알게 된 것을 가지고 이후의 혹은 또 다른 현실 문제 상황에 적용해 보고 싶은 사람이다.

역사를 공부하는 것은 역사책의 정보를 정확하게 처리하고 기억하는 것, 역사적 인물과 사건을 역사적 맥락에 어울리게 해석하고 설명하는 것을 넘어서서, 그렇게 알게 된 역사적 정보와 지식을 삶의 문제 상황에 적용하여 다양한 사건과 현상을 역사적으로 바라보고 해결해 보려는 '마음'의 변화로 나아가야 한다. 기억한 것, 알게 된 것은 쉽게 잊히지만, 직접 '역사적으로 생각하는 사람이 되는 경험'을 통해서 몸으로 체득한 지식과 앎은 맥락적이고 유연하며, 무엇보다 쉽게 잊히지 않고 오래간다.

그렇다면 문해력을 갖춘다는 말은 어떤 뜻일까? 정체성 형성(혹은 재형성)의 관점에서 보자면, 그것은 '글을 읽고 쓰는 사람이 된다'는 뜻이다. 문해력을 배운다는 것은 실질적인 목적과 매력적인 질문을 가지고서 직접 몸으로 글을 읽고 쓰는 경험을 체득한 사람, 세상을 살아가는 동안 공부이건 일이건 사회적 관계 형성이건 어떤 문제에 봉착했을 때 글을 읽고 쓰면서 문제를 탐색하고 해결하고자 하는 사람, 그런 마음이 자연스레 드는 사람이 되는 경험인 것이다.

인공지능 시대에 읽고 쓰고 싶은 사람 되기

요즘 인공지능(Artificial Intelligence, AI) 이야기를 많이 한다. AI로 정보도 찾고, 글도 쓰고, 과제도 해결하는 세상이 되었다. 이런 세상에서 사람들은 마치 기계 지능이 사람처럼 읽고 쓴다고 말한다. 언뜻 보면 그렇다. 특별히 정보 처리의 관점에서 보자면 인간은 기계를 이길 수 없다. 정보를 잘 처리해서 기억하고 인출하는 기계의 능력은 엄청난 데이터 양과 메모리 역량을 생각해 볼 때 인간이 범접하기 어려울 지경이다. 정보 처리 관점에서 보자면, 지금 기계는 인간보다 더 잘 배우는 학습자, 더 잘 읽고 쓰는 문해자이다.

지식 구성의 관점에서 보자면, 기계는 아직 인간을 따라오기 어렵다. 기계는 가늠할 수 없는 양의 정보를 순식간에 처리해서 그럴듯한 문장과 글을 생성해 내지만, 여전히 그것은 인간을 압도하는 정보 처리 역량 덕분일 뿐 새로운 의미를 만들어내는 것으로 보기 어렵다. 지식은 학습 주체의 내부 정보와 외부 정보가 만나 생성되는 '새로운 것'으로, 그것은 정보라기보다는 '의미'에 가깝다. 따라서 글을 읽고 쓰는 일은 정보의 처리를 넘어서 새로운 의미를 만들어내는 생성적 경험이어야 한다. 문해력 교육은 아이들이 다채로운 글 읽기와 역동적인 글쓰기를 통해서 직접 의미를 생성할 수 있는 경험을 제공할 수 있어야 한다.

정체성의 형성 관점에서 보자면, 인공지능은 인간의 지능을 따라올 수 없다. 인공지능에는 삶의 경험이 부재하며, 외부와의 능동적 상호작용을 통해 축적한 지적, 정서적, 사회적 공통 감각이 없다. 최근 로봇의 몸에 인공지능 머리를 연결한 '체화된 지능' 또는 '피지컬 AI'를 개발하려는 시도는 복잡다단한 사회문화적 맥락 안에서 일어나는 인간의 정체성 학습이 얼마나 사회적 존재로서의 인간만이 가진 고유한 역량이자 경험인지를 방증한다. 이런 시도로 만일 기계가 정체성을 학습할 수 있다면, 그래서 특정한 목적과 전략을 가지고 자신의 신체화된 정신을 움직여 타인과 협업하고 능동적으로 배우는 주도적 학습자가 될 수 있다면, 그것은 기계가 정말 사람처럼 읽고 쓰는 전에 없던 가능성을 여는 일이 될 것이다.

이런 점에서 특히 디지털 인공지능 시대에 우리 아이들이 읽고 쓰는 사람이 되도록 돕는 것, 그런 사람이 되는 경험을 아이들이 탐구하고 발견할 수 있도록 지원하는 일은 우리 모두 노력해야 할 가장 인간다운 교육의 지향점일 것이다.

3 잘 읽을수록
좋은 삶에 가까워진다

문해력이 학습의 핵심 도구이고 학습의 핵심이 문해력을 다루는 일이라면, 문해력이 개인의 성장과 삶에 미치는 영향 또한 작지 않을 것임을 쉽게 짐작할 수 있다.

인간인 우리는 그 어느 생명체에 비해 탁월한 지적 능력을 지니고 있다. 인간은 우리 자신의 지능으로 부족해 기계로 우리 밖의 인공지능까지 만드는 존재이다.

지능이란 무엇인가? 지능의 영어 단어인 'Intelligence(인텔리전스)'를 사전에서 찾아보면 가장 먼저 '배울 수 있는 능력'이라는 정의가 나온다.[12] 지능의 핵심이 배움이고, 인간은 배우는 존재이며, 배우면서 살아가고 배우면서 성장한다는 뜻이다. 따라서 문해력은 인간 성장과 좋은 삶을 결정하는 핵심 요소가 아닐 수 없다.

문해력과 객관적 웰빙

개인의 성장을 먼저 웰빙의 관점에서 살펴보면 어떨까? '안녕감'이라고도 부르는 웰빙 개념은 객관적 웰빙과 주관적 웰빙으로 나뉜다. 객관적 웰빙은 측정 가능한 삶의 조건을 말하는 것으로, 가령 소득, 직업, 건강, 사회경제적 지위 등을 말한다. 반면에 주관적 웰빙이란 자기 스스로 느끼는 삶의 만족도이다. 관계, 삶의 방식, 태도, 감정 등과 관련된 개인의 삶에 대한 종합적 판단이다. 흥미로운 점은 주관적 웰빙을 예측하는 가장 중요한 요인이 객관적 웰빙이라는 점이다.[13] 주관적인 삶의 만족도가 좋아지려면 기본적으로 객관적 삶의 조건이 마련되어야 한다는 것이다.

문해력은 한 개인의 성장에서 어떻게 객관적 삶의 조건에 기여할까? 문해력이 좋다고 해서 소득과 경제적 지위, 직업이나 건강 등의 지표들이 좋아지는 것은 아니다. 하지만 다양한 요인들이 복합적으로 작용하는 장기적이고 체계적인 관점에서 삶을 바라본다면, 한 개인의 문해력과 객관적 삶의 조건(사회적, 경제적 성취 등)은 결코 분리되어 있지 않다.

OECD '국제성인역량조사(PIAAC, Programme for the International Assessment of Adult Competencies)'에서 참여국 성인들을 대상으로 문해력을 평가하고 이들이 어떻게 살아가고 있는가에 대해 설문을 실시했다. 이 조사에 따르면, 참여자들의 문해력과 삶의 기본 지표들 사이에는 무시하지 못할 상당한 수준의 상관관계가 있다고 한다.[14]

이 조사에서 흥미로운 지점은 전반적으로 낮은 문해력 수준의 성인들이 높은 문해력 수준의 성인들에 비해 여러 사회경제적 지표에서 저조했다는 점이다. PIAAC에서 문해력 평가에 참여한 사람들을 낮은 문해력 집단, 즉 글을 읽고 간단한 정보를 이해할 수 있는 성인들(수준 1-2)과 높은 문해력 수준을 가진 집단, 즉 글을 읽고 표면적 의미뿐만 아니라 글 밑에 숨겨져 있는 의도와 가정까지도 파악할 수 있는 성인들(수준 4-5)을 비교했다. 이때, 이 두 집단 간에 다음과 같은 차이가 있었다고 한다[그림2].

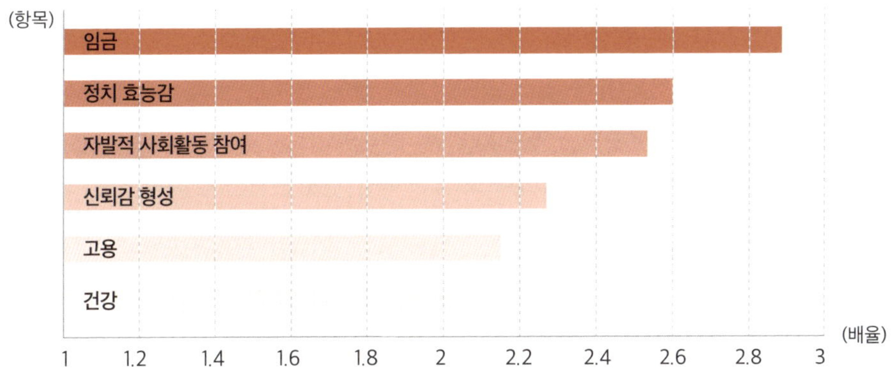

[그림2] 낮은 문해력 수준(수준 1)의 성인에 비해
높은 문해력 수준(수준 4-5)의 성인이 긍정적으로 응답한 비율

먼저, 건강을 보자. 실제로 사람들이 어떻게 건강하게 살고 있는가를 설문 조사했더니 높은 문해력 집단이 낮은 문해력 집단에 비해 건강하게 살고 있다고 응답한 비율이 두 배 이상이었다. 고용률도 두 배 이상 높았다. 문해력 수준이 낮은 사람들이 문해력 수준이 높은 사람들에 비해 비자발적 실업 상태에 놓여 있게 될 가능성이 훨씬 높다는 뜻이다.

각 집단에게 주어지는 사회적 신뢰감도 달랐다. 문해력이 좋은 성인은 그렇지 않은 성인에 비해 다른 사람들로부터 신뢰감을 얻고 있다고 대답한 비율이 2배 이상 높았다. 자발적 사회활동 항목에서도, 높은 문해력 집단이 상대 집단에 비해 사회적 활동에 참여한다고 응답한 비율이 2.5배 이상 높았다.

문해력은 사회적인 것이기에 우리가 살아가는 동안 경험하는 다양한 정치적 참여 활동에도 영향을 준다. 가령, 문해력에 따라 사람들의 정치 효능감이 달라질까? 자신이 정치적 의사결정을 잘하고 있는지, 정치와 관련된 일에서 합리적으로 판단하고 있는지, 좀 더 쉽게 말해 정치 선거에서 현명하게 투표하고 있는지에 대한 신념 또한 높은 문해력을 가진 성인 집단이 낮은 문해력을 가진 성인 집단에 비해서 약 2.6배 정도 높았다고 한다. 마지막으로, 경제적 지위는 어떨까? 이를 보여주는 지표인 임금 면에서 보자면, 높은 문해력 집단이 낮은 문해력 집단에 비해서 많은 임금을 받을 가능성이 거의 3배 가까이에 이른다.

여러분은 어떤 사람이 얼마나 오래 교육을 받았는지가 문해력 수준에 영향을 주기 때문에 이러한 결과들이 실은 문해력의 영향이 아니라 교육의 영향이라고 생각할 수 있다. PIAAC 보고서에서는 교육 배경(학력)을 동일한 수준으로 놓고 볼 때 문해력의 영향이 임금과 어떤 상관관계를 맺는지도 분석했다.[15] 이에 따르면, 학력이 같더라도 문해력 수준에 따라 임금 수준이 작게는 3~5퍼센트, 크게는 20퍼센트 가까이 차이가 났다[그림3]. 한국 역시 고등학교 졸업자 혹은 그 미만인 경우에는 문해력 수준에 따른 임금 격차가 거의 없었지만(약 1~3퍼센트), 고등교육 졸업자일수록 문해력 수준에 따른 임금 격차가 크게 벌어졌다(약 15퍼센트).

문해력과 주관적 웰빙

문해력과 주관적 웰빙은 어떻게 관련될까? 문해력이 높다고 해서 개인이 느끼는 삶의 만족도가 크다고 인과관계로 말할 수는 없다. 이 역시 문해력과 삶의 만족도 관계에서 다양한 변인들(객관적 웰빙, 교육 정도, 사회경제적 지위 등)이 영향을 미치기 때문이다. 하지만 이 둘 사이에 이론적, 경험적으로 무시하기 어려운 상관관계가 있어 보인다.[16]

개인들이 자기 삶에 만족하는가는 몇 가지 측면에서 그들이 삶에서 행복을 찾을 수 있는가의 문제와 관련된다. 그러니까 우리가 행복하기 위해서는 건강이나 직업, 소득 이외에 평소에 살아가면서 느끼는 긍정 정서(기쁨, 만족 등의 긍정적 감정 경험을 통해 삶에 대한 긍정적 시각과 희망을 유지함)와 함께 몰입감(인지적, 정서적, 사회적 활동에 몰두하여 시간이 흐르는 것을 잊게 되는 경험을 통해서 만족감과 성취감을 얻음), 관계성(타인과의 긍정적이고 친밀한 관계를

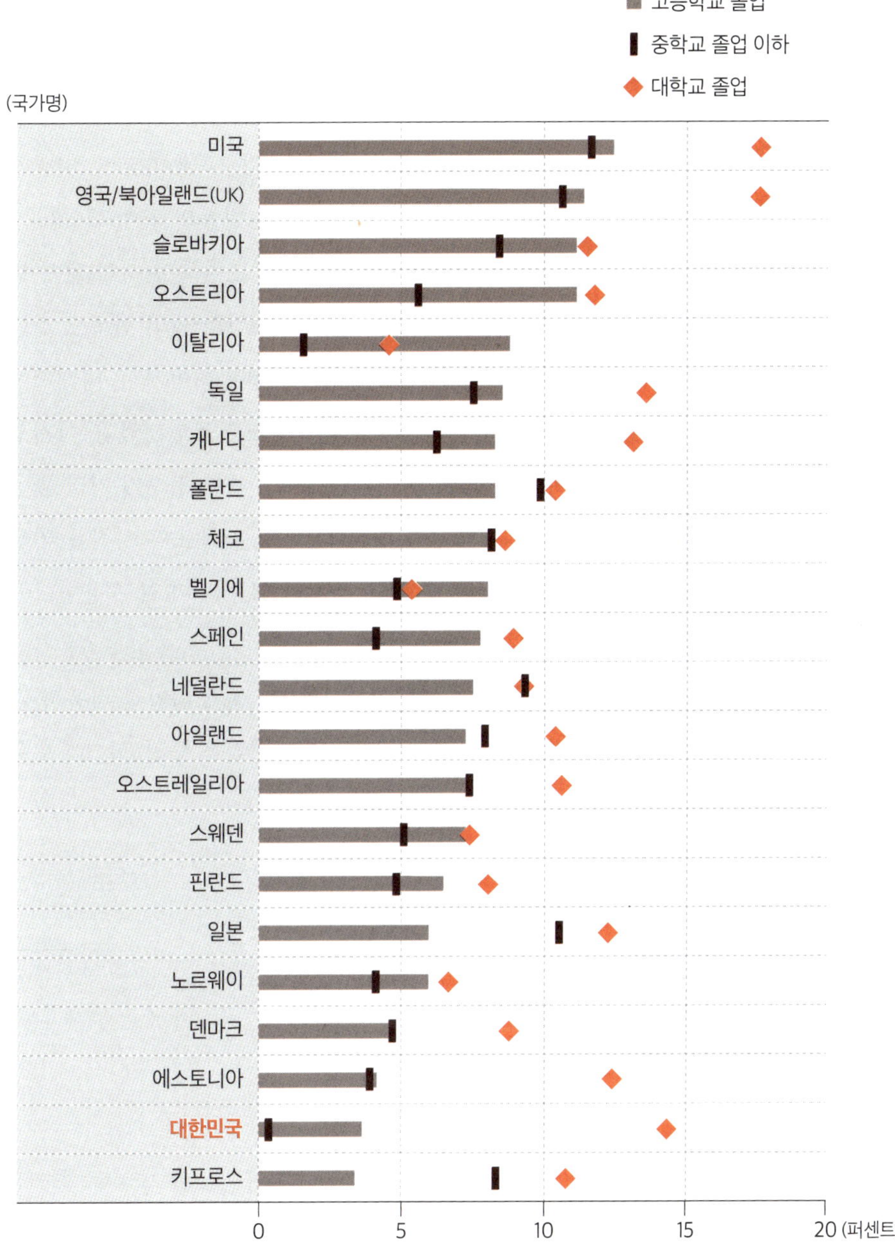

[그림3] 학력에 따라 문해력이 임금에 미치는 효과

유지함), 의미(삶의 과정에서 자신에게 중요한 목적이나 목표를 찾아 의미 있는 활동을 함), 성취감(목표를 세우고 이를 달성하는 과정에서 느끼는 성취감을 통해서 자신감과 자존감을 쌓음) 등이 필요하다.

OECD의 PIAAC 조사 데이터를 바탕으로 진행한 연구에 따르면, 전반적으로 직장 만족도(직업에 대한 긍정 정서)와 자원봉사 활동의 참여(몰입감)가 높은 성인일수록 문해력이 높은 것으로 보고되었다. 또한 전반적인 삶의 만족도가 높을수록 문해력이 우수했는데, 특히 중간 이상의 삶의 만족도 집단에서 문해력의 점수가 두드러지게 높은 경향을 보였다. 나아가서, 미래지향적 자기조절 능력이 좋을수록 문해력 또한 높은 것으로 보고되었다. 자기조절 능력이 10점 만점에 평균 7점 이상인 집단에서 문해력 점수가 가장 높았는데, 이는 문해력이 뛰어난 사람이 미래의 의미 있는 목표와 성취를 위해 현재의 즐거움과 편안함을 자제할 수 있는 생각과 행동을 더 잘 수용한다는 점을 시사한다[그림4].[7]

성인의 문해력과 웰빙의 통계적 관련성 못지않게, 실제 다양한 작품과 글을 함께 모여 읽는 사회적 독서 경험은 심리적인 안녕감을 증진하는 데 도움

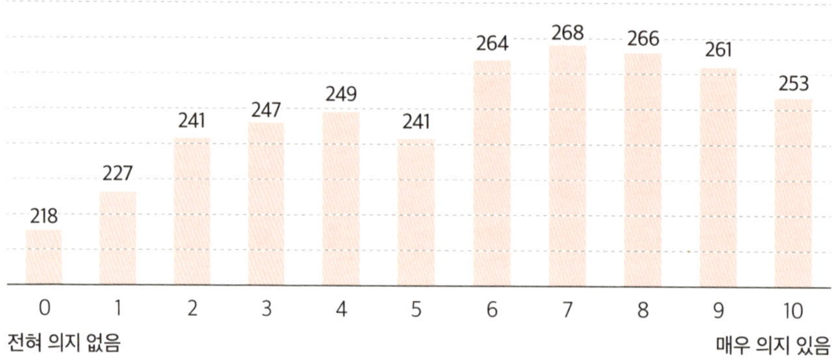

[그림4] 문해력과 미래지향적 자기조절 능력의 관계

을 준다.

스코틀랜드의 연구자들은 '책 읽는 노인들'을 대상으로 심층 인터뷰를 진행했는데, 소설이나 수필과 같은 다양한 형식의 작품을 즐겨 읽는 노인들은 '심리적 안녕감'에 긍정적인 영향을 받는다고 보고했다.[18] 책을 깊고 넓게 읽는 활동은 독자들이 독서라는 행위를 통해서 글을 읽는 사람이 된다는 긍정 정서를 경험하게 해주고, 작중 인물들과의 연결감을 바탕으로 나아가서는 자신과 주변 사람들과의 '관계성'에 대해서 새롭게 돌아볼 수 있는 기회를 마련해 준다. 또한 이들은 작품을 읽으면서 자신의 삶을 돌아보고, 앞으로 살아갈 세상에 대해 깊게 생각해 볼 수 있는 '개인 성장'의 기회를 찾을 수 있었다[그림5].

독자로서의 긍정 정서	연결되어 있다는 감정	성장하고 있다는 느낌
• 독서와 독자가 된다는 것에 대한 긍정적 감정 경험 • 복합적 감정 반응 • 감정 상태와 독서 행위 간의 상호작용 • 독서를 통한 심미적 감상	• 책과 자신과의 연결감 • 나와 친구 또는 가족과의 연결감	• 개인적 생애 성찰 • 타인과 인간에 대한 공감과 이해 • 지식과 소통의 증진

[그림5] 독서가 심리적 안녕감에 미치는 영향

미래 교육을 선언한 'OECD 학습 나침반'은 학습자의 웰빙을 가장 궁극적인 교육의 목표로 삼는다.[19] 그렇다면 문해력 교육이 미래 교육의 성공 발판을 마련하는 가장 중요한 토대를 제공할 수 있을 것이다. 물론, 문해력과 객관적 또는 주관적 웰빙 지표들 사이에 분명한 인과관계가 있다고 주장하기는 어렵다. 문해력이 높기 때문에 좋은 직업을 갖고 높은 소득을 유지한다거나, 각종 사회적 활동에 자발적으로 참여할 수 있다고 말할 수는 없다. 하지만 문해력이 높은 사람일수록 소통과 이해, 문제해결 역량이 필요한 사회적 삶의 과정에서 성공의 경험과 긍정적 만족감을 가질 가능성이 크다는 점은 분명해 보인다.

다양한 글과 자료와 정보를 읽고 쓰면서 삶의 문제를 해결하는 역량은 한 개인이 사회적 구성원으로서 삶을 살아가는 데 매우 중요한 역할을 한다. 문해력은 읽기와 쓰기라는 현실적 경험의 몰입에 더하여, 가능한 다양한 간접 경험들을 통해서 다면적인 심리사회적 혜택을 누릴 수 있는 기회를 마련해준다. 꾸준하게 글을 읽고 쓰는 경험을 통해서 자신과 삶에 대한 긍정 정서를 높이고, 인생의 과정에서 의미 있는 일을 찾아 목표를 세우며, 자신이 소외되지 않는 능동적이고 주체적인 삶의 과정에 몰입하려는 태도야말로 우리 자신의 행복을 스스로 정의하는 좋은 길이 아닐 수 없다.

문해력과 아동의 학교생활

문해력은, 아동이 학교에서 성취하고 성인으로 자라 사회 구성원으로 살아가는 과정에서도 적지 않은 영향을 미친다. 수많은 연구가 보여주듯이 글을 읽고 쓰는 능력이 학습의 가장 중요한 도구라는 점에서 문해력에 따라 학업 성취와 학교생활 적응의 정도가 달라질 것이라는 점을 예상할 수 있다.

호주의 흥미로운 연구는 아동의 초기 문해력이 개인의 학업 및 경제적 결과에 심대한 영향을 미친다는 점을 잘 보여준다.[20] 연구자들은 먼저 1,200여 명의 7~8세 호주 아동을 대상으로 '읽기 어려움(단어를 읽는 데 어려움을 겪는가)'과 '행동 문제(타인과의 사회생활에 문제를 겪는가)'의 발달 정도를 측정하고, 이들을 (1) 둘 다 괜찮은 집단, (2) 읽기 어려움 집단, (3) 행동 문제 집단, (4) 둘 다 어려운 집단의 4개 집단으로 나누었다. 그리고 이후 참여 아동들이 19~20세가 되었을 때 고등학교 졸업 여부와 대학교 입학 여부를, 23~24세가 되었을 때 취업 여부와 직업 수준 정도를 조사한 자료를 통합했다. 이를 바탕으로 아동의 읽기 및 행동 발달 정도가 학업 및 직업의 결과를 어떻게 예측하는지 통계적으로 분석했다. 그 결과를 요약해 보면 다음과 같다[그림6].

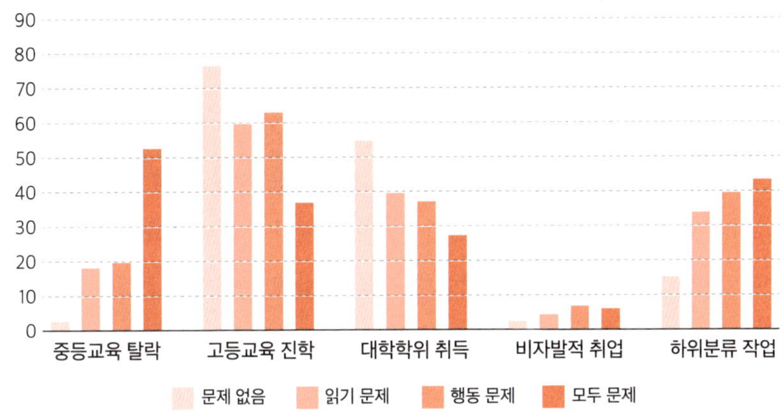

[그림6] 아동의 읽기 부진 및 행동 문제가 이후 학업과 진로에 미치는 영향

　아동의 초기 문해력에서 가장 중요한 역할을 하는 것이 단어 읽기 능력이다. 단어를 정확하게 읽을 수 있다는 것은 글자와 소리의 관계를 이해하고, 그것으로 언어의 재료인 단어를 확인해 그 뜻을 이해할 수 있음을 말해 준다. 단어 읽기 능력은 글 내용을 이해하는 독해 능력을 예측하고, 독해 능력을 바탕으로 한 학습 능력을 예측한다. 따라서 아동의 문해력은 초중등교육과 고등교육의 성취는 물론, 학업 성취에 따라 결정될 가능성이 높은 직업 선택에도 영향을 미친다. 더욱이 아동의 문해력 발달 과정에서 이런 저런 이유로 행동 문제가 함께 수반되는 경우가 있을 수 있고, 이렇게 읽기 문제와 행동 문제가 겹칠 때 아동은 이 두 가지 분야에서 자신을 능숙하게 조절해야 하는 학교생활에 쉽게 적응하기 어렵게 된다.

시민 권리로서의 문해력

아동에게는 읽을 권리가 있고, 그래서 문해력은 시민 권리이다. 이 권리는 선택적으로 주어지는 것이 아니다. 아이가 배우고 싶다거나 배우기 싫다고 선택할 수 있는 문제가 아니고, 교사와 부모가 마음에 들지 않는다고 가르치기를 거부할 수도 없는 일이다. 글을 읽고 쓸 수 있는 기회가 아이들의 상황과 요구에 알맞게 시의적절하게 효과적으로 제공되어야 한다.

아이들이 글을 읽고 의미를 이해하면서 새로운 것들을 배우는 경험, 이 과정에서 세상의 정보를 파악하고 합리적으로 생각하고 판단할 수 있도록 도와주어야 할 의무는 '사회적인' 것이다. 우리가 함께 살아가는 공동체가 사회적, 문화적 자원과 지원을 통해서 아이들이 문해력을 경험하고 갖출 수 있도록 도와주어야 한다. 문해력은 현대 사회의 구성원이라면 누구나 누려야 할 기본 권리이다.

예를 하나 들어보자. 미국 중서부 미시간 주의 가장 큰 도시가 디트로이트라는 곳인데, 미국의 자동차 산업이 가장 흥했을 때의 핵심 생산 기지가 바로 이 도시였다. 그런데 20세기 후반부터 진행된 산업 재구조화에 따라 자동차 등의 제조업이 역성장하면서 디트로이트 시의 경제가 매우 어려워졌다. 이로 인해 디트로이트 시의 공립학교에 대한 재정이 여유롭게 투자되지 못했다. 특히 흑인과 히스패닉 등의 소수자 인종과 저소득층이 몰려 있는 도심 학교에서는 좋은 실력을 갖춘 교사도 채용하기 어려웠고 양질의 프로그램과 수업도 제공하지 못했다. 재정 부족으로 학교 교실과 교육 시설도 낙후되어 갔다. 결과적으로 디트로이트 도심의 공립학교 학생들에게 양질의 교육 여건이 조성되지 못했다. 그리고 이런 상황이 꽤 오랫동안 지속되었다.

이에 디트로이트 도심의 공립학교 학생들이 모여 법원에 소송을 제기하는 일이 벌어졌다.[21] 학생들은 자신들이 책을 잘 읽을 수 있도록, 교과서의 정보를 잘 이해하고 사용할 수 있도록, 그래서 원하는 학업 성취와 진학 기회를 확보할 수 있도록 양질의 문해력 교육을 받을 권리가 있음에도 불구하고, 시 교육당국이 이러한 교육의 의무를 소홀히 했다고 주장했다.

그래서 결과가 어떻게 됐을까? 연방 법원에서 아이들의 손을 들어주었다. 법원은 다양한 텍스트를 읽고 쓰고 학습할 수 있는 역량을 키워주는 문해력 수업을 통해서 학생들이 좋은 학습자로 성장할 수 있도록 지원하는 것은 시와 학교당국의 의무임을 밝혔다. 그러면서 최소한의 교육과 문해력 학습 권리는 헌법에 의해 보장될 것이며, 이를 위해 필요한 충분한 재정 자원과 교육 지원을 받는 것은 디트로이트 학생의 당연한 권리라고 판시하였다.[22]

현대 교육제도를 갖춘 사회, 민주 헌법에 기초해 국가 권한과 자원이 운영되는 사회의 모든 구성원에게는 좋은 교육을 받을 당연한 권리가 있다. 교육의 핵심은 '배울 수 있다'는 것이고, 배움의 핵심에 읽고 쓰는 일이 있다. 우리 아이들은 학교와 가정에서 자유롭게 읽고 쓰면서 문해력을 익히고, 문해력을 바탕으로 자신의 생각과 감정, 지식과 관점을 소통할 권리를 갖는다. 교육당국은 우리 아이들이 읽고 쓰면서 성장할 수 있도록 아낌없이 지원하고 협력해야 한다.

아동의 읽을 권리

국제문해력협회(International Literacy Association, ILA)는 역사가 깊은 전문 조직으로, 교사, 연구자, 교육자, 정책가 등이 자발적으로 모여 문해력에 관한 다양한 문제와 쟁점을 연구하고 협의한다. 이들은 주로 읽기, 쓰기, 소통, 교육, 수업에 관해 연구하고 실천한다. 미국의 교육당국은 ILA가 공유하는 다양한 연구와 지침을 참고한다. 왜냐하면 읽기와 문해력을 연구하는 거의 모든 이들이 ILA의 회원이기 때문이다.

ILA는 꽤 오래 전에 아동의 읽을 권리를 선언했다. 열 가지 아동의 읽을 권리에 대해 간략한 해설을 덧붙여 보면 다음과 같다.[23]

1. 아동은 기본권으로서 읽을 권리를 지닌다.

읽기는 누구나 지닌 기본권이다. 먹는 것, 입는 것, 자는 것뿐만 아니라 보호, 안전의 권리와 같이 읽을 권리도 반드시 필요한 것이다. 읽을 권리는 모두에게 주어지는 권리다.

2. 아동은 다양한 형식의 출판물과 디지털 텍스트에 접근할 권리를 가진다.

이는 텍스트에 대한 아동의 접근권을 강조한다. 아동이 읽고 싶은 책은 언제든 어떤 경우든 읽을 수 있어야 한다. 아동이 책을 읽고 싶어하는데 그 책에 접근하지 못하게 하는 것은 받아들여질 수 없다. 책에 대한 접근권은 아이의 권리이므로. 그것을 방해하는 것은 아동의 인권을 침해하는 것이다.

3. 아동은 자신이 읽고 싶은 텍스트를 선택할 권리를 가진다.

글 읽기에서 선택은 매우 중요하다. 주어진 글을 억지로 읽는 아이와 자기가 선택한 글을 읽는 아이의 표정은 다르다. 자기가 읽고 싶은 것을 선택해서 읽기 때문에, 자기가 선택한 목적과 관심사를 위한 것이기 때문에 글 읽기가 즐겁고 의미 있는 일이 된다. 읽고 싶은 것을 읽지 못하게 하는 것은 아동의 읽을 권리를 방해하는 것이다. 아동에게는 텍스트를 선택할 권리가 있다.

4. 아동은 자신의 경험 및 언어의 거울이 되는 텍스트, 타인의 삶에 대한 창을 제공하는 텍스트, 우리가 살아가는 세계로의 문을 열어주는 텍스트를 다양하게 읽을 권리를 지닌다.

아이들은 글과 책을 통해 다양한 경험을 가질 권리가 있다. 이 권리는 텍스트의 의미와 가치를 정의한다는 점에서 유용하고 흥미롭다. 텍스트는 삶을 반영하는 거울이자, 다른 사람의 삶을 들여다볼 수 있는 창문이다. 텍스트는 지금껏 경험하지 못했던 세상으로 들어갈 수 있는 입구가 되어준다. 아동이 글과 책을 통해 새로운 자신, 새로운 타인, 새로운 세상과 연결되는 경험은 글 읽기의 정수이다. 아동의 읽을 권리는 아동이 자신과 타인, 세상과 세계를 이해하고 경험할 권리와도 같다.

5. 아동은 즐거움을 위해 읽을 권리를 지닌다.

누구든 글 읽는 일이 즐거우면 더 읽게 되어 있다. 아이들의 독서력, 글을 읽고 쓰는 문해력을 증진시킬 때 가장 좋은 방법이 즐겁게 글을 읽을 수 있는 환경을 만들어주는 것이다. 즐겁지 않은데 강제로 읽게 할 수 없으며, 이는 결코 아이들의 문해력 발달, 삶의 성장에 도움이 되지 않는다. 공부와 시험을 벗어나 스스로의 기쁨과 만족을 위해 읽는 경험을 방해할 수 없다.

6. 아동은 지혜로운 후원자들과 함께 협력적 읽기 환경을 누릴 권리를 지닌다.

어른들은 아이들이 좋은 책을 읽고 자신의 읽기 능력을 연습하고, 즐겁게 그런 경험을 누릴 수 있도록 적합한 지원책을 마련해야 한다. 하나의 방법으로 아이들이 주변 사람들과 어울려 함께 글 읽는 경험을 갖도록 도와줄 수 있다. 이를 위해 학교와 가정이 협력해야 한다. 학교와 가정이 연결되어 아동의 문해 환경을 조성하고, 그들이 무엇을 왜 언제 읽고 쓰는지 관찰하고 촉진해 주어야 한다. 넓게는 공동체와 사회도 협력해야 한다. 다양한 교육 주체들이 협력할 때 우리 아이들은 그 누구와도 함께 글을 읽고 배우는 경험을 습득할 수 있다.

7. 아동은 글 읽기에 필요한 시간을 누릴 권리를 지닌다.

읽기 교육, 문해력 교육, 학교 교육에서 가장 어려운 점 중 하나는 아이들에게 즐겁게 읽고 쓰고 공부할 시간이 주어지지 않는다는 것이다. 학교와 학원 생활에 지친 아이들에게 무작정 책을 읽으라고 독려하기 어렵다. 자기가 무엇인가를 마음 놓고 할 수 있는 시간이 부족하면, 그것을 제대로 즐기기 어렵다. 특히 글을 제대로 깊게 읽기 위해서는 절대적인 시간이 필요하다. 아이들에게는 글과 책을 찾아 진지하고 즐겁게 읽을 수 있는 충분한 시간이 마련되어야 한다. 어른들에게는 그런 시간을 아이들에게 돌려줄 의무가 있다.

8. 아동은 다양한 공동체에서 타인과 협력적으로 읽으며 배운 것을 공유할 권리를 갖는다.

문해력은 읽는 것만으로 그치지 않는다. 문해력을 키우려면 글을 읽는 것에서 나아가 사람들과 함께 읽은 것들에 대해 이야기하고 대화할 수 있는 기회, 다른 사람의 의견을 듣고 생각해 볼 수 있는 활동으로까지 이어져야 한다. 조용히 혼자 앉아서 책을 읽는 것만이 능사는 아니다. 다양한 배경을 가진 사람들과 만나 함께 읽고 배운 것들을 나눌 수 있는 기회를 만들어주어야 한다.

9. 아동은 쓰기, 말하기, 시각적 표현과 같은 다양한 의사소통의 도약대로서 읽을 권리를 지닌다.

글을 읽는 것은 문자를 읽는 것으로 끝나는 것이 아니라 그것으로 글을 쓰고 대화를 하고 그림이나 영상으로 제작하여 타인과 공유할 수도 있다. 글을 읽는 것은 의사소통의 기본이자 핵심이지만, 전통적인 문자 언어 활동을 넘어 다양한 언어적, 시각적 텍스트를 통한 의사소통과 함께 어우러질 때 훨씬 효과적으로 배우고 실천할 수 있다.

10. 아동은 읽기 및 읽기 수업에 관하여 정부, 기관, 공동체가 제공하는 다양한

재정적, 물질적 자원의 혜택을 누릴 권리를 갖는다.

읽기 능력, 문해력, 의사소통 능력과 같은 것들은 한 개인 안에서만 자라나는 것이 아니다. 이것은 아동이 살아가는 사회와 공동체 맥락 안에서 그들이 다양한 도구와 자원을 활용하면서 다른 사람들과 상호작용하는 과정을 통해 꾸준하게 발달한다. 아동의 권리는 정부와 기관, 공동체가 함께 지켜줘야 한다. 학교와 가정, 도서관과 공공기관, 지역 공동체와 사회가 힘을 합쳐 아이들이 글을 읽고 문해력을 키울 수 있도록 도와주어야 한다. 아이들에게는 그것을 요청할 권리가 있다.

문해력으로 '좋은 사람' 되기

세계은행(World Bank)의 자료에 의하면, 15세 이상 세계인의 문해율은 조사가 시작된 1976년 66퍼센트를 기록한 이래 꾸준히 증가하여 2023년에는 거의 열에 아홉이 문해력을 갖추게 되었다.[24] 이때 문해율이란 글자를 정확하게 읽고 쓸 수 있는 능력, 즉 '기초 문해력'이다.

하지만 문해력의 의미는 단지 글자를 읽고 쓰는 것에만 국한되지 않는다. 우리는 문해력을 바탕으로 공부를 할 수 있고, 새로운 것을 배워나갈 수 있으며, 일과 삶의 과정에 참여하면서 인생의 성취를 이룰 수 있다. 생애에 걸쳐 지속적 쓸모를 갖는 문해력은 개인의 행복감뿐 아니라, 미래를 향해 나아가는 사회의 효능감 증진에도 기여한다.

문해력은 '좋은 사람'이 되는 경험을 통해 삶의 성장을 이끈다.[25] 여기서 좋은 사람이란 명랑한 사람이며, 타인과 함께 능동적으로 움직이면서 품위 있는 삶을 살아가는 사람이다. 좋은 문해력을 경험하고 좋은 문해력을 기르면, 좋은 사람이 되는 삶에 한 걸음 더 다가갈 수 있다[그림7, 8].

좋은 사람은 '명랑한 사람'이다. 명랑한 사람이란 매사에 호기심으로 새롭게 배우는 사람이다. 우리 아이들은 문해력을 바탕으로 다양하게 읽고 쓰면서 새로운 것들을 탐구하고 배움의 과정에서 오는 즐거움을 만끽할 수 있다. 가령, 명랑한 사람은 가치 있는 배움에 시간과 노력, 관심과 애정을 아낌없이 투자하는 사람이다. 우리 아이들이 이렇게 명랑한 사람이라고 상상해 보자. 생각만 해도 그들과 함께 배우고 교류하고 삶을 살아가는 일이 기다려진다.

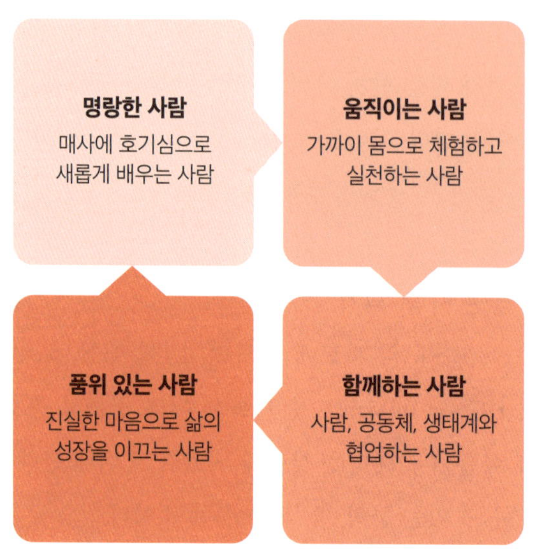

[그림7] 좋은 사람의 요소

명랑한 사람은 '움직이는 사람'이 될 수 있다. 움직이는 사람은 삶의 문제를 가까이 몸으로 체험하고 그 해결 과정에 몰입하여 자신의 지식과 그것이 뒷받침하는 신념을 실천하는 사람이다. 우리 아이들은 문해력을 바탕으로 읽고 쓰고, 배워 알게 된 것들을 삶의 맥락에서 실천할 수 있다. 그래서 우리 아이들이 타인의 실수에 관대하면서도 예기치 않은 타인의 실패를 흘려 넘기지 않는 사람, 타인과 함께 딛고 일어나려는 공동체적 전략을 발휘하는 사람이 될 수 있다고 상상해 보자. 생각만으로도 벅차다.

움직이는 사람이란 '함께하는 사람'이 되는 것을 의미한다. 함께하는 사람이란 나와 주변의 사람, 공동체, 기술, 생명을 포함한 일체의 지구 생태계의 일원으로서 경청하고 공감하며 살아가는 사람이다. 우리 아이들은 문해력을 통해서 사람, 기술, 세상, 환경을 두루 연결하여 협력적으로 살아가는 좋은 사람이 될 수 있다. 상상해 보자. 닫힌 읽기와 쓰기, 갇힌 독자와 저자의 상황(탈맥락적이고 허구적인 가상의 상황)을 극복하는 사람, 역동적이고 실천적인 경험을 통해서 열린 읽기와 쓰기를 하는 사람, 도전적인 독자, 저자, 대화자로 읽고 생각하고 소통하는 사람이 우리 아이들의 미래이다.

이렇게 문해력을 갖춘다는 것, 명랑하고 함께하며 움직이는 좋은 사람이 된다는 것은 '품위 있는 사람'이 될 때 비로소 완성된다. 품위 있는 사람은 진실한 마음으로 삶의 성장을 이끄는 사람이며, 언제 어떠한 조건과 상황에서도 가장 합리적이고 인간적인 방식으로 생각하고 판단하고 행동하는 사람이다. 우리 아이들은 타인과 함께 공동체적으로 읽고 쓰면서, 자신에게 닥쳐온 어려움 앞에서 비판적 사유 없이 '눈에는 눈, 이에는 이'의 방식으로 상황에 대응하지 않고, 오히려 자신의 생각, 언어, 행동의 이유를 성찰된 내부의 가치 체계 안에서 찾는 사람이 될 수 있다.

우리 아이들이 명랑하게 함께 움직일 수 있는, 품위 있는 존재로 자신의 잠재성을 발현할 수 있게 도와주자. 좋은 사람으로 성장하여 살아갈 수 있도록 아이들에게 필요한 문해력을 키워주자. 즐겁게 읽고 쓰면서 문해력을 몸으로 배워 기억할 수 있도록 학습 조건과 상황을 마련해 주자. 그러기 위해서는 여러분도 좋은 교사, 좋은 부모, 무엇보다 좋은 어른이 되어야 한다. 그런 경험을 많이 하고 스스로 찾아서 해야 한다. 우리 아이들이 좋은 사람으로 성장한다면, 자연스레 우리 사회도 좋은 사회로 변모할 것이다. 생각만 해도 벅차지 않은가?

명랑한 사람

- 밝고 쾌활하다.
- 자신을 존중하고 주도적이다.
- 자신만의 관점을 의미 있게 형성한다.
- 새롭고 도전적인 배움에 긍정적이고 적극적이다.
- 가치 있는 배움에 시간과 노력, 관심과 애정을 투자한다.
- 학습 상황, 문제, 절차, 결과에 대해 분석적이고 비판적이다.
- 호기심으로 질문하고 도구와 자원을 활용하여 질문을 탐구한다.
- 평생학습자로서 자신의 정체성 변화 과정을 지속적으로 성찰한다.

움직이는 사람

- 새로운 경험과 체험을 즐긴다.
- 일상의 현상을 직접 관찰하고 감각하는 것에 익숙하다.
- 홀로 앉아 생각하는 것을 넘어 마음과 몸을 움직여 행동하고 실천한다.
- 계획한 것을 묵혀두지 않고 행동으로 옮기려는 의지와 자신감이 충만하다.
- 새롭게 알게 된 것을 현실에 적용하고 검증하면서 실질적으로 무언가를 배우는 일에 적극적으로 임한다.
- 능동적으로 현상을 관찰하고, 현상 이면의 원리와 패턴을 인지하고 분석하며, 이를 문제화함으로써 새로운 탐구의 기회를 모색한다.
- 다각도의 조사 활동(텍스트, 현장, 경험)을 통해 질문에 대한 성실한 대답을 모색하고 이를 다른 사람과 공유하고 토론한다.
- 새로운 지향점을 모색하고 이를 정의로운 질문으로 생성한다.
- 닫힌 읽기-쓰기, 갇힌 독자-저자의 상황을 극복하고, 역동적이고 실천적인 경험을 통해서 열린 읽기-쓰기, 도전적인 독자, 저자, 참여자로서 읽고 생각하고 표현하고 소통한다.

함께하는 사람

- 함께 체험하고 남의 이야기를 경청한다.
- 상대를 존중하고 예의를 갖추어 대화한다.
- 안으로 향하는 명랑함을 넘어 밖으로 흐르는 우애를 발휘한다.
- 대화와 상호작용의 규칙을 지키고, 보다 진전된 소통의 규칙을 만드는 데 협력한다.
- 타인의 실수에 관대하면서도, 실패를 함께 딛고 일어나려는 공동체적 전략을 발휘한다.
- 세상에 존재하는 관점, 입장, 배경, 관계의 다양성을 이해하고, 다양성을 존중하면서도 서로 융화할 수 있는 전략을 고민한다.

- 갈등 상황에서 당사자들 간의 대립과 긴장을 유연하고 현명하게 조정하기 위해 진실한 마음으로 대화한다.
- 의사결정, 문제해결의 과정에서 친절하면서도 때로는 리더십을 발휘해 협력 과정에 참여한다.
- 쟁점이 풀리지 않는 상황에서 편협한 근거와 편향된 선입견으로 섣부른 결론에 도달하지 않기 위해 판단을 유보한다.
- 쟁점이 풀리지 않는 상황에서 양비론에 빠지거나 회색지대에 안주하기보다는 상이한 주장과 근거를 두루 조사하고 섭렵하여 진지하게 판단하고 용감하게 행동한다.
- 다양한 관계에서 비롯된 권력의 작동 방식과 영향력에 민감하면서도 유연하게 대처한다.
- 거시적 안목을 기반으로 미시적으로 작동하는 사람, 사물, 기술, 환경, 공동체와 함께 생각한다.
- 자신 밖의 것들에 대해 이해하고 공감하며 그것을 자신 안의 것들과 연결 지어 새로운 의미를 만든다.
- 집단, 공동체 안에서 협력과 소통으로 문제를 해결하고 공동의 발전을 도모한다.
- 개인의 성취를 공동체 구성원의 직·간접적 기여를 평가해 공동 성장과 결실로 확장한다.
- 개인과 환경, 개인과 기술, 개인과 다른 사람들과의 관계를 탐색하면서 지속가능성의 구체적 실현 방안을 모색하고 실천한다.

품위 있는 사람

- 겸손한 독자, 저자, 실천가이다.
- 자신의 존재 의미와 가치를 밝힌다.
- 타인의 삶과 성취에 선한 영향력을 미친다.
- 환경과 공동체의 맥락 안에서 끊임없이 자신의 성장을 추구한다.
- 자신과 모두의 성장과 발전을 위해 윤리적이며 도덕적으로 판단한다.
- 자신의 생각, 언어, 행동의 이유를 내부의 가치 체계 안에서 찾는다.
- 어떤 위기와 위험에서도 의연하게 대처하고, 차분하고 합리적으로 판단한다.
- 세상과 환경, 사회와 사람에 대한 따뜻한 시선으로 정당한 행동을 이행하고 성찰한다.
- 권위와 권력이 아닌, 기품과 인성으로 타인에게 선한 영향력을 미치는 방식으로 읽고 쓴다.
- 품위 있는 세상을 때로는 주도적으로 이끌고 때로는 암묵적으로 지지하고 응원한다.

[그림8] 좋은 사람의 모습

　문해력은 '생각하기'와 깊게 관련된다. '사람이 글을 읽고 쓰면서 무엇을 어떻게 생각하는가?'는 문해력의 의미와 가치를 살리는 기본적이면서도 중요한 질문이다. 문해력이 학습의 도구인 이유, 삶의 중요한 문제 상황을 헤쳐 나가는 힘이 되는 이유도 그것이 생각을 다루는 역량이기 때문이다.

　생각과 밀접하게 관련되는 개념으로 '인지'가 있다. 문해력과 생각의 관계에 대한 질문은 이 장의 핵심어인 인지가 어떻게 작동하는지에 관한 질문과 연결된다. 글을 읽고 쓰는 사람의 인지 기능과 전략, 메타인지, 인식론적 인지, 상황 인지 등에 대해 이해해 보자. 글을 읽고 쓰는 사람의 인지에 관한 연구를 바탕으로 읽기 모형, 텍스트 이해 모형, 독자-독서-맥락의 관계에 대해서도 살펴보자.

　글을 읽고 쓰는 동안 사람의 머릿속에 일어나는 인지 활동, 생각의 활동은 눈에 보이지 않는다. 하지만 눈에 보이지 않는다고 그것이 존재하지 않거나 움직이지 않는 것은 아니다. 오히려 그렇게 보이지 않는 것이 문해력의 본질과 과정, 문해력의 의미와 가치를 결정하는 가장 중요한 요체라고 할 수 있다.

2장

읽는 동안 머릿속에서 무슨 일이 일어나는가?

읽고 쓰는 과정, 문해력 성장 과정에서
학습자의 '인지'는 어떻게 작동할까?

· 인지란 무엇인가?

· '글을 읽고 쓴다'는 것의 의미란?

· 인지 역량의 세 가지 층위

· 의미 구성을 위한 인지적 기능과 전략

· 메타인지적 점검과 조정

· 인식론적 자기 성찰

주요 키워드

인지 기능 / 인지 전략

메타인지·상위인지·초인지 / 인식론적 인지 / 상황 인지

독자 / 텍스트 / 과제 / 맥락

 1 읽는 사람의 인지 활동

글을 읽고 쓰는 사람의 '생각'은 어떻게 작동할까? 문해력의 실천, 문해력의 학습, 문해력의 발달 과정에서 작동하는 '생각'의 역할과 기능에 대해서 우리는 얼마나 알고 있을까?

조금 어려운 질문이다. 사람이 생각할 수 있는 이유는 '인지'를 가지고 있기 때문이다. 그래서 이 장의 핵심어는 생각이자 동시에 인지라고 할 수 있다. 인지는 우리의 두뇌와 관련되고, 심리적 정보처리, 정신적 의미 구성 등과 관련된다. 사람이 수행하는 모든 활동은 인지의 작동을 수반한다. 때로는 자동적이고 때로는 의식적이지만, 모든 생각의 활동은 인지가 움직이는 것이다. 따라서 글을 읽고 쓰는 사람의 인지를 이해하는 것은 문해력이라는 인간 행위를 이해하는 데 필수적이다.

인지는 우리 두뇌의 다양한 영역들이 활성화되고 연결되어 이루어지는 복잡한 정신 활동과 깊게 관련된다.[1] 인지란 다양한 사유, 경험, 감각을 통해서 정보를 습득하고 의미를 구성하는 일체의 정신 활동 및 과정을 말한다. 또한 인지는 그러한 정신 활동과 과정을 조절하고 통제하고 수정하는 체계를 의미한다. 그러니까 우리의 인지는 우리가 '생각'을 하게 하면서 동시에 그 '생각에 대한 생각'을 하게 한다.

의미는 어떻게 만들어지는가?

우리는 앞에서 문해력을 여러 방면으로 개념화해 보았다. 쉽게는 문해력을 추상적인 기호를 통해서 구체적인 의미를 만들어내는 능력이라고 했다. 그렇다면 의미를 만들어낸다는 것이 무엇일까? 그것은 글을 읽는 독자가 외부에서 들어온 정보(글 정보)와 자신 안에 있는 정보(배경지식)를 연결하고 통합해서 새로운 해석을 만들어낸다는 것을 뜻한다. 방금 말한 인지의 개념과 잘 맞아 떨어지지 않는가? 글을 읽고 쓰는 일의 중심에 인지 활동, 인지 과정이 있다.

우리가 살아가는 현대는 그동안 인간이 인간의 인지에 대해 과학적으로 이해하려는 노정의 결과이자 새로운 시작에 다름없다. 요즘 우리는 인공지능, 기계학습, 알고리즘 등에 대한 이야기를 많이 한다. 그런데 이런 말들의 핵심에 인지가 있다. 사람의 인지가 어떻게, 왜 그렇게 작동하는지의 문제는 인공지능 연구의 토대이자 동시에 이유가 된다.

인지를 연구하는 학문 분야를 통틀어 인지과학이라고 부른다. 인지과학은 어떤 하나의 학문이 아니라 여러 철학적, 학문적, 과학적 지식과 관점의 연구 전통이 한데 묶여서 창안된 일종의 '분야'이며, 그 핵심에 인간의 인지에 대한 연구가 있다. 이는 '사람이 어떻게 생각하는가?'의 문제를 탐구하는 학문이고, 그러한 인지를 인간 외부에서 실현하고자 하는 학문이다. 인지과학은 현재에도 미래에도 과학의 핵심이라고 말할 수 있다.

구글 엔그램 뷰어에 인지를 뜻하는 'cognition'을 넣어보면, 1940년대 후반부터 1960년대를 거쳐 1980년대부터 사용 빈도가 늘어나기 시작하여, 2000년대 들어 폭발적으로 증가하는 모습을 관찰할 수 있다[그림1]. 이는 갈수록 우리가 살아가는 세상에서 인지가 중요해졌고, 사람들의 관심 또한 날로 증대되어 왔음을 보여준다. 인지에 대해 생각하지 않고는 현대를 이해하기 어렵다는 뜻이다.

2차 세계대전까지 과학자들을 부리는 나라였던 미국, 영국 등의 서구 사회는 인간이 가진 '물리적 힘'의 확장에 관심이 있었다. 그래서 멀리 보고, 멀리 날고, 빨리 움직이고, 강력하게 대상을 파괴하는 전쟁 도구를 만드는 데 혈안이 되었다.

그런데 2차 세계대전이 끝나면서부터 서구의 과학계는 인간의 '정신적 힘'의 확장에 본격적으로 관심을 갖기 시작했다. 그러면서 기억에 대한 연구, 기억이 작동하는 체계인 인지에 대해 폭넓게 연구하기 시작했다. 1950년대부터 진행된 인지 연구에 기초하여 21세기에 접어들면서 알고리즘, 기계학습, 심층학습, 신경망, 인공지능 등의 개념들이 실현된 디지털 기계가 등장하기 시작했다.

[그림1] 구글 엔그램 뷰어 'cognition' 검색 결과

오늘날 인공지능은 불과 몇 년 전부터 시작된 연구의 성과가 아니라, 꽤 오랜 시간 동안의 인간에 대한 연구, 정신에 대한 연구, 인지에 대한 연구의 결과물이라고 볼 수 있다. 인공지능은 인공지능으로 시작된 것이 아니라, 인간 지능에 대한 관심에서 시작된 것이다.

글을 읽고 이해한다는 것은 인간이 실천하는 가장 중요하면서도 복잡한 인지 활동이다. 읽기는 텍스트를 통해서 정보와 지식을 습득하고 그것을 자신의 경험 및 지식과 통합해서 새로운 의미로 구성해 내는 인간의 대표적인 인지 활동이다.

초창기 인간의 인지 활동에 관심을 가진 과학자들 역시 사람이 어떻게 언어를 해독하고 정보를 처리하는지에 큰 관심을 가졌다. 이를 위해 사람이 글을 읽는 동안 눈동자가 어떻게 움직이는지도 측정해 보고, 글을 읽으면서 어떤 생각을 하는지 알아보기 위해 말로 생각을 표현하게 하는 기법들도 사용했다. 글 읽는 동안 산출된 눈동자 움직임 또는 언어적 발화를 통해서 독자의 머릿속에서 일어나는 생각의 흐름을 엿볼 수 있다고 보았기 때문이다.

지금도 읽기는 인지과학의 핵심 주제이다. 인지 없는 읽기 활동은 불가능하며, 읽는 것만큼 복잡한 인지 활동이 없다. 생각하지 않고 글을 읽는다는 것은 성립하지 않는 명제다. 따라서 인지가 어떻게 작동하는가에 대한 이해 없이 문해 활동의 과정을 온전히 이해하기 어렵다.

교실에서 아이들과 문해력 수업을 하기 위해서는 아이들의 생각, 사고, 인지가 글을 읽는 동안 어떻게 작동할지 생각해 봐야 한다. 물론, 인지과학 전문가라 하더라도 우리의 인지가 어떻게 작동하는지에 관한 모든 진실을 정확히 알기는 어렵다. 하지만 독자의 인지가 작동하는 큰 원리를 이해하는 것만으로도 문해력을 교육하는 우리의 시야를 크게 넓혀줄 것이다.

인지 활동의 세 가지 층위

인간의 읽기 활동, 문해 활동, 넓게는 일련의 모든 학습 활동과 관련되는 인간의 인지는 어떻게, 어떤 층위에서 작동할까? 여기서는 글 읽는 과정에서 작동하는 인지의 층위를 인지적인 것과 메타인지적인 것, 그리고 인식론적인 것의 세 가지로 설명해 본다[그림2].[2]

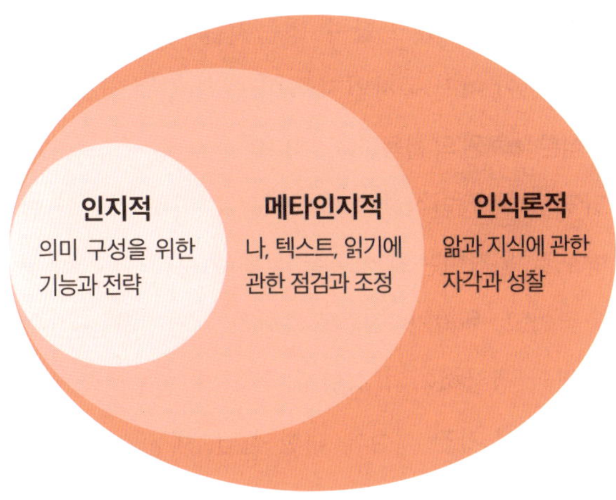

[그림2] 인지 활동의 세 가지 층위

첫째, 말 그대로 '인지적 차원'의 활동이다. 지금까지 우리가 말한 큰 의미의 인지(인간의 사고 활동에 관여하는 일체의 심리 체계)가 아니라, 그러한 인지가 직접적이고 구체적으로 작동하는 작은 개념, 수단적 개념의 활동을 말한다. 인지적 활동은 주로 정보를 처리하고 의미를 구성하는 것에 관련된 다양한 읽기 기능과 전략, 이들이 조화되어 사용되는 현상을 의미한다.

둘째, '메타인지적 차원'의 활동이다. 인지적인 활동, 즉 인지적인 기능과 전략을 사용하는 과정에서 우리는 끊임없이(많은 경우 스스로 감지한 맥락과 요구에 따라) 그 과정을 점검하고 조절해야 한다. 앞서 말한 인지적 기능과 전략은 스스로 알아서 움직이는 게 아니라, 그것을 조화롭게 사용하려는 상위인지적 체계의 통제로 가능하다. 우리는 이를 '메타인지', '초(超)인지', 혹은 '상위인지'라고 부른다. 메타(Meta)는 '~보다 위' 또는 '~을 초월한' 정도의 개념으로, 메타인지란 인지에 대한 인지라고 말할 수 있다. 따라서 메타인지는 '생각에 대한 생각'으로, 글을 읽는 자신이 무엇을 알고 무엇을 알지 못하는지, 무엇을 이해했고 이해하지 못했는지, 무엇을 할 수 있고 할 수 없는지를 아는 것이다. 나아가서는 독자 스스로 자신이 어떤 독자인지 돌아볼 수 있는 것까지를 포괄한다.

셋째, '**인식론적 차원**'의 활동이다. 메타인지가 인지의 움직임을 통제하는 역할을 담당한다면, 인식론적인 인지는 그러한 일련의 인지 체계가 왜 그런 방향으로 움직이는지 이유를 설명해 준다. 우리의 생각이 특정 방향으로 움직이고, 우리가 그렇게 판단하고 결정하는 이유는 무엇일까? 이러한 일련의 생각하기의 경향성, 읽기의 경향성을 설명하는 기제가 바로 독자 자신이 가진 세상에 대한 신념, 세상을 바라보는 시각, 일종의 세계관이다.

세상의 지식과 그것을 알아가는 앎의 과정이 고정되어 있는 것인지 변화하는 것인지, 하나의 정답만 있는 것인지 여러 경로를 통해 탐구되는 것인지, 언제 어디서나 단 하나의 가치로 결정된 것인지 아니면 맥락에 따라 새롭게 가치가 판단될 수 있는지 등에 대한 독자의 가정, 이론, 신념이 글 읽기 과정에서의 인지적, 메타인지적 활동에 영향을 미친다.

인지적 (의미 구성을 위한) 기능과 전략

글 읽기를 자동차 운전에 빗대어 보자. 자동차를 운전하려면 어떤 기술과 전략이 필요할까? 먼저 핸들(조향장치)을 조작할 수 있어야 한다. 그다음 브레이크(제동장치)를 밟을 수 있어야 한다. 그다음에 가속기를 밟아서 속도를 조절할 수 있어야 한다. 이것들만 하면 될까? 거울을 볼 수 있어야 한다. 차 안에도 거울이 있고, 차 밖 양 옆에도 거울이 있다. 거울을 봐야 내가 보지 못하는 부분까지도 볼 수 있다. 또 무엇을 해야 할까? 변속기를 조작할 수 있어야 한다. 요즘엔 자동 변속기가 많지만, 적어도 전진과 후진, 주차 위치에 변속기를 제때 올려놓을 수 있어야 한다. 운전학원에 가면 이런 기본적인 운전 기술들을 가장 먼저 가르쳐준다. 운전자에게 필요한 '도구 상자'를 주는 것이다.

글 읽기도 마찬가지다. 글을 읽으려면 다양한 역할의 기초적, 고차원적 인지 기능과 전략이 필요하다.[3] 이런 기능과 전략 들이 함께 연동될 때, '독자의 인지'가 마치 자동차와 같은 하나의 기계처럼 굴러갈 수 있게 된다. 자동차의 핸들, 바퀴, 의자, 가속기, 제동기 등 다양한 장치들이 한 치의 오차 없이 맞물려 움직이듯, 독자의 인지는 다양한 기능과 전략이 조화롭게 작동하는 체계이다[그림3].

예컨대 글을 읽으려면 첫째로 특정한 소릿값(우리말 음가)을 대표하는 낱글자(한글 자모음)를 정확하게 알아야 한다. 그리고 낱자들이 합쳐져 만들어진 단어를 소리 내어 읽을 수 있어야 한다. 단어를 가급적 빨리 그리고 정확하게 읽고 그 뜻이 무엇인지도 파악해야 한다. 나아가 단어와 문장을 유창하게 읽을 수도 있어야 한다. 그렇게 하려면 어휘력이 필요하고, 문장이 이루어지는 원리에 대한 지식(통사 지식)이 있어야 한다. 개별 단어들에 대한 지식도 필요하고, 그 단어들이 어떤 순서로 어떤 역할을 하며 연결되는지도 파악할 수 있어야 한다. 비슷한 말과 반대말, 주변에 있는 말들과의 관계도 알아낼 수 있어야 한다. 단어들이 서로 다른 맥락에서 어떻게 달리 쓰이는지, 문장 안에서 단어의 순서가 바뀔 때 어떻게 문장의 의미가 달라지는지도 파악해야 한다. 그리고 보다 근본적으로는 언어를 이해하는 능력도 필요하다. 언어 이해력과 문자 읽기가 합쳐지면 기본적으로 글을 읽을 수 있게 된다.

그런데 글 읽는 독자의 인지가 움직이기 위해서는 더 많은 기능들이 필요

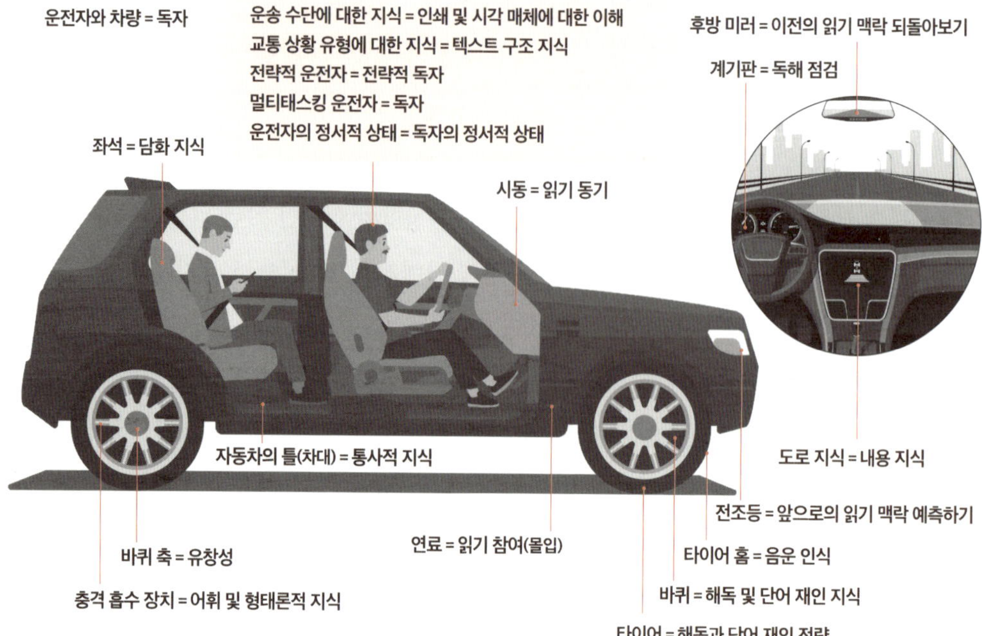

[그림3] 읽기와 운전에 필요한 인지적 기능과 전략

하다. 먼저 문장과 문장, 단락과 단락을 읽고 나서는 전체적으로 글의 메시지를 종합적으로 이해할 수 있어야 한다. 각각의 문장과 단락, 그것들이 연결되어 만들어내는 의미들이 어떻게 서로 관련을 맺는지 확인해야 한다. 작은 의미들을 연결해서 큰 의미를 만들 수 있어야 하고, 큰 의미 안에서 작은 의미들을 해석할 수 있어야 한다. 이를 위해서는 자기가 알고 있는 배경지식을 적극 활용할 수 있어야 한다.

의미 구성을 위해서 글 내용을 예측할 수도 있어야 한다. 무작정 글을 읽어도 되지만, 책을 넘기기 전에 표지를 보고 제목, 삽화, 작가 등을 확인하거나 책의 차례를 살피면서 대강의 책 내용에 대한 가설을 세워보는 것도 좋다. 책장을 넘겨 글을 읽으면서 앞에서 예측했던 내용이 실제로 어떻게 등장하는지 확인하면서 읽으면 의미 구성 과정에 더 잘 몰입할 수 있다. 책을 읽는 중에도 예측하기는 유용하다. 앞에서 읽은 내용을 바탕으로 앞으로 어떤 내용이 이어 나올지 추측해 보는 것이다. 추측한 내용을 확인하면서 글을 읽어나가면, 앞의 내용과 뒤의 내용을 더 잘 연결할 수 있다.

글에 숨겨진 의미와 의도도 추론해야 한다. 글의 표면에 드러난 의미뿐만 아니라 그 밑에 감추어진 의미도 찾아낼 수 있어야 한다. 이를 위해서는 글의 정보를 촘촘하게 분석하고 종합해야 한다. 지금까지 읽은 내용을 요약할 수 있어야 글의 내용이 머릿속에 정리되어 들어온다. 잘 이해되지 않는 내용은 질문도 해봐야 한다. 그리고 다시 한 번 읽으며 질문에 대한 실마리를 찾아봐야 한다. 글 내용이 자신의 삶에 어떤 쓸모가 있는지도 질문하면서 읽으면 좋다. 글의 가치를 평가할 수 있는 좋은 방법이다.

인지 기능과 전략은 일종의 문제 해결의 도구 상자이다. 한때, '과학 상자'라는 놀이 학습 교보재가 인기를 끌던 시절이 있었던 것처럼, 아이들이 무엇을 만들기 위해서는 도구 상자가 필요하다. 그 안에는 다양한 모양과 색깔의 블록이 있어야 하고, 블록과 블록을 연결하는 고리와 사슬이 있어야 하며, 이들을 정교하게 고정하고 조이는 볼트와 너트, 드라이버와 렌치 등도 있어야 한다. 글을 읽고 의미를 구성하기 위해서는 음운 지식, 철자 지식, 단어 재인 전략, 어휘 지식과 전략, 유창성, 독해 기능과 전략 등 다양한 도구가 마련되어야 한다. 이들에 대한 보다 구체적인 설명은 이 책의 3부에서 자세하게 다룰 것이다.

메타인지적 점검과 조절

메타인지는 인지에 대한 인지, 생각에 대한 생각이다.[4] 우리가 생각에 몰입할 때 사용하는 인지 전략과 기능은 우리의 메타인지에 의해서 그 목적과 방향성이 조율된다. 독자의 메타인지는 글을 읽는 동안 자신의 이해 과정을

스스로 점검, 반성, 조절하는 것에 관여한다.[5]

　메타인지는 세 가지 면에서 중요하다. 메타인지의 첫째 역할은 읽기 어려움 혹은 문제를 탐지하는 것이다. 이는 무엇이 어렵고 무엇이 문제가 되는지를 파악하는 기능이다.

　여러분과 같이 능숙한 독자, 전문적 독자는 글을 읽으면서 '왜 이렇게 어렵지? 무슨 말이야? 처음 보는 건데? 단어를 잘 모르겠는데? 문장이 복잡한 걸? 내용이 난해한데? 이 책, 너무 길지 않나?'와 같은 질문들을 해보았을 것이다. 이 질문들은 좋은 독자가 글을 읽는 동안 무엇이 어려운가를 감지해 내고 있다는 증거가 된다.

　갑자기 폭우가 쏟아지는 여름철에는 운전을 하면서 평소와 달리 도로 조건이 어떻게 달라질 수 있는지 잠재적인 문제를 예측하고 감지할 수 있어야 한다. '구멍이 있네, 도로가 패였네, 가드레일이 부서졌어'라고 문제를 감지하는 것, '날씨가 갑자기 안 좋아지네, 비가 와, 어두워져'라면서 문제를 지각하는 것, '비가 이렇게 많이 오는데, 100미터 지나 오른쪽 출구로 나가야 하네. 차들이 너무 많아!'라며 문제 상황을 감지하는 것이다. 이렇게 어떤 문제가 벌어지고 있음을 감지하는 것이 메타인지의 역할이다[그림4].

　메타인지의 둘째 역할은 '수정 전략'의 사용이다. 탐지한 문제를 해결하기 위해서 인지적 기능과 전략을 사용하는 것이다. 글을 읽다가 '너무 어려운 내용인데 그냥 계속 읽어야 할까?'라는 생각이 들 때, '그렇지 않아!'라고 생각하며 글 읽기의 속도를 줄이면서 천천히 읽는 것, 잘 이해되지 않는 내용을 다시 읽으면서 확인하는 것은 수정 전략을 사용하려는 메타인지적 노력이다. 밑줄을 그으면서 읽고, 잘 이해하지 못한 때 글의 앞부분으로 돌아가 다시 읽어보는 것, 여러 번 다시 읽어보는 것 모두 메타인지적 읽기 전략이다. 글 여백에 핵심 어구를 정리하고 질문을 적어보는 것 모두 글 내용 이해의 어려움을 해결하기 위해 추가적인 수정 전략을 사용하는 것이다.

　다시 운전을 생각해 보자. 도로 사정이 매우 좋지 않다. 바닥이 패이고 가

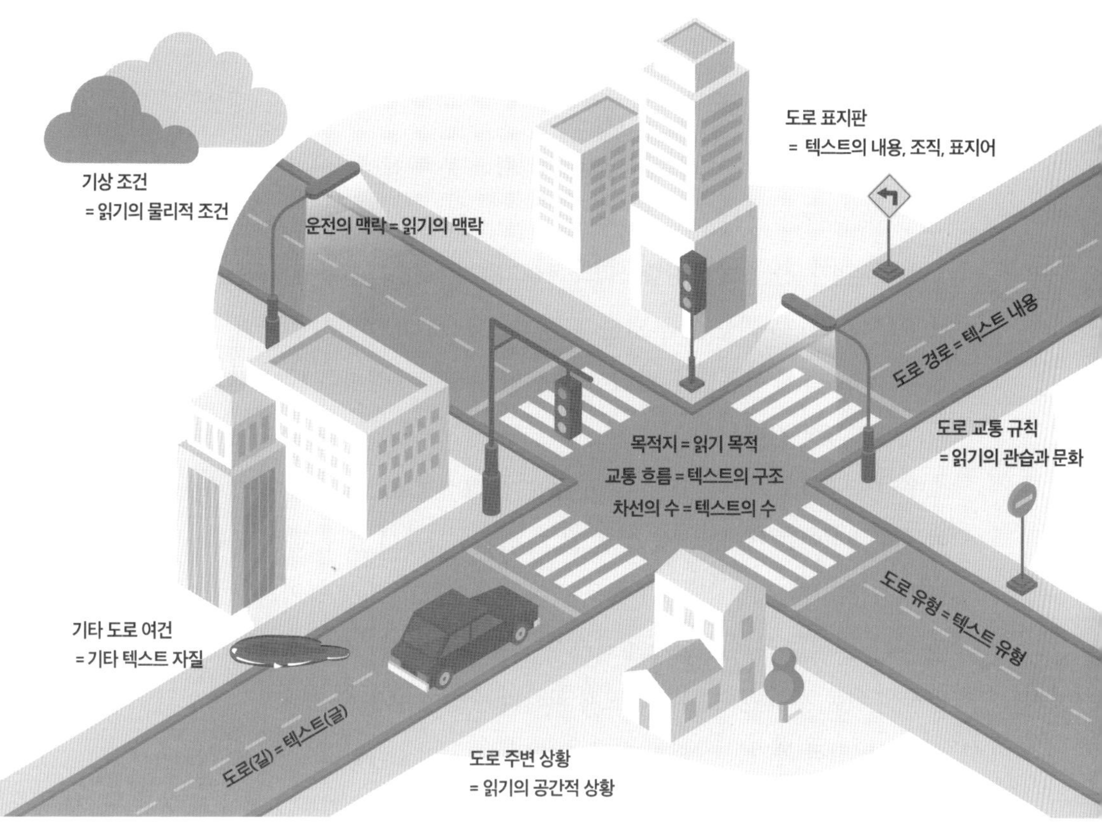

[그림4] 글 읽기에서의 메타인지적 점검 요소[6]

드레일도 떨어지고 노면이 울퉁불퉁하게 느껴진다. 어떻게 해야 할까? 속도를 줄여 위험 지역을 피해가거나 천천히 현장을 지나가야 한다. 그래야 안전한 운전이다. 날씨가 갑자기 안 좋아지면서 천둥과 번개가 치고, 주변이 어두워지면서 폭우가 내리기 시작하면 어떻게 해야 할까? 와이퍼를 조절하고 안개등을 켜고 에어컨을 조절해 앞 유리에 습기가 차지 않게 해야 앞을 잘 볼 수 있다. 핸들을 두 손으로 정확하게 쥐고, 내 차 주변의 움직임에 주의를 기울이면서 안전하게 운전해야 한다. 차들이 꽉 들어찬 도로 상황에서 100미터 앞 출구로 나가야 한다면, 오른쪽 거울을 예의 주시하면서 천천히 차선을 변경하고, 필요하다면 창문을 열고 손을 내밀어서 양해를 구하고 차선을 변경해야 한다. 그렇지 않으면 출구를 빠져나갈 수가 없게 되거나, 다음 출구로 나갈 수밖에 없다. 메타인지의 둘째 역할은 문제를 해결하기 위한 최적의 전략을 찾아 적용하는 것이다.

셋째, 우리가 글을 읽을 때 상황에 따라 목적 지향적으로 생각할 수 있게 되는 것도 메타인지 덕분이다. 우리는 글을 읽는 '목적과 상황'에 맞게 인지 기능과 전략을 선택해 조화롭게 사용한다. 따라서 글을 읽는 목적과 상황이 달라지면 글 읽기 방법도 달라진다.

우리는 책을 읽을 때 '그냥' 읽지 않는다. 명시적이든 암묵적이든, 추상적이든 구체적이든 독자에게는 글을 읽는 목적과 상황이 있다. 밀린 공부를 위해 읽는 것인가, 내일 볼 시험 때문에 읽는 것인가, 여가를 즐기려는 것인가에 따라 글 읽는 목적과 상황이 달라진다. 휴가를 즐기면서 경험하는 독서와 당장에 치를 시험 준비를 위한 교재 읽기의 방법이 같을 수 없다.

메타인지적 독자는 상황과 목적에 따라 그에 어울리는 기능과 전략을 사용하며, 시간과 노력도 각기 달리 투자하여 소기의 성과를 거두고 싶어 한다.

예컨대, 운전을 해서 장거리 가족 여행을 간다면 무엇을 해야 할까? 어디를 목적지로 할지, 어떤 길로 가야 할지, 몇 시간 운전해야 하는지를 미리 알아봐야 한다. 잊지 말고 차량도 점검해야 한다. 가족과 장거리 여행을 가기 위해서는 안전이 최우선이기 때문에 브레이크도 괜찮은지 밟아보고, 타이어 공기압도 확인한다. 연료는 얼마나 채워져 있는지, 혹여 차 안에서 냄새 같은 것이 나지 않는지도 살펴본다.

어느 날 밤에 갑자기 달고 시원한 음식이 먹고 싶어서 마트를 간다면 어떻게 운전해야 할까? 운전자는 그냥 편하게 입고 나가면 된다(아예 차 없이 걸어가는 것도 좋은 방법이다). 차로 3분 거리의 가게에 가는데 연료를 걱정할 일도 없다. 동네 마트에 아이스크림을 사러 가는데 정갈하게 샤워를 하고, 깔끔한 정장을 차려입고, 주유소에 들러 연료통을 가득 채우고, 멋진 풍광을 즐기며 한 시간 반을 돌아가지는 않을 것이다.

이처럼 메타인지는 우리가 상황과 목적에 맞게 우리의 생각을 선택적으

로 조정할 수 있게 도와준다. 그런데 이런 메타인지적 읽기를 직접 가르치기
란 매우 어렵다. 독자의 메타인지를 잘 키우는 방법은 메타인지적 읽기 경험
을 통해서다.

예를 들면 이런 것이다. 우리는 대개 글을 읽을 때 모르는 단어나 낯선 정
보가 나오면 순간적으로 멈춰 생각한다. '이게 무슨 뜻이지? 어렵다. 낯설
다. 내가 모르는 건데'라고 마음속으로 매우 짧은 시간 안에 문제를 탐지하
고 질문을 한다. 그야말로 순식간에 일어나는 일이다. 메타인지는 평소에는
드러나지 않지만, 실은 우리의 인지 체계 안에서 계속해서 작동한다. 그러다
가 어려움에 봉착하면 "지금 당신에게 어려움이 닥쳤어요. 문제 상황입니다.
잠깐 시간을 두고 생각해 보세요"라고 이야기를 하는 일종의 나를 감지하는
센서와 같다.

메타인지는 독자가 목적과 상황에 맞게 글을 읽어나가면서 도중에 발생
하는 어떤 어려움이나 문제를 즉각적으로 탐지하는 능력, 이어 차분히 문제
를 분석하고 '이걸 어떻게 해결할 수 있지?'라고 질문하면서 적합한 수정 전
략을 찾아 시도해 보는 노력, 그래서 가장 좋은 '이해의 길'을 찾고자 하는
'생각의 조정과 수정'을 설명하는 데 중요한 개념이다.

인식론적 성찰과 신념

독자는 왜 자기만의 특정한 방식으로 인지적 기능과 전략, 메타인지적 점
검과 조절을 사용하여 글을 읽는 것일까? 글을 읽는 활동은 의미와 지식을
다루는 앎의 과정이라는 점에서 본질적으로 '인식론적'이다. 여기서 인식론
이란 본래 '지식이란 무엇인가, 우리는 그것을 어떻게 알게 되는가?'라는 문
제에 대한 철학과 이론을 말하는데, 심리학자들은 한 개인에게도 이렇게 지
식과 앎에 관한 믿음 같은 것들이 암묵적으로 있다고 보았다.[7]

이런 개인적 경향성을 '개인 인식론' 혹은 '인식론적 신념'이라고 부른다.

한 사람이 태어나 주변 환경과 상호작용을 하면서 다양한 앎을 경험하게 되고, 그러한 사회적 경험을 토대로 나름대로 형성된 지식에 대한 관점이 바로 인식론적 신념이다. 이 개념을 독자와 읽기에 적용해 보면, 문해력에 대한 새로운 통찰을 얻을 수 있다.

인식론의 영향을 운전에 빗대어 설명해 보자. 운전을 하는 우리에게는 직관적 인식론이 있는데, 대부분의 사람들에게 그것은 안전의 문제와 관련된다. 그러니까 '운전'과 '안전'은 많은 사람들(운전자, 보행자, 법률가, 교육자, 보험사 직원 모두)에게 동의어와 다름없다. 그런데 간혹 어떤 사람들에게는 '운전=안전'이란 인식론이 결여된 경우가 있다. 오히려 그들에게 운전은 자기와 자기의 차량을 돋보이게 하기 위한 것, '운전=자랑'에 가깝다. 이들은 안전에 우선하여 자랑의 관점을 적용해 운전이라는 활동과 운전이 실천되는 세상을 바라보기 때문에 많은 평범한 운전자들에게 피해를 끼친다.

운전을 하는데 앞에 누군가의 차량이 끼어들었다고 생각해 보자. 안전이 우선인 운전자는 속도를 줄인다. 물론 기분이 언짢을 수는 있지만, 무엇보다 운전 중에는 '안전(인식론적 성찰과 신념)'이 중요하므로 '추돌 상황을 인식하고(메타인지 점검과 조절)' 제동기를 조작하여 '속도를 줄이는 것(인지 기능과 전략)'은 매우 당연하다. 그런데 보복 운전자는 어떨까? 운전을 '자랑으로 삼는(인식론적 신념)' 이들은 '불쾌해, 나의 기쁨을 방해했어. 나를 추월하다니, 더군다나 내 차가 부서질 뻔했어'라는 '상황 인식(메타인지적 점검)'으로 화가 치밀며, 따라서 어떻게 하든 앞질러 그 차 '앞으로 끼어들어가(인지적 전략과 행동)' 겁을 준다. 그러고는 차량의 진로를 방해하거나 심지어 차에서 내려 폭력적 언어를 사용하고 실제로 무력을 행사한다.

이런 일은 보복 운전자들이 인지적으로 운전을 못해서 벌어지는 것이 아니다. 그들이 핸들을 못 움직이는가, 브레이크를 못 밟는가, 가속 페달을 못 밟는가? 그들은 메타인지적으로도 문제가 없어 보인다. 악천후에 속도를 줄이고, 핸들을 꽉 쥐고, 전조등을 켜고, 주위를 살펴 운전한다. 그러나 이들 운전자가 가진 본질적 문제는 그들의 인식론에 있다. 운전에 관한 그들의 세계 관은 일반적이지도 않고 윤리적이지도 않다. 운전을 자랑과 쾌락, 뽐내기와 윽박지르기로 생각하는 개인 인식론 때문이다. 더욱 우려스러운 점은 이들의 인식론이 잘 바뀌지 않는다는 것이다. 그러므로 그들의 상황 인식도, 문제 해결 행동도 보통의 사람들에게는 받아들여지기 어렵다.

독자의 인식론은 글을 선택, 이해, 판단, 평가할 때 영향을 미친다.[8] 어떤 독자가 지식을 만고불변의 객관적 진리로 보는 인식을 가지고 있다면, 그는 인터넷에서 자료를 읽을 때 '정답 찾기식'으로 필요한 정보만을 찾아 기억하고 끝내려 할지 모른다.

이와는 반대로 지식은 다양한 자료를 기반으로 한 탐구의 과정을 거쳐 판단되는 것이라는 인식론을 가지고 있을 때, 독자는 다양한 관점과 주장, 근거와 논리를 비교 분석하고 스스로 정답을 구성하면서 역동적으로 인터넷 자료를 찾아 연결하여 이해하려고 할 것이다. 이처럼 닫힌 인식론은 닫힌 읽기로, 열린 인식론은 열린 읽기로 독자를 이끈다.[9]

우리가 글을 읽는 방식과 태도가 잘 바뀌지 않는 이유도 독자로서의 인식론이 잘 바뀌지 않기 때문일 수 있다. 이미 어른이 된 우리는 이전의 오랜 기간 동안 여러 상황에서 다양한 글 읽기를 경험하면서 지식과 앎의 과정, 독서와 이해에 관한 나름의 인식론을 형성하고 있다. 그러므로 새로운 경험을 하고, 새롭게 자신의 독서에 대해 생각해 보고, 글을 읽는 자신에 대한 새로운 성찰을 꾸준하게 시도하지 않는다면, 우리의 글 읽는 방법과 태도가 잘 바뀌지 않을 것이다.

아이들의 독자 인식론 역시 어렸을 때부터 천천히 조금씩 변화하고 형성된다. 어렸을 때부터 자기가 읽는 방식, 어디서 누구와 읽었는가, 선생님은 어떻게 읽었는가(아이들이 모형 삼아 보고 배우므로), 가족들은 어떻게 읽었는가를 관찰하면서 자란다. 또한 자기와 주변의 글 읽는 활동과 결과에 대한 다양한 피드백(칭찬과 관심뿐 아니라 우려와 걱정까지)을 나름의 방식대로 처리하면서 이해한다.

이런 생애 경험을 통해서 '글 읽기는 재미있는 것'이라는 신념이 생기면 아이들은 점점 더 읽고 싶어진다. 나아가 글 읽는 일이 생활에 도움이 된다고 믿기 시작하면, 책 읽기가 더욱 흥미로운 활동이 된다. 책을 읽는 데는 시간이 오래 걸리고, 또 노력해서 책을 찾아 읽어야 하지만, 이전에 읽었던 책 내용이 학교에서 교과서를 읽을 때 도움이 된다는 것을 깨달을 때, 아이들은 특별히 더 많은 시간을 내어 책을 읽고 싶어진다.

우리가 문해력 교육을 상상할 때는 인지, 메타인지, 인식론 모두에 초점을 맞춰야 한다. 물론, 한 번에 모두를 가르치기 어렵고, 단번에 배워서 익힐 수 있는 것도 아니다. 하지만 아이들에게 인지적 독서 전략을 가르치면서도 메타인지적으로 자기의 독서 과정을 점검하고 조정할 수 있게 도와주어야 한다. 동시에 아이들이 학교 안팎의 다양한 독서 활동을 통해서 읽기에 대한 자신만의 관점을 형성하게 될 것이라는 점도 반드시 염두에 두어야 한다. 그래서 가르치는 일이 어렵다.

2 사회문화적 맥락을 읽어내는 일

　지금까지 독자의 생각, 독자의 인지가 어떻게 작동하는가를 이야기했다. 그리고 이를 주로 한 사람의 경우를 들어 설명했다. 독자가 책을 읽는 상황을 운전자가 운전을 하는 상황으로 빗대어 이야기했다.

　그런데 독서든 운전이든 개인 활동으로만 그치지 않는다. 독서와 운전 모두 본질적으로 개인이 환경과 상호작용하는 사회문화적 실천이다. 운전이 안전이라는 인식론을 요청하는 것이 운전이라는 행위 자체가 사회적인 함의와 영향력을 갖기 때문이듯, 독서가 의미 구성이라는 인식론을 요청하는 것은 독서가 자기 삶과 무관하게 이미 정해진 답을 찾는 과정이 아니라 독자 스스로 특정 목적을 가지고 직간접적으로 타인과 함께할 수밖에 없는 구체적 상황에서 구체적 텍스트를 통해 구체적 의미를 만드는 실천 행위라는 점에서 사회적 함의와 영향을 갖기 때문이다.[10]

독서의 사회문화적 모형

독자의 인지적 기술과 전략, 메타인지적 조정 능력, 읽기에 관한 인식론적 관점과 태도는 독자가 직간접적으로 누구와 상호작용하는가, 언제 어떤 상황에서 무엇을 위해 책과 글을 읽는가라는 맥락과 관련된다. 미국 연방정부의 국가교육발전평가(National Assessment of Educational Progress, NAEP) 위원회는 2026년부터 4, 8, 12학년을 대상으로 시행할 새로운 국가 수준 학업 성취도 평가 설계안을 연구했다. 이 평가는 읽기의 개념을 정의하면서, 독자가 텍스트와 상호작용하는 일련의 활동들이 다양한 층위의 사회문화적 맥락에 결부되어 있다고 제시한다[그림5].[11]

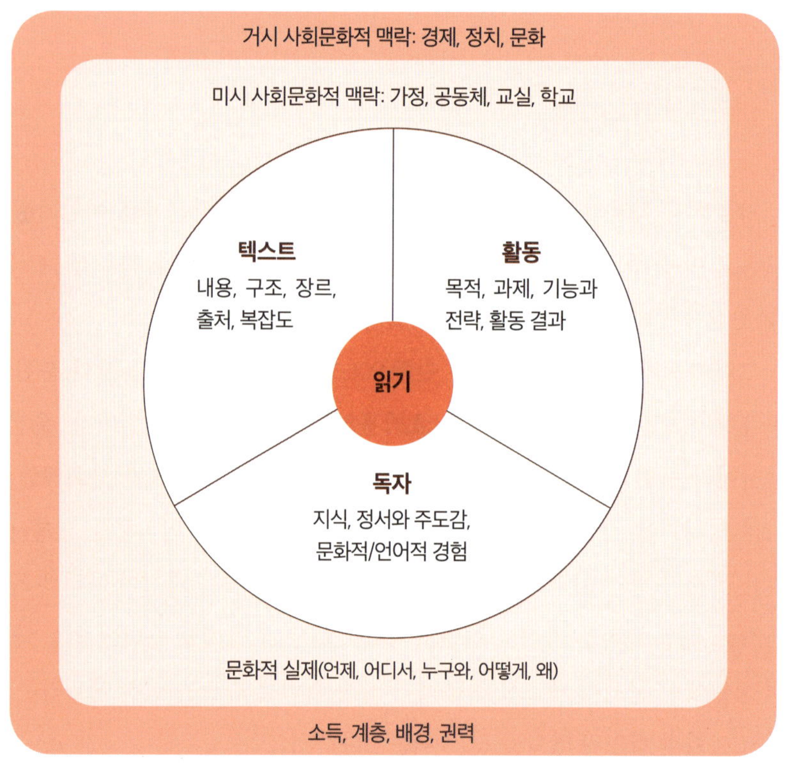

[그림5] 독자와 텍스트의 상호작용과 사회문화적 맥락의 관계

이처럼 미래지향적 NAEP 읽기 모형에 따르면, 글을 읽고 이해하는 것은 그 자체로 사회문화적 실천 행위이다. 먼저, '독자'는 지식과 정서, 주도감과 정체성, 문화적-언어적 경험 등을 가지고 글을 읽는데, 이는 생애 경험을 통해 형성된 '지식 자산'이다.[12]

다음으로, '텍스트'는 내용, 구조, 형식, 갈래, 출처, 복잡도 등 다면적으로 개념화될 수 있는데, 이러한 특질들은 텍스트가 제작, 생산, 출판, 공유되는 사회문화적 목적과 용도를 함의한다는 점에서 텍스트는 그 자체로 '사회적 결과물'이다.

독자가 텍스트를 이해하는 '활동'은 글 읽기의 목적, 과제, 기능과 전략, 결과와 영향을 두루 포괄하는 개념으로, 앞서 언급한 것처럼 이러한 일련의 독자 활동은 크고 작은 사회문화적 상호작용 과정이라고 볼 수 있다.

마지막으로 '맥락'은 가정, 이웃, 교실, 학교와 같이 아이들이 직접 경험하는 미시적 맥락과 정치, 경제, 문화 등의 거시적 맥락이 얽혀 있는 사회문화적 시공간, 조건, 상황, 환경을 포괄한다. 글 읽기가 맥락화된 행위라고 정의된다면, 인간이 경험하는 모든 맥락은 사회문화적이기에, 글 읽기 역시 사회문화적 행위인 것이다. 따라서 문해력은 개인 능력을 넘어서는 '사회문화적 역량'일 수밖에 없다.

이처럼 사회문화적 관점에서 2026 NAEP 평가는 다음과 같이 독자, 텍스트, 활동, 맥락에 관한 고려 사항들이 평가 문항의 설계와 평가 결과의 해석에 어떻게 반영되어야 하는지를 제시한다. 다음의 표는 독해 평가 설계자들이 던져야 할 질문들을 담고 있다[자료1].

평가 설계 요소	독서 모형 요소			
	맥락	독자	텍스트	활동
평가 문항	이 평가 문항이 ____________			
	학생들의 독서 수행 결과가 평가 상황 안팎의 다양한 요인들에 영향 받을 수 있다는 관점을 반영하고 있는가?	글을 읽고 배운 지식을 새로운 상황에 적용해야 하는 과제를 통해서 문면적/추론적/분석적/비판적 독해를 위해 학생들이 사용하게 될 다양한 기능과 전략을 설명할 수 있는가?	텍스트의 부분적/전체적 특질과 의미를 고려하면서 하나 또는 그 이상의 텍스트를 읽을 때, 학생들에게 필요한 다양한 유형의 독해를 불러일으키고 있는가?	다양한 독해 유형을 측정하기 위해 고려해야 할 학교 안팎의 교과 기반 학습의 맥락, 목적, 텍스트 난도를 고려하고 있는가?
맥락 및 목적	이 평가 문항이 설계한 읽기 맥락과 목적이 ____________			
	독해가 필요한 상황에서 글 읽기를 할 수 있도록 만드는 풍부한 맥락(교과 학습과 관련되거나 이를 넘어서는)을 반영하고 있는가?	글 읽기 목적을 분명하게 제시하고, 디지털 '안내자'와 같은 사회적 요소를 제공하며, 최신의 주제/쟁점을 다룸으로써 학생들이 글 읽기에 몰입할 수 있게 하는가?	학생들의 교과 학습 맥락과 목적에 어울리는 다양한 텍스트를 포함하고 있는가?	학생들의 실제적인 글 읽기 맥락, 구조, 목적을 마련하고, 이에 부합하는 과제를 설계해 제공하고 있는가?
평가 제재	이 평가의 제재가 ____________			
	다양한 문화적 전통, 교과 맥락, 읽기 목적을 반영한 텍스트를 포함하고 있는가?	다양한 문화적 전통, 배경지식과 경험, 정체성을 재현하는 텍스트로 선정되어 있는가?	폭넓은 갈래, 유형, 양식성, 교과 전통을 고려한 텍스트를 포함하고 있는가?	다양한 교과 맥락과 읽기 목적, 텍스트의 갈래와 유형, 문항 구조에 어울리는 다양한 텍스트를 포함하고 있는가?
'모두를 위한' 평가 설계	이 평가의 설계가 ____________			
	학교, 일터, 공동체 맥락에서 학생들이 일상적으로 접할 수 있는 자원들을 반영하고 있는가?	주제 미리보기, 평가 문항의 핵심이 아닌 모호한 단어들의 정의, 평가 과제 완수 방법을 학생들에게 제공하고 있는가?	가령 '되돌아보기 단추'(평가의 초점이 아니지만 어려운 단어들의 정의를 제공) 등의 장치로 텍스트에 대한 학생들의 폭넓은 접근 기회를 증진하고 있는가?	평가 과제의 순서와 일련의 기대 반응에 대한 분명한 정보를 학생들에게 제공하고 있는가?
맥락 변인 설문 조사	이 설문 조사가 ____________			
	학생 독자의 학교 안팎 삶과 경험 맥락에 대한 정보를 수집하고 있는가?	학생들에 관한 인구통계학적 정보, 독서 동기, 학교 안팎에서의 읽기 활동에 관한 정보를 수집하고 있는가?	학교 안팎의 맥락에서 학생들이 접한 텍스트의 양과 종류에 관한 정보를 수집하고 있는가?	학교 안팎의 맥락에서 학생들이 일상적으로 참여하는 읽기 활동에 관한 정보를 수집하고 있는가?
독해 과정 분석	이 분석을 통해 ____________			
	학생들이 현재와 다른 교과 영역 맥락 또는 다른 목적으로 독해를 수행할 때, 그 과정 상의 차이를 비교할 수 있는가?	개별 학생의 문항 탐색 과정(평가 제재 읽기, 문항에 대한 반응)을 추적할 수 있는가?	학생들이 현재와 다른 텍스트로 평가를 했을 때, 평가 수행 과정이 어떻게 달라질지 비교할 수 있는가?	학생들이 현재와 다른 형식과 내용의 평가 문항을 수행했을 때, 그 과정의 차이를 설명할 수 있는가?

[자료1] 2026 NAEP 읽기 평가 설계안

사회문화적 읽기 맥락으로서의 교실 환경

교실 환경이 중요한 이유도 읽기의 사회문화적 본질에서 찾을 수 있다. 교실 환경은 아이들이 진지하게 '글 읽기를 수행하는 맥락'이자, 새로운 호기심으로 '글 읽기를 배우는 맥락'이기도 하다.

교실 환경에서 어떻게 아이들의 모둠을 짤 것인가, 언제 전체 교실 수업을 진행하고 언제 개별 수업을 진행해야 하는가, 읽기 수업을 위해서 아이들에게 어떤 과제를 제공해야 하는가, 글 이해의 증진을 위해서 어떤 질문을 던져야 하는가 등 '교실 활동과 맥락'에 관한 의사결정 모두가 매우 중요하다. 어떤 아이에게, 어떤 텍스트, 어떤 책, 어떤 글을 추천해 주는가, 언제 교과서를 가르쳐야 하고, 언제 교과서 대신 다른 책을 가지고 가르쳐야 하는가라는 '교실 텍스트'를 결정하는 질문들도 빠질 수 없다.

무엇보다, 나와 함께 글 읽기를 배우고 있는 아이들의 학교생활, 삶의 경험, 그들의 지식과 능력, 잠재성과 호기심 등을 파악하는 '교실 독자'에 관한 질문은 좋은 수업을 마련하는 데 핵심적이다.

문해력 학습을 이끄는 정서적 요인에 대해 알아보자. 쉽게 말하면, 마음이 어떻게 작용하는가 질문해 보는 것이다. 마음이라는 말에는 여러 뜻이 담겨 있다. 여기서는 마음을 정서나 감정으로 본다. 정서라는 말은 넓게 보자면 동기와 태도, 관심과 호기심, 느낌과 기분까지도 연결된다. 글을 읽는 이들의 마음이 그들의 읽기 발달과 독자 성장에 영향을 미치고, 따라서 문해력 학습에서 글을 읽고 쓰는 마음이 어떻게 단기적, 장기적으로 움직이는지를 묻는 것은 매우 자연스럽다.

학습자의 마음은 사회적으로 맥락화된다. 다시 말해, 정서는 말 그대로 단지 정서가 아니라 사회적으로 발달, 형성되는 사회적 개념이다. 학습자의 정서가 어떻게 문해력 성장에 기여하는지, 그것이 학습자의 인지 활동(인지적, 메타인지적, 인식론적)과 어떻게 관련되는지, 글 읽는 사람의 정서와 성장이 어떻게 상호보완적으로 관련되는지 이해해 보자. 이렇게 인지와 정서, 읽기 경험과 문해력 발달의 관계성 안에서 문해력의 격차 문제도 짚어보자.

3장

읽고 싶다는 마음은
어떻게 생기는가?

**문해력 학습과 발달 과정에서
학습자의 사회정서적 요인의 역할과 의의는 무엇일까?**

· 학습은 인지적으로 수행되지만, 그것은 사회적·정서적으로 추동된다.
· 동기란 무엇인가?
· 읽기 발달에서 동기의 중요성
· 정서적 요인이 학습 성취에 미치는 영향
· 문해력의 양극화

주요 키워드

학습자 정서 / 학습자 동기

읽기 태도 / 자기효능감

학습 격차 / 성취 격차 / 기회 격차 / 문해력 격차

1 독자로 거듭나는 동기 부여

앞서 학습은 인지적으로 수행되고, 문해 활동은 인지 활동이라고 했다. 그러나 이러한 인지 활동은 예외 없이 정서적으로 추동된다. 글을 읽는 행위는 우리의 두뇌, 우리의 머리, 우리의 생각이 움직이는 활동이지만, 그 움직임을 근본적으로 촉발하고 유지하거나 멈추게 하는 힘은 감정이나 정서와 같은 '마음'의 문제에 달려 있다. 이러한 인지적·정서적 활동은 모두 사회적으로 맥락화된다는 점에서 우리가 글을 읽고 쓰는 일이나 그런 힘이 자라나는 경험은 사회인지적이면서 사회정서적이라고 말할 수 있다.

자동차를 움직이려면 정말 많은 부품들이 서로 연동되어야 한다. 내연기관 자동차는 약 3만 개, 전기자동차는 약 1.5만 개의 부품이 필요하다고 한다. 수많은 부품들이 제 역할을 하며 서로 조합될 때 비로소 자동차라는 하나의 '시스템'이 움직일 수 있다. 하지만 실제로 차를 움직이게 하는 것은 부품도 시스템도 아니라 에너지다. 내연기관은 휘발유가 필요하고, 전기차는 배터리가 필요하다. 아무리 좋은 차를 가지고 있어도 휘발유나 배터리가 없으면 무용지물이다.

문해력도 마찬가지이다. 글을 읽기 위해서는 여러 지식과 기능들이 복합적이고 유기적으로 연동되어야 한다. 하지만 인지 활동은 그것만으로 작동되지 않는다. 독자의 인지를 움직이게 하는 것은 그들의 마음이다. 정서로 대표되는 동기와 효능감, 관심과 호기심, 의지와 태도 등이 어울려야만 독자는 문해 활동에 적극적으로 참여하고 몰입할 수 있다. 인지가 문해력 학습의 시스템이라면, 정서는 문해력 학습의 에너지이다.

책을 읽게 만드는 에너지

'사회정서학습'은 사람들이 어떻게 배우는가에 관한 학습과학에서 최근 가장 각광받고 있는 연구 분야이다. 좁게는 사회정서적 기술로 설명되기도 하지만(가령, 다섯 가지 사회정서적 기능으로 자기인식, 자기조절, 사회적 인식, 관계 기술, 책임 있는 의사결정을 꼽는다),[1] 학문적으로 넓게 보자면, 사회정서학습 연구는 정보 처리나 인지 전략과 같은 '차가운 인지'를 특정한 방향으로 움직이게 만드는 '따뜻한 인지'에 관련된 주제를 광범위하게 다룬다.

인간의 학습을 이해하려면 사람의 두뇌가 움직이는 것을 아는 것이 가장 중요하다. 하지만 진정 인간 학습을 이해하려면 '두뇌가 왜 그렇게 움직이는가?' '그것을 움직이게 하는 에너지가 무엇인가?'와 같은 질문들이 선행되어야 한다. 그래야 아이들을 학습자로 움직일 수 있게 도와줄 수 있기 때문이다. 아이들이 학습에 준비되지 않고 새롭게 배울 에너지가 없으면, 가르치는 일도 어렵다. 책을 읽을 에너지가 없고 책을 읽을 마음이 들지 않으면, 아이들은 읽지 않을 것이다. 읽을 수 있어도 읽지 않으려는 아이들과 함께 읽기 수업을 진행하기란 여간 어려운 일이 아니다.

교과서를 읽고 있는 아이에게 다음의 두 가지 질문을 던져보자. 먼저, "지금 무슨 생각해?"라고 물어보자. 다음으로, "지금 어떤 기분이야?"라고 물어보자. 아이들은 이 두 질문에 동일하게 답하지 않을 가능성이 높다. 아이들에게 교과서를 읽는 동안 어떤 생각을 하는지 물으면, 아마도 글 내용에 관한 것들을 기억해서 대답할 것이다. 하지만 교과서를 읽고 있는 아이 자신이 어떤 기분인지, 어떤 느낌을 받고 있는지 물어보면 그 대답이 다를 수 있다. "그냥 읽고 있는 거야. 읽어야 되니까. 재미없어도 할 수 없어. 그래도 필요하니까"와 같이 이야기할 수도 있다.

우리 아이들이 모두 잘 읽고 잘 배우고 있는 것처럼 보이지만, 그렇다고 모두가 즐겁고 행복하게 읽고 배우는 것은 아니다. 어떤 아이는 즐겁게 자발적으로 배우고 싶어서 배우지만, 어떤 아이는 자신에게 주어진 것이라 어쩔 수 없이 무엇인가를 하고 있는 상태일 수도 있다. 주어진 대로 읽고 배우는 아이들과 자발적으로 즐거움을 찾으며 읽고 배우는 아이들이 경험하는 미묘한 차이가 나중에는 공부와 학습에 큰 차이로 드러날 수도 있다.

에너지가 있어야 깊고 넓게 배울 수 있다. 아이 스스로 찾아가는 길이기 때문이다. 선생님, 부모님, 어른이 가르쳐주지 않아도 아이 스스로 배우고 싶은 마음이 들면 오래 배울 수 있고, 또한 배움의 결과도 오래간다. 주어진 것을 수동적으로 읽고 배우는 것으로는 정보가 머릿속에 구조화되어 오래 남기 어렵다. 아이도 우리도 스스로 정말 하고 싶은 것, 배우고 싶은 것에 대해서는 관심과 주의를 기울이고 시간과 노력을 들여 어떻게 하든 이해하고 기억하려 한다. 독자의 마음, 학습자의 정서가 중요한 이유이다.

동기란 무엇인가?

독자의 마음 한 가운데 자리한 '동기'라는 개념에 대해 알아보자. 동기란 'Reason for doing something', 그러니까 무엇을 하고자 하는 '이유'이다. 동기란 어떤 목적을 달성하기 위해 자신의 정신적, 신체적, 물리적, 사회적 행동을 시작하고 지속하며, 또 어떤 때는 그것을 중지하고자 하는 의지와 힘, 그런 과정과 영향력을 말한다. 동기는 개인 외적으로 주어지거나 만들어지기도 하고(외적 동기), 개인 내적으로 생성되거나 발견되기도 한다(내적 동기).

일반적으로 내적 동기가 외적 동기에 비해서 더 오래가고 더 강하다고 이야기한다. 내구성과 지속성이 좋은 것이다. 자동차를 만들 때도 내구성 있는 차를 만드는 이유다. 오래 쓸 수 있는 차가 좋은 자동차이다. 우리 아이들도 글을 읽어야 할 이유를 자기 안에서 찾을 수 있도록 도와주어야 한다. 물론, 그 일이 완전히 개인 내적인 것을 의미하지는 않는다. 그것은 오히려 사회 안에서 살아 움직이는 구성원으로서 개인이 스스로 찾아 나서는 이유여야 한다. 그래서 우리 아이들을 좋은 학습자로 길러내기 위해서는 그들이 오래 그리고 자발적으로 챙겨서 깊고 넓게 배울 수 있는 주도적 배움의 경험, 능동적으로 소통하고 참여하는 실제적인 읽기와 쓰기의 경험을 만들어주어야 한다.

문해력 성장에서 동기의 중요성

문해력의 발달, 독자의 성장 과정에서 동기는 참 중요하다. 두 가지 상반되는 경우를 통해서 이에 대해 생각해 보자.

먼저, 책을 많이 읽는 초등학생의 예를 들어보자. 어떤 아이가 책을 읽는다. 집에서도 읽고, 학교에서도 읽고, 도서관에서도 읽는다. 친구와 함께 있을 때도, 가족과 함께 여행을 갈 때도 흔들리는 자동차, 기차, 비행기 안에 앉아서 책을 읽는다. 비가 오는 토요일에 밖에 나갈 수 없는 상황에서 실망하지 않고 이때다 싶어 방에 있는 책 몇 권을 거실로 가져와 쌓아놓고 읽는다. 읽은 책에 대해서는 누군가에게 꼭 말로 해주고 싶어 한다. 책 이야기를 들어달라고 엄마를 귀찮게 하기도 하고, 동생을 못살게 굴기도 한다. 이들에게서 별로 호응을 얻지 못하면, 혼자 이것저것 적어보기도 한다.

이 아이에게는 책을 읽는 일이 재미있다. 책을 읽을 때마다 아이는 '책을 읽으면서 공부도 하지만 책 읽는 연습도 많이 되는 것 같아!'라는 느낌을 받는다. 그것이 발전하면 '나 혼자서도 읽을 수 있을 것 같아. 지금까지는 엄마랑 같이 읽거나 선생님이랑 같이 읽었는데, 혼자 읽는 게 재미있고 스스로 연습한다는 생각이 들어서 혼자서도 잘할 수 있을 것 같은데'라는 생각을 갖게 된다. 아이는 점점 더 책이 읽고 싶어진다. 스스로 책을 찾아서 읽어보려 하고, 조금 더 어려운 책을 찾아서 자신의 능력을 시험해 보고 싶어 한다. 이런 경험들이 여러 번 반복되면서 '책 읽기가 점점 재미있어!' '책은 읽으면 읽을수록 재미있네!'와 같은 기쁨을 만끽하게 된다.

책을 많이 읽고 다양한 언어에 노출되면 자연스레 어휘력이 는다. 책을 많이 읽으면 다양한 사물의 이름, 현상을 설명하는 단어와 구절, 감정을 표현하는 수사법, 흔히 쓰는 속담이나 관용구, 작중 인물들 간의 대화를 통해 소통의 언어를 익힐 수 있다. 문해력은 독자가 글의 정보와 자신의 경험을 통합해서 새로운 의미를 만들어내는 힘이라고 했다. 아이는 책에 있는 어휘를 들여와서 자기의 경험과 연결시키면서 하나의 의미를 만들어내고 이해하고 저장한다. 책을 많이 읽으면 어휘력이 늘 수밖에 없다.

어휘력이 늘면 언어 사용 실력이 자란다. 말도 조리 있게 하고 글도 풍부하게 이해할 수 있는 토양이 만들어진다. 의미를 다루는 기본 바탕, 언어의 재료를 풍부하게 갖출 수 있기 때문에 읽고 쓰고 대화할 때 투자할 수 있는 자산이 많아지는 것이다. 그러면 학교 가는 일이 재미있어진다. 학교 공부에서 사용할 수 있는 자산이 많으면 자신감이 생긴다. 아이는 학교에서 더 많이 더 잘 읽고 싶어진다. 글을 읽고 싶은 긍정적인 동기가 커지고, 마음 안에서 글을 읽어야 하는 이유가 깊어진다. 이 아이는 긍정적 내적 동기를 지닌 독자로 성장할 수 있게 된다[그림1].

그렇다면 반대의 경우는 어떨까? 어떤 아이가 책을 읽는다. 그런데 재미가 없다. 어떤 일이 재미가 없는 이유는 여러 방면으로 생각해 볼 수 있지만, 대개는 누군가의 요청으로 그다지 원치 않는 일을 하기 때문이다. 아이에게

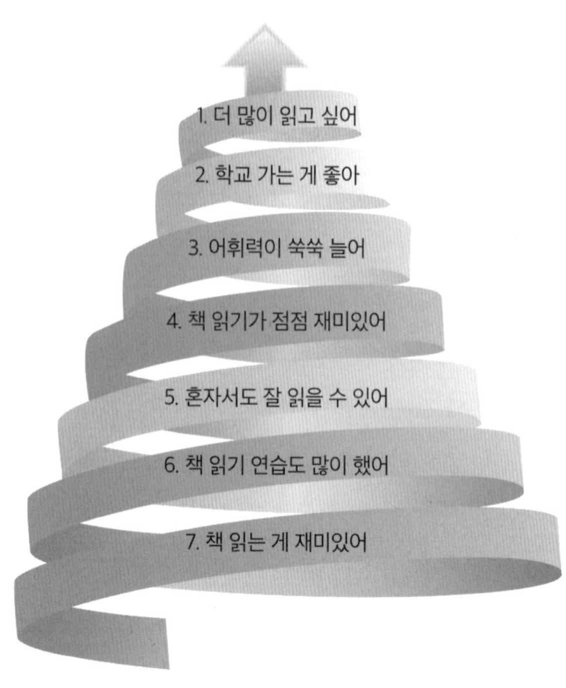

[그림1] 긍정적 동기의 상승 나선

는 학원 숙제와 학교 숙제도 있을 것이고, 부모가 두꺼운 전집을 아이에게 안겨주고 마냥 읽으라고 했을지도 모른다. 학습만화는 재미있어 보이지만, 그 안의 수많은 내용을 모두 이해한다는 것은 쉬운 일이 아니다. 어떤 아이들은 읽다가 지쳐서 나가떨어질지 모른다.

책 읽기가 재미없어지면, 책을 읽는 일이 싫어진다. 책 읽는 게 재미없으니까 책 읽는 상황을 피하게 되고, 그렇게 되면 아예 책 읽는 연습 자체가 부족해진다. 어른이 안겨준 것들은 읽지만, 마음이 움직이지 않는 억지 읽기에 가깝다. 선생님이 과제로 내준 것들은 내용도 표현도 재미없어서 더욱 혼자서는 읽기가 쉽지 않다. 독립적인 독자가 되기 어려워진다.

아이가 학교에서 성장한다는 것, 아이에서 시민으로 성장한다는 것은 점점 더 많은 글, 점점 더 복잡한 텍스트를 몰입해서 깊게 읽어나가는 과정과 다르지 않다. 그런데 아이에게 책 읽는 일이 고역이라면, 책에서 얻는 어휘력, 책으로 연습하는 독해력, 책으로 습득하는 내용 지식도 자신의 것이 될수 없다. 결국 깊게 책을 읽을 기회가 줄어들면, 문해력을 연습할 기회 자체가 줄어든다[그림2].

글을 읽는 기회가 부족하면, 문해 자산이 늘기 어렵다. 자산이 없으면 투자할 여유가 없어지고, 그렇게 되면 책 읽는 일이 고달파진다. 고달픈 일은 피하게 되고, 피하게 되면 더욱 그 일을 할 이유가 없어진다. 고달픈 일은 중요하지 않다는 생각을 하게 되고, 책 읽는 일은 이제 아이에게 애써 시간과 노력을 투자해야 할 값어치를 보여주지 못한다. 새로운 텍스트를 읽으면서 새로운 개념을 공부하는 학교 수업도 재미가 없어질 수밖에 없다. 책을 읽지

[그림2] 부정적 동기의 하강 나선

않는 독자가 되고, 책을 읽기 어려워하는 독자가 된다.

책맹, 즉 읽을 수 있어도 읽지 않는 사람은 타고나는 것이 아니라 그가 책을 재미없게 읽은 경험이 쌓여 만들어지는 사회적 결과이다. 독자와 환경 사이의 부정적 상호작용이 독자로 하여금 책을 멀리하게 만드는 것이다. 읽고자 하는 마음에 상처가 생기고, 부정적인 동기가 심화된다.

2 읽기 능력의 격차가 벌어지는 순간

인지의 과정, 생각의 과정은 마음의 움직임, 정서의 변화와 연동된다.

인지적 읽기 능력이 미숙한 아이는 독자로서 자신에 대한 믿음, 신념, 신뢰감이 떨어질 수밖에 없다. '난 좋은 독자가 아닌 것 같아. 나는 잘 못 읽는 사람인가 봐. 나는 이야기책은 읽을 수 있을 것 같은데 교과서는 정말 너무 어려워. 너무 복잡해서 요약하는 건 특히 못해. 나는 단어 하나하나를 이해해 보려고 하는데, 전체 내용은 잡히지가 않아'와 같은 생각들로 머릿속이 가득 찬다.

글 읽기가 어려운 일이 되면 어떻게 될까? 자연스레 글을 멀리하게 되고, 글 읽는 상황을 회피하게 된다. 글 읽기를 회피하면 독서 기회, 학습 기회가 부족해진다. 책을 읽지 않는 것은 단지 지식을 쌓을 기회, 정보를 습득할 기회가 부족해지는 상황뿐 아니라, 자신의 글 읽기를 능동적으로 연습할 수 있는 문해력 학습의 기회 손실을 낳는다.

아이들의 독서량은 문해력 학습 기회의 양과 크게 관련된다. 책을 10권 읽은 아이들은 10번의 좋은 기회를 갖게 되지만, 책 한 권을 마저 읽지 못한 아이들에게는 한 번의 기회가 온전하게 주어지지 못한다. 한 번 읽을 때 제대로 읽으면 좋은 효과를 볼 수 있지만, 글 읽기가 부족한 아이들에게는 서툴더라도 많이 그리고 다양하게 읽을 수 있는 기회가 필요하다. 독서가 부족하면 학습의 기회도 부족해진다. 글 읽는 힘을 적용하고, 검증하고, 수정하면서 지속적으로 연습할 기회가 없으면 결과적으로 문해력을 키울 기회도 줄어든다. 미숙한 읽기 능력이 능숙하게 바뀔 수 있는 기회 자체가 사라지는 것이다. 이때 주변의 도움이 적절하게 제공되지 않는다면, 이 아이는 독서 능력, 독서 동기, 독자 성장 사이에서 작동하는 악순환의 고리에 빠질 수 있다.

능숙한 독자의 선순환

그렇다면 선순환 구조를 생각해 보자. 잘 읽는 아이들은 어려운 과학책 앞에서, '이 책을 읽을 수 있을 것 같아. 과학책에 나오는 말들이 조금 어렵긴 하지만, 내가 문장 의미 같은 건 잘 파악할 수 있거든. 그래서 한번 읽어보고 싶어'와 같이 생각할 것이다. 독자로서 자신에 대한 신뢰감이 높기 때문에 더 읽고 싶고 또 더 찾아 읽게 된다. 그래서 더 많이 읽는다.

많이 읽으면 능숙한 읽기 능력을 가지게 될 가능성이 높아진다. 읽기 능력을 훈련하고 정교화할 수 있는 기회가 늘어나기 때문이다. 읽기 능력이 증진되면 자신감이 붙고, 자신감이 다시 글을 읽게 만든다. 자기 수준보다 조금 더 어려운 책을 찾기도 한다. 원래도 잘 읽지만, 자신의 읽기 능력을 적용하고, 점검하고, 향상시킬 수 있는 도전적인 기회를 만들어낸다. 이로써 능동적 독자로 성장하는 순환 과정 안에 놓이게 된다.

글 읽을 기회의 고갈은 학생의 주도감 형성에도 영향을 미친다. '주도감'이란 쉽게 말해 '나 이거 할 수 있겠어'와 같은 기분, 그런 마음을 실현해 보려는 의지를 말한다. 우리가 열심히 한 시간, 한 달, 한 학기, 일 년 동안 아이들을 가르치는 일의 궁극적 목적은, 우리와 함께한 아이들이 낯설고 어려워 보이는 글 앞에서 '나 이 정도는 읽을 수 있겠어!'라는 마음이 들게 하는 것일지 모른다. 그런 마음이 들었을 때 아이는 글 읽는 인지 활동에 시간과 노력을 투자하고 싶어지고, 그 마음이 에너지가 되어 지속가능한 학습의 기회를 스스로 마련할 수 있게 된다. 우리 아이들이 어려운 일 앞에서도 선뜻 그 일을 선택해 참여해 보려는 마음을 갖게 하는 것이 정말 중요하다.

읽기 태도와 독자 성장

글 읽기에 대한 태도, 즉 '읽기 태도'는 단지 읽기 능력의 발달, 독자의 성장뿐만 아니라 학생의 전반적인 학업 성취에도 영향을 미친다.

우리의 초중등학교를 생각해 보자. 거의 모든 교과의 학습이 기본적으로 교과서라는 텍스트를 통해 이루어진다. 또한 교과마다 형식과 내용이 다양한 자료들을 섭렵하고, 그것으로부터 의미를 구성해 내용을 배우고, 그 과정에서 글도 쓰고, 프로젝트도 수행하고, 과제 발표도 진행한다. 이처럼 문해력은 모든 학습의 기본이자 핵심이다.

따라서 학생들이 글과 글 읽는 행위, 글 읽는 자신에 대한 긍정적인 태도를 형성하는 것이 중요하다. 어떤 일에 대해 긍정적인 태도를 가지면, 그 일을 더 많이, 더 자주, 더 잘 하고 싶어지기 때문이다.

학생들의 읽기 태도가 문해력 발달과 학업 성취에 영향을 미친다는 것은 수많은 연구에서 보고되었다.[2] 미국에서 진행된 한 연구는 초등학교 3학년 학생들의 읽기 태도(읽기를 긍정적으로 생각하는지 부정적으로 생각하는지)와 학업 성취도(국어, 수학 등의 교과목 점수)를 조사해 그 상관관계를 분석했다. 이에 따르면, 초등학교 3학년까지는 읽기 태도가 긍정적이지 않아도 학업 성취도가 특별히 그에 비례하여 낮지 않았다. 그러니까 '난 잘 못 읽어. 읽기 싫어'와 같이 반응한 아이들과 그렇지 않은 아이들의 학업 성취도 차이가 유의미하지 않았다는 뜻이다.

그런데 문제는, 연구에 참여한 학생들이 7학년(우리의 중학교 1학년)이 되었을 때, 3학년 읽기 태도가 좋았던 학생들은 그 반대의 경우에 놓였던 학생들(3학년 읽기 태도가 부정적이었던 학생들)에 비해 7학년에서의 학업 성취도가 훨씬 높게 나타났다[그림3]. 즉 어린 시절부터 초등학교 3학년의 기간 동안 형성된 읽기 태도가 당장에는 학업 성취에 영향을 미치지 않지만, 시간이 지나 고학년으로 올라가고 상급학교로 진학하면서 그 영향이 눈에 띄게 나타나는 것이다.

초등학교 1~3학년의 아이들을 보면서, 우리는 흔히 '나름 교과서를 잘 읽고 공부하고 있네. 재미없어도 숙제니까 해야지'라고 생각한다. 초등 저학년의 학습 과제는 난도가 높지 않고 교과서도 평이한 수준이며, 아이들에게도 아직 학교에서는 열심히 공부해야 한다는 마음이 있는 상태이기 때문에, 실제 읽기 태도와 학업 성취 간에 별다른 상관관계를 찾기 어렵다.

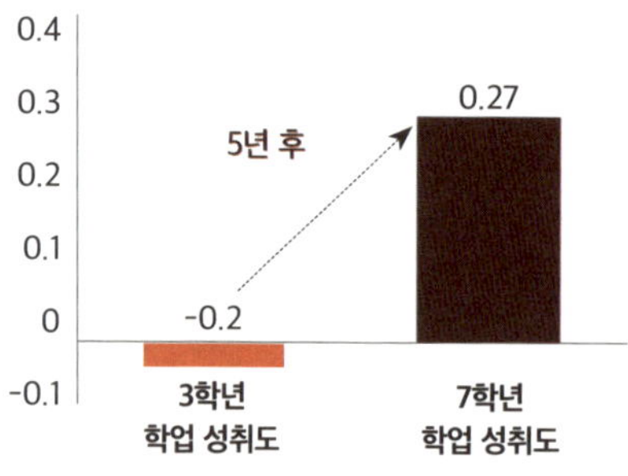

3학년의 읽기 태도
3학년의 학업 성취도와는 관련성을 보이지 않았으나 7학년(중1)의 학업 성취도를 예측하는 데 상당한 영향력

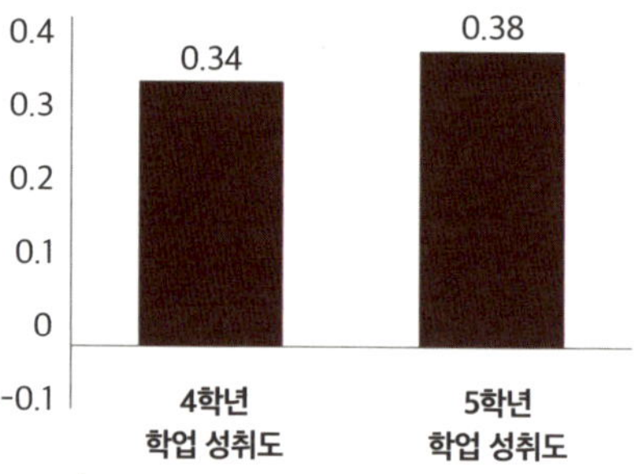

4학년의 읽기 태도
4학년, 5학년 두 시점 모두에서 학업 성취도를 예측하는 데 상당한 영향력

[그림3] 읽기 태도와 학업 성취도

그러나 고학년으로 올라갈수록 읽기 태도가 학업 성취로 이어지게 되는데, 이는 초등학교 3~4학년 이후부터 본격적으로 학교에서 읽어야 할 교과서가 어려워지고, 따라서 학교에서 공부하는 일이 점점 더 길고 집중된 시간과 노력을 요구하기 때문이다. 어려운 글을 읽기 위해서는 더 큰 에너지가 필요하고, 이를 위해서는 꾸준한 읽기가 필요하다. 반대로 글 읽기 에너지가 부족해 읽을 기회가 부족했던 아이들은 점점 더 복잡한 글을 읽을 때 점점 더 실패할 가능성이 높아진다.

교과서가 복잡해지면 생기는 일

읽기 태도와 학업 성취의 관계는 학교에서 읽어야 할 글이 학년이 거듭할수록 점점 더 어려워진다는 사실을 고려하면 조금 더 분명하게 이해할 수 있다. 이를 교과서의 '텍스트 복잡도' 증가와 이에 따른 학생의 '인지적 과부담' 측면에서 설명해 보자.

첫째, 글이 길어진다. 학년이 올라갈수록 학교에서 배워야 할 내용들이 많아지기 때문에, 교과 내용을 담고 있는 교과서 글이 길어질 수밖에 없다.

둘째, 글의 정보량이 많아진다. 글이 길어진다는 것은 글에 담긴 정보의 양이 커지는 것을 의미하며, 더 많은 정보를 더 효율적으로 처리할 수 있는 보다 숙달된 읽기 능력을 요청하게 된다.

셋째, 글의 정보 밀집도가 증가한다. 우리나라 교육과정은 학생의 부담을 덜기 위해 교과 학습의 양을 엄격하게 제한하고 있는데, 이로 인해 비교적 두껍지 않은 교과서에 많은 양의 정보가 압축되어 실려 있다. 저학년 교과서에서 볼 수 있는, 특정 사물과 현상을 길고 자세하게 쉬운 말로 풀어 쓰는 문체는 학년이 올라갈수록 점점 더 많은 개념을 한꺼번에 표현하는 '명사화된' 문체로 바뀐다. 가령, "광합성은 식물, 일부 박테리아, 그리고 일부 단세포 생물이 빛 에너지를 화학 에너지로 전환하는 과정이다"라는 문장은 그 자체가 하나의 긴 '명사' 역할을 한다. 이 문장은 "식물, 일부 박테리아, 일부 단세포 생물은 빛 에너지를 화학 에너지로 전환한다. 이 과정을 광합성이라고 한다"와 같이 풀어 서술하는 문장으로 바꿀 수도 있다. 특히, 과학이나 사회 같은 내용교과의 글에서 이런 경향이 더욱 심화된다.

넷째, 글에 전문 어휘 비율이 높아진다. 교과 학습은 학년이 올라갈수록 더욱 더 학문에 기반을 두기 때문에 교과서 글에 교과 개념 어휘, 학문 개념 어휘가 더욱 많이 등장하게 된다. 한자로 이루어진 말, 영어에 뿌리를 둔 말이 우리말과 뒤섞여 나오고, 같은 말도 상황에 따라 달리 이해해야 하는 경우도 빈번해진다. 학년이 올라갈수록 훨씬 깊고 넓은, 맥락화된 어휘력을 요청한다.

다섯째, 배경지식에 대한 요구가 커진다. 학년이 올라갈수록 교과 내용이 복잡해짐에 따라 글 읽기에 필요한 배경지식도 복잡해진다. 해당 학년의 교과서 글을 잘 읽기 위해서는 이전 학년에서 배웠던 개념과 지식을 잘 활용할 수 있어야 하고, 때로는 학생이 경험해 보지 못한 전혀 새로운 세계, 사물, 사건, 개념, 문화, 규범에 관한 글을 읽기도 해야 한다.

여섯째, 낯설고 복잡한 구조의 글을 읽어야 한다. 초등학교 입학 전후로 집과 학교에서 즐겨 읽던 글의 구조와 학년이 올라갈수록 교과 수업에서 접하게 되는 교과서 글의 구조가 판이하다. 미취학 시기부터 초등학교 1~2학년까지 아이들이 주로 읽는 책은 이야기 형식을 띤다. 이야기는 서사 구조를 갖는데, 대개는 인물이 갈등 상황에서 여러 사건들을 겪으며 문제를 해결하는 과정이 그려진다. 이런 서사 구조는 아이들이 어렸을 적부터 처음 그리고 많이 읽는 그림책, 동화책, 이야기책의 구조이면서, 동시에 우리가 살아가는 삶의 구조를 닮아 있다는 점에서 익숙하다.

그러나 아이들이 초등학교에 입학하고 학년이 올라갈수록 다양한 교과목에서 교과서를 중심으로 정보적인 글들을 많이 읽게 된다. 가정의 텍스트와는 사뭇 다른 학교의 텍스트를 접하게 되는 것이다. 학교의 텍스트는 서사 구조보다는 일련의 정보 구조를 담는다. 역사적 사건의 원인과 결과, 사회적 과업의 절차와 요건, 과학적 가설의 설정과 검증, 쟁점이 되는 사안에 대한 논리적 주장과 근거, 서로 다른 사물이나 현상의 비교와 대조, 개념의 상하 및 포함 관계에 따른 위계화 등 이전까지 아이들이 즐겨 읽던 이야기책에서는 볼 수 없는 매우 낯선 구조의 텍스트를 읽어야 한다.

복잡한 텍스트를 읽기 위해서는 더 많은 시간과 노력이 필요하며, 더 많은 시간과 노력을 투자하기 위해서는 복잡한 텍스트를 읽는 일에 대해서도 긍정적 태도가 형성되어야 한다. 어린 시절부터 글 읽기에 대한 긍정적 태도를 형성한 아이들은 어려운 글, 복잡한 글, 낯선 글이 주어질 때 그것을 읽어내는 일이 중요하고 보람된 것임을 알기에 용기 있게 글 읽기에 참여할 수 있다. 이런 용기와 의지, 인지적 노력을 아낌없이 투자하려는 마음가짐, 한번 도전해 보려는 태도는 학년이 거듭될수록 더욱 정교하고 고차원적인 문해력을 요구하는 학교 공부에서 빛을 발한다.

읽기의 매튜 효과와 기회 격차

글을 읽는 마음과 글을 읽는 능력의 성장 관계는 밀접하면서도 장기적이다. 이 둘의 관계에 따라 나이가 들고 학년이 올라갈수록 아이들 간에 격차가 생기기 시작하고 벌어진다.

학습 경험이 다른 집단 간의 학습 격차가 점점 벌어지는 현상을 두고 '매튜 효과'라고 부른다[그림4].[3] 기독교 『성경』에 "누구든지 있는 사람은 더 받아 넉넉해지고 없는 사람은 있는 것마저 빼앗길 것이다"라는 구절이 있다(「마태복음」 25장 29절). 쉽게 말하면 '빈익빈 부익부' 현상이다. 시간이 지날수록 가난한 사람은 더 가난해지고 부자는 더 부자가 된다는 것이다. 읽기 능력의 발달 과정에서 이런 매튜 효과가 전형적으로 나타난다.

어렸을 때 긍정적 읽기 태도를 지니게 된 아이들은 글 읽기 기회를 지속적으로 만들어 나가고, 그래서 읽기 능력이 계속 발달하고 학업 성취도 증진

될 가능성이 크다. 이와 대조적으로 어린 시절 글 읽는 마음이 약하거나 부정적으로 형성된 아이들('책이 재미없어, 나는 잘 못 읽어'라고 생각하는 아이들)은 글 읽기 기회를 충분하게 만들기 어려워지면서 읽기 능력과 학업 성취가 제자리걸음을 할 가능성이 크다.

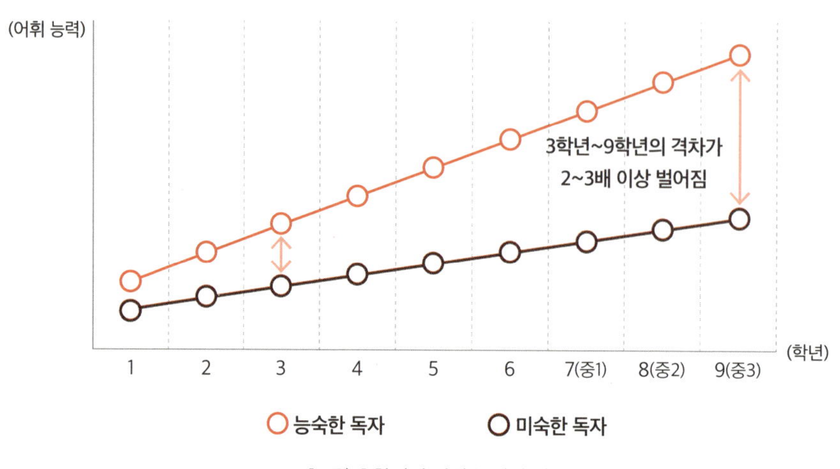

[그림4] 학년별 어휘 능력의 격차

마찬가지로 어린 시절 단어 유창성이나 어휘력의 발달 정도에 따라 시간이 지나면서 읽기 능력의 매튜 효과를 만들어내기도 한다. 초등학교 1, 2학년에 나타난 집단의 격차가 중학교 1, 2학년이 되면 두 배, 세 배 커지게 되는 것이다. 이때 생각해 보아야 할 점은, 단지 단어 유창성이나 어휘력 자체가 읽기 능력의 격차를 만들어낸다기보다는, 단어 유창성과 어휘력이 부족해서 글 읽기에 실패하는 경험이 생기고 이런 일이 반복되면 아이들의 글 읽는 마음이 훼손된다는 것이다. 실패의 경험이 부정적 자기인식을 낳고, 그것이 학습 기회의 부족과 학습 성취의 저하로 이어지는 구조다.

매튜 효과는 초등학교 교육이 왜 중요한지 단적으로 보여준다. 초등 교육의 과정에서 생긴 작은 격차가 당장에는 별것 아닌 것처럼 보이지만, 그 격차가 시간과 공간을 거치며 쌓이고 쌓여 아이가 상급 학교로 갈수록 감당하기 어려운 격차로 벌어지게 된다. 격차가 커지면 커질수록 아이들이 이를 만회하기는 여간 벅찬 일이 아니다.

그래서 가급적 이른 시기에 아이들이 겪는 잠재적 어려움을 발견하고 적절한 도움을 제공해 주어야 한다. 능숙한 독자와 미숙한 독자의 격차가 확대되는 매튜 현상의 고리 안에서, 우리는 아이들이 발달 과정에 어울리는 문해력을 체득할 수 있도록 도와야 한다. 그리고 성공의 경험을 통해서 글 읽는 사람으로서의 긍정적 태도를 형성할 수 있게 지도해야 한다. 아이들에게는 꾸준한 읽기 경험을 통해서 스스로 찾아 읽고, 어렵지만 읽어보고, 길더라도 끝내보려는 에너지가 필요하다.

성취의 격차를 이해하기 위해서는 학습의 격차를 보아야 하고, 학습의 격차는 결국 기회의 격차와 연결된다. 그래서 아이들에게 다양한 환경에서 글을 읽을 수 있는 기회를 마련해 주는 일이 매우 중요하다.

왜 우리는 빠듯한 교실 일정에서도 귀한 시간을 짜내어 아이들과 함께 소리 내어 읽고, 대화하고, 단어를 공부하고, 글로 쓰는 활동을 해야 할까? 아이들이 깊게 생각하면서 읽을 기회, 글 읽기에 대한 긍정적인 마음을 갖도록 도와주기 위해서이다. 왜 우리는 가정에서 아이들과 함께 책을 고르고, 도서관에 가고, 재미있는 주제가 있으면 책을 빌려 함께 읽어야 할까? 아이들이 책을 선택할 기회, 책을 골라 읽을 기회, 즐겁고 유익한 글을 읽을 기회가 중요하다는 것을 알기 때문이다.

긍정적 결과에만 붙들리지 말자. 그보다 아이들이 긍정적 기회로 긍정적 읽기 경험을 쌓도록, 긍정적 읽기 경험으로 긍정적 읽기 태도를 키울 수 있게 도와주자.

문해력 교실에는 사회적·정서적 지원이 필요하다

읽기와 같은 문해 활동은 인지적 활동이지만 동시에 정서적 활동이다. 이렇게 인지적이고 정서적인 활동은 그 주체를 둘러싸고 있는 사회적 환경 안에 항상 맥락화된다. 학습자의 정서 상태는 문해력의 발달과 성장에 결정적인 매개 역할을 한다. 매개는 무엇과 무엇을 연결하는 것으로, 무엇이 무엇을 촉진하기도 하고 방해하기도 한다. 그러니까 독자의 긍정적인 정서는 문해력 발달을 촉진하지만, 읽기에 대한 독자의 부정적인 동기와 태도 등의 정서는 문해력 발달을 방해한다는 뜻이다.

우리는 글을 잘 읽지 못하는 아이들을 보면 '우리 아이는 글을 잘 못 읽어'라고 낙심한다. '글을 못 읽는 것을 보니, 뭔가 인지적으로 문제가 있나 보다'와 같이 지레짐작하기도 한다. '지능에 문제가 있는 걸까?'라고 근거 없이 추측해 보기도 한다. '게으른가 보다, 노력을 안 하는 걸까?'처럼 마음으로 아이를 타박하기도 한다.

그런데 아이들 중에는 글을 못 읽어서 못 읽는 게 아니라 글을 읽기 싫어서 못 읽는 경우가 생각보다 많다. 우리 아이가 글 읽는 일에 어려움을 겪는다면, 아이에게 글 읽기가 하고 싶은 일인지 아니면 글 읽는 일이 부담스럽고 힘든 일인지부터 먼저 확인해 보는 것이 중요하다.

학습자의 정서적 발달은 학습자가 자라는 가정, 학교, 공동체를 포함한 사회적 환경에 두루 걸쳐 영향을 받는다. 가령, 학교에 대해 생각해 보자. 아이들이 가장 많이 가는 사회적 공간이 어디인가. 바로 학교이다. 하루 24시간 중 적어도 6시간, 8시간을 학교에서 보낸다.

학교는 아무것도 아닌 공간이 아니다. 우리의 초중등학교는 아이들이 적어도 12년 동안 살아가는 삶의 공간이다. 학교는 인위적으로 만들어진 공간처럼 보이지만, 아이들의 삶에 빼놓을 수 없는 앎과 배움의 환경이자 맥락이다. 아이들은 학교에서 성장한다. 이때 가장 중요한 역할을 하는 사람이 교사이다. 이 엄연한 사실에 주목하자.

학습자의 정서적 발달은 시간이 지날수록 집단 간에 큰 격차를 보인다. 그리고 이것은 학생의 인지적인 발달, 문해력 성장, 학업 성취에 더욱 강력하게 영향을 미친다. 한번 벌어진 격차는 좀처럼 만회하기 어렵다는 점은 우리 마음을 어렵게 한다.

왜 우리는 아이들의 어린 시절 글 읽기 경험에 조금 더 신경을 많이 써야 하는가? 어린 시절에 벌어진 작은 틈새는 어느 정도 노력으로 극복할 수 있지만, 청소년 시기에 접어들면서 벌어지는 격차는 그만큼의 중대한 노력을 들여도 극복하기가 여간 어려운 일이 아니다. 우리가 문해력 발달 과정과 요인의 체계적 영향 관계를 고려하면서 어린 시절부터 우리 아이들을 일관성 있게 도와주어야 하는 이유이다.

문해력 교실에서 우리는 학습자가 다양한 문해 활동에 참여하고 몰입할 수 있도록 사회적, 정서적 지원을 아끼지 않아야 한다. 문해력은 국어 시간뿐만 아니라 과학 시간, 수학 시간, 역사 시간에도 필요하기 때문에 범교과적인 문해력 지원이 지속되어야 한다. 인지적 활동도 지원해 주어야 하고, 사회적, 정서적 활동도 안내해 주어야 한다.

학생이 노력하면 그에 어울리는 방식으로 노력과 성취에 대해 칭찬하고 격려해 주어야 한다. 그리고 학생 스스로 자신의 노력이 갖는 의미에 대해 마음으로 느낄 수 있도록 도와주어야 한다. 학생들이 스스로 글을 읽고 쓰는 일, 그 일을 하는 자신, 그렇게 시간과 노력을 투자해 좋은 결실을 맺으려 애쓰는 과정을 마음으로 경험할 수 있도록 도와주는 것이 문해력 지도의 핵심이다.

　　이제 글을 읽고 쓰는 사람을 '문해자'라고 부르자. 문해자는 텍스트를 매개로 새롭게 배우고, 일하고, 협력하고, 참여하는 사람이다. 그렇다면 문해자는 어떻게 성장하는가? 문해자의 성장에서 배움이란 무엇이고, 기회란 무엇이며, 또 성공이란 무엇이고 실패란 무엇인가?

　　이 장의 목표는 두 가지이다. 하나는 문해자의 성장 과정을 일련의 발달 단계로 이해하는 것이다. 머리와 마음과 몸이 함께 움직이는 꾸준한 경험을 통해서 문해자들이 시간의 흐름에 따라 어떻게 문해 능력과 역량을 내재화하는지 단계별로 살펴보자.

　　다른 하나는 문해자의 성장을 사회문화적으로 이해하는 것이다. 이를 위해 문해자가 살아가는 '공간'의 의미를 살펴본다. 어떻게 우리 아이들이 다양한 공간에서 다양하게 읽고 쓰는 방식과 규범을 경험하면서 문해자로 성장하는지, 이 성장 과정에서 교사와 양육자는 무엇을 고려하고 또 실천해야 하는지 고민해 보자.

4장

아이들은 어떻게
문해자로 성장하는가?

배움과 기회, 성공과 실패를 새롭게 이해할 수 있을까?

· 아동의 읽기 발달
· 청소년 독자 발달
· 생애 독자 역량 발달
· 리터러시: Literacy에서 Literacies로
· 일차적 리터러시와 이차적 리터러시의 '이격'과 '괴리'
· 학생들은 어떻게 성장하는가?
· 학교 안팎의 통합적 문해력 교육의 원리

주요 키워드

읽기 발달 / 독자 성장 / 역량 발달 / 생애 독자 / 청소년 독자

일차적 리터러시 / 이차적 리터러시

제3공간 / 학습 기회 / 학습 도구 / 학습 자원

학교 리터러시 / 학교밖 리터러시

1 어린 독자의 읽기 발달 단계

아동은 어떻게 독자가 될까? 미국의 저명한 읽기 심리학자인 진 철(Jeanne S. Chall)은 아동의 읽기 발달을 크게 두 가지로 개념화했다. '읽기를 배우는 것'과 '배우기 위해 읽는 것'이 그것이다. 전자를 '독서 학습'이라고 하고, 후자를 '학습 독서'라고 한다.

아동이 독자가 되기 위해서는 먼저 글 읽는 법을 배워야 한다. 가령, 글 읽는 법의 기초는 글자가 대표하는 소릿값을 파악하고, 글자와 소리를 연결하여 단어를 인지하고 그 뜻을 파악하는 것이다. 글 읽는 법을 배우고 나면, 무언가를 배우기 위해 글을 읽을 수 있다. 옛날 사람들의 지혜를 배우려고 전래동화를 읽고, 비가 내리는 원리를 이해하기 위해 과학책을 읽는다.

그런데 독서 학습과 학습 독서가 반드시 변별되거나 혹은 순차적으로 일어나는 것은 아니다. 단어를 정확하게 읽지 못한다고 해서 그림책을 읽으면서 내용을 이해하지 못하거나 좋은 생각을 하지 못하는 것은 아니다. 반대로 글자와 단어를 소리 내어 읽는 법을 깨쳤다고 해서 글 읽는 법 모두를 알게 되어 내용 학습에만 집중하면 되는 것도 아니다.

고등학교를 졸업한 학생들이 대학교에 진학하면 글 읽는 법을 새로 배워야 한다. 이때 글 읽는 법이란 기초 읽기 기능이 아니라 자신의 전공 영역에서 중요하고 가치 있는 서적과 논문 등을 '전문적으로 읽는 법'을 말한다. 아이들도 마찬가지다. 동화책을 잘 읽는 아이(동화책 읽는 법을 익힌 아이)라고 해서, 사회 교과서를 잘 읽으라는 보장이 없다. 두 글의 내용과 구조, 어휘와 표현, 목적과 의도가 다르고, 두 글을 읽을 때 요청되는 어휘력, 독해력, 배경지식이 다르기 때문이다. 엄밀하게 따지자면, 독서 학습과 학습 독서는 독자의 독서 생활에서 상호보완적이며 복합적으로 일어난다.

어린 독자의 발달 단계

어린 독자의 발달 과정은 조금 더 세분화된 단계로 이해해 보는 것이 좋다. 아이마다 성장 여건에 따라 발달 속도와 정도의 차이는 있지만, 대개 어린아이들의 문해력은 다음과 같은 단계를 거쳐 발달한다.

- 생성적 독자 | 독자는 선천적으로 타고나는 것이 아니라 후천적인 경험과 학습을 통해서 생성된다. 그래서 글을 읽기 전까지 독자의 모습을 경험하고 배워가는 단계의 아이들을 '생성적 독자'라고 부른다.

  아이들은 태어나 자라면서 학교에 들어가기 전까지 온갖 읽을거리들을 경험한다. 이 시기에 아이들은 책에 관한 특별한 호기심을 발휘하는데, 이를 바탕으로 여러 글, 책, 인쇄물을 경험하면서 다양한 글자와 단어, 글자와 소리, 말과 글의 규칙성 등에 대한 미묘한 감각을 익히게 된다. 이 아이들은 비록 글자를 읽지 못하는 비독자 상태이지만, 혼자 책을 읽게 되는 단계 이전에 이미 책이라는 물건에 적극적으로 익숙해지기 시작한다. 이렇게 생성적 문해력을 발휘하기 시작하는 아이들에게는 책, 특히 그림책과 함께 하는 즐거운 경험이 풍부하고 지속적으로 요청된다.

생성적 독자들은 책이란 글자와 그림이 들어 있는 것, 한 장 한 장 넘기면서 읽는 것, 왼쪽에서 오른쪽으로 읽는 것, 잘못하면 찢어지는 것 등 '인쇄물에 대한 개념'을 조금씩 정교하게 형성해 나간다.

또한 이들은 글자와 소리의 관계에 대해 집중하기 시작한다. 그래서 아이들은 자음과 모음 모양의 자석을 냉장고에 붙이고 놀면서 그 이름을 어른들로부터 배우게 된다. 어른과 아이와 함께 책을 읽는 상호작용 과정을 통해서 아이들은 다양한 책을 접하고, 책에서 읽은 이야기를 새롭게 확장해 보고, 글과 그림을 연결해 보기도 하고, 간혹 어른이 소리 내어 읽는 모습을 관찰할 수 있다. 이로써 아이 스스로 자기가 무엇을 어떻게 읽고 있는지에 대한 섬세한 감각을 키울 수 있다.

• 초기 독자 | 초등학교 입학 전후로는 본격적으로 '쓰기 체계'를 배우고 활용하기 시작한다. 이 단계에서 아이들은 초기 독자의 모습을 보이기 시작한다. 문자 언어라는 상징 기호로 이루어진 글 읽기에 입문하는 초기 독자는 단순하지만 중요한 읽기 전략을 사용하기 시작한다. 글을 읽으면서 낯선 단어의 발음과 의미를 예측하기도 하고, 그림을 보면서 자신의 예측이 맞는지 확인하기도 한다. 호기심이 많은 아이들은 책 속의 이야기가 전달하는 메시지를 인물들의 행동을 통해서 더 잘 이해하려고 노력한다. 이야기의 상황과 배경에 대해 혼자 중얼거리며 읽거나, 주변 사람에게 설명하거나 캐묻기도 한다.

초기 독자 시기에는 글자, 단어, 문장을 정확하게 읽는 능력, 여러 가지 상징적 단서를 찾아서 글의 의미를 이해하는 능력이 무엇보다 중요하다. 때로는 위험을 무릅쓰고 조금 더 어렵거나 복잡하고 긴 글을 시도하기도 하고, 글을 읽는 중에는 낯선 표현의 의미를 앞뒤 맥락을 고려하면서 추론하기도 한다. 이는 어린 독자의 성장 과정에서 '초기 문해력'이 자리를 잡는 시기로, 아동의 독서량과 확장적 언어활동(다른 사람과 함께 읽은 것들에 대해 대화할 수 있는)이 매우 중요한 역할을 한다.

• **전환기 독자** | 일반적으로 초등학교 저학년을 넘어가면서 읽기 발달의 전환기를 맞이한다. 이 시기의 독자는 학교에서 배운 다양한 독해 전략을 사용해서 책을 읽는 과정에 몰입한다. 서사 구조의 글을 읽을 때는 이야기 속 인물, 배경, 사건들을 연결하여 전체의 내용을 유기적으로 이해하려고 한다. 그러면서 자신의 서사적 글 읽기 능력을 정교화한다. 교과서나 설명문과 같은 정보적인 글을 읽을 때는 비교와 대조, 원인과 결과, 문제와 해결 등 글 내용의 짜임과 구조를 생각하면서 글 내용을 파악하려고 노력해 보기도 한다. 그러면서 점차 복잡한 구조를 가진 글들에 적응해 나간다.

적절하고 충분한 읽기 경험을 통해서, 전환기 독자는 정확하면서도 적정한 속도로 의미를 살려 글을 읽을 수 있게 된다. 이는 전반적으로 아이가 글 내용을 잘 이해하면서 능숙하게 읽을 수 있음을 보여주는 지표가 된다. 어휘력이 어느 정도 늘어서 대부분의 단어들을 파악하는 데 익숙해지지만, 여전히 조금 더 복잡하고 어려운 내용과 구조의 글들을 읽어나가면서 어휘 발달을 촉진해야 한다. 문해력의 전환기에는, 아이의 수준에서 크게 벗어나지 않는다면 기분 좋게 도전해 볼 수 있는 수준의 어휘와 내용을 담고 있는 흥미진진한 텍스트를 아이들에게 추천해 주면 좋다.

• **유창한 독자** | 초등학교 중학년 이후에는 비교적 다양한 글을 매끄럽게 읽을 수 있어야 한다. 유창한 독자는 글 내용에 대한 이해와 더불

어 '글이라는 것에 대한 이해'를 바탕으로 다른 사람의 도움 없이도 스스로 글을 찾아 읽을 수 있는 독립적 독자로 성장한다. 유창한 독자는 글을 정확하고 분명하게, 그리고 무엇보다 중요하게는 글의 의미를 놓치지 않으면서도 비교적 빠르게 읽을 수 있다. 기초 문해력을 숙달한 유창한 독자는 이제 단어와 문장의 해독에 집중하기보다는 단락과 글 전체의 내용 이해에 더욱 집중할 수 있게 된다.

이 시기의 학생들에게는 조금씩 독서량을 늘려나가면서도 '글의 의미'와 '독자 자신의 이해'에 보다 집중할 수 있는 전략적 독서, 메타인지적 독서 경험이 필요하다. 독서량 증대를 위해서는 혼자 책을 읽을 수 있는 독립적 읽기 시간이 절대적으로 필요하다. 전략적 독서를 배우기 위해서는 모둠 독서나 독서 모임 등 사회적 독서 활동을 통해서 친구들과 함께 서로의 독서 경험을 나누고 비교해 보면 좋다. 조금 더 어렵고 복잡한 글을 가능한 자주 읽어보는 기회도 필요하다. 글을 읽고 새롭게 배운 것을 가지고서 학교 과제, 프로젝트, 생활의 문제를 해결해 보는 실천 경험도 중요하다.

<h1>2 평생 독자로
성장하는 길</h1>

　　문해자의 성장은 아동의 시기를 넘어선다. 한 아이가 청소년이 되고 어른이 된 후에도 길고 긴 생애 시간 동안 꾸준하게 문해자로 성장해 나간다. 그렇다면 문해자를 돕고자 하는 우리에게는 생애 성장 관점이 절실하게 필요하다.

　　초등학생을 생각해 보자. 초등학교에서 필요한 문해력이 초등학교에서부터 발달하기 시작하는 것은 아니다. 이미 입학 전부터 아이들은 다양한 경험을 통해서 언어 지식과 이해력 등 복잡한 언어 발달을 경험하고, 책에 대한 개념과 글자와 읽기에 관한 생성적 문해력을 키워간다.

　　마찬가지로, 초등학교 문해력 수업의 효용이 초등학교로 그치지 않는다. 초등학교에서 배우고 익힌 문해력을 기반으로 아이들은 중학교, 고등학교에서 필요한 문해력을 더 깊고 넓게 발전시켜 나가고, 더 나아가서는 대학생 그리고 성인으로서 필요한 문해력을 지속적으로 정교화해 나간다.

여러분이 키우고 있는 아이가 몇 살인지 또는 여러분이 가르치고 있는 학생이 몇 학년인지 상관없이, 교육에 관심 있는 모든 어른들은 어떻게 아이들이 어린 독자에서 성인 독자로, 학생 독자에서 평생 독자로 성장하는지를 장기적이고 관대한 안목으로 이해해야 한다.

'능력 관점'으로 본 청소년 독자의 발달 단계

읽기 발달 연구의 한 획을 그은 철은 생애 독자의 발달 과정을 여섯 단계로 나누어 설명했다.[1] 이는 글 읽기에 필요한 인지적 기능의 관점에서 제안된 것으로, 이해하기 쉽고 설득력도 높다.

• 단계 0. 본격적인 읽기의 예비 단계 | 대략 생후부터 6세까지 아동이 경험하는 읽기 발달 단계이다. 이때 아동에게 읽기는 '놀이'와 같다. 놀면서 읽고 읽으면서 논다.

주변의 어른이 책 읽어주는 소리를 들으면서, 책에는 글자가 담겨 있고 그것은 소리 내어 읽어야 한다는 사실을 관찰하고 이해하게 된다. 책 속에, 글에 어떤 의미가 담겨 있다는 것도 어렴풋이 감지하게 된다. 아이들은 웅얼거리면서 책 읽는 척을 하기도 하고, 친절한 어른들을 통해서 한글 자모의 이름을 배워 자랑하기도 하며, 단어를 통째로 기억해서 그림책의 몇 부분을 읽기도 하고, 낙서의 형태로 글 쓰는 흉내를 내기도 한다. 이 모든 행위들이 어른들 눈에는 '놀이'나 읽고 쓰는 '흉내' 정도로 보이지만, 아동에게는 실은 하나도 빠짐없이 매우 진지한 '일'이다.

• 단계 1. 해독 중심의 초기 읽기 단계 | 대략 6~8세 혹은 유치원에서 초등학교 1학년 정도에 해당한다. 이 시기 아이들은 한글 자모의 조합 원리를 이해하고 글자와 소리를 연결하여 단어와 문장을 소리 내어 읽을

수 있게 된다. 일상에서 많이 접하는 단어들(일상 어휘)로 이루어진 얇고 쉬운 책을 읽을 수 있게 된다. 자주 어른의 도움이 필요하지만, 때로는 혼자도 읽을 수 있다. 우리나라는 현재 교육과정에 따라 유치원이 아닌 초등학교 1학년에서 한글 읽기를 가르치고 있지만, 나이와 상관없이 아이가 궁금해한다면 언제든 집에서 가르쳐주어도 좋다. 새로운 것을 배우고 싶어 하는 아이들에게는 연령에 상관없이 배움의 기회와 조건을 만들어주는 것이 좋다.

• 단계 2. 읽기 유창성 발달 단계 | 대략 8~9세 정도로, 초등학교 1~2학년에 해당한다. 이 단계에서 아이들은 단어를 정확하고 신속하게 읽을 수 있고, 단어 유창성을 바탕으로 문장을 적정한 속도로 막힘없이 읽을 수 있다. 조금 더 복잡한 문장, 조금 더 긴 글을 읽을 수 있게 되면서 독자로서의 자신감이 커지고 점점 더 많이 읽고 싶은 마음이 자란다.

이 시기의 아이들은 친숙한 책도 즐겨 읽지만, 이제 새로운 책을 찾아 읽으면서 자신이 가진 유창성을 시험해 보고 싶어 한다. 유창성이 갖추어지면 의미 이해 과정에 더 잘 집중할 수 있기 때문에, 많이 읽으면서 호기심을 채우고 또 더 많이 알기 위해 이것저것 읽으려 한다.

• 단계 3. 새로운 것을 배우기 위한 읽기 단계 | 대략 9~14세 또는 초등학교 3~4학년을 지나면서부터 중학교 저학년까지 해당한다. 이 단계에서 대부분의 수업은 독서 학습보다는 학습 독서에 훨씬 더 집중하는 단계로 급격하게 전환된다(앞서 언급한 것처럼 이 두 단계가 반드시 순차적으로 구별되는 것은 아니지만). 따라서 학생들은 특정 교과 영역의 학습에서 필요한 새로운 개념과 원리 등을 교과서를 비롯한 다양한 형식의 글 자료를 통해서 배워나간다.

• 단계 4. 세상일에 관한 다양한 관점을 알아나가는 단계 | 대략 15~18세, 그러니까 중학교와 고등학교를 아우르는 시기에 해당한다. 중고등학생들은 정보가 담긴 글, 설명하는 글, 설득하는 글, 그리고 시와 소설 같은 문예적인 글 등 매우 다양한 형식과 구조의 글을 접한다. 또한 사회, 문화, 정치, 경제, 역사 등의 인문 분야와 물리, 환경, 생명, 화학, 우주와 같은 과학 분야의 글, 첨단 기술과 공학에 관련된 수많은 용어와 정보, 개념과 원리를 배운다. 이 과정에서 하나의 주제, 문제, 사건, 인물, 쟁점 등에 관한 다양한 관점(매우 자주 서로 충돌하는 관점)을 비교 분석하면서 글을 읽게 된다.

이 시기의 글 읽기는 학업 성취와 상당한 정도의 관련을 맺는다. 글을 분석적으로 읽는 능력, 다양한 문서를 종합적으로 읽고 활용하는 능력, 필요한 자료를 능동적으로 찾아서 섭렵할 수 있는 문해력의 수준에 따라 텍스트를 기반으로 한 여러 내용교과의 학습 성취가 달라지기도 한다.

• 단계 5. 자신의 지식을 (재)구성하는 읽기 단계 | 대략 18세 이상으로, 고등학교 졸업 이후 혹은 대학 및 그 이상의 교육 맥락에 해당한다. 사람들은 청소년기를 넘어서 대학이라는 고등교육, 전문 직업과 시민 생활의 다양한 삶의 영역에 걸쳐서 책을 읽고 자신의 성장을 도모한다.

자신에게 필요하고 또 어울리는 자료를 찾아 읽으면서 새로운 지식을 구성하고, 자신이 원래 알고 있던 지식을 지속적으로 재구성하고 정교화해 나간다. 삶의 필요한 순간마다 읽기와 쓰기를 중요한 문제 해결의 전략으로 생각하고 실천하는 평생 독자의 단계에 접어든다.

이상의 0-5 단계의 생애 읽기 발달은 현재 우리의 국가 교육과정 내용 구조와 거의 흡사하다(시간에 따른 수직적 변화를 따름). 또한, 독자의 인지적 기능의 발달 궤적을 비교적 잘 반영하고 있다(인지 능력 중심의 설명).

하지만 읽기 능력의 발달 과정은 매우 역동적이라서 모든 학생이 이 단계들을 반드시 같은 속도와 성취로 밟아나가지 않을 것이고, 반드시 순차적으로 고정되어 진행되는 것도 아니다. 또한, 독자가 형성하는 인지 기능의 발달 궤적이 독자의 총체적 성장 궤적과 동일하다고도 말할 수 없다. 앞서 언급한 것처럼, 독자는 인지와 정서가 상호작용하는 가운데 성장한다. 따라서 우리에게는 인지적 발달 관점을 보완할 수 있는 조금 더 정교하고 체계적인 성장의 관점이 필요하다.

'역량 관점'에서 본 생애 독자의 성장 단계

독자가 된다는 것은 인지 기능만을 습득하는 것이 아니라, 그에 어울리는 동기와 태도, 흥미와 관심도 함께 형성하는 것이다. 인지적 발달은 정서적 발달과 밀접한 관련이 있고, 따라서 우리는 아이들이 생애 독서 경험을 통해서 어떻게 좋은 독자로서의 역량을 갖추게 되는지 이해해야 한다.

미국의 저명한 독서 심리학자인 퍼트리샤 알렉산더(Patricia Alexander)는 한 개인이 '읽기'라는 영역의 전문성을 키워나가는 역량 성장의 궤적을 지식, 흥미, 전략의 상호작용 결과로 보았다.[2] 그리고 수많은 연구 결과를 종합하여 다음과 같이 읽기 발달 체계를 제시했다[그림1].

조금 복잡해 보이는 이 모형은 독자의 지적, 정서적 요인이 생애에 걸쳐서 서로 다른 궤적을 그리며 얽혀 있다는 사실을 보여준다. 조금 더 풀어 설명하면, 독자의 지식(주제 지식, 영역 지식), 흥미(상황적 흥미, 개인적 흥미), 전략(표층적 텍스트 이해, 심층적 텍스트 이해)의 세 요소는 세 가지 성장 단계(적응, 역량, 숙련/전문성)에 걸쳐 복합적으로 상호 작용하며, 이 과정에서 그 경중을 달리하여 독자의 성장에 영향을 미친다는 것이다. 이러한 읽기 역량의 발달 모형을 통해서 우리는 생애 독자의 성장에 관한 다음의 몇 가지 시사점을 얻을 수 있다.

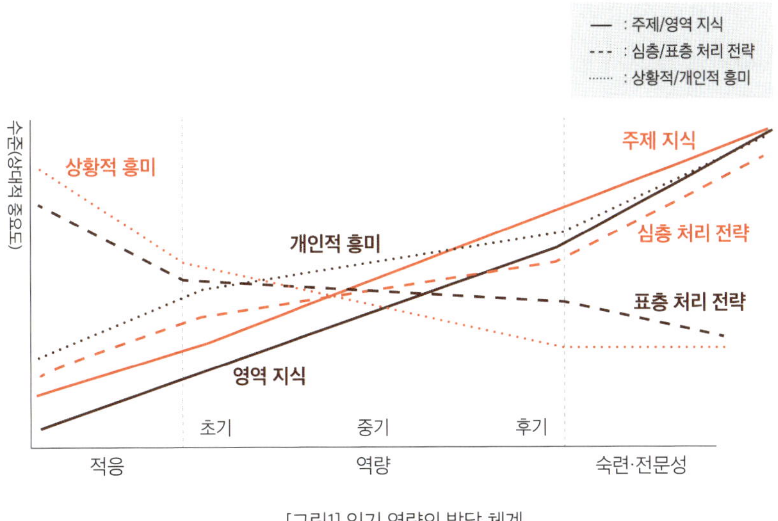

[그림1] 읽기 역량의 발달 체계

- **지식의 결정적 역할** | 독자가 가진 지식은 생애 독자의 성장 과정에서 결정적 영향을 미친다. 위의 그림에서 보면, 특히 '주제 지식'과 '영역 지식'은 공통적으로 적응 단계에서 전문성 단계에 이르기까지 그 중요성이 지속적으로 그리고 급격하게 증대되는 경향을 확인할 수 있다. 평생의 읽기 역량 발달에 지식이 얼마나 중요한 역할을 하는지를 잘 보여준다. 독자 역량이 꾸준하게 성장하기 위해서는 자신이 읽고 있는 글의 내용에 대한 지식도 키워나가야 하지만, 동시에 글 읽기 자체에 대한 이해도 깊게 해야 한다.

어린아이에서 청소년과 어른이 되기까지 능동적으로 글을 읽는 독자로 성장하는 여정에서 가장 중요한 역할을 하는 것이 바로 '지식'이다. 기본적으로 문해력은 언어를 다루는 능력이기에 독자의 언어적 지식은 읽기의 발달 과정을 설명하는 데 절대 빼놓을 수 없는 지식이다. 이에 더하여, 글을 읽는 것은 글 내용을 다루는 일이기에 글의 화제에 대한 주제 지식(또한 그와 관련된 세상 지식) 역시 매우 중요하다. 하지만 무엇보다 중요한 것은, 글 읽기 자체에 대한 영역 지식이다. 도대체 글 읽기가 무엇이고, 어떻게 글을 잘 읽을 수 있는지, 글 내용을 심층적으로 이해하기 위해서는 어떤 전략을 사용해야 하고 어떻게 문제를 해결해야 하는지 등에 대해 독자가 형성하고 있는 암묵적이고 직관적인 지식(글 읽기 영역에 대한 지식)이 발달 단계가 진행될수록 중요하다.

• **읽기에 대한 흥미의 영향** | 독자의 흥미 역시 세 가지 역량 단계 전반에 걸쳐서 핵심 성장 동력으로 작용하지만, 상황적 흥미와 개인적 흥미가 미치는 영향은 달라 보인다. 좋아하는 주제, 책, 작가, 함께 읽는 사람, 환경적 조건이나 심리적 기분 상태 등에 따라 유발되는 '상황적 흥미'는 적응 단계에서는 중요하지만 시간이 지나면서 점차 그 중요성이 감소한다. 반면에 독자 개인이 내적으로 관심 갖는 개인적 흥미는 발달 단계를 거치면서 꾸준하게 그리고 급격하게 중요성이 증가한다.

아이들에게 상황적 흥미를 불러일으키는 일은 중요하다. 재미있는 주제(가령, 동물, 귀신, 우주, 신체와 같은)나 화려한 디자인(삽화, 만화, 그래픽 디자인 등)의 책을 골라주면 당연히 아이들은 그 책을 읽는 일에 흥미를 보인다. 이는 마치 스마트폰의 영상을 보여주면 누구나 흥미를 보이는 것과 같은 이치이다. 하지만 상황적 흥미는 상황이 바뀔 때마다 부침이 심하고 또한 오래가지 못한다.

따라서 독자는 다양한 독서 경험, 인생 경험을 통해서 특정 주제나 영역에 대한 관심을 키워나갈 필요가 있으며 꾸준하게 자신에게 흥미로운 것들을 발견해 나가야 한다. 이렇게 개인 안에서 싹튼 흥미(개인적 흥미)는 지속성과 내구성이 좋다.

• **텍스트 이해 전략의 변화** | 생애 독자의 성장은 독자의 '전략적 텍스트 처리'의 측면에서 체계적인 변화를 수반한다. 앞의 모형을 보면, 적

응 단계에서는 표층적 수준의 글 이해(글에 직접 드러난 정보를 찾아 확인하고 처리하는 글 읽기 전략)가 중요하다. 그러나 시간이 흐르면서 텍스트가 복잡해질수록 표층 이해 전략은 기본적인 역할을 수행할 뿐, 점점 더 심층적 독해 전략이 중요한 역할을 하게 된다.

글을 읽는 목적은 단지 정보를 처리하기 위해서가 아니다. 글을 읽는 진짜 목적은 글의 정보를 처리하면서도 동시에 새로운 앎과 이해를 도모하기 위한 것이다. 따라서 역량 있는 독자는 글을 깊게 읽을 수 있어야 한다. 글 표면에 분명한 언어로 표현되어 있지 않은 정보도 추론해야 하고, 글 내용의 전체적인 구조와 짜임도 파악해야 하며, 글이 전달하고자 하는 숨은 메시지도 파악하고 해석할 수 있어야 한다. 지금 읽고 있는 글이 독자 자신과 어떻게 관련되며 그것이 독자가 살아가는 사회에 어떤 가치를 지니는지도 평가할 수 있어야 한다.

삶을 살아가면서 전문 영역에 몰입할수록 심층적 읽기가 더욱더 요청된다. 따라서 심층적 글 읽기에 의미 있게 몰입할 수 있는 기회가 많이 주어질 때, 우리 아이들은 그야말로 역량 있는 독자로 성장할 수 있다.

* **복합적 생애 발달** | 독자의 성장은 여러 단계에 걸쳐서 '복합적으로 전개'되는 일생의 노정이다. 독자는 단선적, 분절적으로 성장하지 않는다. 앞의 모형이 보여주는 세 가지 성장 단계에서 벌어지는 독자의 경험이 유기적으로 연결, 통합될 수 있을 때, 독자로서 한 개인의 생애 성장 과정이 완성된다. 독자는 오랜 시간에 걸쳐 다양한 요인들이 상호작용하는 역동적인 문해 경험을 통해서 읽기라는 영역의 전문가적 역량을 키워나간다.

적응 단계, 역량 단계, 전문성 단계의 각각에서 독자 성장이 완성되지 않는다. 어린 시절 좋은 독자였다고 해서 어른이 되어도 좋은 독자가 되라는 법이 없다. 어린 시절 책을 많이 읽지 못하고 학습의 경험이 부족하다고 해서, 어른이 되어 그 일을 다시 시작하지 못하고 영원히 부족한 독자로 남는 것도 아니다. 독자의 성장 단계들은 그 경계선이 모호하여 때로는 중첩되기도 한다. 개인마다 각 단계를 시작하고 끝내는 시점이 다를 수 있으며, 개인이 그 시작과 끝을 명확하게 인지하기도 어렵다. 다만, 이러한 단계별 흐름에 따라서 독자가 성장한다는 점은 문해력 교육이 단지 어느 한 시점에 종결될 수 없음을 시사한다.

• **읽기 성취에 미치는 발달적 영향** | 성공적인 독자 또는 부진한 독자가 지닌 특성은 그들의 '발달 과정과 경험'을 반영한다. 앞의 모형에서 지식, 흥미, 전략은 각 단계별로 상이한 영향력을 행사한다. 따라서 우리 아이들 중에 성공적인 독자가 누구이고 부족한 독자가 누구인지를 판단하기 위해서는 그들이 어느 단계에 진입해 있는지를 정밀하게 확인하는 작업이 필요하다.

연령을 기준으로 볼 때, 적응 단계의 아이라고 해서 역량 단계의 독자 특성을 발휘하지 못하는 것은 아니다. 아이들의 몸이 자라는 속도가 저마다 다르듯이, 생애 독자의 발달 궤적은 저마다 다른 시간과 속도로 진행된다. 또한, 모든 독자가 역량 단계 혹은 숙련·전문성 단계에 도달하는 것도 아니다. 어떤 독자는 적응 단계에 오랫동안 머물러 있을 수 있으며, 어떤 독자는 남들보다 빨리 역량 단계로 접어들 수 있다.

숙련·전문성 단계에서 자신의 글 읽기를 운영할 수 있는 독자는 읽기 영역에 관한 충분한 지식과 흥미, 경험을 통해서 그 위치에 도달할 수 있을 것이다.

• **적응 단계 독자를 위한 교육적 지원** | '적응 단계'의 독자는 특별히 취약하기에 특별한 관심과 지원이 요청된다. 앞의 모형에서 적응 단계의 독자는 여러모로 '안착하지 못한' 상태를 보인다. 이 단계의 독자들은

상황에 따라서 글 읽기에 흥미를 보이지만 스스로 흥미를 발견하고 내재화하지는 못한 상태이다. 이런 저런 주제 지식을 활용해서 여러 글을 읽어나가지만, 글 읽기가 무엇이고 어떤 글 읽기가 효과적인가에 대한 영역 지식은 이제 막 싹트기 시작하는 단계다. 어려운 글을 읽을 때도 표면적 의미에 집중하지만, 글의 이면에 자리한 심층적 의미를 이해하기 위해 깊게 추론하고, 분석적으로 질문하고, 상황을 고려하여 글의 목적과 의도를 파악하는 데는 미처 주의를 기울이지 못할 수도 있다.

우리가 관심을 두는 많은 아이들이 적응 단계에 놓여 있을 것이다. 따라서 적응 단계의 독자들이 갖는 발달상의 특성을 이해하면, 이에 어울리는 적합한 학습 기회와 자원을 제공해 줄 수 있다.

독자가 개인적 흥미를 발견하고 탐구하기 위해서는 다양한 책과 자료를 읽을 수 있도록 '선택'의 기회를 주는 것이 좋다. 또한 독자가 글의 의미를 조금 더 깊게 이해할 수 있도록 심층 추론 전략, 질문 전략, 독해 점검 전략 등을 체계적으로 지도해 줄 필요도 있다. 무엇보다 글 읽기의 효용과 가치를 경험하면서 글을 읽는다는 일, 독자가 된다는 것의 의미, 문해력의 가치를 만끽할 수 있도록 함께 모여 읽고 나누는 사회적 독서의 기회, 실천적 의미 구성의 기회도 제공해야 한다.

3 학교와 가정은 연결되어 있다

   지금까지 이 책에서 우리가 가장 중요하게 발견한 것은 무엇일까? 언론과 교육, 사람들의 입을 통해서 익히 들어왔던 문해력이라는 말이 생각보다 간단치 않다는 사실이다. 문해력은 언뜻 사소해 보이지만, 실은 꽤나 복잡한 의미를 지닌다.

   문해력은 모든 학습의 기초이자 핵심이고, 오늘날 현대 디지털 사회의 한 개인이 합리적인 시민으로 살아가면서 다양한 삶의 문제를 해결해 나가는 과정에서 결정적 역할을 한다. 문해자들의 성장 여정에는 다양한 사회적, 문화적 시공간에서 그들이 경험하고 실천하는, 그야말로 다양하게 읽고 쓰는 일들이 깊이 개입된다.[3]

복수 명사로서의 리터러시

영어 사전에 'literacy(리터러시)'는 단수 명사로 등재되어 있다. 그런데 최근 사회문화적 관점을 지지하는 학자들은 리터러시를 복수 명사 'Literacies'로 사용한다. 왜 그럴까? 읽기와 문해력, 학습과 교육을 오랫동안 연구한 석학들이 왜 리터러시를 사전에 등재되지도 않은 낯선 복수 명사로 표현할까?[4]

그 이유를 두 가지로 생각해 볼 수 있다. 하나는 다양성의 문제이다. 리터러시는 다양하다. 누군가의 리터러시 행위가 모두에게 일률적으로 적용되는 '유일무이한' 정답처럼 존재한다고 말하기 어렵다. 글을 읽고 쓰는 일은 개인의 복잡다단한 인지 활동이면서, 동시에 글을 읽고 쓰는 상황과 목적, 그것을 둘러싼 크고 작은 맥락, 공동체의 일원으로서 개인(들)이 발현하는 신념과 가치관이 복합적으로 상호작용하는 실천 행위이다. 다양한 동기와 목적, 다양한 입장과 주장, 다양한 지식과 전문성을 가진 사람들이 다양한 맥락에서 다양한 방식으로 실천하는 리터러시 행위는 '표준적'으로 이해되기 어렵다.

하지만 다양함이 반드시 공통점의 부재를 의미하지 않는다. 우리는 다름을 인정하고 촉진하는 가운데, 다름들 사이에 존재하는 같음을 찾아 발견하고 주목해야 한다. 과학적 읽기, 역사적 읽기, 문학적 읽기의 맥락이 모두 다르지만, 그것들에 공통적으로 쓰임을 갖는 '읽기'가 있다. 이른바 MZ 세대의 읽기, 노년층의 읽기, 남성의 읽기와 여성의 읽기는 서로 다르지만 서로 같기도 하다.

우리는 이렇게 공유되는 것과 변별되는 것을 아이들이 함께 경험할 수 있도록 도와주어야 한다. 각각의 아이들이 자신 안에 갇혀 있지 않고 타인과 동행하며 새롭고 낯선 경험들을 체험하면서 '다름'을 발견하고 '같음'을 찾을 수 있도록 도와야 한다.

따라서 복수 명사 리터러시는 연결성을 함의한다. 다양성이 리터러시 실천의 본질이라면, 리터러시 실천의 진정한 의미와 가치는 연결성을 통해 생성, 확장된다. 요즘 우리는 세상에 대해 이야기하면서 '통섭' '융복합' '하이브리드' '초연결' 같은 말들을 자주 떠올린다. 이 언어들의 핵심에 서로 다른 것을 하나로 묶는 '연결'이 있다. 서로 다른 것을 연결하면 새로운 것이 나올 가능성이 커진다. 창의성의 가장 간단한 정의는 '관련 없어 보이는 무엇과 무엇을 연결하는 능력'이다. 여기서 '무엇과 무엇'은 이미 존재하는 과거의 것이지만, 그것들이 연결되어 만들어내는 '어떤 것'은 생성되는 것, 미래의 것이다. 리터러시의 다양성은 연결성을 전제하고, 그것은 다양한 사람, 텍스트, 맥락, 활동이 상호 연결된 창의적이고 생성적인 읽기와 쓰기를 가능하게 한다.

읽기가 무엇인가? 읽기란 그 자체로 독자가 텍스트 정보와 자기 경험을 '연결'하는 과정이다. 독자와 텍스트가 연결될 때 새로운 의미가 생성된다. 독자는 그렇게 구성한 의미를 자신의 세상과 연결하고, 나아가 새로운 앎을 위해 더욱 새로운 읽기를 탐색한다.

쓰기가 무엇인가? 저자 자신의 삶의 경험, 생각과 정서, 지식과 관점을 언어를 매개로 '연결'하여 하나의 응집된 의미를 만들어내는 일이다. 쓰기는 저자의 세계를 독자(들)의 세계와 연결하는 행위로, 수많은 사람들(그들의 관점, 이해, 정체성, 감정 등)이 텍스트에서 만나고 연결된다.

다양한 집단의 읽기(들), 쓰기(들)도 별개로 존재하지 않는다. 내가 읽는 방식과 남이 읽는 방식, 아이들이 읽는 방식과 어른들이 읽는 방식, 과거 세대가 읽는 방식과 미래 세대가 읽는 방식은 따로 떨어져 있지 않다. 실은 이들이 다양한 지점에서 이런 저런 방식으로 서로 연결되면서 시대의 현상이 되며, 이에 대한 성찰을 통해 새로운 시대가 요청하는 '새로운 문해력'을 상상할 수 있다.

리터러시의 '다양성'은 단절과 불통이 아니라 오히려 섬세하고 복잡한 문화적 '연결성'을 전제하며, 그것은 존중의 마음으로 경청하고 소통하는 협력의 사회를 향한 새로운 희망을 불러낸다.

다양한 리터러시를 연결하는 문해력 교실

'복수 명사 리터러시'는 교사, 양육자, 어른인 우리에게 무엇을 말하는가? 먼저, 우리의 문해력 교실은 학생들이 경험하는 다양한 종류의 리터러시를 통합하고 융합하는 공간이어야 한다. 학생들은 학교 안에서도 읽고 쓰지만, 학교 밖에서도 읽고 쓴다. 학교 안에서도 다양한 수업, 다양한 교과를 넘나들며 읽고 쓴다. 읽고 쓰는 일이 국어 시간에만 일어나는 것은 아니다. 읽기와 쓰기는 일과 배움, 앎과 삶의 모든 영역에서 벌어진다. 과학을 공부할 때도 읽고 써야 하며, 정치와 역사, 경제를 공부할 때도 이해하고 소통해야 한다.

우리 아이들은 다양한 리터러시 경험을 통해서 다양한 지식과 능력을 갖춘다. 그것이 학교에서 요청하는 것과 맞아떨어질 수도 있고, 아직 학교에서는 그다지 중요하게 생각하지 않는 것일 수도 있다. 그러나 아이들이 살아오면서 축적한 지적 자산, 읽고 쓰는 일에 관한 지식과 능력은 그들이 살아가는 다양한 공간(가정, 학교, 공동체, 사회, 디지털 공간 등)에서 요긴하게 쓰인다.

문해력은 삶의 모든 학습에서 필요한 핵심 도구이다. 우리 교실은 아이들이 경험하는 다양한 리터러시, 다양한 문해력을 연결해 새로운 의미를 창안하는 곳이어야 한다. 우리 교실의 아이들, 나의 자녀들이 자신 안에 갇힌 리터러시, 자신의 문해력 안에서만 배우는 것이 아니라 교실 공동체에 공유된 리터러시, 함께 나눈 문해력을 경험하고 연결할 수 있게 해주어야 한다.

일차 리터러시와 이차 리터러시

리터러시 실천은 매우 다양하지만, 그 교육적 함의를 논의하기 위해 우리 아이들의 리터러시를 크게 둘로 범주화(일반화와 최소화의 문제를 피할 수 없지만)해 보자. 그 하나를 가정을 중심으로 경험하는 '일차 리터러시'로, 다른 하나를 학교를 중심으로 경험하는 '이차 리터러시'라고 부르자.

아이들은 가정이나 이웃과 같은 일차적 사회 집단에서 리터러시를 경험한다. 이는 자연스러운 삶의 문제들을 해결하면서 경험하는 읽기, 쓰기, 소통하기로, 아이들은 대부분 필요에 의해 자발적으로 이 과정에 참여한다. 일차적 삶의 맥락에서 요청되는 읽기, 쓰기, 소통하기, 대화하기는 전문가가 체계적으로 가르쳐주지 않는다. 아이들은 가족, 친구, 이웃, 공동체의 가까운 사람들과 어울리며 살아가는 일련의 생활세계 경험으로 리터러시를 실천하고 배운다. 이런 점에서 일차 리터러시를 배우는 경험은 자연스런 생활 지식 및 기술을 습득하는 것에 가깝다.

아이들이 학교에서 교과서를 가지고 공부할 때만 리터러시를 배우는 것이 아니다. 아이들은 길 위에 즐비한 상점들의 간판을 보면서 가게 이름을 읽고, 흥미로운 언어와 표현을 생각해 보고, 가게 주인의 의도도 짐작해 보면서 생활 속 읽기의 기술을 습득한다. 더 어린 아이들은 부모나 주변 어른과 함께 그림책을 보면서 글자와 단어의 모양과 소리에 관한 지식, 책에 대한 감각, 글 읽는 행위에 관한 관점을 습득한다(생성적 문해력).

이는 특별히 체계적으로 계획된 경험이라기보다는, 어른과 아이가 함께 조금 더 즐겁고 유익한 하루를 보내고, 일주일을 지내고, 삶의 시간을 향유하는 과정에서 벌어지는 매우 자연스런 삶의 언어적 상호작용이자 문해 경험이다.

일차 리터러시와는 달리, 이차 리터러시는 학교나 기관과 같은 이차적 사회 집단, 제도화된 공동체 맥락에서 벌어진다. 대개의 경우, 이차 리터러시는 인위적으로 설계된 문제 해결, 의사결정, 전문가 학습을 포함한다.

예컨대, 학교에서 읽는 교과서에는 활동 과제가 있는데, 그것은 본문 제재, 질문과 활동, 더 읽을거리와 다양한 학습 장치들로 이루어져 있다. 아이들은 교과 전문가가 설계한 학교 교육과정과 교과서를 가지고 수업 전문가인 교사의 안내에 따라서 체계적으로 읽고 쓰고 생각하고 배운다. 이런 점에서 학교의 리터러시 학습은 자연스럽고 자발적이지는 않지만, 전문적이고 체계적이라는 특징을 갖는다.

이차 리터러시는 분명한 목적을 지닌다. 아이들은 성적, 진급, 진학과 같은 특정한 성취 목적을 달성하기 위해 필요한 규범 지식과 기술을 배우고 싶어 한다. 글을 잘 읽어서 시험을 잘 봐야 하고, 다음 학년으로 올라갈 때 학교 공부에서 발전하고 있다는 느낌을 원한다. 좋은 대학에도 가야 하고, 좋은 직장에도 취업해야 한다는 분명한 목적을 이루기 위해 체계적으로 읽고 쓰고 배운다. 이런 공간에서 경험하는 배움은 구조화된 '학습'에 가깝다.

배움의 관점에서 본 리터러시

여기서 잠시 배움, 학습, 습득이라는 말에 대해 짚고 넘어가자. 학습과 배움은 영어로는 다 같이 '러닝(learning)'이라는 한 단어에 포괄된다. 그런데 우리말을 적극 활용해 보자면, 넓고 큰 의미의 러닝은 '배움(여기서는 대문자 Learning을 쓰자)'으로, 학교나 학원 등 제도적 공간에서 벌어지는 좁은 의미의 러닝은 말 그대로 '학습(소문자 learning)'으로 생각해 볼 수 있다. 한 개인의 배움(Learning)은 그가 경험한 일차적 습득(acquisition)과 이차적 학습(learning)의 총체를 의미한다. 가정의 습득과 학교의 학습, 비공식적 습득과 공식적 학습, 자발적 습득과 체계적 학습이 모이고 연결되어 '총체적인 배움'이 되는 것이다.

배움의 관점에서 볼 때, 일차 리터러시(가정을 중심으로 습득하는 문해력)와 이차 리터러시(학교를 통해 학습하는 문해력)의 관계는 양육과 교육에 흥미로운 통찰을 제공한다. 가정의 리터러시와 학교의 리터러시가 가까우면(즉, 가정과 학교에서 말하고 대화하고 읽고 쓰고 소통하는 방식이 서로 비슷하면), 아이들은 학교에 더 잘 적응한다. 가정에서 배운 문해력이 학교에서 잘 통하고, 학교에서 배운 문해력을 가정에서 적용할 수 있기 때문이다. 습득한 지식 자산이 학습의 자원이 되고, 학습한 지식 자산이 습득의 자원이 된다.

그런데 가정의 리터러시와 학교의 리터러시의 관계가 멀어지면 어떻게 될까? 이때 아이들은 가정에서 배운 문해 지식과 경험을 학교생활에 적용하는 데 어려움을 겪을 수 있다. 또한, 학교에서 배운 문해력을 가정에서 쓸 일이 필요치 않을 수도 있다. 자기가 이미 습득한 지식 자산으로서의 리터러시를 활용하지 못하면, 학교에서 학습하는 (공부와 학업 성취에 필요한) 리터러시가 낯설거나 자신과는 상관없는 것으로 느껴질 수 있다.

일차 리터러시와 이차 리터러시의 거리가 가장 멀게 적용되는 사례가 이른바 '다문화 학습자'로 불리는 아이들이다. 이민 배경의 소수자 아이들은 다수자 아이들과는 다른 리터러시를 가정에서 경험한다. 그리고 이른바 '한국 사람'의 문화, 사고방식, 문화 모형에 바탕한 '한국 학교'라는 제도에서 '한국말'을 가지고서 새로운 리터러시를 배워야 한다.

많은 경우, '학교 리터러시'를 배우는 과정에서 자신이 가지고 있는 '가정 리터러시'가 학교 문화에서 특별한 가치를 인정받지 못한다. 이주 배경의 아이들에게는 그렇지 않은 아이들에 비해 학교의 공부와 학습에서 사용할 수 있는 가장 중요한 삶의 '언어적, 문화적 지식 자산'이 마치 '결핍'되어 있는 것처럼 작동한다. 더욱이 이 아이들의 가정 리터러시와 학교 리터러시의 거리는 배움을 둘러싼 경제적, 정치적, 이념적, 정서적 요인들이 함께 겹쳐 더욱 더 멀어지기도 한다.

학교와 가정의 거리

전통적으로 학교는 일차 리터러시(일상 문해력)를 대체하고 교정하기 위한 수단으로 이차 리터러시(규범 문해력)를 가르치려고 했다. 어른들이 "집에서 배운 건 집에서만 해. 그건 학교에서 안 통해. 학교에서는 새로 모든 것을 처음부터 배워야 해"라고 말한다면, 이때 아이들의 일차 리터러시는 이차 리터러시에 비해 열등한 것으로 간주된다. 어떤 경우 일부 교육자들은 아이들이 가정에서 습득한 리터러시가 학교 리터러시의 학습에 '방해 요인'이라고 전제한다. 혹여 여러분은 '아이가 가정에서 잘못 배워왔네. 학교에 도움이 하나도 안 돼. 집에서 배운 것들은 잘못된 거야. 학교에서는 통하지 않아'라고 생각해 본 적이 있는가? 가정과 학교 리터러시의 우열을 가정하는 '결핍의 관점'이 실제 교육 행위로 체계적으로 실현된다면, 이때 아이들(특별히 소수자 아이들)의 공동체적 지식 자산은 쓸모없는 것이 된다. 이렇게 학교와 가정의 거리는 점점 더 멀어질 수밖에 없다.

'공교육이 무너졌다'는 학교 밖 세상의 자조가 있지만, 이런 집단 인식의 기저에는 사람들이 미처 자각하지 못하는 '학교와 가정의 분리'라는 문제(교육은 학교에서만 하는 것이고, 가정은 학교에 교육의 책임을 물을 수 있다는 생각)가 웅크리고 있다. 아이들은 학교와 가정에서 모두 성장한다. 학교와 가정은 경쟁의 관계에 있지 않다. 학교와 가정 모두가 성공해야 아이들이 온전하게 성장한다. 아이의 성장은 학교와 가정의 연결을 전제한다. 학교와 가정의 분리와 상호 불신은 교육의 크나큰 손실이자, 아이들의 배움과 성장을 가로막는 최대 장애물이다.

아이들은 학교에서만 배우는 것이 아니라 가정에서도 배운다. 가정에서 배운 문해력은 일상의 문제해결 과정을 통해 습득했다는 점에서 강력하고 오래간다. 실로 누구에게나 집에서 배운 것들은 몸으로 실천된 것이기에 오래 기억된다. 아이들 각자가 가정에서 습득한 문해 자산을 교실에서 기꺼이 꺼내놓고 나눌 수 있을 때, 학교는 더욱 풍부한 학습 자산을 활용할 수 있게 된다. 학교는 아이들이 자신의 일차 리터러시를 새로운 이차 리터러시 학습의 재료로 전환할 수 있도록 도와주어야 한다.

동시에 가정에서 배운 모든 것이 항상 옳거나 합당한 것은 아니다. 아이들은 생활에서 습득한 경험을 학교에서 배운 것들과 연결하면서 조금 더 타당하고 합리적인 방식으로 사유, 판단, 행동하는 법을 학습해야 한다. 이를 통해 개인의 성장을 보다 세련된 방식으로 이끌 수 있다.

학교는 한 사회와 그 사회의 전문가 공동체가 오랜 시간 가치와 의미를 가질 것이라고 판단한 '문해력'을 전문가의 도움을 받아 체계적으로 배우는

'거의 유일한' 곳이다. 학교가 가정을 존중해야 하는 만큼, 가정 또한 학교의 기능과 역할, 가치를 인정하고 신뢰감을 보여주어야 한다. 체계적이고 전문적인 학습은 학교에 믿고 맡길 수 있는 지혜가 필요하다.

리터러시 공간의 연결

아이들은 어떻게 성장할까? 어린 독자들은 어떻게 능숙한 독자, 실천적 의미 구성자가 될까? 앞서 학생의 읽기 발달 과정에서 살펴본 것처럼, 학교 교육과정은 학생의 성장을 시간의 축으로 설명한다. 초등학교 1학년에서 6학년까지, 중학교와 고등학교를 거치면서 아이들은 여러 시간들을 관통하면서 중요한 핵심 개념, 지식, 전략을 점진적으로 복잡하게 학습해 나간다. 앞에서 배운 것을 기반으로 현재의 학습에 몰입하고, 앞으로 학습을 예측하며 수직적으로 성장한다.

성장이라는 말이 이미 시간의 개념을 전제하고 있지만, 놀랍게도 아이들은 '공간적'으로도 성장한다. 한 교실 안에서도 아이들은 '국어 교실'이라는 공간에서 문예적인 글을 읽고 쓰면서 문해자로서의 정체성을 형성해 나가지만, '과학 교실'의 공간에서도 과학 정보가 빼곡한 글과 도표, 그래프를 다루면서도 문해자의 정체성을 키워나간다. 과학 교과서를 읽으면서 한 번쯤 자신이 과학 글을 잘 읽는 사람, 과학적으로 읽고 쓰고 생각하고 소통하는 사람이 되는 기분을 느낄 수 있다면 더할 나위 없이 좋다. 수학 시간, 사회 시간, 역사 시간도 그렇다. 교과 특수적인 지식과 사고가 가치 있게 다루어지는 각각의 '교과 학습 공간'에서 아이들은 다양하게 읽고 쓰고 배운다.

학교 밖은 어떤가? 아이들은 학교 밖 다양한 공간에서 읽고 쓰면서 배운다. 집에서는 가족과 무언가를 보고, 읽고, 듣고, 대화하면서 배운다. 도서관에서는 책과 자료를 골라 읽으면서 배운다. 길을 걸어가다 간판을 보면서, 대중교통의 노선도를 보면서, 공간에 구애받지 않고 수없이 노출되는 광고

물을 보고 듣고 접하면서 아이들은 배운다.

디지털 가상공간은 어떤가? 아이들이 정말 많이 보고 듣고 읽고 쓰는 공간이다. 인터넷에 접속해서 뉴스를 접하고, 인터넷 커뮤니티에서 이런 저런 소식과 소문의 생성 과정에 참여한다. 소셜미디어에서 자신과 타인에 대한 수많은 시각적, 영상 텍스트를 나누고 즐기면서 배운다.

이처럼 아이들은 시간의 흐름에 따라 수직적으로도 성장하지만, 다양한 물리적, 문화적, 심리적, 디지털적 '장소'를 넘나들면서 공간적으로도 성장한다.

아이들을 기르고 가르치는 우리들은 아이들이 성장하는 다양한 공간들이 어디인지, 거기서 무엇을 읽고 보고 경험하는지에 대해 조금 더 잘 알아야 할 필요가 있다. 그래야 경험의 공간들을 연결할 수 있다. 다양한 것들은 연결하면 새로운 것으로 확장된다. 공간을 연결하는 것은 학습의 조건과 환경을 혁신하는 창의적 전략이 아닐 수 없다.

학교와 가정의 연결

학교와 가정의 분리를 해결하는 방법은 간단하다. 이 두 공간을 연결하면 된다. 어떻게 연결할까? 학교를 가정으로 가져가 연결하면 어떨까? 그렇게는 못 한다. 가정의 일은 학교에서 어떻게 할 수 없다. 가정을 학교로 옮겨 연결하는 건 어떨까? 가능하다. 실제적인 삶의 문제, 실제적인 삶의 텍스트, 실제적인 삶의 읽기 상황, 실제적인 배움의 동기를 제도화된 학교의 활동으로 녹여낼 수 있다. 가정을 학교로 옮겨 연결하는 것은 역설적으로 '학교를 삶으로' 옮겨놓는 프로젝트이다. 이는 가정이라는 일차적 공간과 학교라는 이차적 공간을 조화롭게 연결하여 통합적 지식 자산의 새로운 배움을 촉진하는 제3의 리터러시 공간을 설계하는 작업이다.

문해력은 정서적이다. 글을 읽고 쓰는 일, 그에 필요한 능력을 발휘하는 일은 즐거워야 한다. 아이들이 이 일에 몰입할 수 있어야 한다. 그런 마음이 들어야 한다. 그렇다면 아이들은 언제 배우고 싶어 할까? 배우는 것이 자기의 삶과 관련될 때 아이들은 몰입한다. 이때 글을 읽고 쓰는 과정, 그것으로 배우는 과정이 자신의 것이 된다. 배움의 과정에서 소외되지 않고 주인이 된다.

학교에서 무엇을 읽고 쓰고 배우든, 아이들이 그것들로부터 아무런 관련성을 찾지 못할 때, 즉 학교의 리터러시가 자신과 삶에 연결되지 않는다고 느낄 때, 이 모든 학교의 배움은 아이들에게 자기와는 상관없는 일이 된다. 교실에 앉아 무언가를 열심히 읽고 쓰면서 배우지만, 자신에 대해서 혹은 자신을 위해 진심으로 배우는 것은 아니라고 느낄지 모른다. 그러나 우리가 삶의 텍스트, 삶의 문제, 삶의 목적, 삶의 상황들을 학교의 활동, 수업 자료, 교실 대화, 토론 주제로 통합할 수 있을 때, 그런 매력적인 것들을 배우기 위해 시간과 노력을 들여 도전해 보려는 생각이 아이들 마음 안에서 돋아난다.

삶과 관련된 다양한 문해 경험을 통합하는 교실

효과적인 문해력 지도를 위해서 학교가 잘할 수 있는 것이 무엇이고 아이들이 잘하는 것은 무엇인지 면밀하게 분석할 수 있어야 한다. 학교가 잘하는 것 중 하나는, 아이들이 복잡하고 추상적인 것들에 대해 '분명하게 알도록' 도와주는 것이다. 짜임새 있는 교과서, 선생님이 준비한 다채로운 활동 자료, 유익하면서도 흥미로운 교육용 자료를 통해서 아이들이 배워야 할 지식, 개념, 원리를 분명하게 전달할 수 있다.

학교는 또 무엇을 잘할까? 아이들이 복잡하고 추상적인 것들에 대해 '분명하게 생각하도록' 안내할 수 있다. 가령, 심층 독서를 위한 분석적 읽기 전략을 가르쳐줄 수 있다. 책을 읽기 전에 먼저 제목, 표지, 차례 등을 살펴보면서 책 내용에 대한 가설을 만든다. 이제 본격적으로 글을 읽어나가면서 자신의 예상이 맞는지 확인한다. 그러려면 문장을 꼼꼼하게 읽어야 한다. 글의 표면에 드러난 의미도 이해해야 하지만, 글을 쓴 사람이 무엇을 전달하고자 하는지 깊은 의미도 파악할 수 있어야 한다. 이렇게 학교는 아이들에게 분석적 글 읽기, 분석적 사고 전략을 유창하게 사용할 수 있게 도와줄 수 있다.

그러나 학교는 한 걸음 더 나아가야 한다. 아이들이 학교의 지식, 학교의 사유 전략을 직접 능동적으로 적용하고 검증하고 정교화할 수 있게 도와주어야 한다. 시험을 위한 읽기, 성적을 위한 읽기는 실제적이기 어렵다. 아이가 학교의 지식, 학교의 전략을 직접 수행하고 실천하면서 그 과정에 몰입할 수 있는 삶의 질문, 삶의 텍스트, 삶의 활동이 필요하다. 이를 위해 아이들이 삶의 공간에서 경험하는 다양한 리터러시, 다양한 문해 활동, 다양한 글과 텍스트를 탐구하고 분석해야 한다. 그것들을 활용해서 아이들이 몰입할 수 있는 삶의 리터러시, 실제적 교실 활동을 설계할 수 있다.

문해력 교실은 학생의 삶과 관련된 실제적인 목적, 질문, 문제 상황, 관심사, 텍스트, 과제를 통합해서 학생들이 배움에 몰입할 수 있도록 촉진해야 한다. 교실에서 읽고 쓰고 토론하는 것이 학생의 것이 되어야 한다. 한 개인으로서 또한 크고 작은 공동체의 구성원으로서 리터러시가 그들의 것이 되어야 한다. 우리 교실에서 읽고 쓰는 학습이 남이 아니라 나 자신을 위한 것이라는 느낌이 들게 해주는 것이다.

문해력 교실은 학생들이 배운 지식들을 다양한 유형의 읽기, 쓰기, 듣기, 말하기, 소통하기의 과제 상황에 적용하는 일련의 과정을 평가하고 돌아볼 수 있는 실용적이고 반성적인 학습 기회를 제공할 수 있어야 한다.

교과서 진도를 나가는 수업, 시험에 대비하는 수업은 단지 거기에 교육의 효용이 멈춰 있을 가능성이 높다. 삶에 도움이 되는 문해력 수업은 학교 안팎에서 아이들이 참여하는 다양한 읽기와 쓰기를 반영해 설계되어야 한다. 리터러시 경험의 장점과 단점, 혜택과 폐해, 지킬 것과 고칠 것들에 대해 고민해야 한다. 리터러시의 다양성과 연결성은 학생의 생각을 촉진하고 질문을 불러일으키는 풍부한 교실 문해 환경, 아이들이 몸소 나서 직접 배우는 문해력 교실을 설계할 때 고려해야 할 중요한 원칙이다.

2부

한 사람도 놓치지 않는 교실을 위하여

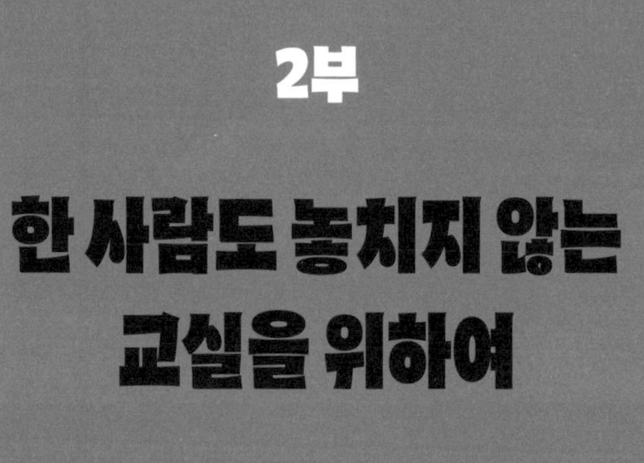

　이 장의 제목을 '읽는 교실이라는 공동체'로 정한 것은, 이제 우리가 교실에서 가르치는 아이들을 더 이상 어떤 하나의 정답과 같은 '전형'으로 보기 어려운 시대가 되었기 때문이다. 우리는 사회적, 문화적, 언어적으로 다양한 배경과 경험을 가진 아이들, 다양한 특성과 장점에 더하여 그만큼 제각각 결이 다른 어려움과 도전에 직면한 학생들을 한 교실에서 가르친다. 선생님들이 수업을 할 때 느끼는 가장 큰 어려움 중 하나도 "어떻게 이렇게 다양한 아이들 모두에게 도움이 되는 수업을 할 수 있을까?"라는 질문과 관련된다.

　이제 어떻게 우리의 문해력 수업을 우리와 함께하는 다양한 학습자들의 특성에 맞게 설계하고 실행할 수 있을지 몇 가지 유용한 접근법들을 살펴보자.

5장

읽는 교실이라는 공동체

문해력의 통합적 성장을 위한 교실 공동체는 어떤 모습일까?

· 우리는 어떻게 가르치고 있는가?
· 학습 공동체로서의 문해력 교실
· 문해력 교실 공동체가 돌보는 학습자의 요구
· 통합적 문해력 수업을 위한 실행 원리

주요 키워드

근거 기반 교육 / 교실 공동체

학습자 성장과 지원 / 학습자 자율성 / 학습자 역량

학습자 사회적 관계 / 통합적 문해력

1 혼자가 아닌 함께 배우는 교실

우리는 글을 읽고 쓰는 학습자, 문해력 교육의 핵심 주체인 학생의 성장을 돕는 교실을 어떻게 바라보아야 할까? 이제 우리는 문해력 교실을 '공동체'로 바라보려고 한다. 이 공동체는 아이들의 통합적 문해력 성장을 도와주는 교실이다.

우리는 한 교실에서 다양한 배경, 다양한 장점, 다양한 어려움을 가진 학생들을 함께 가르친다. 교실에서 이들과 함께 살아가기 위해서는 수업을 하는 우리 자신에 대해 먼저 돌아볼 필요가 있다. 학습자들을 이해하는 것도 중요하고, 학교 환경에 대해서 아는 것도 중요하며, 교육과정이나 교과서의 내용을 충실하게 이해하는 것도 중요하지만, 무엇보다 가르치는 사람으로서 교사 스스로 '나는 아이들과 함께하는 이 교실에서 도대체 어떤 역할을 하고 있으며, 어떻게 행동하고 대화하고 상호작용하고 있는가?'와 같은 질문을 해봐야 한다.

조금 구체적으로 질문해 보자. 나는 교실에서 지금까지 당연하게 해왔던 방식대로 학생들을 지도하지 않았는가? 나는 학습자에 대해 어떤 선입견이나 근거 없는 가정을 갖고 있지는 않은가? 세상은 늘 바뀌기 때문에 가르쳐야 할 것들도, 가르치는 방법도 바뀐다. 그렇다면 나는 내가 가르쳐야 할 것들에 대해 새로운 지식과 이해를 가지고 있는가? 아이들을 가르치는 방법에서도 이전보다 발전된 전문성과 실천력, 관점과 태도를 지니고 있는가?

조금 더 직설적으로 물어보자. 나는 어린 시절 내가 다니던 학교에서 배웠던 방식대로 오늘 우리 아이들을 가르치고 있지는 않은가? 내가 배운 대로, 특별한 성찰 없이 관성적으로 가르치고 있지 않는가? 이처럼 우리 스스로 교육자로서의 실천과 목적 지향, 교실에서 판단하고 움직이는 실제 과정과 맥락에 대해 스스로 질문해 보는 일이 중요하다.

읽기, 쓰기, 소통, 문해력 등에 관한 교육 연구는 역사도 길고 성과도 크다. 서구에서는 두 차례의 세계대전을 치르면서 전쟁의 효율성 제고에 문해력이 주는 기여도를 직감했고(병사들 간의 작전 명령 수행을 위해 분명한 소통이 요청됨), 제조업 중심의 급격한 산업 구조 변화로 학교의 역할이 커지면서 어떻게 아이들에게 잘 읽고 쓰는 법, 잘 생각하고 배우는 법을 가르쳐줄 것인가에 관한 연구들을 축적해 왔다(산업사회에서는 언제 어떤 상황에서라도 주어진 일을 정확하게 처리하는 표준화된 노동력이 요구됨). 시대적 환경과 사회적 맥락의 변화, 그와 연동된 학문과 철학의 변화에 걸쳐서 문해력 연구로 평생을 살아온 연구자, 학자, 교육실천가도 셀 수 없이 많다.

그렇다면 왜 우리는 교육을 하나의 '과학'으로 연구하는 걸까? 과학적 교육 연구는 언제나 효과적인 교육 실천을 지향한다. 현상적으로 어지럽고 종잡을 수 없는 교육의 실제도 엄밀한 이론과 관점의 구성, 첨예한 문제의 발견과 명민한 질문의 구성, 타당한 경험적 자료의 수집과 분석, 합리적이고 맥락적인 결과의 도출과 해석이라는 과학의 과정을 통해서 조금씩 이해되고 있다.

근거와 실천이 기반이 된 교실

이렇게 과학적으로 엄밀한 연구 결과로 도출된 '근거'에 기초하여 교육 활동을 설계 실행하는 원리를 '근거 기반 실천'이라고 한다. 근거 기반 교육은 연구를 통해 얻은 맥락적 결론과 함의에 바탕을 두고 보다 엄밀한 교육 실천을 지향한다.[1]

과학적 연구에는 교육 문제에 관한 가설을 설정하고 관련 현상을 대표하는 변인들의 빈도를 조사하여 양적으로 분석하는 연구(양적 연구)도 있고, 개별 교실과 학생, 교사와 학생의 상호작용, 학교나 가정의 환경이 어떻게 학습자 성장에 영향을 미치는지 등을 면밀하게 조사하고 현장의 맥락에서 그 의미를 해석하는 연구(질적 연구)도 있다. 또한, 이 두 가지 방식을 융합하여 교육 문제에 관한 최적의 이해를 얻고자 하는 실용적 관점의 연구(혼합 방법 연구)도 있다. 이렇듯 다양한 관점의 엄밀한 연구 결과를 근거로, 우리는 교육적으로 실용적이면서도 우리의 경험적 교육 실천에 일관성과 지속성을 마련해 줄 수 있는 의미 있는 통찰을 얻을 수 있다.

동시에 근거 기반 교육이 단지 과학에만 의존하는 것은 아니다. 어떤 주장과 근거가 과학적이라 하더라도 그것을 실제 적용해야 하는 사람들이 이해하기 어려워하고 쓸모를 경험하지 못한다면 그 의의가 축소된다. 근거 기반 실천은 현장의 교육자들의 섬세한 경험 지식인 '실천 기반 근거'를 존중해야 한다.[2] 우리의 교육 연구는 현장과 실천에 입각한 분석과 해석, 현장 참여자의 이해와 토론, 연구자와 실천가의 협력적 문제 해결 과정을 요청한다. 이를 이론-실제의 동반자 관계 혹은 '연구와 실천의 파트너십'이라고 부른다.[3]

따라서 교육 전문가 집단에 대학이나 기관의 연구자만 소속되는 것은 아니다. 오늘도 특별할 것 없어 보이는 학교에서, 내일도 모레도 열릴 교실에서 일상의 아이들을 만나는 교사들은 교육 현상과 실천에 관한 가장 '내밀한 지식'을 보유한, 모든 교육 행위의 수혜자인 학생들에 대해 가장 잘 알고 있는 전문가이다. 근거 기반 교육 활동은 엄밀한 연구 결과와 함께 맥락적 전문가 경험이 통합된 합의의 결과물이어야 한다.

이 점에서 문해력 교육을 이야기할 때, 이 모든 과학적 근거, 실천적 통찰, 전문적 합의가 생성되는 '교실'을 생각하지 않을 수 없다. 교사와 학생이 어우러져 살아가는 공동체로서 우리 교실은, 우리가 누릴 수 있는 가장 타당하고 합리적이며, 실천적이고 맥락화된 지식과 통찰의 보고가 되어야 한다.

학습 공동체로서의 교실

우리는 교실을 학습 공동체로 바라볼 필요가 있다. 교실에서는 여러 사람들이 물리적, 심리적, 문화적 공간에 모여 함께 배운다. 그런데 학생, 부모, 관리자, 교사 모두 아이들이 교실에서 혼자 공부하고, 혼자 성취한다고 생각한다.

하지만 교실 안에서는 구성원들 사이에서 여러 방향으로 다양하고 빈번하게 상호작용이 일어난다. 한 아이가 교실에 배정되면 1년 동안 같은 반 아이들과 같이 숨 쉬고 생활하고 공부하고 동행한다. 한 사람이 일평생 살아가면서 경험하는 것들 중에서, 이렇게 서른 명 안팎의 동료들이 함께 모여 일련의 규칙에 따라 매일 의무적으로 상호작용해야 하는 상황이 또 있을까? 그것도 초, 중, 고등학교 12년 동안 말이다. 학교 말고는 이렇게 오랫동안 타의에 의해 모여서 여러 사람과 함께 진지하게 살아가야 하는 곳이 드물다.

학교 교실은 단지 한 개인이 잠깐 와서 무엇을 배우고 사라지는, 한 개인이 알아서 모든 것을 떠맡고 책임지는 공간이 아니다. 오히려 교실은 다양한 사람들(아이들과 교사들)이 모여 느슨하게 공유하는 공통의 관심사와 목적을 위해 서로 응대하고 관계를 맺으며 성장해 나가는 협력 공간이자, 실천 공동체이다.[4]

교실을 공동체로 이해하기 위해서는 '배움의 문화'를 이해해야 한다. 배운다는 것도 문화적 실천이다. 배운다는 것은, 단지 한 사람이 자신의 지능 혹은 인지 능력을 발휘해 할당된 정보를 처리하고 주어진 시험을 치르는 것으로 끝나지 않는다. 배움은 배움의 공간 안에서 활동하는 타인들, 즉 학습자와 안내자를 포함하여 자신을 가르쳐주는 사람들과 상호작용하는 문화적 활동이다. 개인이 경험하는 배움의 본질(과정과 결과, 노력과 보상 등)도 그 개인이 속한 공동체가 경험하는 배움의 문화에 크게 좌우된다.

협력적 배움의 문화를 형성하기 위해서는 교실을 학습자 공동체로 접근해야 할 필요가 있다. 앞서 문해력과 학습의 관계를 설명했던 것처럼, 현대 학습 과학에서 공동체 학습의 개념은 매우 중요하다. 예전에는 학습이란 혼자서 하는 것이라고 생각했다. 그러나 혼자서 하는 학습은 단기간의 효과를 넘어 오래 지속되기 어렵다. 구성원들이 직접적인 상호작용 또는 간접적인 교류를 하면서 함께 참여하는 학습이 효과적이고 생산적이며, 이런 협력의 학습 과정 자체가 아이들의 협업 정신, 관계 기술, 소통력 등 중요한 21세기 역량을 길러준다.

우리 교실의 아이들은 그들의 목적과 동기를 이루기 위해 필요한 무언가를 배우고자 하는 사람들이다. 이들은 홀로 배우고 홀로 성취하는 공부가 아니라, 함께 배우고 함께 성취하기 위해 함께 생각하고 함께 고민하는 공동체의 구성원들이다.

가장 효과적인 가르침은 가장 효과적인 배움을 이해할 수 있을 때 가능하다. 아이들이 언제 어떻게, 왜 그렇게 배우는지를 알지 못한 채, 그들을 잘 가르치는 일이 가능할까? 아이들이 어떻게 한글을 깨치는지, 아이들이 어떻게 단어를 읽고 뜻을 이해하는지, 아이들이 어떻게 문장과 문장을 연결해서 앞뒤 맥락을 파악하는지, 아이들이 수많은 글 읽기 방법들을 어떻게 배우는 것인지 생각해 보자. 문해력 학습의 과정과 조건을 모른 채 무엇을 어떻게, 왜 그렇게 가르칠 수 있을지 결정하기 어렵다.

전통적으로 학교는 가르침의 공간으로 여겨졌다. 그래서 우리의 관심은 주로 무엇을 가르치고 어떻게 가르치는지에 집중되었다. 그러나 배움이 일어나는 좋은 학교, 좋은 교실을 만들기 위해서는 아이들이 어떻게 배우는지, 무엇을 배우고 싶어 하는지, 어떤 환경과 조건에서 잘 배우는지 등 학습자의 관점에서 학교와 교실을 이해하는 것이 중요하다.

협력, 참여, 책무성이 필요한 문해력 교실

문해력 공동체인 학교 교실에서는 학습의 과정 및 결과가 전적으로 한 개인의 책임 혹은 보상으로 귀결되지 않는다. 어떤 아이의 성적이 좋은 이유가 온전히 그 아이의 노력과 재능만은 아니다. 그 성취의 중요한 일부는 아이가 교실에서 다른 사람들과 어울려 함께 공부하면서 얻은 공동체 경험이자, 이를 통해서 심화, 확장되는 사회적 실천이다. 구성원 각각의 성취는 교실 공동체 안에서 맥락화되며, 공동체는 직간접적으로 개인의 발전에 기여한다.

마찬가지로 어떤 아이가 무언가를 잘 배우지 못하거나 제대로 수행하지 못할 때, 그 어려움과 실패가 반드시 그 아이만의 전적인 책임이라고 말할 수 없다. 분명하게 측정하기는 어려울지라도, 학생의 실패와 좌절의 원인 어딘가에 그와 함께 공부하는 교사와 동료들이 어우러져 행동하고 교류하고 살아가는 교실의 공동체적 책임이 있음을 결코 배제할 수 없다.

성공과 실패에 관한 개인과 공동체의 책임을 사회로 확장하면 교실 공동체의 의미가 보다 분명하게 보인다. 우리 사회에서 어떤 한 사람이 성공하거나 실패할 때, 그것을 오롯이 개인의 능력 문제라고 이야기할 수 있을까? 그렇지 않다. 개인이 성공하고 실패하는 일련의 역사적, 공간적, 시대적 경험 맥락에는 늘 물리적이고 문화적인 환경이 존재하며, 그 환경 안에서 사람들의 도움, 적절한 도구와 자원들, 이로 인해 창출되는 기회의 유무와 충족성과 같은 요소들이 함께 작용한다. 이것이 바로 우리가 어떤 공간을 공동체로 바라보는 관점이다.

학생의 입장에서 이야기해 보자. 학생으로서 내가 교실 활동에 참여하지 않고, 전혀 질문하지 않으며, 한데 어울려 대화하지 않는다면 그것은 단지 나만의 문제가 아니라 교실 공동체의 학습 기회 손실을 가져오는 것이다. 내가 제대로 공부하지 않고, 수업 시간에 참여하지 않고, 다른 아이들의 학습을 방해하는 일이 단지 나 자신의 행동 문제로 귀결되지 않는다.

공동체에서 생각하고, 행동하고, 상호작용하면서 '살아가는 법'은 개인의 책임 경계를 넘어 공동체의 문제가 된다. 학생들 역시 이런 교실 공동체의 원리와 구성원의 책무성에 대해 이해할 필요가 있다. 하지만 이제 교사가 이런 것들을 학생들에게 가르치는 것은 쉽지도 않고, 때로는 위험해 보이기까지 한다.

학부모와 양육자들은 일단 아이들을 학교에 보내면 선생님이 아이들 공부의 모든 것을 전부 책임져야 한다고 생각하기도 한다. 학원에 보내면서는 당연히 학원이 아이들 공부를 책임져야 한다고 생각한다. 하지만 이런 생각은 정작 아이들에게 그다지 도움이 되지 않는다.

우리 아이들이 무언가를 배웠다는 것은 따지고 보면 자기 공부에 대해서 '스스로 책임질 수 있는 사람'이 되어간다는 것을 의미한다. 교과서의 정보를 이해하고, 중요한 개념을 배우고, 필요한 전략을 습득하고, 결정적인 시험에서 점수를 잘 받는 것이 공부의 전부가 아니다. 학생 스스로 '이 정도는 할 수 있겠어!'라고 생각하면서 '이 정도는 내가 해보고 싶어. 내가 책임지고 할 수 있을 것 같아'라는 마음이 들 때, 진정 학습이 일어났다고 볼 수 있다. 아이들 안에 그런 마음이 자라도록 도와주는 일이 교육과 양육의 핵심이다.

예를 들어, 아이들이 숙제를 해 오지 않거나 읽을거리를 끝내지 않고서, '내가 그냥 안 하는 건데 뭘. 점수 안 받고 말지 뭐!'라며 위안하는 것으로 끝나면 곤란하다. 아이들이 이렇게 과제 완수의 책임을 다 하지 않고 교실에 오면, 교실 안에서 생성될 배움의 기회들이 사라진다. 나태한 학생뿐 아니라 교실의 다른 학생들에게도 더 좋은 질문을 하고, 더 조리 있게 말을 하고, 더 적극적으로 수업 활동에 참여할 수 있는 기회들이 손실된다.

책임을 다하지 못한 것은 그렇게 하지 못한 개인의 문제와 결과를 넘어서서, 그 아이가 좋은 방식으로 교실 공동체에 기여할 수 있는 기회 자체를 소멸시킨다. 양육자와 학생들도 학습의 책무성에 대한 진지한 이해와 고민이 필요하다. 책무성을 배워나가고 실현하는 과정이 곧 배움의 과정이다. 교육은 아이들이 스스로 책임질 수 있는 사람이 되도록 돕는 과정이다.

배움은 함께하는 것이다. 특히 읽기, 쓰기, 말하기, 듣기, 대화하기, 협력하기, 소통하기, 토론하기 등의 언어적 활동은 다른 사람과 함께할 때 가장 효과적이고 생산적이며 참된 의미를 갖는다. 이러한 상호작용은 자신이 읽은 것을 지적, 정서적, 사회적인 방식으로 타인과 공유하는 과정이다. 동시에 다른 사람의 생각과 감정에도 경청하면서 서로의 이해와 관점을 연결해야 한다.

읽기는 읽기에서만 끝나지 않는다. 읽기는 이야기책을 읽고, 단어를 몇 개 더 알고, 자기 혼자 만족하는 것으로 끝나지 않는다. 읽기 경험은 바로 곁에 있는 사람 또는 멀리 떨어진 곳의 전혀 모르는 사람과 어느 순간, 어느 공간에서 생각, 감정, 관점, 이해를 공유하면서 비로소 확장된다. 여기서 배움이 일어나며, 문해력 교실은 이런 상호작용적, 통합적 문해력 학습을 지향한다.

CAR를 돌보는 문해력 교실 공동체

문해력 교실의 공동체는 학습자를 '돌본다'. 여기서 돌본다는 것은 선생님이 아이들을 쫓아다니면서 땀을 닦아주고, 신발을 신겨주고, 책을 챙겨주는 것이 아니다. 아이들이 교실에 왜 오는지, 아이들에게 어떤 것이 필요한지, 그들이 언제 가장 잘 배우고 보람을 느끼는지 관심을 갖고 지원한다는 뜻이다. 문해력이 증진되는 교실, 학습자가 발전하는 공동체는 교사를 포함한 모두의 동반 성장을 위해서 역량, 자율, 관계라는 세 개의 톱니바퀴가 유기적으로 맞물려 굴러가야 한다. 이를 영단어의 앞 글자를 따서 'CAR(카) 모형'이라고 부르자[그림1].

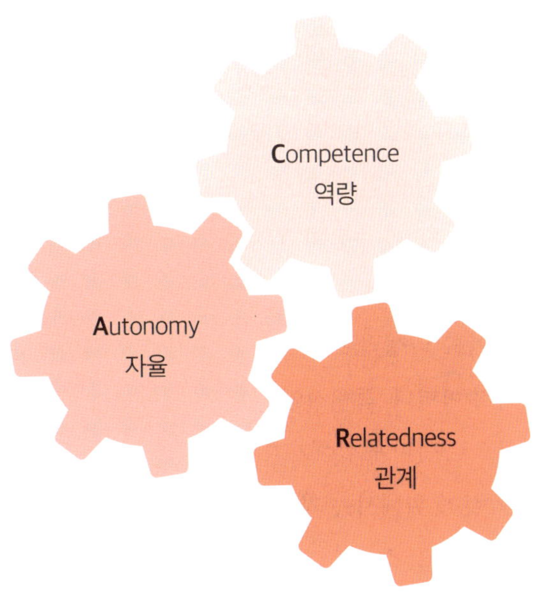

[그림1] CAR(역량, 자율, 관계)를 돌보는 문해력 교실

• **역량** | CAR 모형의 문해력 교실은 학습자의 '역량' 계발이라는 목표를 결코 놓치지 않는다. 아이들은 학교에 배우러 온다. 지금보다 더 발전하기 위해서 오는 것이다. 글을 읽고 쓰는 능력, 복잡한 문제를 인지하고 해결책을 모색하는 사고력, 현상을 관찰하고 원리를 도출하는 생각의 힘을 배워서 강력하고 유연한 '삶의 역량'을 기르기 위해 교실에 온다. 교실의 첫째 목적은 지식과 기능, 태도와 가치가 통합되어 실제 삶의 문제 상황에서 효과적으로 적용될 수 있는 '역량'을 가장 잘 배울 수 있는 환경과 조건을 제공하는 것이다.

• **자율** | 그렇다면 아이들이 역량을 어떻게 배우고 싶어 할까? 아이들은 남이 시켜서 혹은 다른 사람이 원하는 대로, 즉 타율적으로 배우고 싶어 하지 않는다. CAR 모형에서처럼 그들은 '자율성'을 만끽하면서

배우길 원한다. 현상적으로 보기에는 아이들이 타율적이고 타성적인 배움에 젖어 있는 것처럼 보인다. 그것은 학교와 가정, 학원 등 우리 사회의 배움의 문화가 타율과 타성으로 형성되어 있기 때문이다. 학교에서나 학원에서 정해진 시간에, 정해진 수업을 듣고, 정해진 대로 문제를 풀면 된다는 식의 타율과 수동의 문화가 견고하게 자리 잡고 있다.

아이들이 학교를 졸업하고 사회에 진출한다고 생각해 보자. 현대 사회에서 타율적이고 타성적으로 살아서는 전문적 일의 과정에 알차고 뜻깊게 참여하기 어렵다. 독립적인 시민으로, 평생의 학습자로, 지구 공동체의 구성원으로 멋지게 살아가기 어렵다.

삶이 의미를 갖기 위해서는 자율성이 실현되어야 한다. 스스로 판단하고 스스로 책임지고, 스스로 기회를 찾아 배우고 성장하는 경험이 정말 중요하다. 교실은 학생들의 자율성을 북돋고, 그것을 잘 활용할 수 있도록 충분한 기회와 환경을 보장해 줄 수 있는 곳이어야 한다.

자율은 방임이 아니다. 방임은 책임을 지지 않는 것, 관심과 지원 없이 학습자를 그냥 놔두는 것이다. 방임이 아닌 자율은 자기가 해야 할 일을 하면서도 자기가 하고 싶은 것들을 능동적으로 찾아 경험하는 것이다. 자율에는 그것이 충분히 발현될 수 있도록 공동체의 규칙과 규범, 지지와 지원, 자원과 도구가 마련되어야 한다.

• 관계 | 마지막으로 CAR 모형의 문해력 교실은 '관계'를 중시한다. 교실은 하나의 사회이다. 교실은 사회적 공간이자 사회적 맥락이다. 학교와 교실에서 다른 사람들을 만나 의미 있는 작업을 함께 해나간다는 것은 참으로 중요하다. 국어, 과학, 수학, 역사 같은 교과 내용을 배우는 것도 중요하지만, 교실 공동체에서는 다양한 관계들을 형성(회복)할 수 있어야 한다. 이렇게 형성된 관계들, 그것이 작동하는 양상과 본질은 학생들의 교과 내용 학습에도 직접 영향을 미친다.

예컨대, 국어 수업 시간에 마음이 잘 맞는 친구, 책을 함께 읽고 토론
이 잘 되는 친구가 있으면 더 읽고 싶은 마음, 더 이야기하고 싶은 마음
이 커진다. 규모와 형태, 목적과 지향이 서로 다른 다층적 사회에서 살
아가는 한, 우리는 관계에서 벗어나 살 수 없다. 학교가 사회를 준비시
키는 곳이라면, 아이들은 학교에서부터 다양한 관계를 찾고, 만들고, 연
결하고, 확장하는 경험을 해야 한다. 사회에 나가면 더욱 복잡하고, 다
층적이며, 유동적이고, 때로는 더 큰 위험 또는 기회가 공존하는 관계를
형성하면서 살게 되어 있다. 우리는 이를 도와줄 필요가 있다.

공동체로서 문해력 교실은, 우리 아이들이 학습자 역량을 키우고, 자율성
을 내재화하며, 관계성을 발견할 수 있도록 관심을 갖고 지원한다. 문해력
교실에서는 아이들이 기꺼이 자율적으로 긍정적 관계를 형성하며 매사에
호기심을 갖고 배우고자 하는 학습자 역량을 쌓아갈 수 있어야 한다. 이를
위해 아이들에게 필요한 적합한 자원과 도구, 지식과 기술을 제공하고, 이것
들이 협력적 쓰임과 가치를 갖는 공간과 문화를 마련해 주어야 한다.

2 통합적 수업이
이루어지는 교실

우리가 가르치고자 하는 문해력이란 무엇인가? 정확히 말하자면 그것은 '통합적 문해력'이다. 이를 위해 우리는 어떤 학교, 어떤 교실을 만들어야 할까? 그리고 무엇을 해야 할까?

문해력 교실의 네 가지 통합

통합이란 무엇일까? 무엇이 무엇을 통합하고, 무엇과 무엇이 통합된다는 것일까? 쉽게 말해 통합이 여러 가지를 합쳐서 묶는 것이라면, 통합적 문해력 교실에서는 무엇을 합쳐서 묶어야 하는지 질문해야 한다.

통합의 첫 번째 접근법은, 학생들이 문해력의 중심 역량인 읽기를 쓰기, 말하기, 듣기, 대화하기, 표현하기, 소통하기의 맥락 안에서 배울 수 있게 지원하는 것이다. 통합적 문해력 교실에서는 읽는 것으로 끝나지 않고, 그것을 바탕으로 생각과 이해, 감정과 기분, 관점과 입장을 말하고, 쓰고, 표현하고, 공유한다. 이를 통해 학습자는 자기가 읽고 이해한 것을 심화하고 확장할 수 있다. 교실의 다른 구성원도 같은 것을 읽었기 때문에 그들이 그것을 어떻게 읽었는지 경청하면서, '나는 이렇게 이해했는데, 이 친구는 그렇게 이해했구나. 그럼 나도 내 생각을 조금 바꿔볼까?' 또는 '다른 아이들의 생각은 좋긴 하지만 근거가 조금 부족해. 내 생각에는 이게 맞는 것 같아!'라고 주장할 수도 있다.

통합의 두 번째 접근법은, 학습자의 다양한 관심사, 선호, 흥미, 동기, 정체성을 조화시키는 것이다. 이는 학생들이 교실에 가지고 들어오는 다양한 특성들, 그들의 지적, 정서적, 문화적 개인차와 그 출처를 인지하는 것에서 출발한다. 그리고 새로운 생각을 자극하는 질문과 과제를 통해서 학생들이 자연스럽게 문제의 해결을 위해 지적, 정서적, 문화적 연결고리들을 발견하고 생성할 수 있게 돕는다. 문해력 교실은 어느 한 개인이나 어느 한 집단의 아이들에만 초점을 맞춘 교실이 아니라, 다양한 배경과 경험을 지닌 모든 아이들, 다양한 장점과 재능을 갖춘 모든 아이들을 이해하는 교실이다. 학습자의 특징과 차이를 발견하고 이를 연결해서 새로운 의미와 관점이 만들어지는 교육 활동을 실천하는 교실이다.

문해력 교실의 세 번째 통합 방식은, 다양한 형식과 내용의 텍스트를 조화롭게 활용하는 것이다. 통합적 문해력 교실은 정해진 교과서에 전적으로 의존하는 교실이 아니다. 교과서 외에도 1학년 아이들, 3학년 아이들, 5학년 아이들에게 필요한 책들을 골라 소개하고, 교사와 학생이 함께 읽고 대화하면서 배우고 싶은 것들에 대해 질문하고 탐구하는 교실이다. 글을 잘 읽는 아이들, 글을 잘 읽지 못하는 아이들, 글만 보면 도망 다니는 아이들의 다양한 수준에 맞춰서 텍스트를 선택하고 함께 읽는 교실이다.

네 번째로, 문해력 교실은 다양한 방식으로 교실 과제를 통합한다. 한 교실에 앉아 있는 20~30명의 아이들을 하나의 집단으로 가정하기보다는, 교사가 제각각의 아이들과 함께 교실 전체 강의와 토론, 소집단 수업과 개별 학습을 유기적으로 조직하고 실천할 수 있어야 한다. 이를 위해 주제별, 활동별, 수준별 소집단 협력 수업을 진행할 수 있고, 특별히 관심이 필요한 학습자를 대상으로 한 맞춤형 개별 지도도 시도해 볼 수 있다. 통합적 문해력 교실은 다양한 리터러시 과제들을 짜임새 있게 조직하고 적용하는, 교육적으로 풍요롭고 조화로운 교실이다.

이처럼 문해력 교실에서 유용한 통합의 관점은 네 가지다. 문해력 교실은 첫째로 언어활동을 맥락에 어울리게 통합하고, 두 번째로 학생의 개인차를 관대한 포용과 협력적 다양성으로 통합한다. 세 번째 문해력 교실은 다양한 내용과 형식의 텍스트를 역동적으로 통합하고, 네 번째로 교실의 리터러시 과제를 학습자의 수준과 흥미, 발달 수준에 맞게 조화롭게 통합한다. 이 네 가지 통합의 관점은 보다 실질적인 문해력 수업을 기획하고 실현하는 데 결코 소홀히 할 수 없다.

통합적 문해력 수업을 위한 열 가지 실행 원리

어떤 이들은 '통합한다'는 말을 '하나로 만든다'고 받아들인다. 이런 이해가 틀리지 않지만, 통합에서 중요한 것은 각자가 가진 특성과 차이를 다양성으로 이해하고 지지함으로써 새로운 의미 생성을 위해 이들을 발전적으로 연결하고 묶어낼 수 있는 생각, 관점, 행동의 '틀'을 만드는 일이다. 이처럼 유연하고 지속가능한 통합적 문해력 수업을 위해 다음의 열 가지 실행 원리를 묶어 하나의 틀로 제안하고자 한다.

• 첫 번째, 학생들이 능동적 구성원으로서 리터러시 공동체에 기여할 수 있도록 그 과정과 경험을 친절하게 안내하는 교실 활동을 설계한다. 다시 말해, 아이들이 '능동적 학습자'가 되도록 도와주는 것이다.

우리는 흔히 교실의 소집단 모둠 수업에서도 "자, 교과서를 읽으세요. 그리고 내용을 요약해 보세요"와 같은 말로 과제 안내를 끝내곤 한다. 이때, 짤막한 교사의 안내는 글을 읽고 수행해야 할 '요약하기'라는 기능에 초점을 둔다. 하지만 아이들이 조금 더 능동적인 독자로 읽기를 원한다면, 그만큼 조금 더 구체적으로 과제를 안내해 볼 수도 있다. 예를 들어, 네 명의 아이들이 한 모둠에서 읽기 활동을 할 때, 각자에게 특별한 독자의 역할을 부여하는 것이다.

> **역할 1** (확인자) 학생은 글의 핵심을 잘 파악하니까, 이 글의 핵심어를 5개 정도 골라보세요. 물론, 그 이유도 함께 생각해 봐야 해요.
>
> **역할 2** (질문자) 학생은 생각이 좋으니까 글 내용에 대해 친구들과 함께 생각해 볼 수 있는 질문을 만들어보세요. 학생은 이제 질문자입니다!
>
> **역할 3** (토론자) 학생은 토론의 사회자가 되면 좋겠어요. 말을 친절하고 조리 있게 잘하니까 함께 읽은 내용을 가지고 어떻게 토론할 수 있을지 생각해 보세요.
>
> **역할 4** (조사자) 학생은 인터넷을 잘 쓰니까, 읽은 걸 더 깊게 공부할 수 있는 추가 자료를 어떻게 찾을 수 있을지 생각해 보는 거예요.

학생들은 각자 '확인자' '질문자' '토론자' '조사자'의 입장에서 글을 깊게 읽고, 함께 모여 서로의 읽기 결과를 공유함으로써 더욱 정확하고 정교한 '요약하기'를 경험하게 된다.

교실 수업 활동에서 아이들에게 분명한 역할과 책임을 부여해 주는 것은 매우 중요하다. 자신이 무엇을 해야 하고, 어떤 부분에 관심 갖고 노력해야 하는지 이해하면, 아이들은 그 역할과 책임을 다하기 위해 능동적으로 변한다. 그리고 이렇게 역할과 책임을 완수하는 과정에서 자연스럽게 능동적 학습자로서의 기능과 전략, 태도와 마음가짐을 연습할 수 있게 된다.

• 두 번째, 배움의 과정에 몰입하는 교실 공동체를 유지하기 위해서는 구성원들이 교실에서 벌어지는 리터러시 활동에 대해 지속적으로 점검하고 수정할 수 있어야 한다. 수업과 학습의 점검과 조정 능력은 단지 선생님에게만 필요한 것이 아니라, 아이들 역시 시간과 노력을 들여 무엇을 어떻게 배우고 있는지 돌아보고 이야기할 수 있어야 한다.

우리가 아이들에게 글 읽기를 가르치는 궁극적인 목적은 그들이 어떤 상황에서든 자발적으로 글을 찾아 읽고 사용할 수 있는 '독립적인 독자'가 되도록 돕는 것이다. 우리는 아이들로부터 독립적 독자의 모습을 보고 싶어 한다. 어떤 일을 스스로 기획하고 실행할 수 있는 사람은 그 일의 과정에서 자기가 무엇을 하고 있는지를 잘 파악하고 있다. 자기가 어떻게 일을 처리하고 있는지도 잘 인식하고 있다. 일이 뜻대로 되지 않을 때는 문제점을 찾아 확인해 고치고, 잘된 점들은 꾸준하게 노력을 들여 발전시킨다. 독립적인 독자는 메타인지, 자신의 앎에 대한 앎의 능력이 발달해 있다.

아이들이 독립적인 독자가 되도록 어떻게 도와줄 수 있을까? 아이들은 어른들처럼 메타인지와 자기조절력이 정교하고 성숙하지 않다(물론, 어른들 중에도 미숙한 메타인지를 지닌 이들이 많다!). 그래서 아이들에게는 자기가 하고 있는 글 읽기와 공부를 스스로 점검하고 수정할 수 있는 도구를 주면 좋다.

가령, '자기 점검표'와 같은 질문 목록은 꽤 도움이 된다. 서너 개 정도의 질문을 적어 종이 한 장으로 만든다. 이 점검표에 '나는 책을 읽기 전에 책 표지를 보고 어떤 내용일지 예측해 본다'와 같이 중요하게 가르쳐야 할 읽기 전략이나, 혹은 '나는 글을 읽으면서 모르는 단어에 밑줄을 긋는다. 그리고 그 단어가 어떤 뜻인지 파악하려고 노력한다'와 같은 어휘 전략에 관한 항목을 넣을 수도 있다. 아이들은 글을 읽으면서 또는 다 읽고 난 후에 틈틈이 자기 점검표에 표시한다. '내가 이거 했

나? 했네!'라며 표시하고, '이건 했나? 안 했는데, 다음엔 해야겠다!'라
며 표시한다.

간단한 도구도 규칙적으로 사용하면 학생 스스로 배움의 과정, 읽기
의 과정을 점검해 메타인지를 키우는 훌륭한 도구가 된다. 자기 점검표
를 사용하면서 글 읽는 일이 처음에는 느리고 번거롭고 까다롭지만, 한
번 익숙해지면 점검표 없이도 자기 마음속에서 쉽고 빨리 어렵지 않게
질문을 떠올리고 확인하게 된다.

• 세 번째, 학생들이 교실 공동체 활동에 적극적으로 참여하도록 '실제적인' 문
해력 수업을 실행한다. 교과서는 거의 모든 아이들에게 적용되는 일반적
이고 공통적인 것들을 추리고 짜서 만든 일종의 표준 학습 자료이다.
그렇다 보니 배경지식과 삶의 경험이 다른 아이들이 체화하고 있는 문
화나 선호하는 것을 충분하게 반영하기 어렵다. 어떤 경우에는 교과서
글이 변화무쌍한 세계의 변화 속도에 비해 한참 뒤처져서 아이들에게
흥미롭게 다가오지 못하기도 한다.

그래서 교사가 수업의 활동과 글 자료를 선정할 때 어떻게 주제, 내
용, 형식, 맥락, 쓸모, 가치의 측면에서 학습자의 흥미를 이끌어낼 수 있
을지 고려할 필요가 있다. 초등 저학년 교실의 과학 수업에서 아이들이
동물에 환호했다면, 국어 시간에도 동물에 관한 혹은 동물이 등장하는
이야기를 가지고 조금 더 흥미로우면서도 도전적인 활동을 시도해 볼
수 있다.

선생님이 아이들 저마다의 흥미를 어느 정도 감지하고 분석하기 위
해서는 평소에 그들의 말과 행동을 잘 관찰할 수 있어야 한다. 어떤 자
료, 어떤 활동, 어떤 형식, 어떤 질문에 보다 적극적으로 반응하는지 살
피고, 눈에 띄는 반응들은 기록해 둔다. 다채로운 텍스트와 활동에 대한
아이들의 반응을 살피는 것 역시 좋은 수업의 방법이 된다. 이때 교사

는 수업을 하는 교수자이자 수업을 관찰하는 연구자가 된다. 아이들의 흥미를 알기 위해서는 수업 관찰 외에도 개인별 혹은 소집단 상담 같은 것도 도움이 된다.

• 네 번째, 아이들이 직접 읽고, 대화하고, 쓰고, 표현할 수 있는 기회를 많이 만들어주어야 한다. 이를 위해 소집단 활동, 모둠 수업을 적극적으로 권장하고 싶다. 물론, 소집단 활동을 강조한다고 해서 한 시간 내내, 한 학기 내내 모둠 수업을 할 필요는 없다. 효과적인 수업에서는 다양한 형태의 수업 활동들(가령, 강의 수업, 탐구 수업, 개념 수업, 문제 중심 수업, 대화 수업, 질문 수업, 발표 수업 등)이 그때그때의 목적과 맥락에 맞게 유기적으로 조율된다. 이 모든 형태의 활동들을 한 시간의 수업 안에 집어넣을 필요도 없다. 그렇게 하면 교사 학생 모두 분주하기만 한 채, 딱히 남는 것이 없는 산만한 수업이 될 수도 있다. 다만, 짧게는 한 단원의 수업, 길게는 한 학기의 수업을 이끌어 나가면서 분명히 소집단 수업, 모둠 활동, 협력 학습은 언제나 그 중심에 위치해야 한다.

교사가 명시적으로 개념을 도입하고, 학습에 필요한 사고 전략의 시범을 보이는 일련의 교사 주도적 수업의 목적은 실은 '그 다음'을 위한 것이다. 여기서 다음이란, 아이들이 선생님으로부터 듣고 본 것들을 가지고 함께 서로 도와가며 실제 과제 상황에 적용해 보고, 그 효과도 평가해 보는 경험이다.

대화의 다양성 촉진도 중요하다. 아이들이 교실에서 모두 똑같은 방식으로 이야기할 것 같지만, 사실은 그렇지 않다. 아이가 선생님에게 이야기하는 방식과 친구에게 이야기하는 방식이 결코 같을 수 없다. 자신과 말이 통하는 친구와 이야기하는 방식과 서먹서먹한 친구들과 이야기하는 방식도 다르다. 아이가 이야기책을 읽고 이야기하는 방식이 다르고, 설명문을 읽고 이야기하는 방식이 다르다. 학습자가 어떤 맥락 안에 들어가 있는가, 그 맥락 안에서 어떤 사람이나 자료와 상호작용 하는가에 따라 말, 대화, 이야기의 방식이 달라지는 것이다.

대화의 방식이 다르다는 것은 무엇을 얼마나 어떻게 대화를 통해 배울 수 있는가의 문제와 결부된다. 언어적 상호작용의 방식이 다르면, 배움의 내용과 방식도 달라지며, 그것으로 얻어지는 이해, 지식, 기능의 습득과 같은 학습 결과도 달라진다. 각기 다른 양상의 수업 대화는 리터러시 학습에서 기회의 차이를 만들고, 학습 기회의 차이는 학습의 과정과 결과의 차이를 가져온다.

• 다섯 번째, 특정 교과 맥락 또는 범교과적으로 사용되는 다양한 유형의 텍스트를 활용한다. 이 원칙은 매우 중요하다. 우리의 문해력 수업, 읽기 수업이 자꾸 좁아지고, 어려워지고, 재미없어지는 이유 중 하나는 교실의 가르침과 배움이 표준화된 교과서의 경계 안에 붙들려 있기 때문이다. 앞서 이야기했듯이 리터러시를 말할 때 가장 중요한 요소가 바로 텍스트이다. 어떤 글, 어떤 자료를 교실로 가져오는가, 아이들에게 무엇을 찾게 하고 무엇을 읽게 할 것인가의 문제는 통합적인 문해력 수업을 고민하는 데 가장 핵심적이다. 텍스트가 넓어지면, 문해력 교실의 교수학습도 넓어진다.

취학 전 아동이나 초등 저학년 아이들이 어떤 갈래와 유형의 글을 빈번하게 읽는지를 살펴보면, 그것이 주로 이야기책이라는 것을 알 수 있다. 이야기에는 서사 구조가 있고, 거기에는 인물과 인물, 그들 간에 벌어지는 사건과 갈등, 이어 여러 이유로 갈등과 문제가 해소되는 일종의 '이야기 문법'이 있다. 아이들이 이야기책을 많이 읽으면 이야기 문법에 점점 익숙해지게 되고, 이야기 형식으로 내용을 전달하는 글을 읽을 때 편안함을 느낀다. 자연스레 이야기 글의 이해력도 좋아진다.

그러나 초등학교 3~4학년 무렵부터는 교과서 형식의 글을 많이 읽게 된다. 교과서에는 이야기 글도 있지만, 대부분 정보 전달을 위주로 하는 글이 많다. 이런 정보 텍스트는 아이들에게 익숙한 이야기책의 서사 구조가 아니라, 언뜻 눈에 잘 보이지 않는 논리 구조에 따라 내용이 구성되고 조직된다. 어떤 현상의 문제와 해결책이 담긴 구조도 있고(문제-해결), 사건의 결과와 원인 혹은 원인과 결과 들이 뒤섞인 구조도 있다(원인-결과). 어떤 일의 과정이 순서에 맞게 이어지거나(절차), 하나의 큰 개념과 그 작은 개념들이 위아래로 얽혀 있는 경우(위계), 또는 무엇과 무엇의 특징들이 연결되고 대비되는(비교-대조) 등 매우 다양하다. 아이들은 이렇게 낯설지만 중요한 글의 유형들을 접하면서 '글 구조 지식'을 갖게 된다.

이를 위해 선생님은 교과서뿐만 아니라 추가적인 글 자료를 활용하여 아이들이 다양한 글 구조에 대한 지식을 쌓을 수 있도록 도와주어야 한다. 이때 자칫 낯설고 복잡한 글 구조는 아이들의 글 읽기 흥미를 떨어뜨릴 수 있다는 점에서 가급적 다양하고 흥미로운 주제의 글을 가져올 필요가 있다.

교실 텍스트의 범위를 확장하고 싶다면 디지털 자료도 고려해 보자. 요즘 같은 디지털 뉴미디어 시대에 문해력은 더 이상 줄글로 된 종이책을 읽는 것에 국한되지 않는다. 사회가 변화하고 확장되면 어떤 식으로든 텍스트의 모습 역시 변화하고 확장되기 마련이다.

문자 언어와 인쇄된 책(전자책을 포함하여)과 문서는 여전히 인류 사회의 가장 핵심적인 텍스트이지만, 디지털 기술 시대의 많은 사람들은 문자 언어와 어우러진 시각적, 감각적, 심지어 공간적 텍스트(비디오 게임, 메타버스 등)를 쉽고 빨리 제작해 공유한다. 다양한 형식과 디자인의 텍스트는 다양한 방식과 전략의 읽기를 요구한다. 디지털 자료, 인터넷 글, 문자 언어와 함께 다채로운 시각적, 감각적 기호들이 조화된 복합양식 텍스트, 이미지와 글이 함께 있는 자료들도 적극 활용할 수 있다. 더불어 우리 아이들이 교실 안팎에서 다양한 테크놀로지(가령, 생성형 AI)를 가지고 만들어 낸 텍스트 또한 통합적 문해력 교실의 텍스트가 될 수 있다는 점을 잊지 말자.

• 여섯 번째, 문해력 교실에서는 정확하고 꼼꼼하게 글 읽는 태도가 중요하다. 글의 이해는 정확하게 읽는 것에서 출발한다(이에 관해서는 이 책 3부에서 독해 수업과 관련하여 보다 자세하게 다룬다). 정확하게 읽지 않으면 아무것도 안 된다. 글을 정확하게 읽지 않고서 어떻게 합리적으로 텍스트의 내용과 가치를 분석하고 평가할 수 있겠는가? 정확하게 읽지 않은 글, 정확하지 않은 이해를 가지고 어떻게 실제 문제 해결 과정에 적합한 의미를 만들어낼 수 있는가?

고차원적 읽기, 비판적 읽기, 분석적 읽기, 창의적 읽기 등 '멋진 읽기들'은 모두 정확한 읽기가 전제되어야 가능하다. 글을 읽는 목적과 동기, 그 실용적 쓰임은 고차원적, 비판적, 분석적, 창의적일 수 있으나, 이런 읽기 목적을 달성하기 위해서는 정확하게 읽는 일에 소홀해서는 안 된다. 정확하게 읽으려면 치밀하게 읽어야 한다. 이는 '꼼꼼하게 읽기'라고도 하는데, 텍스트의 언어와 내용을 하나하나 꼼꼼하고 면밀하게 읽고 연결하여 그 의미와 의도를 우선 분명하게 이해하려는 태도가 글 읽기에서 매우 중요하다.

요즘 우리 아이들은 긴 글을 읽기 어려워하고 꼼꼼하게 읽는 것을 힘들어한다. 많은 이들은 이렇게 된 주요 원인이 아이들 주변에 디지털 기기들이 너무 많고, 스마트폰에 빠져 게임이나 영상물에 과도하게 노출되기 때문이라고 말한다. 물론 그것도 맞지만, 또 하나의 영향은 학교에서 읽기를 가르칠 때 글을 꼼꼼하게 '이해하는' 것이 아니라, 글의 정보를 꼼꼼하게 '외우는' 방식으로 가르치기 때문이다.

외우는 것과 이해하는 것은 다르다. 잘 이해하면 잘 외울 수 있지만,

잘 외운다고 잘 이해하는 것은 아니다. 이해는 꼼꼼한 읽기에 기초한다. 꼼꼼한 읽기에 명민한 추론과 분석이 더해져 단단하고 정교한 네트워크로서의 이해가 만들어진다. 기억을 위한 읽기는 겉으로는 꼼꼼해 보이지만, 통합적이고 정교한 이해에 기반을 두고 있지 않기 때문에 금방 부서지고 마는 허술한 읽기 방식이다.

우리가 관심 갖는 것은 글 내용의 암기가 아니라 글에 대한 이해다. 무엇을 암기했는지, 무엇을 기억에 남겼는지가 문해력 수업의 목표가 될 수 없다. 문해력 수업은 학생 독자가 어떻게 노력하여 글을 이해했고, 결과적으로 글을 통해 무엇을 이해하게 되었으며, 글 이해의 과정이 공부, 일, 삶에 어떤 의미를 갖게 되었는가를 중심에 둔다.

이를 위해서 아이들에게는 글을 꼼꼼하게 읽는 전략이 필요하다. 이런 읽기 전략이 왜 효과적인지 경험해야 하고, 그래서 노력하며 읽는 일의 가치와 의미를 깨달아야 한다. 아이들이 어떤 정보를 기억했는가가 아니라, 글 읽기의 노력과 전략의 과정이 갖는 의미를 경험하고 그것이 자신의 이해와 배움에 어떤 효용을 갖는지 확인할 수 있어야 한다.

가령, 글을 읽을 때 적극적으로 자신의 이해와 질문을 메모하면서 읽어야 한다. 교실에서 토론을 할 때 혹은 설득의 글을 쓸 때, 주장만 하는 것이 아니라 그 주장의 근거를 자신이 읽은 글에서 찾아 제시하고 활용할 수 있어야 한다. 꼼꼼하게 글을 읽어서 정확한 이해를 도모하고, 글 읽기의 실용적인 쓰임을 만들어내려는 의지와 노력은 문해력 수업이 강조하는 독자의 태도 형성에 핵심적으로 기여한다.

• 일곱 번째, 읽고 쓰는 일의 복잡성과 역동성을 잘 포착할 수 있는 교실 평가 방법들을 두루 사용한다. 평가에는 두 가지가 있다. 하나는 '학습에 대한 평가'이고, 다른 하나는 '학습을 위한 평가'이다. 학습에 대한 평가는 학습의 결과를 평가하는 것이고 학습자가 무엇을 배웠는지 평가하는 것

이지만, 학습을 위한 평가는 학습자가 어떻게 배웠는지를 평가해서 이후의 학습에 도움이 되는 피드백을 만들어내는 평가이다. 학습에 대한 평가는 시험과 같이 견고한 형식을 갖춘 도구를 사용하여 학생의 수행을 수치화 또는 등급화하여 주로 상대적 성취 결과로 보고하지만, 학습을 위한 평가는 한 학생의 수행과 발전 정도를 가급적 자세히 기술하는데 중점을 둔다. 우리는 후자에 조금 더 관심을 가져야 한다.

가령 질문하기는 교사가 사용할 수 있는 가장 일상적이고 유용한 평가, 학습을 평가하면서 동시에 안내하는 교실 평가다. 교사는 질문을 하면서 학생이 어떻게 대답하는지, 근거를 들어 대답하는지, 근거와 대답이 글 이해에 바탕을 두고 있는지 파악해야 한다.

관찰은 모든 교실 평가의 기본이자 핵심 평가 행위다. 아이가 글을 쓸 때 선생님은 아이의 글쓰기 과정을 관찰해야 한다. 꼼꼼하게 쓰는지, 어려움을 겪지는 않는지, 글쓰기 어려움을 해결하려고 노력하는지 아니면 쉽게 지쳐 포기하는지 확인해야 한다.

이렇듯 질문하기, 관찰하기는 비교적 유연하면서도 정규 수업 시간에 틈나는 대로 사용할 수 있는 비형식적 교실 평가이다. 이에 대해서는 4부에서 조금 더 자세하게 소개하고자 한다.

• 여덟 번째, 수업 목적과 동떨어진 교수 활동은 가급적 줄이고, 학생들이 리터러시 전략을 실험적으로 적용해 볼 수 있는 탐구 기반 학습을 기획한다. 수업 목적과의 관련성이 낮은 교수 활동은 반복적 기능 훈련과 정보 암기, 즉 아무 의미 없이 계속 뭔가를 연습하는 것이다. 이런 일에 귀한 수업 시간을 낭비하는 것은 권장하기 어렵다. 물론, 아이가 '내가 어제 배운 요약하기 전략을 오늘 사회 시간에 사용해 보니 좋았어. 더 어려운 말들이 많이 나오는 과학 교과서를 읽을 때도 적용해 보면 좋을 것 같아'와 같이 학생 스스로 자신의 읽기 기능 훈련을 생각하며 공부하는 것은 좋

다. 학습 과정에 대한 성찰력을 키울 수 있기 때문이다. 그러나 아이들이 목적 없이 기계적으로 읽고 쓰고, 선생님은 그 결과를 받아서 점수를 산출하는 데만 매몰되는 반복적 기능 훈련은 적절하지 않다.

선생님들이 애써 제작한 '활동지'도 수업 목표의 달성을 위한 교수학습 장치로 기여해야 한다. 활동지는 아이들에게 교실 활동의 순서와 요소를 안내하는 일종의 '스터디 가이드'이다. 그런데 아이들에게 활동지를 나눠주고 빈칸을 채우는 것으로 모든 수업 시간이 점유된다면 곤란하다. 이런 식의 활동지 사용은 공들인 노력에 비해 가르침도 없고 배움도 없는 일이다. 질문과 대화, 토론과 성찰 없이 종이 한 장 채우기로 수업이 끝난다면 결코 좋은 수업이 아니다.

활동지를 나눠주더라도 학생들과 함께 왜 활동지로 공부하고, 어떻게 그걸 사용하며, 그것을 가지고 무엇을 수행해야 하는지에 대해 분명하게 안내하는 시간이 필요하다. 그리고 학생들이 활동지의 결과를 바탕으로 모둠이나 교실 전체에서 공유하고 토론하는 활동으로 이어져야 한다. 그렇지 않으면 활동지 수업은 '시간 때우기'에 그치고 만다.

문해력 교실에서는 활동지나 반복적 기능 학습을 넘어서 학생이 주도적으로 참여하는 '탐구 학습'에도 관심을 갖는다. 탐구란 필요한 것, 궁금한 것을 깊이 파고 들어가 직접 조사하고 연구하는 것이다. 이때 정밀한 조사를 위해서는 질문이 필요하고, 조사를 통해 알게 된 것은 새로운 질문, 더욱 정교한 질문을 낳는다. 그리고 새롭게 조사하고 배워 알게 된 것들을 구성원들과 공유하고 새로운 탐구 가설과 조사 방안을 모색하는 것이 탐구 학습이다. 어렵고 복잡해 보이는 탐구 학습도 간단하면서도 매우 강력한 방식의 질문하기, 조사하기, 공유하기가 유기적으로 작동하는 순환적 과정으로 구성할 수 있다.

특별히 문해력 교실에서는 '텍스트'를 탐구한다. 텍스트는 정보, 내용, 지식, 관점 등 탐구해야 할 '내용'을 담고 있다. 즉 문해력 교실에서 탐구 학습을 위한 조사 과정은 반드시 다양한 글, 자료, 정보, 데이터 등의 텍스트를 조사하는 것을 의미한다. 어떤 자료에 무슨 내용이 있고, 어떤 정보가 새로운 질문과 이해를 자극하며, 그것이 왜 탐구 과정에서 중요한 쓰임새를 갖는가에 대해서 분석하고 평가하는 것이 문해력 수업에서 설계하는 탐구 학습의 요체이다. 이를 이제 '텍스트 기반 탐구 학습'이라고 부르자. 이에 대해서는 이 책의 여러 부분에서 다양한 방식으로 다루고자 한다.

• 아홉 번째, 교사는 발화의 양을 줄이고 가급적 학생 주도적 토론을 촉진한다. 교사는 교실에서 살아가는 모두의 목소리가 들리고 존중될 수 있도록 공정한 기회를 보장해 주는 것이 좋다. 문해력 수업은 읽고 쓰면서 능동적으로 내용을 학습하기 위한 것이기도 하지만, 읽고 쓰고 대화하고 상호작용하면서 실제로 읽고 쓰고 대화하고 상호작용하는 법을 '실천적으로' 배우는 수업이다. 읽기는 읽기에서 끝나지 않고, 크고 작은 집단의 다양한 구성원들 사이에서 벌어지는 역동적 대화(때로는 대립하고 충돌하는 대화)로 이어질 때 훨씬 더 그 의미와 효과가 확장된다. 대화와 토론, 질문과 반응, 다채로운 언어적 상호작용이 부재하는 교실에서는 효과적 문해력 수업을 실현하기 어렵다.

문해력 수업은 대화 수업이며, 대화를 위해서는 다양하게 말하고 들을 수 있는 기회가 마련되어야 한다. 선생님이 한 시간 내내 말을 하면 아이들이 말하고 생각할 공간이 좁아진다. 선생님의 말이 분명하지 못한 채 이런저런 필요한 모든 대답과 모든 해설을 넘치게 전달하는 방식으로 전개되어서는 곤란하다.

교사는 핵심 개념을 명확하게 예를 들어 설명하고, 수업 중 적재적소에서 안내와 피드백을 제공해야 한다. 이때 자신의 언어를 절제하면서도 가급적 많은 학생들이 교실 대화에 참여해 질문하고 이야기할 수 있도록 촉진해야 한다. 이를 위해서 미리 자기 교실의 언어적 상호작용을 예측하고 기획해야 한다.

• 열 번째, 아이들이 의사소통에 대한 개념과 실질적 방법을 확장할 수 있도록 **디지털 테크놀로지를 적극 활용해도 좋다.** 디지털 확장은 단지 프로젝터, 태블릿 컴퓨터와 같은 하드웨어나 디지털 디바이스를 사용하는 기계적 확장을 의미하는 것은 아니다. 문해력 교실의 디지털적 확장은 디지털 공간에서 소통되는 다양한 텍스트를 교실로 가져오는 것을 포함한다.

예를 들면 인터넷 뉴스 기사나 개인의 블로그 글이 교실 텍스트가 될 수 있는데, 이런 디지털 자료들이 내용과 표현, 출처 면에서 쓸 만하고 믿을 만한 것인지를 아이들이 직접 판단해 보도록 안내하면 좋다. 아이들과 함께 디지털 공간의 텍스트를 협력적으로 탐색, 조사하면서 디지털 텍스트의 가치와 쓸모, 단점과 위협을 탐구해 보는 것도 중요하다.

요즘에는 디지털 도구들이 그야말로 즐비하다. 가령, 패들렛과 같은 디지털 저작-소통 도구는 모둠 학습, 교실 토론 등의 협력 학습을 촉진하는 데 유용하다. 비교적 쉽게 학생들의 의미 공유 과정의 참여를 유도할 수 있으며, 이렇게 공유된 아이디어들을 프로젝터나 스마트 칠판으로 함께 보면서 생산적인 교실 대화를 이끌어낼 수도 있다. 문해력 교실에서 저작, 협업, 디자인, 공유, 매체 전환 등을 위해 활용할 수 있는 수많은 AI 기반의 도구들도 많다.[5] 디지털 시대의 문해력과 수업에 대해서는 5부에서 좀 더 자세히 소개하려고 한다.

문해력 교실의 비전 찾기

문해력을 가르치고 배우는 일에 대해 여러분은 어떤 비전을 가지고 있는지 정리해 보자. 이는 교사가 교실의 핵심 의사결정자로서 자신에 대해 돌아보는 성찰의 기회를 제공한다. 문해력 학습 공동체를 위해서 교실에서 지금 사용하는 방법에는 어떤 것들이 있는지 목록화하고 설명해 보자. 지금까지 교사로서 무엇을 어떻게 교실에서 실천해 왔는지 돌아볼 수 있을 것이다. 이 때 앞에 제시한 열 가지 통합적 문해력 교실의 원리를 떠올려보자.

문해력은 국어 과목만의 문제가 아니다. 문해력은 다양한 지식과 텍스트를 다루는 여러 교과목이 연계될 때 온전하게 학습할 수 있다. 국어 과목이 아니더라도 과학, 사회, 수학과 같은 내용교과의 지식이 어떻게 아이들의 삶에 적용되는지, 학생들이 교과 지식을 탐구하는 과정에서 왜 문해력이 중요한지 생각해 보자. 내용 영역의 지식과 문해력의 관계성을 우리 자신의 교실 공동체 안에 어떻게 통합시킬 수 있을까도 고민해 보자.

학생들의 삶에 관련되면서도 교실 학습을 더욱 의미 있는 배움의 경험으로 전환시킬 수 있는 텍스트, 도구와 자료, 테크놀로지에는 어떤 것들이 있는지 조사해 보자. 하루 정도 시간을 내서 인터넷 검색 창에 '수업 테크놀로지', '에듀테크', '디지털 교육 도구'와 같은 검색어를 넣으면 수많은 자료들을 접할 수 있다. AI에 물어도 답은 쉽게 나온다. 열정 넘치는 교사들이 중심이 되어 교수학습 테크놀로지의 가능성을 나날이 확장해 가는 전문 학습 공동체를 찾아 조언을 구해 보자.

교사는 체계적으로 문해력을 학습하는 교실 공동체의 전문가이자 주체적 의사결정자이다. 교육을 바꾸는 일은 교사의 손에서 이루어진다. 이를 위해서는 교사가 교실을 바꾸어야 하고 교사 스스로도 좋은 교실을 위해 바뀌어야 한다. 우리 아이들이 '미래 사회의 행복한 변화 주체'라면, 교사는 '미래 교육의 행복한 변화 주체'가 되어야 한다. 우리 사회의 제도, 환경, 풍토, 인식이 교사와 학생이 그렇게 조금 더 정의로운 사회로 향하는 변화의 주체로 성장하도록 도와야 한다.

문해력 발달을 위해서는 글을 읽고 쓰는 사람의 동기, 의지, 지향성, 태도, 끈기 등이 함께 성장해야 한다. 문해력 교실 공동체가 중요한 이유, 교사와 양육자가 아이들의 문해 활동을 관찰하고 지원해야 하는 이유는, 우리 아이들이 글을 읽고 쓰는 사람의 '꾸준한 마음'을 느리더라도 알차게 형성해 나가기를 원하기 때문이다.

문해자의 마음이 어떤 방향으로 성장해야 하는 걸까? 이에 대한 답은 우리가 문해력을 어떻게 정의해야 하고, 어떻게 문해력의 의미와 가치를 이해해야 하는지에 대한 앞선 논의에 기대고 있다. 글을 읽고 쓰는 진정한 '문해자 교육'을 위해서는 우리 아이들에게 마음이 성장할 기회가 필요하다. 그리고 마음의 성장을 위해서는 아이들이 '성장의 마음가짐', 즉 자신이 자라고 있다는 기분을 경험하는 계기가 필요하다.

이 장에서 성장의 마음가짐이 무엇인지 알아보고, 그런 마음을 키우기 위해 우리가 어떻게 아이들과 호흡해야 하는지 살펴보자.

6장

성장하고 있다는 믿음이 필요하다

학습자의 '성장의 마음가짐'을 촉진하는 문해력 수업은 가능할까?

· 두 가지 마음가짐(성장의 마음가짐, 고정된 마음가짐)
· 피드백의 기능과 효과
· 리터러시의 본질을 포착하는 교실 평가의 사용
· 자기조절적 독자로 성장시키는 문해력 수업 모형

주요 키워드

성장의 마음가짐 / 고정된 마음가짐 / 교사 피드백

정보적 피드백 / 성장적 피드백 / 칭찬과 질문

학습에 대한 평가 / 학습을 위한 평가

소집단 개별화 수업 / 학습 책임의 이양

 1 학습자의 마음가짐이 가져올 변화

이 장의 주제는 '성장의 마음가짐'이다. 학습자의 마음가짐이 배움의 과정에서 왜 중요한지 이해하고, 교사가 사용하는 교실 언어가 어떻게 학습자가 성장의 마음을 키우는 데 기여할 수 있을지 이야기해 보자. 학습자의 마음가짐을 설명하는 핵심 용어들을 살펴보고, 교사 피드백과 소집단 수업의 효과에 대해서도 이야기해 보자.

마음가짐을 영어로 말하면 'Mindset(마인드셋)'이다. 요즘 사람들은 마인드셋이라는 말을 즐겨 사용한다. 성공한 사람을 칭찬할 때도, 실패한 이를 책망하면서도 두루 이 말을 쓴다.

교육 분야에서도 마인드셋에 대한 연구가 심층적으로 진행되었는데, 교육과 학습, 발달의 과정에서 마인드셋은 가장 중요한 변인이라고 하나같이 제안한다. 누군가 어떤 일을 할 때 그것이 진행되는 과정이나 결과를 보면, 그 일을 하는 사람이 어떤 마음가짐을 가지고 있었는지가 상당한 영향을 미친다는 것을 알 수 있다. 지금 교직에 몸담고 있는 선생님들이 예전에 학교를 다니던 시절에는 주변 어른들이 공부의 성과를 따지면서, "너는 정신 자세가 왜 그러니?"라고 탓했을지 모른다. 꾸지람의 말과 함께 자주 사용한 '정신 자세'라는 말은 마인드셋이나 마음가짐과 어느 정도 뜻이 통한다. 교육학 연구는 학습자가 어떤 마음가짐을 갖는가에 따라 학습의 과정과 결과가 눈에 띄게 달라질 가능성이 크다고 말한다.

고정된 마음가짐과 성장의 마음가짐

미국의 저명한 사회심리학자인 캐롤 드웩(Carol Dweck)에 의하면, 사람들이 일과 배움의 과정에서 형성하는 마음가짐에 두 가지가 있다고 한다.[1] 하나는 '고정된 마음가짐'이다. 고정되었다는 것은 멈추어 있거나 한 곳에 고착되어 있다는 뜻이다. 자의든 타의든 무엇이 어느 한 곳에 딱 발을 붙이고(혹은 붙잡혀) 서 있다는 뜻이다. 이와 대별되는 다른 하나는 '성장의 마음가짐'이다. 성장은 자라는 것이다. 자란다는 것은 변화를 바라며 실제로 변화한다는 것이다. 우리가 어떤 일을 하거나 배울 때, 고정된 마음가짐과 성장의 마음가짐 중 어떤 것을 가지고 있거나 혹은 지향하는가에 따라 일과 학습의 과정과 결과가 모두 달라질 수 있다[그림1].

마음가짐은 새로운 일과 배움을 대하는 자세와 관련된다. 예를 들어, 새로운 일을 시작할 때 성장의 마음가짐을 가지고 있는 사람은 이렇게 생각한다. '새로운 도전은 정말 흥분되고 즐거워.' 성장의 마음가짐을 가지면 새로운 일이 기다려진다. 그런데 새로운 일을 할 때면 언제나 '무서워, 걱정돼, 하기 싫어'라고 생각하는 사람도 많다. 이들은 고정된 마음가짐을 가지고 있는 것이다. 고정된 마음가짐은 변화보다는 안정을, 발전 기회보다는 현상 유지를 선택한다.

마음가짐은 실패 앞에서 발현된다. 우리가 어떤 일을 하거나 배울 때 반드시 성공하는 것은 아니다. 실패는 성공의 어머니라는 말도 있듯이 언제라도 우리는 실수하고 좌절할 수 있다. 이때 어떤 사람들은 '왜 실패한 거지? 왜 잘못한 거지? 원인이 뭐지? 해결 방안을 찾아봐야겠다. 그러면 더 잘할 수 있을 것 같아'와 같이 생각한다. 성장의 마음가짐을 가지고 있는 사람은 어려움이나 실패 앞에서 자연스럽게 이런 종류의 생각을 일으킨다. 이들은 스스로를 위한 변화와 발전을 추구하기에 자기가 겪고 있는 문제를 분석하고 해결책을 탐구하는 데 주저함이 없다.

성장의 마음가짐 (지능은 발달한다)		고정된 마음가짐 (지능은 변하지 않는다)
"새로운 도전은 즐거워"	도전	"도전은 무서워"
"원인과 해결책을 찾아보자" "더 잘할 수 있어"	좌절, 실수	"내 탓이 아냐" "그냥 포기하고 싶어"
"노력하면 해낼 수 있을 거야"	노력	"노력한다고 될까?"
"비판을 통해 배울 수 있어"	비판	"비판은 듣고 싶지 않아"
"저 사람의 성공에서 배울 점을 찾아보자"	타인의 성공	"다른 사람의 성공은 나에게 좋지 않아"

[그림1] 성장의 마음가짐과 고정된 마음가짐

하지만 실패와 좌절 앞에서 이와 다른 방식으로 생각하는 사람도 많다. 이들은 '이거 내가 잘못한 것 아닌데, 어찌 하다 보니 그렇게 된 거야. 내 탓이 아니야. 함께 일하던 사람이 그런 거지, 여기 환경이 원래 그렇잖아. 아무리 해도 안 돼, 진작에 포기하는 편이 좋았을 거야'와 같이 일의 원인을 타인이나 환경에서 찾기도 한다. 그리고 당면한 문제의 실질적 해결책을 찾는 일에 쉽게 나서지 못한다. 고정된 마음가짐을 가지면 이런 경향성이 커진다. 안주하는 마음가짐, 현 상태를 합리화하는 태도로는 문제 상황 앞에서 솔직해지는 일 자체가 불편할 뿐이다. 따라서 당장에 큰 무리가 없는 한 회피 전략을 사용한다.

마음가짐은 노력과 직결된다. 어떤 일을 잘하려면 우리는 노력을 해야 한다. 문해력이 대표적이다. 글을 잘 읽고 쓰려면, 그런 능력과 역량을 갖추려면 노력해야 한다. 어떤 일에 노력한다는 것은 그 일을 잘할 수 있을 만큼, 스스로 만족할 때까지 평소보다 더 많은 시간을 투자하고 더 큰 관심과 애정을 쏟는다는 것이다. 노력하지 않으면 글을 잘 읽고 쓰기 어렵다. 노력해서 글을 잘 이해하고 잘 지어낼 수 있을 때 문해력이 자란다. 글 읽고 쓰는 일이 노력 없이 성취되는 것이라면 굳이 왜 가르치고 배우겠는가.

사람에 따라서는 노력이 요구되는 일 앞에서 이렇게 생각하기도 한다. '내가 노력하면 정말 이 일을 잘 할 수 있게 될 거야. 내가 신경 써서 사흘 정도 집중적으로 노력하면 적어도 이 일 하나 정도는 꽤 훌륭하게 끝낼 수 있을 것 같아'와 같은 생각이다. 이것은 성장의 마음가짐을 반영한다. 성장의 마음을 가진 사람들은 노력의 가치와 보람을 잘 알고 있다. 그것이 기분 좋은 일의 경험이자 생각보다 알찬 결실을 가져다준다는 것을 알고 있다. 성장의 마음가짐을 위해서 성공의 경험이 필요한 이유다.

그런데 같은 상황에서 어떤 사람들은 '사흘 정도 내가 그렇게 한다고 되겠어? 제대로 하려면 한 일주일, 아니 한 달은 있어야 될까? 그래도 안 될 것 같은데, 이건 나 아니라도 다른 사람도 못할 것 같아'라고 생각할 수 있다. 이들은 노력하지 않고 이미 그 결과를 예상하고 낙담한다. 노력하지 않아도 되는 이유를 찾고, 스스로의 결정을 정당화한다. 고정된 마음가짐을 가진 사람들은 노력의 가치를 지레 과소평가하려는 경향을 보인다.

마음가짐에 따라 경청과 협력의 자세도 달라진다. 우리가 어떤 일을 하거나 공부를 할 때, 그것은 대개의 경우 나 혼자 하는 것이 아니기에 언제나 이러쿵저러쿵 말하는 사람들이 생긴다. 만일 내가 글을 썼다면 글이 훌륭하다거나 형편없다고 말하는 사람들이 있다. 직장에서 프로젝트를 성공시켰을 때, 주변 사람들은 성공의 축하 뒤에서 프로젝트의 보완점들에 대해서 지적하기도 한다. 이렇게 동료나 관찰자의 비판을 들었을 때의 반응도 사람마다 제각각 다르다. 마음가짐에 따라 이런 피드백이 약이 되기도 하고 독이 되기도 한다.

가령, 어떤 사람들은 이렇게 대응한다. '좋은 지적이야. 내가 미처 생각 못했던 건데, 지금 듣기에는 마음이 불편하지만 결국 도움이 되는 조언이지. 다음에는 조금 더 신경 써야겠어'와 같이 말이다. 학교에서 선생님이 학생에게 "이런 점에서 부족하니, 조금 더 열심히 합시다"라고 했을 때도 앞의 경우처럼 반응하는 아이들은 긍정적이다. 특별히 말을 하지 않더라도 속으로 수용하고 소화시킨다. 성장의 마음가짐을 가진 아이들이다.

반면에 어떤 사람들은 '그만, 됐어. 충분해. 알아, 무슨 말인지 알겠어. 무슨 말인지 알아, 내가 알아서 할게. 괜찮아, 그렇게 해도 안 돼. 그냥 이건 어차피 안 되는 거야'라고 생각한다. 이들은 타인으로부터 비판을 듣는 것 자체를 힘들어한다. 현실을 분석하고 더 나은 미래를 위해 질문하는 '비판'을 근거 없이 자신을 개인적으로 헐뜯는 '비난'이나 '비방'으로 받아들이기도 한다. 이들은 비판을 건설적으로 받아들이지 못하고 자신의 일에 부정적이거나 해가 되는 가시 돋친 말로 인식한다. 고정된 마음가짐을 가지고 있으면, 타인의 평가와 판단이 귀에 잘 들어오지 않는다.

마지막으로, 마음가짐은 타인에 대한 시선과 인식에도 영향을 미친다. 마음가짐에 따라 다른 사람을 어떻게 바라보는가도 매우 다르다. 특히, 공부는 함께 하는 것이라고 했다. 누군가와 학습을 하는 동안, 함께 배우는 동료들을 어떻게 받아들이는지도 마음가짐에 따라 달라질 수 있다.

어떤 아이는 교실에서 함께 글을 읽고 토론할 때 옆 친구가 글 내용을 잘 이해해서 또박또박 토론을 잘하면 이렇게 생각한다. '저 친구는 어제 정말 글을 열심히 읽었어. 저렇게 읽으니까 저렇게 말을 잘할 수 있구나. 내가 지금 말을 못 하는 게 말을 못해서가 아니라, 글 읽기에 시간을 덜 들여서 글을 깊이 이해하지 못해 그런 것 같아. 지금이라도 열심히 읽어봐야겠어, 배울 점이 많아'라며 말이다. 이 아이에게서는 타인의 행동에서 좋은 점을 찾아 본받으려는 성장의 마음가짐이 보인다.

반면에 어떤 아이는 같은 상황을 부정적으로 받아들이기도 한다. '쟤 뭐야, 같이 했는데 왜 쟤만 잘해, 그럼 뭐야 나는? 나는 못하는 거야? 비교되는 것 싫은데. 사람들이 나를 어떻게 볼까? 선생님은 나를 어떻게 생각할까? 다같이 읽고 공부했는데, 저 아이는 토론을 잘하고. 나는 말을 안 하니까 그렇기는 하지만, 나는 왜 그런 거지?'라는 식으로 타인과 자신을 바라본다. 이 아이는 친구가 잘하는 것이 자신에게 도움이 되지 않는다고 생각한다. 고정된 마음가짐에서는 타인의 장점이 나의 약점을 부각시키는 것처럼 보인다.

우리가 문해력을 가르친다고 할 때, 도대체 우리는 아이들을 어떤 사람으로 키우고 싶은 걸까? 우리는 아이들이 성장의 마음가짐을 가진 사람으로 성장하길 바란다. 학생들이 글을 읽고 토론하고 대화할 때 기꺼이 도전을 즐기고, 적극적으로 실수의 원인을 찾아내려고 노력하는 사람이 되기를 원한다. 자신과 타인의 노력에 대한 가치를 인정하고, 그에 걸맞게 좋은 결과가 있을 것이라 기대할 수 있는 긍정적 정서를 가진 사람으로 자라기를 원한다. 동료의 조언을 달갑게 받아들이고, 남들과 함께 공부하는 과정에서 서로의 장점을 찾고 단점을 보완하면서 협력적으로 배울 수 있는 사람, 읽고 쓰고 배우는 일의 긍정적 경험과 성장의 과정을 즐길 수 있는 사람을 키워내고 싶은 것이다.

2 교사의 언어가
중요하다

우리는 어떻게 성장의 마음을 가진 아이들을 키워낼 수 있을까? 어렵다. 마음가짐은 오랜 시간 수많은 사람과 경험하는 복잡다단한 관계 속에서 형성되는 문화적 과정의 결과이기에, 어떻게 성장의 마음가짐을 키울 수 있는지 한 가지 방법으로 설명하기 어렵다.

하지만 짧지 않은 시간 동안(적어도 유초중등학교 시절) 재능과 성격, 사회적 환경과 배경이 다른 수많은 사람들(친구들과 친구가 아닌 아이들, 그리고 선생님들을 비롯한 주변의 어른들)과 관계를 맺으며 자라나는 아이들의 마음가짐이 특정한 모양으로 만들어질 때 가장 중요한 것은 단언컨대 '교사의 언어'이다.

생각해 보자. 교실에서 가장 크게 영향력을 발휘하는 사람이 누구일까? 교사이다. 교사는 존재 자체로 함께 상호작용하는 모든 교실 구성원들에게 막강한 영향력을 갖는다. 학생은 교사가 교사이기에 의지하거나 요구를 하기도 하고, 교사가 말하는 것은 기본적으로 '좋은 것'이거나 좋은 것이어야 한다고 여긴다. 일종의 사회적 합의로 만들어진 교실이라는 공간에서 교사의 언어와 행동은 그 자체로 권위를 갖는다. 정도의 차이는 있으나, 교사의 언어는 학생들에게 크고 작은 영향을 미친다(심지어 학생이 교사의 언어를 무시하는 경우에라도).

교사는 교실에서 가장 강력한 발언권을 갖는 구성원이다. 수업 시간에 대개는 교사가 가장 많이 말을 한다. 아이들이 교실에서 어떤 일(과제, 활동, 대화를 포함한 모든 유형의 교실 행동)을 했을 때, 그 과정과 결과에 대한 평가 역시 일차적으로는 교사에 의해 이루어진다. 학생들은 자신이 한 일에 대해 교사가 평가를 하고 피드백을 줄 때, 교사 언어의 내용과 형식, 맥락과 의도를 통해서 자신이 한 일뿐 아니라 그 일을 한 자신에 대해서도 판단하게 된다. 다시 말해, 학생은 자신의 일에 대한 선생님의 판단을 언어의 형태로 받아들이고, 교사 언어의 내용과 형식, 그것이 전달되고 소통되는 맥락과 분위기를 다시 해석하면서 스스로에 대해 평가한다.

성장을 돕는 피드백

교사의 언어 중에서도 특히 피드백이 매우 중요하다.[2] 피드백이란 다양한 주체(가령, 교사, 학생, 부모와 같은 사람과 교과서, 책, 인공지능과 같은 도구를 포함하여)가 타인 혹은 자신의 앎과 수행에 관해 제공하는 정보를 말한다. 교사와 부모는 지식을 고칠 수 있는 정확한 정보를 줄 수 있고, 친구는 문제 해결을 위한 대안 전략을 제안할 수 있으며, 심지어 인공지능이 추가적인 학습에 필요한 지식, 격려, 도움을 제공할 수 있다.

그중에서 문해력 교실을 채우는 교사의 피드백은 가장 전통적이면서도 가장 일상적이고 지속적인 방식의 피드백이다. 특히, 피드백의 정보를 표상하는 '언어'는 피드백의 효과와 의미를 좌우한다. 효과적인 교사 피드백을 위해 고려할 만한 사항 몇 가지를 살펴보자.

먼저, 아이를 칭찬하지 말고, 아이가 무엇을 어떻게 했는지를 칭찬하자. "푸름이는 참 좋은 독자예요"라고 칭찬해도 되지만, "푸름이는 단어들을 잘 연결해서 문장의 뜻을 파악하네요!"라면서 아이가 글을 읽는 동안 무엇을 어떻게 했는지를 칭찬해 주는 편이 좋다. 그래야 아이가 자기가 무엇을 어떻게 잘 했는지 정확하게 알 수 있다. 이런 피드백은 학생이 과거의 학습을 조금 더 구체적으로 이해하게 도와주고, 따라서 앞으로 경험할 배움도 조금 더 능동적으로 임할 수 있게 해준다. 교사의 피드백은 아이에게 마치 좋은 독자란 타고나는 것이라는 오해를 주기보다는, 아이가 좋은 독자의 재능을 발휘하면서 지금 무엇을 어떻게 읽고 있는지에 초점을 두어야 한다.

그래서 아이가 어떤 책을 읽었고 어떤 과제를 수행했는지 분명하게 피드백에 포함시켜야 좋다. "하늘이는 오늘 읽은 책에 나오는 단어를 많이 알고 있네요"라고 말하는 것보다는, "오늘 우리 생태계에 관한 글을 읽었는데, 하늘이가 생태계가 무엇인지를 단어 여덟 개로 아주 잘 이야기해 주었어요. 어려운 단어들을 잘 연결해서 과학자처럼 설명해 주었지요"라고 말해 주는 것이 낫다. 학생이 무엇을 어떻게 했는지, 어떤 자료를 가지고 어떻게 성과를 이루었는지를 분명하게 피드백으로 전달해 주어야 한다. 이를 '정보적 피드백'이라고 한다.

좋은 피드백에는 정보가 있어야 한다. 단지 칭찬해 주는 것은 아이를 심정적으로 지원하는 것이지만, 아이의 학습에 도움이 되는 특별한 정보를 담지 않으면 그것으로 아이가 딱히 배울 수 있는 것은 많지 않다. 피드백은 '단순 칭찬'이 아니라, 칭찬의 형식을 빌려 전달하는 알찬 '정보의 꾸러미'이다.

정보적 피드백을 위해, 아이가 책을 읽고 과제를 수행하면서 어떤 방법을 썼는지 설명하는 것도 좋다. 책을 읽고 아이가 어떤 행동을 했을 때 "책 잘 읽었어요"라고 말하는 것은 좋은 시작이지만, 이어서 "푸름이는 책을 읽을 때 특히 글의 앞쪽에 나와 있는 내용하고 글 뒤에 있는 결론을 잘 연결해서 읽었어요! 글을 잘 이해하는 좋은 방법이에요!"라며 이야기해 주면 피드백이 더욱 정보적일 수 있다. 이는 아이가 어떤 읽기 전략을 썼는지를 분명하게 알려주는 것인데, 이때 아이가 들인 '노력'을 존중하는 것은 좋은 피드백의 가장 중요한 요소이다. 읽기의 성공과 실패보다 더 중요한 것은 아이가 글을 읽으면서 공들인 노력으로, 이는 결코 소홀히 취급될 수 없다.

우리는 아이들이 글이나 책을 읽을 때 독서 전략을 잘 사용해야 한다고 말한다. 하지만 모든 독서 전략이 반드시 성공을 가져오는 것은 아니다. 좋은 독서 전략을 사용해서 글 내용도 잘 이해하면 최선이지만, 그보다 중요한 것은 글 읽기 과정에서 끈기 있게 문제를 해결하려고 자신만의 전략을 사용한다는 점이다. 노력의 끝에서 아이는 비록 실패하더라도, '내가 이 전략을 제대로 쓰지 못했구나' 또는 '별로 좋지 않은 전략을 사용했구나'라며 성찰할 수 있다. 따라서 교사는 아이가 더 잘 읽으려고 전략적으로 노력했다는 점을 존중해 주어야 한다.

피드백의 표현에도 신경 써야 한다. 표현은 말하고자 하는 내용을 나타낼 뿐 아니라 그것을 암묵적으로 떠받치는 말하는 이의 의도와 동기를 드러낸다. 우리는 흔히 아이의 읽기 수행을 설명하면서 '못했다' '잘못됐다' '틀렸다'라는 표현을 자주 사용한다. 현재의 부족한 수행에 국한된 피드백이다.

하지만 이제부터는 "다음에 이렇게 한번 해봐요. 이렇게 하면 더 좋아질 거예요" 같이 긍정적이고 발전적인 표현을 사용해 보자. "틀렸어요. 잘못됐어요. 그렇게 공부해 봤자 소용없어요"보다는 "지금은 조금 어려웠지만, 다음에 새롭게 시도해 보면 분명 좋아질 거예요. 그러니 지금 그걸 배워볼까요?"라는 표현이 앞으로의 배움, 그런 배움을 이끌어갈 학습자의 잠재성과 동기를 더욱 잘 북돋는다.

좋은 피드백에 대한 이해는 학생들의 잠재성을 밝히고 키워준다는 점에서 교사들을 위한 것이기도 하지만, 가정에서 아이를 키우는 양육자들에게도 적지 않은 도움이 될 것이다.

양육자들이 어떻게 자녀에게 피드백을 주는지 한번 생각해 보자. 아이가 책을 느리게 읽을 때 "그렇게 해서 언제 이걸 다 읽을까?"라고 하거나, 아이가 더듬더듬 소리 내어 읽으면 "무슨 말인지 하나도 모르겠다. 걱정이다. 어떻게 하니?"라고 말한다. 아이가 책을 다 읽고도 무슨 말인지 정리하지 못하면 "지금까지 뭐 읽은 거야. 이런 것도 몰라?"와 같은 말을 한다. 어른들 중에는 아이의 문해력 수행에 대해 성급하게 결론을 내리고 아이의 부족함을 확대 해석하는 경우가 적지 않다. 하지만 그렇게 말한다고 아이의 글 읽기가 좋아지지 않는다. 오히려 '나는 못 읽는 사람이구나. 내가 하는 건 잘못된 거구나. 어른들 앞에서는 부끄러워서 읽기 싫어'와 같이 회피하는 마음만 키운다. 명심하자. 어른의 언어는 아이의 마음가짐 형성에 절대적인 영향을 미친다.

아이의 학습에 대한 중요한 정보가 담긴 피드백, 학생의 노력을 존중하고 촉진하는 교사의 언어, 학습자의 자기존중감과 스스로 공부를 계획하고 실행할 수 있는 주도성을 키워줄 수 있는 성장의 교실 언어가 필요하다.

책 읽는 초롱이에게 필요한 말

간단한 예를 들어보자. 초등학교 교실에서 초롱이가 『노란 눈 개구리』라는 책을 읽고 있다. 이때 우리는 어떻게 피드백을 줄 수 있을까?

초롱아, 우리 지난주에 『노란 눈 개구리』를 읽었잖아요. 책을 읽고 글도 써봤어요. 그런데 초롱이가 그걸 읽고 노란 눈 개구리에 대해 자료 조사를 더 했더군요. 초롱이가 쓴 글에 보니까 교실에서 읽은 책 말고도 새로운 내용들이 더 있었어요. 선생님이 그걸 보고 놀랐어요. 초롱이가 도서관에서 책도 찾고 인터넷 검색도 했어요. 시간을 정말 많이 썼지요? 노력도 많이 했을 것이고요.

그런데 글을 쓰면서 자료를 찾고, 그걸 잘 연결해 쓰면서 혹시 어려운 점이 있었나요? 그런 것 있으면 선생님한테 얘기해 주세요. 초롱이가 쓴 글에 여러 자료가 많이 포함되어 있어서, 그것들을 어떻게 활용했는지 무척 궁금해요.

아이에게 피드백을 주면서 새로운 질문을 해보자. 어떤 노력을 했는지, 어떤 것을 잘했고 장점이 뭔지, 아이의 재능이 무엇인지 이야기하면서, 그것을 아이의 언어로 설명하도록 요청하는 것이다. 이런 질문은 새로운 학습을 이끈다. 아이는 교사의 피드백을 들으며 자신의 수행을 평가하고, 동시에 선생님의 질문에 답하기 위해 자신의 수행을 되돌아보고 분석할 것이다. 또 다른 예를 보자.

지난주에 우리 문장 읽는 연습 했었지요. 문장을 유창하게 읽는 연습. 적당한 속도로 목소리의 높낮이를 조절하면서 읽는 연습을 했어요.

그런데 오늘 보니까 초롱이가 지난주에 비해 많이 달라졌어요. 아마도 지난번에는 초롱이가 못 읽어서 그랬다기보다는 소리 내어 읽는 것에 자신이 없었던 것 같아요. 빨리 읽는 게 언제나 좋은 건 아닌데, 너무 긴장했을까요? 그런데 이번엔 정말 잘 읽었어요. 초롱이가 표현을 잘 살리면서 정확하게 문장을 읽을 수 있었다는 것은 그 문장의 뜻을 정말 잘 이해했다는 걸 보여주는 거예요.

지난주와 이번 주 짧은 시간 안에 이렇게 발전했다는 건 정말 대단한 일이죠. 많이 노력한 것 같아요. 어때요? 처음에는 조금 자신 없었지만 이렇게 한 문장, 한 문장 소리 내서 계속 읽어나가니까 점점 더 잘 읽게 되지요? 효과가 있는 것 같지요? 우리 이런 연습 앞으로 더 해볼까요?

아이의 변화를 정확하게 감지한 피드백이다. 아이에게는 오늘의 성공도 중요하지만, 어제의 실패가 어떻게 오늘의 성공을 이끌었는지, 이 과정에서 아이가 얼마나 노력하고 관심을 기울였을지 분명하게 밝히는 것이 중요하다. 남과의 경쟁을 의식하는 것이 아니라, 자신의 속도로 자신에게 어울리는 방식의 성취를 이루어낸 것에 대한 보상을 주어야 한다.

피드백을 통해서 이어질 학습도 제안한다. 지속적인 노력을 통해서 점점 더 유창하게 문장을 읽게 될 수 있음을 확인시켜 주려는 교육적 시도가 담겨 있다. 다음의 예는 어떤가?

초롱이는 어제보다 오늘 조금 더 오래 앉아 있었어요. 책 읽을 때 오래 앉아 있기가 쉽지 않은데, 오늘은 책 읽을 때 보니까 잘 앉아서 책에 집중하는 것 같았어요.

어떻게 그런 힘이 생긴 걸까요? 조금 더 오래, 길게 책을 읽으려고 목표를 세운 것인가요? 하루에 30분은 앉아 있자. 이런 것인가요? 정말 잘했어요. 목표를 세우고 그걸 지키기 위해 노력하는 건 정말 쉽지 않은 일이거든요. 선생님도 책을 읽을 때 한자리에 앉아서 오래 읽는 게 쉽지 않아요. 몸이 꼬이고 엉덩이가 들썩들썩하지요. 그래도 '조금만 더 읽어보자. 노력해 보자'라고 마음을 다잡아요. 오래 깊게 집중해서 책을 읽는 게 중요하기 때문이에요.

조금 더 깊게 빠져서 책을 읽으면, 내용 이해도 잘 되고 책 읽기가 보람찬 일이 되지요. 초롱이의 마음, 그 의지가 참 좋아요.

아이가 책 한 권을 읽기 위해 오래 앉아 있는 일은 가장 기본적이지만 가장 지키기 어려운 실천이다. 어른 아이 할 것 없이 가장 지키기 어려운 일이 아닐까? 교사는 아이의 노력과 의지를 칭찬하면서 동시에 자신의 경험을 공유한다. 교사와 학생 사이의 경험 공유는 피드백의 설득력을 높인다. 이때 아이는 '뭐야, 선생님도 그런 적이 있다고? 나도 선생님처럼 어려움을 해결할 수 있을까?'와 같이 마음속에 더할 나위 없이 긍정적인 생각과 질문을 떠올리게 된다. 한 가지 예를 더 보자.

우리 어제 역사책을 읽었어요. 그런데 내용이 어려웠어요. 초롱이도 조금 어려워 하는 것 같았어요. 시간도 조금 많이 필요했던 것 같고요. 내용이 어려운 책을 읽을 때는 속도를 줄여서 천천히 꼼꼼하게 글을 읽어보는 게 좋아요. 정해진 시간 안에 빨리 읽어서 숙제를 하는 것도 필요하지만, 천천히 하나하나 꼼꼼하게 글을 이해하고 넘어가는 것도 중요해요. 특히 어려운 글을 읽을 땐 느긋하게 읽는 게 큰 도움이 되거든요.

아마도 초롱이가 숙제할 때 어려웠던 이유는 책을 너무 빨리 읽었기 때문인 것 같아요. 속도를 조금 줄여서 천천히 읽어봐요. 잘 이해가 안 되는 것은 다시 읽어보는 것도 좋고요. 두 번 읽으면 몰랐던 것도 더 잘 이해할 수 있어요.

아이가 겪은 어려움에 대한 분명한 해결책을 제안해 주면 더욱 생산적인 피드백이 될 수 있다. 교사는 적어도 문해력 교실에서는 교육 전문가이며, 공부하는 아이를 가장 가까이서 지켜보는 직접 관찰자이다. 아이의 수행에 대한 면밀한 관찰과 그 결과를 맥락적으로 해석할 수 있는 깊이 있는 전문성에 근거해서 우리 아이가 사용할 수 있는 대안 전략을 쉬운 언어로 설명해 주자.

이런 피드백을 들으며 자란 아이들은 조금 더 어려운 학습 상황에서도 좋은 피드백을 듣기 위해 최선의 노력을 다할 가능성이 높다. 아이들은 좋은 피드백을 자양 삼아 도전적인 과업에 부끄럼 없이 부딪혀보려는 노력과 의지를 키울 수 있다.

리터러시의 본질을 포착하는 교실 평가

우리는 언제 아이들에게 피드백을 제공해야 할까? 교실 언어의 핵심인 피드백은 아이들의 학습을 위한 평가의 과정이기도 하다. 교실 기반 평가는 교사들이 가장 크게 고민하는 부분 중에 하나다. 지필 시험이건 수행평가건 그것들을 계획하고 실행하고 평가하는 일련의 과업들로 인해 가르치는 일의 에너지가 고갈되고, 자신이 하고 싶은 수업 시간 자체가 부족해지는 경우도 허다하다. 한 학기 동안 특정한(적지 않은) 양의 시간은 반드시 시험을 보고 평가를 하는 데 할애해야 하기 때문이다. 하지만 분명한 환경적 제약 속에서도 교사들이 자율적으로 실천할 수 있는 부분들 또한 있다.

교사 전문성에 기반을 둔 피드백이 바로 그렇다. 제한된 환경에서도 부정적 영향을 줄이면서 의미 있는 방식으로 평가를 실천하는 방법이 바로 피드백이라는 교실 언어의 생성과 공유다. 교사가 학생의 수행을 일정한 이론과 근거에 준하여 관찰하고 판단한 후, 다정하고 꼼꼼한 언어로 그 결과를 구성하여 학생에게 돌려줄 수 있을 때, 교육평가의 핵심 과정들이 실천된다. 이 때 어떤 언어로 평가의 결과를 학습자에게 돌려주는지가 매우 중요하다. 그래서 정보와 성장을 위한 피드백이 필요하다. 교실 평가의 핵심에 피드백이 있고, '형성적 평가'이자 '학습을 위한 평가'의 가장 일상적이고 효과적인 실천이 피드백이다.[3]

교실 평가는 다양하게 바라볼 수 있다. 관점과 철학에 따라 유형과 종류, 목적과 용도, 좋은 평가가 갖추어야 할 요건과 절차가 규정된다. 이에 따라서 교실에서 평가를 실천하는 맥락도 달라지고, 이 과정에서 소요되는 자료와 도구의 모습도 달라지며, 학습자의 수행을 판단하고 해석하는 방식도 달라진다. 문해력 교실의 평가, 학생의 문해력 학습을 위한 평가에 대해서는 이 책의 4부에서 구체적으로 다룬다. 교사 피드백이 교실 평가의 가장 중요한 부분이 된다는 점에 대해서도 함께 이야기한다.

소집단 개별화 수업

소집단 수업에 대해 다시 생각해 보자. 아이들이 성장의 마음가짐을 키울 때 타인과 어떻게 협력하는가의 문제가 중요하다. 경험과 정체성이 서로 다른 사람들과 함께 일을 하고 배우는 방식, 이때 필요한 협력과 소통의 언어와 행동을 익히는 경험, 이를 통해 공동체의 배움 과정에서 자신의 학습에 대해 조금씩 더 책임지려는 사회적 학습 과정이 아이들 마음의 성장에 큰 영향을 미친다.

특히 어른들이 아이의 학습을 말할 때, 그 배움의 과정과 결과가 선생님이라는 전문가 혹은 권위자에 의해 아이들에게 주어지는 것이라고 생각하면 곤란하다. 선생님은 분명 아이의 학습에 도움을 주는 사람이지만, 선생님이 아이의 배움을 대신하지는 않는다. 아이는 선생님이 무엇을 하는지 관찰하고 그것을 친구들과 함께 따라하고 연습하면서 결국에 자신의 배움에서 주인이 될 때 비로소 주도적인 학습자로 성장한다. 자기 공부를 책임지는 법을 알아가는 것이 학습의 요체이다.

읽기 전략을 배우는 소집단 협력 수업은 문해력 교실에서 쓸모가 많은 수업 모형이다. 초등학교 3학년 교실에서 이야기책을 읽을 때 '예측하기 전략'에 대해 배운다고 가정해 보자. 이야기책을 들고 책장을 넘겨 처음부터 끝까지 읽어도 되지만, 조금 더 능동적인 독자는 본격적으로 책을 읽기 전에 책 표지의 제목과 그림을 관찰하면서 "어떤 내용의 이야기일까?" 질문하며 글 내용을 예측해 본다. 어른들도 대개 도서관이나 서점에서 책을 골라 들고는 곧바로 읽어 내려가지는 않는다. 서가에서 책을 집어들어 제목과 표지를 살피고, 표지를 넘겨 차례와 소제목을 확인하면서 책에 어떤 내용이 들어 있을지 짐작해 본다. 얼추 그 예상이 자신이 원하는 것과 맞다고 여기면, 우리는 그 책을 선택해 읽는다.

그렇지만 초등학교 3학년 아이들이 이렇게 예측하며 글을 읽는 전략에 능숙할 리 없다. 많은 경우, 아이들에게는 어른이 준 책을 받아 들고는 처음부터 책장을 넘겨 읽는 일에 익숙하기 때문이다. 이렇게 보면 이 아이들은 적어도 이야기책을 읽을 때 정교한 예측하기 전략을 스스로 사용하지 못하는 상태의 독자이다. 이야기책을 예측하며 읽는 전략에 관해서 아이들은 전문가로부터 새로 배워야 하는 의존적 독자인 것이다.

아이들이 능숙한 독자가 되기 위해서는 예측하기와 같은 정교한 읽기 전략을 배워야 한다. 우리는 아이들에게 예측하기 전략을 일주일 동안 가르칠 수도 있고, 한 달 혹은 한 학기 동안 여러 수업 시간에 걸쳐 꾸준하게 가르칠 수도 있다. 이때 현재 시점의 아이들은 예측하기 전략에 관하여 의존적이지만, 일주일, 한 달, 한 학기가 끝나고 나면 선생님은 이 아이들이 예측하기 전략에 관해서 독립적인 독자가 될 수 있을 것이라고 예상한다. 그것이 바로 수업 목표다.

수업 목표를 세우는 일이 별다르지 않다. 현재 단계의 독자 모습에서 그 다음 단계의 독자가 어떤 모습일까를 설정하면 된다. 아이들에게 지금은 낯설고 복잡해 보이는 읽기 전략이지만, 관심을 갖고 지도하면 유창하게 그 전략을 구사할 수 있는 독자가 되는 지점을 가정하는 것이다. 그것이 수업 목표가 된다. 이 수업 목표를 이루는 데 필요한 시간과 노력이 어느 정도인가에 따라 수업의 길이와 폭과 깊이가 달라진다.

그렇다면 일주일 수업, 한 달 수업, 한 학기 수업을 어떻게 진행해야 할까? 늘 하던 대로, 생각나는 대로 가르칠 요량이라면 특별한 고민은 필요 없다. 하지만 교사는 자신의 수업에 대해 독립성과 자율성뿐 아니라 책무성도 가져야 한다. 어떠한 제약 없이 자신의 전문성과 경험에 기대어 스스로 판단하되, 그 과정에서 교실 구성원 모두에게 이익이 되는 수업, 문해력 교실 공동체에 기여하는 교육을 위해 꾸준하고 다양하게 노력해야 한다. 예측하며 읽기 전략이 담긴 수업은 어떻게 이루어지는지 본격적으로 살펴보자.

• 소개하기 | 일례로 이렇게 수업을 진행하면 어떨까? 초등학교 3학년 학생들이 처음에는 예측하며 읽기를 혼자 할 수 없기 때문에 그 배움의 책임은 전적으로 교사에게 주어진다. 다시 말해, 배움의 초기 단계에서는 교사가 학생에게 예측하기 전략을 적극적으로 가르쳐주어야 한다.

교사는 예측하기 전략을 분명하게 소개할 수 있어야 한다. "책을 읽기 전에 이 책에 어떤 내용이 담겨 있을까 미리 한번 생각해 보는 것을 예측하기라고 해요. 책 내용을 예측해 보고 읽으면, 책을 읽을 때 나의 예측이 맞을까 틀릴까 확인하면서 읽을 수 있어서 조금 더 책을 재밌고 깊게 읽을 수 있어요"와 같이 간단하게 설명한다.

• 시범 보이기 | 가르쳐야 할 전략과 그 개념을 도입해 소개한 후에는 반드시 '교사 시범'이 뒤따라야 한다. 즉, 어떻게 예측하면서 책을 읽는 것인지를 교사가 학생 앞에서 직접 보여주어야 한다. 아이들은 교사의 시범을 보면서, '왜 저렇게 하는 거지? 그래서 미리 생각해 보는 거구나! 재밌다! 나도 해볼까?'와 같은 생각을 하게 된다.

예측하기 전략의 시범은 어떨까? 교사가 실제로 책을 꺼내서 책장을 넘기기 전에 겉표지를 하나하나 훑어보는 모습을 보여준다. 표지에 쓰인 작가의 이름도 말해 보고("이거 김소을 작가님이 지은 책이구나. 우리가 지난번에 읽었던 이야기책의 작가인데, 이번에는 무슨 이야기를 할까?"), 표지 그림도 살펴본다("앞에는 아이가 크게 있고, 뒤에는 작은 산들이 있네. 아이가 산에 올라가는 이야기인가?"), 제목의 뜻도 추론해 본다("제목을 보니까, 잠깐 이게 무슨 뜻이지? 아이가 산에 올라가서 끔찍한 일이 벌어진다는 말인가?"). 이렇게 이야기책의 내용을 미리 예측해 보는 전략을 모형화하기 위해 친근한 언어와 행동이 필요하다. 그리고 이때 교사는 실제로 글 읽기에 '몰입'해야 한다. 몰입하지 않으면 그럴듯한 시범이 나오기 어렵다.

이제 아이들은 교사의 행동 하나, 손짓 하나, 말 한 마디 한 마디를 관찰한다. 그런데 그다음에는 무엇을 해야 할까? 이제 아이들이 함께 소리 내어 책을 읽으며, 예측하기 전략이 어떻게 쓰임을 갖는지 직접 경험한다. 예측하기란 자기가 읽을 책에 대해 일종의 '가설'을 세우는 작업이다. 예측을 하고 책을 읽으면, 자신이 책의 내용에 대해 세운 가설을 확인하고 조사하면서 집중해 읽을 수 있다.

이어 교사가 아이들과 소리 내어 읽을 때는 다양한 방법을 사용할 수 있다. 교사가 처음부터 끝까지 읽을 수도 있고, 교사와 학생이 번갈아 읽을 수도 있다. 중요한 것은 교사가 책을 읽는 도중에 예측하기 전략의 쓰임을 확인할 수 있는 질문, 그러면서도 글 이해에 도움이 되는 질문을 던질 수 있어야 한다.

이런 질문은 어떨까? "자, 첫 장을 넘기니까 아이가 아니라 어른의 이야기가 나와요. 그런데 이건 내가 처음 예상했던 것과 조금 다른데요. 아이의 이야기인 줄 알았더니 어른이 나오네. 어른의 이야기일까? 아니면 어른과 아이가 함께 등장하는 이야기일까? 그렇다면 가족의 이야기일까? 아이만 나오는 게 아니라 아이의 가족도 함께 나올까?" 이 질문들은 능동적 독자인 교사가 앞에서 예측했던 것이 맞는지 틀리는지, 그 예측이 글을 읽어나갈 때 어떤 도움이 되는지를 아이들과 함께 대화하면서 시현하는 데 큰 도움이 된다.

교사가 읽기 전략의 시범을 보일 때, 적극적인 아이들은 다음과 같이 질문할 수도 있다. "그리고 또 있어요. 앞의 책표지 그림에는 산들이 많이 있었는데, 지금 보니까 산도 있고, 여기에 보니까 들도 있고 강도 있어요. 이제 보니까 이 사람들이 산속에 사는 건 아닌 것 같아요. 우리가 사는 아파트 같은 곳은 아니고 산, 나무, 강 이런 것들이 많은 곳인가 봐요? 아니면 옛날인가?" 이런 반응은 학생들이 책 읽기, 내용 이해, 의미 구성 과정에 적극적으로 참여하고 있다는 것을 드러낸다. 미리 예측한 내용으로 새로 읽은 내용을 판단하고, 이를 바탕으로 또다시 새로운 질문들을 만들어낸다. 이때 자신의 지식과 경험도 적극 활용한다. 예측하기라는 읽기 전략을 사용하면서 '질문-조사-확인-질문-재조사'라는 소박한 수준의 텍스트 탐구가 수행되는 것이다.

- **함께 연습하기** | 교사의 시범과 안내가 끝나면 어떻게 해야 할까? 여러 차시의 수업이 진행되고 지금 읽고 있는 책이 끝나면, 다른 책을 선정해서 아이들이 소집단 학습을 하도록 수업을 설계할 수 있다. 이 수업의 목적은 선생님과 함께 배운 예측하기 전략을 친구들과 함께 다른 책을 읽을 때 직접 적용해 보는 것이다.

이때 수업 활동의 핵심은 여전히 '예측하기' 전략이다. 아이들은 평소와는 다르게 글 내용을 예측하면서 책을 읽어야 한다. 따라서 교사는 학생들에게 책을 읽기 전에 겉표지를 보면서 책 내용을 예측하고 질문도 만들어보라고 반듯하고 분명하게 안내해야 한다. 이것은 배움의 책임을 교사에서 학생으로 시나브로 이동시키는 사려 깊은 과정이다.

이 단계에서 예측하기 전략을 배우는 과정, 그 학습의 과정에 대한 책임은 학생으로 옮겨 간다. 하지만, 그렇다고 해서 전적으로 학생에게 배움의 책임이 전이되지는 않는다. 왜냐하면 아직 학생들의 예측하기 수행 능력이 완벽하지 않기 때문이다.

그렇다면 교사는 무엇을 해야 할까? 교실을 돌아다니면서 각 모둠의 활동을 관찰하고 시의적절한 피드백을 제공해 주어야 한다. 여전히 교사에게도 이 특별한 배움의 책임이 남아 있다.

어떤 모둠에게 "책표지를 보면서 던진 처음 질문이 참 좋아요. 그래서 지금 중간쯤 읽은 여러분 대답은 어때요? 여러분의 예측이 적중했나요? 책을 예측하며 읽으니까 어떤 점이 좋나요?"라고 칭찬하면서 물어볼 수 있다. 다른 모둠에게 "처음 예측한 것이 지금은 어떻게 달라졌나요? 지금도 그렇게 예측한 게 잘 맞나요? 아니면 여러분의 예측을 바꾸고 싶나요? 환상적인 이야기는 상상력에 기반한 것이라 언제나 우리의 예측을 벗어나기도 해요. 여러분 생각은 어떤가요?"라며 학생들이 미처 관심 갖지 못했던 부분들과 연결하여 생각을 자극해 볼 수 있다.

• 혼자 실천해 보기 | 예측하기 읽기 전략 학습의 마지막은 어떤 모습일까? 일주일, 한 달, 또는 한 학기 수업의 마지막에는 학생들이 직접 책을 골라 스스로 예측하면서 읽을 수 있는 기회가 필요하다. 학생들이 스스로 예측하기 전략을 능동적으로 사용해 책을 읽어보는 것이다.

이때 예측하기 전략에 대한 배움의 책임은 누구에게 있을까? 오롯이 학생에게 있다. 학생은 자기의 배움에 책임을 지고, 스스로 배운 것을 적용해 좋은 읽기 전략을 직접 체득해야 한다. 예측하기 전략을 사용하는 능동적 독자가 되려는 마음가짐의 학생이라도, 그것을 배우고 연습하기 전에는 그 일에 대한 책임감을 느끼기 어렵다. 모르니까 그렇다.

그러나 선생님이 조금씩 배움의 책임을 친절하게 넘겨줄 때, 학생은 적극적으로 그것을 받아들인다. 혼자서도 해볼 수 있겠다는 자신감이 어느 정도 생기면서 자기 공부의 책임을 지게 되는 것이다. 자기 스스로 배운 것을 적용하면서, 지금까지 배운 지식, 기능, 자신감을 한층 고양시킬 수도 있다. 일주일, 한 달, 한 학기가 지난 후의 학생은 이제 스스로 예측하며 글을 읽는 독자가 될 것이다.

학생에게 옮아가는 배움의 책임

미국의 저명한 독서 연구자인 데이비드 피어슨(P. David Pearson)은 이런 글 읽기 수업을 '점진적 책임 이양 모형'으로 제안했다.[4] 전문가인 교사가 조금씩 조금씩 배움의 책임을 초보자인 학생들에게 넘겨준다. 그리고 학생들이 스스로 배운 것들을 적용할 수 있는 능동적인 사람이 되도록 도와준다.

교사는 명확한 개념 소개와 도입, 치밀한 수행 시범을 통해서 학생들을 배움의 과정으로 초대한다. 학생들이 삼삼오오 모여 책을 읽을 때, 교사는 적재적소에서 다양한 내용과 형식의 피드백을 제공하면서 학생 스스로 배움을 성찰할 수 있게 돕는다. 학생의 학습 수준과 발달 단계에 맞게 글 자료도 사려 깊게 선정하고, 함께 모여 배운 것을 적용해 보도록 사회적 협력 학습과 대화의 교실 환경도 마련한다.

이런 수업을 통해서 아이의 능력과 마음이 동시에 성장한다. 선생님이 설명한 것을 아무런 흥미와 이해 없이 흘려보내는 것이 아니라, 학생들이 직접 보고, 관찰하고, 적용하고, 분석하고, 성찰하면서 글 읽는 능동적 독자로 성장한다. 이때 성장의 핵심은 자기 공부에 스스로 책임지는 사람이 되는 것이다.

아이들이 성공의 경험을 만끽하도록 돕기

성장의 마음가짐은 자발적이고 견고하며 내구성이 좋은 학습을 가능하게 한다. 성장의 마음가짐은 학생들이 경험하는 다양한 교실 언어를 통해서 촉진되기도 하고 방해받기도 한다. 그중에서도 가장 중요한 언어는 바로 교사의 피드백이다. 교사의 정보적이고 성장적인 피드백은 교실 언어의 핵심이다. 교사는 정확하면서도 세심하고 다정한 피드백을 통해서 다양한 교실 수업 및 평가 활동에서 학생들이 성장의 마음가짐을 형성하는 데 도움을 주어야 한다. 피드백에는 학습자의 수행에 관한 교사의 판단이 담겨 있다. 따라서 교사의 피드백은 학생이 자신의 배움에 대해 판단할 때 중요한 근거가 된다.

교사의 언어를 통해서 학생은 스스로 자신의 읽기와 학습을 책임질 수 있는 교실 활동에 참여할 수 있으며, 교사는 배움의 책임을 상황에 맞게 차근차근 학생들에게 넘겨주는 수업을 실행할 수 있다. 이때 꾸준하면서도 다양한 방식으로 소집단 협력 수업의 가능성을 일상의 교실에서 모색해 보자.

세심한 교사 피드백, 책임지는 법에 대한 배움, 협력적 소통의 과정을 통해서 우리 아이들은 그간 익숙해진 수동적인 마음을 이기고 '성공'의 경험을 만끽할 수 있다. 아이들은 남의 공부가 나한테 전혀 도움이 되지 않는다는 믿음, 실패의 원인을 외부에서 찾고 새로움과 도전을 회피하며 노력의 가치를 하찮게 여기는 고정된 마음가짐을 새롭게 바꿀 수 있다. 아이들은 꾸준한 성공의 경험을 통해서 각자가 발휘한 재능과 노력의 가치를 인정하고, 자신 안의 목표를 위해 스스로 이 정도는 할 수 있다고 믿는 성장의 마음가짐을 키운다. 결국 문해력 교실에서 아이들은 자신의 배움만큼이나 타인의 배움, 타인과 함께하는 배움을 소중하게 생각하는 성장의 독자가 된다.

양육자 역시 마찬가지이다. 아이가 부모를 믿어준다고 해서, 부모가 아이에게 아무 말이나 할 수 있다거나, 어른의 무심한 말에 아이의 마음이 언제까지나 단단할 수는 없다. 글 읽는 아이의 마음, 하나라도 더 이해해 보려는 노력, 조금 더 읽어보자는 의욕, 천천히 그러나 확신을 가지고 성장하겠다는 독자의 자세를 형성하는 가장 중요한 원천이 어른의 말, 부모의 칭찬, 양육자의 피드백이다.

청소년을 위한 문해력 수업에 대해 생각해 보자. 청소년의 범위는 법적으로나 사회적으로나 애매하다. 하지만 여기서는 청소년을 초등 고학년에서 중고등학생으로 가정한다.

청소년 시기에는 여러 가지 개인적, 사회적, 환경적 이유로 글과 책, 읽기와 쓰기에서 급격하게 멀어지기 쉽다. 그래서 '청소년 문해력'이라는 학문적 개념이 따로 있을 정도이다. 특히, 청소년 문해력을 말할 때 무엇보다 이들의 마음을 움직이는 일이 중요하다.

이 장에서는 우리가 어떻게 청소년들이 글을 읽고 쓰는 과정에 직접 참여하고 몰입할 수 있도록 안내하고 지원할 수 있을지를 살핀다. 그리고 이를 어떻게 문해력 교실의 원리로 적용할 수 있을지도 이야기해 본다.

7장

청소년은 어쩌다가 읽기와 멀어졌을까

**청소년의 몰입과 참여를 북돋는
실제적 문해력 수업은 어떻게 만들어질까?**

· 학습 참여와 몰입
· 우리나라 청소년들의 읽기 현황
· 학생들의 참여와 몰입을 증진하는 수업 설계
· 다양한 내용과 형식의 텍스트 탐구 기회 제공
· 정확하게 읽기와 비판적 사고의 증진
· 실제성을 갖춘 리터러시 활동 구성

주요 키워드

참여와 몰입 / 청소년 문해력

관련성 / 접근성 / 선택권 / 다문서 탐구 활동

실제적 읽기 / 정확하게 읽기 / 비판적 읽기

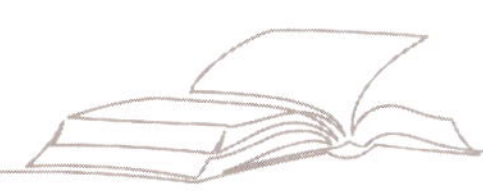 1 몰입하고 참여하는 수업

바라건대 취학 전후의 어린 독자와 저자는 성장의 마음가짐을 꾸준히 키워 초등학교 고학년이 되고 중학교를 지나 고등학교에 진학하면서 계속해서 깊고 넓게 읽고 쓰고 공부할 것이다. 그런데 청소년 시기에 적지 않은 아이들이 문해력 측면에서 특별한 위기를 겪기도 한다. 특히 책과 독서에 관해서는 더욱 그렇다. 청소년들의 글을 읽고자 하는 마음, 글 읽는 일에 대한 태도와 경험이 초등학교 고학년을 넘어 중학교에 들어오면서부터 급격하게 부정적으로 바뀐다.

발달론적 관점에서 볼 때, 초등학교에서 기초 문해력(글을 읽고 쓸 때 요구되는 기초 기능들, 가령 철자 지식, 글자–소리 대응 능력, 유창성, 어휘력, 독해력 등)을 탄탄하게 쌓는 일이 상당히 중요하다. 인지 능력이 부족하면 읽기에 실패하고 마음이 다칠 수 있기 때문이다. 그런데 인지 기능보다 더 중요한 문제는 아이들을 어떻게 읽게 만들 것인지, 그들에게 즐겁게 읽고 쓰는 마음이 생기려면 어떤 조건과 기회를 마련할 것인지이다. 읽지 않으면 배울 수도 없기 때문이다.

청소년 문해력 수업의 핵심은 학습자 동기, 글을 읽고 쓰고자 하는 마음가짐, 누가 시키지 않아도 기꺼이 찾아 읽으려는 태도 같은 것들이 있다. 앞서 1부에서 독서 동기나 태도와 같은 사회정서적 요인들이 어떻게 문해력 발달과 성취에 영향을 미치는지 이야기했다. 청소년기는 사회정서적 요인과 인지적 수행력과의 관계가 가장 두드러지는 시기다.

우리는 참 많은 것들을 아이들에게 가르친다. 이때 우리는 이런 것들을 아이들에게 가르치면 아이들이 그것들을 '할 수 있을 것'이라고 가정한다. 글 읽는 방법을 가르치면 글을 읽을 수 있을 것이라고, 어휘를 가르치면 그것으로 글을 쓸 수 있을 것이라고 생각한다. 하지만 이건 당연하지 않은 가정이다. 이 가정은 심지어 순진해 보이기도 하다.

뻔한 말이지만, 우리가 가르친 것을 아이들이 수행하기 위해서는 그들이 우리가 가르쳐준 것을 반드시 '배워야' 한다. 교사의 가르침이 실로 가르침이 되기 위해서는 반드시 학생의 배움이 수반되어야 한다. 가르침과 배움은 함께 작용하는 것을 넘어서 서로 의존하는 관계로, 교사가 아무리 열심히 가르쳐도 학생이 배우지 않으면 그만이다. 배움은 교육의 핵심이다.

그런데 여기서 질문이 생긴다. 도대체 어떨 때 배움이 일어날까? 깊은 배움, 오래 남는 배움, 자기 스스로 내면화할 수 있는 배움, 스스로 수행할 수 있을 만큼 '자기 것'이 되는 배움은 언제 일어날까? 그것은 바로 학습자 스스로 새로운 것을 보고 듣고 연습하고 적용하고 점검하는 일련의 과정에 '몰입'할 때이다. 학습자 스스로 배움의 과정에 능동적이고 성찰적으로 참여할 수 있을 때 진정한 배움이 일어난다. 새롭게 접한 것을 직접 반복 연습하고 실천하며, 그 쓰임새와 값어치를 몸소 검증하고 확인할 수 있을 때 비로소 강력한 배움이 일어난다.

그렇다면 어떻게 우리 아이들을 학습의 과정, 읽고 쓰며 소통하며 새로운 것을 배우는 과정에 몰입시킬 수 있을까? 특히 중고등학교 청소년들을 어떻게 수업에 참여시킬 수 있을까? 가뜩이나 읽기 싫어서 책이라면 피해 다니는, 다른 재미있는 것들이 주변에 너무 많아서 책을 안 읽어도 아무런 삶의 영향이 없다고 믿는 아이들을 어떻게 '마음을 다해' 읽고 쓰는 활동에 참여하도록 자극할 수 있을까? 이는 성공적인 문해력 수업의 관건이다.

남학생과 여학생의 문해력 차이

OECD의 PISA(Programme for International Students Assesssment) 시험은 세계 약 80여 개 나라의 15세 학생들을 표집하여 범교과적 읽기 문해력, 수리력, 과학 등의 기초 학력을 측정한다. 15세이니 한국으로 치면 중학교 3학년 혹은 고등학교 1학년 정도의 아이들이다. 그러니까 청소년의 절정기에 다다른 학습자라고 볼 수 있다.

PISA 시험에 참여한 우리 학생들의 읽기 문해력 점수는 세계 최상위권이다. 2006년에는 참여국 중에 1등을 했고, 그 이후로 조금씩 하향 국면에 있지만 여전히 상위 열 손가락 안에 꼽힌다.

그런데 이 시험에서 볼 만한 자료가 하나 있다. 15세 남학생과 여학생의 읽기 문해력 점수를 비교한 것인데, 여학생의 읽기 점수가 남학생에 비해 통계적으로 유의미하게 높았다. 2022년 자료에서 여학생의 평균 점수는 남학생보다 600점 만점에 34점이 높았다.[1] 이는 시험을 치른 남녀 학생들 사이에 읽기 문해력에서 약 10퍼센트 이상의 성취 격차가 존재함을 의미한다(수리력에서는 남녀 학생의 평균 점수에서 유의미한 차이가 관찰되지 않았다). 그리고 이 차이는 고차원적인 읽기 능력을 묻는 문항(정보 찾기를 넘어서 글을 분석하고 평가하는 문항)에서 더 벌어졌다.

더욱이 절대적 준거인 수준 1~6에서 하위 수준 2 이하의 점수를 받은 학생들의 분포를 보면, 여학생의 10퍼센트가 하위권에 속한 반면, 남학생의 경우 19퍼센트가 하위권이었다(마찬가지로 수리력에서는 하위권 남녀 학생의 분포에서 유의미한 차이가 관찰되지 않았다). 읽기 문해력 영역에서 대체로 여학생이 남학생보다 높은 성취를 보이는 것은 세계적으로도 일반적인 현상이지만(81개 참여국 중 79개 국가에서 성별 차가 관측되었다), 한국만큼 이 차이가 두드러지는 경우도 흔하지는 않다.

이제 질문을 해보자. 왜 여학생들이 더 잘 읽을까? 젠더 격차(여기서는 생물학적 성차가 아니라 사회적 성차, 즉 젠더의 격차로 보는 편이 낫다)라고 할 만큼 여학생의 점수가 남학생보다 월등히 높은 이유가 무엇일까? 왜 남학생들은 점수가 낮고, 읽기 성취도가 떨어질까? 더 나아가 이렇게 질문해 볼 수도 있다. 남학생들은 여학생들보다 글을 못 읽는 것일까? 남학생들은 원래 글 이해 능력이 떨어지는 것일까? 남학생의 문해력은 타고난 문제를 가지고 있는 것일까? 이 질문에 명확히 답하기 어려울 것이나, 분명히 읽기에 관한 학습자의 사회정서적 측면에서 젠더 격차를 논의해 볼 수 있다. 이는 다음과 같은 질문을 촉발한다.

이 시험에서 과연 남학생들은 얼마나 글 읽기 과정에 몰입했을까? 만약에 그들이 무엇인가 읽고자 하는 마음이 들어 이 시험에 더 잘 몰입했다면 그들의 점수가 지금보다는 조금 더 올라가지 않았을까? PISA 읽기 시험의 결과를 근거로 남학생이 여학생들에 비해서 전반적으로 문해력이 떨어진다고 말할 수도 있지만, 동시에 남학생들이 여학생들에 비해서 글을 읽고 싶어 하는 마음 자체가 부족한 것은 아니었을지 의문을 제기할 수도 있다. 실제로 PISA 결과를 분석해 보면, 남학생들이 흥미를 보인 문항에서는 젠더 격차가 줄어드는 경향을 보였다.[2]

이는 비단 이 시험 자체에만 국한된 읽기 동기의 문제는 아니다. 남학생들에게는 이미 이 시험을 보기 전부터, 생각보다 오랫동안 지속적으로 글 읽기 동기와 독자 태도가 부정적으로 형성되는 경험들이 있었을 것임을 짐작해 볼 수 있다. 독서 동기와 같은 사회정서적 요인은 하루아침에 문제가 되거나 결정된다기보다는, 지속적으로 그리고 다방면으로 누적된 즐겁지 않은 글 읽기 경험의 결과로 보아야 한다.

PISA 자료를 조금 더 살펴보자. 이 시험에 딸린 설문 조사에는 "읽는 것이 즐겁습니까?"라는 항목이 있다. 이 항목에서 남학생들에 비해 여학생들이 글 읽는 일이 즐겁다고 더 많이 반응했다. 그런데 "자신의 읽기 능력에 대해서는 어떻게 생각합니까?"라는 항목에서는 남학생과 여학생 간의 차이가 거의 없었다. 나아가 PISA 설문에서는 다음과 같은 질문이 이어진다. "글을 읽는 일이 어렵습니까? 어렵지 않습니까?" 이 문항에서는 여학생들이 남학생들에 비해 글 읽기가 어렵다고 반응한 비율이 더 컸다. 문항에 따라 이렇게 뒤섞인 결과를 어떻게 해석할 수 있을까?

이런 반응들 사이에는 다소 복잡하긴 하지만 젠더 격차와 관련한 일련의 규칙성이 포착된다. 여학생은 글 읽는 활동을 더 즐겁게 느낀다. 동시에 글 읽는 활동을 어렵게 생각한다. 여학생들이 글 읽는 일이 어렵다고 생각하는 것은 정말 어려워서 못 읽겠다는 것이 아니라 글을 읽는 일에 노력이 필요하다는 것을 스스로 인식하고 있다는 뜻이다. 글을 읽는 일이 쉽지 않기 때문에 더 잘 읽기 위해서는 특별히 노력해야 하고 열심히 집중해야 함을 아는 것이다. 그러니까 여학생들이 남학생들에 비해서 독자로서 자기 자신에 대하여 훨씬 더 겸손하고 정확하게 바라보고 있다는 것이다.

그런데 남학생들은 어떤가? 그들에게는 대체로 여학생들에 비해 글 읽는 일이 그다지 즐겁지도 않고 그렇게 어렵지도 않다. 남학생들은 전반적으로 글 읽는 행위, 독서와 관련하여 크게 관심을 두고 있지 않으며, 굳이 시간과 열정을 들여 특별히 노력해야 할 일이라고 판단하지 않을 가능성이 크다. 독서의 경험, 자발적인 관심과 노력이 필요한 글 읽기 경험에서 멀어져 있다는 말이다.

다시 말해, 남학생들은 여학생들에 비해서 독서에 대한 가치와 기대가 긍정적이지 않기에 자신의 능력에 어울리는 시간과 노력을 들일 필요가 없고,

이러한 판단이 글 읽기의 몰입을 방해하고 젠더 차이를 만들어내는 것이다.

우리는 이 지점에서 특히 남성 청소년들의 동기, 태도, 흥미, 효능감과 같은 독자로서의 사회정서적 특성들이 문해력(혹은 문해력이 기초 소양으로 요구되는 학습 영역)의 발달과 성취에 영향을 미칠 수 있음을 추론해 볼 수 있다.

몰입과 참여를 증진하는 ARC 모형

어떻게 청소년들이 글 읽는 과정, 독서, 문해 활동에 몰입할 수 있게 도와줄 수 있을까? 특히 어떻게 남학생들을 독서라는 의미 구성 과정에 능동적으로 참여하도록 안내할 수 있을까? 남학생과 여학생의 무시할 수 없는 격차를 생각해 볼 때, 어떻게 남학생들을 자발적 문해 활동에 참여시킬 것인가를 질문하는 것은 매우 중요하다.

이 문제에 대한 한 가지 가능한 대안으로 ARC 모형을 제안한다.

• 접근성 | ARC 모형의 시작은 A, 즉 접근성(Access)이다. 접근성이란 학생들이 언제 어디서나 원하고 필요할 때 다양하고 풍부하며 질 좋은 읽을거리(텍스트)를 경험할 수 있어야 한다는 원칙이다.

왜 청소년들에게 글 읽는 일이 재미없을까 생각해 보면, 무엇보다 가장 큰 이유는 학교에서 읽어야 할 글들이 재미없게 느껴지기 때문이다. 학교의 텍스트가 수업 시간에 주로 다루는 교과서로 한정되는 경우라면 더욱 그렇다. 교과서는 보편적이고 일반적이기는 하지만, 학습자 개개인이 경험하고 지향하는 다양한 배경과 선호를 고려하기 어렵다. 교과서는 다양한 집단 사이에서 보편적이고 공통적으로 경험되고 이해될 수 있는 것을 중심으로 제작된다는 장점이 있지만, 이로 인해 특정 개별 집단의 학습자들에게는 흥미도가 떨어질 수 있다는 한계도 지닌다.

양질의 텍스트에 대한 접근성을 높이기 위해서는 교과서 이외의 다른 자료들을 교실에서 통합할 필요가 있다. 이를 위해 청소년들이 일상에서 어떤 텍스트를 접하는지에 대한 조사도 필요하다.

물론 청소년들이 접하는 텍스트가 모두 좋은 것이라고 말할 수는 없다. 그중에는 불완전한 것, 미숙한 것, 잘못된 것, 심지어 나쁘고 해가 되는 것들이 수두룩하다. 하지만 학교에서 반드시 좋은 텍스트로만 가르쳐야 하는지 질문해 볼 수 있다. 청소년들의 텍스트를 배제하는 것은 아이들의 읽고 쓰는 경험을 배척하는 것과 다르지 않다.

음악 시간에 대중가요를 배제하면, 아이들의 실제 경험과 가치판단과는 달리 학교가 대중가요를 공식적인 음악의 갈래로 인정하지 않는 것이 된다. 마찬가지로 아이들이 즐기는 소셜미디어 텍스트, 대중문화 텍스트, 학생이 직접 창안한 텍스트를 교실에서 받아들이지 못하면, 학교는 아이들의 리터러시 경험을 공식적 분석과 논의의 대상으로 인정하지 않는 것이 된다.

우리 교실의 접근성을 높이기 위해서는 '실제적 텍스트'를 진지하게 고려해야 한다. 교사는 아이들이 읽는 텍스트를 찾아 조사하고, 직접 그것들을 읽고 확인하면서, 이 텍스트들이 어떤 점에서 부족하고 어떤 점에서 결함이 있으며, 그럼에도 불구하고 어떤 점에서 아이들 삶의 일부가 될 수밖에 없는지 공부해야 한다. 이를 바탕으로 어떤 점에서 이 글들이 세상에 대한 이해를 방해하거나 왜곡하는지, 동시에 어떤 점에서 보다 생생한 삶의 과정들을 재현하는지 면밀하게 분석할 수 있는 기회를 학생들에게 제공해야 한다.

• 관련성 | ARC 모형에서 청소년의 독서 몰입을 촉진하는 두 번째 개념은 바로 R, 즉 관련성(Relevance)이다. 관련성이란 말 그대로 읽는다는 행위가 학생의 삶과 연관되어야 한다는 뜻이다. 학생이 읽는 텍스트도 삶에 관련되어야 하고, 그 글을 읽는 상황이나 목적 역시 삶의 맥락

에 놓여야 한다.

책보다 자동차가 중요한 미국에서는 이런 이야기가 있다. 남학생들에게 자동차의 구조, 자동차 부품의 기능, 자동차 구동의 원리 등에 관한 책을 주고 읽으라고 하면 잘 읽지 않는다. 그런데 이들에게 "아빠 차가 지금 고장 났어. 네가 내일 데이트를 하려고 해도 그 차는 차고에서 한 발짝도 움직이지 않을 거야"라고 하면 아이들이 어쩔 수 없이 문제를 해결하기 위해 책을 찾아 읽는다는 것이다. 이 농담 같은 일화는 전통적 학교의 독서 과제(자동차에 관한 책을 읽어라!)가 어떻게 남성 청소년들의 삶과 앎에 대한 태도(자동차를 운전하려면 책을 읽어라!)와 동떨어져 있는지 알 수 있다.[3]

청소년들, 특히 남학생들에게 책을 읽는 일은 참으로 쓸모없게 보인다. 현실적으로 자기한테 그다지 도움이 되지 않고, 책을 읽는 일은 오히려 더 흥미로운 일에 써야 할 아까운 시간과 노력을 낭비하는 것이기도 하다. 책 읽기는 재미도 의미도 없는 행위가 되고, 당연히 읽고 싶은 마음이 잘 생기지 않는다.

하지만 읽기가 직접 삶의 쓸모를 가져오는 경우라면 어떨까? 책을 읽음으로써 자기가 가진 문제를 해결할 수 있고 자기 삶에 직접적인 도움이 된다면, 그것으로 생활의 '가시적 성과'가 보인다면, 적어도 그 상황에서 아이들이 독서를 멀리할 이유가 없다. 읽고 싶은 마음이 생기지 않을까?

우리는 흔히 글을 읽자, 책을 읽자, 독서하자고 아이들을 독려한다. 우리는 자주 글 읽는 행위를 세상일과 동떨어진 별개의 행위로(그 자체로 자족적 의미를 갖춘) 간주하지만, 따지고 보면 현실에서 글 읽는 행위가 그 자체만으로 이루어지는 경우는 거의 없다.

글 읽는 행위는 언제나 삶의 과정, 삶의 문제 상황 안에 맥락화된다. 읽는 행위는 그 자체로 독립적이라기보다는 삶의 일부로서 기능한다.

특히 청소년들을 위해 구체적인 삶의 문제 상황을 교실 문해 활동으로 통합하여 설계할 필요가 생기는 이유다. 그들이 삶의 문제를 인지하고 해결하기 위해 가장 요긴한 지적 자원으로 글, 책, 자료를 찾아 읽고 공부할 수 있게 만들어야 한다.

한 발짝도 움직이지 않는 아이들에게 마냥 책과 글을 읽자고 독려하는 것은 교사들에게도 지치는 일이다. 이때 책보다는 '과제'를 먼저 생각해 보자.

아이들이 좋아하는 게임을 생각해 보자. 게임을 설명하게 하자. 게임의 스토리라인, 게임의 캐릭터, 게임의 플롯을 한 번도 그 게임을 해본 적이 없는 선생님에게 설명하게 하자. 게임의 전략, 게임의 규칙도 설명하게 하고, 게임의 장면들을 이미지로 포착해 입문자에게 친절하게 게임을 소개하는 안내책자를 만들게 하자. 게임 안내책자를 더 잘 만들기 위해, 비디오 게임의 원리와 장단점 등을 설명한 글과 논문을 찾아 읽게 하자. 근거를 들어 자신의 주장이 다른 사람에게도 그럴 법한 것임을 입증하게 해보면 어떨까?

청소년들이 가진 것을 잘 활용할 수 있는 과제와 문제 상황을 생각해 보자. 이렇게 관련성은 교실 문해 활동을 아이들의 삶과 관련된 것으로 설계하는 핵심 원리이다.

• 선택권 | ARC 모형의 마지막은 C, 선택권(Choice)이다. 자기가 읽어야 할 글(주제, 작가, 장르 등의 측면에서), 글을 읽는 방법과 맥락(혼자 조용히, 함께 같이, 전자책으로 또는 종이책으로 등)에 적합한 수준의 선택권이 주어지면, 독자는 대체로 글 읽기에 더 몰입하는 경향을 보인다.[4]

한번 생각해 보자. 누군가 이 책을 포함한 열 권의 책을 가져와 다짜고짜 읽으라고 할 때 여러분이라면 선뜻 그것들을 받아 안고 읽겠는가? 어렵고 부담스러운 일이다. 맥락 없이 책을 가져와 읽으라고 하면 책 읽는 일이 모두 숙제처럼 느껴질 뿐이다. 자신의 의지나 동기와는 상관없이 그렇게 제안한 누군가(주로 어른들)를 위해 언제부터 언제까지 반드시 완수해야 하는 부담스런 일이 된다.

선택권이란 아이들이 읽기 행위의 이모저모에 대해 직접 고르고 결정할 수 있는 권리이다. 한국의 초, 중, 고등학교 교육과정에 이렇게 학생의 선택권을 장려하는 프로그램들이 많이 있다. 대표적으로 한 학기 또는 1년 동안 아이들이 원하는 책을 골라 읽고 수업에도 활용하는 프로그램은 잘 활용하면 정말 좋다.

읽을거리에 대한 선택뿐 아니라 읽기 활동 자체에 대한 선택권을 구상해 볼 수도 있다. 가령, 글 읽기의 결과물도 선택할 수 있다. 수업 시간에 글 자료를 읽고 모든 학생들에게 요약해 오라고 할 수도 있지만, 5개의 핵심어 카드 만들기, 선택형 퀴즈 만들기, 더 읽기 자료 목록 만들기, 관련 유튜브 조사 분석하기, 인공지능의 반응을 분석하고 자신의 읽기와 비교하는 보고서 작성하기 등 대안적 결과물을 요청할 수도 있다. 이렇게 읽기 활동의 결과물의 목록을 제안하고 이중에서 학생들이 선택할 수 있게 하는 것은 어떨까? 천편일률적인 요약하기나 독후감, 서평문 작성만이 능사는 아니다.

읽을거리에 더해 읽는 행위, 그것을 다른 사람과 나누는 방법에 이르기까지 다양한 각도에서 선택권을 마련해 주는 것도 청소년 독자의 참여와 몰입을 촉진하는 중요한 수업 원리이다.[5]

다문서 기반 읽기와 학습

청소년 문해력 증진을 위해 중고등학교 교실에서 해볼 수 있는 읽기 수업 한 가지를 제안하고 싶다. 이 방법은 국어 수업에서뿐만 아니라 여러 내용교과에서 더 잘 시도해 볼 수 있다. 바로 '여러 글(다문서)'을 함께 놓고 읽는 수업이다.

　일반적으로 글을 읽는다고 할 때 흔히 주어진 한 편의 글을 읽는 것, 그것으로 무엇을 하는 것(가령, 글을 읽고 독후감이나 보고서를 쓰는 것)을 생각한다. 그런데 우리의 읽기가 언제 쓸모를 갖는지 현실의 삶을 생각해 보자. 현실에서 우리가 하나의 글만을 읽는 경우는 의외로 드물다. 우리는 많은 경우에 여러 개의 글 자료를 놓고 읽거나 혹은 직접 찾아 선택해서 읽는다. 다양하게 글과 자료를 읽고 시급한 문제를 해결하거나 중요한 결정을 내린다.

　특히 요즘 세상에서는 주어진 글 하나만으로 어떤 사안을 온전하게 판단하거나 일을 완수하기가 결코 쉽지 않다. 오히려 여러 개의 글을 읽고 종합해서 필요한 것과 좋은 것을 취하고 쓸모없는 것과 나쁜 것은 버려야 한다. 그리고 취사선택한 자료들을 연결해서 '내가 이렇게 여러 글을 서로 연결하면 뭔가 좋은 게 나오겠구나!'라는 생각으로 이해하고 공부한다.

　실제적 독서 상황, 텍스트를 활용해서 문제를 해결하는 실제 상황은 이른바 '다문서'를 읽는 상황이다. 여러 개의 문서, 여러 개의 자료를 취급해야 하는 읽기 상황인 것이다. 대부분의 공부, 일, 사회적 참여의 과정이 그렇다. 회사 업무, 대학 공부, 내가 찾아서 하는 취미 활동, 심지어 여행을 위해서도 다문서 읽기가 필요하다.

　숙박 시설을 예약할 때도 하나만 보는 경우는 거의 없다. 우리는 여러 사이트(블로그, 소셜미디어, 호텔 예약 사이트 등)에 접속해서 수많은 정보를 종합한 후(혹은 한 사이트에서 여러 웹페이지를 섭렵한 후), 위치가 좋고 부대시설이 충분하며 가격마저도 합리적인지 숙소를 확인하고 싶어 한다. 여행의 목적, 일정, 동반자 등의 사정에 가장 적합한 곳을 선택하기 위해 다양한 정보를 수집, 비교, 분석, 종합한다.

　다문서 읽기 활동을 교실에서 해볼 수 있을까? 이 수업의 이름을 '다문서 학습'이라고 부르자. 이것은 일종의 탐구 학습이다. 하나 이상의 텍스트를 활용한 읽기와 쓰기 수업이고, 문해력 학습과 내용교과 학습을 통합하는 방법이다. 중고등학교에서는 교과목이 모두 쪼개져 있지만, 만일 여러 교과 선생님들이 함께 협력할 수 있다면 이런 다문서 읽기 활동을 중심으로 국어, 사회, 과학 등을 연계한 문해력 수업을 시도해 볼 수 있다.

읽기 연구자들은 다양한 실험 연구(가령, 다문서 읽기에서 독자는 어떤 전략을 사용하는가, 혹은 문서들 간의 일치, 불일치, 충돌 관계가 다문서 독해에 어떤 영향을 미치는가에 관한 연구)를 진행했고, 더 나아가서는 학교 맥락에서 다문서 기반 교과 학습의 효과를 조사하는 질적 연구도 수행했다.

예를 들면, 연구자들은 미국 피츠버그 시의 도심 학교에서 흑인 아이들을 대상으로 다문서 기반 역사 수업을 연구했다. 이들은 우리로 치면 국어 교과인 미국의 영어 교과가 아니라, 내용교과인 역사 과목에서 다문서 기반 문해 수업을 교사들과 함께 직접 설계하고 실행했다.[6]

생각해 보라. 좋은 역사 수업이란 끝도 없이 나열된 사실 정보를 외는 것을 넘어서 다양한 역사 자료를 읽고, 사료에 기반하여 과거의 사건을 재구성하고, 역사적 맥락 안에서 사건의 의미를 해석하고, 그것이 현재 상황에 주는 시사점을 발견하는 것이 아닐까? 양질의 역사 수업의 기본은 읽기 수업이며, 특별히 다문서 문해력 수업이다.

피츠버그 연구에서 조사한 다문서 기반 역사 수업에서, 평소에는 글 읽기에 능숙하지 못했던 아이들이 다양한 글을 찾아 읽고, 동료들과 함께 그 의미를 해석하고, 발표 자료를 만들어 교실에서 공유하는 텍스트 탐구 수업에 참여했다. 사진, 도표, 지도, 그래프뿐만 아니라 과거의 신문 기사(1차 문서)와 현재의 역사 해석 자료(2차 문서) 등을 다양하게 접하고 활용하면서 공동체의 역사를 공부했다.

이 수업은 다문서 기반의 읽기 능력을 증진하는 고차원적인 읽기 수업이자, 읽기 활동이 교과 학습을 이끄는 개념 기반 탐구 수업이며, 동시에 역사라는 영역에서 필요한 읽기와 쓰기, 소통 능력을 키우는 역사적 문해력 수업이다.

질문하기, 조사하기, 공유하기

텍스트 탐구는 질문하기로 시작한다. 탐구란 질문에 대한 나름의 답을 찾아 나가는 과정이다. 대개 처음에는 거친 질문으로 시작한다. 이 질문은 지나치게 일반적이고 광범위하거나 혹은 일상적이다. 어떤 현상과 문제에 관해 처음부터 정교하고 멋진 질문을 만들 수 있는 사람은 세상에 없다. 최고의 과학자, 철학자, 사상가도 간단하고 거친 질문에서 탐구를 시작한다.

도시에 빼곡하게 들어선 아파트 건물들을 보면서 여러분은 "이 아파트들은 뭐지? 왜 이런 아파트 단지들이 생긴 거지?" "왜 도시 재개발을 하는 거지? 도시가 바뀌고 나면 원래 살던 사람들은 어디로 간 거지?"와 같은 질문을 할 수 있는가? 이 질문은 거칠지만, 우리 주변의 일상적 인문 경관을 낯설게 바라본다. 텍스트 탐구의 과정을 여는 좋은 질문은 기술적으로 복잡하게 구조화된 질문이 아니라, 학습자의 호기심을 촉발하고 그것으로 말미암아 다음 행동을 안내하는 질문이다.

질문하기는 조사하기로 이어진다. 그렇다면 무엇을 조사할까? 도시에 어떤 일이 일어났는지, 아파트 건설 이전의 거주자들이 어디로 갔는지, 어떤 사람들이 도시 재개발 역사에 연루되었는지 확인해야 한다. 그렇다면 무엇으로 그것을 조사한단 말일까? 여기서 강조하고 싶은 것은, 조사하기란 특정 정보와 내용을 조사하는 것이지만 그것은 결국 그 정보와 내용을 담고 있는 다양한 텍스트를 조사하는 것이라는 점이다. 조사하기란 학습자가 자신에게 필요한 텍스트, 자신이 주목하는 현상과 사건, 스스로 문제를 이해하는 데 필요한 여러 텍스트를 수집, 분석, 연결하는 활동이다.

텍스트 탐구의 과정은 조사하기에서 공유하기로 이어진다. 지금까지 질문하고 조사한 자료들을 엮어 중요한 메시지와 근거를 발견하고, 다양한 주장과 세부 내용을 일목요연하게 정리하여 애초에 던진 질문에 가장 잘 대답할 수 있는 공유 자료를 창안한다. 이는 텍스트의 생산이자 지식의 생산이며, 내 안에 지식과 이해를 가두는 것이 아니라 동료들과 그것을 나누는 과정이다. 공유하기를 통해 학습자들 사이에 심층적인 대화가 일어나고, 탐구 과정에 대한 평가와 피드백이 생성되며, 앞으로 어떻게 탐구 과정과 결과를 개선할 것인가에 대한 고민이 깊어진다.

이제 질문하기-조사하기-공유하기라는 다문서 기반의 텍스트 탐구 과정은 한 차원 높은 순환 과정으로 진입한다[그림1]. 다시 질문하기로 돌아가는 것이다. 이때 질문은 처음 질문에 비해서 훨씬 구체적이고 정교해질 것이다. 첫 번째 순환 과정에서는 "원주민들은 모두 어디로 갔을까?"라는 질문이었지만, 텍스트 탐구를 통해서 발전한 그다음 질문은 "원주민들은 어떤 불이익이나 보상을 받았으며, 차후에 이런 일들이 다시 일어났는가 또는 그렇지 않았는가?"와 같이 더욱 구체적이면서 새로운 탐구를 안내한다. 이렇듯 다문서 기반의 탐구 학습은 학생들이 다양한 텍스트를 가지고 질문하기, 조사하기, 공유하기의 순환 과정을 거치면서 교과 내용의 학습은 물론 다문서 읽기라는 고차원적 문해력까지 배우는 훌륭한 '범교과적' 교실 활동이다.

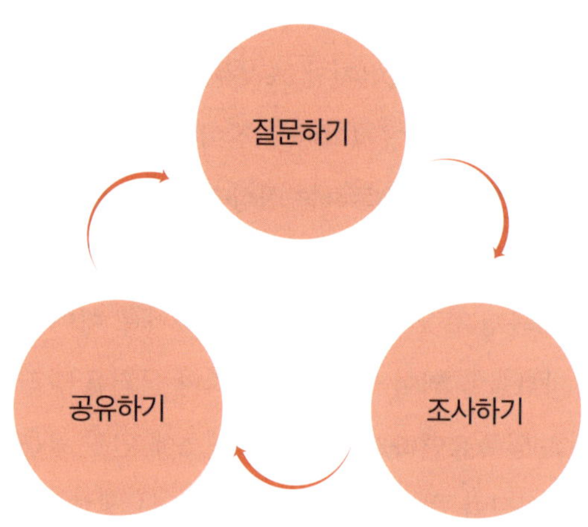

[그림1] 다문서 기반의 텍스트 탐구 과정

　지금까지의 논의는 중고등학교 청소년들이었지만, 초등학교에서도 다문서 읽기 활동을 충분히 실행할 수 있다. 텍스트의 수준, 질문의 수준, 주제 지식에 대한 요구의 수준을 조절하면 된다. 심지어 초등학교 저학년의 어린 학생들과도 다문서 읽기 수업을 진행할 수 있다. 초등학교 2학년 아이들도 이야기 두 편을 읽고서 각각의 이야기 속 인물과 상황을 비교하고 대조해 볼 수 있다. 한국의 전래동화와 외국의 민담 사이에 비슷한 것들이 꽤 많다. 이런 이야기들을 함께 읽으면서 생각과 물음을 나누며 공통점을 차이점을 분석해 보는 일은 매우 흥미롭다.

　학생들이 즐겁게 배우는 교실은 곧 가르침이 즐거운 교실이다. 깊이 있는 학습은 학습자의 참여와 몰입 없이는 불가능하다. 학생들의 독서 참여와 몰입을 위해 아이들이 다양한 텍스트를 읽을 수 있게 해주자. 과제 활동을 학생들의 삶과 관련된 방식으로 설계하고 그들에게 자기 행동을 결정할 수 있는 선택권을 주자. '무엇을, 왜, 언제 읽어야 하는가?'라는 선택의 과정에서 학습자 주도성을 촉진하는 문해력 교실이 필요하다.

　몰입의 문해력 수업을 위해서는 실제적인 읽기가 중요하다. 특히 청소년들에게는 실제 삶에서 살아 움직이는 글을 대상으로 정확하게 읽고, 비판적으로 읽고, 분석적으로 읽고, 공유하면서 읽고, 조사하면서 읽는 활동이 필요하다. 그래서 글 읽기가 실제 삶의 문제를 해결하는 과정이 되어야 한다.

　특히 다문서 탐구를 수업의 주요한 활동으로 고려해 보자. 이 활동은 국어 시간의 읽기를 넘어서 교과를 통합하는 범교과적 문해력 학습의 기회를 제공한다. 학생들에게는 가치 있는 교과 내용을 공부하면서 실용적으로 읽고 쓰는 활동, 읽고 쓰면서 개념과 지식을 이해하고 적용하는 활동이 필요하다. 다양한 텍스트, 상황, 자원, 테크놀로지를 활용한 수업이, 책에서 멀어져 있는 청소년들, 읽고 쓰고 소통하는 일에 심드렁한 청소년들을 문해력 교실의 중심으로 데려올 수 있다.

　문해력에 대한 사회적 관심이 커진 데는 글을 읽지 못하는 아이들에 대한 걱정과 염려가 적잖이 영향을 미쳤다. 미래 세대를 걱정하는 많은 교사들, 많은 어른들이 읽기에 어려움을 겪는 아이들이 왜 그런 상황이 되었으며, 어떻게 아이들을 이해해야 하고, 어떻게 아이들을 돕는 교육을 실천할 수 있을지 고민한다.

　특별히 공교육의 관점에서는 글을 읽고 쓰는 일에 어려움을 겪는 아이들, 성장의 곡선이 상승하지 못하는 아이들에 더욱 관심을 쏟아야 한다. 그들의 성장 곡선을 긍정적으로 바꾸어주어야 한다. 어떻게 그렇게 할 수 있을까?

　이 장에서 글 읽기에 어려움을 겪는 아이들을 이해하는 데 도움이 되는 몇 가지 지표와 개념을 알아본다. 그리고 이들이 지금까지 경험한 부정적 성장의 궤적을 긍정적으로 전환할 수 있을지 그 교육적 가능성과 희망을 찾아본다.

8장

읽기는 더 이상
두렵지 않다

**읽기가 부진한 학생들 앞에 놓인
관성적 성장 궤도를 바꿀 수 있을까?**

· 우리나라 청소년들의 읽기 현황 연도별 추이
· 초기 읽기 문해력, 기초 읽기 문해력
· 기초 읽기 문해력의 다섯 가지 인지적 기능
· 닫힌 기능, 열린 기능
· 읽기 위한 배움, 배움을 위한 읽기
· 읽기 부진아 지도를 위한 열 가지 조언
· 난독에 대한 이해와 오해

주요 키워드

읽기 부진 / 초기 문해력 / 기초 문해력
읽기 학습 / 학습 읽기 / 열린 기능 / 닫힌 기능
체계적 읽기 지도 / 난독

 1 읽지 못하는 아이들이 급격히 늘어난 이유

만 15세 학생이 참여하는 PISA 시험에서 한국은 늘 상위권을 기록하지만, 참여국 중 1등이었던 2006년 이후로 읽기 문해력 평균 점수는 지속적으로 하락하고 있다. 그나마 고무적인 것은 코로나19 팬데믹 기간의 상황을 반영한 2022년 읽기 문해력 점수가 코로나 이전 2018년 수준에서 유지된 유일한 나라였다는 점이다[그림1]. 팬데믹 기간에 학교 현장의 헌신으로 발 빠르게 디지털 전환이 이루어졌기 때문일 것이다. 비대면 온라인 수업의 질을 떠나 어찌되었든 학습 손실을 최소화했다.

20년간 꾸준하게 하락하다

그래도 여전히 질문이 생긴다. PISA가 측정하는 한국 학생들의 읽기 문해력은 상위권이지만, 지난 20여 년간 왜 이렇게 평균 점수가 하락한 것일까?

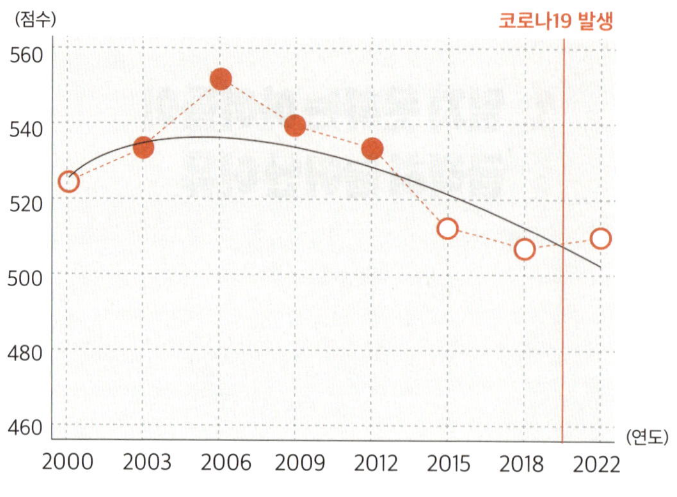

[그림1] PISA 읽기 문해력 평가에서 한국 학생의 성취 추이

이 시험은 학생들의 읽기 문해력 수준을 6개로 나눈다. 가장 높은 6수준은 글을 깊게 이해할 수 있는 수준이다. 이 수준에 도달한 학생은 비교적 복잡한 글을 분석적으로 이해하며, 글에 숨겨진 의도를 파악하고 그 신뢰성과 쓸모를 파악할 수 있다. 맥락에 따라 여러 문서를 연결해 종합적으로 이해하고 활용하는 고차원적 문해력을 지녔다고 말할 수 있다.

반면에 가장 낮은 1수준은 비교적 간단한 글에 담긴 문장의 의미를 이해할 수 있는 정도이다. 글에 나타난 표면 정보를 확인하는 글 이해 수준으로, 1수준의 학생들은 교과 수업에서 제공하는 복잡한 글과 자료를 읽고 심층 학습을 하는 데 어려움을 겪을 가능성이 크다. 1수준 미만의 학생들은 간단한 문장 읽기, 단어 읽기가 되지 않을 수도 있으며, 유창성과 같은 기초 문해력에 문제가 있을 가능성도 제기된다. 이 수준의 학생들은 글을 이해하기 어려운 상태라고 이야기할 수 있다.

그런데 한국의 경우, 1수준 혹은 그에 미치지 못하는 학생의 비율이 해가 거듭할수록 증가했다. 한국은 이 비율이 20년 전에는 5퍼센트 내외로 유지

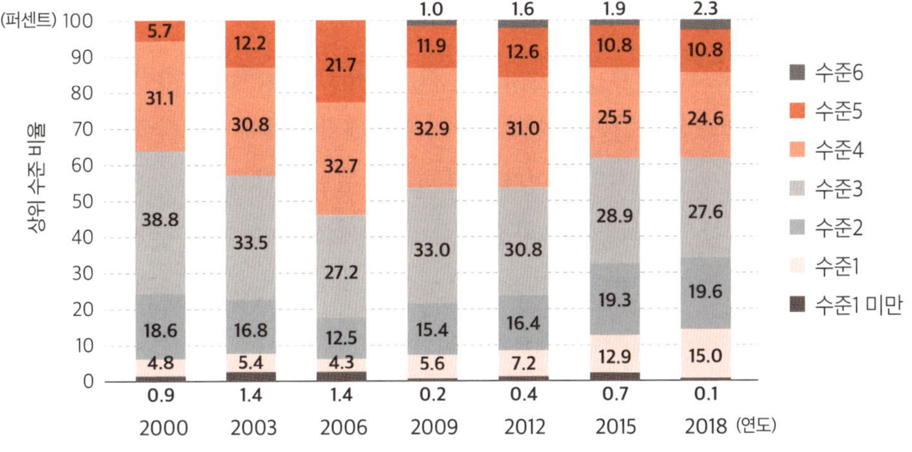

[그림2] 한국의 PISA 읽기 문해력 성취 수준별 추이

되었지만, 최근 시험에서는 약 15퍼센트까지 늘어났다. 간단한 형식의 글을 읽고 의미를 파악하는 문제에서도 어려움을 겪는 학생의 수가 상당히 늘었다는 것이다. 거의 세 배가 증가했고, 이런 증가율은 세계 1등이다. PISA 시험에 참여한 다른 국가들과 비교해 보더라도 '읽지 못하는 아이들'의 비율이 이렇게 급격하게 증가한 나라가 없다[그림2].

점점 심화된 문해력의 양극화

이는 PISA 읽기 문해력 점수의 하락에 대한 새로운 해석을 가능하게 한다. 우리 아이들의 문해력 평균 점수가 지난 20년간 꾸준하게 떨어진 이유는, 우리 아이들이 전반적으로 글을 못 읽어서라기보다는 글을 읽지 못하는 아이들의 비율이 눈에 띄게 늘었기 때문이라고 해석하는 편이 보다 합리적이다. 문해력의 양극화가 심화되었다는 뜻이다. 교육자로서 우리가 깊게 들여다봐야 할 뼈아픈 지점이다. 우리 아이들이 아직도 '평균적으로' 상위권을 유지하고 있다고 마냥 기뻐할 일이 아니다.

왜 글을 읽지 못하는 아이들이 이렇게 늘어나는 것일까? 한 가지 이유는, 글 읽기에 어려움을 겪는 청소년들은 기초 문해력을 제때 갖추지 못했을 가능성이 높다. 이는 각각의 아이가 지닌 학습에 관한 개인차와 아이를 둘러싼 가정환경과 같은 사회경제적 환경의 문제도 있겠으나, 아이도 어찌할 수 없는 조건들의 부정적 영향을 완화할 수 있는 체계적인 학습의 기회를 학교가 제대로 마련해 주지 못했기 때문이기도 하다.

체계적 학습 기회는 아이가 학교를 다니는 동안 조기에 꾸준하게 마련될 필요가 있고, 학교는 이를 위해 적합한 관찰과 진단, 분석과 지도를 가장 잘 수행할 수 있는 곳이어야 한다. 학교 교육, 공교육의 책무성을 생각한다면, 우리는 앞서가는 아이들 못지않게 뒤처진 아이들에게도 집중적이고 체계적이며, 전문적인 도움을 주어야 한다.

2 초기 문해력보다 기초 문해력을 바라보기

'초기 문해력'과 '기초 문해력'은 비슷한 말처럼 보이지만 분명하게 구별해 쓸 필요가 있다. 사람들은 흔히 어린아이들이 글을 읽지 못하는 것이 초기 문해력 부족 때문이라고 말한다. 초기 문해력은 어린 시절에(즉, 발달 단계의 초기에) 반드시 숙달해야 하는 능력이다. 가령 자모음 낱글자의 이름을 알고, 글자가 대표하는 소릿값을 이해하고, 단어와 문장을 적정한 속도로 정확하게 읽고, 그 의미를 이해할 수 있는 능력 모두 초기 문해력의 중요한 요소들이다.

그런데 초기 문해력은 '초기'가 지나면 그 의미가 상실된다. 초기라는 말은 발달적으로 유치원 또는 초등학교 1~2학년, 늦어도 3~4학년을 넘지 않는다. 이 시기가 지나면 초기 문해력의 중요성은 사람들의 관심에서 급격하게 멀어진다. 자신이 기르고 가르치는 아이들이 더 이상 초기에 있지 않기 때문이다. 문해력 발달의 관점에서 보자면 초기 문해력의 중요성과 효용을 이렇게 짧게 보는 것은 문제이다.

초기 문해력은 '초기'라는 시간적 경계 안에 그치지 않는다. 그래서 초기라는 말보다 '기초'라는 말을 쓰는 편이 낫다. 문해력의 근간인 '기초 문해력'은 어린 시절에 중요하게 숙달해야 하는 능력이지만 동시에 어른이 되어가는 과정에서도 언제나, 반드시 필요한 능력이라는 뜻을 내포하기 때문이다. 기초 문해력은 글자를 소리 내어 읽는 능력, 단어와 문장을 적정한 속도로 정확하고 유창하게 읽고, 글에 드러난 정보를 이해하고 감추어진 의미를 추론하는 독해 능력, 글의 의미 파악을 위해 필요한 어휘 능력 등을 포함한다.

어떤 학생이 글을 잘 읽지 못한다면, 그리고 그 원인이 기초 문해력의 부족 때문이라면, 중학교에서든 고등학교에서든 대학교에서든 그가 더 이상 어려움을 겪지 않도록, 스스로 글 읽기의 문제를 알고 해결하려는 독립적인 독자가 될 수 있도록 기초 문해력 학습을 도와주어야 한다. 성인이 되어서도 마찬가지이다.

기초 문해력은 학생이 학년이 올라가거나 나이가 든다고 해서 그 의미와 가치가 상실되지 않는다. 우리가 어떤 연령대의 학습자를 대상으로 교육 활동을 하는가와 상관없이, 사려 깊은 교육자는 학습자 발달에서 기초 문해력이 갖는 의미를 이해할 필요가 있다.

다섯 가지 기초 읽기 문해력

기초 문해력은 여러 가지로 설명할 수 있지만, 선행 연구에 근거하여 아동이 체계적인 문해력 수업을 통해서 기초적으로 숙달해야 할 읽기 기능 다섯 가지를 중심으로 살펴본다.[1]

• 첫 번째, 글자가 대표하는 소리를 구별하는 능력이다. 이것은 음소 혹은 소릿값을 알고 인식하고 또 변별할 수 있는 능력이다. 시각적 기호인 문자를 읽기 위해서는 반드시 그것이 대표하는 소리가 무엇인지를 알

아야 한다. 영어나 한글과 같은 표음 문자는 기본적으로 수백 수천 가지의 변형을 갖는 소리를 꽤나 규칙적인 형태의 여러 자모음의 낱글자로 표현해 놓은 체계다. 따라서 글 읽기의 측면에서 보자면, 소리가 기호의 전제이며 기호는 소리를 내도록 만들어진 일종의 상징 장치이다. '말'이라는 소리와 '발'이라는 소리가 어떻게 다르고, 어느 부분에서 다른지 구별하는 능력은 '말'과 '발'이라는 문자 기호와 의미의 차이를 이해하기 위한 전제가 되는 것이다.

• 두 번째, 소리와 글자를 연결시킬 수 있는 능력이다. 가장 작은 말소리의 단위가 음소라면, 그에 대응하는 가장 작은 글자(기호)의 단위는 자소라고 한다. 그래서 소리와 글자를 연결하는 것, 글자에 해당하는 소릿값을 알고 구별하여 이해하는 기능을 '자소-음소 대응'이라고 한다.

'구름'이라는 단어는 글자 기호로 보자면 'ㄱ, ㅜ, ㄹ, ㅡ, ㅁ' 자소들의 조합이다. 이들은 모음자를 중심으로 연결되어 '구'와 '름'이라는 음절 글자을 이루고, 그 둘이 모여 구름이라는 단어가 된다. 그런데 여기서 '구'는 단지 ㄱ과 ㅜ의 조합일 뿐만 아니라 기역의 첫소리값인 '그'라는 소리와 '우'라는 모음의 소릿값이 합쳐진 소리다. 그러니 ㄱ과 ㅜ가 조합된 '구'라는 글자를 읽으려면 각각이 '그'와 '우'라는 소리와 연결된다는 것을 알아야 하고, 이 두 음소를 합쳐 '구'라고 소리 내어 읽을 수 있어야 한다.

성인은 소리와 글자를 서로 연결하는 능력이 자동화된 능숙한 독자이기에 작은 소리들에 대한 감각이 흐릿하다. 하지만 우리가 읽는 모든 문자 언어는 소리를 통해 감지되고 그 뜻이 이해된다. 다만, 성인들은 글자와 단어를 밖으로 소리 내지 않고 빨리 읽기에 시각적 기호가 소리로의 전환 없이 바로 의미로 변환되는 것으로 착각하고는 한다.

• 세 번째, 소리 내서 읽을 때 적정한 속도로 정확하게 단어의 의미를 확인하면서 매끄럽게 읽는 능력이다. 다시 말해 '읽기 유창성'이다. 읽기 유창성에는 세 요소가 있다. 문자와 소리를 정확하게 연결 지어 글을 읽는 '정확도', 가급적 빠른 시간 안에 단어를 확인해서 읽는 '자동성', 그리고 읽고 있는 단어와 문장의 의미를 살려 읽는 '표현력'이다.

단어를 정확하게 읽지 않은 채 빨리 읽는 것이 소용없고, 빨리 읽는다고 해서 틀린 발음으로 읽으면 의미를 오독할 가능성이 높다. 정확하고 빨리 읽더라도 그것이 어떤 의미인지 생각하고 읽지 않으면 유창하게 읽는다는 말의 의미가 퇴색한다. 아이가 목소리의 높낮이나 강약, 멈춤 등 다양한 변이를 주며 읽을 수 있다면, 이는 아이가 지금 읽고 있는 글의 의미를 이해하며 유창하게 읽고 있다는 하나의 증거가 된다. 아이들의 유창한 글 읽기는 어른의 귀에도 쏙쏙 들어온다.

• 네 번째, 어휘력이다. 우리는 흔히 어휘를 단어라고 생각한다. 하지만 '단어'는 문법적 용어인 반면에 '어휘'는 개념적이고 맥락적인 것으로 단어를 포함하여 관용구나 사자성어, 속담 등 언어적 소통을 위해 필요한 모든 '재료'라고 말할 수 있다. 따라서 어휘는 언어의 재료이다. 집을 짓기 위해서는 수없이 많은 벽돌이 필요하듯, 어휘는 의미의 기본 단위이기 때문에 읽기와 쓰기, 대화와 소통을 위해서는 다양한 어휘가 필요하다. 어휘력은 초기 문해력 발달에서 중요한 역할을 한다.

어휘력은 단어의 사전적 정의를 아는 것을 넘어선다. 어휘력은 다양한 언어의 재료들이 쓰이는 맥락에 대한 이해, 그에 어울리게 구체적 의미를 만들어내는 능력을 포괄한다. 문자로 된 언어의 형태와 소리를 즉각적으로 파악하는 능력, 그렇게 파악한 말의 의미를 떠올리고 연결하는 능력, 이를 문맥에 맞게 이해하고 사용할 수 있는 능력, 하나의 말과 관련된 여러 말들을 떠올려 활용할 수 있는 능력, 혹여 모르는 말이 나오더라도 앞뒤 문맥을 통해서 그 의미를 추론하는 문제 해결 능력 등을 포함한다.

• 다섯 번째, 글 정보와 나의 배경지식을 통합해 의미를 추론하고 구성하는 독해 능력이다. 독해는 글을 읽고 내용을 이해하는 과정과 결과를 말한다. '글'을 읽는다는 점에서 보면 가장 중요한 기초 문해 기능이다. 단어를 소리 내어 읽고, 문장을 유창하게 읽어도, 단어와 문장이 어우러져 이루어진 글의 내용을 부분적으로 또는 전체적으로 이해하지 못하면 글 읽기의 의미가 퇴색한다. 글을 읽는 가장 기본적인 목적은 글의 의미를 이해하는 것이며, 이를 위해서는 독해 기능이 충분하게 갖추어져야 한다.

독해는 가장 복잡한 기초 문해 기능이다. 독해는 엄밀하게 말하자면 어느 한 순간에 숙달 혹은 완성되지 않으며 다양한 내용과 형식의 텍스트를 반복해서 꾸준히 읽어야 비로소 어느 정도 익숙해질 수 있다. 독해는 독서 연구의 핵심 탐구 주제로, '인간은 어떻게 글을 이해하는가?'는 지난 한 세기를 넘는 시간 동안 인지과학이 탐구한 가장 중요한 질문 중 하나였다. 오늘날 디지털 인공지능 시대에서도 인간처럼 '글을 읽고 이해하는' 기계(생성형 인공지능)를 만드는 일은 첨단 중에 첨단 기술이라고 말할 수 있다. 독해에는 문면적 독해, 추론적 독해, 비판적 독해 등 여러 가지 층위가 있다. 이후 3부에서 더 깊게 다룰 것이다.

기초 읽기 문해력의 대범주

앞서 설명한 다섯 가지 기초 읽기 문해력은 크게 두 가지 범주로 묶인다. 음소 인식과 음소-자소 대응을 포괄하는 '해독'이 한 범주, 어휘와 독해를 포괄하는 '이해'가 다른 한 범주다. 여기서 읽기 유창성은 이 두 가지 범주를 연결하는 수행 기능이다(유창하게 읽으려면 글자 해독과 더불어 의미 이해도 잘해야 한다). 해독 능력과 이해 능력을 어느 정도 숙달하게 되면 글을 유창하게 읽을 수 있게 되고, 유창하게 읽는 연습을 꾸준히 하면 기본적인 해독 능력과 독해 능력을 함께 키울 수 있다. 유창성을 통해서 우리는 아이들이 어떻게 읽는지를 관찰할 수 있다.

한 아이가 독자로 성장하는 과정에서 해독 능력과 독해 능력은 서로 보완적이면서도 각기 다른 비중으로 발달한다. 어린 독자가 어떻게 기초 읽기 문해력을 습득하면서 성장하는지 이해하려면, 이 두 가지 능력 범주의 관계를 이해하는 게 필요하다.

• **기호 해독과 의미 이해** | 기호 해독은 초기 문해력 발달 과정에서 특히 중요해서 적정한 시기에 반드시 숙달해야 하고 또 조기에 숙달할 수 있다. 글자를 정확하게 읽지 못하면 의미를 제대로 파악할 수 없기에 기호 해독은 매우 중요하다. 이야기책에 들어간 '가방, 아빠, 엄마, 누나, 학교, 산, 들'과 같은 문자로 표현된 말들을 읽지 못하면 이야기의 뜻을 스스로 파악할 수가 없다. 기호 해독이 되지 않으면 기호가 담은 의미에 접근하기 어렵다.

모든 글 읽기의 과정에서 기본 역할을 지속적으로 수행하는 해독 능력은 어린 시절에 매우 중요한데, 반복 경험과 학습을 통해서 한 번 숙달되면 그 다음에는 별도의 학습을 필요로 하지 않는다. 따라서 문자 해독 능력은 대개의 경우 어린 시절에는 중요한 학습 내용이어야 하지만, 시간이 지날수록 학습의 중요도가 감소한다[그림3].

기호 해독의 중요성과 시급성을 강조하다 보면, 의미 이해 능력이 마치 문자 해독 능력 이후에 순차적으로 발달하는 것이라는 느낌을 준다. '글자를 읽어야 뜻을 이해할 수 있다'라는 명제를 과정적 순서로 받아들이기 때문이다. 하지만 기호 해독이 완전하게 숙달되지 않더라도 글의 의미 이해를 위한 독자의 능력은 서툴지만 조금씩 지속적으로 발달한다.

의미 이해는 모든 읽기 과정의 기본이자 핵심이지만, 아이가 독자로 성장하는 과정에서 특히 그 중요도가 점차 증대된다. 왜냐하면 나이가 들수록, 학년이 올라갈수록, 능숙한 독자로 성장할수록 점점 많은 글을 읽게 되고, 점점 복잡한 글을 접하게 되며, 점점 더 다면적인 과제 상황에서 글을 읽게 되기 때문이다. 아이가 자라면서 지속적으로 글을 읽어야 하는 한, 그가 복잡한 글들을 읽고 이해해야 하는 한, 의미 이해 능력의 중요도는 점점 더 커질 수밖에 없다[그림4].

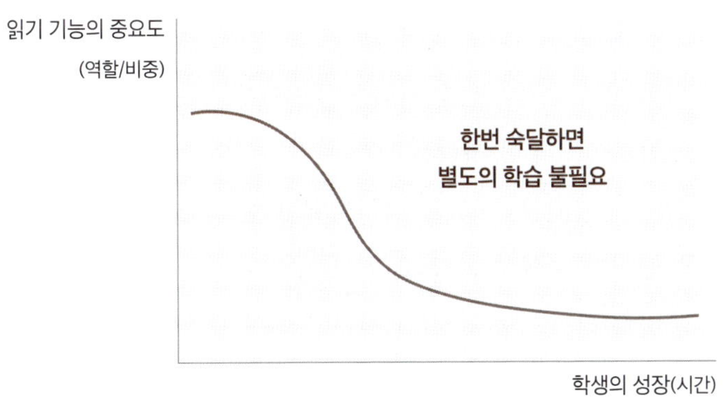

[그림3] 기호 해독 능력의 중요성 감소

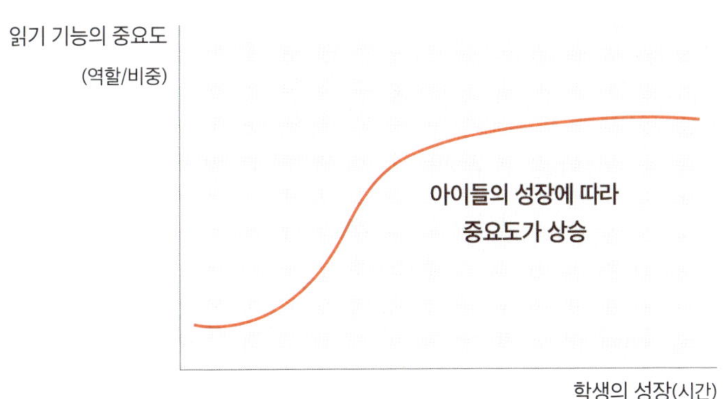

[그림4] 의미 이해 능력의 중요성 증대

의미 이해 능력은 평생을 살아가면서 지속적으로 발달하지만 완전히 숙달될 수 없는 능력이기도 하다. 모든 읽기 능력을 완수했다고 자처하는 어른들은 흔히 글을 읽고 의미를 이해하는 능력을 완전히 숙달했다고 착각하고는 한다. 그래서 자녀들도 중학교, 고등학교가 되면 읽기에 관련된 모든 능력을 완전하게 숙달해야만 한다고 가정한다. 하지만 진실은 그렇지 않다. 의미 이해는 언제나 어떤 글을 읽는가(텍스트의 본질)의 문제와 연동된다. 아이들이 어떤 글을 읽는가에 따라 글 읽기 과정이 달라지며, 글 읽기의 쉬움과 어려움도 달리 판단되며, 결과적으로 글 이해의 수준도 달리 결정된다.

만일 의미 이해 능력이 완수 가능한 것이라면, 읽기와 문해력을 20년 넘게 전문적으로 공부한 사람은 모든 글을 잘 읽을 수 있는 사람, 어떤 글이더라도 잘 이해할 수 있는 사람이어야 한다. 그러나 자신의 전문 분야와 동떨어진 낯설고 복잡한 글, 가령 양자역학에 관한 글을 읽고 시험을 본다고 하면 숙련된 읽기 전문가 역시 당장 손사래를 칠 것이다. 잘 읽을 자신이 없기 때문이다. 양자역학에 대한 배경지식이 없고, 양자역학에 관한 논문을 읽어본 경험이 일천하며, 양자역학에 관한 어휘와 개념이 낯설기 때문이다. 본질적으로는 양자역학이라는 전문 영역에 대한 이해가 없기에 더욱 글 읽기가 어려워진다.

따라서 양자역학 논문 읽기에 관한 한 숙련된 읽기 전문가의 의미 이해 능력이 완전하다고 주장할 수 없다. 오히려 양자역학 분야의 읽기 전문가는 양자역학을 연구하는 학자들이다(하지만 그들이 20세기 비판 철학서를 제대로 이해할 것이라고 기대할 수 없다).

• 닫힌 기능과 열린 기능 | 의미 이해는 평생에 걸쳐 변화 발달하는 '열린 기능'이다. 성장판이 지속적으로 열려 있다는 뜻이며, 새로운 배움의 기회가 언제나 열려 있다는 뜻이다. 반대로 문자 기호의 해독은 특정

시점에 숙달하면 어떠한 읽기 상황에서라도 특별한 노력 없이 사용할 수 있는 '닫힌 기능'이다. 기호 해독의 성장판은 어느 시점이 되면 닫혀야 하며(기호 해독을 숙달한 후에는 열린 기능의 성장판이 더욱 많이 열린다), 독자 발달의 적정한 조기 시점에서 충분하고 체계적인 학습 기회가 필요하다. 이렇게 기초 읽기 문해력을 닫힌 기능과 열린 기능의 관점에서 보면 아이들의 성장 시기별로 무엇을 좀 더 집중해서 가르쳐야 할지 이해할 수 있다[그림5].

우선 어린 시절에는 해독 기능에 대해서 학교에서 체계적인 지도를 해줄 필요가 있다. 그러니까 아이들과 글 내용의 이해를 위해 함께 읽으며 대화하면서도, 아이들이 글자를 정확하고 유창하게 해독하고 있는지 주의 깊게 관찰하고 집중적으로 지도해 주어야 한다. 집에서는 아이들이 주로 부모와 함께 의미 중심의 책 읽기를 한다. 따라서 기호 해독에 중점을 둔 체계적이고 전문적인 지도는 교사가 주도하는 학교 수업에서 가능하다.

아이가 초등학교 3학년을 넘어서 초등학교 고학년을 지나 중등학교에 이르는 시점까지 학교에서 중점적으로 해주어야 할 것이 바뀐다. 그것은 바로 의미 이해 능력 향상을 위한 지속적, 체계적, 다면적 수업과 지원이다. 초등학교 3학년 이후부터 학생들은 본격적으로 교과서를 중심으로 다양한 교과(학문과 지식)의 내용을 공부하게 된다.

이때 읽는 글들은 더욱 복잡한 어휘, 복잡한 표현, 복잡한 구조를 지니게 되며, 점점 더 복잡한 배경지식을 요구하게 된다. 따라서 의미 이해 능력을 갖추지 못하면 국어 공부뿐만 아니라, 과학 공부, 사회 공부와 같은 교과 학습 전반에서 어려움을 겪게 된다. 대학수학능력시험에서 비문학 텍스트의 이해 능력을 측정하는 이유도 바로 그것이 고등학교를 넘어 대학교와 그 이후 모든 공부의 기본이 되기 때문이다.

하지만 한 가지 간과하지 말아야 할 것이 있다. 초등학교 고학년, 중

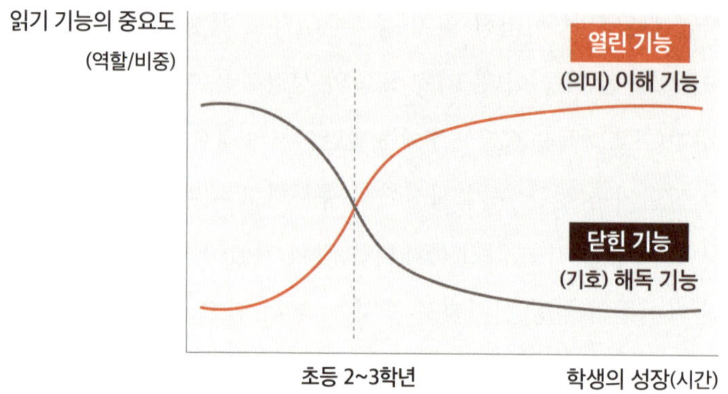

[그림5] 닫힌 기능인 기호 해독과 열린 기능인 의미 이해

학교, 고등학교에서는 이해 능력만 가르치면 될까? 그렇지 않다. 우리 교실에 닫힌 기능, 기호 해독 능력을 미처 숙달하지 못한 학생들이 있기 때문이다. 앞서 PISA 시험에서 2수준 미만에 위치한 아이들을 놓쳐서는 안 된다. 초등학교 선생님이 "나는 글자 해독을 중심으로 수업하고 글 이해는 부차적으로 가르치면 되겠네"라고 하거나, 중고등학교 선생님이 "나는 독해만 열심히 가르치면 되겠네. 글자 해독이야 내 책임이 아니지"라고 말하기 어렵다. 한 교실에서 공부하는 아이들 사이에서도 읽기 능력의 수준 차이가 4~5년까지 벌어진다. 문해력 교실에는 다양한 성장 수준의 아이들이 생활한다. 그 아이들에 대한 관심의 끈을 결코 쉽게 놓아버려서는 안 된다.

요컨대 기초 읽기 문해력의 다섯 가지 기능(소릿값 인식, 글자-소리 대응, 읽기 유창성, 어휘, 독해)은 크게 기호 해독과 의미 이해의 능력 범주로 묶인다. 전자는 성장의 관점에서 닫힌 기능이고 후자는 열린 기능이다. 해독 능력은 이해 능력을 위해 필요한 것이며, 해독 능력이 적정한 시기에 숙달되었을 때 학습자는 자신의 시간과 노력을 이해 능력을 키우는 데 집중할 수 있다. 닫힌 기능은 적절한 도구와 자원만 있으면 상대적으로 가르치기 쉽고 배우기도 쉬우며 평가하기도 어렵지 않다. 반면에 열린 기능은 가르치기도 어렵고 배우기도 쉽지 않으며 평가하기도 까다롭다. 따라서 닫힌 기능을 초등 저학년에서(특히 글 읽기를 어려워하는 학생들을 위해서) 효과적으로 지도하는 일이 학습자의 성공을 안내하는 매우 효과적인 전략이다.

동시에 우리가 글 읽기, 문해력을 가르칠 때는 읽기에서 가장 우선하는 목적이 '이해'에 있음을 결코 잊어서는 안 된다. 결국 이 다섯 가지 기초 문해 기능들을 적정한 시기에 중점과 전략을 달리하여 학습자에 맞게 효과적으로 지도할 수 있다면, 우리 아이들은 적어도 학교에서 읽는 것이라면 그 어떤 글이라도 의미를 파악하며 읽을 수 있게 된다. 그래서 학교에서 요청하는 내용 학습에 주도적으로 참여할 수 있는 토대를 마련할 수 있게 된다. 기초 문해력 지도가 학습 성취와 학교 교육에 중요한 이유이다.

3 난독과 관련된 오해와 진실

읽기 부진과 관련해서 선생님들이나 양육자들이 궁금해하는 것이 '난독'이다. 난독은 연구 분야와 관점에 따라 그것을 정의하고 측정하는 방식이 조금씩 다르다. 난독을 가지고 있는 학생을 판별하는 방식에서도 차이가 나고, 그들을 위해 교육적 대안을 마련하는 철학과 논리도 다르다. 그러나 분명하게 말할 수 있는 것은 읽기 부진과 난독은 다르다는 사실이다.

현상적으로 보면 읽기 부진 학생과 난독증 학생 모두 문자 기호의 해독에서 특별히 문제를 겪는다. 두 집단 모두 글자의 형태를 정확하게 파악하기 어려워하고, 그래서 소릿값 인식을 잘 못하거나 철자 읽기와 쓰기에 어려움을 겪는다. 전반적으로 '글자'를 다루는 과정에서 문제가 생긴다. 하지만 읽기 부진에는 다양한 인지적, 정서적, 사회적 요인들이 복합적으로 개입하지만, 난독은 엄밀히 말해 뇌신경학적 문제라는 점이다.

우리가 글자를 읽기 위해서는 다양한 뇌의 영역이 작동해야 한다. 글자는 시각적 정보인데, 우리가 눈으로 이를 지각하면 그 정보가 시신경을 타고 우리 뇌의 후두엽에 위치한 글자 형태 해석 영역에 전달된다. 이를 통해서 우리는 지금 보고 있는 글자가 'ㄱ'인지 'ㄴ'인지, '고모'인지 '고무'인지 판단하게 된다[그림6]. 특히 난독은 글자를 지각하는 뇌의 영역에 문제가 있거나 혹은 글자의 해독을 담당하는 다른 영역(소리와 의미를 담당하는 영역 등)들 간의 관계가 원활하지 않아 생기기도 한다. 따라서 난독은 뇌신경학적 문제이며 학습자의 인지 능력(가령 지능)이나 사회정서적 능력과는 본질적으로 관계되지 않는다.

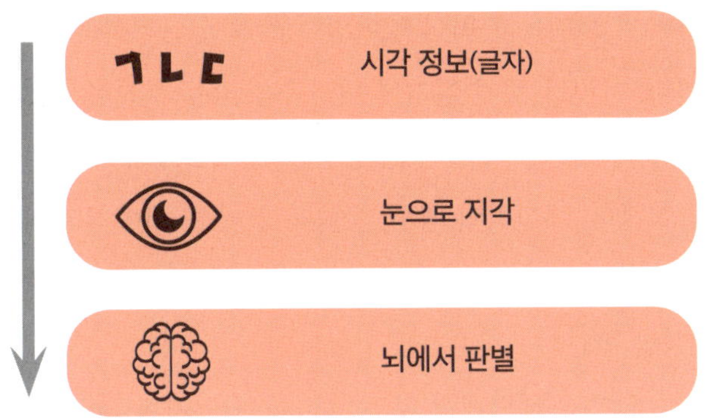

[그림6] 글자 인식 과정

난독이 있는 학생들에게는 글자가 거꾸로 보이거나(ㄱ이 ㄴ으로 보임) 단어가 흐물거리게 보이기도 한다. 난독증을 가진 사람은 시각적으로는(즉, 눈으로는) 글자의 형태를 있는 그대로 지각하지만, 뇌에 전달된 시지각 정보를 해석하고 판단하는 데 어려움이 있기 때문에 글자와 소리를 연결하기가 어려워진다. 난독증 학생들은 이렇게 문자 해독에 어려움을 겪어서 아예 글의 의미 이해를 하지 못하기도 하지만, 그들 중에는 단어와 문장을 여러 번 반복해서 보고 통째로 외우는 등의 방법으로 자신의 난독을 숨기고 넘어가기도 한다.

외국의 경우에 비추어 볼 때 우리 교실의 이른바 '읽기 부진아' 혹은 '느린 독자'의 비율은 대체로 5퍼센트 정도 될 것으로 보인다. 인구 구성과 학생 배경 변인에 따라 다르겠지만 평균적으로는 한 반에 한두 명 정도가 될 것이다. 이주 배경의 학습자가 많은 지역에 따라서는 많게는 20퍼센트를 넘기기도 한다. 하지만 이렇게 읽기 발달이 더딘 학생들 중에서 실제로 난독증으로 판별될 수 있는 경우는 극히 드물다.

기초 해독 능력과 난독의 연관성

따라서 단지 기초 해독 능력이 떨어진다고 해서 난독이라고 가정하는 것은 큰 오류이다. 아이가 초기 읽기에 어려움을 겪는 부진한 독자일 수는 있지만, 그렇다고 해서 반드시 난독인 경우는 매우 드물다. 읽기 부진은 다양한 이유로 발생한다. 개인적인 경험, 문화적인 배경, 언어적인 배경 등이 큰 영향을 미치고, 효과적이면서도 충분한 정도의 학습 기회를 경험했는지에 따라서도 영향을 받는다.

따라서 초기 읽기 문해력에서 부진한 아이들은 체계적이고 집중적인 지도를 통해서 다른 아이들과 비슷한 수준에 도달할 수 있도록 도와주어야 한다. 그래야 차후의 읽기 격차, 문해력 격차를 줄일 수 있다. 많은 경우에 난독도 매우 지속적이며 체계적이고 집중적인 지도를 통해서 극복이 가능하다. 학습자와 부모, 지도 교사 및 교육당국이 함께 노력해야 하는 어려운 경험이지만, 함께 노력하면 해볼 만한 과정이다.

글을 읽지 못하는 아이는 다양한 이유로 인해 읽기 능력 발달이 더디다. 하지만 기억해야 할 것은 아이들마다 몸이 자라는 속도가 다르듯이, 문해력이 발달하는 속도도 다르다는 점이다. 아이들마다 가정의 문해 환경, 대화 문화, 글 읽고 쓰는 경험에 따라 사회적으로 형성되는 출발점이 다를 수도 있다. 하지만 더디게 읽는 아이들 모두가 난독은 아니라는 점을 분명히 알면 좋다. 이제 여러분은 난독에 대해 다음의 진술에 답을 할 수 있는가[자료1]?

다음 진술이 옳다고 생각하면 O, 그렇지 않으면 X로 표시하시오.

1. 난독증은 의학적 진단이다. (   )
2. 읽기 부진아는 모두 난독증을 앓고 있다. (   )
3. 난독증이 있는 아이는 지능이 떨어진다. (   )
4. 난독증은 시간이 지날수록 점점 더 심해진다. (   )
5. 난독증이 있는 사람은 절대로 잘 읽을 수 없다. (   )
6. 난독증이 있는 아이는 게을러서 더 열심히 노력해야 한다. (   )
7. 여자 아이들보다 남자 아이들에게서 난독증이 더 많이 발견된다. (   )
8. 글자나 숫자를 거꾸로 읽는 아이들은 모두 난독증을 가지고 있다. (   )
9. 피쉬오일, 다초점 렌즈, 균형 잡힌 운동으로 난독증을 완화시킬 수 있다. (   )
10. 난독증이 있으면 물체가 뒤집혀 보이기 때문에 글을 읽기도 어려워진다. (   )

여러분의 O, X는 몇 개인가? _________ 개

〈정답과 해설〉

1. 난독을 진단하는 단일한 검사는 없다. 난독은 심리검사, 신경학 검사, 언어 검사, 읽기 검사, 학습 이력 등 다양한 검사를 통합적으로 시행하고 분석하여 판단한다.
2. 글 읽기가 어려운 아이들의 극소수가 난독 증세를 보일 수 있으나, 그들 전부가 난독이라고 과일반화할 수 없다.
3. 지능이 읽기에 영향을 미칠 수는 있지만, 관련 연구에 의하면 난독증과 지능과는 상관관계가 없는 것으로 받아들여진다.
4. 개인마다 편차가 있을 수 있으나 대개는 일정한 난독 증세를 보인다.
5. 난독증이 있는 사람도 체계적이고 집중적인 지도를 받으면 극복할 수 있다.
6. 난독증은 학습 태도나 부지런함 등과 같은 정서적 태도와는 관련성이 없다. 난독증으로 글을 못 읽는 아이들을 보고 노력을 하지 않았기 때문이라고 판단할 근거가 없다.
7. 난독증의 뚜렷한 성별 차이는 없는 것으로 보고되고 있으나, 다만 남학생들에게서 읽기 부진이 좀 더 높은 비율로 관찰되는 경향이 있다.
8. 보통 사람들도 생의 특정 시기에 글자나 숫자를 거꾸로 읽기도 한다.
9. 난독증을 약물이나 운동으로 개선할 수 없다.
10. 난독은 시력의 문제가 아니라 뇌신경학적 문제다.

[자료1] 난독에 관한 진술

여러분은 몇 개의 진술에서 제대로 판단했는가? 여전히 어렵다. 우리는 난독에 대해 조금 더 생각해 볼 필요가 있다. 이에 난독에 관한 몇 가지 궁금증에 답하면서, 난독에 대해 가져야 할 우리의 태도, 난독으로 어려움을 겪는 아이들에 대한 우리의 시선을 다시 정비해 보자.

난독을 대하는 태도

글을 읽지 못하거나 읽어도 잘 이해하지 못하는 자신 또는 타인을 두고서 '난독증 아냐?'라며 쉽게 자책 또는 질책을 한다. 그런데 난독증은 따지고 보면 그렇게 만만하게 아무 경우에나 사용할 수 있는 말은 아니다. 난독에 대한 올바른 이해를 통해서 글을 읽는 데 어려움을 겪는 아이들과 어른들을 좀 더 포용적으로 이해하고, 그들에게 필요한 사회적, 정서적 도움을 줄 수 있을 것이다. 난독 증상이 있는 사람들과 함께 사는 법(함께 산다는 것은 너무 당연한 말이지만!)으로 다음의 몇 가지를 제안한다.

난독에 대한 정확한 이해가 필요하다. 난독은 우리의 뇌와 관련된 신경생리학적 이유로 인해 글자를 정확하고 신속하게 해독하지 못하는 것이다. 뇌에서 글자라는 추상적 시각 정보를 지각하여 그것을 소리 및 의미 정보와 결합시켜 이해하는 과정이 단어를 읽는 과정인데, 난독을 겪는 사람들은 이런 뇌의 활동이 남들과 다른 방식으로 수행된다.

따라서 난독은 불의의 사고로 인해 특정 부위의 뇌가 다치지 않는 한, 마치 질병처럼 후천적으로 '걸리는 것'이 아니라 남들과 다른 조건에 의해서 '타고나는 것' 또는 '다름'이라고 보는 편이 맞다. '다름'이 '틀림'이나 '나쁨'을 의미하지는 않는다.

난독의 원인과 영향을 정확히 알아야 한다. 그러기 위해서는 우리가 글을 읽을 때 뇌가 어떻게 작동하는지 알아야 한다. 글을 읽을 때 우리 뇌는 많은 부분들이 동시에 연동되어 활성화된다[그림7].

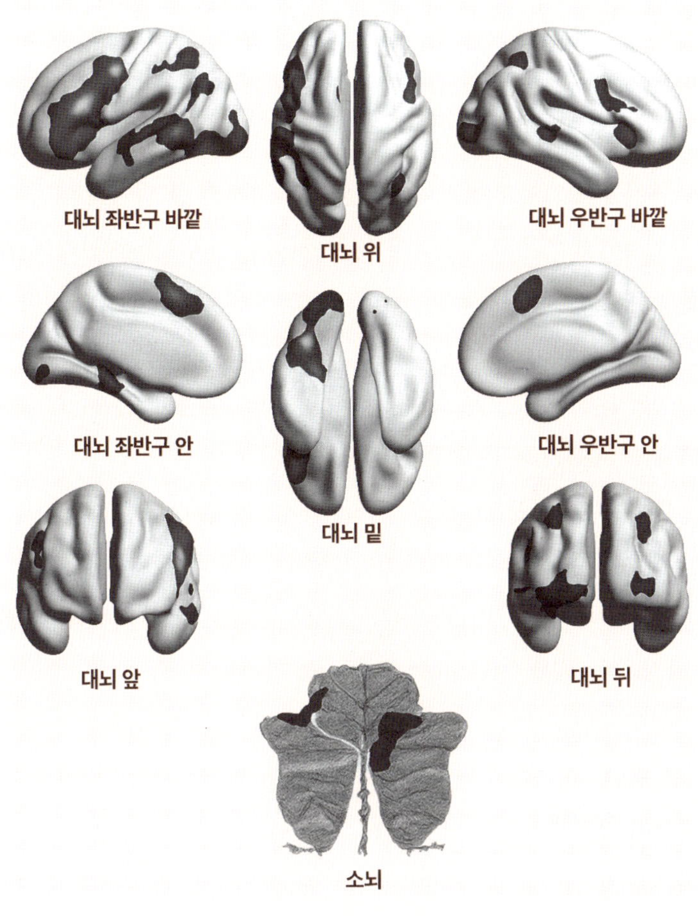

[그림7] 읽기를 할 때 활성화되는 뇌의 영역을 기능자기공명영상(fMRI)으로 촬영한 모습

주로 왼쪽 뇌의 영역들이 활발히 활성화되고, 후두엽의 글자 형태를 지각하는 부분이나 측두엽의 소리와 발성을 담당하는 부분, 전두엽에서의 추론, 소뇌의 기억도 연결되어 복잡하게 작동한다. 우뇌도 작동하며 뇌의 거의 모든 부분이 우리가 글을 읽는 일에 기여한다. 낱글자를 읽을 때, 단어를 읽을

때, 문장을 읽을 때, 긴 글을 읽을 때, 소리 내어 읽을 때와 조용히 읽을 때 모두 특별히 더 활성화된 뇌의 영역에서 조금씩 차이 나지만, 본질적으로 글을 읽고 이해하기 위해서는 우리의 모든 뇌 영역들이 조응하고 협업해야 가능하다.[2]

난독 학생들은 이렇게 뇌가 활성화되는 과정에서 글 읽기에 어려움을 겪는다. 뇌신경학을 기반으로 읽기 과정을 연구하는 학자들은 난독이 발생하는 경우를 다음의 네 가지로 말한다.[3]

1. 독자의 뇌에서 글자, 소리, 의미를 처리하는 여러 부분들이 작동하는데 그중 어느 부분에서 문제가 생기는 경우
2. 뇌의 각 부분에서 문제는 없으나 그 활성화 정도(자동화)가 느린 경우
3. 뇌의 여러 부분들 사이에 상호작용이 원활하지 않은 경우
4. 난독이 없는 사람들과는 달리 글자와 단어의 형태를 처리할 때에 뇌의 다른 부분을 사용하는 경우

난독은 일반 지능과는 상관관계가 그다지 높지 않다. 오히려 어떤 경우에는 창의성이 발현된다고 보기도 한다(좀 더 연구가 더 필요한 분야임). 그러므로 난독은 문자 언어를 읽는 데 관련되는 일종의 학습 장애로 볼 수 있지만, 그렇다고 그 장애의 원인을 개인의 지능(공부 머리)이나 노력 여하(게으름)로 돌릴 근거가 희박하다. 난독이라고 공부를 못하거나 일상생활의 적응에서 심각한 지장을 초래한다고 가정할 수 없다.

난독의 진단은 보수적으로 접근해야 한다. 난독의 비율은 우리가 생각하는 것만큼 그렇게 높지 않다. 어린아이들 중에는 글자의 시각적 형태와 그 소릿값을 대응시키지 못하는 경우가 종종 발견되기도 하며, 이들이 다른 아이들에 비해서 읽기 발달 속도가 더디기도 하다. 하지만 읽기 발달이 더딘 아이들 중에 실제 난독인 경우는 극히 일부이다. 글자를 정확하게 또는 유창하게

읽지 못한다는 일종의 '현상'을 가지고서 난독이라고 쉽게 단정 지을 수 없고, 전문가의 보다 정밀한 관찰과 진단을 통해서 난독 여부가 판단되어야 한다.

일부 교육자들 중에도 난독 진단의 기준을 지나치게 일반적이거나 광범위하게 설정하기도 하는데, 이 경우에 실제 난독이 아닌 아이들이 난독이라는 사회적 꼬리표를 달게 되어 오히려 그들의 학습 동기와 정체성에 부정적인 영향을 미칠 수도 있다. 여러분의 자녀나 주변의 아이들이 글을 능숙하게 읽지 못한다고 해서 "너 난독이니? 난독인가 봐. 어떻게 하지?"와 같은 말을 쉽게 하지 말자. 아이들 마음에 원치 않는 상처가 남을 수 있다.

가장 중요하게는 난독도 대부분의 경우 교육적으로 극복이 가능하다는 점이다. 난독이 있는 사람들(특히 어린아이들)도 조기에 진단하여 꾸준하고 집중적인 학습 기회를 제공하면 충분히 극복할 수 있다. 미국 문해력연구학회(Literacy Research Association)의 보고서에 의하면,[4] 난독을 가지고 있는 아이들에게 문자 해독 능력 및 기초 문해력에 대한 집중적이고 체계적인 수업을 제공할 때(주로 개별화된 1대1 수업), 비록 시간과 노력은 많이 들지만 일정 기간이 지난 후 난독 아이들도 일반 학생들의 학습 속도를 따라갈 수 있었다고 한다. 이 원리는 간단하다. 어떤 이유에서건 심각한 손상이 아니라면 글 읽는 뇌 역시도 반복 노출과 훈련 및 지도를 통해서 활성화시킬 수 있기 때문이다.

우리나라의 경우, 전국 17개 시도교육청에서 아이들의 난독 문제에 대해 관심을 갖고 있다. 그리고 새로운 정책과 지원시스템을 만들어서 이런 아이들에게 좀 더 효과적이고 집중적인, 그러면서도 아이들의 마음을 다치지 않게 도울 수 있는 방법들을 다각도로 마련하고자 노력하고 있다. 난독의 문제, 조금 넓게는 개인적이고 환경적인 이유에서 기초 문해력 발달에 어려움을 겪는 학생들을 체계적으로 지원해 줄 수 있는 전문성과 프로그램을 개발하는 데 교육당국이 조금 더 신경 쓰고 투자할 필요가 있다.

4 읽기 힘들어하는 학생을 지도하려면

우리 아이들의 문해력 성장 과정을 긍정적으로 전환하기 위해 우리는 무엇을 할 수 있을까? 다음의 열 가지 제언을 마음에 품어보자.

• 첫 번째, 학생이 글을 읽지 못한다고 해서 지능이나 행동에 문제가 있을 것이라는 섣부른 가정을 경계하자. 아이들이 글을 잘 읽지 못하는 것은 기초 읽기 문해력, 많은 경우에 해독 기능을 제때 충분하게 숙달하지 못했기 때문일 가능성이 크다.

이는 아이가 무능하거나 게으르기 때문이 아니라, 아이에게 실질적 글 읽기의 기회, 특히 문자 해독 능력을 배울 수 있는 기회가 부족했기 때문일 것이다. 또는 그러한 학습 기회가 별로 좋지 않거나 아이에게 적합하지 않았을 수도 있다. 스스로는 물론 타인과 함께라도 글을 읽을 기회가 현저하게 부족했거나, 소리와 글자를 연결하여 정확하고 빠르게 단어와 문장을 읽는 읽기 유창성을 훈련하는 체계적 기회가 적었을 수도 있다. 그러므로 어린 시절의 읽기 어려움을 아이의 지능이나 행동 문제와 근거 없이 연결 지어 생각할 필요가 없다.

이에 관해 오래전 학계에 큰 영향을 미친 연구가 있다. 연구자들은 초등학교 저학년 읽기 수업이 어떻게 진행되는지 관찰했다. 이를 위해 일정 기간 동안 선생님들이 읽기 수업 시간에 아이들과 어떻게 상호작용을 하고 무슨 활동을 하는지 녹화하고 분석했다.[5]

연구 결과에 따르면, 글을 잘 읽는 아이들은 글 내용도 잘 파악하고 선생님 수업도 잘 따라오며 교사와 이들과의 상호작용은 빈도도 높고 고차원적이며 역동적이었다. 교사들은 잘 읽는 아이들에게 더 많은 질문을 하는데, '예, 아니오'로 답하는 질문보다는 심층 이해와 확산적 사고를 요구하는 것들이었다. 교사들은 능숙한 학생 독자들에게 피드백도 자주 제공했고, 아이들과 함께하는 상호작용 활동, 글 읽기를 기반으로 하는 교실 활동도 잦았다. 교사 자신의 교실 행동에 대한 자각의 유무와는 상관없이 교실에서 이런 유형의 교실 상호작용이 자연스럽게 일어났다.

그렇다면 초등학교 저학년 교실에서 교사는 글을 잘 읽지 못하는 아이들(혹은 읽기 힘든 학생들)과 어떻게 상호작용을 했을까? 앞의 경우와 달리, 이들 간의 상호작용은 자연스럽게 횟수와 빈도가 적을 뿐더러, 그 수준과 깊이도 충분하지 못했다. 교사의 질문도 대개는 학생의 이해를 확인하기 위한 것으로, 형식도 특별한 반응을 요청하지 않고 간단했다. 이 연구에서 특히 놀라운 관찰 중 하나는 읽기가 부족한 아이들에게 행동 문제가 있을 것으로 가정하는 교사들의 경향성이었다.

물론 어떤 아이들에게는 행동장애가 있는 경우도 있겠지만, 아이들이 수업 행동에 문제를 보일 때 그 이면을 관찰하면 아이가 글을 읽지 못하고 내용을 이해하지 못해서 수업 활동에 제대로 참여하지 못하는 경우가 드물지 않다. 교과서를 이해하기 어렵고 선생님의 안내를 따라 갈 수 없으니 아이의 주의가 분산되고 산만해지는 것이다.

글 읽기의 어려움이 문제적 교실 행동의 원인이 되는 것이지, 글을 읽지 못하는 아이들이 모두 행동장애를 가지고 있는 것은 아니다. 행동 장애가 있기 때문에 산만한 행동을 하는 것이 아니라, 글 내용을 이해 하지 못하고 수업 활동에 제대로 참여할 수 없어서 조절되지 못한 행동 을 보이는 경우가 생긴다는 것이다. 읽기 능력 발달과 행동 문제 간의 상관관계를 인과관계로 혼동하지 않는 것이 중요하다[그림8].

어린 독자의 부족함에는 관심을 두지 않고, 쉽게 아이의 심리적, 사 회적, 행동적 문제를 부각하면서 수업 부적응의 원인으로 돌리려는 경 향은 교사로서 우리가 반드시 성찰하고 경계해야 할 부분이다.

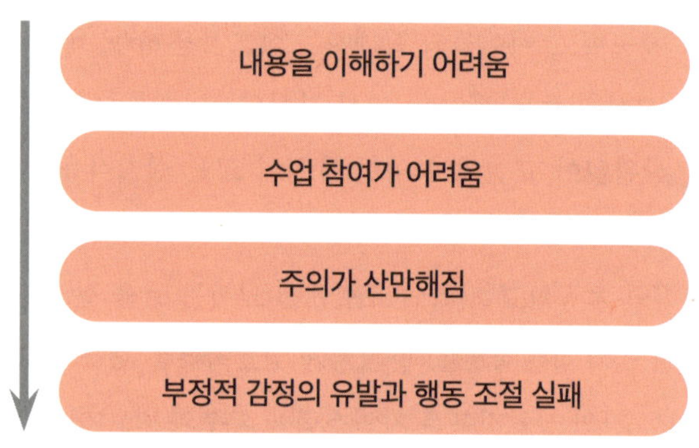

[그림8] 읽기 문제가 행동 문제를 유발하게 되는 과정

• 두 번째, 학생이나 양육자와 면담을 하고, 가정의 문해 환경과 대화 문화를 알아보자. 모든 아이들에게 긴 시간을 들일 수는 없지만. 학기 초나 학기 말에 상담 기회가 있을 때마다 특별히 글 읽기에 어려움을 겪는 아이들 을 중심으로 문해 경험에 대해 물어보면 좋다. 특히 아이가 집에서 책

을 어떻게 읽는지, 언제 얼마나 읽는지, 가족과 함께 책 대화를 하는지, 한다면 어떻게 하는지 등에 대해서도 물어보면 어떨까?

물론 아이와 부모가 부끄러워하거나 잘 대답하지 않을 수도 있다. 하지만 진솔한 대화를 통해서 학생 독자들의 어려움을 이해할 수 있는 작은 기회를 잡을 수 있다. 학교 밖에서 왜 아이가 글 읽는 법을 배울 수 있는 기회를 갖지 못했을까를 알아가는 과정이기 때문이다.

• 세 번째, 수업 관찰과 면담을 통해서 읽기와 관련된 학생의 흥미와 선호를 조사해 보자. 글을 읽지 못하는 아이는, 실은 글을 읽지 못하는 아이가 아니라 글을 읽기 싫어하는 아이일 수 있다. 문제는 글을 읽기 싫으면 점점 안 읽게 되고 스스로 글 읽는 법을 연습할 기회도 줄어든다는 점이다. 그래서 잘 읽지 않는 아이들, 읽기를 어려워하는 아이들을 위해서 가급적 그들이 좋아할 만한 내용과 형식의 책을 선택해 주어야 한다. 학생 맞춤형 텍스트를 분석하고 선정하는 일은 교사가 전문성을 발휘해야 하는 매우 중요한 순간이다.

• 네 번째, 학생이 선생님과 친구의 도움을 받아 스스로 기초적인 읽기 방법을 배우고 연습할 기회를 마련해 주자. 우리는 교사의 도움으로 성공할 수 있는 독자들에 관심을 두어야 한다. 하지만 이런 수업에서도 우리가 글을 읽지 못하는 아이들을 외면하고 그냥 놓아둘 수는 없다. 정규 수업 안에서도 단 5분 또는 15분 정도 그 아이들에게 필요한 도움을 개별적으로 제공할 수 있는 기회를 포착하는 것이 중요하다.

교사 질문하기 같이 우리에게 익숙한 교실 평가 방법을 동원해서 아이가 기호 해독과 의미 이해 중 어디에서 어려움을 겪는지 조기에 파악하는 것이 중요하다. 이처럼 학습자를 위한 형성적 교실 평가 방법에 대해서는 4부에서 자세하게 다루기로 한다.

• 다섯 번째, 정규 수업 시간에 읽기 부진 학생을 대상으로 소집단 수업 및 개별 지도의 기회를 포착하자. 교실에서 이 아이들이 경험하는 가장 큰 어려움은 바로 외로움이다. 학습 과정에서 소외되는 것은 누구에게나 가슴 아프다. 이 아이들이 비슷한 수준의 다른 아이들 또는 자기보다 조금 더 잘 읽는 아이들과 함께 공부할 기회가 생긴다면, 자연스럽게 모든 아이들이 수업 활동에 참여할 수 있는 교실 분위기를 조성할 수 있다.

여기서 한 가지 유념해야 할 점이 있다. 아이가 글자를 읽지 못한다고 해서 책을 통한 대화에 완전히 참여하지 못하는 것은 아니라는 점이다. 책을 읽지 못하는 아이도 자기 경험을 바탕으로 책과 관련한 이야기를 할 수 있다. 책을 스스로 읽지 못한다고 해서 책을 읽지 말아야 할 이유는 없다. 책을 잘 읽지 못하는 아이도 오디오북을 듣거나 다른 친구들과 나누어 책을 읽는 협력적 읽기, 완전하지는 않지만 책 내용에 대한 생각과 감정을 가지고서 긴 호흡의 책 대화에 참여할 수 있다. 읽기 힘든 학생들이 생산적인 교실 문해 활동으로부터 멀어지지 않도록 각별하게 신경 써야 한다.

글을 읽지 못하는 아이들은 전혀 내용 공부를 할 수가 없다거나 그렇게 할 필요조차 없다는 생각은 완전히 잘못된 가정이다.

• 여섯 번째, 아이가 글 읽는 능력이 너무 떨어져 다른 아이들과 도저히 함께 활동하기 어려운 시급한 상황이라면 지체 없이 전문가의 도움을 요청하자. 요즘 각 지역의 교육지원청에서 문해력 전담 교사 제도를 고려하고 있다. 자체적으로 문해력 지원 센터 등을 운영하는 곳도 있다. 일부 교육청에서는 경험 많은 초중등학교 현장 교사들을 대상으로 문해력 전문가 양성 프로그램을 운영하고 있고, 매일 아이들과 고군분투하는 현장 교사들에게 실질적 도움을 줄 수 있는 방안을 적극 모색하고 있다. 물론 지금은 부족한 감이 없지 않지만, 앞으로 문해력 진단과 지도에 관한 교육

기관의 전문성(인력과 도구)이 더욱 향상될 것이라 기대한다. 한 명의 교사가 모든 것을 해결할 수는 없다. 아이들에 대한 의욕과 애정도 좋지만 때로는 교실 외부의 전문가들과 협업하면서 당면 문제를 해결하는 것 또한 가치 있는 교육 행위이다. 이렇게 열린 협력이 잘만 이루어진다면 의외로 좋은 결과를 얻을 수도 있다.

• 일곱 번째, 읽기 부진 학생을 지도한 전문가로부터 해당 학생의 문해력 발달에 관한 충분한 정보를 확보하자. 읽기 부진 학생을 지도하는 최우선 목표는 이 아이들이 학교에 돌아가서 정규 수업 활동에 참여할 수 있도록 준비해 주는 것이다. 그런데 전담 교사 따로 학교 교사 따로 일을 해서는 정작 아이에게 큰 도움이 되지 않는다. 아이가 전담 교사와 잘 배워도 학교 교실이 바뀌어 있지 않으면, 아이는 여전히 수업에 적응하기 어려워할 것이다. 정규 수업의 교사는 문해력 전담 교사와 긴밀하게 의논하고 협력해야 한다.

가령, 문해력 지원 센터에 다녀온 아이들이 거기서 공부한 것으로 끝나는 단절된 학습이 되지 않도록 센터의 전문 교사들에게 학습 발달에 관한 필요한 정보를 요청해야 한다. 우리 아이가 거기서 무엇을 배웠고, 얼마나 잘 배웠으며, 어느 정도까지 발전했는지에 대한 정보를 확인하고, 이 아이가 내 교실로 돌아왔을 때 교사로서 무엇을 바꾸어줄 수 있을지, 어떤 지원을 해줄 수 있을지 고민해야 한다. 이는 여덟 번째 조언과 연결된다.

• 여덟 번째, 정규 교실로 복귀한 아이를 그대로 방치하지 말자. 아이들이 수업 시간에 조화롭게 섞여서 교실 활동에 참여할 수 있도록 정서적, 환경적으로 지원해 주어야 한다. 배움은 인지적인 것만으로 해결되지 않는다. 아이들이 친구들과 정서적으로 어울릴 수 있도록 지원해 주고, 교

실 상호작용에 도움이 되는 피드백을 제공하자. 적극적으로 기회를 찾아 아이들을 격려해 주고, 아이들이 공부하고 싶은 마음이 자라도록 다양한 장점들을 발견해서 이야기를 나누어보자. 읽기 힘든 학생들이 교실에서 배제되었다는 느낌이 들지 않도록 최대한 노력하자.

학생 지도에서 가장 어려운 점 중에 하나가 '낙인 효과'이다. 도움을 받는 아이는 '아, 나는 다른 아이들과 다르네. 나는 다른 교실 가서 배우잖아. 왜 나만 센터에 가야 하지?'와 같은 생각을 갖게 되지만, 동시에 다른 아이들 역시 이런 상황을 인지하고는 그 아이에 대해 "너는 다른 아이야. 너는 못 읽는 아이잖아"와 같은 마음을 자연스럽게 품게 된다. 이런 생각들이 아이들 마음속에 자라면 교실 수업에서 서로 조화를 이루며 어울리기가 어색하고 어려워질 수 있다.

배움은 공동체에서 이루어진다. 읽기 부진 학생에게 기초 문해력을 집중적으로 가르친다는 이유로 그 아이를 교실 공동체에서 소외시킨다면, 그런 교육은 안 하느니만 못하다. 그러니 개별 지도를 받은 아이들이 교실에 돌아왔을 때 잘 어울릴 수 있도록 다른 아이들이 염두에 두어야 할 교실 규칙을 만들거나 정서적으로 지원하는 것은 선생님들이 각별히 신경 써야 할 부분이다.

• 아홉 번째, 아이에게서 발전의 여지가 보인다면 지체 없이 스스로 읽을 수 있는 기회를 만들어주어야 한다. 읽지 못하는 아이들을 으레 혼자서는 아무것도 할 수 없는 아이라고 지레 가정할 필요는 없다. 이 아이들이 문해력 지원 센터 혹은 전담 교사로부터 어느 정도 체계적인 도움을 받고 조금이라도 읽기 능력의 향상을 보인다면, 그 수준에 걸맞은 것들을 스스로 할 수 있게 도와주어야 한다.

아이가 좀 더 노력하면 쉽고 재밌게 읽을 수 있는 글과 책을 마련해주자. 아이가 책과 글을 읽고 스스로 해볼 수 있는 활동을 설계해 보자.

어제 아이가 두 쪽을 읽었다면, 오늘 세 쪽을 읽도록 격려해 주자. 어제 15분을 읽었다면, 오늘 20분을 앉아서 읽을 수 있게 이끌어주자.

• 열 번째, 마지막으로 모든 학생을 지도해야 할 교사의 책무성을 쉽게 포기하지 않았으면 좋겠다. 학교가 일부 학생들만의 성취를 위해서 존재하는 것은 아니며, 교사가 그들만을 위해 전문성을 발휘해야 하는 것도 아니다. 공교육은 자연적으로나 사회적으로 주어진 출발선이 다른 각양각색의 학생들 모두를 위해 존재하는 것이고, 교사는 그들의 성장을 위해 일하는 사람이다. 모든 학습자를 도와주는 전문가가 바로 교사이다.

우리에게는 최선의 방식으로 모두를 지도해야 한다는 최소한의 직업적 책무가 있다. 특히 일체의 교육 행위에서 가장 수혜를 적게 받을 가능성이 큰 아이들에게 더욱 관심 가져야 한다. 그래야 정의로운 교실이다. 모든 학생들을 위해 언제나 모든 것을 이상적으로 다 해줄 수는 없지만, 우리가 교사라면 적어도 읽기에 어려움을 겪는 학생 역시 우리의 아이들임을 잊지 말자.

이번 논의의 핵심은 다문화 가정의 아이들이다. 이 책에서 우리는 다문화 가정이라는 말보다는 이중언어 학습자라는 말을 고려해 보자. 문해력은 언어와 깊은 관련을 맺고 있고, 이른바 다문화 가정의 아이들은 적어도 두 개 이상의 언어를 경험하면서 살아가기 때문이다. 이 아이들이 가진 장점과 재능을 존중하면서 이중언어 학습자의 성장을 지원하는 문해력 수업에 대해서 이야기해 보려 한다.

특히 학습자 성장에 도움이 되는 자산의 교육관, 덧셈의 이중언어 학습관에 대해 이야기해 보자. 이렇게 새로운 관점을 바탕으로 어떻게 우리가 이중언어 학습자를 위해 문해력을 지도할 수 있을지 그 접근법과 원리를 생각해 보자. 다양성 시대의 우리 교실을 구성하는 중요한 존재인 이중언어 학습자들을 위해, 교육자로서 우리 자신만의 학습자관, 교실관, 교육관을 새롭게 만드는 계기를 찾아보자.

다양한 배경의 아이들과 읽고 쓰기

9장

이중(다중)언어 학습자의 성장을 포용하는
효과적인 문해력 수업을 설계할 수 있을까?

· 우리나라 다문화 학생 현황
· 결핍의 학습자 관점, 자산의 학습자 관점
· 이중언어 학습자
· 이중언어 학습관
· 이중언어 학습자 교육 사례

주요 키워드

이중언어 학습 / 이중언어 학습자

결핍의 교육관 / 자산의 교육관

체계적 교실 읽기 지도 / 포용적 언어 지도

 1 우리 교실의 이중언어 학습자

문해력 교실의 이중언어 학습자를 바라보자. 통계적으로 흔히 '이주 배경' 혹은 '다문화' 학생으로 표현되는 이중언어 학습자가 우리나라에는 얼마나 될까? 여러분이 살아가는 지역, 여러분이 일하는 학교에 따라 이중언어 학습자의 비중에 대해 체감하는 정도가 다를 것이다.

한국교육개발원의 교육통계서비스에 따르면,[1] 우리나라 전체 학생 중 다문화 학생 비율은 지속적으로 증가하는 추세를 보인다. 2017년에 우리나라 전체 초등학생의 3퍼센트 정도가 다문화 학생이었는데, 2023년에는 이 비율이 4.4퍼센트까지 늘어났다. 지역에 따라 편차는 있겠지만, 한국의 초등학생 100명 중 4명 이상이 이중언어 학습자로 약 20만 명에 이른다[그림1].

다문화 학생이 차지하는 비율은 중학교와 고등학교로 올라가면서 조금씩 줄어든다. 상급 학교로 올라가면서 다문화 학생들이 갑자기 사라졌기 때문이 아니다. 다문화 학생들 중에는 나이가 들면서 중도에 해외로 이주하는 경

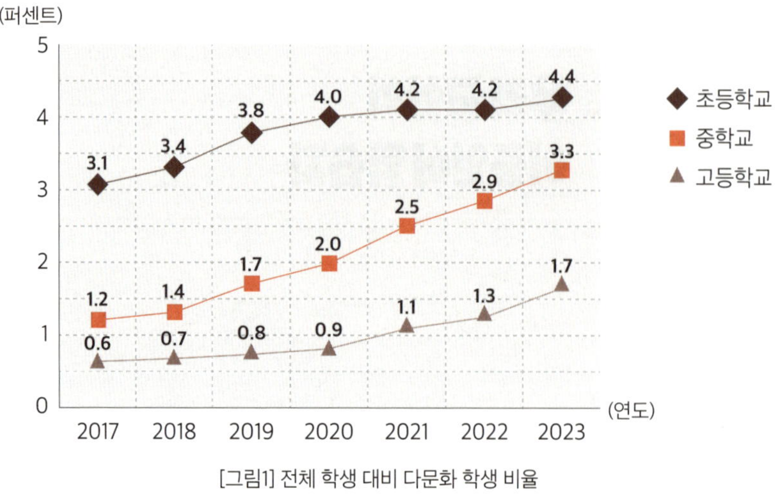

[그림1] 전체 학생 대비 다문화 학생 비율

우가 있고, 여러 이유로 중도에 학업을 이탈하는 이들이 적지 않다. 또한 시기적인 경향성도 있다. 초등학교의 다문화 학생들이 앞으로 몇 년 후에는 중학교와 고등학교에도 그 정도의 비율로 학교에 다니게 된다. 따라서 학교급에 걸쳐 해를 거듭할수록 다문화 학생의 비율이 증가한다는 뜻이다.

그런데 언어 발달, 문해력 학습과 관련하여 다문화 학생들이라고 모두 사정이 같지는 않다. '다문화'라는 모호한 말 하나로 묶어 이야기해서 그렇지, 이들의 배경도 따지고 보면 다양하다. 부모가 어떤 나라 출신인지, 가정에서 어떤 언어를 주로 쓰는지, 어떤 문해 경험을 가지고 있는지도 모두 다르다.

교육통계서비스에 의하면, 2020년에 부모 둘 중 한 명이 외국인 출신이면서 국내에서 출생한 학생들의 수가 약 11만 3천 명 정도 된다. 부모 둘 중에 한 명이 외국인인데 해외에서 태어나 어린 시절에 한국으로 들어온 중도 입국 학생도 약 9천 명이 되고, 부모가 모두 외국인인 경우도 약 2만 4천 명이 된다. 이 수치는 2023년에 각각 약 13만 명, 1만 명, 4만 명 정도로 증가했다[그림2].

이미 우리나라는 이민 사회, 다양성 사회의 길로 들어섰다. 다문화 국가로

연도	다문화 가정 구분	소계	초등학교	중학교	고등학교	각종학교
2023	국제결혼 가정 (국내 출생)	129,910	82,491	32,210	15,063	146
	국제결혼 가정 (중도 입국)	10,896	5,617	3,108	1,928	243
	외국인 가정	40,372	27,531	8,380	4,199	262
	소계	181,178	115,639	43,698	21,190	651
2022	국제결혼 가정 (국내 출생)	126,029	84,241	29,940	11,614	234
	국제결혼 가정 (중도 입국)	9,938	5,087	2,874	1,784	193
	외국인 가정	32,678	22,312	6,900	3,346	120
	소계	168,645	111,640	39,714	16,744	547
2021	국제결혼 가정 (국내 출생)	122,095	86,399	25,368	10,183	145
	국제결혼 가정 (중도 입국)	9,427	4,953	2,773	1,519	182
	외국인가정	28,536	20,019	5,809	2,606	102
	소계	160,058	111,371	33,950	14,308	429
2020	국제결혼 가정 (국내 출생)	113,774	85,089	19,532	9,049	104
	국제결혼 가정 (중도 입국)	9,151	5,073	2,459	1,415	204
	외국인 가정	24,453	17,532	4,782	2,014	125
	소계	147,378	107,694	26,773	12,478	433

[그림2] 학교급별, 가정유형별 다문화 학생 수

의 이행은 더 이상 미국이나 영국과 같은 서구의 전형적인 이민 국가들의 이야기가 아니다. 더군다나 한국에서 태어난 다문화 가정의 아이들이 많다는 것은 이민 2세대 이후의 학생들이 앞으로도 계속 증가할 것임을 말해 준다. 학령인구 감소와 함께 다문화 사회로의 조용하지만 급격한 이행은 교육에 종사하는 모든 이들이 주목해야 할 주요한 교육 환경 변화라고 봐야 한다. 따라서 이중언어 학습자들을 위한 적극적 교육 정책은 나중이 아니라 지금 당장 깊게 고민되어야 한다.

다문화 학생들의 진학률과 학업 중단율

교육부와 여성가족부의 자료를 통해서 우리나라 전체 학생 진학률과 다문화 학생의 진학률을 비교해 볼 수 있다.[2] 2021년 자료에 의하면 초등학교 진학률은 전체 학생과 다문화 학생에서 거의 차이가 없고, 중학교와 고등학교에서는 약 2퍼센트포인트 안팎의 차이를 보인다. 그러나 대학과 같은 고등교육으로 올라가면 전체 학생의 진학률에 비해서 다문화 학생의 진학률이 약 3분의 2 이하 수준으로 떨어진다. 여러 이유로 다문화 학생들이 고등교육을 받을 수 있는 기회가 현저하게 낮다는 것이다.

학업 중단율도 살펴보자. 전체 학생 수를 100명으로 할 때 몇 명이 중도에 학교를 그만두는가의 비율이다. 2021년 기준에 의하면 초등학교에서는 0.6명 정도가 중간에 학업을 중단한다고 한다. 100명 중 1명이 안 되는 숫자다. 그런데 다문화 학생은 초등학교에서 0.68명이 학업을 중단한다고 한다. 그러니까 조금 더 많은 숫자의 다문화 학생이 초등학교를 그만두지만, 두 집단 사이에 거의 차이가 없다고 볼 수도 있다[그림3].

그런데 중학교에서는 이야기가 달라진다. 중학교에서는 학업 중단율이 전체 0.73명인데, 다문화 학생은 1.34명으로 거의 2배에 달한다. 고등학교도 비슷한 수준이다. 고등교육기관인 대학에서는 차이가 그렇게 많지 않다. 그런데 이는 다문화 학생의 고등교육 진학률 자체가 낮기 때문이다. 이전에 비해 2021년 자료에서는 이러한 학업 중단율 차이가 개선된 모습을 보인

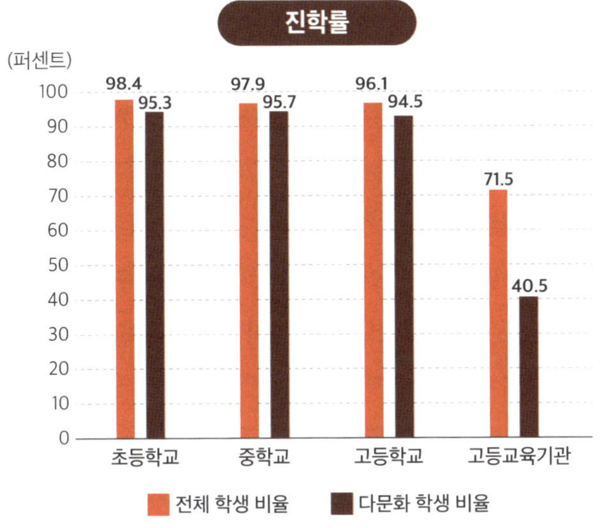

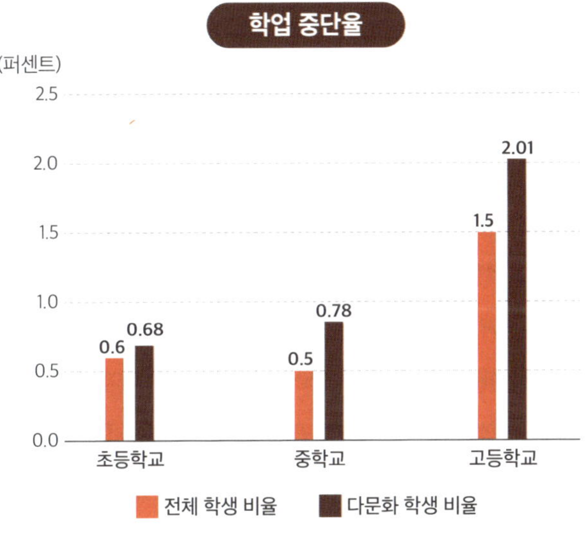

[그림3] 우리나라 다문화 학생의 진학률과 학업 중단율(2021 기준)

다. 코로나 상황이 끝나면서 학교의 중요성이 부각되었기 때문일지 모른다. 그렇지만 고등학교의 경우 전체 1.5퍼센트, 다문화 2.01퍼센트인 것을 보면 상급 학교로 올라갈수록 학업 중단율이 증가하는 추세는 여전하다고 볼 수 있으며, 오히려 학업 중단율 자체는 이전 해들에 비해 더 높아졌다.

중학교와 고등학교에서 다문화 가정 학생의 학업 중단율이 높다는 것은 무엇을 의미할까? 이 아이들이 학교에서 겪는 어려움은 무엇이고, 왜 학교를 그만두는 것일까?

여성가족부 자료를 보면 그 이유를 대강 추론해 볼 수 있다. 가령, 2018년과 2021년 자료를 비교해 보면, 두 결과가 조금 다르다. 2018년에는 학업을 중단하는 다문화 학생 가운데 약 30퍼센트 이상이 친구나 선생님과의 문제 혹은 학교생활이나 문화가 달라서 학교를 그만둔다고 대답했다. 그런데 2021년에서 이 반응에 대한 비율이 20퍼센트 정도로 떨어지는데, 이는 아마도 코로나19 감염병 상황에서 학교를 가지 않는 상황이 영향을 미쳤을 것으로 추론된다. 문제는 2018년에는 거의 두 명 중 한 명이, 2021년에는 그 이상이 "그냥 다니기 싫어서" 학업을 중단한다고 대답했다는 점이다[그림4].

앞서 우리의 문해력 교실을 공동체로 보자고 했다. 문해력 교실 공동체에서는 학생들의 역량과 자율성 그리고 관계성을 돌본다고 했다. 그렇다면 이 중언어 학습자들에게 우리 교실은 '소속될 수 있는' 공동체였을까?

다문화 학생의 학업 중단 이유에는 경제적인 사정이 많이 작용하지만, 그보다 더 함께 어울려 사는 문제(학교의 문화가 달라서, 학교 구성원들과 어울리기 어려워서, 무엇보다 학교라는 공간이 그냥 싫어서)가 깊게 영향을 미쳤다. 다문화 학생들은 사회경제적 여건에서 어려움이 컸겠지만, 이에 더하여 학교 안에서 관계를 맺기 어려워서, 학교라는 공간에 머물기 싫어서, 교실이라는 곳에 들어가는 일이 주저되었기 때문에 학교를 그만둘 수밖에 없었을지 모른다.

이는 다문화 시대의 교실을 운영하는 교육자로서 우리가 깊이 고민해 보아야 할 문제가 아닐 수 없다. 선생님들뿐만 아니라 교육당국의 책임 있는 관계자, 아이를 키우는 모든 어른들이 이 문제를 깊게 따지고 들어가 연구해야 한다. 문해력 교실 공동체에서 우리는 '사라지는 아이들'을 외면할 수 없다.

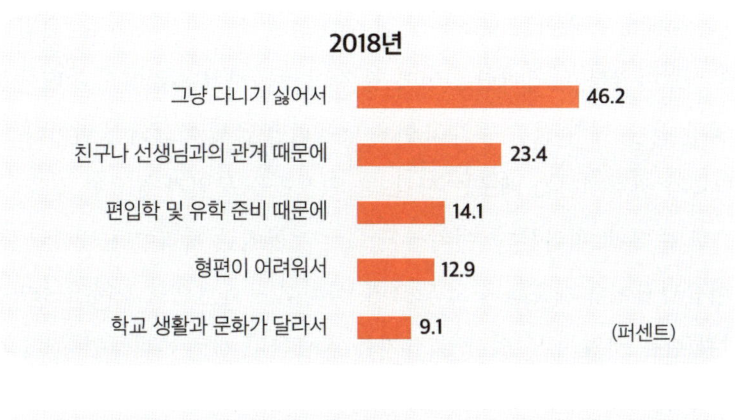

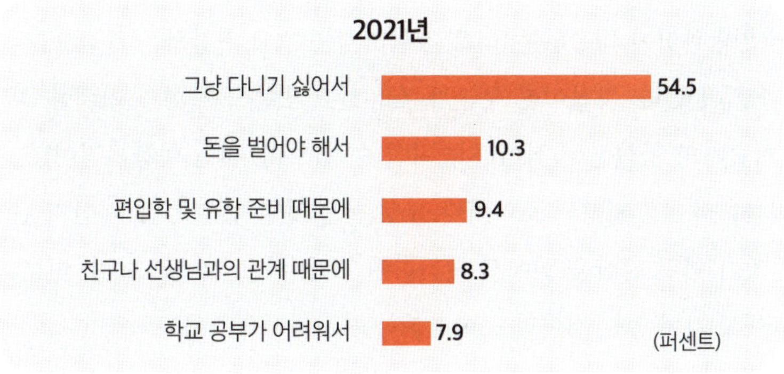

[그림4] 다문화 학생의 학업 중단 사유

결핍된 학습자, 자산의 학습자

대다수의 주류 한국 학생들에 비해 문화적, 언어적 배경이 다른 이중언어 학습자를 우리 교실에서 어떻게 가르칠 수 있을까? 우리는 어떻게 그들과 함께 교실 공동체를 운영할 것이며, 그들을 포함한 모든 학생들의 성장을 위해 어떻게 교육에 접근해야 할까?

이에 관해 두 가지 상충되는 학습자 관점을 살펴보자. 이 논의는 오랜 시간에 걸쳐서 교육학 분야의 가장 논쟁적인 연구 분야 중 하나였다. 학습자는 누구이며, 우리는 학습자를 어떻게 바라봐야 하는가?

하나의 제도로서 학교 교육은 오랜 시간 동안 소수자 학생들을 '결핍의 관점'으로 보아왔다. 결핍이란 있어야 할 것이 부족하거나 없어진 상태를 뜻한다. 영양 결핍, 애정 결핍 등의 표현을 떠올리면 금세 이해되는 말이다. 결핍의 학습자 관점에서는 배우는 사람, 즉 학생들을 무언가 중요한 것을 '갖추지 못한 존재'로 바라본다. 여기서 중요한 것들이란 지식이나 능력일 수 있고, 마음가짐이나 태도일 수도 있으며, 사회적 문화적으로 길러진 소양이나 가치관 같은 것일 수도 있다. 학습자를 결핍된 존재로 바라보면, 교육의 역할은 결핍을 채워주는 일이 된다.

결핍의 관점에 대응하는, 더욱 정확하게는 그에 저항하는 관점으로 '자산의 관점'이 있다. 자산이란 누군가 소유하고 있는 유무형의 가치를 의미한다. 학습자의 자산은 지식이나 능력일 수 있으며, 어떤 마음가짐이나 태도, 사회문화적으로 형성된 소양이나 습성 같은 것일 수도 있다. 자산의 관점은 학습자가 이런 자산을 삶에서 획득하여 '소유'하고 있다고 보며, 이는 학교 교육에도 가치 있는 것이라고 바라본다.

여기서 가치는 현재 학습자가 소유한 자산의 가치뿐만 아니라, 앞으로 그 자산이 적절하게 투자되어 창출해 내는 미래 가치도 포함한다. 학습자가 자신의 지식이나 능력 등 자산을 활용하여 새로운 것을 배우고 익힘으로써 더 많은 가치를 창출할 수 있다고 보는 것이다.

학습자의 자산은 '배움의 자원'이며, 따라서 교육의 역할은 학습자가 자신의 지적, 정서적, 사회적, 문화적 자원을 적극적으로 활용하여 더 큰 자산을 쌓고 더 좋은 배움을 경험하도록 돕는 일이 된다.

이제 조금 불편한 이야기를 해 보자. 단지 학교의 교육자뿐만 아니라 부모나 양육자를 포함한 시민들도 마찬가지로, 우리는 그동안 다문화 가정의 이중언어 학습자들을 무언가 부족한 학습자로 간주해 왔다. 한국말을 못하는 아이들, 한국 문화에 낯선 아이들, 배움에 서툰 아이들로 여겨왔다. 이 아이들 역시 한국에서 자라면서 한국의 교육을 받으며 살아가고 있고, 엄연하게 합법적인 학습자(법적인 의미를 넘어서)로 역할을 하며 '우리 아이들(배타적 의미)'과 함께 학교에서 공부하고 있지만, 여전히 우리는 그들을 '외국인으로(배타적 의미)' 대한다. 한국말, 한국 문화, 한국 사회, 한국 가치, 한국의 것들을 모르는 외국인, 한국인으로서 있어야 할 것이 없거나 부족한, 결핍의 학습자로 말이다.

다양성 시대와 배치되는 결핍의 관점은 바뀌는 것이 좋다. 단지 교육자들뿐만 아니라 우리 모두의 관점이 전 사회적으로 바뀌어야 한다. 학부모와 양육자들부터 바뀌어야 한다. 교육당국과 교육 정책을 만들고 집행하는 전문가들도 바뀌어야 한다. 전 사회적 영향력을 가진 정치인들은 특히 이 문제를 진지하게 고민하고, 자신의 언어와 행동이 어떤 관점에서 움직이는지, 그래서 그것이 '우리 아이들(포용적 관점)'에게 어떤 예기치 않은 부정적 결과를 낳을 수 있는지 심각하게 반성해야 한다.

우리는 이중언어 학습자들이 부족하고 결핍되었다고 보기보다 그들이 가지고 있는 유무형의 가치 있는 것들에 주목해야 한다. 한번 생각해 보자. 우리는 한국어만 쓰지만 이중언어 학습자들은 부모의 말을 쓰면서도 한국말을 배운다. 이 아이들은 두 가지 이상의 언어를 가정과 학교에서 배울 수 있는, 그래서 나이가 들어갈수록 복수의 언어를 자유롭게 쓸 수 있는, 그것으로 다양한 지식과 문화를 배울 수 있는 '기회'를 가지고 있다. 한국어를 못하는 학습자가 아니라 자기 부모의 언어와 한국어를 함께 배울 수 있는 학생이다. 주류 한국 가정의 아이들보다 언어적으로 훨씬 좋은 여건을 가지고 있는 학습자일 수 있다.

한국어 중심주의를 넘어

우리는 가끔 미국인들을 흠잡는 말을 한다. 미국 사람들은 자기네 말인 미국식 영어를 못하는 이들을 무시한다고 말이다. 언어와 함께 인종, 피부색과 민족 정체성을 묶어서 차별하기도 한다. 미국인 모두가 그런 것은 아니지만, 적지 않은 사람들이 그런 경향을 보이는 것도 사실이다. 그렇다면 왜 이런 일이 벌어질까?

근본적인 이유 중 하나는 뿌리 깊은 '영어 중심주의'와 관련된다. 미국인 중 외국어에 능통한 사람은 많지 않다. 전 세계 어디를 가더라도 영어 중심 사회에서 영어만 쓰면 모든 것이 해결되고 살아가는 데 문제가 없는 사람들은 단지 영어라는 하나의 언어로 만족하는 사람들이다. 이들은 자신이 살아가는 영어 사회에서 영어만 하면 우월하게 살 수 있다는 신념에 빠져 있을 가능성이 크다.

그런데 뒤집어놓으면 우리도 마찬가지이다. 한국 사회에서는 너무도 당연하게 한국어만 필요하다는 생각, 누가 어떤 언어를 사용하든 간에 한국어만이 우월하다는 신념에 빠지면, 적어도 한국이라는 나라 안에서 우리 역시 편협한 '한국어 중심주의'에 빠져 있지 않다고 말하기 어렵다. 우리가 다문화 배경의 이중언어 학습자를 자산의 관점에서 바라볼 수 있을 때 우리가 흠 잡던 영어권 서구인들의 오래된 역사적 오류를 범하지 않을 것이다.

서로 다른 이중언어 학습자

우리는 자산의 학습자관을 어떻게 이중언어 학습자를 위한 문해력 수업에 적용할 수 있을까? 그전에 먼저 이중언어 학습자에 대해 이해할 필요가 있다.

이중언어 학습자도 크게 두 집단으로 구별할 수 있다. 먼저 '순차적 이중언어 학습자'가 있다. 이 아이들은 가정에서 한국어 이외의 언어만을 사용하다가, 나중에 학교에 입학하면서 한국어를 배우게 된다. 부모의 언어가 아이의 '가정 언어'가 되는데, 순차적 이중언어 학습자는 일상에서 가정 언어를 먼저 배우고 사용하다가 나중에 진학하면서 한국어를 새롭게 '학교 언어'로 사용하게 되는 것이다.

앞서 이야기한 일차적 리터러시(가정 문해력), 이차적 리터러시(학교 문해력)와 비슷한 개념이다. 학교에 진학하면서 한국어를 배우는 아이들은 학교에 들어오기 전에는 한국어에 대한 경험이 거의 없었을 것이다. 다른 아이들과 비교해 볼 때 한국어 경험의 출발선이 다르기 때문에 언어 발달과 깊게 맞물려 있는 문해력의 출발선도 달라진다.

문해력은 글을 읽고 쓰는 능력이지만, 문자를 다루는 능력에 가장 많은 영향을 미치는 것이 '언어 경험'이라는 점에서 이러한 이중언어 경험을 결코 무시할 수 없다. 어린 시절부터 가까이 있는 사람들과 얼마나 자주 그리고 많이 소통하는가, 가족 구성원들의 대화와 같은 언어적 상호작용을 얼마나 많이 하는가에 따라 말소리에 대한 감각이나 언어의 재료인 어휘의 양과 폭도 달라져 초기 문해력 발달의 토대에서부터 차이를 만들어낸다.

다음으로 '동시적 이중언어 학습자'가 있다. 이 아이들은 가정에서 한국어도 사용하고 부모의 언어도 사용한다. 가정에서부터 두 개의 언어를 거의 동시에 배우게 되는 것이다. 한 부모가 한국인이고 다른 한 부모가 외국 출신일 때, 동시적 이중언어 학습자는 그들의 두 언어로 가정에서 대화하게 된다. 가령, 다문화 가정에서도 아이들이 한국어를 유창하게 사용하는 조부모와 함께 생활하는 경우도 많다. 이 아이들은 한국 학교에 들어올 때 두 가지 언어에 대한 경험 자산을 동시에 가지고 온다. 두 개의 언어를 동시에 경험하고 배우는 상황이기에 동시적 이중언어 학습자인 것이다. 앞서 통계 자료에서 볼 수 있듯이, 국내 출생 다문화 학생들이 늘어난다는 것은, 그만큼 동시적 이중언어 학습자가 늘어날 가능성을 의미한다.

2 가정 언어와 학교 언어를 슬기롭게 활용하기

우리는 이중언어 학습을 어떻게 바라봐야 할까? 이중언어 학습자들이 교실과 가정에서 어떻게 언어와 문해력을 배울까? 그들은 교실에서 글을 읽고 쓰면서 교과 내용과 개념을 이해하고 공부하는 방법을 어떻게 배울까? 이중언어 학습자들은 문해력 학습의 과정에 어떻게 몰입할 수 있을까? 이런 질문에 답하기 위해 두 가지 이중언어 학습관에 대해 생각해 보자.

덧셈과 뺄셈의 관점

하나는 '덧셈의 이중언어 학습관'이다. 이는 앞서 논의한 자산의 학습자관과 일맥상통한다. 이중언어 학습자들은 이미 가정에서 한국어 이외의 다른 언어를 경험하고 사용하는 환경에 놓인다. 모어(가정 언어)와 한국어(학교 언어)의 유창성 정도에서 차이 날 뿐이지, 그들은 한국어도 하고 모어도 할 수 있으며, 한국 문화도 알고 모어의 문화도 경험한다. 두 가지 혹은 그 이상의 언어를 생활 속에서 경험한다는 것은 문화적으로 풍요로운 일이다. 이런 점에서 다문화 가정의 아이들이 집에서 한국어가 아닌 다른 나라의 말로 살아가는 상황을 결코 무시하거나 비하할 수 없다. 오히려 부러워해야 할 일이다.

덧셈의 관점에 대응하는 다른 하나의 관점은 '뺄셈의 이중언어 학습관'이다. 이는 앞서 언급한 결핍의 학습자관과 통한다. 뺄셈의 관점은 말 그대로 무언가를 제거해서 이득을 얻는다고 생각하지만 실질적으로는 원치 않는 손해를 보는 관점이다. 뺄셈의 학습관은 한국의 표준어인 한국어가 가정의 언어, 즉 모어 생활과 문화를 대체할 수 있을 것이라는 가정을 은연중에 드러낸다. "너희 집에서 쓰는 베트남말, 태국말, 중국말 같은 건 집에서 쓰는 말이지, 그 말을 학교에서 쓰면 어떻게 해. 학교는 한국말을 쓰는 곳이야. 한국말로 공부하는 곳이지"와 같은 생각이 깊게 깔려 있는 관점이다.

언어를 배제하는 것은 문화를 배제하는 것이고, 문화를 배제하는 것은 삶을 배제하는 것이다. 학교에서 한국어만 사용하게 하고, 한국어만 강조하며, 한국어가 아니면 학교의 언어가 아닌 것처럼 말하는 것은 이중언어 학습자가 경험하는 고유한 언어와 문화, 삶을 의도치 않게 배척하는 것이다.

우리의 어린 이중언어 학습자들이 학교에서 이런 종류의 배척의 언어와 생각을 감지할 때 과연 어떤 기분일까? 아이들이 자신의 삶에 심대한 영향을 미치는 학교라는 공간에서 한국어와 모어 사이에서 정답 하나를 선택해야 하는 상황에 놓일 때, 그들은 어떤 답을 선택할까? 당연히 한국어를 선택할 것이다. 한국 사회와 한국 학교에서 성공해야 하기 때문이다. 이렇듯 한국 중심의 주류 문화가 가진 지배적 담론은 이중언어 학습자들이 가정에서 가족들과 함께 경험하는 언어와 문화를 멀리하거나 포기하게 만든다.

정답이 있는 선택의 문제는 우리 아이들이 제한된 선택지들의 비교우위를 따지게 만든다. 다양한 언어와 문화에 대한 고려 없이 무조건 한국어만을 선택하는 일이 당연하고 또한 한국어만이 유일하게 가치 있는 언어로 인정되는 학교에서는 극단적으로 말해 "너희 부모의 문화는 열등한 것이야. 네가 살아가고 성공하기 위해 반드시 필요한 것은 아니지"와 같은 왜곡된 언어관, 문화관, 학습관을 아이들에게 가르치게 된다. 의도치 않게 학교가 비단 이중언어 학습자뿐만 아니라 모든 우리의 아이들이 다양한 문화를 알고, 다양한 언어를 경험하며, 그 경험들을 다양한 배움의 자원으로 삼을 수 있는 기회를 박탈하는 것이다.

초등학교 2학년 초롱이의 사례

초등학교 교실, 다문화 학생이 많은 지역 학교의 사례를 살펴보자. 초롱이(가명)는 한국인 아버지, 베트남인 어머니, 한국인 조부모를 두고 있다. 동시적 이중언어 학습자라고 할 수 있다. 초롱이는 1학년에서 2학년으로 올라갈 때 담임선생님이 '국어 부진, 학습클리닉 의뢰'로 판단했다. 선생님이 학생에게 부정적 꼬리표를 붙였다기보다는, 아이의 국어 능력이 부족하기 때문에 앞으로 더욱 특별하고 체계적인 도움이 필요하다고 본 것이다.

초롱이의 어머니는 아이 교육에 상당히 적극적이다. 그녀는 활동적이고 사회적이며, 아이의 학교 일에 관심이 많다. 연구에 의하면, 부모의 관심과 학교 참여도는 학생의 성장에 적잖이 영향을 미친다.[3] 부모가 아이의 학교 일에 관심을 가질 때 아이가 가진 타고난 지능의 영향을 넘어서 학업 성취에 긍정적인 결과를 낳는다.[4] 그래서 초롱이 어머니의 관심은 초롱이에게도 큰 자산이다. 다문화 가정에서는 생계 문제나 문화적 차이 혹은 소통의 문제로 인해 양육자가 자녀의 학교 생활에 부득이 관심을 쏟지 못하는 경우가 드물지 않다.

초롱이의 언어 발달에 유리한 조건 하나가 더 있다. 초롱이는 한국인 조부모와 함께 살고 있다. 그러니까 초롱이는 할머니 할아버지와 한국어로 대화를 많이 해서 한국어를 배울 기회를 자연스럽게 많이 가질 수 있었다.

언어 학습의 첫째 원리는 반복 노출이다. 많이 말하고 듣고 읽고 쓰면 그만큼 많은 말과 어휘를 습득할 수 있고, 대화를 하는 법과 읽고 쓰는 법을 은 연중에 배울 수 있다. 언어로 소통하는 자신감과 태도도 배울 수 있다. 자산의 학습자관에서 볼 때, 초롱이는 동시적 이중언어 학습자이면서 덧셈의 이중언어 학습을 경험하는 아이라고 볼 수 있다.

초롱이의 문해력은 어떨까? 초롱이가 2학년에 올라와 새 학년이 개학하고 둘째 날에 생활 글쓰기 활동에서 써낸 글을 보자[그림5].

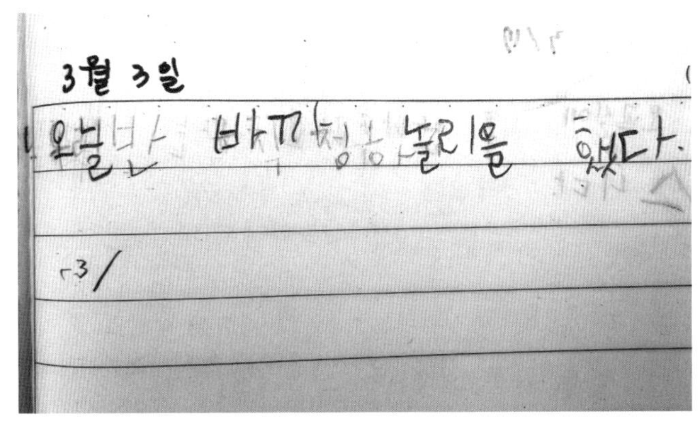

[그림5] 초롱이가 생활 글쓰기에 써낸 글(3월 3일)

"오늘 바까 놀리을 했다." 추론하자면 "오늘 바깥에서 놀이를 했다." 정도로 볼 수 있다. 한 줄을 썼지만 문장이 단순하고, 맞춤법도 틀리고, 의미도 정확하게 와닿지 않는다. 이것으로 초롱이가 2학년을 시작할 때 보인 글쓰기 수준, 문해력 수준을 가늠해 볼 수 있다. 철자 지식과 문자 해독은 긴밀하게 연결되어 있기에 초롱이의 읽기 역시 정확성과 유창성에서 어려움이 생길 수 있다.

그런데 2학년이 시작하고 석 달이 지난 후에 초롱이의 글쓰기가 바뀌었다. 어떻게 바뀌었을까? 1학기 중반을 지나 5월 말에 쓴 글을 살펴보자[그림6].

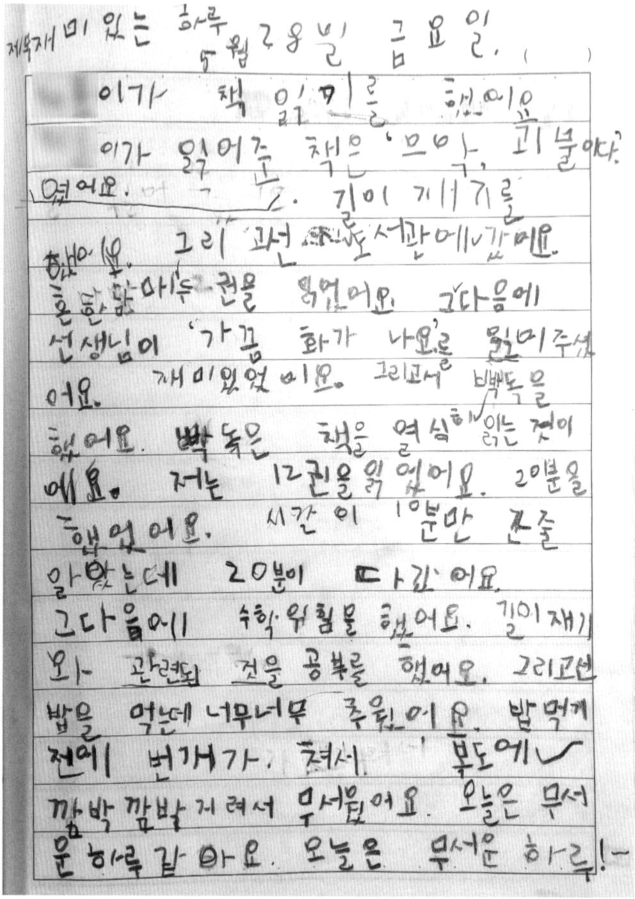
제목 재미있는 하루 5월 28일 금요일 ( )

이가 책 읽기를 했어요

이가 읽어준 책은 '으악, 괴물이다'
였어요. 길이 재기를
했어요. 그리고 도서관에 갔어요.
혼자서 두 권을 읽었어요. 그다음에
선생님이 '가끔 화가 나요'를 읽어주셨
어요. 재미있었어요. 그리고서 빽독을
했어요. 빽독은 책을 열심히 읽는 것이
에요. 저는 12권을 읽었어요. 20분을
했었어요. 시간이 10분만 준줄
알았는데 20분이 다 갔어요.
그다음에 수학 익힘을 했어요. 길이 재기
와 관련된 것을 공부를 했어요. 그리고서
밥을 먹는데 너무너무 추웠어요. 밥 먹기
전에 번개가 쳐서 복도에
깜박 깜박거려서 무서웠어요. 오늘은 무서
운 하루 같아요. 오늘은 무서운 하루!~

[그림6] 초롱이가 써낸 글(5월 28일)

초롱이의 글에서 눈에 띄는 것은 일단 글의 내용이 많아졌다는 점이다. 학기 초에 비해서 바빠진 학교생활에서 쓸 말이 많아졌을 수도 있겠지만, 머릿속의 그 말들을 글로 표현해 냈다는 점이 매우 긍정적이다. 글의 길이도 길어졌다. 학기 초에 쓴 것보다 훨씬 더 길고 복잡한 문장을 구사하고 있고, 그래서 여러 생각과 느낌을 표현할 수 있게 되었다. 맞춤법을 지키려고 노력한

흔적도 여기저기 보인다.

가령 초롱이의 친구인 "○○이가 읽어준"이라는 표현에서 '읽다'의 'ㄹㄱ'의 받침 두 개를 섞어 쓰는 일이 결코 쉬운 일이 아니지만, 이를 알고 고쳐서 쓰려고 했다. 3월 초의 글에서 '바깥'의 받침을 쓰지 못했던 초롱이를 떠올리면 큰 변화다. 쓰기의 규칙을 지키면서 정확하고 풍부하게 의미를 살려 쓰는 능력과 태도가 좋아진 것이다.

우리는 초롱이의 글에서 초롱이의 글 읽기 능력, 즉 단어와 문장을 정확하게 읽는 능력과 글의 내용을 이해하면서 읽는 능력도 함께 향상되었을 것이라 추론해 볼 수 있다.

이제 다시 6월 중순에 초롱이가 쓴 글을 살펴보자[그림7].

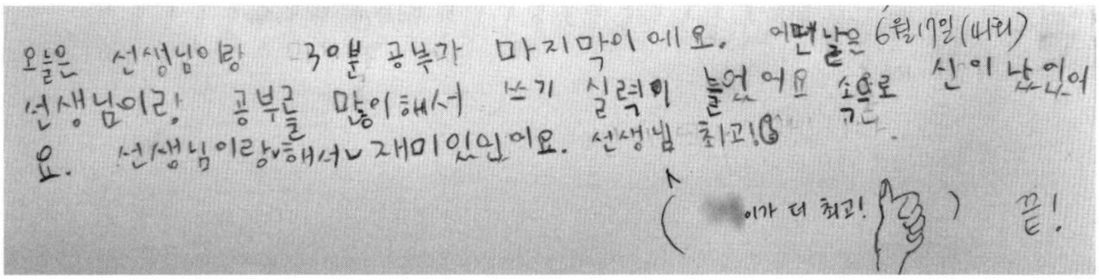

[그림7] 초롱이가 써낸 글(6월 중순)

"오늘은 선생님이랑 30분 공부가 마지막이에요. 어떤 날은 선생님이랑 공부를 많이 해서 쓰기 실력이 늘었어요. 속으로 신이 났었어요. 선생님이랑 해서 재미있었어요. 선생님 최고!" 이렇게 글을 썼더니, 선생님께서 "초롱이가 더 최고"라고 응답하면서 '엄지척' 손 모양을 그려줬다.

자, 이 짧은 글쓰기의 여정에서 여러분은 무엇을 보고 느꼈는가? 초롱이가 철자 쓰는 법을 잘 알게 되고 문장으로 자기 생각을 더 잘 풀어 쓸 수 있게 되었을 뿐 아니라, 초롱이의 글을 쓰는 마음이 긍정적으로 성장했음을 볼 수 있다. 긍정의 마음가짐, 성장의 마음가짐이 느껴진다.

아이의 마음을 따라가 보자. 공부를 많이 해서 쓰기 실력이 늘었고, 이제 글쓰기가 더 재미있고 배우고 싶은 일이라고 뿌듯해하지 않았을까? 초롱이의 마음 안에서 꾸준하게 노력하면 된다는 성취감, 나도 이 정도는 할 수 있다는 학습자 주도성의 건강한 씨앗이 싹텄다. 초롱이에게 공부가 즐거운 일, 책을 읽고 글을 쓰는 일이 행복한 일이 되었다. 선생님과 함께 배우고 읽고 쓰면서 그렇게 되었다.

초롱이의 마지막 글에서 보듯이, 이러한 여정의 성취는 단지 초롱이 혼자 만들어낸 것이 아니다. 초롱이와 함께 읽고 쓰고 배운 선생님이 특별히 이중언어 학습자들을 위해서 정규 수업 시간에 각별한 노력을 들였다. 필요하다면 방과후에 시간을 내어 아이에게 추가적인 지도를 제공했다. 틈나는 대로 아이에게 책을 찾아 읽기를 권했고, 아이의 모습에서 좋은 점을 찾아 자세한 정보가 담긴 성장의 피드백을 제공했기에 가능한 일이었다.

읽기 따라잡기

기초 문해력 지도법 중에 '읽기 따라잡기'라는 프로그램이 있다. 기초 문해력에 어려움을 겪는 아이들을 위해 해볼 수 있는 일대일 지도법이다. 읽기 따라잡기는 원래 '리딩 리커버리(Reading Recovery)'라는 뉴질랜드의 프로그램을 한국 사정에 맞게 개발한 것이다. '리딩'은 읽기이고 '리커버리'는 회복, 즉 따라잡기이다. 뉴질랜드의 저명한 초기 문해력 연구자인 마리 클레이(Marie Clay)가 읽기 발달이 부진한 아동이 어떻게 문해력의 성장 경로를 회복할 수 있을지 연구하고 고민하여 만들어낸 읽기 교육 방법론이다. 이 리딩 리커버리 프로그램을 한국의 엄훈 교수가 새롭게 만들었다.

이 프로그램은 선생님들이 쓰려면 꽤 많은 시간을 투자해야 하는 집중 연수를 들어야 하는데, 만일 이 프로그램이 궁금하다면 엄훈 교수와 동료들이 지은 『초기 문해력 교육』을 참고해 봐도 좋겠다.[5]

김하늘 선생님의 문해력 교실

그렇다면 어떻게 이중언어 학습자인 초롱이의 문해력이 눈에 띄게 달라질 수 있었을까? 초롱이의 담임인 김하늘(가명) 선생님은 정규 수업 시간에 특별히 이중언어 학습자들을 눈여겨보면서 방과후 시간을 활용해 특별 지도를 제공했다. 초롱이가 그렇게 짧은 시간 안에 글을 읽고 쓰는 능력이 좋아질 수 있었던 것도 김하늘 선생님이 그만큼 정성스럽고 전문적인 노력을 기울였기 때문이다.

김하늘 선생님에게 물어봤다. "선생님, 어떻게 아이들과 수업을 진행하세요?" 선생님의 첫 대답은 이렇다. "매일 받아쓰기를 한답니다."

그런데 김하늘 선생님의 받아쓰기는 우리가 어릴 때 하나라도 틀리면 선생님께 손바닥을 맞으면서 "너는 공부 좀 더 해야겠다!"라며 혼나던 받아쓰기가 아니다. 이 받아쓰기는 일종의 교실 평가의 중요한 방법으로 기능한다. 점수를 내기 위한 평가가 아니라 '우리 아이가 받침을 잘 못 쓰는구나' '우리 학생이 문장을 길게 쓰는 것을 어려워하는구나' '단어의 소리를 듣는 대로 쓰는구나' '단어를 듣고 그것을 글자로 맞춰 써야 하는데 그렇게 하지 못하는구나'와 같이 글을 읽고 쓰는 기초 문해력을 확인하기 위한 과정이다.

김하늘 선생님은 교실에서 '일상적 읽기'를 강조한다. 이 교실의 구성원들은 늘 책을 달고 산다. 읽기 유창성과 독해 능력을 키우기 위해 글밥이 제법 있는 그림책을 매일 한 권씩 읽는다. 선생님이 '생각 말하기'를 하면서 자연스럽게 책에 관한 대화도 하고 낯선 어휘도 공부한다.

이때 김하늘 선생님은 가급적 아이들의 문해 수준과 관심사에 맞는 책을 골라서 읽거나 추천해 준다. 특히, 아침 시간에는 아이들이 꾸준하게 규칙적으로 책을 읽도록 안내한다. 김하늘 선생님의 교실에서 아이들은 '선생님과 함께 읽기'도 하고 '친구와 여럿이 읽기'도 하며, 원하면 '혼자 읽기'도 한다.

이 교실에서는 가끔은 작가 집중 탐구 주간을 정하고 아이들이 좋아하는 책의 작가가 쓴 책을 함께 읽기도 한다. 아울러 도서관에 가는 시간을 일주

일에 한 시간씩 꼭 확보한다고 한다. 글 읽기와 책 읽기를 많이 경험하면 할수록, 독서량이 많으면 많을수록 아이들이 자신의 읽기 능력을 적용, 시험, 검증, 연습할 수 있는 기회들이 많아진다.

김하늘 선생님의 교실은 또한 쓰는 사람들의 교실이다. 읽는 것에서 끝나지 않고 읽은 것을 바탕으로 글을 쓰는 교실이다. 이미 읽은 것들에 관해 쓰기도 하고, 지금 읽고 있는 것들에 대해 쓰면서 글과 책이 갖는 의미를 더 잘 이해할 수 있게 돕는다. 아이들은 꾸준하게 생활 글쓰기를 하면서 책을 읽으며 머릿속으로 들어온 어휘를 자신의 생활과 관련지어 표현해 보기도 하고, '아, 같은 말이라도 언제 쓰는가에 따라 느낌이 달라지는구나!'와 같이 미묘한 언어의 차이도 경험한다.

마지막으로 김하늘 선생님은 정규 수업에 더하여 도움이 더 필요한 학생에게 특별히 읽기 따라잡기 지도 방법을 사용한다. 선생님은 대학원 공부를 통해서 '읽기 따라잡기'를 공부하고 연습할 수 있는 기회가 있었고, 짧지 않은 시간 동안 이 방법을 교실 현장에 적용해서 경험적 지식도 쌓아왔다. 읽고 싶어도 읽기 어려워하는 아이들을 위한 선생님의 이런 교육 전문성이 빛을 발한다.

모든 선생님이 김하늘 선생님과 같은 일을 빠짐없이 완벽하게 실천할 수는 없다. 선생님이 일하는 교실의 여건과 학습자의 특징이 저마다 다르고, 학교의 교육 방향이나 양육자들의 가치관과 지향도 모두 다르다. 또한 이러한 환경적 여건에 대한 교사의 판단과 철학도 다를 것이다.

하지만 이중언어 학습자가 한국어 읽기와 쓰기에 어려움을 겪을 때 학교가 제공할 수 있는 체계적이고 전문적인 도움을 고민해 보는 것은 무척 소중한 교육 실천이 아닐 수 없다. 새로운 시작을 하기 전에는 자신도 없고 의심도 크지만, 분명히 좋은 선생님들의 짜임새 있는 노력이 아이들에게 도움이 되는 것은 분명하다.

만일 초롱이가 제때에 김하늘 선생님으로부터 도움을 받지 못했다면 2학년 때도, 그 이후에도 '국어 부진아' '학습 클리닉 의뢰'라는 말을 달고 다녔을지 모른다.

문해력 성장을 위한 이중언어 학습

교사뿐만 아니라 양육자를 위해서 이중언어 학습자의 문해력 증진 방안 몇 가지를 간단히 제안해 본다.

먼저 이중언어 학습자의 가정에서는 한국어 책의 오디오북을 많이 듣기를 권장한다. 언어 학습의 첫째 원리는 반복적이고 다양한 언어 노출 경험이다. 다문화 가정에서는 이런 저런 이유로 가족 간에 한국어로 대화를 하거나, 한국어 책을 손수 읽어볼 기회가 부족할 수 있다.

그럴 때마다 지자체의 디지털 도서관에서 어떤 책들이 오디오북으로 제공되는지 찾아보고 아이들에게 꾸준히 들려주기를 적극적으로 추천한다. 디지털 도서관 사용에 익숙해지면 아이들이 직접 오디오북을 찾아 읽도록 도와주자. 만일 도서관 오디오북이 주로 성인 독자를 위한 것이라면(오디오북의 수준이 아이와 어울리지 않는다면), 시중에 나와 있는 상업용 오디오북도 나쁘지 않다. 동시에 지자체와 교육청은 다문화 가정에서 오디오북을 적극 활용할 수 있도록 재정적, 물리적, 환경적 지원을 모색해야 한다.

특히 오디오북이나 좋은 애니메이션 동영상 콘텐츠는 처음 글을 배우는 생성적 문해력, 초기 문해력 단계의 아동에게 쓸모가 있다. 예를 들어, 미국에 사는 한인 가정의 아이들을 생각해 보자. 이 아이들은 전형적인 이중언어 학습자로, 양육자는 최대한 가정에서 모어인 한국어를 사용하는 것이 좋다. 하지만 아이가 어린이집과 유치원, 초등학교에 진학하고 친구를 사귀면서부터 자연스럽게 영어로 소통하고 공부해야 하는 일들이 많아진다.

이때 영어책 오디오북 듣기는 집에서 아이가 가장 많은 시간을 보내는 활동 중 하나가 될 수 있다. 한인 부모가 영어책을 읽어주지 못해도 도서관에서 오디오북을 찾아 아이가 이것저것 열심히 들을 수 있게 도와주는 것이다. 아이가 오디오에서 들리는 영어 단어를 따라 말하면서 소리와 글자에 노출되고 익숙해지면, 영어로 된 책을 읽고 단어를 배우는 데 큰 도움이 된다. 눈으로는 책과 글자를 보면서 동시에 오디오북으로 소리, 발음, 억양 등을 경험하는 것이다. 아이는 "에이(a)가 애플(apple)에서는 '애'로 소리 나는구나!" "아, bird는 '비르드'가 아니고 '버어드'라고 하는구나!'와 같이 조금씩 단어의 글자, 소리, 의미를 익히고 연결할 수 있게 된다. 오디오북이 좋은 독자의 모형을 제공하고, 아이는 단어가 가진 시각 정보(글자 정보)와 청각 정보(소리 정보)를 연결하면서 입체적인 책 읽기를 경험할 수 있다.

교실에서는 이중언어 학습자를 위해 짧더라도 개별 지도 시간을 마련해서 학생을 면밀히 관찰하고 도와줘야 한다. 필요하다면 학교의 지원과 전문가의 도움을 받아 개별 지도를 실행해도 좋다. 선생님이 교실에서 글 읽기를 어려워하는 아이들을 두고 모른 척할 수는 없다. 아이가 얼마나 어려워하는지, 어떤 부분에서 특히 어려워하는지, 글 읽기가 어려워서 학교 공부에 어떤 영향을 미치는지에 관해서 살펴봐야 한다. 꾸준하게 학습자를 관찰하면 아이의 어려움을 조금 더 생생하게 이해할 수 있다. 아이에게 제공할 수 있는 도움을 학교 안팎의 다양한 경로로 찾아보는 노력이 필요하다.

가정에서도 학교에서도 이중언어 학습자를 지도할 때 어휘 학습에 각별히 신경 써야 한다. 언어 소통에서 어휘는 집 짓기에서 벽돌과 같다. 어휘는 언어의 재료이자, 의미 이해의 기본 단위이기 때문이다. 집을 지으려면 벽돌이 필요하고, 벽돌이 없으면 집을 지을 수 없다. 글을 읽으려면 어휘가 필요하고, 어휘가 없으면 글 읽기가 어려워진다. 동시에 글을 많이 읽으면 자연스레 어휘도 늘어난다.

글 읽기 성취의 큰 차이를 만들어내는 요인 중 하나가 어휘력이며, 글을 읽으면 읽을수록 양적, 질적으로 어휘력이 좋아진다. 어휘 학습과 관련하여 아이의 가정 언어(모어 어휘)와 학교 언어(한국어 어휘)가 어떻게 연결될 수

있을지 고민해 보고, 아이가 서로 다른 말들의 연결고리를 찾을 수 있게 도
와주면 더욱 좋다.

이중언어 학습자가 한국어로 된 글이나 책을 가지고 교실에서 공부하는
동안, 선생님은 학생의 가정 언어로 글 위에 메모하게 하는 방법도 시도해
볼 만하다. 쓰기는 읽기에도 도움이 되는데, 가령 글을 읽을 때는 한국말로
된 책을 읽지만 그걸로 머릿속에 생각이 떠올랐을 때 한국말이 부족해서 기
록을 못하게 되면 글 읽기의 의미가 퇴색할 것이다. 왜냐하면 한국어 읽기가
중요하기도 하지만 한국어로 된 책을 읽고 의미를 이해하는 것 또한 중요하
기 때문이다.

아이가 생각을 적고 싶어 한다면, 그리고 아이의 모어가 쓰기 활동에서 훨
씬 더 편한 언어라면, 아이가 그 말을 사용해서 글을 더 잘 이해하고 생각을
더 잘 정리할 수 있도록 기회를 마련해 주는 것도 괜찮다. 이 경우 읽기나 쓰
기가 목적이 아니라, 글 내용의 이해가 더욱 중요한 목적이기 때문에 가정의
언어를 도구로 사용할 수 있다.

우리는 교실에서 토론할 때 한국어를 당연하게 사용한다. 하지만 필요하
다면 이중언어 학습자가 가정의 언어를 쓸 수 있도록 허락해 주는 것도 나쁘
지 않다. 아이가 한국말을 잘 못한다고 해서 논리적으로 생각을 못 하는 것
은 아니다. 생각이 없기 때문에 한국말을 못하는 게 아니라, 한국말로 표현
하는 것이 서툴기 때문에 생각이 없어 보이는 것이다. 한국어를 못해도 생
각은 할 수 있으며, 한국어를 잘하지 못해도 좋은 생각은 충분히 할 수 있다.
따라서 토론에서 큰 무리가 없다면 가정의 언어와 한국어를 섞어 쓰게 함으
로써 아이가 최대한 잘 소통할 수 있도록 자기 생각의 표현 기회를 갖게 해
주는 것이 좋다. 학교에서 '한국어만 사용하는 정책'이 더 이상 통하지 않는
시대가 곧 다가오고 있다. 우리는 다양한 언어, 다양한 이중언어 학습자를
포용적으로 받아들일 수 있어야 한다.

수업 내용을 언어 이외의 시각적 장치를 동원해 표현하면 이중언어 학습

자에게 큰 도움이 된다. 글을 읽지 못하는 아이들에게 중요한 교과 내용을 글로만 전달하는 것도 어려움이 있다. 교과 내용 모두를 말과 글만으로 표현할 필요는 없다. 과학 시간에 생태계에 관한 글을 읽으며 수업할 때, 그 내용을 복잡한 문장과 글로 설명하면 아직 한국어에 서툰 이중언어 학습자에게 그것은 난해한 언어가 될 뿐이다.

이때 생태계의 주요 개념을 그림이나 도식, 개념 지도와 같이 시각적으로 표현해 주면 아이가 어휘가 충분하지 않아 글을 완벽하게 이해하지 못하더라도 선생님이 제공한 시각적 정보를 통해서 교과 내용을 어느 정도 접할 수 있게 된다. 문해력이 떨어진다고 해서 내용 학습에 누수가 생겨서는 곤란하다. 학교 교육의 기본과 핵심은 내용 학습이기 때문이다.

이중언어 학습자가 자신의 일기를 가정의 언어와 한국어로 쓸 수 있도록 권하는 것도 좋다. 일기는 가장 내밀하고 사적인 글쓰기로, 우리가 그 언어까지 통제할 필요는 없다. 학습자 개인의 일기는 그 어머니의 언어로 써도 되고 아버지의 언어로 써도 된다. 중요한 것은 일기를 쓰는 과정에서 경험하는 정서의 표현 방법들이다. 복잡한 감정을 표현할 수 있는 기회를 만들어주자. 여기서 중요한 것은 아이가 점점 더 많이, 자주, 깊이 한국말을 사용하여 생각과 감정을 글로 표현할 수 있도록 조언해 주는 것이고, 그 변화를 관찰하는 것이다.

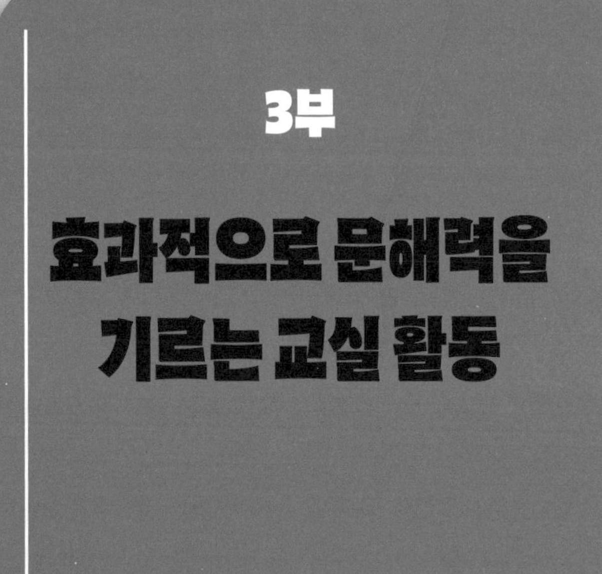

3부

효과적으로 문해력을
기르는 교실 활동

　　효과적인 문해력 지도를 위해서는 문해력을 이루는 작은 기능들부터 확인하고 넘어가야 한다. 특별히 기초 문해력을 구성하는 주요 기능들이 무엇이고 어떻게 작동하는지, 학습자가 겪을 수 있는 어려움은 무엇인지, 그것이 왜 문해력 발달과 학습자 성장을 촉진하거나 방해하는지 이해해야 한다.

　　먼저 읽기 유창성에 대해 알아보자. 우리는 간혹 아이들이 초등학교 저학년을 지나 어느 정도 시간이 지나면 누구나 소리 내어 글을 읽는 것쯤은 쉽게 완수할 수 있을 것이라고 생각한다. 하지만 읽기 유창성 발달이 누구에게나 쉬운 과제는 아니며, 그것이 제때 완성되지 못했을 때는 문해력과 학습 발달에 심대한 영향을 미치게 된다.

　　이에 이 장에서는 읽기 유창성이란 무엇이고 문해력과 어떤 관련이 있는지 살펴본다. 그리고 학생들이 겪는 읽기 유창성의 어려움은 무엇인지 이야기해 본다. 아울러 유창성의 개념을 통해서 눈에 보이지 않는 글 읽기의 과정을 이해할 수 있는 단초를 마련해 본다.

10장

유창하게
읽게 하자

유창하게 읽는 것은 무엇이며, 유창성은 어떻게 지도할 수 있을까?

· 읽기 유창성에 관한 나의 예상 점검표
· 유창성과 학업성취도의 관계
· 유창성 발달의 정체
· 읽기 유창성의 3요소
· 읽기 유창성 지도의 다섯 가지 원리

주요 키워드

음독과 묵독 / 유창한 읽기

단어 재인 / 정확성 / 자동성 / 표현성

1 술술 읽는 것의 중요성

  효과적 문해력 지도를 위한 첫 번째 이야기는 '읽기 유창성'이다. 이에 대해 본격적으로 논의하기 전에 여러분을 위한 점검표 하나를 가져왔다. 읽기 유창성에 관한 '나의 예상 점검표'이다[자료1]. 이 점검표에는 읽기 유창성에 관한 여러분의 예상을 담은 몇 가지 진술이 제시되어 있는데, 이 진술들을 읽고 여러분이 가지고 있는 생각에 따라 '그렇다' '아니다'로 대답해 보자. 너무 오래 깊게 생각하기보다는, 각 진술에 대한 여러분의 즉각적인 반응을 확인해 보자.

  이 진술들에 대해 어떻게 대답할 수 있을까? 각각의 예상 진술에 응답할 때 여러분 나름의 교육 경험, 지식, 관점이 떠올랐을 것이다. 여러분의 대답을 잘 기억해 두자. 이 장이 끝나고 나면 여러분의 관점이 어떻게 바뀌었는지(혹은 유지되고 있는지) 성찰할 것이다.

읽기 유창성 진술	나의 대답
읽기 유창성은 전적으로 해독 능력이다.	그렇다 / 아니다
읽기 유창성은 단어를 반복해서 읽는 것으로 충분하다.	그렇다 / 아니다
읽기 유창성은 글의 의미를 파악하는 것과는 무관하다.	그렇다 / 아니다
읽기 유창성은 초등학교 3학년 이후에도 필요하다.	그렇다 / 아니다
읽기 유창성을 배우려면 여럿이 함께 소리 내어 읽는 것도 좋다.	그렇다 / 아니다
읽기 유창성과 문해력 발달은 서로 관계가 없다.	그렇다 / 아니다

[자료1] 읽기 유창성에 관한 나의 예상 점검표

읽기 유창성과 학업 성취도

읽기 유창성은 문해력 학습과 발달에 깊이 관련되어 있고, 특히 글을 정확하게 읽는 능력이나 글의 의미를 파악하며 읽는 능력 모두에 관련된다. 더 멀리 보면, 읽기 유창성이 좋으면 학년 수준에 맞게 주어진 글의 단어와 문장을 정확하고 부드럽게 읽으면서 글의 기본 의미를 파악할 수 있다는 뜻이기에 학업 성취와도 깊게 관련된다.

2017년에 발표된 연구에서 이탈리아 학자들이 여러 학교 학생들을 대상으로 읽기 유창성에 대해 조사했다.[1] 특히 역사, 수학, 과학, 자국어, 외국어 교과, 그리고 초등학교와 중등학교에 두루 걸쳐서 참여 학생들의 읽기 유창성이 학업 성취도를 어떻게 예측하는지 살펴봤다. 아이들이 학교에서는 국어, 외국어, 역사 시간에 많은 텍스트를 읽는다. 수학 시간에도 글로 된 수학 텍스트와 수학 문제를 읽고 토론한다. 과학 시간에도 두말할 나위 없이 많은 글과 정보를 읽는다. 심지어 음악 같은 예술 교과 시간에도 글을 읽고 이야기를 나눈다. 따라서 읽기 유창성과 학업 성취 간에 정적 상관관계가 있을 것임을 어렵지 않게 예측해 볼 수 있다.

연구 결과 역시 이러한 예상을 벗어나지 않는다. 초등학교와 중학교에서 공통적으로 학생들의 읽기 유창성과 학업 성취도 간의 정적 관계가 관찰되었다고 한다. 따라서 읽기 유창성을 단지 글을 소리 내서 읽는 능력 정도로만 좁게 이해할 수 없다. 읽기 유창성은 학생의 문해력 발달, 학교 공부의 과정에서 훨씬 큰 의미와 역할을 갖는다.

지난 코로나19 팬데믹이 새삼 우리에게 던져준 가장 큰 고민이 바로 학교였다. 팬데믹 동안 우리 아이들은 학교에 정상적으로 등교하지 못하거나 이전처럼 교실에서 선생님, 친구들과 만나 함께 이야기하고 활동하면서 대화할 수 있는 기회들을 갖지 못했다. 그나마 한국은 팬데믹 상황에서 신속하고 광범위한 온라인 원격 수업으로 학교의 위기를 어느 정도 극복할 수 있었다. 정확하게 말하자면 극복했다기보다 그 피해를 최소화하는 데 주력했다고 보는 편이 나을 것이다. 2022년 PISA 결과에 의하면 한국은 다른 많은 나라들과 달리 팬데믹 이전의 조사 결과에 비해 읽기 문해력 수준이 유지되었다.

그렇다고 안심할 수는 없다. 시험 점수가 보여주지 못하는 학습 손실이 없지 않고, 더군다나 교육자로서 우리의 경험은 코로나 세대의 아이들일수록 글 읽기를 더욱 더 어려워한다는 것을 말해준다. 실제로 전 세계에는 코로나로 인한 읽기 문해력 저하를 겪고 있는 나라들이 수두룩하다.

미국의 캘리포니아 주정부는 학습자 데이터를 광범위하게 수집 분석했는데, 코로나 감염병 상황이 시작된 이후에 6개월 사이에 초등학교 2학년, 3학년 학생들의 읽기 유창성이 이전의 정상적인 학교 등교 상황과 비교해 볼 때 약 30퍼센트 정도 떨어졌다는 결과를 발표했다[그림1]. 아이들이 정상적으로 학교에 가서 배우면 성취할 수 있는 수준을 100으로 볼 때, 코로나 시대의 아이들이 성취한 수준은 한 학기 기준으로 했을 때 70밖에 되지 않았다는 뜻이다. 분명한 학습 손실이다.

읽기 유창성이 학업 성취도와 관련이 깊은데, 코로나는 그렇게 중요한 읽기 유창성을 온전하게 키울 수 없는 학교 상황을 만들어냈다. 아이들은 이 기간 친구들과 만나 직접 대면하고 함께 소리 내어 읽고, 읽은 것들을 서로

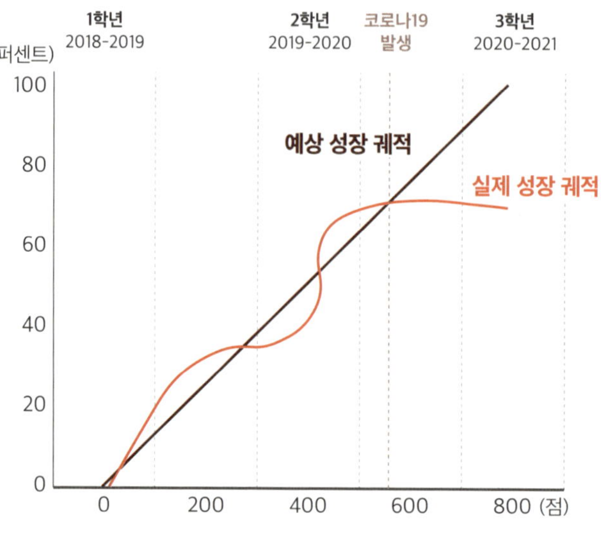

[그림1] 코로나19 전후 미국 캘리포니아 초등학생 학업 성취도

이야기하고 생각과 감정을 나눌 수 있는 기회를 갖지 못했다. 학교의 기능과 역할을 생각할 때, 학교가 자연스럽게 제공하는 읽기 유창성의 학습 기회를 가치 있게 받아들이지 않을 수 없다.

독자의 기억 구조와 정보 처리 과정

인지적 관점에서 읽기 유창성이 해독과 이해의 과정과 어떻게 관련되는지 생각해 보자. 읽기 유창성이 다른 읽기 기능들과 어떻게 상호작용을 하는지, 그리고 전반적인 읽기 수행에 어떤 영향을 미치는지에 관해서는 미국과 유럽을 중심으로 수많은 연구가 축적되어 있다.

먼저 글을 읽는 사람의 머릿속 '기억'의 구조와 관련해 읽기 유창성의 기능과 가치를 생각해 보자. 우리가 책에 담긴 글을 읽을 때는 우리의 인지가 작동한다. 인지는 기억 공간 안에서 정보를 처리하면서 일련의 생각의 과정을 조정한다. 이때 글 읽기를 담당하는 인간의 기억은 크게 두 가지로 나뉜다. 하나는 '장기기억'이고 다른 하나는 '작업기억'이다.

장기기억은 우리가 오랫동안 무언가를 기억해 놓는 공간이다. 우리가 평소 알고 있던 것, 평소 경험했던 것, 평소 보고 들었던 것이 장기기억 공간 안에 구조화되어 들어가 있다. 컴퓨터로 치면 마치 하드 드라이브 같은 것이다. 장기기억은 정보의 수용력이 크다. 기억을 정확하게 효과적으로 떠올릴 수 있는지 여부에 상관없이, 인간은 장기기억에 엄청난 양의 이미 처리된 정보를 복잡한 망의 형태로 저장한다.

반면에 작업기억은 단기기억이라고도 하는데, 감각 기관을 통해 외부에서 유입된 정보를 처리한다. 그런데 작업기억의 공간, 정보 수용력은 꽤나 제한적이다. 우리가 숫자 7개 이상을 한 번에 정확하게 기억하기 어려운 이유는 우리의 단기기억, 즉 그 숫자들을 처리하는 작업기억의 용량이 작기 때문이다. 따라서 작업기억으로 한 번에 여러 가지 일을 수행하기 어렵기 때문에, 특정 절차와 규칙에 따라 정보를 처리하는 것이 가장 효과적이다(인공지능의 정보처리 방식이다). 우리의 뇌가 두 가지 이상의 복수 작업을 진행하는 동안에는 비교적 주의와 노력이 필요한 일에 우선순위를 두게 된다.

그런데 글 정보를 처리하기 위해 우리의 인지는 크게 두 가지 일(꽤나 복잡한 일)을 진행해야 한다. 하나는 문자라는 시각 정보를 받아들여서 그것을 소리와 묶어 처리하는 것이고(해독), 다른 하나는 그렇게 처리한 정보를 의미와 연결시켜 이해하는 것이다(이해). 이때 독자는 장기기억 속에 구조화된, 우리가 원래 알고 있던 지식이나 경험 등 흔히 '스키마'로 부르기도 하는 배경지식 또는 선행지식을 활용한다.

문제는 작업기억 안에서 해독과 이해 두 가지 일을 '동시에' 해야 한다는 점이다. 해독을 하기 위해서는 지금 읽고 있는 글자를 소리 내어 읽을 수 있어야 하고, 연이어 나타나는 단어와 단어를 정확하고 신속하게 파악하고 읽을 수 있어야 한다. 이에 반해 이해는 글자가 표현하는 의미를 자신의 선행

지식을 활용하여 파악하는 것이다. 해독은 기호를 처리하는 것이고 이해는 의미를 처리하는 것이며, 이 둘은 항상 조화롭게 짝지어져야 한다. 이때 해독은 이해를 위한 것인데, 왜냐하면 이해가 의미를 구성하려는 글 읽기 목적에 직접 부합하는 것이기 때문이다.

능숙한 독자는 이 중 어느 하나를 포기할 수 없고, 어느 하나만 성공해서도 부족하다. 능숙한 독자는 제한된 작업기억을 가지고서 두 과제 사이에서 균형을 맞추어야 하고, 우선순위에 따라서 노력과 자원의 투자를 달리해야 한다.

기억과 유창성의 관계

기억의 구조와 읽기의 과정의 관계에서 얻을 수 있는 시사점 하나는, 글 해독이 쉬우면 작업기억의 공간을 글 내용의 이해에 사용할 수 있지만, 반대로 글 해독이 어려우면 작업기억 공간이 해독 과정에 잠식되기 때문에 글 내용을 이해하는 일에 집중하기 어렵다는 데 있다.

여기서 두 가지 경우를 생각해 보자. 학생이 음독, 즉 소리 내어 읽을 때 단어를 정확하게 파악하면서 유려하게 문장을 읽어 내려간다. 중간에 빼먹고 읽는 단어들이 없고, 글 읽기의 흐름이 자연스럽게 이어진다. 음독 대신 묵독, 즉 소리를 내지 않고 조용히 읽게 해보니 글 읽는 속도가 오히려 더 빠르다(글을 다 읽으면 학생에게 손을 들게 한다).

이때 단어와 문장을 정확하고 효과적으로 읽을 수 있는 독자의 해독 기능은 이미 자동화되었다고 볼 수 있다. 어떤 인지 기능이 자동화되었다는 것은 그것을 사용하는 데 주의와 노력을 크게 들이지 않아도 된다는 뜻이다. 이 학생 독자에게 유창하게 글을 해독하는 일은 거의 주의를 기울이지 않아도 쉽고 빠르게 수행할 수 있는 과제인 것이다.

따라서 해독을 하는 데 최소의 작업기억 공간을 사용함으로써 나머지 공간을 모두 의미를 파악하는 일에 집중적으로 사용할 수 있게 된다. '나는 글을 잘 읽어. 글자를 읽는 건 문제없어'라고 말하는 사람들은 빠른 시간 안에 자동적으로 글자를 읽어내고, 글을 읽을 때 작업기억을 해독이 아닌 이해에 주로 할당한다.

이제 반대의 경우를 한번 생각해 보자. 어떤 학생이 글자 읽기를 어려워한다. 이 학생에게는 자음과 모음을 섞어서 읽는 것도 어렵고, 받침을 읽는 것도 어렵다. 단어를 정확하게 읽는 것도 어렵고, 단어와 단어가 연결된 문장 읽기도 속도가 더디다. 단어와 단어 사이를 제대로 띄어 읽지 않거나 맞춤법을 무시하거나, 혹은 단어를 통째로 빼먹고 읽기도 한다. 이 학생에게는 글자(단어와 문장) 자체를 확인하고 정확하게 소리 내는 것 자체가 가장 중요한 과제가 되어버렸다. 다시 말하면 이 학생은 아직 해독 기능이 숙달되지 않은 상태인 것이다.

이런 상황에서는 해독 과제 자체에 많은 인지적 주의와 노력이 필요하게 되고, 따라서 작업기억의 많은 부분이 해독을 위해 처리해야 할 일로 잠식된다. 하지만 글을 읽는 건 해독뿐 아니라 반드시 이해가 수반되어야 한다. 이해가 빠진 글 읽기는 무의미하다.

하지만 이 학생 독자는 해독 과제에 작업기억의 대부분을 사용한 나머지 의미를 만들어내기 위해 요구되는 충분한 작업기억 공간을 확보하지 못한다. 원래 작업기억이 제한적인데, 글 이해를 위한 공간은 제 기능을 발휘할 수 없을 정도로 더욱 좁아진 것이다. 그렇다면 이 독자는 어떻게든 글을 소리 내어 읽을 수는 있겠지만 그 의미를 제대로 파악하기는 어려울 것이다. 바로 여기서 문제가 생긴다.

유창성이 있다는 말은 글을 잘 해독하고 동시에 잘 이해한다는 뜻이다. 그런데 둘 중에 어느 하나, 특히 해독에 문제가 생길 경우에는 정확하고 심층적인 독해를 하기 어려워진다. 독자는 글자를 읽는 데 열중한 나머지, 정작 중요한 의미 파악에 인지적 주의와 노력을 기울일 수가 없다. 따라서 독자는 글자를 지각하고 파악하는 해독 이상으로 의미 구성이라는 읽기 과정을 제대로 진행하지 못하게 된다.

글을 읽는 목적이 무엇인가? 가장 가까운 목적은 글의 정보를 확인하고 자신의 배경지식과 글 정보를 묶어 의미를 파악함으로써 글 내용을 이해하는 것이다. 그런데 유창성이 제대로 숙달되지 못한 독자는 글 읽기에서 가장 중요한 의미 구성 작업에 집중하지 못한 채 글을 읽는 내내 '글자 읽기'에만 매달릴 수밖에 없게 된다. 여기서 어려움이 생긴다.

이렇게 우리의 인지적 작업기억이 글 읽기 과정에서 어떻게 작동하는지 살펴보면, 글자를 정확하고 부드럽게 읽을 수 있는 유창성 기능이 매우 중요함을 새삼 깨닫는다. 읽기 유창성은 단지 글자를 읽는 것뿐만 아니라 단어를 읽고, 단어와 단어를 연결해서 문장을 읽고, 문장과 문장을 연결해서 글을 읽고 이해할 수 있는 기초 문해력이다.[2]

2 읽기 유창성의 세 가지 요소

아이들이 유창하게 글을 읽는지는 어떻게 판단할 수 있을까? 이를 위해서는 먼저 유창성의 요소를 알아야 한다. 그리고 그것이 시사하는 판단 준거가 무엇인지, 서로 어떤 관계를 맺는지도 이해해야 한다.

어떻게 물 흐르듯 자연스럽게 읽을까

읽기 유창성은 세 요소로 이루어진다.[3] 첫째, 자동성이다. 자동성이란 문자로 적힌 단어와 문장을 얼마나 신속하게 읽는가를 말한다. 여기서 신속하다는 것은 별다른 노력을 하지 않아도 최소한의 주의를 기울이는 것만으로 해독 기능을 쉽고 빠르게 수행할 수 있음을 의미한다. 어떤 단어를 보자마자 1초 안에 쉽게 읽을 수 있다면 단어와 단어가 연결된 문장 역시 적정한 속도로(비교적 빠른 속도로) 읽어 내려갈 수 있다. 자주 흐름이 끊기면서 느리게 읽는 것이 아니라, 막힘없는 속도로 단어들의 형태와 소리를 인지하며 읽는 것이다. 따라서 자동성은 글 읽기 속도와 관련된다.

아이가 문장을 읽는 속도를 측정하고(일정 수의 단어로 이루어진 글을 읽는 속도 혹은 일정 시간 동안 읽을 수 있는 글의 길이, 즉 단어의 수를 계산해서) 그 결과가 아이의 학년 수준에 어울린다면, 우리는 이 어린 독자가 발달 수준에 적합한 자동성을 갖추었고 따라서 유창성의 기본을 마련했다고 판단할 수 있다.

유창성은 자동성만으로는 불충분하다. 이에 **둘째 요소로 정확성이 요구된다**. 정확성이란 얼마나 정확하게 단어를 읽는가, 얼마나 정확하게 단어들의 조합인 문장을 읽는가의 문제이다. 아무리 글을 빨리 읽어도 정확하게 읽지 않으면 잘 읽는다고 말할 수 없다.

단어의 철자를 잘못 읽거나(가령 '집'을 '짐'으로 읽거나), 아예 조사를 빼먹고 읽거나(가령 '우리를 집에 데려다주었다'를 '우리 집에 데려다주었다'로 읽거나) 하는 실수를 범하게 되면 단어와 문장의 의미를 부정확하게 이해하거나 완전히 잘못 받아들이게 된다. 따라서 정확성이 떨어지면 자동성과 읽기 속도의 가치가 퇴색한다. 정확성은 유창성의 기본 전제이다. 정확하게 읽는 법에 신경 쓰며 배우고 연습하면 그 결과로 자동성 역시 말 그대로 자동으로 갖추어진다.

유창성은 여기서 끝나지 않는다. 정확성과 자동성에 더해 **셋째 요소인 표현성이 충족되어야 한다**. 이것은 단어와 문장을 읽을 때 얼마나 제대로 의미를 살려 읽는가의 문제로, 유창성을 정의할 때 매우 중요한 고려 사항이다. 표현성을 갖추어 읽는다는 건 문장을 읽을 때 억양, 강세, 어조, 휴지, 문장부호, 맞춤법 등을 고려하면서 읽는 것을 말한다.

이것이 왜 중요할까? 유창성은 단지 소리를 내는 능력이나 자동으로 정확하게 단어를 인지하는 능력을 넘어서 단어와 단어가 연결된 문장의 의미와 맥락을 이해하는 능력까지를 반영한다. 표현성을 강조하는 이유는 글의 의미를 이해하지 못하면 표현력 있게 읽을 수 없기 때문이다. 유창한 독자는 글을 소리 내어 읽을 때 목소리의 억양과 높낮이를 조정하여 강조하고, 문장의 의미와 맛도 살려서 읽고, 맥락에 따라 속도도 조절한다. 띄어 쓰인 것들을 정확하게 띄어 읽을 수도 있어야 한다. 문장 부호에 따라 쉴 때 쉬고 마칠 때 마칠 수 있는 것은 문장의 의미를 생각하면서 읽고 있다는 증거가 된다.

이렇게 유창성을 자동성, 정확성, 표현성의 요소로 바라보면, 그것이 해독을 넘어 독해까지 수반하는 능력임을 알 수 있다. 즉 유창성은 해독과 독해를 연결해 주는 중요한 다리 역할을 한다.

반려견 단추의 마음 읽기

나의 반려견 단추의 마음이 참 맑아요.

이야기 속 한 문장이다. 아이가 '단추'라는 반려견을 키운다. 아이가 보기에 단추의 마음이 너무너무 맑다. 단추는 언제나 아이를 기다려주고 쳐다봐주고 사랑해 준다. 그래서 아이가 "나의 반려견 단추의 마음이 참 맑아요"라고 표현했다. 유창성이 갖추어진 우리는 이 문장을 "나의 반려견 단추의 마음의 참 맑아요"라고 뜻을 생각하며 적절한 속도로 정확하게 읽는다.

그런데 초등 저학년 교실의 학생들 중에는 이 문장을 다음과 같이 읽는 경우가 드물지 않다.

"나의 바여… 반여… 반려… 반려견 단추의 마음이 참 맑아요."

이 학생의 유창성을 어떻게 판단할 수 있을까? 우선 느리게 읽는다. 그리고 더듬거리며 읽는다. 처음에 '반려견'이라는 단어를 쉽고 빠르게 읽지 못한 채 여러 번 시도를 한다. 단어를 정확하게 읽는 정확성, 단어를 신속하게 파악하는 자동성이 숙달되지 못했다.

그렇다면 우리는 이 학생이 전적으로 유창성이 떨어진다고 판단할 수 있을까? 이 학생 독자는 우리가 결코 소홀히 할 수 없는 중요한 잠재성을 보여준다. 바로 '고쳐 읽는다'는 점이다. 처음에 '바여', '반여'라고 읽다가 '반려'라는 부분을 정확하게 읽고는 '반려견'이라고 정확하게 단어를 고쳐 읽었다. 학생 스스로 자기 수정을 한 것이다.

이는 꽤나 중요한 인지 능력으로, 일종의 메타인지가 작동한 것이다. 이 학생은 자기가 무엇을 정확하게 읽지 못했는지를 알아차리고는 그 문제를 해결하기 위해 여러 번 시도를 거쳐 틀린 부분을 고쳐 읽었다. 이렇게 고쳐 읽기 위해서 특별한 주의와 노력을 기울였다.

우리는 학생들의 노력을 칭찬하고 격려해 줄 필요가 있다. 더듬거린다고, 느리다고, 틀리게 읽는다고 섣불리 부정적 피드백을 주거나 혹은 그냥 모른 척할 필요가 없다. 학생이 스스로 고쳐 읽는 메타인지 능력과 노력에 대한 합당한 피드백을 제공해야 한다. 동시에 학생이 자동성과 정확성을 키울 수 있도록 집중적인 지도를 제공해야 한다.

또 다른 학생의 예를 보자.

"나의 반려견 단추의 미움이, 어… 음… 아니, 마음이 참 맑아요."

이 학생은 어떤가? '마음'을 '미움'이라고 읽었다. 이 학생은 단어를 신속하게 읽는 자동성에는 큰 문제가 없어 보인다. 하지만 단어들을 빠르게 읽어나가는 과정에서 '마음'이라는 단어를 '미움'이라는 단어로 대체해서 읽었다. 이 어린 독자가 만일 이런 부정확성의 문제를 스스로 알아채지 못하고 나머지 문장을 읽어 내려갔다면 문장의 의미를 제대로 이해하지 못했을 것이다. '마음'을 '미움'이라는 전혀 다른 뜻의 단어로 읽었기 때문이다.

그런데 이 학생 역시 잘못 읽은 단어를 다시 고쳐 바로 읽었다. '미움'이라고 읽었다가 조금 시간을 지체했지만 바로 '마음'이라고 고쳐 읽었다. 어떻게 이런 일이 가능할까? 이 학생에게는 문장의 의미를 파악할 수 있는 능력이 전제되어 있기 때문이다. '마음'을 '미움'으로 읽는 순간 아이는 뭔가 이상하다는 것을 느낀다. 그리고 속도를 늦추어 생각해 본다. 전체 문장의 맥락에서 놓고 봤을 때 '미움이 맑다'는 말이 되지 않는다는 것을 알아채고, 문장 앞으로 돌아가 다시 읽었을 것이다. '아, 다시 읽어보니까 미움이 아니었구나. 마음이었네'라는 걸 깨닫고 "마음이 참 맑아요"라고 고쳐 읽었을 것이다.

이 예는 빨리만 읽어서 실수를 하는 경우라고 볼 수 있다. 이 경우에 독자는 자동성은 갖추었지만 정확성에 조금 더 주의를 기울여야 한다. 이런 독자들은 조금 천천히 읽도록 안내해 주면 좋다. 빨리 읽는 것만이 능사가 아니라 꼼꼼하고 정확하게 읽는 것이 중요하다는 점을 알려줄 필요가 있다. 더불어 이 독자의 다시 읽기, 고쳐 읽기를 칭찬해 주어야 한다. 자기 수정은 메타인지 능력이 발현된 것이기 때문이다. 스스로 문제를 감지하고 해결할 수 있는 잠재성을 지닌 독자이기 때문이다.

마지막으로 표현성에 관련된 예이다.

"나의 반려견단추의, 어…… 나의 반려견 단추의 마음이 참 맑아요."

이 학생은 어떻게 읽었을까? 처음에는 띄어쓰기를 고려하지 않고 소리 내서 읽는 것에 집중했다. 그러다 보니 '나의 반려견단추의'와 같이 어색하게 들린다. 학생의 글 읽기를 듣고 있는 우리뿐 아니라 글을 읽고 있는 아이에게조차도 그렇다. 이 문장에 이어지는 다음 문장들도 계속해서 이렇게 읽는다면, 우리는 이 학생이 의미를 살려 읽는 유창성이 부족하다고 판단할 것이다.

하지만 이 학생 역시 고쳐 읽었다. 왜 그랬을까? 어색한 문장을 다시 읽어보니 '아 나의 반려견, 그 강아지 이름이 단추구나. 단추의 마음이 맑은 거구나'라며 문장 의미가 통하게 된 것이다. 그래서 띄어쓰기에 맞게 의미를 살려서 정확히 읽을 수 있었다. 잘 표현해서 읽은 것이다. 이 학생 역시 어떤가? 처음에 제대로 읽지 못했지만 문제를 발견하고 속도를 늦추어 주의를 기울이며 다시 고쳐 읽었다. 유창성의 의미 이해 요소에 기반하여 메타인지가 작동한 것이다.

학생들이 어떻게 소리 내어 읽는가를 잘 살펴보면, 그들의 기초 문해력에 대해 의외로 간단하면서도 중요한 정보를 얻을 수 있다. 정확성, 자동성, 표현성의 요소들 각각이 아이들마다 어떻게 조화롭게 혹은 불균형하게 발달되어 있는지 살펴보는 일은 기초 문해력 진단의 중요한 절차이다.

유창성은 초등학교 저학년뿐만 아니라 초등 고학년이나 중등학교에서도 관심 가져야 할 문제 영역이다. 교과서를 잘 읽지 못하는 아이들 중에 유창성에 문제가 있는 경우가 생각보다 많다.

3 속도와 이해, 두 마리 토끼 잡기

읽기 유창성은 문해력 지도에서 매우 중요하다. 읽기 유창성이라고 말하면, 단순히 어린아이들이 또박또박, 씩씩하게 잘 읽으면 된다고 생각할 수 있다. 하지만 그렇게 씩씩하게 잘 읽기 위해서는 해독 능력과 독해 능력이 함께 필요하다. 이 두 가지 능력이 잘 숙달되어야 유창하게 읽을 수 있고, 유창하게 읽어야 그 둘의 가치를 최대한 발현할 수 있다. 유창하게 읽는 연습은 해독과 독해 기능을 지도하고 학습할 수 있는 좋은 시작이다.

소리 내기에 집중하거나, 의미 파악에만 신경 쓰거나

읽기 유창성에 관해 두 가지 유형의 학생 독자가 있다. 먼저 '단어 부르기' 유형이다. 이 유형의 독자는 글로 적힌 단어를 빠른 속도로 잘 읽지만 글의 뜻을 잘 이해하지는 못한다. 단어 유창성은 발달해 있지만 의미 이해에 필요한 능력과 주의가 부족한 경우이다. 현상적으로 보면 이들은 글을 잘 읽는 듯 보이나 실제로는 의미를 살려 읽지 못한다. 글을 읽은 다음에 "어떤 내용의 글이었나요?" 물어보면 충분하게 기억해 대답하기 어려워한다. 의미 이해 없이 단어의 소리를 내는 것에만 집중하기 때문이다.

이와 대비되는 것이 '틈새 메우기' 유형이다. 틈새를 메운다는 것은 말 그대로 제대로 읽지 않은 단어들의 의미적 틈새를 채운다는 뜻이다. 이 유형의 독자는 단어와 문장을 정확하게 제 속도로 읽지는 못하지만 글의 뜻을 비교적 잘 이해하는 것처럼 보인다. 글자와 단어를 정확하게 읽는 해독 능력에 다소 문제가 있고, 그러다 보니 꼼꼼하게 글을 읽지 못한다.

이런 독자의 음독을 관찰하면 단어 경계가 불분명하고, 소리가 흐지부지 뒤섞이거나, 단어를 빼먹고 읽거나 아예 줄을 건너 뛰어 읽는 경우도 있다. 대개는 글 읽는 아이의 목소리가 기어들어가고 자신 없게 들리는 경우가 많다. 이들 중에는 부족하나마 자기가 읽어낸 단어들을 연결하고 자기가 가진 배경지식을 중간 중간 채워 넣어 글의 내용을 얼추 짐작하며 넘어가는 학생들도 적지 않다.

그렇다면 먼저 단어 부르기 유형의 학생들은 어떻게 지도할 수 있을까? 이 학생들은 천천히 뜻을 생각하며 읽도록 지도하면 좋다. 빨리 읽는 것만이 좋은 읽기가 아니라는 점을 경험으로 깨닫게 해주어야 한다. 이 학생들은 음독에는 문제가 없기 때문에 글의 의미를 파악하는 과정에 더욱 집중하도록 안내해 주어야 한다.

어떤 경우에는 음독보다 혼자서 조용히 글의 뜻을 생각하면서 묵독하게 하는 것이 더 도움이 될 수 있다. 소리 내어 읽는 것은 크게 문제가 없기 때문이다. 이때 독해 전략, 글 내용과 의미를 파악할 수 있는 다양한 인지 전략을 가르쳐줌으로써 아이가 글 내용에 더 잘 집중할 수 있게 도와주면 좋다.

다음으로 틈새 메우기 유형은 언뜻 보기에는 잘 못 읽는 독자처럼 보인다. 소리 내어 읽으라고 하면 그 학년 수준에 맞게 유창하게 읽지를 못한다. 그런데 "그 내용이 뭐야? 주제가 뭐야? 무슨 일이 있었어?" 물어보면 얼추 내용을 맞추어 대답한다. 하지만 이 학생들은 나이가 들고 학년이 올라가면서 점점 더 어려운 글을 읽게 되고, 점점 많은 문장, 점점 복잡한 내용을 접하게 되면서 글 읽기에 실패할 수 있다. 복잡한 글을 읽을 때 계속 이런 식으로 건너뛰기와 짐작하기로 일관하는 것은 통하지 않는다. 복잡한 글은 분명하게 모든 단어와 문장을 정확하게 읽고 넘어가야 이해할 수 있기 때문이다. 그렇지 않으면 섬세하고 정교하고 논리적인 의미를 파악하기 어렵다. 그러니까 이 학생들은 꼼꼼하게 소리 내어 글을 읽는 연습을 하면서 해독 능력에 좀 더 집중할 수 있게 도와주어야 한다. 특별히 반복적으로 단어와 문장을 정확하게 읽는 연습을 도와주어야 한다. 개별 지도와 집중 지도도 필요하다.

유창성이 부족하다고 '나쁜 독자'는 아니다. 글에 집중하기보다 자기가 알고 있는 것을 바탕으로 추론을 많이 하는 아이들은 지금 당장 유창하게 글을 읽지는 못하지만, 어떤 면에서는 나중에 좋은 독자로 성장할 가능성이 있다. 자기의 배경지식을 텍스트와 통합하여 글에서 말하지 않은 의미까지도 추론할 수 있기 때문이다.

그렇지만 지나치게 자신의 배경지식에만 의존하는 읽기는 분명 한계에 봉착할 수밖에 없다. 쉬운 글을 읽을 때는 그렇게 해서 넘어갈 수 있지만, 어려운 글에서는 정확한 글 정보를 확인하지 못해 잘못된 추론을 하기 때문에 좌절하기 십상이다. 이들에게 필요한 것은 단어와 문장을 꼼꼼하고 정확하게 읽는 능력이다.

읽기 유창성 수업의 다섯 가지 원리

읽기 유창성 지도의 기본 원리를 다섯 가지 정도로 정리하고자 한다.

첫째, 교사가 읽는 모습을 아이들이 잘 듣고 볼 수 있어야 한다. 교실에서 가장 좋은 독자는 누구인가? 선생님이다. 선생님이 소리 내서 책을 많이 읽어주어야 한다. 소리 내어 읽기 활동이 아이들의 유창성 학습에 큰 도움이 된다. 초등학교 저학년 교실에서는 정말 중요하고 빼놓을 수 없는 수업 활동이 바로 소리 내어 읽기이어야 한다. 아직 글을 배우지 않은 유치원에서도 책을 많이 읽어주는 것이 좋다. 초등학교 고학년, 심지어 중학교 교실에서도 소리 내어 읽는 일을 피할 이유가 없다.

둘째, 교사는 다양한 방법으로 학생들의 소리 내어 읽기를 촉진해야 한다. 선생님이 아이들에게 직접 소리 내어 읽기를 해주는 것에서 끝나면 충분하지 않다.

가령, '메아리 읽기'는 여러분 교실에서 흔하게 벌어지는 활동이다. 메아리 읽기에서는 어느 한 명이 글을 소리 내 읽으면 다른 사람들이 그것을 따라 읽는다. 돌아가면서 연속으로 소리 내어 읽는 방법이다.

또한 '나누어 읽기'도 좋다. 여럿이 소리 내어 읽을 수도 있고, 둘이 짝지어 읽을 수도 있다. 옆자리의 친구와 같이 읽거나 번갈아서 읽어도 좋다.

'들으면서 읽기'도 좋다. 잘 읽는 낭독을 들으면서 읽는 것이다. 특히 언어적 경험이 부족하다거나 읽기 발달이 더딘 아이들은 누군가 읽어주는 것을 들으면서 눈으로 책을 읽는 것이 큰 도움이 된다. 교과서를 읽으면서 선생님이 읽어주는 소리를 들을 때 음성 정보와 시각 정보를 동시에 받아들이면서 '아, 이 글자가 이렇게 소리가 나는구나. 이 단어를 이렇게 읽네. 이렇게 표현을 살리면서 읽는 거구나'라는 것을 배우게 된다. 더군다나 이렇게 하면 내용 이해에 더욱 집중할 수 있다.

같은 원리로 오디오북도 유창성 발달에 도움이 된다. 오디오북을 들으면서 책을 읽으면 음성 정보와 시각 정보를 활용하여 소리와 글자가 어떻게 연결되는지, 표현을 살려 읽는 것은 어떤 것인지 배울 수 있다.

셋째, 교사는 학생들이 의미 단위로 적절하게 띄어 읽는지 면밀하게 관찰해야 한다. 소리 내서 읽는 것은 기계적인 행위가 아니다. 아이가 글을 낭독하면서 어떻게 복잡한 문장을 의미 단위로 잘라 읽는지, 어떤 부분을 강조하면서 읽는지 등을 확인하면 좋다. 책을 읽을 때 어느 부분에서 아이의 목소리가 높아지는지, 어느 부분에서 속도가 빨라지거나 혹은 느려지는지 살펴보면, 그 아이가 글의 어느 부분에서 몰입하고 있는지도 알 수 있다.

유창성 지도 과정에서도 아이가 어떻게 의미를 이해하고 있는지 관찰하고 도움을 주는 일에 소홀함이 없어야 한다.

넷째, 학생이 스스로 읽어볼 기회가 충분하고 꾸준하게 주어져야 한다. 깊이 읽기는 같은 텍스트를 여러 번 읽으면서 경험할 수 있는데, 유창성 훈련에도 도움이 된다. 처음에는 쉽게 읽지 못한 글이지만, 반복적으로 읽으면서 글 내용과 표현에 익숙해지면 점점 더 유창하게 읽을 수 있다. 단어의 모양, 소리, 의미가 익숙해지고, 복잡한 문장도 두 번 세 번 읽게 되면 더 잘 이해된다. 그러면서 아이는 처음에는 잘 못 읽었지만 여러 번 읽으면서 점점 잘 읽고 있는 자신의 모습을 발견하게 된다. 그럴 때 아이들이 뿌듯해한다. 전에는 어렵던 일을 지금은 할 수 있을 것 같다는 마음이 생기는 것이다.

다섯째, 다양한 책을 골라 폭넓게 읽는 경험도 필요하다. 비슷한 주제와 영역의 글에는 비슷한 단어들이 등장하기 마련이다. 과학 영역의 글에는 원인과 결과에 관련된 표현이, 역사 주제의 책에는 사건과 인물에 관련된 표현이 자주 등장한다. 이렇게 서로 다른 맥락에서 비슷한 단어와 표현이 어떻게 활용되는지 관찰하면서 글을 반복적으로 읽어나가는 연습은 유창성 훈련에 큰 도움이 된다. 여러 편의 글을 읽을 수 있는 기회를 통해서 아이들이 유창한 읽기의 경험을 쌓아갈 수 있다.

이 장을 시작하면서 우리는 읽기 유창성에 관해서 흔히 생각할 수 있는 6개의 진술에 답해 보았다. 읽기 유창성에 관한 나의 예상 점검표(272쪽 자료1)가 그것이다. 유창성 이야기를 마무리하면서 여러분의 대답이 어떻게 바뀌었는지, 왜 그렇게 바뀌었는지 확인해 보자. 바뀌지 않은 것은 무엇인지도 살펴보자. 여러분이 각각의 진술에 잘 대답할 수 있다면, 그것은 여러분이 이 글을 잘 읽었다는 증거이다.

  기초 읽기 문해력에서 중요한 요소 중 하나가 어휘력이다. 어휘가 없으면 글을 읽을 수 없고, 글을 읽지 못하면 어휘가 늘기 어렵다. 아이들의 언어 발달이 문해력 발달에 중요한 이유는, 글을 읽을 때 필요한 어휘들을 아이들이 일상의 대화를 통해서 배우기 때문이다. 이번 장에서는 어휘의 학습과 지도 원리에 대해서 알아보자.

  어휘는 의미의 기본 단위, 언어의 재료이다. 글을 읽고 쓰면서 생각하고 소통하는 힘인 문해력의 중요한 근간이 되는 요소라고 볼 수 있다. 이 장에서 어휘가 읽기 역량 성장에 어떻게 기여하는지 그 기능과 역할을 알아보려 한다. 어휘를 읽기의 맥락 안에서 배우고 가르치는 몇 가지 방법에 대해서도 알아보자.

11장

정교하고 풍부한
어휘를 익히게 하자

어휘란 무엇이며, 어떻게 심층적, 확장적, 맥락적으로 어휘를 지도할 수 있을까?

· 왜 어휘가 중요한가? (열린 기능)
· 어휘력이 독해에 미치는 영향
· 일상어 이상의 어휘를 배워야 하는 이유
· 문해력 성장을 위한 어휘 지도, 어떻게 할 것인가?

주요 키워드

단어와 어휘 / 어휘 발달

어휘 기능과 전략 / 어휘 학습과 맥락

학습 어휘 / 어휘 사용

1 어휘가
왜 중요한가?

왜 어휘가 중요한가? 앞서 말했듯이 읽기 기능에는 닫힌 기능과 열린 기능이 있다. 닫힌 기능은 주로 글자, 단어, 문장의 해독에 관한 기능이고, 열린 기능은 글의 의미와 내용 이해에 관련된 기능이다. 열린 기능에 관여하는 것 중에 하나가 어휘이다.

어휘력은 한순간에 숙달되거나 완결되지 않는다. 어휘력은 꾸준하게 길러져야 하는 열린 능력이다. 우리는 나이가 들어도 계속 어휘를 배운다. 어쩌면 우리가 무엇을 배운다는 것은 달리 말해 어휘를 배우는 것일 수도 있다. 새로운 경험, 새로운 개념, 새로운 배움은 항상 새로운 어휘와 연동된다.

독자의 성장, 문해력의 발달에 어휘가 중요한 만큼 실제로 우리가 글을 읽는 과정에서도 어휘가 중요한가 질문해 보자. 글 읽기 과정에서 어휘가 중요한 이유는 두 가지로 설명할 수 있다. 하나는 어휘는 해독과 독해를 연결하는 연결고리 역할을 한다는 사실이다. 다른 하나는 어휘가 의미 구성의 기본 요소라는 점이다.

먼저 어휘가 중요한 첫째 이유에 대해 알아보자. 해독과 독해를 연결하는 다리, 교량, 연결 요소가 어휘다. 어휘가 가교 역할을 하는 것이다. 글을 이해한다는 것은 무엇인가? 텍스트 정보, 텍스트를 이루고 있는 어휘 정보를 지각, 처리, 이해하는 일이다. 우리가 텍스트에 있는 단어를 읽을 때는 단어를 이루는 철자와 소리, 단어의 형태와 기능을 확인한다. 이러한 단어 정보를 받아들이면서 우리는 그 단어의 의미, 인접 단어와의 관계, 단어가 사용되는 맥락을 동시에 파악한다. 우리가 자라면서 글을 읽고 대화하고, 사람들과 어울리면서 우리 머릿속에 특정 단어(단어망)에 관련된 경험과 지식들이 쌓여 구조화되어 있다. 그것이 바로 어휘 지식이다.

우리는 어휘 지식을 가지고서 단어의 의미, 철자, 형태, 기능, 소리를 파악한다. 크게 보면 '아버지'라는 단어를 보고 '어렸을 때 맛있는 과자를 사다 주셨던 아버지'라고 떠올리는 의미 지식과, '아버지는 아버지라는 단어(문자 언어와 음성 언어)로 쓰고 읽는구나'라는 모양과 소리에 관한 지식을 활용한다.

그러니까 어떤 단어가 우리 눈과 귀에 들어왔을 때, 그것이 우리 머릿속에 있는 단어 지식과 경험을 터트리는 것이다. 단어와 지식, 언어와 경험이 만나서 기호의 의미를 이해할 수 있게 된다. 그래서 어휘는 해독과 독해를 연결하는 다리라고 말한 것이다. 단어는 형태와 소리로 해독하는 것이고, 해독이 됨과 동시에 독자의 경험과 어울려 '아, 아버지!'라고 의미가 떠오르는 것이다.

둘째, 어휘는 의미 구성의 기본 요소이다. 우리가 집을 지을 때를 한번 생각해 보자. 벽돌집을 지을 때 가장 중요한 것은 무엇일까? 바로 벽돌이다. 빨간 벽돌집을 지으려면 충분한 양의 빨간 벽돌이 있어야 한다. 그다음에는 무엇이 중요할까? 벽돌을 집의 설계와 구조에 맞게 쌓아 올리는 일이다. 벽돌집은 벽돌이 없으면 지을 수가 없고, 벽돌이 있어도 벽돌을 알맞게 그리고 견고하게 쌓아 올리지 못하면 집을 지을 수 없다.

글 읽기가 집 짓기라면, 글 읽는 과정에서 벽돌의 역할을 하는 것이 어휘이다. 아이들이 장난감 블록을 가지고 탑도 만들고 집도 만든다. 마찬가지로 아이들이 어휘를 가지고 문장도 읽고 책도 읽는다. 어휘가 벽돌이고 블록이다. 어휘가 있어야 여러 어휘를 연결하고 조합해서 문장을 짓고, 글을 구성하고, 한 편의 텍스트를 완성할 수 있다. 마찬가지로 글을 읽을 때도 그에 어울리는 다양한 어휘가 있어야 한 편의 텍스트를 이해하고, 단락을 이해하고, 문장을 이해할 수 있다. 자신이 가지고 있는 블록이 다양하고 충분해야 시계탑도 만들고 병원도 짓는 것처럼, 어휘력이 풍부해야 과학책도 읽고 역사 글도 공부할 수 있다.

어휘력과 독해

글을 읽는 가장 가까운 목적은 의미를 이해하는 것이고, 그때 가장 중요한 것이 독해라고 했다. 그러면 어휘와 독해는 어떤 관계가 있는가? 절대적으로 상관관계가 높다. 왜냐하면 어휘 자체가 의미의 덩어리이고, 그것을 연결하고 조합해서 맥락에 맞게 이해하는 것이 독해이기 때문이다.

어휘와 독해의 관계를 살피기 위해 미국의 국가수준 학업성취도 평가인 NAEP의 데이터를 보자.[1] 학생들을 독해 점수에 따라 네 수준으로 나눴을 때 상위 75퍼센트 학생들은 물론이고 그 아래 두 수준(51~75퍼센트, 25~50퍼센트) 학생들의 학업성취도에도 어휘력이 상당한 영향력을 발휘한다[그림1]. 독해를 잘하는 아이들이 어휘력도 높을 가능성이 크고, 반면에 글을 잘 이해하지 못하는 아이들은 어휘력도 떨어질 가능성이 크다. 중간 정도 수준의 아이들은 어휘력 수준도 전체 아이들 중에서 중간 정도 된다고 볼 수 있다. 이렇게 어휘와 독해는 아주 밀접한 관계가 있다.

독해와 어휘의 높은 상관관계를 볼 때, 독해를 가르치는 가장 기본은 어휘를 가르치는 것이라고 말해도 과언이 아니다. 그런데 어휘가 한둘이 아니다.

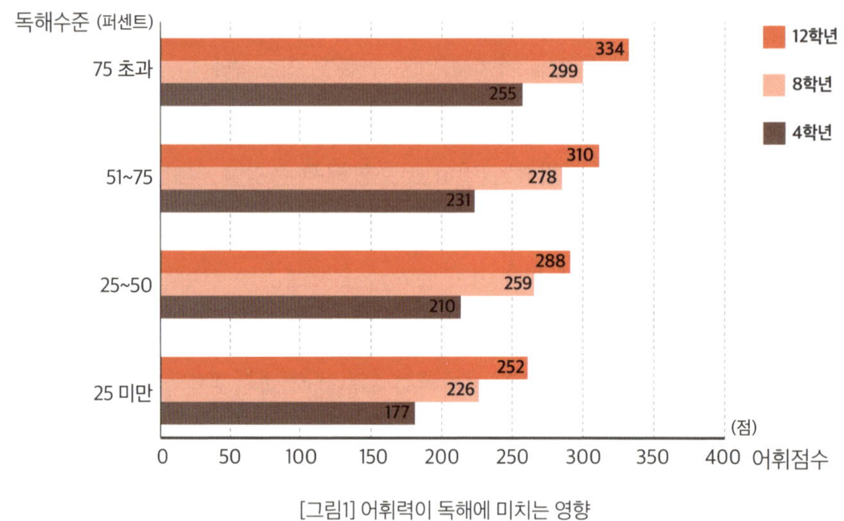

[그림1] 어휘력이 독해에 미치는 영향

이 세상에서 우리가 쓰는 말들, 언어의 재료들이 셀 수 없이 아주 많다. 아이들이 쓰는 말이 몇 개 안 되는 것 같지만 실은 정말 많고, 어른들이나 전문가들이 쓰는 어휘들은 더욱 많고 또 어렵다. "단어 몇 개 알면 되는 거 아니야? 중요한 단어들, 많이 쓰는 말들 있잖아. 그런 것만 알면 글 읽는 데 별로 문제될 게 없잖아?"라며 반문할 수 있지만, 현실은 전혀 그렇지 않다. 아이들이 글을 잘 읽고 이해하려면, 문해력 발달의 근간인 어휘를 폭넓고 깊게 배워야 한다.

일상어 이상을 배워야 하는 네 가지 이유

우리 아이들은 왜 일상 단어 이상의 어휘를 배워야 할까?

첫째, 세상에서 벌어지는 일들은 일상어를 넘어서는 다양하고 정교한 어휘들로 소통된다. 세상에서 벌어지는 사건과 현상, 세상을 살아가는 사람들과 그들의 논리, 어떤 일에 필요한 원리와 지식, 개념과 의미를 정확하고 정교하게 이해하려면 몇 가지 일상어만으로는 불가능하다. 훨씬 더 풍부한 어휘들이 미묘한 맥락에 맞게 필요하다. '짜증 난다'라는 말 하나로 모든 불편한 감정을 표현하기보다, '힘들다' '어렵다' '고민이다' '걱정이다' '불안하다' '싫증 난다' 등의 다채로운 어휘로 표현할 수 있다면, 훨씬 더 세상과 그 세상을 살아가는 사람들의 기분과 느낌을 더욱 섬세하게 이해할 수 있다.

둘째, 어휘에도 질이 있다. 어휘의 질이 글을 읽고 의미를 파악하는 과정을 좌우한다. 단어 하나를 읽을 수 있다고 해서 어휘력이 온전하다고 말하기 어렵다. 어휘력이 있다는 것은 단어와 단어의 쓰임, 그 쓰임의 맥락을 이해하는 것이며, 다른 단어들과 함께 그 단어가 어떻게 조화를 이루거나 그렇지 않은지, 어떻게 단어와 단어가 모여 더 큰 의미의 문장과 글이 만들어지는지를 아는 것이다. 단어의 형태에 대한 지식, 음운에 대한 지식, 의미에 대한 지식, 맥락에 대한 지식이 균형적으로 갖추어져야 양질의 어휘력을 갖추었다고 말할 수 있다.

셋째, 어휘는 맥락적으로 사용된다. 어휘가 하나의 물건처럼 따로 떨어져 있어서 그것을 내가 다 쓸어 담아 호주머니에 넣을 수 있으면 좋은데, 실제는 그렇지가 않다. 같은 어휘라도 어느 맥락에서, 언제, 어디서, 어떤 문장 안에서, 어떤 글 안에서, 어떤 사람이 사용하는가에 따라 그 의미가 상당히 달라진다. 어휘의 의미는 완전하게 결정되어 있지 않다. 어휘는 맥락적이다. 따라서 맥락을 벗어나면 어휘의 의미도 알기 어려운 경우가 많다. 어휘 학습이 어려운 이유도 이 때문이다.

넷째, 거의 모든 유형의 학습은 어휘 학습을 요청한다. 과학을 배우는 것을 생각해 보자. 과학 시간에는 과학의 원리와 공리, 현상과 법칙을 배운다. 그런데 이것들은 모두 과학의 어휘들로 설명된다. 과학의 내용 학습은 과학의 어휘 학습에서 출발하여 그것으로 완성되고, 과학을 잘 공부하기 위해서는 과학의 말들을 잘 알고 사용할 수 있어야 한다. 역사 시간이나 정치, 경제, 사회 공부를 할 때도 그렇다. 외국에서 오래 살다가 한국으로 들어온 학생이 가장 어려워하는 과목이 뭘까? 사회나 역사다. 국어보다 더 어려워한다. 왜냐하면 사회 교과서는 낯선 사회적 문화적 지식을 담고 있는 생소한 어휘들로 가득 차 있기 때문이다. 한국이라는 사회, 한국이라는 문화에서 사용되는 많은 어휘들이 있는데 이주 배경의 아이들은 평소에 이러한 어휘에 노출된 경험이 적다. 사회나 역사 같은 과목을 공부하려면 사회와 역사를 설명하는 수많은 어휘를 배워야 한다.

이처럼 정교한 문해력은 일상어 이상의 어휘 학습을 요청한다. 앞에서 언급한 이러한 네 가지 이유 각각에 대하여 이어서 조금 더 살펴볼 것이다.

2 복잡한 어휘를 알아야
복잡한 문제를 해결한다

일상적인 의사소통은 생각보다 적은 수의 단어만으로 충분히 가능하다고 한다. 영어의 경우에 일상에서 가장 많이 사용되는 기본 단어가 약 100개라고 한다. 그리고 이 100개의 단어가 의사소통에 필요한 어휘의 절반 정도를 설명한다고 한다. 우리가 일상적으로 말을 할 때 이런 '고빈도 단어'의 비중이 50퍼센트 정도 된다는 뜻이다.

그렇다면 "일상 단어 100개만 알면 대화에서 반은 성공하는 거 아니야?"라고 질문할 수 있다. 하지만 여기에는 함정이 있다. 일상적 의사소통을 넘어서는 대부분의 일 또는 공부의 상황, 전문적이고 기술적인 텍스트를 통한 업무와 상호작용에서는 나머지 50퍼센트의 말들이 핵심적인 역할을 담당하기 때문이다. 일상 어휘가 일상적 의사소통의 많은 부분을 차지하지만, 중요한 글에서 정말 중요한 의미를 담고 있는 말들, 의사소통에서 중요한 문제가 되는 말들, 토론에서 핵심 논쟁을 가능하게 하는 말들은 모두 일상어를 넘어

선다. 그래서 교육적으로 보자면 나머지 50퍼센트를 어떻게 배우는가가 중
요한 과제가 된다.

어휘 교육이 쉽지 않은 이유

앞서 우리는 문해력이 기호와 의미와 세상을 다루는 일이라고 살펴보았
다. 그렇다면 이런 일의 가장 기본이 되는 재료가 무엇일까? 바로 어휘이다.
그렇다면 어휘를 왜 배워야 할까? 우리가 복잡한 세상사에 참여하기 위해서
는, 복잡한 의사결정을 수행하고 복잡한 문제를 해결하기 위해서는, 그에 필
요한 어휘를 반드시 배워야 한다. 일상 어휘를 넘어서는 정교한 어휘를 배워
야 하고, 나아가 어휘를 배우는 것은 실은 모든 분야에서 이루어지는 전문성
교육의 핵심이다. 그래서 어휘 교육이 어렵다. 어휘는 의미와 맥락, 일과 경
험, 삶의 과정에 직결되어 있기 때문이다.

어휘력은 문해력 발달에 상당한 영향을 미친다. 어휘는 학교에서도 배우
지만, 학교 바깥에서 배우는 어휘들이 실은 훨씬 많고 다양하다. 가정에서도
배우고, 공동체, 도서관, 길거리에서 사람들을 만나면서, 간판을 보면서, 신
문을 보면서, 인터넷을 사용하면서 배우는 어휘들이 참으로 많다. 책을 읽으
면서, 대화를 통해 배우는 어휘들도 많다. 독서는 어휘 학습의 가장 효과적
인 수단이다. 어려운 책을 읽으면 어려운 어휘를 배울 기회가 많아지고, 긴
책을 읽으면 더욱 많은 어휘들을 다양한 문맥에서 반복적으로 배울 가능성
이 높아진다.

아이들의 어휘 수준은 가정 배경에 따라 상당히 차이가 난다. 서구에서 진
행된 한 고전적인 연구에서는 48개월 아이들을 가정의 사회경제적 지위에
따라 서로 다른 집단으로 나누고 이들의 어휘 학습량을 비교해 보았다.[2] 연
구 결과에 따르면 저소득층 아동의 어휘량이 1,300만 개인 데 비해 고소득
층 아동의 어휘량은 4,500만 개까지 되었다[그림2].

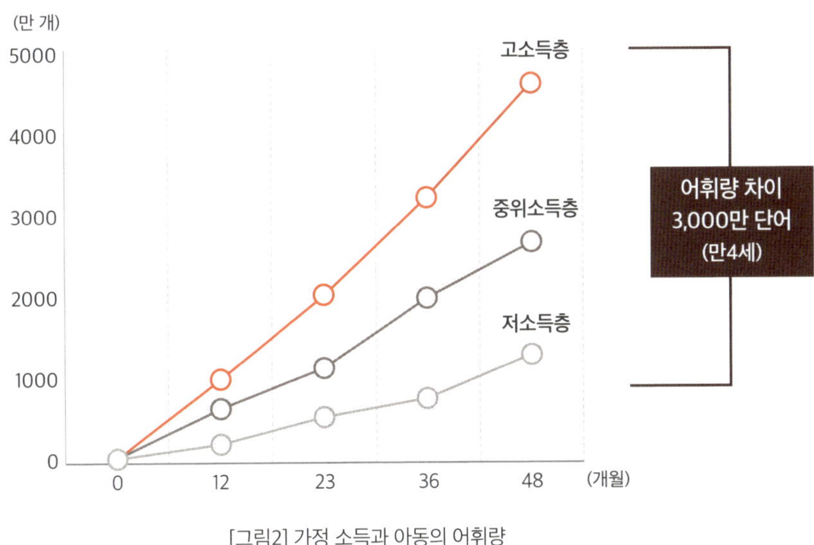

[그림2] 가정 소득과 아동의 어휘량

물론 이 결과만을 가지고 소득이 높고 경제적으로 부유하면 어휘도 많이 알 것이라고 단정할 수 없다. 인과관계가 아니라 상관관계를 보여줄 뿐이기 때문이다. 다만, 이 연구 결과는 아이들이 이미 가정에서부터 다양한 수준의 언어와 경험에 노출될 때 소통과 학습에 필요한 어휘량이 상당한 정도로 달라질 수 있음을 시사한다.

어휘량의 차이, 이로부터 추론할 수 있는 어휘력의 차이를 좁혀주어야 할 곳이 바로 학교이다. 사회적 운에 의해 가정에서부터 이미 벌어져 있는 아이들 간의 어휘력 격차를 어떻게 학교라는 제도를 통해서 최대한 좁힐 수 있을지 진지하게 질문해야 한다. 직접, 간접적으로 실행되는 어휘 교육이 문해력 교육의 성패를 가늠하는 데 중요한 역할을 한다. 다양한 교과 학습 및 비교과 활동 맥락에서 다양한 텍스트와 매체를 통해 수행되는 직간접적 어휘 지도가 정말 빼놓을 수 없는 주요 학교 활동이 되어야 한다.

3 수준 높은 어휘를 키워나가는 법

어휘력에도 질과 수준이 있다. 이와 관련해 수십 년간 과학적으로 탐구된 '어휘 양질성 가설'에 대해 알아보자[3]. 우리 머릿속에는 '렉시콘'이라 부르는 일종의 어휘사전이 있는데, 어휘 양질성 가설은 독자가 가진 렉시콘의 자질과 수준이 독자의 글 읽기에 중요하게 영향을 미친다고 가정한다.

양질의 어휘사전을 갖추려면 단어의 형태(철자), 음운(발음), 의미(뜻)에 관한 정확하고 구체적인 지식이 필요하다. 그리고 이 어휘 지식이 단어를 보는 순간 신속하게 연동되어 활성화되어야 한다. 어휘 지식이 세상 지식과 어우러질 때 해당 단어의 원래 뜻뿐만 아니라 다양한 맥락에서 그 단어가 어떤 의미를 갖는지 정교하게 파악할 수 있다. 나아가 양질의 단어를 더 많이 알면 새로운 단어를 더 잘 배우고 더 잘 알게 된다.

단어장에 줄줄이 적힌 말들을 힘들여 외운다고 어휘력이 쉽게 늘지는 않는다. 양질의 어휘사전, 좋은 어휘력을 갖추기 위해서는 단어를 구성하는 다양한 자질과 요소에 대해 알아야 하고, 그러한 단어 지식들을 긴밀하게 연결하여 맥락에 어울리게 사용할 수 있어야 한다. 이렇게 형성된 양질의 어휘력은 글을 읽을 때 독자가 활용할 수 있는 매우 중요한 인지적 자원이 된다. 우리는 독자의 어휘사전을 구성하는 요소들과 글 읽기에 미치는 영향을 어휘 양질성 수준에 따라 정리해 볼 수 있다[자료1].

가령, 양질의 어휘사전을 가지고 있으면 단어의 철자를 소리 내어 읽으면

어휘 양질성		높은 수준	낮은 수준
어휘사전의 구성 요소	철자	정확하고 구체적이며 일관성 있는 철자 지식을 갖춤.	철자 지식의 구체성이 떨어지고 변이 가능성이 높음.
	음운(발음)	단어와 맥락에 따라 규칙적으로 적용되는 자소(철자)와 음소(소리) 대응의 원리를 숙달함.	단어와 맥락에 따른 자소-음소 대응의 안정성이 떨어지고 변이 가능성이 높음.
	문법	단어의 유형, 형태, 문법적 규칙에 대한 구체적이고 맥락적인 지식을 확보함.	단어의 유형, 형태, 문법적 규칙에 대한 구체적이고 맥락적인 지식이 부족함.
	의미	단어의 일반적 의미뿐만 아니라 다양한 의미역에 대해 이해하고, 여러 유의어들을 분명하게 구별함.	관련 단어들 사이의 의미 차이를 변별하기 어려움.
	요소 연결	철자, 음운, 문법, 의미 지식을 긴밀하게 연결함.	철자, 음운, 문법, 의미 지식의 연결이 느슨함.
읽기 과정에 미치는 영향	안정성	철자와 발음 정보를 바탕으로 정확하고 안정적으로 단어를 파악함.	철자와 발음 정보만으로는 단어 파악이 늦거나 어려움.
	동시성	단어 파악을 위해 필요한 요소들이 동시에 활성화됨.	단어 파악을 위해 필요한 요소들이 따로따로 활성화됨 (가령, 철자 해독이 느리거나 의미 파악이 정확하지 않음).
	의미 통합	독해 과정에서 단어 파악이 중요하게 기여함.	독해 과정이 단어 파악의 어려움으로 인해 지장을 받음.

[자료1] 어휘 양질성 수준이 어휘사전 구성 요소와 읽기에 미치는 영향

서 곧바로 정확하게 그 의미까지 파악할 수 있게 되고, 유창한 단어 파악을 통해서 글의 내용을 더욱 정확하고 맥락에 맞게 이해할 수 있다. 반대로 어휘사전이 좋지 않으면, 철자와 발음이라는 최소의 정보만으로는 단어 의미 파악이 쉽지 않게 되고(단어를 소리 내어 읽어도 무슨 뜻인지 알지 못함), 따라서 단어와 단어가 문법적, 맥락적으로 연결된 문장과 글의 내용을 이해하는 데 지장을 초래한다.

따라서 학생의 어휘력(특히, 기초 어휘력이 한창 발달하는 초등학교 저학년의 경우)을 판단할 때는 단지 그 단어를 안다 모른다의 문제를 넘어서, 단어의 철자를 정확하게 읽고 효과적으로 소리 내서 읽을 수 있는지, 단어의 의미를 즉각적으로 떠올려서 글 이해에 활용할 수 있는지 등을 종합적으로 살펴야 한다.

경험에서 건져 올리기

나아가 어휘 교육은 단어 교육을 넘어서야 한다. 어휘사전은 수많은 어휘들이 서로 뒤엉켜 있는 일종의 지식망이다. 우리의 머릿속 어휘사전은 실물 국어사전처럼 1번부터 100번까지 낱개로 목록화되어 따로 떨어져 나열되어 있지 않다. 오히려 수없이 많은 관련 단어와 표현들이 크고 작은 망을 이루어 구조화되어 있다. 그래서 같은 단어라 하더라도 독자의 경험에 따라서 어떻게 그 단어가 서로 다른 맥락에서 구체적인 의미로 달리 쓰이는가를 파악할 수 있게 되며, 하나의 단어가 다른 단어를 연쇄적으로 활성화시키기도 한다. 따라서 '어휘 그물'이 유기적으로 엮여 있으면 의미 구성의 질도 좋아질 가능성이 커진다.

어휘를 많이 아는 것도 중요하지만, 어휘를 사용할 줄 아는 것도 중요하다. 특정 어휘가 이떤 맥락에서 어떻게 쓰이고, 그때 그 어휘의 의미와 쓰임이 어떻게 미묘하게 달라지는가를 아는 것 또한 중요하다. 어휘의 활용과 맥락에 관한 지식이 정교하면 글을 읽을 때도 의미를 잘 구성할 수 있다. 양질의 어휘력이 발달하면 의미 구성적 독해 능력의 향상도 기대할 수 있는 것이다. 학생들이 어휘 학습을 할 때, 우리가 그들에게 어휘를 지도할 때, 예전처럼 사전에 있는 단어를 적고 그 뜻을 외우는 방식의 어휘 학습은 시간도 오래 걸리고 효과도 크지 않다.

물론 어휘력의 핵심은 어휘를 정확하게 읽고 쓸 수 있는 능력이다. 내가 아는 단어들을 문장에서 어떻게 사용할까? 이렇게 단어를 사용하면 문맥에 맞는 걸까? 글을 읽을 때 잘 모르는 단어가 나오면 어떻게 의미를 파악할 수 있을까? 학생 독자가 마음속으로 이렇게 질문하면서 적극적으로 답을 모색할 수 있다면 양질의 어휘력을 키워나가는 데 필요한 중요한 토대를 갖추었다고 말할 수 있다.

4 앞뒤 맥락을 짚는 연습

어휘는 맥락적이다. 어휘는 맥락 안에서 쓰인다. 맥락 없이 홀로 쓰이는 것은 마치 따로 떨어져 존재하는 물건과 같다. 하지만 어휘는 맥락 안에서 살아 움직이는 생명체에 가깝다. 어휘는 물건처럼 바닥에 덩그러니 널브러져 있는 것이 아니라, 지금 바로 그것이 발현되는 때와 곳에 맞게 살아 움직이며 뜻을 발휘한다.

어휘와 함께 상호 교환적으로 쓰는 말이 바로 '단어'이다. 우리는 일상에서 이 둘을 자주 섞어 쓰지만, 엄밀하게 보면 단어와 어휘는 구별된다. 단어는 말 그대로 홀로 쓸 수 있는 가장 작은 말의 단위이며, 다른 말로는 '낱말'이라고 한다. 단어는 언어적 단위로서 여럿이 모여서 구와 절, 문장을 이룬다. 그래서 단어는 문법적 기능과 역할을 갖는 개념이다.

그런데 이휘는 조금 다르다. 어휘는 특정한 언어 체세와 네두리, 그 안에서 사용되는 온갖 언어 항목들의 총체를 말한다. 그러니까 한국어, 영어, 프랑스어, 독일어 등의 특정한 언어 체계 안에 어휘들이 위치한다. 특정한 언어 체계와 테두리는 직업이나 학문, 지역과 문화의 영역일 수도 있고, 따라서 이 체계와 테두리 안에서 사용되는 어휘에는 각각의 특색이 있다. 과학 시간에 필요한 어휘들, 사회 시간에 사용하는 어휘들, 미술을 설명할 때 쓰는 어휘들이 모두 다르다.

어휘는 우리가 의미를 전달할 때 필요한 재료이다. 의미를 실어서 전달할 수 있는 재료, 즉 언어의 재료이다. 단어는 어휘의 일부이자 문법적 개념이지만, 어휘는 그보다 의미역이 넓은 인지적, 사회적, 문화적 개념이다.

우리가 '어휘가 풍부하다'고 말할 때, 이는 단어를 많이 알고 있다는 이야기일 수 있지만 실은 더 깊은 뜻을 함의한다. 누군가의 어휘가 풍부하다는 것은 그가 특정한 언어 체계(직업이든 학문이든 언어권이든 간에) 안에서 풍부하게 의미를 이해하고 표현할 수 있는 다양한 재료를 보유하고 있음을 뜻한다. 해당 언어 체계에서 인정받는 언어의 요리사, 언어의 마술사라는 것이다.

그 말은 어떤 연유로 우리에게 왔는가?

맥락이란 무엇인가? 맥락이란 일이나 어떤 일들이 일어나는 앞뒤 순서를 말한다. 글에서의 맥락은 문맥이고, 말에서의 맥락은 화맥이다. 어휘는 우리가 실제로 그 어휘를 사용하는 다양한 사회, 집단, 계층, 직업, 학문, 상황의 의사소통 맥락 안에서 그 역할, 의미, 가치가 규정된다. 어휘는 맥락에 의해 규정되기에 어휘를 파악하는 것은 맥락을 파악하는 것이고 어휘를 배우는 것은 맥락을 배우는 것이다.

어휘와 맥락의 관계에 대해 예를 들어 살펴보자. 코로나19 감염병 시대에 가장 많이 사용된 '자가격리'라는 말이 있다. 자가격리란 하나의 단어이지만, 코로나 감염병이라는 사회적 맥락, 시대적 환경, 문제적 상황에서 특히 그 사회적, 문화적, 의료적, 정치적 쓰임과 의미가 부각된 어휘이다.

코로나가 한창 기승을 부리던 2020~2021년에 자가격리와 관련된 주요 언론 기사들을 모아봤다. 이 기사들에서 키워드를 뽑아 워드 클라우드로 생성했다. 워드 클라우드는 다수의 텍스트를 데이터로 삼아서 어떤 단어들이 얼마나 빈번하게 등장하는지를 시각적으로 표현한 것이다. 언론 기사에서 '자가격리'라는 말과 함께 쓰인 말들은 다음과 같다[그림3].

[그림3] 언론 기사에서 '자가격리'와 함께 쓰인 어휘

먼저 '역학조사'가 '자가격리'와 같이 가장 많이 쓰는 말이었다. 자가격리를 왜 하는가? 코로나 팬데믹 기간에는 역학조사를 통해 감염 경로를 밝히고, 확진자들을 격리함으로써 바이러스 전파를 조금이나마 줄이려 했다. 또한 확진자를 자가격리 시켜서 감염병 전파 경로를 통제할 수도 있었다.

이어서 자가격리는 '확진자'라는 말과도 자주 쓰였다. 코로나 팬데믹 기간에는 확진이 되면 자가격리를 해야 하고, 확진이 의심되어도 스스로 자신을 가두는 자가격리를 해야 했다. '의심 증상'은 코로나바이러스 감염병 의심 증상으로 두통이나 열이 날 때도 스스로 자가격리를 해야 했기에 충분히 함께 많이 쓰였다. 이외에 '진단검사' '근육통' '자가격리면제' '방역당국' '손씻기' '접촉자' 등의 말들, 자가격리 기간에 이용이 제한되었던 '대중교통'과 자가격리 조치를 관장하는 '질병관리본부' 등의 말도 빈번하게 함께 쓰였다.

자가격리의 예를 통해서 우리는 하나의 단어가 결코 낱개의 단어로 학습되는 것이 아니라 다양한 맥락에 위치한 어휘로 사용되고 학습되어야 한다는 점을 확인할 수 있다. 자가격리라는 단어는 사전적으로 '내가 스스로 나를 다른 곳으로 떼어놓는다'라는 뜻으로 정의되지만, 그것이 쓰이는 다양한 맥락까지를 고려한다면 자가격리라는 말을 제대로 이해하려면 그것과 함께 쓰이거나(혹은 쓰이지 않는) 말들까지도 알아야 한다.

또한 자가격리를 제대로 이해하기 위해서는 관련 단어들까지도 소통 맥락에 어울리게 함께 사용할 수 있어야 한다. 독자의 인지 구조 안에 자가격리에 관한 폭넓은 어휘 그물이 만들어져야 한다.

촘촘한 그물망 속 낱말의 개념들

어휘는 그물망이기에 개념적이기도 하다. 그래서 어휘를 가르칠 때 단어 하나하나를 떼어서 가르치기보다는 개념적으로 접근해 볼 수 있다. 핵심 어휘를 가르칠 때 개념적으로 등장하는 관련 단어와 표현을 함께 가르치는 것이다. 학생들은 따로 떨어진 '낱말' 학습을 넘어서, 다양한 맥락 안에서 그 낱말과 함께 어우러진 말들을 하나의 개념망으로 배울 수 있다. 동시에 해당 어휘가 사용되는 상황과 맥락의 미묘한 차이와 공통점도 함께 알게 되어 어휘의 맥락성뿐 아니라 개념적 정교함도 도모할 수 있다. 이는 내용교과 수업에서 요긴하게 시도해 볼 수 있는 효과적인 어휘 지도 방법이다.

가르치고 싶은 어휘와 관련 어휘들을 가지고 워드 클라우드를 만들어보면 어휘의 의미망을 한눈에 알아보기에 좋다. 그리고 아이들과 함께 이 시각적 어휘 그물을 함께 관찰하고 토론해 볼 수 있다. 가장 많이 쓰이는 말들, 익숙한 말들, 언젠가 들어보았지만 그 뜻을 잘 모르는 말들을 구별해 보자. 말과 말이 어떻게 여러 겹의 연결고리로 엮여 있는지, 그렇게 연결된 말들로 어떤 문장과 표현을 만들어낼 수 있는지도 이야기해 보자.

'자가격리' 뜯어보기

가령 '자가격리' 어휘를 활용한 간단한 교실 활동을 생각해 보자. 먼저, 학생들에게 워드 클라우드를 보여주고 여러 모양과 색깔로 표현된 말들을 관찰하게 한다. 우선 어떤 말들이 있는지, 크게 보이는 말들이 무엇이고 작게 숨어 있는 말들이 무엇인지 확인해 보자. 그리고 칠판이나 화이트보드, 활동지 또는 공책에 다음과 같이 네 가지 방식으로 '자가격리' 어휘를 설명해 보게 하자.

첫째는 '정의', 즉 '자가격리란 무엇인가?'에 대한 답이다. 둘째는 '특징'으로 '자가격리의 특징은 무엇이고 어떻게 설명할 수 있는가?'에 대한 반응이다. 셋째는 '예'로 '어떤 경우에 우리가 자가격리라는 말을 쓸 수 있는가? 자가격리의 의미가 통하는 경우는 언제 어떤 경우인가?'에 대한 분석이다. 넷째는 '반례', 그러니까 '자가격리라는 말을 쓸 수 없는 경우, 자가격리의 의미가 통하지 않는 실제 상황은 어떤 경우인가?'에 대한 설명이다.

자가격리란 무엇인가? 자가격리는 감염병에 노출된 사람이 질병의 증세를 보이는지 확인하기 위해서 일정한 기간 동안 타인으로부터 자신을 분리하거나 이동을 제한하는 행위라고 '정의'할 수 있다. 이러한 사전적 정의를 시작으로 학생들의 경험과 연관 지어 이야기하면서 조금 더 구체적인 정의를 만들어볼 수 있다. 코로나 이후에는 자가격리를 할 일이 거의 없어서 학생들이 이 말의 뜻을 이해하기 어려워할 수도 있다. 그렇다면 인터넷을 활용해서 자가격리라는 말이 들어간 기사와 자료를 찾아보고 참고하게 해도 좋다.

자가격리는 어떤 특징을 갖는가? 자가격리는 일반적으로 가정이나 정부에서 마련한 시설관에서 실시한다는 특징을 가진다. 자가격리 기간 동안에는 타인과의 접촉이 제한된다. 그래서 자가격리는 특별히 코로나19 상황에서 아주 빈번하게 실행되었고, 따라서 '자가격리'라는 말도 그만큼 자주 사용하여 익숙한 말이 되었다.

전에는 잘 쓰이지 않던 말이 코로나 감염병 상황에서 매우 빈번하게 사용되었다는 것은 어휘와 그 쓰임이 사회적, 환경적, 문화적 맥락에 의존하는 것임을 보여준다. 동시에 코로나가 끝난 지금은 자가격리라는 말을 쓸 일이 거의 없다. 이 또한 어휘의 쓰임과 가치가 사회문화적으로 새롭게 맥락화된 것임을 보여준다.

그렇다면 자가격리라는 말은 언제 의미가 통하고 언제 그렇지 않을까? 먼저 자가격리라는 말이 통하는 예를 찾아보자. 첫째, 일반적으로 감염병 확진자와 밀접 접촉했을 때 신속하게 진단 검사를 받고 스스로 자가격리를 실시한다. 둘째, 자가격리 기간에는 대중교통 이용이나 타인과의 접촉을 금하는 등 가급적 외부와의 상호작용을 제한한다.

반면에 자가격리라는 말이 통하지 않는 예도 있다. 예컨대 '진단검사 결과 양성 판정이 나오면 자가격리에서 해제할 수 있다'라는 문장은 그 의미가 통하지 않는다. 검사 결과 음성 판정이 나와야 자가격리를 해제할 수 있기 때문이다. 양성은 확진이 되었다는 뜻이고, 이는 자가격리를 해야 하는 상황을 만든다. '양성, 음성'과 같은 말들은 아이들에게는 매우 혼란스러운 어휘들이다. 양성이면 좋을 것 같고 음성이면 나쁠 것 같다는 생각이 언뜻 들지만, 실은 내 몸에서 바이러스가 나오면 양성이고 나오지 않으면 음성이다.

'생활 속 거리두기를 하면 자가격리가 필요 없다'라는 문장에서도 자가격리의 의미는 통하지 않는다. 생활 속 거리두기는 일상에서 지켜야 할 규칙이지만, 자가격리란 그보다 훨씬 엄격한 조건과 절차가 요구되는 규칙이다.

　코로나 상황이 끝난 지금에는 자가격리를 하는 상황과 그렇지 않은 상황이 아이들에게 낯설게 들릴 수 있다. 그렇다면 코로나19 바이러스 이외의 다른 법정 전염병의 경우, 보건 의료가 취약한 제3세계 국가의 경우, 유엔이나 유네스코와 같은 국제기구에서 제공하는 사례들을 수집해 확인해 보는 것도 좋다.

　이렇게 분석적인 어휘 활동을 하면 자가격리라는 단어 하나만으로도 한 시간 수업이 모자랄지 모른다. 일상적이지만 삶에서 중요한 개념을 다룬 글을 읽고서, 개념어를 중심으로 워드 클라우드 혹은 어휘 개념 지도를 만들어 관찰해 보자. 그리고 네 가지 방식(정의, 특징, 사례, 반례)으로 초점 어휘를 분석해 보자. 학생도 흥미롭고 교사에게도 유용한 어휘의 맥락적 교수학습의 기회를 마련해 보자.

5 국어 시간에 특히 가르쳐야 할 어휘

마지막으로 강조하고 싶은 것은 어휘력이 바로 학습의 도구라는 점이다. 그것도 매우 핵심적인 도구다. 우리는 문해력이 학습의 도구라는 말을 많이 한다. 문해력이 아이들의 공부, 배움, 학업 성취와 상당한 정도의 상관관계를 가지고 있다고 이야기한다. 이때 의미를 다루는 능력으로서 문해력의 기본이 바로 어휘력이다.

세 가지 어휘 범주

학습이란 무엇인가? 학습이란 외부의 정보를 활용하여 새로운 의미를 구성하는 경험이다. 여러 자료를 가지고 공부하면서 정보와 내용을 습득하고, 새로운 지식을 쌓고, 알고 있던 것도 정교하게 만들어간다. 이때 공부의 자료에 담긴 정보와 내용은 수많은 어휘들로 표현되고 구조화된다. 그래서 어휘와 학습은 밀접하게 관련된다.

학습의 도구라는 관점에서 어휘를 세 가지 범주로 구분할 수 있다[자료2].

첫째, 일상 어휘이다. 일상의 의사소통 과정에서 자주 사용되는 말들이다. 학교에서 굳이 배우지 않아도 누구나 살아가면서 배우는 어휘들이다.

둘째 범주는 일반 어휘이다. 일반적이라는 것은 다양한 삶의 영역, 지식 영역, 전문 영역에서 두루 쓰인다는 것을 뜻한다. 그래서 이 범주의 어휘를 영역 일반 어휘 혹은 범영역 어휘라고도 부른다.

학교의 관점에서 보자면 이 어휘들은 학습 영역에 상관없이 두루 쓰인다. 다양한 주제, 교과, 학문에 걸쳐서 대체로 그 의미가 공유되는 말들이다. 우리는 이런 어휘를 특별히 '사고 도구어' 또는 '학습 도구어'라고 한다. 학교에서 매우 중요하게 지도해야 할 어휘들이다.

셋째는 영역 특수 어휘이다. 이는 특정 영역에서만 지배적으로 쓰이는 어휘를 말한다. 특정한 주제, 교과, 학문에서 기술적이고 전문적으로 사용하는 말들이다. 기술어, 전문어, 학술어들이 이 범주에 속한다. 따라서 이 범주의 말들은 해당 영역의 내용을 공부하면서 배우게 된다.

과학 시간에 주로 배우는 것이 영역 특수 어휘, 과학 영역에 특화된 어휘들이다. 과학의 어휘들은 과학 분야에서 중요하게 사용되는 전문적 어휘들로 과학의 중요한 개념들(지식과 원리 등)을 담고 있다. 과학 말고도 문학, 역사, 수학 등 다양한 교과 영역에서 특별하게 가르치고 배워야 하는 어휘들이 있다. 이런 개념 어휘들은 교과 학습과 긴밀하게 관련된다.

학습을 넘어서는 어휘의 중요성

세 범주의 어휘 모두 중요하지만, 특히 둘째 범주의 일반 어휘에 관심을 가질 필요가 있다. 영역 보편적 어휘(학습 도구어)는 어떤 영역이든 간에 그 내용을 읽고 쓰고 배우고 다루기 위해서 반드시 알아야 한다. 모든 영역의 학습과 소통을 위해서는 생각도 해야 하고, 논리를 발휘해야 하고, 의미도 추론해야 한다. 이런 생각과 사유, 의미의 구성을 가능하게 만들어주는 말들이 바로 영역 일반적 어휘, 범교과 어휘, 학습 도구어이다.

가령 '분석, 종합, 설명, 적용, 비교, 대조, 절차, 삭제, 추가, 대안, 관계'와 같은 말들이나 '발달하다, 진화하다, 진보하다, 분포하다, 구하다, 관찰하다, 조사하다, 경험하다, 활용하다, 판단하다' 등의 말들은 모든 영역에서 읽고 쓰고 대화하고 소통하고 생각하고 공부하기 위해 필요하다. 이런 말들은 국어, 수학, 과학, 사회 교과에 상관없이 두루두루 쓰이는 말들이다. 의외로 많은 아이들이, 심지어 대학 입시를 앞둔 고등학생들조차도 학습 도구어, 사고 도구어, 범교과적 어휘들을 몰라서 글을 읽고 쓰거나 어려운 문제를 이해하고 해결하는 데 어려움을 겪기도 한다.

반면에 영역 특수 어휘라는 것은 무엇인가? 문학에서는 '비유, 상징, 감정이입, 문학 갈래, 핍진성' 등의 어려운 말이 쓰인다. '운율, 수사, 카타르시스' 등도 그렇다. 과학은 어떨까? '중력, 에너지, 양자, 전자, 주기율표, 수소, 블랙홀' 등 교과 특수 어휘가 셀 수 없이 많다. 역사도 마찬가지다. '역사적 과거, 해석, 종교혁명, 임진왜란, 일제강점기, 사료, 역사적 재구성'과 같은 말들이다. 심지어 수학은 더욱 특수하다. '방정식, 해, 근의 공식, 함수, 등호' 등 수학의 특수 어휘를 이해하지 못하면 수학을 정교하게 배우기 어렵다. 이런 영역 특수 어휘들은 해당 영역의 교과목에서 주로 개념적으로 배운다.

그렇다면 교과에서 공통적으로 쓰이는 사고 도구어, 학습 도구어는 특별히 언제 어디서 가르쳐야 하는가? 우선 모든 교과에서 관심을 두어야 한다. 교과 개념어도 중요하지만 그 개념어들을 읽고 쓰고 사용하면서 공부하기 위해서는 반드시 학습 도구어를 자유자재로 맥락에 어울리게 이해하고 사용할 수 있어야 한다. 이어서 특히 국어 시간에 '많이' 가르쳐야 한다.

초등학교에서는 아이들이 국어 시간에 이런 사고 학습의 도구어를 많이 배워서 과학 시간, 수학 시간, 사회 시간에 두루 쓸 수 있게 도와주어야 한다.

특히 영역 일반 어휘, 학습 도구어라 하더라도 교과 영역에 따라 조금씩 미묘하게 달리 쓰이기도 한다. 그런 미세한 의미 차이를 발견하고 이해하는 것은 매우 고차원적인 어휘 학습이다.

중학교와 고등학교에서도 마찬가지이다. 국어과의 역할 중 하나는 우리 아이들이 다양한 글을 통해서 학습 도구어, 사고 도구어, 영역 일반 어휘들

일상 어휘	일반 어휘 (사고·학습 도구어)	영역 특수 어휘	
사람, 동물, 세상, 사물, 물건, 하늘, 땅, 인간, 부모, 자녀, 먹다, 자다, 크다, 작다, 높다, 낮다, 움직이다, 돌아오다, 날아가다, 떨어지다, 치다, 때리다, 쉬다, 하나, 둘, 셋, 넷, 예를 들어, 만약, 반면에, 그리고, 하물며, 지름길, 도로, 뭉치, 조각, 갈래길, 서툴다, 드물다, 생각, 여행 경험, 과거, 전쟁, 미래, 값어치 등	분석, 종합, 설명, 적용, 비교, 대조, 절차, 삭제, 추가, 대안, 관계, 일반화, 범주화, 합리화, 추상화, 구체화, 주장, 근거, 논리, 예, 상호작용, 연역, 귀납, 맥락, 의미, 추론, 예시, 이해, 확인, 탐색, 사고, 지속, 정지, 추출, 도출, 삽입, 통제, 조절, 조화, 집합, 갈래, 결합, 분리, 효과, 진화하다, 발달하다, 진보하다, 분포, 평균, 값을 구하다, 계급, 관찰하다, 조사하다, 경험하다, 활용하다, 판단하다 등	문학	비유, 상징, 감정이입, 문학 갈래, 핍진성, 운율, 수사, 카타르시스, 역설, 반어, 풍자, 해학, 골계미, 대구, 수미상관, 시적 허용, 원관념, 보조관념, 알레고리, 문체, 반전, 복선, 암시 등
		과학	중력, 에너지, 양자, 전자, 주기율표, 수소, 블랙홀, 웜홀, 광합성, 광년, 면적, 온실효과, 지열, 미토콘드리아, 엽록체, 각막, 신진대사, 진화론, 인과관계, 문제해결, 가설, 검증, 실험, 경험칙, 실증적 연구, 관찰 사례 등
		역사	역사적 과거, 역사적 해석, 역사적 사례, 재구성, 계급, 귀족, 왕권, 신정일치, 신석기, 구석기, 철기, 봉건제도, 근대, 종교혁명, 과거제도, 임진왜란, 분쟁, 영토, 일제강점기, 역사적 진실, 사료, 실록, 역사적 재구성 등
		수학	방정식, 해, 함수, 등호, 부등호, 증명, 집합, 확률, 분포, 평균, 절대값, 비례, 합동, 닮은꼴, 무리수, 소수, 계수, 상수, 미지수, 변수, 변량, 음수, 양수, 제곱, 거듭제곱, 약분, 통분, 약수, 배수, 기하, 대수, 도형 등

[자료2] 어휘의 세 가지 범주(예시)

을 조금 더 집중적으로 활용하고 분석하는 기회를 제공하는 것이다. 국어 시간에 배우는 생각을 표현하는 말들, 생각을 촉진하는 말들이 모두 과학 시간, 사회 시간, 역사 시간, 수학 시간에 전문적 개념과 내용을 배우고 소통할 때 도움이 된다. 학생들 역시 다른 교과에서 배운 말들을 국어 시간에 적극적으로 풀어놓고 활용할 수 있어야 한다. 그래야 맥락적인 학습 도구어 학습, 사고 도구어의 습득 기회가 마련된다.

어휘는 복잡하고 중요하다. 어휘력이 발달하기 위해서는 선생님이 아이들을 위해 어휘를 꾸준하게 배울 수 있는 시간을 마련해 주어야 한다. 국어 시간이 아니더라도 내용교과 시간, 아침 일과 전 시간, 방과후 시간을 짜내어 어휘 학습 시간을 마련해 보자. 최근 우리 아이들의 문해력이 떨어져서 교과 수업을 진행하기 어렵다고 하소연하는 선생님들이 많아졌다. 이때 아이들의 어휘력 문제가 원인인 경우가 많다. 어휘를 맥락적으로 엮어 배우는 시간, 개념과 어휘를 연결하여 분석하는 시간, 어휘를 다양한 소통 상황에 적용해 보는 활동이 지속적이고 통합적으로 마련되어야 한다.

초등학교뿐만 아니라 중고등학교에서도 어휘 지도에 더 많은 관심이 필요하다. 물론, 국어 선생님들이 어휘 지도의 핵심 주체일 것이다. 하지만 이런 전통적인 역할 분담을 극복해 보자. 수학, 과학, 사회, 예체능 교과의 선생님들도 어휘 학습과 지도에 관심을 갖고 협력해 보자.

학교 단위 어휘 교육 프로그램을 만들어보아도 좋다. 어휘로 수업을 시작하고 어휘로 수업을 끝내보자. 1년, 한 학기, 각 단원에서 우리 아이들이 알아야 할 영역 특수 어휘와 영역 보편 어휘를 함께 정리해 보자. 과학 시간에 마그마 분출 실험을 가르칠 때, '마그마'를 둘러싼 어휘들과 아울러 '분출, 실험, 조건, 절차, 결과, 영향' 등 사고와 학습을 촉진하는 어휘 활동도 미리 계획해 보자. 매일 매일의 교실 수업에서 개념의 도입과 정리를 어휘 학습과 연결해 보자.

  독해력을 증진하는 문해력 수업을 이야기해 보자. 독해는 문해력 발달에서 매우 중요한 개념이다. 어떻게 보면 문해력의 가장 핵심적인 요소라고 말할 수도 있다. 글을 읽고 이해하는 능력이 독해력이다. 독해력은 가장 가르치기 어렵고, 배울 때도 가장 오랜 시간이 걸린다. 평생 배워야 하고, 그 실력이 잘 늘지도 않는다. 한 마디로 노력이 많이 드는 열린 기능의 중심에 독해가 있다.

  읽기 과정 및 문해력 발달에서 필요한 하위 기능 측면에서 보자면, 독해는 가장 종합적인 능력이다. 앞에서 언급한 해독 기능과 유창성, 어휘력 등이 모두 발휘되어야 가능한 것이 바로 독해이기 때문이다. 문해력 교실의 독해 지도를 위해서 독해의 개념과 과정을 살펴보자. 그것이 어떻게 효과적인 읽기 수업과 이어질 수 있을지 생각해 보자.

12장

외우기 전에
이해하게 하자

글을 이해하는 독해란 무엇이고,
독해 과정에서 작용하는 요인들은 무엇일까?

· 독해란 무엇인가?
· 독서는 '이해를 위한 읽기'
· 텍스트 독해 과정
· 킨취 '독해 모형'의 실제적 함의
· 독해 과정을 이해할 때 고려해야 할 사항

주요 키워드

이해 / 독해 / 독자 / 텍스트

과제 / 맥락 / 독해 과정 / 독해 모형

1 독해란 무엇인가?

아침에 출근을 하면서 도로 한편에 독서실 간판이 붙은 건물을 보았는가? 독서실 이름이 '작심독서실'이다. 요즘은 작심을 해야 독서를 할 수 있는 시대이다. 작심삼일의 대표적인 행위가 독서가 아닐까라는 생각도 든다. 하지만 독서를 하러 독서실에 가는 사람은 없을 것 같다. 거기에 뭘 하러 갈까? 대부분 무엇인가를 외우러 간다. 각종 시험 공부를 위해 필요한 독서실이다.

독서의 핵심이 독해이다. 독해란 글 내용을 '외우기' 위한 것이 아니라 '이해하기' 위한 것이다. 외우는 것과 이해하는 것은 다르다. 우리는 많은 경우에 외우는 것을 평가한다. 그런데 우리가 외우는 것을 평가할 필요는 딱히 없다. 실은 학생이 글 내용을 어떻게 이해했는가를 평가해야 한다.

외우는 것을 평가하는 일은 쉽다. 정확한 글 내용을 고르는 문제를 주거나, 직접 "외운 것을 말해 봐"라고 물어봐도 된다. 반면에 어떻게 이해하고(글 이해의 과정) 또 무엇을 이해했는가(글 이해의 결과)를 함께 평가하는 일은 그렇게 쉽지 않다. 글 이해의 과정, 즉 독해 과정은 눈에 보이지 않기 때문이다. 그리고 글의 독해 과정에 수많은 내적, 외적 요인들이 작용하기 때문이다.

이해를 위한 읽기

독서는 이해를 위한 읽기를 지향한다. 그러니까 읽는다는 것은 이해를 위한 것이다. 우리가 글을 읽는 가장 가깝고 직접적인 목적은 글의 의미를 이해하기 위해서이다. 이렇게 글의 의미를 이해하는 것을 '독해'라고 한다. 문해력이 글의 의미를 파악하는 것으로 좁게 정의된다면, 그 핵심에 당연히 독해가 있다. 많은 사람들은 독해와 문해를 거의 같은 것으로 보고 있다. 그만큼 독해가 중요하다는 것이다.

'인간은 어떻게 읽는가'에 대한 연구는 생각보다 심층적이다. 서구에서는 미국을 중심으로 수많은 연구가 다각도로 진행되었는데, 그 연구사를 따져 보면 에드먼드 버크 휴이(Edmund Burke Huey)라는 미국의 심리학자로부터 시작한다.[1] 휴이가 박사 논문을 완성하고 책으로 출판한 것이 1908년이다. 이렇게 한 세기를 훌쩍 넘은 독서 연구의 핵심 주제가 의미 이해였다. 즉 글을 읽으면서 의미를 이해하는 독해인 것이다.

우리는 독해라는 인간 심리의 과정을 어떻게 바라보는가? 우리는 그것을 정보의 획득으로 보기도 하고, 의미의 구성으로 보기도 한다. 하지만 독해가 어떻게 정의되는가에 상관없이 그 핵심에 이해가 있다. 글을 읽으면서 독자는 무엇을 어떻게 이해하는가? 독해를 이해하기 위한 가장 핵심적인 질문이다.

킨취의 독해 모형

독해 과정은 복잡하다. 그리고 복잡한 만큼 수많은 독해 이론들이 있다. 그중 가장 과학적이고 심층적으로 연구된 모형, 그 효과성이 가장 엄밀하게 검증되었고 다양한 분야에서 활용되는 모형이 있다. 독서 연구에서 가장 큰 영향을 미쳤다고 해도 과언이 아닌 월터 킨취(Walter Kintsch)라는 미국의 인지심리학자가 제안한 모형이다. 킨취는 독해의 본질과 과정을 '구성-통합 모형'으로 설명했다.[2] 복잡한 모형이지만, 이름에서도 알 수 있듯이 이를 '구성'의 과정과 '통합'의 과정으로 기술하면 다음과 같다.

먼저 '구성'의 과정이다. 독자에게 주어진 한 편의 글이 있다. 이것을 가지고 독자는 무엇을 할까? 자기의 언어적 지식을 활용해서 글에 담겨 있는 정보를 있는 그대로 머릿속에 집어넣으려고 한다. 그것이 가장 기본적으로 독자가 하는 일이다. 마치 이미지를 복사해 저장하는 스캐너처럼 말이다. 글을 읽고 거기에 있는 정보를 최대한 정확하게 머릿속에 넣으려고 하는 것이다. 이런 상태를 '문면적 이해'라고 한다. 글의 겉면에 언어적으로 표현된 정보를 처리해서 기억한 상태로, 표층적인 이해라고 볼 수 있다. 킨취는 이러한 표피적 이해를 '텍스트 기반 모형'이라고 말했다. 즉 독자의 이해가 텍스트에 기대고 있다는 뜻이다.

독자는 이제 수박을 보고 수박이라는 걸 알았지만, 아직 그것은 수박 겉핥기에 지나지 않는다. 좋은 독해는 거기서 끝나면 안 된다. 이렇게 끝나면 진정한 독해가 아니다. 글을 읽는다는 것은 원래 알고 있던 것과 새로 알게 된 것을 섞고 엮는 것이다. 텍스트의 정보와 나의 지식을 연결해서 새로운 의미를 만들어내는 것이다. 따라서 좋은 독해를 위해서는 반드시 그다음 수준의 과정이 요구된다. 이 단계에서 텍스트 이외에 독자가 가지고 있는 많은 것들이 본격적으로 작동하게 된다. 킨취는 이를 '통합'이라고 불렀다.

통합의 과정에서 가장 중요한 것은 글을 읽는 목적과 상황이다. 독자는 내일 시험을 봐야 하기 때문에 수험서를 읽기도 하고, 오늘 과제를 마치기 위해서 전문 서적을 찾아 읽기도 하고, 좋은 여행지에 가야 하기 때문에 여행 정보를 읽기도 한다. 회사에서 일을 해야 하기 때문에 각종 문서를 읽기도 하고, 보고서를 써야 하기 때문에 다양한 자료와 데이터를 읽기도 한다. 세상에서 벌어지는 일을 알기 위해 신문이나 칼럼, 시사 잡지의 기사글을 읽기도 한다.

독자에게는 글을 읽는 다양한 목적이 있고 다양한 상황이 있다. 글 읽기 목적과 상황에 따라 어떤 내용에 더 집중해야 할지, 무엇이 더 중요한 내용일지가 판단된다. 글 읽는 목적과 글 내용의 이해를 통합하는 것이다.

아울러 글의 내용과 형식에 관한 독자의 지식이 매우 중요하게 작동한다. 독자는 글의 주제와 관련하여 자기가 알고 있다고 믿는 내용에 대해서 이미 제대로 알고 있을 수도 있지만, 반대로 전혀 모르거나 틀린 사실을 알고 있을 수도 있다. 그것에 대해 깊이 알 수도 있고, 그렇지 않을 수도 있다. 독자는 글의 구조에 관한 지식도 가지고 있다. 지금 읽고 있는 글의 구조가 특별히 익숙하거나 그렇지 않을 수 있다. 인과관계로 조직된 글이 익숙할 수도 있고, 아닐 수도 있다. 비교 대조 방식으로 설명된 글이 친숙할 수도 있고, 아닐 수도 있다.

독자는 자신의 읽기 목적과 상황, 글의 주제와 구조에 관한 자신의 지식을 '통합하여' 텍스트 모형을 정교화하고 수정한다. 이렇게 텍스트에 드러난 정보의 구조와 달리, 독자는 나름대로 내용의 중요도를 판단하고 내용 간의 연결 관계를 분석하면서 글에 대한 이해를 재구조화한다. 이것이 심층 독해의 과정이다.

글의 의미를 이해한다는 것은 언어적으로 표현된 텍스트의 내용을 머릿속으로 찍어내는 것에서 그치는 것이 아니라, 자신이 가지고 있는 읽기의 목적, 맥락, 배경지식, 경험을 통합해서 "그래서 뭐가 제일 중요하지? 내가 무엇을 이해해야 되는 거지? 이 글이 결국 무슨 말을 하려고 하는 거지? 이렇게 세부적인 내용들이 뒷받침하는 큰 뜻은 무엇이지?"라고 질문하고 답하는 과정이다. 자신의 정신 구조 안에 일관되고 응집성을 갖춘, 글 내용의 통일된 이해를 구축하는 것이다.

킨취는 이것을 '상황 모형'이라고 했다. 독자가 글을 읽고 담화 맥락과 독자의 경험과 배경지식이 글의 내용과 하나로 묶여 일관성 있는 의미적 재구조화가 일어나는 것이다. 큰 그림 안에서 세부 그림들이 맞추어지는 것이다. 이렇게 상황적 이해가 되어야 심층적 독해가 가능해진다.

우리는 아이들이 글을 읽고 더 깊게 그 의미를 이해하기를 원한다. 아이들이 심층적으로 글을 이해하는 과정에 능동적으로 참여하고 몰입하기를 바란다. 아이들의 글 이해가 표층적인 수준에서 멈추면 거기서 '이해'가 끝나고 만다. 글을 깊게 이해하지 못하면 새로운 의미가 만들어지기 어렵고 중요한 글 내용들을 오래 기억하기도 어렵다. 글을 잘 읽는 독자는 심층적 이해로까지 나아간다. 아이들 사이에 독해 능력 차이가 만들어지는 것은, 많은 경우에 어린 독자들이 심층적 이해까지 나아갈 수 있는지 아니면 표층적 이해에서 멈추는지의 차이에 기인한다.

킨취의 독해 모형은 실제적 함의를 준다. 먼저, 독해에도 깊이와 층위가 있다는 사실이다. 문면적·표층적 독해와 상황적·심층적 독해가 다르다는 것이다. 우리 아이들이 이 둘을 모두 잘하기 위해서 우리가 어떻게 도와줄 수 있을지 고민해야 한다.

또한 학생들이 심층적 독해 단계로 넘어가기 위해서는 자기의 글 읽는 목적과 배경지식을 분명하게 인지하고 적극적으로 활용할 수 있어야 한다는 점도 중요하다. 글의 세부 내용들을 하나하나 일일이 외우려 하는 것은 독해가 아니다. 독해란 글의 전체 내용을 정확하게 읽으면서, 중요한 내용과 중요하지 않은 내용, 중심 내용과 세부 내용, 글 읽기 목적에 부합하는 내용과 그렇지 않은 내용 등을 분별하고, 서로 엮어서 하나의 의미 모형을 구축하는 활동이다.

우리는 아이들이 글과 자신을 연결하여 응집성을 갖춘 이해의 모형을 만들 수 있도록 도와주어야 한다.

독해와 지식의 상관관계

독해 과정에서는 독자가 가진 다양한 지식이 작용한다. 독해와 지식 간에는 매우 깊은 상관관계가 있다. 많이 알면 많이 보인다는 말처럼, 많이 알면 읽는 것이 쉬워지고 더 잘 읽게 된다. 나아가 많이 읽고 잘 이해하면 더 많이 알게 된다. 그러니까 독해와 지식은 순환구조 안에서 함께 움직인다.

그런데 이 지점에 교육의 딜레마가 숨어 있다. 잘 읽는 법을 가르치기 위해서 우리는 학생들에게 지식을 제공해야 하는가? 얼마만큼 어느 정도 구체적인 지식을 제공해야 하는가? 지식을 주고 글을 읽게 하는 것은 정녕 스스로 글을 읽고 이해하는 것인가, 아니면 단순히 주어진 지식을 활용하는 것인가? 독해는 지식의 문제인가, 사고의 문제인가? 독해는 국어 시간에 가르치는 것인가, 아니면 과학, 사회, 수학 시간에 배우는 것인가? 독해와 지식 사이에서 우리는 무엇을 챙기고 무엇을 포기해야 하는가? 이 지점에서 교사로서 어려움이 생긴다.

예컨대 아이들이 과학에 관한 글을 잘 읽고 공부하고 싶다고 가정해 보자. 그런데 글의 주제가 학생들이 이해하기에는 너무 어려운 과학의 원리를 담고 있다. 이런 글은 아무리 잘 읽고 싶어도 충분한 관련 지식 없이는 결코 깊게 읽을 수가 없다. 그렇다면 교사는 이때 어떤 도움을 주어야 하는가?

마찬가지로, 아이들이 심층 독해를 하기 위해서는 "나의 지식을 어떻게 적극적으로 활용할 수 있을까? 글에 관련된 나의 지식을 어떻게 불러일으킬 수 있을까?"라고 질문할 수 있어야 한다.

글 읽는 일은 글자, 단어, 문장과 같은 언어를 읽는 것에서 멈추지 않는다. 글을 읽는 것, 글 내용을 이해하는 것, 깊이 있게 독해를 하는 것은 지식을 다루는 과정이다. 지식을 다루기 위해서는 밑바탕 지식이 필요하고, 이를 토대로 더욱 정교하고 섬세한 지식을 쌓아나갈 수 있다.

어떤 면에서 한 편의 글을 온전하게 독해하는 일은, 특히 그것이 독자의 지식 수준을 벗어나는 것이라면, 이해의 측면에서 결코 완결되기 어렵다. 글을 온전하게 읽기 위해서는 추가적인 지식이 필요하고, 그래서 더 많은 글과 자료를 찾아보아야 한다.

그래서 학생 독자들이 텍스트의 상황 모형을 만들면서 글의 의미를 보다 심층적, 맥락적으로 이해할 수 있도록 독해 과제를 설계해야 한다. 우리가 흔히 교실에서 사용하는 글 읽기 과제들은 생각보다 많은 경우에 아이들을 표층적 이해에 머물게 한다. 학교 과제를 해결하기 위해 학생들이 도달해야 할 글 이해의 수준이 표층적이고 문면적이어도 충분한 것이다.

그런데 우리가 만일 독해를 심층적 수준으로 정의한다면, 우리가 설계한 숙제나 과제, 교실 활동에서 아이들이 심층적 독해의 과정을 경험할 수 있어야 한다. 동시에 학생들은 읽기 과제를 수행하면서 그만큼 도전감과 어려움을 경험할 것이다.

심도 있는 읽기를 위한 글쓰기

예를 들면, 글쓰기 과제에서 요약하기는 대부분 표층적 이해만으로 가능하다. 학교에서 요구하는 대개의 요약문 쓰기는 글에 있는 핵심 정보와 세부 내용을 압축적으로 정리하면 되기 때문이다. 그러나 충실한 요약문을 쓰기 위해서는 글 내용에 대한 심층적 이해가 요청된다.

왜 그럴까? 요약문이라고 해서 글 내용을 순서대로 '크기만 줄여' 나열한 것이 아니기 때문이다. 글의 내용을 자신이 이해한 방식으로 크고 작은 얼개로 재구조화하여 압축적으로 제시하는 것이 심층 요약이다. 따라서 정보 중심의 요약하기는 표층적 독해를 유도하지만, 입장을 밝히는 논증적 요약하기는 글 의미와 이해 중심의 심층적 독해를 자극하고 안내한다.[3]

논증하는 글쓰기, 주장하는 글쓰기는 심층적 독해를 자극한다. 특히 여러 편의 글 내용을 정보 중심으로 나열하는 것에 그치지 않고, 다양한 글과 저자의 생각을 평가하고 관련 주제에 대한 자신의 입장을 정해 근거를 들어 서술하는 글쓰기가 효과적이다. 찬성한다면 찬성하는 이유를 들어 설명하고 반대한다면 반대하는 이유를 들어 요약하려면, 아이들은 반드시 여러 글을 자신과 연결하여 깊이 있게 이해해야 한다.

글을 깊게 이해하지 못하면 논증적인 글을 쓰기 어렵다. 표층적인 이해만 으로는 이러한 글쓰기 과제는 완수하기 어렵다. 어떤 글을 읽고 논증하는 요약하기를 하는 것은 반드시 심층적 이해를 필요로 하는 것이고, 그것은 자연 스럽게 학생들의 심층적 이해를 안내한다.

2 독해 수업을 할 때 고려할 것들

독해는 다양한 지식과 기능 및 전략이 어우러져 수행되는 인지 과정이다. 다시 말하면 좋은 독해는 독자가 정교한 인지 과정에 몰입할 수 있을 때 가능하다. 그러므로 성공적인 독해의 첫째 요건은 효과적인 독해 기능과 전략의 사용, 적합한 지식(언어 지식, 글 지식, 어휘 지식, 주제 지식, 영역 지식 등)의 활용이다. 하지만 이것 말고도 좋은 독해를 위해 더 생각해 봐야 할 것들이 있다. 이를 세 가지 정도로 이야기해 보려고 한다.

더 잘 읽고 싶은 기대와 노력

독해 과정을 이해할 때 반드시 빼놓지 말아야 할 것이 있다. 바로 독자들마다 자기 나름대로 자신의 글 이해를 판단하는 암묵적인 기준이 형성되어 있다는 점이다. 아이들도 직접 말로 설명하지는 못할지라도 각자 나름대로

'나는 글을 읽고 이만큼이면 이해가 되었다고 생각해. 이 정도면 됐어'라고 생각하는 기준이 있다.

글 이해의 기준이 엄격한 사람은 끝까지 읽고 오래 읽는다. 모르는 부분을 반복해서 읽고 그 내용이 이해될 때까지 읽는다. 읽은 것을 자기 말로 설명할 수 있을 때까지 읽는다. 심층 독해까지 해야 만족한다. 비교적 쉬운 글을 읽어도 그 내용을 더 깊게 이해하려고 노력한다. 가급적 자신의 독해 정도를 보수적으로 과소평가한다. '조금 부족해, 더 해야겠어. 조금 더 읽어야 되겠어'라고 생각한다. 글 이해 기준이 높은 독자는 글을 더 잘 이해하기 위해, 심층적 글 이해를 위해서 시간과 노력을 투자한다.

반대로 글 이해의 기준이 낮은 사람은 어떨까? 표층 독해만 해도 만족한다. 아주 어려운 글을 읽어도 어느 정도 읽고 나서는, '나 이거 다 이해했어. 이 정도면 괜찮아'라며 글 읽은 일을 끝내려 한다. 이들은 대개 자기의 독해 능력과 이해 정도를 과대평가하는 경향을 보인다. 깊게 읽지 않았는데도 어느 정도 훑어 읽고 나면, '이 정도야 쉽지 뭐'라고 반응한다. 글 이해 기준이 낮은 독자는 쉽게 만족하기 때문에 최소한의 시간과 노력을 들이는 것으로 만족한다.

독자가 나름대로 가지고 있는 글 이해의 기준을 '응집성 기준'이라고 부른다.[4] 독해가 글의 내용을 통일성 있게 잘 짜인 조직으로 머릿속에서 구조화하는 과정이라면(즉 글을 응집성 있게 이해하는 것이라면), 응집성 기준이란 쉽게 말해 '좋은 독해의 기준'이 된다.[5]

사람들 나름대로 가지고 있는 독해 기준은 그 사람이 지금까지 글 읽기를 어떻게 배우고 경험해 왔는가에 좌우된다. 그러니까 아이들이 가지고 있는 독해 기준은 아이들이 겪은 독서 경험의 결과인 것이다. 따라서 '우리 아이들의 독해 기준을 어떻게 올려줄 수 있을까'가 문해력 수업에서 중요한 관건이 된다. 어떤 면에서 독해 수업의 목표는 아이들이 가진 독해 기준을 새로운 단계로 향상시켜주는 것에 가깝다. 어떻게 아이들이 보다 엄격한 독해 기준을 갖도록 안내할 수 있을까? 아이들 스스로 글을 읽을 때 독해 기준을 엄격하게 적용할 수 있을까? 어떻게 아이들을 독해 기준이 높은 독자로 길러줄 수 있을까? 문해력 수업, 독해 수업에서 매우 중요한 문제가 아닐 수 없다.

읽고 싶은 마음, 동기

독해 과정에서 독서 동기는 매우 큰 영향을 미친다. 글을 읽고 싶은 마음인 독서 동기는 다양한 요소로 이루어진다. 먼저 독자 개념, 즉 독자 스스로 '나는 좋은 독자야' '나는 부족한 독자야'라고 생각하는 것은 독서 동기에 큰 영향을 미친다.

독서 효능감, 그러니까 '나는 잘 읽을 수 있어' '나는 잘 이해하지 못해'라고 자신의 독서 능력에 대한 믿음 역시 중요하다. '나는 이 주제를 좋아해. 나는 저런 종류의 글이 좋아. 나는 그 작가가 마음에 들어'와 같은 흥미와 관심사, '읽을 수 있을 것 같아. 더 읽고 싶어' '나 스스로 책을 찾아 읽고 공부할 수 있어'와 같은 주도성과 자율성, '오늘 두 시간 앉아서 이 책을 끝까지 읽을 거야'라는 목표와 의지 모두 독자가 글을 읽고 싶어 하는 마음을 구성한다.

독서 동기는 독자 안에서 나오기도 하고(내재적 동기) 독자 밖에서 들어오기도 한다(외재적 동기). 글에 흥미가 많고, 책 읽기를 즐거워하며, 다른 사람과 자기가 읽은 것에 대해 함께 이야기 나누는 데 푹 빠진 아이들에게는 스스로 뿜어나오는 글 읽기 동기가 있다. 하지만 독서 동기는 어떤 글을 읽고 어떤 활동을 하는가에 따라서도 달라지며, 이에 따라 자신의 흥미와 관심사도 미묘한 차이를 보인다.

글을 읽지 못하는 아이도, 자신의 삶과 관련된 적정한 수준의 흥미로운 책을 만나면 읽고 싶은 마음이 돋아난다. 책 읽기를 즐기는 아이도, 자신과의 연결고리를 전혀 찾을 수 없는 너무 어려운 글을 누군가의 요구로 읽어야 하는 상황이라면 글 읽는 일이 재미없어진다. 재미있는 활동을 하기 위해서 글을 읽고 싶은 마음이 들기도 하고, 재미있는 글을 읽으면서 수업 활동이 좋아지기도 한다. 그러나 자기에게 의미 없는 과제를 해야 할 때는 별로 읽고 싶은 마음이 들지 않을 수 있다. 읽고 싶은 마음이 들어야 읽게 되고, 그래야 글을 이해할 수 있는 기회가 생긴다.

독해 수업을 할 때 킨취가 이야기한 독해의 두 가지 인지적 과정도 중요하지만, 동시에 아이들을 그러한 인지 과정에 몰입시키는 동기가 중요하다. 아이들이 관심을 가지고 흥미롭게 글을 읽을 수 있게 하려면 아이들 스스로 자신과 책의 연결고리를 찾을 수 있게 도와주어야 한다. 자기가 읽은 것으로부터 조금 더 깊게 의미를 구성하고자 하는 마음이 들도록, 복잡하지만 그러한 의미 구성 과정에 깊게 파고들 수 있도록 안내해야 한다. 이러한 일련의 과정에 더욱 적극적으로 참여할 수 있게 도와주는 것이 독해 수업의 성패를 좌우할 수 있다.

누가, 언제, 어디서, 무엇을, 왜 읽는가?

크고 작은 사회적, 문화적, 환경적 맥락 역시 독해 과정에 영향을 미친다. 독서가 사회문화적인 실천이라면, 독해는 사회문화적인 과정이다. 독해는 우리가 단지 정보를 습득하고 내용을 이해하는 것을 넘어서 '그것이 어떤 쓰임을 갖는가, 내가 왜 이걸 읽어야 하는가, 왜 내가 이걸 이해해야 하는가, 이게 나한테 어떤 쓸모가 있는가?'라고 질문하고 생각하는 과정이다.

독해가 인지적이자 사회문화적 과정인 이유는 그것이 사회문화적인 맥락 안에 놓여 있기 때문이다.[6] 맥락은 양파 껍질처럼 여러 겹이다. 선생님과 학생이 글을 읽을 때 교실은 매우 중요한 사회문화적 맥락이다. 교실 안에서 선생님과 학생의 관계, 학생과 학생의 관계, 학생이 모여 함께 글을 읽으며 공부하는 교실의 다양한 관계가 모두 사회문화적 맥락이다. 혼자 읽을 때, 둘이 읽을 때, 여럿이 과제를 수행하며 읽을 때도 모두 사회문화적 맥락이

작용한다. 모둠 활동을 할 때는 모둠의 맥락이 있다.

작은 사회의 맥락은 큰 사회의 맥락 안에 자리한다. 독자가 자라고 생활하는 가정의 맥락이 있고, 가정이 놓인 지역과 공동체의 맥락이 있다. 분명하게 눈에 띄지는 않지만, 은연중에 오랫동안 독자의 글 읽기 행위와 경험에 심대하게 영향을 미치는 정치적인 맥락도 있다. 경제적인 맥락도 있고, 문화적인 맥락도 있다. 이런 것들이 모두 우리 아이들이 글을 읽고 이해할 때 영향을 미친다.

아이들을 위해 독해 과제를 설계할 때 맥락을 고려하면 도움이 된다. 어떤 경우에 학생이 개별적으로 수행할 과제를 만들어주어야 할까? 어떤 경우에 글 읽기를 모둠 활동과 연계하는 것이 좋을까? 어떤 경우에 교실 전체에서 함께할 수 있는 읽기 활동을 설계할 수 있을까? 어떤 경우에 특정한 아이들을 배척하지 않고 포용하면서 함께 어우러지는 사회적 행위로서 글 읽는 활동을 만들어 줄 수 있을까? 그래서 아이들이 서로 읽은 것들에 대해 대화하면서 글 내용을 보다 심층적으로 이해할 수 있게 도와줄 수 있을까? 각각의 경우에서 아이들의 독해 과정은 어떻게 달라질까? 어떤 점들이 도움이 되고, 어떤 점들은 방해가 될까? 이 모든 맥락적 요소들을 고려하면 독해 활동 과제를 섬세하게 설계할 수 있다.

생각말하기 전략

독해를 하는 동안 독자는 바쁘다. 독해 과정 중에 독자의 머릿속에서 많은 일들이 일어나고, 눈에 보이지 않는 중요한 변화들이 일어난다.

그렇다면 독해 과정을 어떻게 관찰할 수 있을까? 누군가의 머릿속에서 일어나는 복잡한 독해 과정, 글 내용을 정확하고 심층적으로 이해하는 과정을 우리는 도대체 어떻게 알 수 있는 걸까? 아이들의 독해 과정을 교사인 우리가 도대체 어떻게 관찰할 수 있을까? 도전적인 질문이다.

안타깝게도 사람의 인지가 어떻게 작동하는지 그 과정을 정확하게 알 방법은 없다. 단언컨대 그것을 직접 관찰하는 방법은 없다. 우리가 두개골을 가르고 뇌를 해부해도 머릿속에서 우리가 어떤 생각을 하는지, 어떻게 생각하고 어떤 일들이 벌어지는지 전혀 알 수가 없다.

다만 독해 과정을 간접적으로 추론할 수 있는 방법은 있다. 직접 관찰은 불가능하지만 주변적인 증거로 그 과정을 짐작해 보는 것이다. 가급적 정확하고 세밀하게 짐작하는 일이 중요하고, 이를 위해서는 근거가 필요하다. 그렇다면 우리가 이러한 복잡한 인지 과정을 추론할 수 있는 방법은 무엇일까? 바로 언어이다. 독자가 자기의 생각을 언어로 표현했을 때 그 언어를 통해서 '독자가 이런 생각을 하고 있구나'라는 걸 짐작할 수가 있다.

그렇다면 언어를 통해서 독자의 글 읽기 과정, 독자의 복잡한 의미 구성 경험, 독자가 어떤 전략과 지식을 사용하며 어떤 방식으로 의미가 만들어내는지 그 일련의 정신적 사건들을 어떻게 알 수 있을까?

그 답이 바로 '생각말하기'이다. 생각말하기란 생각을 말로 표현하는 것이다. 글을 읽고 있는 중에 아이들의 생각이 도대체 어떻게 움직이는지를 관찰해야 하기 때문에 생각말하기가 중요하다. 독자의 사고, 전략 사용, 지식 활용, 의미 구성의 과정 동안 어떤 부분에서 어려움을 겪고 어떻게 문제를 해결하고 있는지 관찰해야 그에 적합하게 지도할 수 있다. 아이들에게 글을 읽는 동안 무슨 생각을 하고 있는지 물어보자. 이때 '글 내용'에 집중해서 말하게 하지 말고, 스스로의 '읽기 과정'에 대해 있는 그대로 말해보게 하는 것이 중요하다. 우리가 알고 싶은 것은 '내용'이 아니라 '과정'이기 때문이다.

그런데 생각말하기는 어렵다. 자기의 생각을, 그것도 한참 동안 어려운 일을 하는 중에 자기 생각을 말하는 것은 정말 쉽지 않은 일이다. 더군다나 글 읽기에 능숙하지 않은 아이들이 자신의 독해 과정을 말로 표현하는 것은 높은 수준의 메타인지를 요구한다. 아이가 준비되어 있지 않을 때 생각말하기를 요청하면 오히려 아이가 독해에 집중하는 것을 방해할 수도 있다.

따라서 우리가 먼저 시범을 보여야 한다. 흔히 학습의 시작은 숙련자를 보고 따라하는 모방에서 시작된다고 한다. 아이들에게는 보고 따라할 것이 필요하다. 생각말하기는 자신의 생각을 구체적인 언어로 보여주는 것인데, 학생들에게는 그것을 어떻게 하는 것인지 가깝게 보고 따라할 수 있는 기회가 필요하다. 초보 독자인 아이들이 전문 독자의 독해 과정을 관찰할 수 있어야 한다.

선생님, 글을 잘 읽는 사람, 좋은 독자가 어떻게 글의 문면적 정보를 처리하고 심층적인 의미를 이해하는지 '말로 보여주어야' 한다. 어떻게 엄격한 독해 기준을 적용하는지, 어떻게 글 읽기의 어려움을 발견하고 해결하는지, 어떻게 전략적으로 글 읽기를 진전시키는지, 어떤 부분에서 집중하고 어떤 부분에서 빨리 넘어가는지 그 생각의 과정을 말로 보여줄 수 있어야 한다. 어떻게 단어와 단어, 문장과 문장, 생각과 생각을 연결하여 하나의 큰 의미를 만들어나가는지, 이 과정에서 어떤 질문을 던지고 어떻게 답을 찾는지 언어로 보여주어야 한다. 그것이 교사의 생각말하기 시범이다. 언어로 생각을 보여주면서 좋은 독자가 어떻게 독해를 하는지 펼쳐 보여주는 것이다.

다음의 글을 읽어보면서 동시에 생각말하기를 해보자.

잉어가 변해 용이 된다는 전설

어변성룡도

출세하기를 바라는 마음

예전에는 수험생에게 원하는 대학에 찰싹 붙으라고 엿이나 찹쌀떡을 선물했어요. 요즈음은 문제를 잘 풀라고 휴지를, 정답을 잘 찍으라고 포크를 선물하지요. 옛사람들은 과거 시험을 준비하는 선비들에게 어변성룡도를 선물했어요.

중국 역사를 기록한 『후한서』를 보면 물고기가 변해 용이 된다는 '어변성룡' 전설

잉어가 변해 용이 된다는 전설, 어변성룡도

└→ "어렵다. 무슨 말인지 모르겠는데 전설인가 보네. 근데 전설이 뭐지? 음, 더 읽어볼래."

출세하기를 바라는 마음

└→ "출세? 이건 정말 모르겠다. 이 말은 뭐지."

예전에는 수험생에게 원하는 대학에 찰싹 붙으라고 엿이나 찹쌀떡을 선물했어요.

└→ "찰싹, 아, 엿이랑 떡이 찐득찐득하니까 붙으라고?"

요즈음은 문제를 잘 풀라고 휴지를, 정답을 잘 찍으라고 포크를 선물하지요.

└→ "이게 무슨 말이지? 휴지를? 아, 휴지를 푼다? 아, 포크로 찍는구나. 아 이건 표현이 재미있다."

옛사람들은 과거 시험을 준비하는 선비들에게 어변성룡도를 선물했어요.

└→ "어변성룡도, 여전히 뭔지 모르겠는데, 이게 그러면 휴지 같은 건가? 엿 같은 건가? 찹쌀떡 같은 건가? 아, 그런 건가 보다."

중국 역사를 기록한 『후한서』를 보면 물고기가 변해 용이 된다는 '어변성룡' 전설이 있어요.

└→ "아, 알겠다. 어변성룡이 여기서 나온 말이구나."

여기서 물고기는 잉어를 말해요. 중국 황허강 상류 용문 지방에 3단으로 된 용문 폭포가 있어요. 봄이 되면 잉어 360마리가 모여들어 거센 물살을 거슬러 오르며 용문 폭포를 뛰어오르른다고 해요. 이때 폭포를 거슬러 힘차게 뛰어오르는 잉어는

└→ "음, 잉어. 앞에 나왔던 그 잉어?"

꼬리가 타 없어져 용이 되고 다시 물에 떨어진 잉어는 이무기가 된다고 해요.

G "이무기, 용. 잠깐, 붙으면 용, 떨어지면 이무기? 이무기가 뭔지 모르겠는데? 용보다는 안 좋은 거 같다. 아, 그러니까 어변성룡도는 사람이 잘되라고, 특히 시험 볼 때 붙으라고 만들어주는 것일까? 그게 이 이야기, 전설이랑 관련되는 거구나."

이렇게 선생님의 머릿속에서 맴도는 생각들을 말로 전해 준다. 생각말하기에 여러 가지 독해 전략들이 언어로 드러나 있다. 선생님은 글 내용을 예측도 했고, 단어의 의미를 문맥에 따라 파악도 해보았다. 글에 쓰인 언어적 장치들에 대해서도 생각해 보았다. 이 글의 핵심 내용에 대해서도 따져보았다. 이렇게 선생님이 생각말하기를 직접 시범으로 보여주는 활동은 독해 수업의 시작이자 핵심이다.

지금까지 독해에 대해서 알아봤다. 독해를 가르친다는 일이 결코 쉽지 않다. 그러나 반드시 가르쳐야 하는 것이고 배워야 하는 것이다. 이를 위해 생각말하기는 선생님의 수업 목적에 따라서 다양한 방식으로 변주될 수 있다. 선생님이 가르치고 싶은 전략이 있을 때, 그 전략이 가장 잘 보이는 방식으로 생각말하기를 시연해 주면 학생들이 그것을 관찰할 수 있다.

생각말하기가 끝나고 난 다음에는 아이들이 무엇을 관찰했는지, 무엇을 들었는지 토론해 보는 것도 잊지 말자. 아이들이 어려워한다면 선생님이 몇 가지 예를 들어 분석해 주자. 의외로 아이들이 호기심 가득한 눈으로 참여하는 흥미로운 수업 활동이고, 효과도 좋은 독해 수업 방법이다.

독해 수업은 선생님의 안내와 시범으로 출발한다. 시간이 걸려도 좋으니 충분한 시간을 가지고 아이들에게 좋은 읽기의 과정을 보여주자. 전략과 기능의 사용, 지식의 활용, 문제의 해결, 이를 통해 경험하는 의미 구성 과정을 가장 잘 보여줄 수 있는 지도법이 생각말하기이다.

앞서 독해의 개념과 과정을 살펴보고, 독해 수업을 설계할 때 고려해야 할 점들에 대해서 논의했다. 독해 수업을 도입하고 전개할 때 좋은 출발점이 되는 교사의 생각말하기에 대해서도 배웠다. 이는 문해력 교실에서 독해 지도의 의미를 찾는 데 기본 바탕이 된다.

그렇다면 이제 어떻게 독해를 조금 더 효과적으로 지도할 수 있을지 질문해 보자. 어떻게 체계적이고 구조화된 독해 수업을 진행할 수 있을까? 어떻게 아이들이 글 읽는 과정에 능동적으로 몰입하여 새롭게 의미를 만드는 경험을 제공해 줄 수 있을까? 독해를 할 때 필요한 기능과 전략을 어떻게 가르쳐줄 수 있을까? 무엇보다 우리 교실의 아이들은 어떤 독자이며 어떤 독해 능력을 갖추어야 할까?

효과적인 독해 수업을 위해 다양한 교실 맥락에서 적용할 수 있는 몇 가지 독해 지도 모형을 예로 들어 이 질문들에 함께 답해 보자.

13장

이해한 것을 내 것으로 만들도록 하자

**학습자의 독해 능력을 향상시킬 수 있는 문해력 지도는
어떻게 설계할 수 있을까?**

· 독해 수업이 바라는 독자

· 능숙한 독자의 읽기 전략

· 주요 독해 전략

· 독해 수업 모형

· 협력적 전략 독서 수업

· 저자에게 질문하기

· 상보적 교수법

· 교사 시범으로서의 생각말하기

주요 키워드

능숙한 독자 / 독해 과정 / 독해 전략 / 독해 수업

 1 교실에서 길러내야 할 독자의 모습

독해의 목적은 의미를 위한 읽기, 이해를 위한 읽기라고 강조했다. 그런데 한번 생각해 보자. 독해 수업이 진정으로 바라는 독자는 어떤 사람일까? 우리 학생들이 교실에서 글을 읽고 의미를 이해한다고 했을 때, 우리는 그들이 어떤 독자이길 바라는가?

독서 교육은 읽기 혹은 독서를 가르치는 교육, 또는 글 읽는 과정과 기술을 가르치는 교육이지만, 동시에 '독자'를 가르치는 교육이기도 하다. 즉 글 읽는 사람을 키우는 것이다.[1] 그래서 독해 수업이 바라는 독자에 대해서 좀 더 생각해 볼 필요가 있다.

스스로 문제를 해결하는 힘

독해 수업의 목표는 능동적 독자를 키우는 것이다. 여기서 '능동적'이라는 말은 자기가 적극적으로 어떤 행위를 할 수 있음을 뜻한다. 그렇다면 능동적 독자는 무엇을 스스로 하는가? 독서의 과정에서 스스로 문제를 발견하고 대안 전략을 찾아 적용할 수 있는 독자가 능동적 독자이며, 그 핵심에 '문제 해결력'이 있다.

여기서 우리는 글 읽는 과정을 하나의 '문제 상황'으로 본다. 글 읽는 일이 마냥 쉽다면 애써 노력하거나 주의를 기울일 필요가 없다. 쉬운 일은 자연스럽고 즐겁게 하면 된다. 그러나 글이 도전적이고 어려워서 독자가 특별한 주의와 노력을 기울여야 한다면, 그것은 하나의 문제 상황이 된다. 독자는 어떻게, 얼마나, 언제 어디서 자신의 인지적 주의와 노력을 기울여 읽어야 할까? 성공적인 독서를 위해서는 글 읽기의 문제 상황을 어떻게 해결해야 할까? 이런 질문들을 적극적으로 제기하고 그에 답하기 위해 자발적으로 행동하는 독자가 문제 해결적 독자, 능동적 독자이다.

목표를 향해 나아가는 읽기

따라서 능동적 독자는 전략적 독자이다. 다양한 독해 방법을 동원해서 글 읽기 상황에 어울리게 적재적소에서 조화롭게 적용할 수 있는 독자이다. 전략이란 전투에서 승리하기 위해 쓰는 방책이나 방략을 의미하는데, 한 마디로 수단과 방법이다. 전략은 언제나 '목적 지향적'이어야 한다. '나의 목적을 이루기 위해서는 어떤 수단과 방법이 필요한가?'라고 생각할 수 있는 것이 전략적 사고다.

문제 해결 전략은 하나일 수도 여럿일 수도 있다. 능숙한 독자, 성숙한 독자, 성공적인 독자, 전문적인 독자는 효과적인 독해 전략을 다채롭게 보유하고 있다. 그 전략을 하나하나 따로 떼어내어 쓰기도 하지만, 상황에 맞게 여러 개를 조합하고 순서를 달리하여 사용한다. 필요하면 어떤 것을 너 많이 쓰고 어떤 것은 적게 쓰기도 한다.

전략적인 독자는 자신의 읽기 과정을 점검하고 그 결과에 따라 최선의 전략을 사용하는 독자, 즉 메타인지적 독자이다. 자기의 읽기 과정을 점검하고 조정하면서 그때그때 읽기의 문제 상황을 해결할 수 있는 최선의 전략을 선택하고 적용해 글을 이해하는 것이다.

독해 수업이 바라는 독자는 그런 독자다. 우리는 효과적인 독해 수업으로 우리 학생들이 능동적 독자, 문제 해결적 독자, 전략적 독자, 메타인지적 독자가 되는 경험을 만들어주어야 한다.

2 능숙한 독자는 읽을 때 무엇이 다른가

능숙한 독자는 어떤 전략을 사용할까? 이를 주제로 한 연구의 역사는 꽤 길다. 서구에서는 인간의 인지(즉, 생각)를 체계적으로 연구하기 시작한 1960~70년대부터 본격적으로 독해 전략 연구가 시작되었고, 1980~90년 대에 이르러서는 절정을 이루었다. 2000년대 들어와서는 조금 더 복잡하고 새로운 독해 상황(가령, 여러 문서를 읽는 과정, 디지털 텍스트를 읽는 과정, 이미지와 글이 혼재된 텍스트를 읽는 과정)에서 독자들이 어떻게 전략적으로 텍스트를 이해하는가에 관한 연구가 끊임없이 진행되고 있다.[2]

지금까지 독서 연구자들은 글 잘 읽는 사람, 글을 잘 읽어서 내용을 학습하고 지식을 쌓아 과제를 해결하는 독자들을 면밀하게 관찰해 왔다. 그러한 결과로 좋은 독자, 성공적인 독자는 여러 가지 전략을 글 읽기 상황과 맥락, 목적에 어울리게 정교하고 유기적으로 사용한다는 것을 발견했다.

미국의 독서 연구자인 마이클 프레슬리(Michael Pressley)와 피터 애플러백(Peter Afflerbach)은 성공적인 독자들이 사용하는 독해 전략에 대한 선행 연구들을 종합하여 일목요연하게 정리했다.[3] 그 결과 잘게 자른 독해 전략의 종류가 수백 가지가 되었다. 우리는 이 전략들을 비슷한 성질의 것들끼리 묶어 일반적인 경향성으로 정리할 수 있다[자료1]. 여러분의 아이들이 교실과 가정에서 이렇게 글을 읽고 있는지, 우리가 아이들에게 이러한 독해 전략들을 가르쳐주고 있는지 스스로 점검해 보자.

능숙한 독자의 전략적 독해

- **미리 훑어 읽고 예측하기** | 먼저, 능숙한 독자는 글을 읽기 전에 미리 훑어 점검하면서 글에 어떤 내용이 들어 있을지, 어디서부터 글을 읽어야 할지 판단하고 결정한다. 자기가 읽을 글에 대해 '예측'을 하는 것이다. 능숙한 독자는 무턱대고 글을 읽지 않는다. 글의 제목이나 표지의 그림, 작가의 이름, 책의 차례 등을 보면서 글 전체에 대한 일종의 '가설'을 세운다.

- **중요한 내용에 집중하기** | 능숙한 독자는 글을 읽을 때 중요한 정보와 내용에 주의를 집중하면서 읽는다. 중요한 내용이라고 생각되는 부분에서는 글 읽는 속도를 조절하면서 그 의미를 더 잘 이해하기 위해서 노력한다.

이것은 무슨 뜻일까? 우리의 인지적 주의력, 인지적 자원은 한정되어 있기 때문에, 무작정 아무것에나 집중하고 노력할 수 없다. 따라서 비중을 달리해야 한다. 필요한 부분에 더 많은 노력과 주의를 기울이고, 조금 덜 중요한 부분에서는 느슨하게 글의 중요도, 복잡도, 친숙도 등에 따라 주의와 노력을 달리한다.

능숙한 독자의 읽기 전략	예/아니오
1. 텍스트를 읽기 전에 미리 훑어 점검하면서 무슨 내용이 들어 있을지, 어디서부터 글을 읽어야 할지 판단하고 결정한다.	
2. 텍스트를 읽을 때 중요한 정보와 내용들을 중심으로 주의를 집중하면서 읽는다. 가령, 중요한 내용이라고 생각되는 부분에서는 글 읽는 속도를 조절하면서 그 의미를 더 잘 이해하기 위해 노력한다.	
3. 텍스트의 전체적인 내용을 이해하기 위해 중요한 세부 내용을 연결하면서 읽는다.	
4. 텍스트를 이해하기 위해서 자신의 배경지식을 적극적으로 활용하면서 읽는다. 예를 들어, 텍스트의 내용에 관한 지식(가령, 광합성과 같은 주제 지식이나 생물학 같은 영역 지식)과 텍스트의 구조나 장르에 관한 지식(가령, 인과나 논증 등의 논리 지식이나 소설, 시, 설명문, 칼럼 등과 같은 장르 지식)을 적극 활용하면서 읽는다.	
5. 텍스트의 내용과 자신의 배경지식을 연결하고 비교, 대조, 분석하면서 텍스트에 대한 나의 의견을 수정하거나 자신의 배경지식 자체를 수정한다.	
6. 텍스트의 행간에 숨겨진 정보와 의미를 추론하며 읽는다. 특히 이 정보가 텍스트를 이해하는 데 중요한 것이라고 판단될 때는 특별히 더 많은 인지적 노력을 들인다.	
7. 텍스트를 읽는 중에 잘 모르는 단어가 나오거나 단어의 의미가 분명하지 않을 때는 글의 문맥을 활용하여 그 뜻을 파악하려고 노력한다. 특히, 이 단어가 텍스트를 이해하는 데 결정적인 역할을 한다고 판단될 때는 더욱 적극적으로 단어 이해 전략을 사용한다.	
8. 텍스트의 정보를 효과적으로 기억하기 위한 다양한 행동 전략을 사용한다. 특히, 글을 읽으면서 어렵거나 중요한 내용을 중심으로 밑줄 긋기, 반복하기, 메모하기, 자기 말로 다시 적어보기, 요약하기, 시각화하기, 질문하기 등의 방법을 사용한다.	
9. 텍스트의 질과 가치를 평가하면서 읽는다. 이를 위해서 텍스트가 자신의 지식, 관점, 태도, 행동 등에 어떤 영향을 미치는지에 대해서 면밀하게 판단한다.	
10. 텍스트의 일부 또는 전체를 읽고 난 후에는 추가적으로 더 읽어봐야 할 필요가 있는지 자문하고 필요하다면 기꺼이 다시 읽는다. 가령 내가 텍스트를 어떻게 읽었는지 자신의 이해와 해석을 요약, 검토하고 스스로 질문해 봄으로써 어떤 대안적 해석이 가능한지 고려한다. 지금까지 읽는 내용이 잘 이해되지 않았다는 느낌이 든다면 추가적인 시간과 노력을 들여 필요한 부분을 중심으로 다시 읽는다.	
11. 텍스트의 저자와 대화하면서 읽는다. 저자의 언어, 메시지, 의도, 목적 등에 대해서 적극적으로 질문하면서 읽는다.	
12. 텍스트를 읽고 나서 새롭게 구성한 지식을 앞으로 어떻게 사용할 수 있을지, 그 지식이 나의 삶과 일에 어떻게 도움이 될지 예측하고 계획한다.	

[자료1] 독해 전략 점검표

- **글 전체를 통합적으로 읽기** | 능숙한 독자는 통합적으로 읽는다. 글의 전체적인 내용을 이해하기 위해서 중요하다고 판단되는 세부 내용들을 서로 연결하면서 읽는다. 글 내용을 하나하나 따로 읽는 것이 아니라, 그것들을 연결해서 종합적으로 이해하는 전략을 사용한다. 자신의 머릿속에서 글에 대한 심층적 이해 모형을 만들려고 노력하고, 그것이 글의 목적과 상황에 부합하는지 확인한다.

- **배경지식 활용하기** | 능숙한 독자는 글을 읽을 때 배경지식을 적극적으로 활용한다. 배경지식에는 크게 내용 지식과 구조 지식이 있다. 내용 지식은 예를 들어 광합성 같은 주제 지식이나 생물학 같은 영역 지식처럼 글 내용에 관한 지식이다. 구조 지식은 글의 구조나 장르, 자질에 관한 지식이다. 예를 들면 인과관계, 논증구조, 논리의 연결과 전개 등이나, 소설, 시, 설명문, 칼럼 등의 장르 지식을 말한다.

능숙한 독자는 내용 지식과 구조 지식을 적극 활용하면서 읽는다. 공부 잘하는 학생들은 자기가 무엇을 알고 있는지를 알고, 무엇을 모르는지를 안다. 자기가 알고 있는 것을 적극 활용해서 읽고 자기가 모르는 것은 채우려고 노력하는 것이다. 읽는 것도 마찬가지이다. 능숙한 독자는 글을 읽으면서 자기가 알고 있는 것을 최대한 활용하고, 모르는 것은 새롭게 배우려고 한다.

- **자기의 지식과 관점 수정하기** | 능숙한 독자는 글의 내용과 자신의 배경지식을 서로 연결하여 비교, 대조, 분석하면서 글에 관한 자신의 해석을 수정하거나 자신의 배경지식 자체를 고치기도 한다. 독해가 글 정보를 이해하는 수준에서 끝나는 것이 아니라, '내 생각이 잘못되었네. 내가 알고 있던 것이 완전하지는 않구나. 내가 정말 이 현상을 과학적으로 이해하고 있지는 못했네'와 같이 생각하면서 고치는 것으로까지 발

전한다. 능숙한 독자는 글을 읽으면서 자기가 알고 있는 것을 적극 활용하면서도 그것이 틀리거나 오류가 있을 수 있다고 가정한다. 그래서 글을 통해 배운 것이 더 합리적이고 타당하며 또 믿을 만하다고 판단되면, 그것을 활용해서 자신의 지식과 관점을 수정하고 보완한다.

• 추론하기 | 능숙한 독자는 행간에 숨겨진 정보와 의미를 추론하면서 읽는다. 특히 어떤 정보가 전체 글을 이해하는 데 중요하다고 판단될 때는 특별히 더 많은 인지적 노력을 들여 그것의 의미를 파악하려고 노력한다. 겉에 드러나는 의미뿐만 아니라 행간에 숨겨진 의미를, 말을 하지 않아도 글을 쓴 사람이 이야기하고 싶은 것을 찾아내서 읽는다.

모르는 단어가 나오거나 단어 의미가 분명하지 않을 때는 글의 문맥을 활용해서 그 뜻을 파악하려고 노력한다. 특히 어떤 어휘가 글 이해에 결정적이라고 판단되면, 더욱 적극적으로 맥락적 어휘 이해 전략을 사용한다.

• 어휘 전략 사용하기 | 우리가 세상의 모든 어휘를 알고 있다면 좋겠지만, 실제로 우리는 살면서 알아야 할 어휘를 모르는 경우가 훨씬 더 많다. 어휘를 몰라서 글을 읽기가 어려워지는 경우도 드물지 않다. 그럴 때마다 어휘를 모른다고 글 읽기를 포기하는 것이 아니라, 그 어휘를 주변의 단어들과 연결하여 앞뒤 맥락을 통해서 어느 정도 의미를 추론하기 위해 노력해야 한다. 이는 맥락적으로 잘 모르는 어휘를 이해하려는 전략이다.

• 밑줄 치고 메모하고 요약하기 | 능숙한 독자는 글 정보를 효과적으로 기억하기 위한 다양한 행동 전략도 사용한다. 특히 글을 읽으면서 어렵거나 중요한 내용을 중심으로 밑줄을 긋고, 기억하거나 떠오르는 생각

을 메모하고, 자기 말로 다시 적어보고, 요약하고, 시각화하고, 질문하는 등의 방법을 사용한다.

• **글의 가치 평가하기** | 능숙한 독자는 글의 가치를 평가하면서 읽는다. 이를 위해 글이 자기의 지식, 관점, 태도, 행동에 어떤 영향을 미치는지 판단한다. 글 내용을 이해하는 것으로 끝나는 것이 아니라, 글 읽기가 가치가 있는지 없는지를 판단한다. '이 글이 나의 생활에 쓸모가 있구나. 이 글이 내 생각을 바꾸는 데 효과적이구나. 이 글은 내가 일을 처리할 때 도움이 되겠다'라는 유용성과 타당성을 판단한다. 이런 자세를 가지면 분석적이고 비판적인 글 읽기가 가능해진다.

• **다시 읽고 더 읽기** | 능숙한 독자는 글의 일부 또는 전체를 읽고 난 후에 추가적으로 더 읽어봐야 할 필요가 있는지 스스로 물어보고 필요하다면 기꺼이 다시 읽는다. 읽기는 한 번에 끝나지 않는다. 첫 문장에서부터 마지막 문장을 다 읽고 끝나는 것, 첫 번째 쪽과 마지막 쪽을 읽고 끝나는 것이 아니다. 필요하다면 읽은 것도 다시 읽어야 한다. 다시 읽으면 이전에는 이해되지 않았던 것들이 더 잘 이해된다.

정보가 가득한 설명문, 공부와 관련된 연구 논문뿐만 아니라 문학 작품을 읽을 때도 어떤 사건의 정황이나 인물의 행동이 잘 이해되지 않을 때 그 부분을 다시 읽어보면 좋다.

• **저자와 대화하기** | 능숙한 독자는 글의 저자와 대화하면서 읽는다. 이런 독자는 저자의 언어, 저자의 메시지, 저자의 의도, 저자의 목적에 대해 적극적으로 질문한다. 질문하는 독자는 좋은 독자다. 질문해야 더 깊이 이해할 수 있다. 글을 이해하는 과정은 글을 매개로 저자와 만나 대화하는 과정이다.

• 지식의 쓸모 찾기 | 마지막으로 능동적 독자는 글을 읽고 나서 새롭게 이해한 지식을 앞으로 어떻게 사용할 수 있을지 질문한다. 글을 읽어서 얻은 지식이 자신의 삶과 일, 공부에 어떻게 도움이 될지 예측하고, 어떻게 사용할 수 있을지도 계획해 본다. 글을 읽는 것이 지식을 얻는 것에서 끝나는 것이 아니라, 그것을 자신의 삶과 일로 확장하여 글 읽기의 가치를 확장한다.

좋은 독자의 문해 전략

문해력이란 무엇인가? 기호와 의미를 다루는 역량이다. 나아가 기호와 의미를 다루어 세상일에 참여하는 힘이다. 문해력을 바탕으로 우리는 생각을 결정하고, 문제를 해결하고, 일을 하고, 공부한다. 능숙한 독자의 독해 전략을 우리 아이들이 따라할 수 있도록 간략하게 정리해 보자[자료2].

- 좋은 독자는 목적을 설정한다. 왜 읽는가를 생각한다.
- 좋은 독자는 글을 배경지식과 연결한다. 읽기에 익숙한 구조인지 낯선 구조인지 파악한다.
- 좋은 독자는 예측한다. 글에 관한 가설을 세우고 확인한다.
- 좋은 독자는 추론한다. 글에 드러난 의미뿐 아니라, 글에 숨겨진 의미를 찾아내려고 노력한다.
- 좋은 독자는 글의 장치를 해석한다. 언어 표현, 수사 기법, 어휘 선택, 정보 조직, 내용 구조 등 글의 특징을 파악하려고 노력한다.
- 좋은 독자는 글 내용을 평가한다. 글이 얼마나 쓸모 있고 믿을 만한가, 타당한가, 논리적인가, 그럴듯한 것인가 판단한다.
- 좋은 독자는 독해 과정을 스스로 점검한다. 메타인지적으로 자신의 독해 과정을 꾸준하게 점검하고 효과적으로 증진하려고 노력한다.

- 좋은 독자는 요약한다. 글에 대한 자신의 이해를 종합적으로 정리한다.

전략	정의	교사·학생 안내 질문 예시
목적 설정하기	읽어서 무엇을 얻으려 하는지, 그래서 어떻게 읽어야 할지 결정하기	왜 읽는 것이지? 전체를 다 읽을까 아니면 부분만 읽을까? 배우려고 읽는가 아니면 정보만 찾으면 되는가?
배경지식 연결하기	자신이 이미 알고 있는 것들이 무엇인지, 그 지식이 어떻게 텍스트와 연결될 수 있을지 생각하기	이것에 대해서 예전에 배운 적이나 읽은 적이 있는가? 다른 저자나 사람들은 이것에 대해서 뭐라고 말하지? 글의 구조가 나한테 익숙한가, 낯선가? 그렇다면 어떻게 읽어야 하지?
예측하기	다음 부분에서 어떤 내용이 나올지 가설을 세우고, 글을 읽으며 가설을 확인하고, 필요하다면 가설을 수정하거나 새로운 가설을 세우기	가만 읽어보니 이렇게 연결하면 의미가 통할까? 중요한 내용인데 글에서 빠진 것은 없을까?
추론하기	텍스트에 직접 드러나 있거나 숨겨져 있는 정보에 관하여 결론 도출하기	이것이 뭘 보여주는 것이지? 가장 눈여겨볼 장치들이 무엇일까? 내가 이것으로 어떤 정보를 얻을 수 있지?
텍스트 장치 해석하기	텍스트의 디자인적, 시각적 장치의 의미를 파악하고 텍스트의 중심 생각들과 어떻게 관련되는지 파악하기	이 글에 대해 나는 어떤 생각을 가지고 있지? 동의할 수 있을까? 어떤 점에서 수긍이 되지 않지? 왜 그렇지?
내용 평가하기	텍스트의 언어와 내용, 여러 장치들, 함의나 시사점 등에 대하여 스스로 어떻게 반응하는지 생각해 보기	잠깐, 지금 내가 제대로 읽는 것이 맞아? 내가 잘 이해하고 있나, 이게 무슨 말이지? 더 잘 이해할 수 없을까? 다르게 읽어볼까?
독해 점검하기	독해의 과정을 스스로 점검하고, 독해 문제가 생겼을 때 대안적 전략을 사용하여 해결하기	왜 이것이 진실이지? 무슨 근거로? 나는 무얼 알고 있나?
요약하기	지금까지 텍스트를 통해서 읽고 배운 것들을 정리하기	지금까지 글쓴이가 무슨 이야기를 했지? 내가 이 부분에서 무엇을 배웠지?

[자료2] 좋은 독자의 문해 전략

　우리는 문해력 수업에서 아이들이 다양한 독해 전략을 이해하고 사용할 수 있도록 도와주어야 한다. 이를 위해 선생님이 어떻게 독해 전략을 사용하는지 시범을 보여주어야 한다. 학생은 교사가 전달한 지식을 받아들이며 배우기도 하지만, 실은 교사가 하는 말과 말 혹은 행동과 행동을 통해서, 그것으로 교사의 생각 과정을 가까이 보고 살피면서 훨씬 더 많이 배운다.

　그래서 교사는 문해력 교실에서 가장 좋은 독자, 가장 능동적인 독자, 가장 전략적이고 메타인지적인 독자가 되어야 한다. 그리고 어떻게 글을 읽고 이해하는지, 어떻게 다양한 전략을 사용해서 독해의 과정에 참여하는지 하나의 모범 사례가 되어야 한다.

3 과학적인 독해 수업 모형

세 가지 독해 수업 모형에 대해 알아보자. 이 수업 모형들은 다양한 맥락에서 여러 번에 걸친 경험적 연구를 통해 과학적으로 근거가 마련된 것들이다. 1부에서 문해력 교육을 접근할 때 과학적일 필요가 있다고 강조했다. 과학은 숫자, 통계를 다루는 양적 연구나 엄밀한 실험 연구뿐 아니라 질적 연구, 현장 연구, 사례 연구도 포함한다. 지금 소개하는 독해 수업 모형들은 다양한 이론과 방법론으로 실행된 과학적 연구에서 도출된 근거 기반 교육을 제안한다.

각자의 역할에 충실하기

'협력적 전략 독서(Collaborative Strategic Reading, CSR)' 수업은 초중등학교에서 정말 잘 활용해 볼 수 있다.[4] CSR은 교실에서 아이들이 설명문이나 주장하는 글과 같이 정보성이 높은 글을 읽을 때 특히 유용하다. CSR 수업의 가장 큰 특징은 그 이름이 말해 주듯 협력에 있다. 이 수업에서 아이들은 각자 자기의 역할을 맡고 소모둠 활동을 진행할 때 협력적으로 독해 활동에 참여한다. 이 글을 읽는 선생님들에게는 CSR 수업이 실제로 평소에 해오던 익숙한 방법일 수도 있다.

읽기 수업은 글을 읽기 전 활동, 글을 읽는 중에 할 수 있는 활동, 글을 읽고 난 후에 하는 활동의 세 부분으로 나누어 진행하면 쉽고 효과적이다. 읽기 수업의 이런 흐름은 아이들도 쉽게 따라올 수 있다. CSR 수업 활동은 읽기 전, 중, 후 과정에 맞추어져 있다. 먼저 교실에서 전체 학생들을 대상으로 수업 활동을 안내하고 선생님이 학습 목표가 되는 읽기 전략에 대해 시범을 보인 후, 아이들이 수업의 흐름에 따라 읽기 전략을 연습하고 실행해 본다.

CSR 수업에서의 협력적 읽기 활동을 통해서 하나의 유기적인 흐름으로 수행되는 전략적 독해 과정을 가르칠 수 있다. 먼저, 아이들은 본격적으로 글을 읽기 전에 배경지식 전략을 연습한다. 늘 그렇듯이 독해 수업은 학생들이 무엇을 알고 있는지를 물어보는 것으로 시작된다. 이 수업에서도 아이들은 함께 읽어야 할 글을 전체적으로 훑어보면서 그 속에 어떤 내용이 담겨 있을지 예측해 본다.

이때 자기가 알고 있는 것들을 적극 활용해야 예상도 하고 질문도 할 수 있다. 아이들이 글 내용에 대해서 얼마나 잘 알고 있는지 또는 잘 알고 있지 못한지를 확인해 보는 활동으로, 배경지식 활성화 전략을 연습할 수 있다.

다음으로 CSR 독해 수업에서는 글을 읽는 중에 어휘 전략을 집중적으로 연습한다. 그래서 중학교뿐 아니라 초등학교 저학년 교실에서도 시도해 볼 수 있다. CSR 수업은 아이들이 글을 읽는 중에 모르는 단어, 모르는 표현, 어색하고 낯선 구절이나 개념어가 나왔을 때 스스로 그것이 문제임을 확인하게 도와준다. 아이들은 어려운 단어에 밑줄을 그으며 해당 부분을 다시 읽어보기도 하고, 각자 밑줄 친 말들을 서로 나누고 확인하면서 앞뒤 문맥을 활용하여 그 말이 무슨 뜻인지를 추론한다. 이때 아이들이 모여서 단지 글을 따라 쭉 읽어 내려가는 것이 아니라 '읽기, 멈추기, 돌아보기'의 과정을 순환적으로 수행한다. 읽다가 모르는 것이 나오면 "모르겠어"라고 넘어가는 것이 아니라, 잠깐 멈춰서 생각해 보고 "앞에 무슨 내용이 있었지?" 묻고 앞으로 돌아가 확인해 보고, "뒤에는 어떤 내용이 있지?" 질문하면서 계속 글을 읽어보는 것이다. 이러한 활동을 여러 번 반복하면서 처음에는 잘 이해되지 않던 낯선 어휘들의 의미를 적극적으로 찾아나가는 전략을 익히게 된다.

마지막으로 아이들은 짝을 지어서 책 대화를 한다. 한 학생이 자기가 여태까지 읽은 내용을 다른 학생한테 생각나는 대로 이야기해 준다. 말하는 사람을 넘어 읽은 것을 '다시 말해 주는 사람'의 역할을 하는 것이다. 이때 상대 학생은 청자의 역할을 담당한다. 친구의 글 이야기를 잘 듣고 "아, 그런 내용이구나. 그런데 너의 이야기를 듣다 보니 궁금한 것이 생겼어"라고 반응하며 질문할 수도 있다. 그러면 앞에서 이야기한 학생이 대답하면서 대화를 이어간다. 이 활동은 '다시 말하기'와 '경청'을 통해서 대화를 촉진하고 독해를 증진한다.

학생들은 예측하기, 배경지식 활용하기, 어휘 의미 파악하기, 다시 읽고 내용 확인하기 등의 다양한 독해 전략들을 수반하는 유기적인 읽기 활동들을 반복하면서 마지막으로 글의 핵심 내용을 요약한다. 그리고 이를 바탕으로 더 알고 싶은 것, 아직도 궁금한 것, 잘 이해가 되지 않는 것 또는 "나는 여기에 동의할 수 없어. 나는 다른 의견을 가지고 있어"라고 생각하는 것들에 대해서 질문을 만든다.

이렇게 읽기 전, 중, 후의 과정이 명확히 구별되고 연계되는 CSR 수업은 모둠 활동, 협력 활동으로 학생들 각자 자신이 맡은 역할에 책임을 다하는 능동적 학습자가 되기를 요청한다. CSR 독해 수업은 학생들에게 전략적인 독자, 협력적으로 사고하는 독자, 글 이해의 판단 기준이 높은 독자, 책임감을 다하는 독자 경험을 제공하기에 좋은 수업이다[자료3].

<table>
<tr><td colspan="3" align="center">〈함께 생각하며 읽기〉
나의 주제: ______________________________</td></tr>
<tr><td align="center">읽기 전에 확인하기</td><td align="center">읽는 중에 생각하기</td><td align="center">읽은 후에 정리하기</td></tr>
<tr><td align="center">배경지식
이 주제에 대해서
무엇을 알고 있는가?</td><td align="center">어려운 점</td><td align="center">질문과 토의</td></tr>
<tr><td align="center">예측하기
이 글에서
무엇을 배울 것인가?</td><td align="center">핵심 내용 정리

단락 1

단락 2

단락 3</td><td align="center">검토
이 글에서
무엇을 배웠는가?</td></tr>
</table>

[자료3] 협력적 전략 독서(CSR) 수업 활동지

저자에게 질문하기

'저자에게 질문하기(Questioning the Author, QtA)'는 매우 유명하고 널리 알려진, 대화 기반 독해 수업 모형이다.[5] 이 연구를 한 이사벨 벡(Isabel Beck)과 마거릿 맥커운(Margaret McKeown)은 질문을 중심으로 대화하는 독해 수업을 쉽고 간단하게 설계했고, 미국의 많은 현장 교사들이 이 모형을 읽기 수업에 적용하고 있다[자료4].

글을 읽을 때 보통 아이들은 글 내용에 집중한다. "어떤 내용이 있지? 중심 내용이 무엇이고, 세부 내용은 무엇이지?"라며 집중한다. 하지만 여기에서 나아가 킨취가 말한 심층 독해에 도달하기 위해서는 "글을 쓴 사람이 무슨 말을 하려고 하는 거지?"라고 묻고 또 답할 수 있어야 한다. QtA 수업은 아이들이 글을 읽으면서 저자가 바로 앞에 있다고 가정하고 대화하도록 안내한다. 저자와 마치 가상 인터뷰를 하는 것처럼 말이다. 학생 독자가 "그래서 지금 당신은 무슨 말을 하려고 하는 겁니까?"라고 물어보는 것이다.

학생은 글쓴이가 자신의 질문에 대해 어떻게 대답할지 글 내용을 바탕으로 추론해야 한다. 예컨대, 학생 독자가 "당신의 말이 지금 내가 읽은 텍스트의 내용과 어떻게 연결되는 것이죠?"와 같이 글 내용의 중요도와 관계에 대해 물어볼 수 있다. 이어서 이렇게도 물어본다. "왜 이런 말을 하는 거예요? 당신이 그렇게 말하는 구체적인 근거를 제시하고 있나요?" 이렇게 저자에게 질문을 던지는 활동이 아이들을 의미 구성 과정에 몰입할 수 있게 도와주고, 따라서 깊이 있는 독해를 촉진한다.

그런데 글쓴이가 대답을 할까? 못한다. 거기 없기 때문이다. 그래서 학생들이 스스로 답해야 한다. 다시 말하면, 아이들은 자기가 던진 질문에 답하기 위해 글을 더욱 더 꼼꼼하게 읽어야 한다. 여러 번 읽을 필요도 있고, 잘 이해되지 않는 것들은 친구들과 대화하면서 해답을 찾을 필요도 있다. 이 과정에서 서로의 생각을 비교해 보고, 각자의 생각이 어떤 근거를 가지고 있는지도 글에서 찾아볼 수 있다. 이러한 깊은 교실 대화, 글 대화를 교사가 안내해 주어야 한다.

학생들이 질문하기 어려워한다면, 교사가 대신 적절하게 필요한 질문을 던져주면 좋다. 이때 바로 질문을 던져주기보다, 글쓴이의 생각을 더 잘 이해하기 위해 어떤 질문을 던져야 할지 학생들이 고민할 수 있도록 자극해 주어야 한다. 적합하게 피드백을 주어야 하고, 열린 질문을 던질 수 있게 시범도 보여주어야 한다. QtA의 틀을 만들어서 아이들과 함께 살펴보고, 쉬운 글을 가지고서 한번 연습해 보아도 좋다.

QtA는 활용하기 편하고 효과도 좋은 글 읽기 수업의 방법이다. 초등학교 저학년에서는 물론, 중고등학교에서도 즐겁게 활용할 수 있다. 다양한 글과 서적뿐 아니라, 다양한 매체 자료와 교과서를 읽을 때도 적용할 수 있다. 대학교에서도 매주 할당된 글과 자료를 더욱 깊게 읽게 안내하는 방법으로 이를 활용할 수 있다.

아마도 이 활동에 깊게 몰입한 학생들은 이렇게 반응할지 모른다. "선생님, 저는 교과서를 읽고 이렇게 대놓고 질문해 본 적은 처음이에요." 우리 교

저자에게 질문하기		
단계	목적	질문
탐구 시작	글에 관하여 교실 토론 시작하기	• 이 부분의 내용이 잘 이해가 됩니까? • 글쓴이가 지금 무엇을 말하려고 하는 것입니까?
추가 탐구	자신이 이해한 의미를 글의 내용 및 저자의 의도와 연결하기	• 왜 글쓴이는 바로 이 부분에서 이런 단어와 표현을 사용한 것입니까? • 글쓴이가 그 부분을 명확하게 이야기하고 있습니까? • 글쓴이가 왜 그렇게 했는지 이야기하고 있습니까? • 왜 하필 이 부분에서 그것을 이야기하고 있다고 생각합니까?

[자료4] 저자에게 질문하기(QtA) 목적과 질문

실의 많은 학생들은 교과서를 단지 받아들이거나 혹은 아예 거부하는 방식으로 읽는 데 익숙하다. 그러나 교과서라도 질문하면서 읽으면 글의 의미 이해가 한층 깊어진다.

서로 돌보기

독해 증진을 위한 상보적 수업(Reciprocal Teaching, RT)은 단언컨대 독서 수업 연구사에서 가장 충분하게 그리고 가장 과학적으로 근거가 마련되어 있다.[6] RT는 가장 오랫동안 많은 사람들에 의해 연구된 독해 수업 모형으로, 강력한 효과를 발휘하며 전 연령대의 독자들과 모든 유형의 텍스트에 적용할 수 있다.[7]

상보적 독해 수업은 인지 이론에만 근거하지 않는다. 이 수업의 근간은 러시아의 심리학자인 레프 비고츠키(Lev Vygotsky)의 사회구성주의에 기반한다. 교사와 학생, 학생과 학생의 관계 속에서 만들어지는 사회적 맥락, 추상적 언어를 매개로 구체적이고 상황적인 의미를 만들어내는 사고 경험을 중시한다. 이 수업은 실행하기 어렵지 않은 협력 수업으로 학습자의 발달 수준이나 수업의 목적에 따라서 다양하게 변형될 수 있다.

RT에서 상보적이라는 말은 서로 보충하는 관계를 뜻한다. 원숭이들이 서로의 털을 매만져주는 것처럼 상보적이라는 것은 함께 하는 이들이 서로 '돌보는' 것을 말한다. 상보적 수업에서는 학생과 교사, 학생과 학생이 서로 돌보며 책과 글을 읽고 공부한다. 이들이 만들어내는 사회적인 맥락 안에서 서로 가까운 동료가 되어 협력하면서 글을 독해한다.

이때 구성원들의 '대화'는 돌봄과 협력을 촉진하는 핵심 도구다. 상보적 수업은 대화적 읽기 수업의 대표적 모형이며, 그래서 '떠들썩한' 수업이다. 대화는 교실을 역동적으로 만든다. 대화를 통해 경험과 경험, 의미와 의미가 만난다. RT 독해 수업은 대화 기반의 수업으로, 결코 조용하지 않다.

RT 독해 수업에서는 보통 네 가지 독해 전략(수업의 내용)을 중요하게 다룬다. 예측하기, 질문하기, 확인하기, 요약하기가 그것이다. 먼저 아이들이 글을 읽으면서 어떤 내용이 나올지 추측해 본다(예측하기). 이어서 글을 읽으며, "아, 여기에 그런 내용이 있네. 그런 말이었구나!"라고 내용을 파악한다(확인하기). 그리고 글을 읽는 중에 "아, 그런데 이건 무슨 뜻이지? 잘 모르겠는데? 이렇게 주장한 이유가 뭘까? 조금 더 알고 싶은데 뒤에 내용이 나올까?"라고 따져본다(질문하기). 그리고 다시 글을 읽어 나가면서 "아, 앞에서 얘기했던 게 이런 내용이구나. 이 부분에 대해서는 더 알아봐야겠다"라며 글에서 질문에 대한 답을 찾아본다. 이를 바탕으로 마지막에 읽은 내용을 자기 말로 정리해 본다(요약하기).

이 모든 전략적 행동들이 소집단 대화를 통해서 이루어진다. 네 가지 전략 중간에 다른 전략들을 넣어서 다섯 가지로도 할 수도 있고, 줄여서 세 가지로 할 수도 있다. 순서도 상황에 따라 자유롭게 적용될 수 있다. 그러니까 변형의 가능성이 많은 수업이라고 할 수 있다. 그럼 수업은 어떻게 진행될까?

• **교사 시범** | 효과적인 RT 수업의 첫 단추는 교사이다. 교사는 먼저 학생이 글을 읽기 전에, 교사가 어떻게 예측하기, 질문하기, 확인하기, 요약하기를 사용하는지 아이들 앞에서 시연한다. 교사 시범이 중요하지만, 우리는 간혹 수업을 할 때 무엇을 어떻게 해야 하는지 친절하게 보여주지 않고 아이들에게 그냥 해보라고 하는 경우가 많다. 좋은 교육은 교재와 도구만 던져준 채 아이들을 방치하지 않는다.

교사 시범의 가장 유용한 방법 중에 하나가 앞에서도 설명한 생각말하기이다.[8] 교사가 글을 읽는 동안 일어나는 머릿속 생각들을 말로 드러내는 것이다. 이렇게 하면 교사가 어떤 생각을 하는지 학생들이 듣고 볼 수 있다. 이때 교사는 능숙한 독자, 전략적인 독자이다. 아이들이 그것을 보고 "와, 우리 선생님 저렇게 문제를 해결하는구나"라며 따라하고 싶은 마음이 들게 한다. 글을 함께 보면서(큰 책, 프로젝터, 스마트보드 등을 활용해서), 선생님이 해당 전략이 잘 드러나도록 생각말하기를 한다. 한꺼번에 모든 것을 해도 되고, 하나씩 하나씩 해도 좋다. 시범을 보이는 것만 해도 한두 차시 정도의 수업이 가능하다.

교사의 시범 후에는 반드시 학생들이 무엇을 보고 듣고 느꼈는지 질문하고 토론할 수 있는 시간을 마련해야 한다. 선생님만 열심히 시범을 보인다고 해서, 아이들이 모든 것을 이해할 것이라고 가정해서는 안 된다. 아이들이 관찰한 것과 선생님이 의도한 것을 비교하면서 독해 전략에 관한 심층적인 교실 대화를 이끌어보자.

• **소집단 활동** | 소집단 활동에서는 모둠 구성원 각자의 역할을 네 가지 전략에 맞추어 나누어주면 좋다. 넷이 함께 하는 모둠에서 각각의 학생에게 '예측자, 질문자, 확인자, 요약자'라는 이름을 지어주어도 좋다. 한 학생이 네 가지 전략 모두를 사용하는 것이 아니라, 하나의 전략에만 집중할 수 있게 도와주는 것이다. 학생들은 분명한 역할이 주어지면 자신이 맡은 책임을 완수하려는 의지를 갖게 된다. 또한 역할을 나누어 읽으면 개인에게 돌아가는 인지적 부담을 줄이면서도 각자가 노력한 결과를 공유해야 하기 때문에 대화와 협력, 경청을 하게 된다.

이렇게 역할을 나누어 한 편의 글을 나누어 읽은 후에는, 이제 각자의 역할을 바꾸어 두 번째 글을 읽게 해도 좋다. 다른 글을 읽으면서 다른 전략을 사용해 보는 기회를 제공하는 것이다. 어떤 학생이 앞에서 글을 읽을 때 깊고 넓은 생각에 집중하는 질문자였다면(모르는 것과 궁금한 것, 분명하지 않은 것과 더 알고 싶은 것들에 대해 질문하는), 이제 새로운 글을 읽을 때 요약자의 입장에서 동료 친구들이 글 내용을 잘 이해할 수 있도록 정확하면서도 쉽게 정리해 보려 할 것이다. 이 학생은 이제 질문하기 전략과 요약하기 전략을 모두 실제 글 읽기 상황에 적용해서 실천해 본 독자가 된다. 이렇게 학생들은 몇 번 글 읽기와 역할 바꾸기를 반복하면서 각각의 전략에 고루 익숙해질 수 있다.

• **독립적 개별 활동** | 이제 학생들은 스스로 책을 찾아 읽으면서 이 전략들을 홀로 적용해 볼 수 있는 기회를 가져야 한다. 한 가지 전략에 각각 익숙해진다고 하더라도, 이 전략들을 유기적으로 필요에 따라 적재적소에 사용하는 일이 만만치는 않다. 이를 위해서는 반드시 모든 전략을 함께 사용해 보는 독립적 연습이 필요하다.

이때 글이나 책은 학생들이 손수 선택한 것으로 하면 좋다. 어린아이들의 경우에 일정 분량의 수업 시간을 따로 할애하여 개별 활동을 지도할 수도 있지만, 중고등학생들은 수업 외 시간(아침 독서 시간이나 방과후 시간), 교실 밖 장소(도서관이나 집), 다양한 교과 시간의 글(과학 교과서, 역사 활동 자료, 사회 통계 자료 등)을 읽을 때 적용해 볼 수 있게 안내해도 좋다. 각자 언제, 어디서, 어떤 글을 읽을 때, 어떻게 전략을 적용했으며, 그래서 무엇을 어떻게 배웠는지, 네 가지 글 독해 전략이 어떻게 유용했는지 아니면 불편했는지에 대한 간략한 자기 관찰 보고서를 작성하게 해도 좋다.

• **책임의 이양** | 좋은 독해 수업은 학생들에게 독해의 책임을 점진적으로 돌려준다. RT 독해 수업의 초반부에는 교사가 학생들의 학습에 전적으로 책임을 진다. 새로운 개념을 도입하고 독해 전략의 사례와 시범을 보여주어야 하기 때문이다. 교사의 할 일이 많고, 수업 준비를 위해 시간과 노력도 많이 투자해야 한다. 그럼에도 우리는 수업을 진행하면서 점점 독해 학습의 책임을 학생에게 돌려주어야 한다. 효과적인 수업은 아이들이 점진적으로 자기의 공부를 책임지고 이끌어나갈 수 있도록 독립성과 주도성을 지원한다.

• **독해 점검** | RT 독해 수업의 또다른 핵심은 독해 점검에 있다. 이 수업은 학생 독자의 메타인지를 키우는 데 정말 좋은 수업이다. 동료 독자들과 대화할 때 그들이 나의 글 이해 과정과 결과를 점검해 주는 역할을 하기 때문이다.

한 학생이 자신이 읽은 부분의 내용을 요약했을 때 다른 학생이 "새롭다. 글의 앞부분에서는 조금 다른 사례가 나와 있어서"와 같이 이야기하고, 또 다른 학생이 "그렇구나. 앞쪽은 내가 읽은 부분과는 다른 사례가 나왔구나. 앞으로 가서 다시 한 번 확인해 볼까? 이 둘이 어떻게 연결되는지 분명히 해야 하겠어"라며 상호 작용을 하는 것이다.

특히 어린 독자들은 자기의 사고 과정을 돌아볼 수 있는 메타인지를 순전히 자기 안에서만 키워나가기 어렵다. 하지만 대화 기반의 협력 수업은 메타인지를 사회적으로 경험할 수 있게 해준다. 이를 '공유된 메타인지'라고 한다. 외부의 다른 사람이 내 안의 메타인지 역할을 대신해 주는 것이다. 학생 독자는 다른 사람이 자신의 독해 과정에 대해 어떻게 반응하는지 살피고 대화에 참여하면서 자기의 독해 과정을 들여다볼 수 있다. 자신은 독해하는 사람, 상대방은 나를 점검해 주는 사람이 되는 것이다. 자신 역시 타인에게는 메타인지가 된다. 대화 기반의 협력 수업에서 각자는 타인의 메타인지가 된다.

지금까지 독해 수업 몇 가지를 소개했다. 구조화되어 있지만 반드시 모든 규칙과 요소들을 지킬 필요는 없다. 질문과 대화, 협력과 사회적 읽기의 원칙, 교사의 시범에서 이어지는 모둠 수업과 개별 활동의 원리를 고려하면서, 수업의 내용과 목적, 수업의 맥락과 학습자 수준에 맞게 변주하면 된다. 이 수업 모형들에서 독해 지도의 아이디어를 착안하고 실제 교실에서 활용할 수 있는 기회를 마련해 보자.

　예전에는 독서와 읽기라고 하면 '한 권의' 책이나 '한 편의' 글을 읽는 것으로 생각했다. 그러나 현대인의 삶을 살펴보면 전문 영역에서뿐 아니라, 일상생활이나 학교 공부를 위해서도 글 한 편을 읽는 것만으로는 온전하게 새로운 것을 배우고 문제를 해결하기에 부족하다. 이제 우리는 가정과 교실에서 우리 아이들이 여러 편의 글을 찾아 비교하고 연결하면서 통합적 의미를 만들어내는 창의적 읽기 역량을 갖출 수 있도록 도와주어야 한다.

　이 장에서는 다양한 텍스트를 통해서 읽고 배우는 경험, 여러 텍스트를 이해하고 학습하는 고차원적 의미 구성 과정을 촉진하는 문해력 수업에 대해서 알아본다.

14장

여러 문서를 연결하는 힘을 길러주자

여러 가지 글을 이해하는 과정은 무엇이고,
다문서 읽기를 촉진하는 문해력 수업은 어떻게 설계할 수 있을까?

· 문해력, 왜 다문서 읽기가 중요한가?
· 다문서 문해력을 증진하는 교실 환경
· 청소년들을 위한 다문서 읽기 수업 활동
· 다문서 이해를 바탕으로 '비판적 질문하기'
· 다문서를 활용하여 '논증하기'
· 다문서를 분석하면서 '관점 배우기'

주요 키워드

다문서 사회 / 다문서 문해력 / 다문서 독해 과정

상호텍스트적 독해 / 인식론적 책무성 / 대화적 참여

비판적 질문하기 / 논증 프로젝트 / 관점 학습

1 다문서 읽기의 중요성

독서와 문해력을 이해할 때 우리가 가지고 있던 가정이 하나 있다. 글을 이해하는 활동은 '단 하나의' 텍스트를 가지고 수행된다는 것이다. 그런데 실제로는 그렇지 않은 경우가 더 많다. 생활 속에서 우리가 어떤 하나의 글을 읽고서 어떤 일을 처리하고 완수하는 경우는 생각보다 드물다. 우리가 일을 하든 공부를 하든 문제를 발견하고 질문을 탐구하든, 나아가 사회적 과정에 참여하든 간에 두 개 이상의 텍스트를 다뤄야 하는 경우가 훨씬 많다.

다문서 문해력

다문서 문해력이란 여러 문서(책, 글, 자료 등)를 다루는 문해력, 즉 다문서를 읽을 때 필요한 역량이다. 다문서 읽기는 초등학교 고학년 학생들이나 중고등학교 청소년들은 물론이고, 대학생이나 대학원생과 같은 고등교육 학습자, 직장인과 시민과 같은 어른들 모두에게 필요하고 또 중요한 문해력이다. 그렇다면 왜 다문서 읽기가 중요한가? 여기에는 네 가지 정도의 이유가 있다.

첫째, 일상생활에서 읽고 쓰는 거의 모든 활동은 실제로 다양한 텍스트를 이해하고 활용하는 일로 이루어진다. 특히, 최근에 인터넷과 소셜 미디어를 기반으로 한 디지털 텍스트 환경은 기본적으로 다문서 읽기 환경이다. 인터넷에서 하나의 텍스트를 읽는 경우는 드물다. 여행을 갈 때, 맛집을 찾을 때, 물건을 구매할 때, 건강 정보를 얻을 때 우리는 자료를 검색해 찾고, 링크를 선택하면서 여러 개의 텍스트를 찾아 비교하는 일들을 한다.

둘째, 우리 사회의 각 분야에서는 다문서 텍스트를 읽고 활용하는 고급 능력을 지속적으로 요구한다. 다문서 읽기는 중요한 직무 능력이다. 교사를 예로 들어보자. 수업 준비를 위해 다양한 교과 자료, 학습 자료, 활동 자료를 다루는 것은 물론이고, 각종 교육 행정에 필요한 공문서를 취급하고, 회의 자료도 작성하며, 학생에 관한 데이터도 요약하고 해석한다. 직무에 필요한 문서와 자료들을 통합적으로 연결해서 종합 보고서를 만들어내기도 한다. 글 하나를 취급해서 일이 끝나는 경우가 별로 없다.

셋째, 다문서 읽기는 사회적으로 쟁점이 되는 문제에 대해 협의하고 토론할 때도 필수적이다. 인류 최대의 난제인 기후위기에 관한 글을 한 편 읽는다고 기후위기의 원인과 경과, 해결책과 대안을 모두 이해할 수 있을까? 글 한 편을 읽고 인류의 중차대한 문제에 대한 현명한 의사결정을 내릴 수 있을까? 불가능하다. 복수의 텍스트와 자료를 충분하게 찾아 읽고 서로 다른 관점을 비교 분석하고, 타당하고 합리적인 과학적 근거를 취해서 자신의 관점을 새롭게 만들어내는 일이 중요하다.

건강한 사회 구성원으로서 정치적 의사결정을 할 때도 다문서 읽기는 반드시 요구된다. 예컨대 선거도 그렇다. 선거에 참여할 때 어떤 기사 하나, 후보자에 대한 약력만 읽고 그 사람을 지도자로 선택할 수 있을까? 그렇지 않다. 지속가능한 민주 사회는 현명한 유권자들이 다양한 정보와 텍스트를 종합적으로 섭렵하여 후보자들을 검증하고 최적의 인물을 선택하기를 요청한다.

넷째, 무엇보다 미래 학교가 다문서 읽기를 융합적 범교과 역량으로 요청하고 있다. 이는 세계적인 추세이다. 미국, 영국, 유럽연합, 호주, 북유럽의 노르웨이와 핀란드 등도 다문서 문해력을 매우 중요한 학습자 역량, 시민 소양으로 본다.

다문서 읽기는 어느 한 교과에 국한되지 않는다. 내용과 개념을 배우는 모든 교과에서 학문과 영역의 경계를 넘나드는 현상과 문제에 대해 범교과적으로 다양한 글을 읽고 이해할 수 있는 능력을 요청한다. 심층적인 개념 이해와 지혜로운 실천력이 필요한 복잡하고 첨예한 과제를 수행하면서 비판적으로 질문하고 탐구하기 위해서는 반드시 다양한 정보, 자료, 데이터를 조사, 분석, 검증, 평가하는 다문서 문해력이 필수적이다.

우리나라 교육과정에는 다양한 자료를 섭렵해서 공부하고 배워야 할 주제와 과제들이 전 과목에 걸쳐서 두루 제시되어 있다. 최근에는 프로젝트 수업, 수행 과제, 개념 기반 학습, 문제 중심 활동 등에 대한 사회적 요구가 커지고 있다. 학교 현장에서도 우리 아이들이 실제 삶의 문제 상황에서 쓸모를 갖는 실질적 문해력을 키워야 한다는 목소리가 크다. 현장 교사들도 양육자나 학교 관리자의 직접적 요구와 함께 무형의 사회적인 요청을 충분하게 감지하고 다문서 기반의 수업을 실천하고 있다. 동시에 역량 있는 교사들이 미래 사회의 변화 주체인 우리 아이들에게 실질적인 다문서 문해력을 지도할 수 있도록 학교 안팎의 교육 주체들이 새로운 학교, 새로운 교실, 새로운 배움의 문화를 조성하기 위해 협력해야 한다.

2 다문서 문해력을 키우는 교실 환경

다문서 기반의 문해력 수업을 위해 어떻게 우리의 교실을 설계해야 할까? 무엇보다 교실 공동체를 문해력 학습 공동체, 리터러시 공동체로 만드는 것이 중요하다. 리터러시 공동체를 위해서는 교실 구성원들이 갖추어야 할 유무형의 규칙과 합의된 이해가 필요한데, 이에 세 가지 원칙을 가정해 보자[그림1].

첫째는 '상호텍스트적 이해'이다. 교실에서 우리 아이들은 다양한 출처, 형식, 내용, 목적, 디자인의 텍스트를 읽고 활용하면서 지적으로 확장되고 심화된 의미를 만들어낼 수 있어야 한다.

아이들은 교과서뿐 아니라 실생활의 쓸모를 겸비한 다양한 자료들, 생각과 관점의 깊이를 더해 주는 글, 직접 경험하기 어려운 놀라운 사건과 세계를 담고 있는 텍스트에 접근할 수 있어야 한다. 특히 요즘에는 역동적인 디자인으로 인간과 사회의 현상에 관한 데이터와 경험을 입체적으로 표상한 디지털 자료도 많다. 필요하다면 아이들의 생각을 넓혀주기 위해 탐구 문제를 조사하는 데 지식 기반이 되는 전문 분야의 자료나 1차 경험과 정보를 담고 있는 원자료(역사적 사건에 관한 해당 시기의 신문 기사, 과학적 발견에 관한 연구자의 노트, 사회적 충돌을 경험한 사람들의 증언 등)를 찾아 활용하는 것도 주저하지 말아야 한다.

다양한 텍스트를 읽으면서 학생들이 "내 앞에 있는 텍스트들은 개별적으로 그리고 집합적으로 나에게 무슨 말을 하고 있는 것이지? 각각의 텍스트는 서로 어떤 관련을 맺고 있지? 나는 그런 관련성을 어떻게 이해해야 하지?"라고 질문하도록 촉진하자.

상호텍스트성은 하나의 텍스트가 아니라 여러 가지 텍스트가 서로 연관되면서 만들어내는 집합적 의미를 강조한다. 그리고 그렇게 만들어진 의미는 텍스트를 선택하고, 이해하고, 연결하고, 관계 짓는 독자에 따라 언제나 새롭다. 교실에 텍스트가 많이 있다면(물리적으로 비치된 것에서부터 아이들의 생활 경험의 일부이거나 디지털적으로 접근할 수 있는 것까지), 아이들이 텍스트를 여럿 놓고 연결해 읽을 수 있다면 새로운 의미를 지향하는 창의적이고 생성적인 교실이 될 수 있다.

둘째 요소로 '대화적 참여'가 있다. 모두를 위한 문해력 수업에서 가장 중요한 개념이 바로 대화이다. 대화하는 교실에서는 언어적 상호작용을 통해서 서로의 경험과 해석이 공유되고 새로운 의미가 만들어질 기회들이 창출된다.

새로운 학습의 기회를 만들기 위해서는 교실 구성원이 텍스트를 읽고 이해하는 실천 과정의 전반에서 곳곳에 대화가 스며들어야 한다. 대화를 통해서 서로의 리터러시 경험과 결과가 공유되어야 한다. 다양한 형식과 절차의 소집단 수업, 교실 토론, 어깨를 나란히 한 친구와 이야기하고 생각을 나누는 활동들이 교실 곳곳에서 '벌어지는' 일상적 사건이어야 한다. 차곡차곡 쌓인 교실 대화를 경험하면서 아이들이 서로 어떤 생각과 감정을 공유하는지, 누가 어떤 방식으로 우리 모두의 이해와 배움에 기여하는지, 서로 간의 상충된 이해는 어떻게 조정할 수 있는지에 대해 토론해 볼 수 있다.

마지막 셋째 요소는 '인식론적 책무성'이다. 우리는 앞서 문해력이 기본적으로 인지적인 활동이기에 학습자의 인지 구조와 경험에 대해 이해할 필요가 있다고 했다. 그리고 글 읽는 사람의 인지를 세 가지 층위에서 바라보았다. 첫째는 인지적 기능과 전략, 둘째는 메타인지적인 점검과 수정, 셋째는 인식론적인 이해와 성찰이었다. 여기서 우리의 인식론이란 지식이 무엇인지, 앎이란 무엇인지에 대한 나름대로의 생각과 이론을 말한다.

인식론은 개인의 경험으로 개인 안에서 형성되기도 하지만, 다양한 인식론을 가진 개인들이 모인 공동체 안에서도 인식론은 발현, 충돌, 조정, 연결되고 형성된다. 이런 점에서 교실은 일종의 '인식론적 실천 공동체'이다. 이러한 공동체는 지식과 앎의 문제, 진실의 추구, 개인과 공동체의 성장에 도움이 되는 배움의 과정과 결과를 숙고할 수 있는 중요한 사회적 성장의 맥락을 제공한다.

인식론이 왜 중요한가? 우리는 왜 하필 텍스트를 '그렇게' 읽는 것일까?

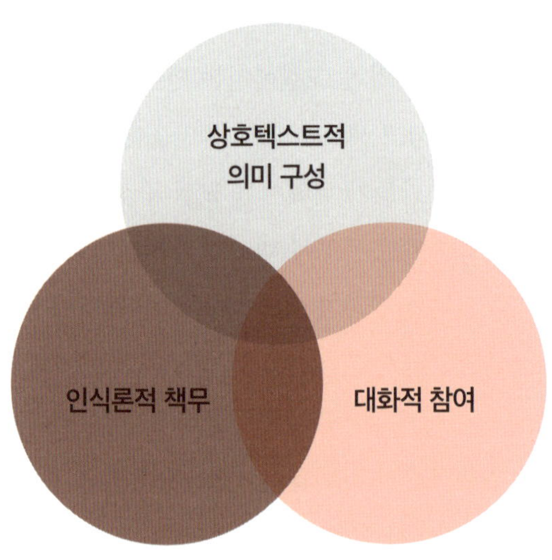

[그림1] 교실을 문해력 학습 공동체로 만들기 위해 세 가지 원칙

왜 우리는 텍스트를 읽고 써야 하며, 공부 이외의 목적으로 문해력을 길러야 하는 것일까?

그것은 우리가 경험하거나 혹은 경험하지 못하는 것까지도 포함하여, 인문 환경, 자연 환경에 관여된 모든 것들이 분명하고 확실하지 않기 때문이다. 우리가 어떤 하나의 텍스트를 읽고 그것이 사실에 근거한 것인지, 진실에 관한 것인지 섣불리 단정하기 어렵다. 이 세상에는 어떤 하나의 인물, 사건, 현상, 사태에 관한 다양한 관점, 지식, 근거, 주장 들이 존재한다.

그렇다면 우리가 진실에 가장 가까워지는 방법은 텍스트를 통해서 무엇이 가장 타당하고, 있을 법한 것이며, 윤리적으로 합당한 것인지를 조사하는 것이다. 다문서를 읽는 과정은 우리가 진실이라고 볼 수 있는 것, 사실이라고 여겨지는 것을 조사하는 탐구의 과정이라고 말할 수 있다.

글을 읽고 대화를 할 때는 단지 말하고 듣는 것 이상의 것이 요청된다. 독자인 나는 어떤 주장을 갖고 있고, 텍스트의 저자는 어떤 주장을 설파하고 있으며, 교실의 선생님은 어떤 주장을 지지하고, 동료 독자들은 어떤 주장을 신뢰하는가, 그리고 이 '주장들'을 어떤 근거로 지지하거나 거부하는지 질문해야 한다. 나아가 우리가 공동체적 감각으로 서로의 이해를 증진하기 위해서 어떤 지적 책임을 다하고 있는지를 성찰해야 한다.

그래서 다문서 읽기는 인식론적 읽기이다. 정교하게 설계된 다문서 읽기 수업은 궁극적으로 교실 구성원 각각의 인식론적 책임감을 요구하고 키워주는 것이어야 한다.

3 모든 교과에서 가능한 다문서 읽기

청소년은 초등학교 고학년부터 대학생까지를 포괄하지만, 이 책에서는 중고등학생 정도로 한정해서 보려고 한다. 이들에게 도움이 되는 범교과적 다문서 읽기 활동 세 가지를 알아보자.[1]

다문서 읽기 수업 활동 (1) 비판적 질문하기

먼저, 심층적이고 분석적인 다문서 읽기를 촉진하는 비판적 질문하기 활동이다. 앞서 교실에서 할 수 있는 질문하기에 대해서 몇 가지 알아보았다. 교사 질문하기도 있었고, 저자에게 질문하기도 있었다. 상보적 독해 수업에서도 질문하기 전략이 등장했다. 능숙한 독자는 자기 자신에 대해서 질문하고, 텍스트에 대해 질문하며, 저자에게도 질문하는 독자라고 했다.

이제 단지 질문하는 것을 넘어서 비판적으로 질문한다는 것은 무슨 말일까? 비판적 질문이란 일련의 사유의 과정에서 정교하고 치밀한 분석을 통해 얻은 근거를 갖고서 중요한 문제와 논쟁 사안에 대해서 묻는 것이다.

비판적 물음은 그 물음을 던지는 사람이 속해 있는 공동체의 토론에 기여할 수 있다. 토론은 실은 좋은 질문이 있어야 가능하다. 교실에서 아이들에게 안내와 지침 없이 토론을 하라고 요청하면 제대로 토론이 시작되기 어렵다. 잘 알지도 못하고 자신과는 관련 없어 보이는, 중요하지 않다고 판단하는 토론 주제라면 더욱 그렇다. 가치 있는 문제를 파고드는 좋은 질문과 그 질문에 답하기 위한 충분한 자료가 갖춰졌을 때, 토론의 문제가 다면적이고 상충하는 관점과 주장을 수반할 때 열띤 토론이 가능하다.

비판적 질문하기란 여러 텍스트를 읽고서 "아, 이 글에서 공통적으로 무엇이 문제가 되고 있지? 각자 다른 이야기를 하고 있는데 핵심적으로 이들이 생각해 봐야 할 쟁점이 무엇일까? 서로 충돌하고 있는 지점은 무엇이고, 상충하는 전제와 가정은 없나? 왜 그럴까? 해소 방안, 보다 나은 논의의 방향이 있을까? 그렇다면 그것은 무엇일까?"와 같이 질문 형식으로 복잡한 문제를 깊게 파고드는 것이다.

나아가서는 이 질문들이 왜 공동체의 문제 해결에 필요한 이해와 토론에 필수적이고 핵심적인지를 친절하게 근거를 들어 설명하는 것이다. 비판적 질문을 가지고 글을 써볼 수 있고, 여러 번의 대화를 통해 논증해 볼 수도 있다. 정교하게 만들어진 비판적 질문을 가지고서 모둠 토론의 동기를 자극할 수도 있다.

비판적 질문하기 활동의 예를 들어보자. 미국에서 2020년 전후로 인터넷 논쟁을 불러일으켰던 일이 있었다. 강아지 치와와를 키우면 아이들의 천식에 도움이 된다는 소문이었다. 천식 증상이 있는 자녀를 둔 부모들이 열심히 치와와를 데려다 키우는 일도 벌어졌다.

반려동물과 아이의 천식 문제 사이에 전혀 관련이 없어 보이는데, 사람들 사이에서 논쟁이 되었다는 점에서 치와와 현상 자체가 흥미롭다. 이처럼 매우 일상적이고 사소해 보이지만, 논쟁이 일어나고 사람들의 생각과 행동에 영향을 미치는 일이라면 기꺼이 그 이면에서 작동하는 문제에 대해 질문해 볼 수 있다. 과학적 판단을 요청하는 주제는 비판적 질문하기 활동을 적용하기에 좋다.

인터넷에서 치와와와 천식의 관계에 대해 정보를 찾아보면 다양한 자료들이 검색된다. 실제로 천식에 걸린 아이를 키우는 부모가 치와와를 함께 키웠더니 아이의 기침이 잦아들었다는 블로그 글과 같은 개인의 경험담도 있고, 치와와와 천식은 전혀 관계가 없으며 과학적으로 입증된 근거가 없다고 조언하는 의사의 글도 있다. 또 치와와와 천식은 관계가 없지만, 어렸을 때부터 반려견과 함께 성장한 아이들은 알레르기 유발 물질에 대한 면역이 형성된다는 연구 논문도 있다. 천식 치료까지는 아니더라도 면역이 증진될 수 있다는 것이다.

이제 학생들이 다양한 출처와 관점의 자료를 섭렵해서 질문을 만들 수 있다. 인터넷의 많은 자료들이 치와와와 천식의 관계를 뒷받침하는 그럴듯한 의학적 주장이나 개인 경험담을 담고 있지만, 조금 더 검색하면 이에 관해 딱히 충분한 과학적 근거가 없음을 알 수 있다. 반면에 어렸을 때 반려견을 키우면 간접적으로 무언가 도움이 될 수 있음을 보여주는 실험이나 연구는 부분적으로 존재한다. 그렇다면 치와와와 천식의 문제에 관한 다문서를 조사한 후, 학생들은 이런 질문을 던질 수 있다.

- 치와와와 천식의 관계에 관한 긍정적 혹은 부정적 주장의 핵심은 무엇이고, 그것은 각각 어떤 근거에 기대고 있는가? 개인적 경험, 일반화하기 어려운 사례에 기대고 있는가, 아니면 정밀한 데이터 분석이나 과학적 검증 결과에 기대고 있는가?
- 치와와가 천식 증세와 완치 혹은 완화에 도움이 된다는 과학적 연구가 부족한 상황에서 왜 부모들은 이런 주장에 기울어지는 것일까? 이것은 잠재적으로 어떤 문제(개인적이거나 사회적인)를 유발할 수 있는가?

- 아이를 키우는 부모들, 특별히 천식 증세가 있는 아이를 키우는 부모들은 치와와와 천식 문제에 관한 인터넷 정보를 과연 어떤 방식으로 활용할 수 있는가? 건강이나 의학 관련 정보를 선택하고 판단할 때 무엇을 어떻게 고려해야 하는가?

특히, 어떤 사건이나 현상에 관한 인터넷 정보를 어떻게 과학적으로 접근해야 하는지, 실제로 그 정보를 우리가 어떤 방식으로 판단하고 활용할 수 있는지 질문하는 것은 정보를 대하는 비판적 문해력과 연결된다. 반려견을 키웠던 경험을 이야기할 수 있지만, 그것은 개인적 경험이며 과학적 근거가 되기 어렵다. 우리에게는 과학적 검증과 조사에 기반한 합리적 근거가 필요하다. 이 질문들은 관련 문제에 대한 과학적 근거를 더 찾아볼 수 있는, 조금 더 진지한 자료 조사를 촉발한다.

수행평가 루브릭

비판적 질문하기는 수행평가로 활용될 수도 있다. 수행평가는 학생의 학습 과정에 결부된 평가로, 학습을 촉진하면서도 학습 수행의 과정과 결과를 종합적으로 검토할 수 있는 평가 형식이다. 새롭고 낯선 주제, 복합적 요인들이 작동하는 문제에 대해 다양한 자료를 찾아 읽고 비판적 질문을 만드는 과정, 자신의 질문이 왜 중요하고 어떻게 교실 공동체의 앎에 기여할 수 있는지 합리화하는 과정은 고차원적인 지적, 정서적, 사회적 역량을 모두 요구한다. 이 점에서 비판적 질문하기는 다면적 문해력을 평가하는 좋은 활동 과제가 될 수 있다.

가령, 미국 애팔래치아 산맥에서는 '산 정상 제거법(Mountain-Top Removal, MTR)'이라는 신종 석탄 채굴 방식이 기승을 부리고 있다. 이 방법은 거대한 기계를 동원하여 산 정상에서부터 산 표면을 깎아 내려오면서 석탄을 긁어 모으는 방식으로, 산 밑에서 터널을 뚫어 사람이 석탄을 캐내는 전통적 채굴법에 비해 여러 가지 문제점을 낳고 있다. 석탄 채굴 기업에는 인건비 감소와 생산량 증대로 경제적 이득을 가져다주지만(석탄 채굴 기업과 석탄 기업협회에서 찬성한다), 실제로 노동력 수요 감소로 인한 실업률의 증가, 산 정상 채굴로 인한 공동체 및 자연 환경 파괴, 무분별한 부산물 처리로 인해 지역 주민의 안전사고 및 건강 재해 증가라는 심각한 부작용을 낳고 있다(지역 주민과 환경 단체는 반대한다).

이렇게 사회적으로 논쟁이 되는 문제에 관해 학생들이 인터넷을 통해 다 문서를 찾아 공부하고, 비판적 질문을 만들어볼 수 있다. 이때 학생들의 비판적 질문하기 수행 결과를 평가할 수 있는 루브릭도 창안해 볼 수 있다.[2]

수행평가 루브릭은 준거와 수준의 두 가지 축으로 구성된다. 준거란 수행의 평가 범주을 말하며, 수준이란 각각의 준거에 대한 학생의 수행을 질적으로 판별하는 잣대이다. 예컨대, MTR 과제의 수행평가 루브릭은 비판적 질문하기를 세 가지 준거(관련성, 타당성, 유의성)에 따라 네 가지 수준(충분함, 적절함, 부분적임, 부족함)으로 판단할 수 있다. 이렇게 하면 학생의 수행 결과를 조금 더 체계적으로 분석할 수 있고, 그에 따른 결과를 학생과 피드백의 형식으로 공유할 수도 있다[자료1].

비판적 질문하기 활동의 유의점

비판적 질문하기를 할 때는 몇 가지 유의할 점들이 있다. 교사가 비판적 질문하기를 가지고 수업을 할 때 학생들이 이러한 유의점들을 미리 이해하고 활동에 임하게 하면 좋다.

첫째, 가치 있는 문제와 질문은 복잡하다는 점이다. 토론할 가치가 있는 것들 중에 쉬운 문제는 없다. 복잡하다는 것은 다면적이라는 뜻이다. 찬성, 반대라는 두 가지 대립만 있는 것이 아니라, 다양한 관점과 다양한 지식, 다양한 철학이 개입될 수 있다. 문제에 접근하는 방식도 다양해서 과학적으로 접근할

학생 이름	김다문
비판적 질문	산 정상 채굴법(MTR)과 터널식 채굴법이 미치는 장기적 영향은 무엇이며, 어떤 방법이 환경, 인간, 생태계에 상대적으로 유익하거나 또는 해가 덜 되는가?
정당화 진술	이 질문은 MTR의 장단점을 모두 이해하는 데 중요하다. 지하 채굴과 산 정상 채굴을 모두 이해해야 각 채굴 방식이 환경에 미치는 영향을 완전히 평가할 수 있기 때문이다. 지하 채굴은 현장에서 일하는 근로자에게 훨씬 더 위험하며 물리적 환경에 직접적인 피해를 줄 수 있는 반면, 산 정상 채굴은 자연과 사람에게 더 직접적인 영향을 미치고 구조물을 손상시킬 수 있다. 또한, 채굴로 인해 창출되는 일자리를 살펴보면 소득과 건강 측면에서 사람들에게 미치는 영향을 파악할 수 있다. 또한 동식물에 미치는 영향도 살펴봐야 한다. 동식물은 사람들의 일상생활에 필요한 자원을 멸종시킬 수 있기 때문이다. 이 모든 것을 종합해 보면 어떤 채굴 과정이 모든 사람과 생태계 및 환경 전체에 유익한지 더 잘 이해할 수 있다.

준거/수준	충분함(3점)	적절함(2점)	부분적임(1점)	부족함(0점)	분석 및 근거
관련성	MTR과의 주제 관련성이 매우 크고, 연구 과정에서 얻은 정보를 활용하고 있으며, 답변을 뒷받침하는 데 사용된 다양한 근거들의 출처를 제시한다.	MTR과의 주제 관련성이 충분하고, 연구 과정에서 얻은 정보를 포함하고 있으며, 인용 근거의 출처를 제시한다.	MTR과 부분적으로 관련이 있고, 연구 과정에서 얻은 정보를 암시하며, 일부 인용 근거의 출처를 제시한다.	MTR과 관련이 없으며, 검색 결과에서 찾은 정보 또는 출처와 모호하게 또는 전혀 관련이 없으며, 따라서 MTR의 어떤 측면도 다루지 않는다.	채점(2점): 이 학생은 광산 문제 탐구에 관련된 다양한 요소에 대한 폭넓은 이해를 보여준다. 질문은 산 정상 광산을 둘러싼 관련 문제에 대한 비판적 이해를 보여준다. 또한 학생은 인터넷 검색을 통해 얻은 사실에 대해 구체적으로 기술하기보다는 지하 광부, 경제, 그리고 환경적 영향에 대해 전반적으로 논의한다.
타당성	질문과 정당성을 논리적으로 통합하여 일관된 논증적 관점을 제시하고, 여러 아이디어나 단일 사실에 기반한 주장을 전개하며, 신뢰할 수 있는 정보를 사용한다.	질문과 정당성을 유사한 논증적 관점과 연관시키고, 하나 이상의 사실을 사용한 주장을 포함하며, 주로 신뢰할 수 있는 것으로 확인된 정보를 사용한다.	질문과 근거가 느슨하게 결합되어 논쟁적인 관점을 유지하지 못할 수 있고, 사실에 의해 뒷받침되지 않는 주장을 담고 있으며, 신뢰할 수 없거나 편향된 정보를 오용할 수 있다.	질문과 정당성이 포함되어 있지만, 서로 맞지 않거나 피상적이며, 사실에 근거한 주장이 거의 없거나 전혀 없으며, 신뢰할 수 있는 정보가 사용되었다는 증거를 확인하기 어렵다.	채점(2점): 이 질문은 산 정상 채굴과 지하 채굴을 비교하고 있다. 근거는 두 채굴을 비교하는 것이 왜 중요한지, 그리고 어떤 측면을 고려해야 하는지 자세히 설명한다. 중요한 질문과 근거는 서로 부합하며 일관된 논증적 관점을 유지한다. 대부분의 정보는 신뢰할 수 있고 편향되지 않았다. 그러나 일부 주장은 근거가 부족하다. 예를 들어, "지하 채굴은 근로자에게 훨씬 더 위험하다"는 주장을 뒷받침할 관련 정보는 제공하지 않는다.
유의성	MTR의 중요하고 핵심적인 문제를 반영하고, 비판적 사고를 촉진하며, 다양한 사실과 관점을 포함한 토론을 유도하여 이해를 증진한다.	MTR의 중요한 문제를 어느 정도 반영하며, 비판적 사고를 촉진하고, 다양한 사실과 관점을 포함한 토론을 유도할 수 있으며, 이를 통해 이해도가 높아질 수 있다.	MTR의 주변적인 문제들을 반영하며, 비판적 사고를 촉진하지 못할 수 있다. 기껏해야 짧은 토론만 유도할 가능성이 높으며, 결과적으로 피상적인 이해로 이어질 수 있다.	MTR의 중요한 문제를 반영하지 못하고, 비판적 사고를 촉진하지 못하며, 이해를 증진시킬 수 있는 토론을 유도하지 못한다.	채점(3점): 질문과 그 근거는 산 정상 채굴이라는 주제를 둘러싼 여러 중요한 쟁점과 관련된다. 나아가, 지하 채굴과 산 정상 채굴을 비교하며 대화를 진행하고, 두 방법의 차이점을 추론하여 경제적, 환경적, 근로자 안전 및 지속가능성 측면에서 두 방법의 효과를 고려한다. 이 질문에서 제기된 쟁점을 해결하기 위해서는 비판적 사고와 다양한 관점 및 정보에 대한 조사가 필요하며, 이를 통해 토론 참가자들의 이해도가 향상될 수 있다.

[자료1] 비판적 질문하기 수행평가 루브릭 예

수 있고, 경험적으로 접근할 수도 있으며, 사회학적으로 접근할 수도 있고, 심리학적으로 접근할 수도 있다. 가치 있는 문제는 다면적이고, 한 가지로 잘라 답하기 어렵다.

둘째, 비판적 질문하기 수업에서 대화와 토론을 할 때는 '틀려도' 괜찮다. 틀리는 것보다 안 좋은 것은 아예 묻지 않는 것이다. 학생들이 틀리는 걸 두려워하면 아무런 말도, 아무런 질문도 할 수 없다. 질문할 수 없는 교실은 안전한 교실이 아니다. 이때 안전하다는 것은 물리적으로 무너지지 않는 교실을 말하는 것이 아니라, 틀려도 걱정 없이 이야기할 수 있는, 인식론적으로 열린 교실을 말한다. 다양한 관점과 언어, 다양한 의견과 생각을 심리적, 문화적으로 포용할 수 있는 교실이다.

셋째, 가능하다면 다양하고 충분한 수의 텍스트를 활용하는 것이 좋다. 하나의 글을 읽고 다면적인 주제를 이해한다는 것 자체가 어렵다. 질문을 만들 때 좀 더 정교한 생각을 하기 위해서는 다양한 자료들이 필요하다. 때로는 상이하고 충돌하는 것들도 좋다. 다양한 자료를 찾아 읽고 해석하는 과정에서 학생들의 생각이 깊어지고 넓어진다. 생각과 생각이 연결되고, 의미가 만들어지고, 질문이 생성된다. 질문이 호기심을 낳고, 호기심이 새로운 텍스트를 원하게 된다. 다문서 읽기 수업이 비판적 질문하기 활동의 적합한 맥락이 되는 이유다.

넷째, 교사가 다문서 읽기에 대한 시범을 보여주면 좋다. 우리는 앞에서 교사 시범의 좋은 전략으로 생각말하기를 알아보았다. 생각 말하기를 매번 할 필요는 없지만, 수업의 중요한 장면에서는 꼭 시도해 보면 좋다.

사실 다문서를 찾아 읽는 과정에서는 조금 더 흥미로운 방식으로 생각 말하기를 시도할 수 있다. 선생님이 인터넷에 접속해서 자료를 찾는 과정, 검색어를 넣는 과정, 링크를 선택하는 과정, 웹 문서를 여러 개 보고 난 후 어떤 것을 선택해서 읽을지 결정하는 과정을 교실 프로젝터와 스크린으로 보여주자. 검색어 입력, 하이퍼링크 클릭, 마우스 포인터의 움직임과 함께 전략적 다문서 탐색과 읽기의 과정을 말로 보여주자. 이어서 학생들이 어떤 관찰을 했는지 함께 나누어보자. 학생들이 어떤 점에서 익숙함을 느끼고 어떤 점에서 새로움을 발견하는지 들어보자. 그리고 실제로 다문서를 읽을 때 그 전략들을 어떻게 활용하는지 관찰해 보자.

다섯째, 질문하기가 무엇인지 보여주어야 한다. 막연하게 "글을 읽고 질문을 만들어보세요"라고 던져놓기보다는, 선생님이 직접 질문을 만들어 보여주는 편이 좋다. 한 번에 좋은 질문이 나오기는 어렵다. 하지만 그것을 보여주어야 한다. 선생님이 시행착오와 수정을 거쳐서 질문을 세공하는 과정을 보여주자. 처음에는 일반적이고 거친 질문일 수도 있다.

그런데 글을 읽어가면서 "이것의 원인은 무엇이지? 과학적 근거는? 직접적 연구 결과를 찾을 수 있나? 무엇이 더 필요한가?" 혹은 "이 문제에 대해서 주로 어떤 사람들이 동조하고 있는가? 어떤 사람들이 반론을 제기하는가?"와 같은 자잘한 '물음들'을 가지고 큰 질문을 만들어나가는 과정을 보여주자. 태블릿 컴퓨터에 문서를 열어놓고 그 위에 메모하는 모습을 교실 스크린에 열어 보여주면 더할 나위 없이 좋다.

다문서 읽기 수업 활동 (2) 논증 프로젝트

다문서 문해력을 증진시키는 두 번째 활동은 논증이다. 논증이란 말이 어렵게 느껴질 수 있다. 하지만 논증은 매우 중요한 교육의 내용이고 또 그래야 한다. 논증은 거의 모든 지식 영역, 모든 문제 해결 과정에서 필요한 가장 중요한 논리적 사유 방식이기 때문이다. 동시에 오랜 시간 많은 연습을 요하는 어렵고 복잡한 생각의 기술이기 때문이다.

우리는 흔히 논증의 세 가지 기본 요소로 주장, 근거, 보증 혹은 전제를 말한다. 주장은 자신이 하고 싶은 말, 근거는 그 말을 뒷받침하는 데이터나 사례 같은 것들이다. 보증이란 내가 가지고 있는 근거가 어떻게 나의 주장을 뒷받침하는가를 보여주는 가정과 전제를 말한다. 그러니까 주장과 근거, 이 둘을 연결하는 보증의 세 가지 요소가 논리적으로 연결되어 하나의 총체적 생각을 이루는 것이 논증이다.

우리는 일상생활 속에서 논증을 많이 경험한다. 우리가 어떤 사람을 설득하기 위해서는 반드시 논증을 해야 한다. 이 논증은 아주 간단한 주제를 다루는 쉬운 수준의 것에서부터 매우 어려운 주제를 갖고 사고하는 복잡한 수준의 것까지 범위가 넓다. 그런데 보통 우리는 학교에서 "논증에는 주장, 근거, 전제가 있다. 그것을 파악해라. 글을 읽고 밑줄을 그어라. 찾아라"라는 식으로 많이 배웠다. 아이들이 논증을 이렇게 도식적으로 배워도 되지만, 조금 더 맥락적으로 논증을 가르치는 방법도 있다.

• **논증 스키마 학습** | 논증을 이해하기 위해서는 논증 구조에 대한 스키마, 즉 체계적 지식이 필요하다. 그러니까 주장과 근거가 무엇이고, 전제란 무엇인지 등에 대해 개념적으로 알아야 한다. 그래서 주로 글을 읽으면서 그런 것들을 찾아내는 훈련을 한다.

그런데 "이것은 주장이고, 저것은 근거고, 또 이것은 전제다"라는 식으로 끝나서는 곤란하다. 반드시 이 세 가지 요소들이 어떻게 논증을 이루고 있으며, 그 역할과 타당성에 대해서 대화하고 토론해야 한다. 그래서 주장이 맞는 주장인지, 근거가 어울리는 근거인지, 전제는 무엇을 어떻게 보증하는지를 분석해야 한다.

여기서 보증 혹은 전제라는 것은 글 겉면에 드러나기도 하지만 많은 경우에는 숨겨져 있다. 저자가 일부러 전제를 숨기는 경우가 많고, 글을 잘 못 쓰는 사람들은 전제를 미처 드러낼 생각을 하지 못하기도 한다. 그러니까 저자의 의도일 수도 있고 오류일 수도 있다.

중요한 것은 저자가 펼치는 주장의 근거와 이 둘을 접착하는 보증 혹은 전제를 추론해 내는 것이다. 그래서 글의 논증이 정말 논증적인 것인지, 그렇게 된다면 어떤 논증인 것인지, 그것은 논리적으로 구성된 논증인지 아닌지를 판단해야 한다. 이는 매우 고차원적인 독해력, 다문서 읽기 능력, 문해력을 요구한다.

이렇게 독자는 글을 읽으면서 저자의 주장, 근거, 전제가 무엇이고, 그것들이 어떤 관계로 엮여 있으며, 글의 각 부분 부분에서 어떻게 드러나거나 감추어져 있는지 질문할 수 있어야 한다.

어떤 글이 하나의 주장을 가지고 있음을 파악했을 때, 한 걸음 물러나서 '그렇다면 이것과 반대되는 주장은 어떤 것이 있을까?' 생각해 보는 것 또한 중요하다. 반대되는 주장을 뒷받침하는 근거에는 어떤 것들이 있을지 질문하고 조사할 수도 있다. 이렇게 반론은 어떤 한 주장에 반대되는 주장, 주장을 뒤집을 수 있는 주장이다. 주장과 반론의 관계와 쟁점을 가르치는 것이 논증의 구조적 이해를 도모하는 수업이다.

• **사고 도구로서의 논증 학습** | 그러나 여기서 한 걸음 더 나아가는 것도 중요하다. 우리에게는 지루하고 어려워 보이는 논증을 재미있게 가르칠 수 있는 접근법이 필요하다. 이를 위해 논증이라는 틀을 생각의 창안 도구로 활용할 수 있다. 그러니까 어떤 글을 읽고 쓰며 조사할 때, 논증을 '사고의 틀'로 사용하는 것이다.

학생들이 주제 중심적 접근법으로 치와와와 천식에 대해 조사할 수도 있지만, 치와와가 천식에 좋다는 주장의 근거가 무엇인지, 그런 주장은 주로 누가 하는지를 논증적으로 찾아보게 할 수도 있다. 이런 주장의 근거가 얼마나 다양하고 풍족하게 있는지, 사람들이 그렇게 주장하는 이유와 전제를 찾아볼 수도 있다. 치와와와 천식이 서로 관계가 없다고 반대하는 주장은 무엇이고, 누가 하는 것이며, 어떤 근거들이 있고 전제는 무엇인지, 그 논리적 정당화의 방식(논증 방식)은 과학적인 것인지 탐구해 볼 수도 있다.

이때 교사가 학생 활동을 잘 안내해 주어야 한다. 학생들이 논증의 틀을 활용할 때, 자신들이 탐구하고 해결해야 할 문제가 무엇인지 분명하게 인식할 필요가 있다. 어떤 경우에는 내용을 몰라서 논증을 파악하지 못하는 경우도 많다. 이럴 때는 적절한 배경지식과 기초 자료를 제공해 주는 것도 좋다. 지식의 토대를 만들어주어야 딛고 일어설 수 있다.

또한 학생들이 '나의 주장 또는 가설을 뒷받침하는 근거를 마련하기 위해 어떤 자료와 텍스트를 수집해야 하는가?'와 같이 조사 계획을 세우는 것이 필요하다. 문제를 해결하기 위해 '가장 적합한 근거가 무엇이고, 어디에서 그것을 찾을 수 있는가?' 질문해야 한다. 논증의 틀을 아이디어 생성과 수집을 위한 도구로 어떻게 활용할 수 있을지 고민하는 것이다. 논증은 그냥 머릿속으로 생각만 하는 것이 아니고 실제로 행하는 것이다. 즉, 논증도 실천이다.

● **실천적 논증 학습** | 문해력은 생각하며 의미를 다루는 힘이고, 동시에 세상일의 과정에 참여하는 역량이라고 했다. 논증 역시 실제로 실천을 해야 하는 것이다. 실천으로서의 논증 수업을 위해서는 실질적인 문제 상황, 탐구해 볼 만한 매력적인 질문, 그러한 문제 상황에 관련된 참여자가 필요하다. 학생들이 실제 문제 상황의 당사자 혹은 참여자를 가정하고, 실생활의 맥락에 참여하기 위한 하나의 방법으로써 논증적 사고와 의사결정 경험을 발전시키는 것이다.

가령 텔레비전 광고가 소비자를 설득하기 위해(즉, 물건을 팔기 위해서) 적합한 근거를 제시하고 있는지 분석해 보는 것은 논증의 실천 활동이 될 수 있다. 요즘 광고에는 유명한 연예인, 건강한 운동선수, 보기 좋은 신체를 가진 사람들이 자주 등장한다. 그런데 그들이 주인공이 되어 패스트푸드 광고를 한다. 지방이 가득한 즉석식품, 설탕이 잔뜩 들어간 음료를 광고한다. 실제로 즉석식품이나 패스트푸드 같은 것들은 지나치게 칼로리가 높거나, 설탕 또는 당이 과도하게 함유되어 있거나, 카

페인 등의 각성 물질이 필요 이상 포함되어 건강에 해로운 경우도 많다. 그런데 건강한 사람이 나와서 먹고 마시고 즐기면서 행복하게 뛰어다니는 광고를 보는 사람들의 마음은 어떨까? '몸에 좋은 음료로군. 건강한 음식이네. 저걸 먹으면 행복해질 거야'라는 착각을 하게 된다.

상업적 광고를 어떻게 분석적으로 읽을 것인가? 광고를 분석해서 삶에 미치는 결과를 따져보는 것이 실천이다. 나아가 조금 더 진실한 광고(매출 효과를 높이면서)를 제작해 보는 것도 실천이다. 솔직한 광고, 소비자에게 유익한 광고, 윤리적 광고를 만들어보는 것은 매우 어려운 논증 과제이자 논증적 읽기를 실천하는 일이다.

정책이나 제도에 관한 상충되는 입장에 대해서 토론해 보는 것도 좋은 논증의 실천 방법이다. 가령 몇 살부터 선거를 할 수 있는가? 선거권을 언제부터 주어야 하는가? 몇 살이 되어야 선거를 할 수 있는가의 문제는 첨예하고 다면적이며, 복잡한 논증을 요구한다. 이 문제는 몇 살에 법적 성인이 되고, 몇 살에 술을 마실 수 있으며, 몇 살에 운전면허를 취득할 수 있는지와도 관련된다.

이때 선생님이 몇 가지 안내 질문을 던져볼 수 있다. 어떻게 하면 청중들에게 호소력 있는 논증을 만들 수 있을까? 논증의 설계자인 나와 그것을 소비하는 청중은 서로 어떤 이해를 가지고 있으며, 그것은 일치하는가, 또는 상반되는가? 어떤 맥락에서 누구를 대상으로, 무엇을 위하여, 어떤 텍스트를 가지고서, 어떤 근거를 기반으로 논증을 실천하는가? 특정한 맥락에서 어떤 주장, 근거, 전제가 합리적이라고 판단될 수 있는가? 언제 왜 그렇지 않은가? 논증의 가치도 맥락에 따라서 차이가 생긴다[자료2].

논증의 기능	수업의 중점	활동의 예	안내 질문
논증의 구조적 이해와 표현	논증의 구조와 요소를 이해하고 글쓰기를 통해서 논증을 발전시킨다.	• 의견 중심의 글 한 편을 읽고 주장, 근거, 전제를 찾아보기 • 글에서 읽은 문제에 대하여 자신의 생각을 주장, 근거, 전제로 나누어 글로 표현하기	• 이 글에 제시된 주장, 근거, 전제는 무엇인가? • 주장, 근거, 전제의 논리적 관계는 어떠한가? • 서로 다른 텍스트들의 논증 요소들(주장, 근거, 전제)을 어떻게 제시하고 있는가? • 서로 다른 근거들이 어떻게 상충되는 주장들을 위해 사용되고 있는가? • 나의 논증에서 사용할 주장, 근거, 전제는 무엇이고, 어떻게 논리적으로 구조화되는가?
논증적 생각의 창안 도구	논증의 구조와 요소들을 합리적인 방식으로 아이디어를 생성하고 분석하며 관련 문제를 해결하는 데 사용한다.	• 논증에 대한 지식을 활용하여 다양한 문학 작품을 꼼꼼하게 읽고 저자의 관점을 파악한다. • 과학 시간에 가설을 설정한 다음, 다양한 테스트, 데이터, 실험 등을 통해서 근거를 수집하고, 이를 통해서 잠정적 결론을 도출한다.	• 논증의 틀을 사용하여 해결해야 할 문제가 무엇인가? • 나의 주장 또는 가설을 뒷받침하기 위해 필요한 근거를 찾을 때 어떤 자료와 텍스트를 수집해야 하는가? • 문제 해결을 위해서 가장 적합한 근거들은 무엇인가?
논증의 사회적 실천	실질적인 대상자를 가정하여 실생활의 맥락에 참여하기 위한 하나의 방법으로 논증을 발전시킨다.	• 텔레비전 광고가 소비자를 설득하기 위해 적합한 근거를 제시하고 있는지 분석하거나 그러한 광고를 제작해 본다. • 어떤 정책에 관하여 사람들 사이에 합의되거나 상충된 의견들에 대해서 토론해 본다.	• 어떻게 하면 청중들에게 호소력 있는 논증을 개발할 수 있는가? • 논증의 제작자인 나와 그것을 소비하는 청중은 서로 어떤 이해를 가지고 있으며 그것은 일치하는가 또는 상반되는가? • 어떤 맥락에서 누구를 대상으로 하여 무엇을 위하여 어떤 테스트를 근거로 논증을 실천하는가? • 특정한 맥락에서 어떤 주장, 근거, 전제가 합리적이라고 판단될 수 있는가?

[자료2] 실천적 논증 수업 중점과 안내 질문들

다문서 읽기 수업 활동 (3) 관점 학습

다문서 읽기 활동의 세 번째 활동은 관점 학습이다. 글을 읽는다는 것은 어떤 의미에서 기존의 관점에 바탕하여 새로운 관점을 배우는 일이다.

먼저 새로운 관점을 배우려면 독자 자신의 관점, 현재 읽고 있는 글의 관점, 이를 함께 공유하는 교실 구성원의 관점을 확인해야 한다. 이것이 첫 번째 '관점 점검하기' 과정이다. 사람과 사람, 텍스트와 텍스트로 구성된 우리 교실에 어떤 관점들이 있는지 살펴보는 일이다. 교실에는 한 명의 독자만 있지 않으며, 특정한 관점 없이 있는 그대로 읽은 것을 받아들이면 배움은 거기서 그친다. 문제에 관련하여 어떤 관점들이 존재하고 가능한지, 자신이 읽은 교과서와 추가 자료는 어떻게 서로 다른 관점을 드러내고 있는지 확인해야 한다.

관점 학습의 두 번째는 '관점 취하기' 과정이다. 다른 관점을 더 잘 이해하기 위해서는 때로 텍스트의 관점, 친구의 관점, 선생님의 관점을 능동적으로 취하고 그 입장에서 해당 문제를 바라볼 필요가 있다. 내가 다른 사람이 되지 않는 이상 그 사람을 이해하기 어렵다. 나의 관점만 고수하는 상태에서는 다른 사람을 공감하거나 위로하기도 쉽지 않다. 타인을 이해하기 위해서는 그의 마음이 되어보아야 한다. 그의 입장이 되어야 그를 이해할 수가 있다. 다른 관점을 취해보면 그것이 무엇이고 왜 사람들이 그 관점을 고수하는지, 그 관점이 갖는 잠재적 혜택과 문제는 무엇인지 살필 수 있다.

마지막은 '관점 세우기' 과정이다. 다양한 관점을 찾고 취하는 과정에서 자신의 관점을 다듬고 수정해 새로운 관점으로 만드는 작업이다. 합리적인 관점, 탄탄한 근거를 가진 관점, 과학적이며 사회적으로 용인할 수 있는 관점, 타당하게 문제를 설명하고 해결할 수 있는 관점을 만드는 일이다. 이것은 가장 복잡하고 정교한 수준에서 글을 이해하는 고도의 사유 과정이라고 이야기할 수 있다.

관점 학습의 과정에서 다문서 읽기를 통한 심층적 이해가 구축된다[그림2]. 심층 수준의 다문서 읽기는 여러 문서를 비교, 대조, 분석, 통합하여 다양한

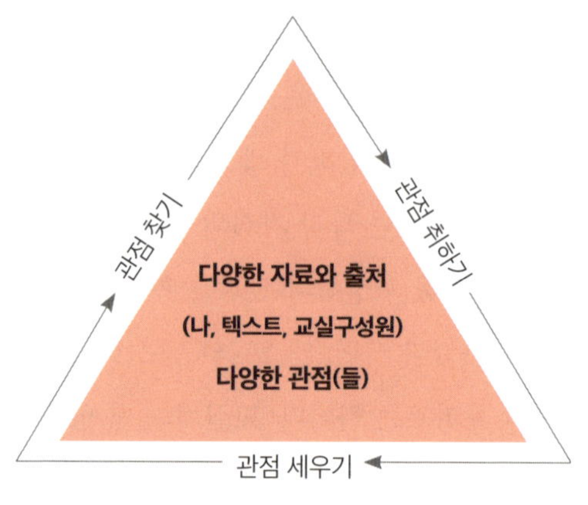

[그림2] 관점 학습의 세 과정

관점을 섭렵함으로써 결국에 자신만의 관점을 새롭게 만드는 작업을 요청한다. 이는 가장 깊고 넓은 수준의 다문서 독해라고 말할 수 있다.

다문서 문해력을 증진하는 교실인가?

여러분의 교실은 다문서 문해력을 증진하는 공간인가? 수업 시간에 한 가지 이상의 텍스트를 가지고 수업하는 경우가 얼마나 되는지 한번 조사해 보자. 언제, 왜 그런 수업을 하는지, 어떤 수업에서 다문서를 활용하는지 확인해 보자. 초등학교도 마찬가지이다. 앞에 소개한 활동들은 초등학교 학생들도 충분히 참여할 수 있는 것들이다.

여러분이 교과서 말고 다른 어떤 텍스트를 사용하고 있는지 조사해 보자. 여러분의 동료 교사들이 교과서 말고도 어떤 텍스트를 찾아 활용하고 있는지도 알아보자. 국어, 사회, 과학, 수학, 예술 등 교과목에 따라 어떤 종류의 텍스트가 사용되고 있는지 확인해 보자. 여러분 교실이 다문서 읽기를 촉진하는 교실인지 종합적으로 점검해 보자. 다양한 주제와 형식의 텍스트를 사용하는지, 학생들이 다문서를 읽는 상황에서 즐겁게 대화에 참여하는지, 그들이 대화할 때 합리적으로 서로를 존중하며 협력하는지 한번 알아보자.

　마지막으로 다문서를 활용한 수업을 설계해 보자. 적합한 주제와 학습 목표를 선정하고, 효과적인 수업을 위해 어떤 텍스트가 필요한지 생각하고 실제로 찾아보자. 비판적 질문하기, 논증 프로젝트, 관점 학습 방법을 어떻게 적용할 수 있을지 고민해 보자. 무엇보다 교사 스스로 다문서 문해력에 관심 갖고 세상사를 이해하고 해결하는 데 도움이 되는 다양한 글, 자료, 정보, 데이터를 면밀하게 조사하고 이해해 보자. 최선의 수업 준비가 될 것이다.

이제 학교 맥락에서 문해력이 직접적으로 요청되는 교과 학습에 관련해 이야기해 보자. 그리고 교과 문해력에 관한 조금 더 복잡하고 낯선 개념들을 알아보자.

교사 전문성이 힘을 발휘하려면 교사가 가르치고자 하는 내용(혹은 가르쳐야 할 내용)을 어떻게 학습자의 수준에 맞게 풀어낼지, '내용 지식'을 어떻게 '교육 지식'으로 재창안할지 깊게 고민하고 이를 교실 행동과 언어로 옮길 수 있어야 한다. 교육 전문성을 갖춘 교사는 초등학교 아이들을 가르칠 때와 중학교 아이들을 가르칠 때, 대학생을 가르칠 때와 노인을 가르칠 때 모두 자신이 가르치는 방식과 내용을 달리한다. 언어도 다르고 내용의 복잡성과 사례, 지도의 절차와 전략도 모두 다르다.

이 장에서 다룰 교과 문해력 역시 교사의 전문성이 특히 발휘되어야 하는 영역이다. 교과에서 가르쳐야 할 핵심 개념과 내용을 어떻게 학습자 수준에 어울리게 재창안할 수 있을지, 이 과정에서 글을 읽고 쓰는 과정과 경험은 어떻게 교과 학습을 한층 더 의미 있는 배움으로 만들 수 있을지 함께 고민해 보자.

15장

교과서를 제대로
읽을 기회를 주자

**핵심 내용 영역의 학습에서 요구되는 지식과
문해력의 성장에 함께 기여하는 교과 수업을 설계할 수 있을까?**

· 청소년들이 교과서를 잘 읽지 못하는 이유
· 문해력은 교과 학습의 기본 수단이자 핵심 학습
· 교과 학습, 학문적 문해력
· 과학, 수학, 문학 수업에서 요구하는 '텍스트'의 유형과 자질들
· 교과 학습 문해력 증진을 위한 조언들

주요 키워드

교과 학습 / 영역 일반 문해력 / 영역 특수 문해력

문학적 읽기 / 역사적 읽기 / 과학적 읽기

텍스트 자질 / 교과 학습 독서 수업

1 국어 시간 외에도 읽기가 필요할까?

읽는다는 것, 쓴다는 것, 소통한다는 것은 실제로 교과 내용을 공부할 때 어떻게 관련되는가? 앞서 학습 어휘와 사고 도구어를 이야기할 때 이 질문을 다루어보았다. 교과 학습의 내용 영역에 따라 배워야 할 어휘가 달라지고, 교과 간에 공통적으로 생각과 배움을 돕는 어휘들도 중요하다고 했다. 개별 교과 수업에서는 교과 특수 어휘(개념 어휘, 전문 어휘, 학문 어휘)를 중심으로 배우게 된다는 이야기도 했다. 이것을 문해력의 측면에서 조금 더 알아보려고 한다.

교과서가 읽기 싫은 이유

아이들이 초등학교 고학년과 중학교에 올라갈수록 교과서 읽는 일을 싫어한다. 이제 본격적으로 글과 책을 접하는 어린 미취학 아동의 대부분은 책을 좋아하고 또 자주 읽고 싶어 한다. 왜냐하면 그들에게 책 읽기는 꽤나 흥미로운 일이기 때문이다. 그런데 아이들이 자라면서 점점 책에 흥미를 잃고 읽기를 싫어하게 된다. 학교에서는 교과서가 집에서 읽던 책을 대신한다. 왜 아이들은 교과서를 잘 읽지 않으려고 하는 것일까? 여기에는 간단한 이유들이 있다.

첫째, 재미없어서 그렇다. 우리 아이들에게 교과서를 읽으려는 흥미와 동기가 부족하다. 그런데 조금 더 정확하게 말하면, 교과서에 담긴 글의 주제와 형식이 학생들에게 그다지 매력적이지 않다. 평소에 보고 읽었던 책들과는 달리 문자로 가득한 교과서가 아이들에게는 낯설기도 하고, 이상하게 보이기도 한다.

둘째, 교과서가 너무 어려워서 그럴 수도 있다. 아이들에게는 교과서의 내용과 언어, 형식도 혼자서 이해하기 쉽지 않다. 글의 어휘도 어렵고, 글의 문장 구조도 복잡하다. 글 안에 있는 정보도 전문적이다. 고학년으로 올라갈수록 사회나 과학과 같은 과목의 교과서는 점점 더 읽기가 어려워진다. 내용교과 과목의 교과서 내용은 배경지식 없이 이해하기 어렵고, 정보의 밀집도가 높으며, 독자의 주의를 끄는 사례와 설명이 부족하다. 어휘와 표현을 보면 여러 면에서 어른에게도 어려울 정도다.

셋째, 특별한 목적 없이 교과서를 읽기 어렵다. '왜 읽어야 하지?'라는 질문에 아이들이 답을 하기 어렵다. 아이들마다 '왜 내가 이 교과서를 읽어야 하지?'라는 생각 뒤에 '공부하기 위해서'라는 것 말고는 찾기 어렵다. 과제와 숙제로 교과서를 읽는 상황에서는 새로운 것을 배우고, 새로운 생각을 하고, 새로운 경험을 가진다는 글 읽기의 일반적인 목적을 자신의 것으로 받아들이기 어렵다. 글 읽는 상황의 실제성이 결여되면, 어떤 글이라도 읽기가 어려워진다.

넷째, 교과서를 읽어도 잘 이해하지 못할 수 있다. 해독, 유창성, 어휘, 독해 등의 기초 문해력이 숙달되지 않은 아이들에게 교과서 읽는 일은 난제에 가깝다. 이들에게는 철자와 단어 읽기가 어려워 자신감이 떨어지고, 읽기 유창성이 부족해서 교과서 책장을 넘기는 일이 고통일 수 있다. 교과서 속 개념들과 연결되는 배경지식을 잘 활용하지 못해서 그럴 수도 있고, 독해 전략에 능숙하지 않아서일 수도 있다. 혼자서는 해결하기 어려운 글을 읽는 일이 결코 즐거울 수 없다.

아이들이 교과서를 읽기 어려워하거나 싫어하는 이유는 사실 특별하지 않다. 하지만 이렇게 별것 아닌 듯한 상황을 아이들이 극복할 수 있게 도와주는 일이 교사에게는 결코 쉬운 과제가 아니다. 교과서 읽기가 제대로 되지 않으면 교과 공부가 어려워지고 싫어질 수도 있다. 교과서를 읽는 문해력과 교과서 내용 학습은 긴밀한 관계에 놓여 있다. 따라서 오히려 간단해 보이는 읽기 문제를 해결하지 못한다면, 중요하고 가치 있는 교과 내용을 함께 가르쳐야 하는 우리의 고민이 커질 수밖에 없다.

학습을 위한 문해력

문해력을 위한 학습이 있고, 학습을 위한 문해력이 있다. '문해력을 위한 학습'은 잘 읽고 쓰기 위해서 배우는 것이다. 우리가 지금까지 말했던 어휘, 유창성, 독해가 모두 문해력을 위한 학습에 필요한 기초 기능들이다. 주로 국어 시간의 읽기-쓰기 영역에서 이런 것들을 배운다.

그렇다면 '학습을 위한 문해력'이란 무엇인가? 문해력을 위한 학습을 반대로 하면 된다. 무엇을 배우기 위해서 어휘도 알아야 하고, 문장도 잘 읽고 쓸 수 있어야 하고, 글의 정보도 파악하면서 전체적인 의미도 이해하고 해석할 수 있어야 한다. 한 마디로 내용을 학습하기 위해서는 글을 읽고 쓰는 능력이 필요하다.

아이들에게 문해력을 지도하는 것에는 두 가지 직접적 목적이 있다. 하나는 아이들이 잘 읽고 쓸 수 있는 힘, 효과적으로 소통할 수 있는 힘, 글을 읽고 쓰면서 대화하고 생각하는 힘을 키워주는 것이다. 다른 하나는 문해력을 가지고 더 잘 배우고, 더 좋은 지식을 구성하고, 더 효과적으로 새로운 것들을 공부하고 익힐 수 있게 하는 것이다. 전자는 문해력 학습이고 후자는 학습 문해력이다.

문해력은 국어 시간에만 배우고 키우는 것이 아니다. 다양한 교과 학습 시간에 배우고 연습한다. 이런 면에서 중고등학교 선생님들에 비해 초등학교 선생님들에게 조금 더 통합적이고 효과적인 문해력 지도의 기회가 주어진다. 중고등학교에서는 학교 수업이 내용교과 별로 분리되어 있기 때문에 국어 선생님들은 국어 교과를 담당하고 다른 선생님들은 내용교과만 담당한다. 이와 달리, 초등학교 선생님은 여러 과목을 한 교실에서 같은 아이들을 대상으로 지도하기 때문에 교과를 연계하여 수업할 수 있는 기회, 학습을 위한 통합적 문해력을 증진시킬 수 있는 기회를 찾아낼 수 있다.

그렇다면 중등학교 선생님들은 그런 기회가 없을까? 그렇지 않다. 교과 내용을 보다 깊이 있게 배우는 중등학교에서도 새로운 기회는 만들어질 수 있다. 국어 선생님이 다른 교과 선생님들과 협력해서 어떻게 아이들이 과학 시간, 사회 시간에 글을 더 잘 읽게 할 수 있을지 연구해서 공동 프로젝트를 진행할 수 있다. 문해력 교사 공동체를 만들 수 있는 절호의 기회이다.

학문 문해력

국어 시간에 읽기와 쓰기를 잘 배우면 과학 시간, 사회 시간에도 잘 읽고 쓸 가능성이 크다. 문해력이 높으면 학습 성취가 높아질 것이라는 것은 과학적 이론과 근거가 뒷받침한다. 그렇다고 해서 반드시 국어 점수가 과학 점수와 사회 점수를 좌우하는 것은 아니다. 문해력이 높으면 교과 공부를 잘할 가능성이 높지만, 문해력이 높다고 해서 교과 공부를 반드시 잘한다고 이야기할 수는 없다.

왜 그럴까? 먼저, 교과 공부에는 내용 지식이 있고, 교과 학습 과정에서

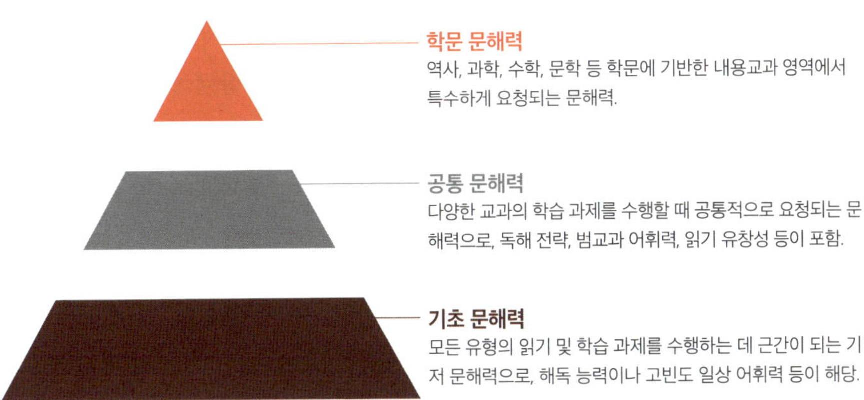

[그림1] 문해력의 단계

는 교과 지식이 영향을 미친다. 당연한 말이지만, 교과 내용 학습에 학습자가 그동안 쌓아온 교과의 내용 지식(즉 과학 지식, 수학 지식, 역사 지식)의 양과 질, 구체성과 응집성이 영향을 미친다. 동시에, 교과 공부를 위해서는 '지식을 다루는 능력'이 필요하다. 여기서 문해력이 기능한다[그림1]. 대부분의 학교 수업은 언어적, 시각적, 복합양식적 자료와 글로 매개되기 때문에, 교과 수업 시간에 텍스트를 읽는 능력은 기본적으로 지식을 다루는 능력이다. 일반적으로 글을 읽는 능력과 특별한 영역의 지식을 담고 있는 글을 읽는 능력 간에는 경계가 있다.

이런 차이에 주목한 문해력 개념을 학문 문해력이라고 이야기한다. 내용 교과는 특정한 학문적 지식에 기반하기 때문에, 교과 내용의 학습을 위해서는 학문적 문해력이 매우 중요한 가치를 갖는다. 이에 학문 문해력, 혹은 학교 맥락에서의 교과 문해력은 최근 연구에서 가장 주목받는 주제이면서, 동시에 교육 현장에서도 가장 강조되고 있는 문해력 수업의 방향이다.

교육 선진국의 교육과정에는 학문 문해력, 즉 교과 공부에서 필요한 문해력이 무엇인지에 대한 논의가 폭넓게 반영되어 있다. 예컨대, 미국에는 과학,

수학, 역사, 사회 교과에 해당하는 각각의 내용교과 교육과정과, 여기에 두루 걸쳐 적용되는 문해력 교육과정이 공통핵심성취기준으로 함께 마련되어 있다. 가령 역사 과목의 교수학습에는 역사 내용 교육과정과 역사 문해력 교육과정이 함께 작동하는 것이다. 역사 수업은 역사 내용 교육과정과 역사 문해력 교육과정이 통합된 결과이다.

이렇게 문해력 기반의 교육과정을 통해서 문학, 과학, 역사 등의 교과목에서 요청되는 문해력이 무엇인지에 관한 단서를 얻을 수 있다. 문학 시간에는 어떻게 문해력이 작동하는가? 과학 지식과 원리의 학습을 위해서는 어떤 문해력이 필요한가? 역사 공부에서는 어떤 문해력이 중요한가? 우리도 교육과정을 설계할 때, 교과서를 개발할 때, 교수학습을 계획하고 실천할 때 고민해 보아야 할 지점이다. 학문 문해력에 대해 조금 더 생각해 보자.

• **문학 문해력** | 먼저, 문학은 매우 중요한 내용 영역이다. 흔히 국어 시간에 문학이 포함되어 있어서 내용 영역이 아니라고 생각하기 쉽지만, 사실 문학은 읽기, 쓰기, 말하기, 듣기와 같은 영역과는 구별되는 분명한 지식과 원리를 갖춘 내용 체계를 가지고 있으며, 문학이라는 인류의 오래된 학문적 전통에 기반하고 있다. 따라서 문학 작품을 읽고 이해하는 방식, 문학 텍스트를 가지고 사고하는 특별한 방식이 있다.

문학 작품을 읽을 때는 문학적 장치, 언어적 장치, 수사법, 비유와 상징, 내러티브, 역설, 반어, 알레고리, 주제 의식, 인물, 배경, 작가와 작품, 사회와 문화, 역사적 관점 등을 고려해야 한다. 이 모두에 문학 텍스트를 읽을 때 필요한 개념과 지식이 요청된다. 문학 작품을 잘 읽고 공부하려면 문학적 지식과 원리에 대해 알아야 하고 그에 어울리게 읽을 수 있어야 한다. 문학적 분석력과 해석력은 '문학 문해력'의 핵심이다.

• **과학 문해력** | 과학은 어떤가? 과학 영역에서는 과학적 인과관계가

상당히 중요하다. 어떤 현상의 원인은 무엇이고 결과는 무엇인가? 왜 그런 현상이 벌어지는 것이며, 그것은 어떻게 탐구되고 검증될 수 있는가?

과학에서는 이렇게 인과관계를 밝히기 위해 가설 검증의 과정이 중요하다. 이론과 연구에 근거해 가설을 설정하고, 실험과 관찰을 통해서 데이터를 수집 및 분석하여 해당 가설이 합리적인지를 판단해야 한다. 과학의 텍스트(교과서를 포함한)는 이러한 가설 검증의 과정, 과학적 탐구와 사유의 과정을 반영한다.

현상의 탐구, 가설의 검증을 위한 실험 설계도 중요하다. 실제 교과서에는 다양한 실험 절차의 정보가 개념적, 절차적 용어들과 함께 도표와 사진, 그림과 같은 복합양식 장치로 표현된다. 어떻게 다양한 변인들을 통제해서 내가 보고 싶은 변인들을 중심으로 초기에 세운 가설을 검증할 것인가? 연구의 목적은 무엇이고, 연구의 절차는 어떻게 합리화될 수 있으며, 결과는 어떻게 제한적인 조건 아래에서 분명하게 해석되어야 하는가? 과학 텍스트를 읽고, 과학 실험을 수행하면서 던져야 하는 질문들이다.

자료의 수집과 분석, 결과의 해석 또한 '과학 문해력'에서 중요하다. 어떻게 현상을 객관적으로 관찰할 수 있는가? 어떻게 관찰 자료를 측정하고 수집할 수 있는가? 그렇게 수집한 자료를 통계적 또는 수학적으로 분석해서 일반화할 수 있는가? 이것은 일종의 논증 과정으로, 과학의 영역에서 반드시 필요한 사유 역량이다. 이렇게 과학 문해력은 인과관계, 가설 검증, 실험 설계, 자료 분석을 포함하는 일련의 논증 과정의 실천 양상을 파악하면서 읽고 쓰는 능력이다.

• **역사 문해력** | 역사 교과는 어떤가? 역사에서는 사건이 중요하고, 특히 과거에 일어났던 사건을 다룬다. 언제, 어디서, 어떤 일이 일어났는가? 누가 그리고 어떤 사람들이 그 사건에 연루되어 있는가? 어떻게

그 과정이 전개되었는가? 왜 그렇게 전개되었고, 그렇게 벌어진 역사적 사건의 의미는 무엇인가? 특정 사건이 전체적인 역사의 맥락에서 어떤 의미과 가치를 차지하는가?

역사적 판단을 위해서는 사료, 즉 역사적 자료를 탐색, 연결, 해석할 수 있어야 한다. 사료를 읽고, 분석하고, 해석해서, 역사적 사건을 재구성하고 그 의미를 판단하는 것이다. 우리가 임진왜란에 대해 알 수 있는 유일한 방법은 사료를 통해서 언제, 누가, 어떤 일들에 연루되었는지를 추론하여 재구성하는 것이고, 그래서 그 의미를 역사적 맥락 안에 놓고 해석하는 것이다. 역사 텍스트를 읽을 때 역사적 사건의 실체와 의미를 밝히며 맥락에 어울리게 해석할 수 있다면 '역사 문해력'을 갖춘 사람이 될 수 있다.

문학적으로 글을 읽고 감상하는 사람, 과학적으로 글을 읽고 논증하는 사람, 역사적으로 글을 읽고 해석하는 사람은 모두, 우리가 앞서 이야기했던 심층 독해 능력을 가지고 있다. 하지만 이들은 이러한 일반적인 독해 능력에 더하여 각각의 학문 영역에서 필요한 지식과 사유 방식을 활용할 수 있는 능력도 갖추어야 한다. 우리 아이들에게는 일반적인 문해력도 필요하지만, 새로운 영역에서의 발전적인 배움을 주도하는 평생 학습자가 되기 위해서는 각각의 학문 분야, 지식 영역, 내용교과에서 필요한 특별한 지식과 능력으로 심화된 문해력이 필요하다.

아이들이 학교에서 공부를 잘하기 위해서는 교과 기반의 학문 문해력과 교과에서 공통적으로 쓰이는 문해력 둘 다 필요하다. 우리가 국어 시간에 주로 배우는 것은 영역 공통적 문해력, 범교과적 문해력이다. 어디 가서나 쓸 수 있는, 어떤 텍스트를 접하더라도 필요한 문해력이다. 국어 시간에는 문학이라는 학문 문해력과 함께 범교과적으로 쓰이는 문해력도 중요하게 가르친다. 학문 문해력, 교과 특수 문해력은 과학 시간, 역사 시간, 문학 시간에 가르친다. 축구를 할 때는 축구장, 미식축구를 할 때는 미식축구장, 야구를 할 때는 야구장의 규칙을 배우고 익혀야 하는 것처럼, 각 교과에서 잘 읽고 쓰려면 교과 영역의 학문적 규칙에 어울리는 문해력이 필요하다.

학문 문해력과 교과 텍스트 읽기

학문에 기반한 교과 문해력을 언어를 빼놓고 설명할 수 없다. 분야가 다르면 개념이 달라지고, 개념이 달라지면 언어가 달라진다. 학문의 맥락, 개념과 사유의 맥락에 따라서 같은 언어를 다르게 쓰는 경우가 상당히 많다. 수업 시간에 읽는 글들은 구체적으로 따지면 그 종류가 매우 많고 다양하다. 각각의 글이 갖는 특징, 자질, 유형, 갈래도 모두 다르다. 특히 문자 언어와 이미지를 포함하는 복합양식 텍스트 자료는 영역별로 쓰임이 다르다. 학문적 문해력에서 이렇게 언어와 텍스트의 특징을 확인하고 그에 어울리는 방식으로 읽는 일은 매우 중요하다[자료1].

문학 작품은 그 종류가 얼마나 다양한가? 문학 텍스트에는 픽션이 있다. 이야기, 소설, 희곡, 신화, 전설, 민담, 성장소설, 풍자, 공상 과학 소설, 희극, 비극, 만화, 그래픽 노블, 판타지 소설 등이다. 시도 있다. 현대시, 고전시가, 서정시, 서사시, 극시도 있다. 전기, 자서전, 수필, 비평, 저자소개, 서평, 추천사 등 에세이도 많다. 이 글들이 각각 저마다 특징을 가지고 있다. 목적도 내용도 전개 방식도 다 다르다. 이렇게 텍스트의 자질을 확인하고 고려하면서 읽을 수 있다면 문학적으로 잘 읽는 사람이 될 수 있는 기초가 만들어진다.

과학은 어떤가? 과학 텍스트는 과학 보고서, 언론 기사, 과학 잡지, 과학 뉴스, 과학 인터뷰, 과학 정보, 참고 자료, 안내서 등 실로 그 종류가 다양하다. 과학 전기나 회고록 등의 에세이도 있고, 각종 기관이나 연구소에서 발행한 자료와 디지털 자료, 원천 데이터, 과학 논문, 과학자 인터뷰, 과학 논평도 각각의 특징을 가지고 있다. 과학 문해력이 있는 사람은 각종 과학 텍스트가 각각 어떻게 차이 나는지를 고려하면서 읽는다. 이렇게 하면 과학적으로 잘 읽을 수 있는 기틀이 마련된다.

과학 텍스트에는 또한 논증, 비교, 나열, 인과관계 등의 다양한 논리 구조가 등장한다. 과학 글을 읽다 보면, '~함은 ~하여' 등의 표현이 많은데, 이는

영역	문학	과학	역사
텍스트 장르와 유형	픽션(이야기, 소설, 희곡)-신화, 전설, 민담 등/ 성장 소설/ 풍자/ 공상과학 소설/ 희곡/ 비극/ 만화/ 그래픽노블/ 판타지 소설// 시류-현대시(서정시, 서사시, 극시) 및 고전시가 등// 논픽션-전기, 자서전, 수필, 문학비평, 저자 소개, 서평이나 추천사	과학 보고서/ 언론 과학 기사/ 과학 뉴스/ 과학 인터뷰/ 과학 잡지/ 참고 자료/ 실험 안내/ 탐험 서사/ 과학 전기/ 회고록/ 과학 블로그/ 과학 주제 관련 대중 토론/ 대학, 정부 기관, 병원, 연구소 등의 과학 사이트/ 원천 데이터/ 과학 연구 논문/ 과학자의 사적 언급	역사적 문서와 사료(과거와 현재의 신문기사, 정치 만평, 편집장 글, 블로그, 인구조사 데이터, 일지, 서신, 연설, 목록과 기록, 광고, 보관 문서 등)/ 전기와 자서전/ 역사적 사진, 필름, 영상, 인터뷰 등/ 인구정보, 고용 및 교육, 유권자 현황, 경제지표 등의 역사적 정보와 데이터를 담고 있는 자료들(표, 그래프, 인포그래픽)/ 사회정치적 문화적 현상에 대한 해석과 주장/ 공문서, 공지, 법규 문서 등
담화 및 언어 구조, 텍스트 요소	구조/ 인물 유형/ 이야기 요소(인물, 배경, 사건, 구성, 절정, 해소)/ 비유적 언어(상징, 심상, 비유, 메타포, 의인화, 풍자)/ 시점/ 주제/ 독백, 대화, 방백/ 대사, 단어 선택/ 반복, 과장/ 회상/ 암시와 복선/ 분위기, 어조, 반어, 역설, 자조/ 삽화와 이미지 등의 시각 장치/ 묘사, 설명/ 서사 구조, 설명 구조	논증, 비교, 나열, 인과관계 등의 논리 구조와 장치/ 추상화와 명사화(실험 과정이나 자연 현상을 설명할 때 기술적 용어를 만들어 사용)/ 용어의 정의(과학 용어에 대한 부연 설명)/ 다의어의 과학적 개념 설명(열, 일, 에너지 등)/ 과학 주장의 조건을 한정하는 언어적 장치(아마도, 일반적으로, 반드시~는 아니다. 예외적으로, 제안하다, 시사하다, 함의하다 등)/ 공간적(장소, 위치) 시간적(시대, 시간, 순서, 시제) 지시어	역사적 논증, 설명, 인과 등을 표현하는 언어적 장치들/ 연대 또는 논증을 암시하는 어휘와 표현/ 사건의 과정과 경과를 설명하기 위한 추상화와 명사화/ 설득을 위한 수사 장치/ 역사적 표현이나 용어/ 언어와 수사의 이념적 표기/ 시각적 장치/ 공간적 시간적 표지

[자료1] 문학, 과학, 역사 텍스트의 유형과 언어 구조

과학을 하는 사람들이 개념적 사고를 선호하고 추상적 개념이 명사화된 언어를 사용하는 것에 익숙하기 때문이다. 일상적으로는 '나뭇잎이 초록색이다'라고 쓰면 되지만, 과학 글에서는 '초록 색상의 나뭇잎은'과 같이 명사화하여 이후의 다른 개념들과 관련성 안에서 표현되는 경우가 흔하다.

과학 텍스트의 표현들은 어른들에게는 아무것도 아닌 것 같지만, 아이들에게는 마치 외계어처럼 낯설다. 아이들은 평소에 그렇게 말하지 않는다. 아이들이 일상에서 보는 이야기책에는 그렇게 표현되어 있지 않기 때문이다. 하지만 추상화, 명사화, 논리화는 과학 글의 독특한 특성이기 때문에, 아이들이 과학 글을 잘 읽으려면 그 표현 방식들에 익숙해져야만 한다. 그래서 과학 텍스트를 읽는 능력, 과학 문해력의 지도가 별도로 필요한 것이다.

과학 텍스트에는 용어의 정의나 정도의 표현을 위한 언어도 자주 등장한다. 가령, 과학 글에서는 과일반화와 단정적 결론을 피하기 위해 '아마도' '일반적으로' '반드시 ~은 아니다' '예외적으로' '제안하다' '시사하다' '함의하다'와 같은 표현들이 자주 등장한다. 또한 주장의 근거를 밝히기 위해 '~에 따르면' '~의 연구에서'와 같은 말들도 자주 등장한다. 이런 표현들이 어떻게 미묘한 의미 차이를 가져오는지 이해하면 과학 글을 조금 더 섬세하게 읽을 수 있다. 과학 글에 자주 쓰이는 논리적 표지어들처럼 미묘한 의미 차이를 드러내는 언어에 익숙해지는 것이 과학 글을 잘 읽는 방법 중의 하나이다.

역사나 사회 과목의 글은 어떨까? 역사적 문서, 사료, 지도, 신문 기사, 도표, 그래프, 목록, 유권자 현황 등 그 종류와 유형도 정말 많다. 법규문서, 공문서, 계약서처럼 일상생활에서 중요한 문서들이나 전문 영역에서 다루는 거의 모든 종류의 자료들은 모두 사회과 안에서 다룰 수 있는 텍스트들이다. 그리고 이것들도 그 나름의 특징을 갖는다. 연대나 장소 등의 사실 정보가 상당히 중요하고, 맥락에 따라 일과 사건이 어떻게 해석되는지와 그 상황에 관련된 이해 당사자들에 대한 고려도 중요하다. 또한 도표, 그래프, 지도, 사진, 삽화, 인포그래픽과 같은 시각적인 장치들도 많이 등장한다.

역사나 사회 과목의 글에서는 언어가 갖는 시대적, 이념적 표지도 볼 수 있다. 조선시대에 만들어진 문서를 읽어보면 그 시대의 봉건 계급주의적인 가치관과 이념이 모두 텍스트의 언어에 담겨 있다. 요즘 우리가 읽는 텍스트도 그렇다.

우리는 인터넷에서 함부로 언어를 사용하는 일을 꺼린다. 이렇게 아무 말이나 마구 사용할 수 없는 이유는, 우리가 그 언어가 직간접적으로 드러내는 우리 삶의 '의미'에 대해서 고려하기 때문이다. 우리는 인터넷 언어가 드러내는 내용, 사상, 가치, 문화를 걱정하고, 나아가서는 언어 이면의 가정, 전제, 선입견, 편향에 대해서도 우려한다. 우리는 글에 이념이 담긴다는 것을 잘 안다. 이처럼 역사적 텍스트를 읽을 때도 언어에 담겨진 이념을 파악하고 분석할 수 있으면 당대 사회와 관련된 글을 잘 읽는, 역사 문해력을 갖춘 독자가 될 수 있다.

2 내용교과 수업은
문해력을 어떻게 키울까?

교과 수업에서 내용 학습에 기여하는 문해력을 어떻게 지도할 수 있을까? 교과서를 비롯하여 교과 수업에서 다루는 특수한 글과 자료를 이해하는 데 도움이 되는 교과 기반 문해력 수업의 관점은 무엇인가?

목적을 구체화하라

아이들이 글 읽는 목적을 구체화하도록 도와주자. 교과 시간에 글을 읽어야 하는데 구체적인 목적이 없으면, 그 일이 단지 글의 정보를 기억하고 외는 것밖에 되지 않는다. 시험에 대비해서 정보를 암기하는 것 외에 특별히 글 읽는 목적을 만들기 어렵다면 교과 기반 문해력 수업이 즐거울 수 없다.

학생들이 교과 학습 활동을 하기 전에 자료를 다루는 목적을 간단하게 써 보게 하면 좋다. 오늘 무엇에 대해 배울 것인지, 배울 내용에 대해 무엇을 알고 있고 더 알고 싶은지, 그렇게 알게 되면 무엇이 좋을지 생각해 보게 한다.

기후위기가 수업의 주제라면 학생들에게 물어보자. "왜 우리는 기후위기에 대해 공부해야 하는가? 기후위기는 왜 우리 삶에 왜 중요한가? 기후위기에 관해서 여러분은 어떤 관점을 가지고 있는가? 어떤 경험이 있는가? 기후위기가 정말 위기라고 생각해 본 적이 있는가?" 등의 질문을 던지고 떠오르는 생각을 적어보게 한다. 가능하다면 학생들이 구체적으로 배워야 할 것을 수업과 관련지어 분명하게 설명하고, 학생 스스로 그것에 대해 읽어볼 마음이 들도록 안내하자.

배움의 변화를 확인하는 틀을 제공하라

학생들이 글을 읽고서 얻게 되는 배움의 변화를 직접 확인할 수 있는 도구를 제공하는 것도 좋다. 교과서나 수업 자료를 읽기 전과 읽고 난 후에 자신의 생각에 어떤 변화가 일어났는지 확인할 수 있는 분석의 틀이 필요하다.

이를 위해 간단한 KWL 도구를 사용해도 좋다. K는 'What do you know?', 즉 '나는 이 주제에 관해 무엇을 알고 있는가?'라는 질문에 답하는 것이다. 배경지식을 확인하기 위한 것이다. W는 'What do you want know?', 다시 말해 '나는 이 주제에 관해 무엇을 더 알고 싶은가?'라는 글 읽기의 목적을 설정하는 질문이다. 글을 읽기 전에 궁금한 것, 글을 읽으면서 배우고 싶은 것을 적어보는 것이다. L은 'What did you learn?', 즉 '무엇을 배웠는가?'라는 질문이다. 수업 시간에 글을 읽고 난 후에 '내가 원래 알고 있던 것에 비해 무엇을 새롭게 알게 되었지? 그것이 왜 중요하고 어떤 가치가 있지? 나에게 어떤 도움이 되지?' 생각해 봄으로써 글 읽기를 통한 앎의 변화를 확인하는 것이다.

KWL은 간편한 생각의 틀로, 학생들은 이 도구를 가지고 글 읽기의 가장 중요한 효용인 앎의 변화를 스스로 감지할 수 있다. 이것은 국어 시간뿐만 아니라 과학 시간, 사회 시간에도 사용해 보면 좋다.

KWL과 유사하지만 조금 더 구체적인 '예상 안내'라는 활동도 있다. 앞서 읽기 유창성을 이야기할 때, 여러분은 읽기 유창성에 관한 여섯 개의 진술에 대답했을 것이다. 책을 읽기 전에 각 진술에 '그렇다/아니다'로, 책을 읽은 뒤에 동일한 진술에 다시 한 번 '그렇다/아니다'로 대답했을 것이다. 이것이 바로 예상하기 활동이다. 읽기 유창성에 대해 여러분은 이미 몇 가지 자신만의 가설들을 가지고 있다. 이 활동을 통해서 여러분은 유창성을 공부하기 전에 자신의 가설을 점검해 보았고, 유창성을 공부하고 난 후에 다시 자신의 가설이 맞았는지 틀렸는지, 새로 배운 것은 무엇인지 근거를 찾아서 자신의 생각이 어떻게 바뀌었는지를 확인했을 것이다.

예상하기는 어떤 주제에 관하여 다양한 텍스트로 공부하기 전과 후에 자신의 관점과 지식이 어떻게 변화하는지를 점검할 수 있는 활동이다. 변화가 있으면 좋은 것이다. 만일 여러분이 읽기 유창성에 대해 읽고 배운 내용을 근거로 했을 때 처음에는 두 개밖에 맞은 게 없었는데 나중에는 여섯 개 모두에 정확하게 대답했다면, 여러분은 글을 읽고 공부를 잘한 것이다. 이때 여러분은 '아, 내가 글을 읽으면서 새로운 것을 배웠구나. 내 생각이 바뀌었구나'라고 반응하며 글 읽는 쓸모를 느끼게 될 것이다.

배움에 필요한 지식을 제공하라

교과 기반 문해력 수업을 위해서는 배움에 필요한 지식을 반드시 제공해야 한다. 내용교과 읽기가 왜 어려운가? 지식이 수반되기 때문이다. 모르면 읽을 수가 없다.

내용교과 학습은 지식을 필요로 하기 때문에 아무리 글을 잘 읽는 학생도 관련 지식이 부족하면 그 글을 충분하게 이해하기 어렵다. 하물며 글 읽기에 서툰 학생에게는 배경지식의 부족이 글 읽기의 어려움을 더 크게 만든다. 따라서 아이들이 어려운 글을 제대로 즐겁게 이해하기 위해 필요한 배경지식을 제공해 주는 활동이 필요하다. 글을 읽으면서 학생들의 생각과 이해가 촉발되도록 최소한의 기본 개념과 지식을 제공해 주면 좋다.

어휘 학습은 배경지식을 키워주는 좋은 활동이다. 수업 시간에 읽을 글에 나오는 주요 어휘들이 있을 것이다. 그중에 가장 쉽지만 가장 중요한 개념 어휘를 소개하면서 학생들에게 그 뜻을 짐작해 보게 한다. 앞서 이 책의 어휘 학습에서 배운, '정의, 특징, 사례, 반례'라는 네 가지 요소로 교과 학습에서 어휘를 분석해 보는 활동을 시도해 보자. 이 활동은 배경지식을 불러일으킬 때도 도움이 된다. 이 틀로 어휘를 분석하려면 반드시 학생 자신이 원래 알고 있던 것을 바깥으로 꺼내놓아야 한다. 그러면서 무엇이 부족한지를 알고, 무엇을 더 알아야 하는지를 확인한다. 어휘 학습으로 글의 핵심어, 수업의 핵심 개념에 대해 생각해 보는 기회를 제공하는 것이다.

나아가 수업 활동의 결과물을 가지고 교실 대화를 이끌어도 좋다. 활동지의 빈칸을 채우는 것으로 수업을 끝내는 것이 아니라, "자, 우리가 오늘 배운 개념과 관련하여 무엇을 더 배워야 한다고 생각하나요?" 물어보자. 그럼 학생들이 무엇은 아직 모르고, 무엇은 이미 배워 알고 있으며, 그것을 어디에서 배웠는지 등에 대해 이야기한다. 교사는 자연스럽게 학생의 배경 학습 수준을 알게 되고, 실제 수업을 할 때 이를 참고하면서 글 읽는 과정을 안내할 수 있다.

필요하다면 대표적인 글(교과서 지문이든 무엇이든 다 좋다)을 하나 골라서, 학생들과 함께 직접 읽어 보는 것도 좋다. 특히 내용교과의 글에는 그래프, 도표, 지도 등 문자 언어 이외의 정보들이 많다. 간혹 우리는 교과서를 가지고 수업하면서 글 정보에는 집중하지만 도표와 지도 같은 시각적 통계는 그냥 넘기는 일이 잦다. 하지만 오히려 도표, 지도, 그래프를 해석하는 능력이 문자 텍스트를 읽는 것 못지않게 중요한 것이 교과 학습 문해력이다. 복합양식 자료들을 꼼꼼하게 분석하면서 그것이 어떻게 글 정보에 부합하는지 통합적으로 연결하는 학습이 교과 독서의 중요한 한 특징이라고 말할 수 있다. 이는 일종의 복합양식 읽기인데, 5부에서 자세히 다룰 것이다.

모든 교사는 문해력 교사이다

"Every teacher is a teacher of literacy."라는 말이 있다. 모든 교사는 리터러시 교사라는 뜻이다. 그렇다면 모든 교사는 문해력 교사라는 말에 여러분은 동의하는가? 또는 그렇지 않은가? 그 이유는 무엇인가? 공부와 일, 삶과 성장에 필요한 문해력을 가르치는 사람들은 이 질문에 대해 고민해 볼 필요가 있다.

모든 선생님이 모든 수업에서 읽기와 쓰기를 직접 가르칠 필요는 없다. 하지만 분명히 모든 교사는 자기가 가르치는 교과 수업에서 학생들이 어떻게 읽고 쓰는지 관심을 갖고 지켜볼 필요가 있다. 학교의 교과 수업 맥락에서는 대부분 학생들이 읽고, 쓰고, 대화하면서 교과 내용과 개념을 익힌다.

이때 학생들이 교과 텍스트를 제대로 읽고 쓰지 못한다고 해서 국어 교사만 탓할 수 없다. 국어 수업 안에서만 문해력을 끝내겠다는 생각보다는 여러 교과 수업에 두루 걸쳐서 학생들의 문해 활동을 연계하겠다고 생각하는 것이 바람직하다. 국어 시간에 배우는 문해력이 중요하듯, 과학 시간이나 수학 또는 사회 시간에 배워야 할 문해력 또한 중요하다.

사실 문해력에서 쓰기는 읽기만큼이나 중요하다. 문해력의 뜻도 읽기와 쓰기를 함께 가정한다. 쓰기는 그 자체로 체계적인 수업을 요구한다. 쓰기의 과정, 쓰기의 맥락, 쓰기의 전략, 쓰기의 문제 해결 과정 모두 교육의 내용이다. 동시에 쓰기는 읽기와 함께 문해력을 완성하는 요소이다. 쓰기를 통해서 읽기가 향상되고, 글 이해가 더욱 깊어질 수 있다. 쓰기 위해 글을 더욱 분명하고 심층적으로 이해해야 하고, 쓰기 위해 다양한 글을 섭렵하면서 질문하고 논증할 수 있어야 한다. 쓰기가 읽기를 촉진하고, 읽기가 쓰기의 재료가 된다.

현대 디지털 사회에서는 읽고 쓰는 일이 결코 분리되기 어렵다. 쓴 것을 읽고, 읽은 것을 쓰면서 문해력은 더욱 확장적, 맥락적으로 확장된다.

16장

쓰기에 집중하는
시간을 주자

**다양한 맥락과 형식의 쓰기 활동으로 촉진되는
문해력 수업을 설계할 수 있을까?**

· 문해력 학습과 발달에서 '쓰기'는 왜 중요한가?
· 문해력 증진을 위한 교실 쓰기
· 활동사고를 촉진하는 일상적 쓰기
· 토론을 촉진하는 협력적 쓰기

주요 키워드

쓰기 / 쓰기 발달 / 읽기-쓰기 상보성 / 교실 쓰기 활동
간단히 적기 / 비형식적 쓰기 / 개념적 쓰기 / 종합적 쓰기

1 잘 읽으려면 잘 써야 한다

쓰기는 가르치기도 배우기도 어렵다. 이 장에서는 본격적인 쓰기 교육보다는, 폭넓은 읽기와 통합될 수 있는 쓰기, 심층적인 읽기 활동을 진작하는 쓰기 활동, 다양한 교과 수업에서 쉽게 적용할 수 있는 쓰기 수업에 대해서 알아보자.

우리 교실을 둘러보자. 이제 수업이 시작되었다. "어제 숙제로 읽어 오기로 한 것 있지요? 자기가 읽은 글에 대해서 질문할 사람 있나요?" 교사가 이렇게 질문하면 교실의 학생들 반응이 어떨까? 아마도 무관심한 침묵이 흐를지 모른다. 이 질문에 답을 할 수 있는 아이들은 그렇게 많지 않다. 어제 숙제로 읽어 오라고 한 글에 대해서 질문하라니 학생들로서는 막연할 따름이다.

그렇다면 읽기 대신에 쓰기로 수업을 시작해 보면 어떨까? 읽은 것에 대해 짧은 글을 쓰게 하면 아이들은 자기가 갖고 있던 생각을 조용한 가운데서 끄적일 기회를 가질 수 있다. 대화를 하기 전에 해야 할 말, 하고 싶은 말, 할 수 있는 말에 대해 정리할 시간이 필요하다. 간단한 쓰기 활동으로 이런 시간을 마련해 줄 수 있다.

가령 이런 것은 어떨까? "포스트잇에 여러분이 어제 숙제로 읽은 글에 대해서 생각나는 말 아무거나 다섯 개를 써보세요. 각각의 다섯 단어도 좋고, 한 문장으로 연결해 적어도 좋아요." 시간은 3분이면 족하다. 이 활동에 10분, 20분씩 할애할 필요가 없다. 간단하게 빠른 시간 안에 아이들 머릿속에 떠오르는 생각을 적게 한다.

특별한 형식이 필요 없는 글쓰기, 완성되지 않아도 되는 글쓰기, 부담 없이 참여할 수 있는 글쓰기는 학생들의 생각을 정리하는 도구가 된다. 학생들 스스로 무엇을 읽었는지, 무엇을 이해했는지, 무엇이 궁금했는지, 무엇이 어려웠는지 간략하게 알아볼 수 있을 정도로만 글을 써본다. 교실의 짧고 간단한 글쓰기 활동이 생각보다 효과적으로 문해력 수업에 기여할 수 있다.

쓰기가 왜 중요한가?

문해력을 배울 때 왜 쓰기가 중요한 것일까? 특별한 이론이나 연구 결과를 가져오지 않더라도 쓰기가 문해력과 학습에 왜 중요한지는 모두 이해할 것이다. 읽기와 쓰기는 따로 떼어놓고 생각하기 어렵다. 많은 경우에 이 둘은 함께 일어나고 보완적이다. 우리는 쓰기 위해 읽고 읽기 위해 쓰며, 읽은 것을 쓰고 쓴 것을 읽는다. 쓰기가 없으면 읽기가 없고, 읽기 없이 쓰기도 없다.

쓰기의 중요성은 네 가지 정도로 말할 수 있다. 먼저, 쓰기는 읽기와 마찬가지로 인간이 누리는 가장 고차원적인 학습 도구이다. 학교만 가정하더라도 과학, 사회, 수학 등 주요 교과의 복잡한 내용 학습에 글쓰기가 크게 도움이 된다. 우리는 보고 듣고 배운 것을 글로 쓰면서 개념을 정리하고, 사례를 적용하고, 생각을 정교하게 다듬는다. 이런 쓰기는 개념을 반영한 어휘 지식이나 독해 능력을 스스로 시험해 볼 기회를 제공한다. 생각을 글로 쓰면서

'내가 얼마나 이해했지? 적합한 어휘가 떠오르지 않아, 이런 생각을 어떻게 표현하면 좋을까?'라고 고민하면서, 자신의 이해를 언어적으로 구조화하면서 새롭게 배운 것들을 자기 것으로 만들 수 있다.

쓰기는 읽기와 마찬가지로 거의 모든 사회생활에서 요구되는 기초 소양이다. 직장에서 일을 하고 주변 사람들과 어울려 살기 위해서는 잘 읽어야 할 뿐 아니라 잘 써야 한다. 공문서, 계약서, 보고서와 같은 전문 문서는 물론이고 이메일 작성에서부터 사내 메신저까지, 쓰기는 사람들 사이의 일과 소통, 의사결정과 문제해결 과정에서 요청된다.

쓰기는 이해한 것의 핵심 내용을 기록하고, 글의 세부 내용을 연결하여 분석하고 종합한 것을 자기 말로 짜임새 있게 구조화하는 생각의 도구이다. 동시에 새로운 생각을 펼치고, 이를 타인과 공유하면서, 미래의 일을 계획하고 도모하는 일의 도구이다. 쓰기는 일련의 일의 과정에서 벌어지는 다양한 언어 활동, 정체성 형성, 학습 경험, 사회정서적 관계 맺기에서도 중요한 역할을 담당한다.

디지털 사회에서는 말보다 쓰는 것을 더 많이 한다. 채팅도 키보드로 쓰면서 즐긴다. 말의 형식이지만 문자 언어로 생각과 감정을 주고받는다. 이에는 현대 문자 문화의 '이차 구술성'이 개입된다. 본격적인 문자 문화 이전의 구어(입말)가 가진 성질을 일차 구술성이라고 한다면, 엄연히 고도화된 문자 문화 안에서 살면서도 디지털 기술의 발달로 입말의 표현을 빠른 속도로 옮겨 적을 수 있는 상황에서는 문자 소통에 구어 소통의 성격이 상당한 정도로 반영된다.

이제 우리는 컴퓨터 자판으로 머릿속에 떠오르는 생각과 언어를 빠르게 문자로 작성하거나, 음성-문자 변환 기술을 사용하여 말소리를 그대로 문자로 옮길 수도 있다. 이로써 말과 말하기의 특성이 그대로 글과 쓰기에 담기기도 한다. 21세기 들어서 영상의 시대가 되었다고 말하지만, 어떤 면에서는 이전보다 훨씬 더 텍스트 기반의 시대가 되었을지 모른다.

마지막으로 생성형 AI가 인간 대신 글을 쓰는 시대에는 글쓰기가 가장 중요한 인간 역량으로 새롭게 자리매김한다. 우리는 학습 상황, 직무 상황, 일상생활에서 이제 생성형 AI로 글을 쓴다. 인공지능에 절차적으로 정리된 정교한 프롬프트를 입력하고 글을 생성해 낸다. 글을 계획하는 능력, 좋은 글에 대한 안목, 목적에 맞게 글을 최선의 방식으로 수정할 수 있는 능력은 생성형 인공지능과 함께 글을 쓸 때 반드시 필요한 문해력이다.

하지만 그렇다고 해서 생성형 AI가 우리의 글쓰기를 대신할 수는 없다. 간혹 우리는 AI와 함께 글을 쓸 때, 우리 자신이 글을 쓴다는 착각에 빠진다. 그러나 엄연히 따지자면, 우리는 인공지능에 글의 목적과 내용, 요소와 특질들에 대한 명령을 내릴 뿐 실제 글을 작성하는 것은 아니다. 인공지능은 셀 수 없는 정보의 조건적 연산을 통해서 문자 텍스트를 생산하지만, 그것은 생산일 뿐 생성이라고 보기 어렵다. 생성이란 없는 것에서 새로운 것을 만들어내는 것을 뜻한다.

즉, 글쓰기의 본령은 전혀 없던 것에서 의미를 만들어 언어로 표상하는 구조화된 창작의 과정에 '몰입'하는 것이다. 훌륭한 질문과 조건의 입력이 글쓰기의 전 과정을 대신하지 못한다. 인공지능이 텍스트를 경계 없이 생산하는 시대에, 쓰기는 인간에게 가장 요청되면서도 가장 다치기 쉬운 역량이다. 문해력을 위해 결코 쓰기를 포기할 수 없다.

2 문해력을 증진하는 교실 쓰기 활동

문해력을 증진시키는 교실 쓰기 활동에는 무엇이 있는가? 문해력 교실의 쓰기 활동을 크게 세 가지 범주로 생각해 볼 수 있다.

첫 번째는 '개념적 쓰기 활동'이다. 쉽게 말하면 수업 시간에 공부한 중요한 개념을 자신의 언어로 써보는 것이다. 학습 내용을 요약한다든가, 학습 자료에 근거해서 자신의 주장을 피력하는 글을 다섯 단락으로 작성해 보는 것이 예가 될 수 있다. 개념적 쓰기 활동의 목적은 학습 내용의 확인과 이해의 증진에 있다.

두 번째 범주는 '종합적 쓰기 활동'이다. 괜찮은 문해력 수업은 한 시간 안에 끝나지 않는다. 복잡한 내용을 다루면서 여러 텍스트를 읽어야 하는 수업은 여러 차시에 걸쳐 진행되기도 하고, 종종 몇 개의 단원에 걸쳐서 지속되기도 한다. 학생들은 문제 중심 수업, 현상 기반 수업, 주제 탐구 수업에서 대개 팀을 구성해 프로젝트를 수행하면서 정교한 결과물을 창안해 낸다. 이때 쓰기는 학습 과정을 종합하는 프로젝트 결과물을 만들어내는 데 반드시 필요한 핵심 능력이다.

종합적 쓰기 활동의 대표적인 예로 연구 보고서 작성이 있다. 아프리카의 경제 상황 및 인권 실태에 대해서 조사하고, 다양한 자료를 찾아 읽은 후 보고서를 작성하는 것은 종합적인 '텍스트 탐구 학습'을 요청한다. 이는 대표적인 다문서 쓰기 활동으로, 비교적 오랜 시간이 걸리고 많은 자료가 필요하며, 형식을 갖춘 공식적인 쓰기를 요청한다.

앞의 두 가지 공식적이고 완결된 쓰기(개념적 쓰기와 종합적 쓰기)와 달리, 세 번째 '비형식적 쓰기 활동'은 수업 중에 짧게 해볼 수 있다. 문해력 교실에서 일상적으로 수행하는 쓰기는 빠르고 간단하게 생각을 적고 나누는 활동이 될 수 있다. 앞에서 언급한 것처럼, 어제 읽었던 글에 대해서 2분 동안 떠오르는 생각을 포스트잇에 다섯 단어로 자유롭게 적어보는 것들이다.

어떤 이들은 이러한 활동이 쓰기가 아니라고 말할 것이다. 하지만 쓰기가 반드시 완결된 글을 전제하는 것일까? 공식적이고 완결된 쓰기는 별도의 수업을 통해서 체계적으로 지도해야 한다. 하지만 매번 완결된 형식과 틀을 갖춘 글을 쓰는 것은 쉬운 일도 아니고, 때로는 그것이 정작 중요한 내용 학습에 방해가 되기도 한다. 교과 지식이 부족한 상태에서 학생들이 처음부터 공식적인 글을 쓰기는 어려울 수 있다.

오히려 비형식적인 글을 많이 쓰는 활동이 실은 공식적 글쓰기의 재료들을 축적하는 기회가 될 수 있다. 쓰기를 싫어하거나 두려워하는 학생들에게 비형식적 쓰기 활동은 글쓰기 과정에 친숙해질 수 있는 좋은 접근법이다. 더욱 중요하게는, 자잘하고 지속적인 쓰기 활동이 교과 기반 문해력 수업의 핵심이 될 수 있다는 점이다.

다음에 몇 가지 '속성 글쓰기'의 예가 있다. 간단하게 빨리 하는 글쓰기이자, 쓰기보다는 '적기'에 가까운 활동이다. 그러나 속성 글쓰기는 가볍게 볼 수만 없는, 쓸모 있고 가치 있는 핵심적인 교실 활동이다.

흥미로운 발문 주고 답하기

첫 번째는 흥미로운 발문에 학생이 답을 하는 것이다. 국어 시간에 글을 읽고 선생님이 흥미로운 인용구를 찾아 칠판에 한두 문장으로 적고서 아이들한테 주문한다.

여기 적힌 인용구가 무슨 뜻일지 각자 자기 생각을 적어봅시다. 필요하면 여러분이 읽었던 글을 찾아서 참고해도 좋아요. 3분 안에 해봅시다.

이 활동에서는 아이들이 너무 깊게 생각하면 힘들어진다. 자기가 이해한 것을 바탕으로 인용구의 의미를 신속하게 파악하여 '아, 이렇게 써야겠다'라고 단번에 써보게 하는 것이다.

과학 시간을 생각해 보자. 아이들은 과학 시간에 실험 절차에 대한 설명문을 읽는다. 선생님은 아이들이 실험 절차를 제대로 이해했는지 궁금하다.

어제 결석한 친구들이 있다고 가정하고, 그 친구들이 잘 이해할 수 있도록 실험 절차를 간단하게 요약해 봅시다. 화살표는 다섯 개만 주어질 거예요. 여러분에게 주어진 건 화살표 다섯 개입니다. 화살표 다섯 개로 실험의 절차를 요약하세요. 시간은 5분!

학생의 쓰기가 완벽하지 않아도 괜찮다. 세부적인 내용이 들어가지 않아도 좋다. 실험에 필요한 대강의 요소들이 들어 있고, 화살표 다섯 개를 활용하여 실험 과정을 절차적으로 적어낸다면, 그것으로 교실 대화를 진행할 수 있다.

사회 시간에는 어떨까? 사회 시간에는 토론 주제에 관심이 크거나 이것저것 많이 알고 있는 학생이 주로 토론을 주도한다. 그러면 다른 아이들에게는 말할 기회가 돌아가지 않을 수 있다. 이때는 선생님이 토론 과정을 정리해 줄 필요가 있다. 한두 명이 토론하는 것도 한두 시간은 괜찮지만, 교실에 있는 다른 아이들도 생각하고 끼어들 거리들이 있어야 '참여하는 수업'을 만들 수 있다. 이렇게 한번 해보자.

> 좋습니다. 잠깐 정리하고 갑시다. 좋은 얘기들이 오가고 있는데, 우리가 지금 토론하고 있는 게 뭐지요? 뭘 이야기하고 싶은 거지요? 뭐가 문제가 되고 있는 것이지요? 어떤 것을 설명하려고 하는 것이지요? 지금까지 대화한 내용을 핵심 생각 두 가지로 적어 봅시다.

토론을 지배하는 한두 명의 학생뿐만 아니라 다른 학생들에게도 생각과 대화에 참여할 수 있는 시간을 벌어주는 것이다. 그들은 제때 말할 기회를 찾지 못하니까 시간을 할애하여 모두가 쓸 기회를 주는 것이다. 이는 부담스러운 글쓰기가 아니라 간단하게 해보는 글쓰기로, 아이들이 글을 쓰고 나면 자연스럽게 그것을 나누면서 교실 대화를 진행해 볼 수 있다.

속성 글쓰기 활동은 수업을 마무리하는 방법으로도 참 좋다. 이 활동은 일종의 출구 조사 형식을 갖는데, 다른 말로 '출구 전표'나 '출구' 또는 '나가는 질문'이라고도 부른다. 수업이 끝나기 전에 자기가 배운 것을 간단히 정리하고 끝마치는 활동이다.

> 자, 그렇다면 오늘 배운 것들을 정리해 봅시다. 기억에 남는 것, 인상적이었던 것, 도움이 되었던 것, 더 배우고 싶은 것을 자유롭게 인덱스카드에 적어 제출합니다. 여러분들이 적은 내용을 바탕으로 선생님이 다음 수업을 계획할 겁니다.

이렇게 아이들의 생각과 질문을 적어보게 한다. 이번 시간에 실험 절차를 배웠다면 주요 내용을 간단하게 적어보고, 다음 시간에 실험을 진행할 때 어떤 점에 유의해야 되는지 알고 싶다거나, 실험을 실제로 진행한 과학자들이 있다면 결과가 어땠는지 궁금하다는 질문을 던질 수 있다. 선생님은 이렇게

'나가는 쓰기' 활동을 통해서 '아이들이 뭔가 생각을 하고 있구나. 어려운 개념이 있구나. 관련 사례를 들어줘야겠구나'라고 생각하면서 다음 수업을 조금 더 세심하게 계획할 수 있다.

비유를 들어 빈칸 채우기

두 번째 속성 쓰기는 비유를 들어서 빈칸 채우기를 하는 활동이다. 가령, 인터넷 시대의 특징과 의사소통 환경에 대해서 배우는 매체 학습 시간에 다음의 진술을 제시할 수 있다.

인터넷이란 ________________ 이다.

왜냐하면 ________________ 이기 때문이다.

이 진술에는 빈칸 두 개가 있다. 학생들은 이 빈칸들을 채워야 한다. 형식이 간단하기도 하지만, 창의적인 생각을 북돋기에 중고등학생들도 흥미롭게 몰입할 수 있다. 이 활동에서 학생들은 자기가 읽은 내용을 통해서도 쓰지만, 글 내용을 자기의 인터넷 사용 경험과 연결해서 자신만의 정의를 내리고 이유를 제시한다.

인터넷이란 비상벨 없는 지하철이다. 왜냐하면 사용자의 기대와는 달리 인터넷의 위험성을 인지했을 때 타인에게 알릴 비상벨과 같은 장치가 없기 때문이다.

이와 같은 학생의 반응은 많은 것을 우리에게 알려준다. 열차 안에 비상벨이 없다면 아무리 위험한 상황이라도 속수무책 열차가 멈추기를 기다릴 수밖에 없다. 인터넷에 비상 신고 장치가 없다면, 해로운 웹사이트나 악성 혐오 댓글, 명예를 훼손하는 허위 정보 앞에서도 그것을 만든 사람이 수정하고 고칠 때까지 기다릴 수밖에 없지 않겠는가. 인터넷의 위험성을 알리거나, 인터넷에서 허위 정보와 유해 사이트를 어떻게 교정할 것인가의 문제는 그 해결책을 생각하기가 막막하다. 따라서 '인터넷이란 비상벨 없는 지하철'이라는 비유가 매우 적절하게 와닿고, 그 이유를 설명하는 방식도 좋다. 이는 수업 주제에 대한 학생의 이해와 표현력을 잘 보여주는 쓰기이다.

이 활동은 수업 전후에 학습 결과를 비교할 때도 사용할 수 있다. 어떤 주제에 대해서 처음 공부할 때, 어떤 글을 처음 읽기 전에 수업을 도입하는 부분에서 아이들이 빈칸에 채우는 내용과 언어는 자기의 배경지식과 경험에 바탕을 둔다. 수업이 진행되면서 아이들이 글을 읽고, 자료를 조사하고, 주제에 대해 더 깊은 공부를 한 후에 한 번 더 재미있게 진행해 볼 수도 있다. 아이들의 생각과 관점이 어떻게 바뀌었을까? 아이들의 비유적 표현이 어떻게 바뀌었을까? 그것은 교사에게 무엇을 말해 주는가?

관찰-놀람-연결-질문

'관찰-놀람-연결-질문' 역시 수업 시간에 자주 사용해 볼 수 있는 속성 쓰기 활동이다. 이 활동은 이렇게 진행한다. 먼저, 수업 시간에 학습 자료를 읽고 공부한 다음에 학생 한 명당 포스트잇을 네 장씩 나눠준다. 학생들이 각 포스트잇에 생각을 적는 동안, 교사는 캔버스 종이를 교실의 네 구석에 붙인다. 그리고 각각에 '관찰' '놀람' '연결' '질문'이라고 제목을 붙인다.

관찰(O, Observation)이란 무엇인가? 여기서는 글의 내용을 관찰하는 것이다. 글을 읽고 무엇을 알게 되었고, 글의 중심 생각과 메시지가 무엇이었는지 확인하는 것이다. 놀람(S, Surprise)이란 '무엇을 새롭게 알게 되었는가?'에 해당한다. 몰랐던 것, 흥미로웠던 것, 예상과 달랐던 것을 적어보는 것이다. 연결(C, Connection)은 '이 글과 내가 어떻게 관련되는가?'에 해당하는 답이다. 텍스트와 독자의 관련성, 텍스트의 유용성과 실용성을 찾는 질문이다. 질문(Q, Question)은 말 그대로 더 알고 싶거나 호기심이 생긴 부분, 혹은 동의하지 않는 것에 대해 질문하는 것이다.

아이들에게 OSCQ에 응답할 수 있도록 먼저 시간을 준다. 5분 정도면 포스트잇 네 장에 생각을 적어 넣을 수 있다. 이때 아이들이 길게 쓰려고 하기도 한다. 하지만 그렇게 하면 5분이 금방 지나간다. 관찰 하나 쓰느라 놀람, 연결, 질문을 생각할 겨를이 없어질 수 있다. 그러면 활동이 잘 이루어지지 않는다. 이때 아이들이 가급적 핵심어를 중심으로 중요한 구절이나 표현들을 적을 수 있게 안내한다. 머릿속에 떠오르는 생각들을 메모하듯이 적어야 하고, 중요한 것은 네 가지 모두 적는 것이라는 점을 상기시킨다.

개별적으로 OSCQ 쓰기 시간이 끝나면 교실 네 구석의 하얀 종이 위에 자기가 쓴 포스트잇을 붙이라고 안내한다. 관찰 종이에는 전부 다 관찰에 관한 포스트잇을, 놀람 종이에는 다 놀람 포스트잇을 붙이는 식이다. 그리고 학생들에게 추가 시간을 주면서, "10분간 시간을 줄게요. 교실을 돌아다니면서 구석구석 붙어 있는 포스트잇에 어떤 내용이 있는지 읽어보세요"라고 안내한다.

학생들은 이제 교실을 돌아다니면서 친구들의 포스트잇을 읽는다. 앉아서 하는 것만이 공부가 아니다. 몸을 움직여야 한다. 특히 청소년들은 움직여야 졸지도 않고, 심심하지도 않고, 지루하지도 않다. 이를 '갤러리 워크(Gallery Walk)'라고 하는데, 몸을 움직이며 읽고 보고 생각하는 활동이다. 갤러리에서처럼 벽에 붙어 있는 글을 읽고, 관찰하고, 살피는 시간을 갖는 것이다. 박물관, 미술관 같은 곳에서 안내선을 따라가면서 다양한 작품들을 세심하게 감상하는 것과 비슷한 이치다.

이때 각 구석에 한 명씩 대표 학생을 지정한다. 자원자를 받아도 좋고, 자원자가 없을 때는 교사가 임의로 한 명씩 지정해 주어도 좋다. 이 학생들은 돌아다니지 않고 자기가 맡은 구석에 서서 해당 포스트잇들을 자세하게 읽어야 한다. 그리고 그것들을 몇 가지 범주로 묶어 정리한다. 이 역시 10분 정도의 시간이면 충분하다.

갤러리 워크가 끝나고 나면, "이제 여러분이 어떤 것들을 읽었는지 말해 봅시다. 관찰에는 어떤 내용들이 있었지요? 읽은 것들을 종합해서 이야기해 볼까요?"라고 안내한다. 이때 구석 발표자가 대강의 요약 내용을 설명하고 포스트잇을 몇 장을 뜯어 예로 들면서 읽어준다. 그러면서 구석 발표자가 재미있게 "이건 누가 쓴 거죠?"라고 물어볼 수 있다. 그러면 포스트잇의 주인이 "제가 썼어요"라고 대답하면서 자연스럽게 교실 토론이 일어날 수 있다.

이 활동은 한 학생의 의견만을 듣는 것이 아니라 교실 구성원의 생각을 골고루 읽을 수 있다는 점에서 사회적인 학습, 공유된 학습이라고 말할 수 있다. 시간을 충분히 할애해도 좋지만, 활동이 늘어져서는 곤란하다. 가급적 30분 정도의 시간을 두고 역동적으로 진행해 보자. 여러 아이들이 이야기할 수 있도록 권유하고 토닥이자. 서로 상충하는 의견들이 자유롭게 왔다 갔다 할 수 있도록 열린 분위기를 조성해 주자. 자연스럽게 아이들이 토론 활동을 진행할 수 있도록 지켜봐주자.

구석 토론

구석 토론은 OSCQ와 비슷하지만 목적이 다르다. 이 활동은 주장하는 글이나 논증적인 글, 신문의 칼럼이라든가 분명한 입장을 전달하는 텍스트, 과학적 논증이 담긴 보고서 등을 읽고 파악할 때 도움이 되는 쓰기 활동이다.

먼저 학생들에게 포스트잇을 한 장씩 나눠준다. "자, 이 글을 읽고 난 후 여러분에게 네 가지 선택권을 주겠어요. 그중에 하나를 골라서 답해 보세요. 첫째, 나는 이 글에 매우 동의한다. 둘째, 어느 정도 동의한다. 셋째, 그다지 동의하지 않는다. 넷째, 전혀 동의하지 않는다." 그리고 네 가지 중 하나를 골라 포스트잇에 쓰고 이유를 적게 한다. 그리고 교실의 네 구석에 큰 종이를 붙여서 '매우 동의함' '어느 정도 동의함' '그다지 동의하지 않음' '전혀 동의하지 않음'이라고 각각 써놓는다.

어떤 학생은 자기가 가진 포스트잇에 이렇게 쓸지 모른다. "매우 동의함. 이 글은 전문적인 과학자가 여러 번의 실험을 통해 얻은 과학적 근거를 제시함. 실제 우리가 경험하는 현상에 대한 설명을 합리적으로 제공함. 나의 경험도 이와 일치함." 어떤 학생은 "동의는 하지만 여전히 문제가 있다"라고 쓸 수 있다. 또 어떤 학생은 "나는 동의하기 어렵다. 그러나 문제를 이해하는 데 도움이 되기 때문에 읽어볼 만한 글이다"라고 쓰기도 한다. 이제 각자의 포스트잇을 자신이 선택한 구석에 가져가 붙인다.

구석 토론에서는 갤러리 워크가 없다. 대신에 학생들은 자기가 선택한 구석으로 이동한다. 전적으로 동의하는 아이들 다섯 명, 강하게 반대하는 아이들 다섯 명, 어느 정도 동의하는 열 명, 그다지 동의하기 어려운 열 명이 각각 소집단을 형성하게 된다. 구석에 모인 아이들은 자신과 같은 반응을 보인 동료들이 왜 그런 선택을 했는지 포스트잇 글들을 살펴 읽는다.

구석 토론의 절정은 각 구석의 구성원들이 각자의 입장으로 참여하는 집단 토론이다. 구석에 모인 학생들이 하나의 팀이 되어 다른 구석 팀과 의견을 교환한다. 이때 교사가 구석 토론을 안내하고 촉진해 주면 좋다. "강력하게 동의한다는 저쪽 팀 왜 그런 것이지요?" 그러면 그 구석에 몰려 있는 학생들이 대답한다. 왜 그들이 글 내용에 강력하게 동의하는지 이유를 들어 설명한다. 집단 토론이므로 여러 명이 함께 이야기해도 좋다.

교사는 반대하는 쪽의 의견도 물어본다. "자, 그러면 왜 반대하는 것이지요?"라고 물으면, 반대 구석은 동의 구석과 왜 그렇게 다른 판단을 내렸는지를 이유를 들어 설명한다. 이때 다른 구석 집단에서 "둘 다 합리적이고 말이 맞지만, 동의 여부를 판단하기 위해서는 몇 가지 생각해 볼 것들이 있어요"라며 토론에 참여할 수도 있다.

구석 토론 활동에서 학생들은 자신이 이해한 글 내용, 그에 대해 간단하게 글로 쓴 입장을 가지고서 토론에 참여한다. 앞서 우리는 다문서 읽기를 위한 관점 학습 활동과 논증하기 활동을 살펴봤다. 구석 토론은 이 둘의 장점들이 함께 드러나는 교실 활동으로, 학생들이 분명한 자기 입장을 취한 상태에서 여러 이유와 근거를 고려해 가며 하나의 논증을 협력적으로 만들어내는 과정에 몰입하도록 도와준다. 구석 토론이 일어나는 교실은 소란스럽지만 역동적이고 생산적이다. 읽기와 쓰기, 논증과 토론이 함께 일어나는 이런 교실에서 문해력이 쑥쑥 자란다.

쓰기를 놓지 않는 문해력 교실

문해력은 따지고 보면 읽기와 함께 쓰기가 강조되면서 등장한 말이다. 쓰기 능력도 읽기 능력처럼 쉽게 발달하지 않는다. 먼저 손으로 글씨를 쓸 수 있어야 한다. 손 근육에 힘이 길러지고, 연필이라는 도구를 다루는 감각이 생겨야 한다. 그러면서 철자도 써야 하고, 단어와 문장도 써야 하고, 컴퓨터로 글을 쓸 때는 프로그램도 다룰 수 있어야 한다.

단어를 쓰고 문장을 만들고 단락을 구성하여 글을 짓는 일은 의미를 구성하는 경험이다. 그러려면 내용을 생성하고, 확장하고, 정교화하고, 목적에 맞게 조직하고, 다양한 어휘와 언어 장치를 동원해서 표현할 수 있어야 한다. 생각과 개념, 감정과 기분을 추상적인 문자 기호로 표현해 내기 위해서는 정말 많은 지식과 기능, 전략이 요구된다. 이런 점에서 쓰기는 매우 고차원적인 능력이다.

쓰기 능력 발달에 가장 큰 영향을 미치는 능력이 읽기인 것처럼, 쓰는 것은 읽는 것을 배우는 데도 큰 도움이 된다. 잘 읽으면 잘 쓸 가능성이 크고, 잘 쓰기 위해서는 잘 읽어야 하는 것이다. 이는 오늘날 디지털 사회에서도 여전히 유효하다. 디지털 사회는 어쩌면 쓰기 사회일지 모른다. 디지털 공간에서는 음성 양식을 통한 말하기보다 문자 언어와 어우러진 시각적 양식성에 기반한 쓰기가 여전히 지배적인 표현 양식이다.

문해력 성장을 촉진하는 교실에서는 쓰기를 절대 포기하지 않는다. 오히려 문해력 수업은 완벽한 형식에 맞춰 쓰는 것만이 글쓰기라고 생각하지 않는다. 다양한 형식, 다양한 목적, 다양한 맥락의 쓰기가 있다고 가정하고, 이를 적극적으로 활용한다. 이렇게 간단하고 빈번하게 쓰는 교실 활동들이 모이고 연결되어 더 큰 수준의 이해와 표현 능력, 의미와 지식의 구성 능력 발달에 도움을 준다.

우리는 문해력 수업에서 쓰기를 결코 무시할 수 없다. 쓰기 활동을 적극 활용하는 것이 좋은 문해력 수업을 만드는 데 필수적이다. 쓰기를 너무 무겁게, 지나치게 형식적으로 다루기보다, 아이들이 가볍고 부담 없이 참여할 수 있는 의미 구성 경험으로 만들어보자. 쓰기가 중요한 수업 활동으로 자리매김한, 읽기-쓰기가 통합된 문해력 교실을 만들자.

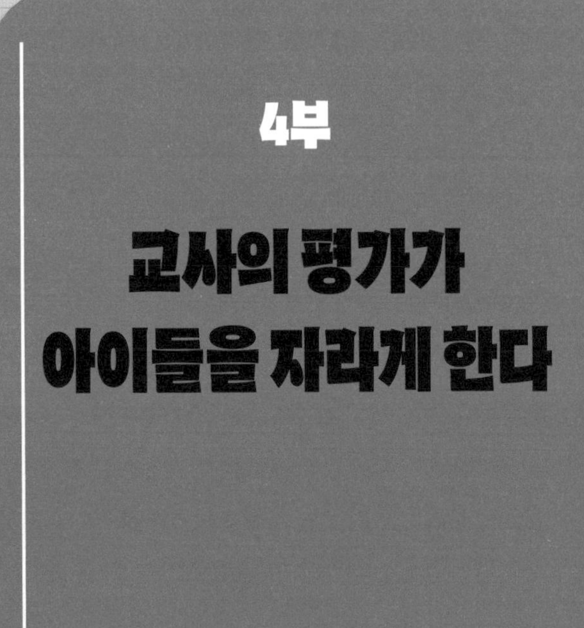

4부

교사의 평가가
아이들을 자라게 한다

공식적인 학교 교육 행위의 중심에 평가가 있다. 문해력을 가르칠 때도 반드시 평가를 고민해야 한다. 문해력 평가는 학생들을 위해 교사가 제대로 수행할 수 있어야 하지만, 궁극적으로는 학생이 자신을 대상으로 수행할 수 있어야 한다.

오늘날 학교에서는 평가 행위가 교육의 과정에서 차지하는 역할과 비중이 크다. 사람들은 평가를 통해서 교육의 성패 여부를 따지고 싶어 한다. 그래서 더 좋은 평가, 더 믿을 만한 평가, 더 설득력 있는 평가를 원한다. 하지만 수많은 요인들이 복합적으로 작용하는 교실 맥락에서 문해력 평가를 제대로 실행하는 일이 쉽지는 않다.

평가를 설계하고 실천하기도 어렵지만, 평가에 관해 교실 밖의 사람들과 소통하는 일은 더욱 어렵다. 평가는 힘들고 어려운 일이지만, 학습자의 성장을 위해서는 없어서는 안 될 중요한 교육 활동이다. 이제 문해력 평가를 조금 더 과학적이고 맥락적으로 접근해 보자. 교사 전문성이 발현되는 교육 실천의 요체로서 평가의 의미와 가치, 평가의 방법과 맥락을 다시 생각해 보자.

17장

교실 기반의 문해력 평가

학생의 성장에 기여하는 문해력 평가의 목적, 내용, 방법, 쓰임, 결과를 통합적으로 고려할 수 있을까?

· 교실 기반 문해력 평가란?
· 문해력 평가를 위한 세 가지 기본 질문
· 왜 우리는 문해력을 평가하는가?
· 무엇을 평가할 것인가?
· 어떻게 평가할 것인가?
· 독서평가의 교실맥락

주요 키워드

교실 기반 평가 / 문해력 평가의 목적 / 평가의 소비자-사용자

평가 원리와 모형 / 사유 과정으로서의 평가

구인, 관찰, 해석의 원리 / 평가의 맥락

1 다음 수업을 준비하는 평가

　문해력, 수리력, 과학적 문제 해결력과는 상관없이 모든 평가에 일반적으로 적용되는 원리들이 있다. 이러한 평가 원리들에 대해 우리는 질문할 수 있어야 한다. 그래야 문해력 평가를 논의할 때 무엇이 중요하고 무엇이 주변적인지, 무엇이 쟁점이 되거나 혹은 소홀히 되는지 판단할 수 있다.

　여러분 모두가 알다시피 시험이 평가의 전부는 아니다. 시험 혹은 테스트는 학생의 정신 능력을 주어진 문제에 대한 반응의 정확도에 따라 점수화하는 방법이다. 대부분의 중요한 시험에서는 모든 학생들이 한자리에 앉아서 정해진 시간 안에 자료를 읽고 주어진 문제를 푼다. 시험을 만들고 그 점수를 활용하고 싶은 사람들은 학생(수험생)들이 모두 동일한 조건에서 시험을 치르기를 원한다.

　그러나 평가는 단지 시험뿐만 아니라 학생들을 관찰하고 해석하는 일체의 행위를 포괄한다. 학생으로부터 무엇을 확인하고 싶은지를 분명하게 이해한 교사는 학생들이 그것을 실제로 어떻게 수행하는지, 관련 지식과 역량을 어떻게 발휘하는지 '눈으로 관찰'하고 '귀로 듣고' 싶어 한다. '내가 가르친 것을 우리 학생들이 배워서 적용했구나'라고 판단하고 싶어 한다.

평가는 여기서 그치지 않는다. 평가의 과정은 '오늘 내가 학생들의 문해력을 평가해서 그들의 학습을 이해해 보았으니, 다음에는 아이들이 조금 더 잘 배울 수 있게 새로운 수업을 계획하고 실천해 보자. 학생들에게 도움이 되는 수업을!'이라는 생각으로 확장되는 것까지 포함한다. 평가는 평가로 끝나는 것이 아니라, 실은 평가가 맥락화된 수업으로 시작해서 더 나은 수업으로 끝난다. 평가도 가르치고 배우는 행위 안에 있다.

교실 기반 문해력 평가란?

교실 기반 문해력 평가는 교실 밖에서 개발된 탈맥락적이고 표준화된 평가, 대학수학능력시험이나 학업성취도 평가와 같은 대규모 시험을 이야기하는 것이 아니다. 이 장에서 우리가 이야기할 평가는, 교사가 교실이라는 문해력 공동체 안에서 책임 있고 능동적인 주체가 되어 수업의 전 과정에서 학습자를 더 잘 이해하고 자신의 교수 활동의 변화를 도모하기 위한 목적으로 사용하는 교육 행위를 말한다. 즉 다양한 목적과 방법으로 다양한 교실 상황에서 실행되는 일상적이고 맥락적이며 실천적인 행위이다. 이를 교실 기반 문해력 평가라고 부른다.

교실 기반 문해력 평가에서는 교사의 역할이 정말 중요하다. 교사는 교실 평가의 가장 중요한 주체이자 의사결정권자이다. 교사는 학습자에 대한 이해와 수업의 맥락을 바탕으로 최선의 평가를 계획, 설계, 실행할 수 있어야 한다. 또한 교사는 학습자가 교실 평가의 과정에 참여해서 최선의 수행 결과를 성취할 수 있도록 친절하게 안내하고 시원해야 한다. 그저 시험 문제를 내거나 과제를 던져주는 것이 아니라, 학생이 평가의 과정에 잘 참여할 수 있도록 도와주어야 한다. 학생이 평가 과정에 참여하지 않으면, 그가 무엇을 알고 있고 무엇을 할 수 있는지 정확하게 확인할 방법이 없다. 교실의 아이들이 평가 과제에 잘 참여하고 열심히 임할 때, 교사는 학습자 수행에 관하여 정말 알고 싶었던 것을 관찰하고 해석할 수 있다. 학생이 열심히 임하지 않는 평가의 정보 가치는 현저하게 떨어진다.

평가 정보는 학습자의 현재 성취 정도를 면밀하게 분석하는 데 사용된다. 이 정보를 근거로 학생에게 돌려줄 피드백을 구성하는 것도 교실 문해력 평가에서 교사가 해야 할 중요한 일이다. 피드백은 평가의 핵심 요소이다. 평가는 단지 점수를 내기 위해서 하는 것이 아니라, 결국 우리 아이들이 더 잘 배울 수 있도록 돕기 위해 필요하다. 학생은 더 좋은 학습을 위해 자신이 무엇을 잘했고 무엇이 부족했는지, 어떤 점에서 더 노력해야 할지에 대한 정보가 필요하다. 피드백은 교사가 전문적으로 학생 수행 정보를 수집, 분석, 해석하여 학생들에게 제공해 주는 것이다.

한 걸음 더 나아가서, 교사는 평가의 결과를 바탕으로 학습자가 미래에 무엇을 어떻게 성취할 수 있을지를 예상하고, 이러한 기대치를 앞으로의 수업 과정에 반영해야 한다. 이렇게 '다음 단계' 학습의 목표를 설정하는 것은 최적의 수업을 설계하기 위한 과정이다. 학생은 다양한 교실 평가가 실천되는 수업을 경험하면서, 선생님의 교실 평가를 모범 사례로 삼아서 어떻게 자기 자신의 지식과 능력을 스스로 타당하게 평가할 수 있을지 메타인지적으로 배워나간다. 교사의 학생 평가가 학생의 자기 평가로 전이되는 과정이다.

2 왜, 무엇을,
어떻게 평가하는가?

문해력을 위한 좋은 교실 평가를 위해서는 교사 스스로 질문해야 할 것들이 있다.[1] 왜 평가하는가? 평가의 목적에 관한 것이다. 무엇을 평가하는가? 평가의 내용에 관한 질문이다. 어떻게 평가하는가? 평가의 방법과 관련된다. 이 세 가지 질문에 대해서 조금 더 알아보자.

왜 평가하는가?

우리는 왜 문해력을 평가하는가? 문해력 평가의 목적은 무엇인가? '목적'이란 쉬운 말 같지만 생각해 보면 추상적이다. 실현하려는 일이나 나아갈 방향이라는 뜻의 이 말은 참 모호하다. 그렇다면 목적을 구체화하기 위해서 이런 질문을 던져보자. '내가 하는 평가는 어떤 쓸모가 있는가?' '나는 이 평가를 어디에 사용할 것인가?'

무엇의 '쓸모'라는 것은 그것을 사용하는 사람에 따라 달라진다. 평가의 목적은 평가의 쓸모를 생각하는 것이고, 평가의 쓸모란 '특정한 평가를 통해서 얻어낸 정보를 과연 누가 어떻게 사용하는가? 왜 그들이 하필 그 평가를 원하는가?'라는 질문과 연결된다.

그렇다면 우리는 문해력 평가에 관련되는 사람들이 누구인지 확인해야 한다. 평가의 사용자가 누구이고, 그들은 어떤 상황에 놓여 있으며, 그들이 평가를 통해 원하는 것은 무엇이고, 교사는 그들을 어떻게 도와줄 수 있는가 생각해 보자.

- **학생** | 가장 중요한 평가의 주체, 평가의 사용자는 누구일까? 바로 학생이다. 교육이 본질적으로 학생을 위한 것이듯, 평가도 궁극적으로는 학생을 위한 것이다. 그러면 학생에게 평가는 왜 필요할까?

첫째, 학생은 평가를 통해서 자기가 어떻게 배웠는지, 얼마나 발전했는지 확인할 수 있다. 지필시험이든 수행평가든 포트폴리오든 상관없이, 학생은 무엇을 배우기 전 자신의 모습, 배우고 난 다음 자신의 모습, 또한 배움의 과정 안에서 자신이 어떻게 달라졌고 성장했는가를 평가를 통해서 알 수 있다.

둘째, 학생이 스스로를 격려하고 북돋아줄 수 있다. 가령, 시험에서 '점수가 잘 나왔다' '용기가 생긴다' '나도 이것을 잘하는구나'와 같은 생각들, '점수가 조금 부족하다' '조금 부족하지만 다음에 더 잘해서 더 좋은 점수를 받아야지'와 같이 학생은 조금 더 구체적인 지표를 가지고서 자신의 학습 과정과 결과를 돌아볼 수 있다. 수행평가에서도 학생은 '이번에 부족했는데 다음엔 더 잘할 수 있을 것 같아' '이번엔 정말 내가 만족할 만하게 글을 잘 썼어'라고 생각하면서, 학습자로서의 자신을 격려하고 새로운 목표를 정할 수 있다.

셋째, 학생이 자기를 어떻게 평가하는지 그 방법을 배울 수 있다. 우리는 문해력 수업을 통해서 우리 아이들이 어떤 사람이 되기를 원하는가? 스스로 자기 공부를 설계하고 실행하는 문해자, 스스로 찾아서 읽고 공부하고 이해하는 독자, 상황에 따라 적극적으로 표현하고 소통하는 저자와 대화자일 것이다. 그렇게 스스로 일을 찾아 진행할 수 있는 능동적인 문해자, 메타인지적 문해자, 자율적인 문해자는 어떤 사람인가? 자기 스스로를 평가할 수 있는 학습자이다.

자기 평가를 할 수 있는 학습자는 '내가 지금 잘하고 있나?' '내가 지금 성취한 것은 만족할 만한 것인가?' '뭐가 부족하지? 뭘 더 노력해야 하지?'라고 물으며 스스로 판단하려고 노력한다. 자기 자신에 대한 가설을 세우고, 그 가설을 검증하기 위해 다양한 방법을 현명하게 동원할 수 있다. 학생들은 교실 문해력 평가의 과정에 적극적으로 참여하면서 독립적 학습자, 스스로를 평가하는 학습자가 되는 길에 들어설 수 있다.

따라서 평가는 학생에게 매우 중요한 학습의 도구이자 성장의 발판이다. 교실 문해력 평가는 학습자가 독자, 저자, 소통자로서 자기를 비교적 객관적으로 바라볼 수 있도록 준거와 근거, 분석의 틀을 제공한다. 또한 학생은 교사가 어떻게 교실에서 문해력 평가를 계획하고 운영하는지 관찰하면서, 자기 스스로를 평가하는 방법을 내면화시킬 수 있는 기회를 찾을 수 있다.

• **교사** | 교사에게는 문해력 평가가 왜 필요할까? 왜 교사는 학습자의 문해력을 평가해야 하는가? 교사에게 평가는 어떤 쓸모가 있는가?

첫째, 교사는 평가를 통해서 학생이 어떻게 배우는지 이해하고 판단한다. 다면적 문해력 평가는 학생의 글 읽기 과정을 면밀하게 관찰할 수 있는 기회를 만들어준다. 교사는 적절한 평가로 학생의 문해력 수준과 양상에 관한 구체적인 정보를 획득하고, 학생에 대한 이해를 새롭게 증진할 수 있다.

둘째, 교사는 평가를 통해 자신의 수업을 돌아본다. 학생을 대상으로 한 문해력 평가의 과정과 결과를 통해서 '내 수업이 어떻게 돌아가고 있는 거지?' '내 수업을 통해서 아이들이 지금 이렇게 배웠구나, 조금 더 개선해야겠다'라고 생각할 수 있다. 교사는 평가 정보를 활용해 자신의 수업을 점검하고, 개선점을 찾아 더 나은 수업을 마련할 수 있다.

셋째, 교사는 평가 정보를 해석하여 학생의 학습과 성취에 관한 분명한 결과와 근거를 확보할 수 있다. 점수, 학점, 수행기록 등 평가 정보는 교사라는 전문가의 해석을 통해 재구성되어 학생에게 되돌아가야 한다. 교사는 평가를 바탕으로 학생 개인뿐 아니라 교실 공동체 전체의 전반적인 강점과 약점을 파악할 수도 있다. 아이들이 어떤 부분은 잘하고, 어떤 부분은 부족한지 파악할 수 있다. '우리 반 대부분은 글 내용을 잘 이해하지만, 세 명 정도는 글을 제대로 읽지 못하고 있구나!'라며 학습의 실태를 파악하고, 동시에 새로운 '가르침의 순간'을 발견할 수도 있다.

• 학교 관리자 | 평가에 어떤 사람들이 연루되어 있는지 질문할 때 이 대답의 가장 우선은 학생과 교사이지만, 교장 선생님이나 교감 선생님 같은 학교의 관리자도 여기에 포함된다. 조금 넓게 보자면, 지역 교육청의 전문직 장학사, 장학관, 연구사, 교육감도 모두 해당된다.

학교 관리자와 교육정책 집행자들이 평가를 원하는 첫째 이유는 학교에서 잘 가르치고 배우고 있는지 판단하고 싶기 때문이다. 교실 밖에 있는 이들에게는 교실 수업이 효과적으로 이루어지고 있는지 직접 확인할 방법이 없기에 주로 표준화된 시험의 결과를 갖고서 간접적으로 수업의 효과성을 추론하고 싶어 한다.

둘째로, 학교 관리자와 정책가들이 생각하는 평가에는 교실 수업뿐 아니라 학교가 잘 돌아가고 있는지, 선생님들이 책무감을 갖고 수업에 열심히 임하고 있는지를 '다른 사람들'에게 보여주기 위한 목적도 있다.

학교 관리자들은 "우리 학교가 이렇게 잘되고 있어요. 우리 선생님들이 이렇게 잘 가르치고 있어요. 우리 아이들이 이렇게 잘 배우고 있어요"라고 교육청 사람들, 학부모와 양육자, 지역 공동체의 시민들에게 학교의 성과를 알리고 싶어 한다.

셋째, 학교 관리자와 정책가는 평가 결과에 따라서 학교의 자원을 어떻게 배분해야 할지 결정하는 데 도움을 얻고 싶어 한다. 문해력 평가의 결과가 특정 학년 교실의 아이들이 전반적으로 잘 못 읽는다고 알려 줄 때, 학교 관리자는 이를 근거로 그 원인을 찾기 위해 노력해야 한다.

가정의 문해 환경이 영향을 미쳤을 것이라고 판단한다면, 학부모 교육을 통해서 문해력과 독서 교육의 중요성을 강조하고 실천 방법도 안내해 주어야 한다. 더욱이 가정에서 책 읽기가 부족해 글 읽기에 어려움을 겪는 아이들을 위해 교육청과 협업하여 학교에서 기초 문해력 수업을 집중적으로 제공할 수 있을지 진지하게 고민해야 한다. 가까이에서 찾아 읽을 수 있는 책이 부족해서 아이들이 책 읽을 기회가 손실되었다고 판단한다면, 교장 교감 선생님은 어떻게 학교 도서관을 더 확충할 것인가, 어떻게 아이들이 책을 읽을 수 있는 공간과 시간을 마련할 것인가 질문하면서 문제의 해결책을 모색해야 한다.

학교 관리자와 교육청 정책 담당자는 학생의 성장을 위해 어떻게 효율적으로 교육 재정을 배분할지 중요한 의사결정을 해야 한다. 학교에 대한 물리적 지원, 학생들에 대한 환경적 지원, 교사를 위한 전문성 개발 기회 부여 등도 모두 이에 해당한다. 학교에서 선생님들이 다각도로 토론하고 협의할 수 있는 연구와 공부의 기회, 대화와 협력의 장도 마련하는 문화적 지원도 미루지 말아야 한다.

• **양육자** | 우리 아이들을 키우는 양육자, 보호자, 학부모 역시 평가의 가장 중요한 수혜자가 되어야 한다. 실제 이들은 학교에서 이루어지

는 평가 과정과 결과에 대단한 관심을 가지고 있다. 아이들의 시험 점수, 수행평가 점수, 성적표 기록에 큰 관심을 가지고 있다. 그들의 첫째 목적은 우선 자신의 자녀가 학교에서 잘하고 있는지를 정확하게 파악하는 것이다. 양육자들은 아이의 성공 여부를 다름 아닌 평가 결과를 통해서 확인하고 판단하고 싶어 한다. 교실을 정확히 알지 못하는 그들에게는 문서화된 평가 결과가 교육 효과성 판단의 결정적인 근거가 된다.

그런데 양육자들이 평가에 관심을 가져야 할 더욱 중요한 이유가 있다. 우리 아이들은 학교에서도 배우고 성장하지만 가정에서도 배우고 성장한다. 아이들의 삶은 학교생활만으로 이루어져 있지 않으며, 가정과 공동체의 삶이 아이의 학교생활과 공부에 지대한 영향을 미친다. 만일 아이가 학교에서 충분히 성취하지 못한다고 판단된다면, 무작정 학교를 의심하고 비난하기보다 가정에서 먼저 아이를 위해 무엇을 도와줄 수 있을지 고민하는 것이 부모와 양육자의 몫이다.

양육자는 단지 내 아이의 부모일 뿐 아니라, 가정과 학교를 연결하는 교육 협력의 주체적 참여자로서의 정체성을 가져야 한다. 학교의 평가는 양육자가 아이들을 위해 조금 더 현명하게 가정에서 할 일들을 찾고 판단하는 데 도움을 주어야 한다. 따라서 학교에서도 양육자가 가정의 교육에 관해 좋은 결정을 내릴 수 있도록 안내해야 한다.

• **정치인** | 문해력 평가는 정치인과도 관련된다. 그들이 교육 정책의 근간이 되는 법과 규칙, 제도와 규정 등을 만들기 때문이다. 이런 교육 관련 법령과 제도는 학생의 학습, 교사의 수업, 학교의 행정, 부모의 양육 방식에 적잖이 영향을 미친다. 정치를 하는 사람들은 국가 혹은 지방 단위의 대규모로 표준화된 학업성취도 평가를 원한다. 학생들이 잘 배우고 있는지, 교사들이 잘 가르치고 있는지, 학교가 잘 운영되고 있는지, 공교육 시스템이 효과적으로 작동하고 있는지 질문한다. 그러면서

교육과 관련된 사람들의 책무성을 묻고, 결국 양육자를 포함한 시민들의 지지를 얻고자 한다.

• 납세자 | 정치인들이 가장 신경 쓰는 사람들이 누구인가? 일반 대중, 시민, 즉 유권자들이다. 시민들의 지지가 없다면 정치를 계속할 수 없기 때문이다. 그래서 정치인들은 교육평가로 산출된 데이터와 결과 해석을 대중들에게 손수 알리고 싶어 한다.

그러나 정치인의 요청보다 더욱 중요한 것은 교육평가에 대한 시민들의 자발적 관심이다. 시민으로서 우리 모두는 세금을 내는 납세자이기에 학교에서 우리 아이들을 위해 실행하는 다양한 평가들에 관심을 가져야 한다. 납세자들은 자신들이 낸 세금이 학교와 교육당국에 의해서 얼마나 잘 쓰이고 있는지, 그래서 우리 선생님들이 효과적인 수업을 운영하고, 우리 아이들이 잘 배우고 있는지 궁금해한다.

궁극적으로 공교육은 우리의 세금이 들어가는 일이고, 내 자녀가 아니더라도 우리 아이들을 위해 소중한 자원과 노력을 가치 있게 투자하는 일이어야 한다. 그러니까 우리 모두에게 중요할 수밖에 없다.

지금까지 평가의 목적을 여러 이해당사자들의 입장에서 생각해 보았다. 학생, 교사, 관리자, 양육자, 정치인, 시민의 입장에서 생각해 보면, 교사로서 내가 만든 평가가 과연 누구를 위한 것이며, 무엇을 위한 것이고, 어떤 것을 우선순위에 두어야 하는지를 질문하고 판단할 수 있다.

우리의 문해력 평가를 잠재적으로 원하는 사람들이 누구이고, 그들이 특별히 원하는 정보가 무엇인지 한 번쯤 숙고해 보자. 그리고 평가를 계획하고 실행할 때 무엇을 먼저 고려해야 하는지도 판단해 보자. 물론, 그 중심에는 언제나 '학생'이 있어야 한다.

무엇을 평가하는가?

간혹 우리는 무엇을 평가할지 제대로 이해하지 못하고 평가를 하기도 한다. 이런 일은 비단 학교뿐만 아니라 직장이나 사회생활에서도 벌어진다. 시험을 보고, 인터뷰를 하고, 심층 질문법도 사용하면서 평가 행위를 하지만, 본질적으로 우리가 무엇을 보고 싶고 알고 싶은지에 대한 분명한 이해 없이 평가를 하는 경우가 꽤 많다. 그러면 좋은 평가를 할 수 없다.

문해력 평가에서 우리가 알고 싶은 것은 학습자의 문해력이다. 따라서 좋은 문해력 평가는 우리가 문해력을 얼마나 '잘 정의하는가'에 달려 있다. 우리가 문해력을 '한글 깨치기' 정도로 규정한다면, 우리의 평가는 아이들이 한글의 자모를 조합해서 단어를 읽을 수 있는지를 보고 듣는 데 집중되고 그 수준에서 멈춘다. 그러나 우리가 문해력을 단어와 문장을 정확하게 읽으면서 글의 중심 정보를 파악하고, 나아가 글 내용에 관해 고차원적으로 생각하고, 글의 가치를 비판적으로 해석하며, 글에서 배운 것들을 삶에 유용한 방식으로 사용하는 것까지라고 정의한다면, 우리는 문해력 평가를 그만큼 정교하고, 실제적이며, 맥락적으로 설계해야 한다.

문해력은 인지 활동이면서 동시에 사회적이고 정서적인 활동이다. 이렇게 문해력의 의미를 정서적이고 사회적인 것으로 확장한다면, 문해력 평가에는 아이가 글을 읽는 과정에 영향을 미치는 아이의 기분 상태, 동기, 존중감, 자신감, 효능감, 주도성, 공감력, 협력 정신 등이 모두 관련되어야 한다. 그러면 문해력 평가에서 아이가 글을 유창하게 읽는 능력, 글 내용을 깊게 이해하는 과정도 파악해야 되지만, 글을 읽는 과정에서 아이의 흥미, 동기, 인내심, 조절력, 창의력, 공감력, 자의식, 시민성 등이 어떻게 영향을 미치는지도 관찰하고 해석할 수 있어야 한다.

무엇을 평가할 것인가? 이 질문에 대답하기 위해서는 지금 현재 우리가 교실에서 실제로 무엇을 평가하고 있는지에 대한 솔직한 검토가 필요하다. 지난 학기, 지난 1년, 지난 몇 년의 수업들에서 무엇을 평가하기 위해 어떤 평가들을 사용해 왔는지 곰곰이 따져보면 좋다.

'문해력 평가 목록표'는 선생님이 계획하고 실행한 교실 문해력 평가의 실태를 분석하는 도구로 활용할 수 있다[자료1]. 점검표의 가장 윗줄에는 선생님이 평가하고 싶은 것이 무엇인지 적는다. 인지적인 기능과 전략, 독서 동기, 읽기의 사회적 활용, 독립적 읽기 수행력, 협력적 읽기, 교과 기반 읽기, 다른 것에 우선해서 책 읽기를 선택하려는 의지, 책 읽기에 관한 태도와 흥미 등 다양하게 적어볼 수 있다. 이 항목들은 선생님이 생각하는 문해력의 정의, 지금 우리 교실에서 가장 중요하게 가르치고 배워야 할 문해력이 무엇

나의 문해력 평가는 학생의 ____________ 을 평가한다						
	인지적 읽기 능력 (글자, 단어, 문장, 글을 읽는 데 필요한 기초적인 지식, 기능, 전략을 갖추고 사용할 수 있는가?)	읽기 동기 (텍스트, 맥락, 활동에 따라서 독자의 읽고 싶은 마음이 어떻게 달라지는가?)	읽기의 사회적 활용 (책과 글을 읽고 대화, 문제해결, 사회적 의사결정과정에 참여할 수 있는가?)	독립적 읽기 수행력 (스스로 글, 책, 자료를 찾아 읽고 이해할 수 있는가?)	협력 학습에서의 읽기 (모둠 수업, 프로젝트 활동, 비교과활동에서 어떻게 읽기를 활용하는가?)	읽기 태도 (글 읽기에 대한 긍정적 또는 부정적 태도, 혹은 다른 재미있는 일들에 우선하여 책 읽기를 선택하는가?)
시험/퀴즈	✓					
포트폴리오	✓	✓	✓	✓	✓	✓
수행평가	✓		✓	✓	✓	
질문하기	✓	✓	✓			
관찰하기	✓	✓	✓	✓	✓	✓
받아쓰기 오류 분석	✓					

[자료1] 문해력 평가 목록표

인지에 따라 유연하게 바뀔 수 있다.

다음으로 교사가 평가하고자 하는 것을 '어떻게' 평가할 수 있는지 확인해 보자. 시험으로 무엇을 평가할 것인가? 선택형, 단답형, 서답형 문항 등을 활용해서 주로 아이들이 글을 읽고 이해한 내용이 정확한지 물음으로써 학습자가 인지 기능과 전략을 사용해 글을 잘 읽을 수 있는지 평가할 것이다.

포트폴리오 평가는 어떤가? 이는 아이들 일상의 교실 활동에서 산출되는 것들을 종합적, 지속적으로 살펴보기에 좋다. 포트폴리오는 학생들 스스로 그동안 창안해 냈던 산출물(독후감, 어휘 목록, 개념 지도, 프로젝트 보고서, 발표 자료, 개인 성찰 일지 등)을 차곡차곡 순서대로 범주화하여 모아둔 것이다. 교사는 포트폴리오를 분석하면서 학생이 어떻게 수업에 임했고, 어떻게 학습이 발전되어 왔는지를 판단할 수 있다. 동시에 포트폴리오에 여러 자료들을 차곡차곡 정리해 놓는 학생의 분별력과 의지, 배움에 관한 성찰적 태도와 성실성도 확인해 볼 수 있다.

질문하기는 어떤가? 이는 교실에서 사용할 수 있는 가장 유연하고 지속적인 평가 방법이다. 적재적소에서 활용하는 다양한 기법의 질문하기 평가를 통해서 학생들이 글을 잘 이해했는지, 글을 읽고 싶은 마음이 들었는지, 글을 몰입해서 읽었는지, 과제를 수행할 때 글에서 배운 내용을 활용했는지 등을 파악할 수 있다. 무엇보다 '질문하기'라는 평가 행위는 생각의 깊이를 더해가는, 꼬리에 꼬리를 무는 교실 대화에 학생들을 몰입시키는 좋은 수업 행위가 된다. 아이들은 이 과정에서 자연스럽게 교사가 묻고 있는 것들에 대해서 스스로 점검하고 성찰하는 기회를 갖게 된다.

직접 관찰하기도 좋은 방법이다. 저학년에서 많이 하는 교실 활동 중에 받아쓰기나 소리 내어 읽기 등이 있는데, 이들 역시 모두 평가 활동이 될 수 있다. 받아쓰기는 소리를 듣고 글자를 떠올릴 수 있는 자소-음소 대응 능력과 철자 지식을 평가하기 위한 가장 중요한 방법이고, 소리 내어 읽기는 자소-음소 대응 능력과 읽기 유창성을 측정할 수 있는 가장 유용한 방법이다.

다만, 교사의 아무런 지도와 개입 없이 받아쓰기와 소리 내어 읽기를 반복하면서 수업 시간을 잡아먹는 '점수 내기' 도구로 사용하는 것은 곤란하다. 교사는 주기적으로 이러한 평가 활동의 결과를 정교하게 해석하여 학생에게 친절하고 정확한 피드백으로 돌려주어야 한다.

어떻게 평가하는가?

평가 방법을 결정하기 위해서는 고도의 교육 전문성이 요구된다. 어떻게 평가할 것인가에 관한 역량이 하루아침에 길러지는 것도 아니고, 현재의 교원 양성 과정이 이에 대한 충분한 학습 기회를 제공하지도 못하고 있다. 어떻게 평가할 것인가에 대한 나름의 답을 갖기 위해서는 상당한 정도의 시간을 투자해야 하고, 정교한 개념과 과학적 지식도 함께 탐구해야 한다.

선생님들이 어떻게 평가할 것인가를 생각할 때 세 가지 문제를 고민해야 한다. 구인, 관찰, 해석이 그것인데, 이들은 모든 경우의 평가에 공통적으로 적용되는 '평가의 삼원 모형'을 이룬다.[2] 가령, 독서 평가의 삼원 모형은 다음과 같다[그림1].[3]

평가 전문성을 키우기 위해서는 이 세 요소가 각각 무엇을 의미하는지, 서로 어떻게 연결되는지, 교사는 무엇을 계획해야 하는지 질문해 보는 일이 중요하다. 이제 각각에 대해 조금 더 알아보자.

• **구인** | 구인이란 평가하고자 하는 무엇을 말한다. 이는 '무엇을 평가할 것인가?'의 질문과 연결된다. 교사로서 여러분은 학습자의 읽기 과정에 수반된 인지적인 측면을 관찰하고 싶은가, 정의적인 영역을 확인하고 싶은가, 아니면 배경지식의 활용 양상을 가늠하고 싶은가, 혹은 독서의 사회적 활용을 보고 싶은가를 분명하게 정의해야 한다. 평가하고 싶은 것이 불분명한 상태에서 평가 방법을 구체적으로 생각하기 어

렵다. 구인을 정확하게 정의하기 위해서는 이론적인 공부와 선행 연구에 기반한 이해도 필요하다.

• 관찰 | 다음으로 평가하고자 하는 구인을 '어떻게 관찰할 수 있을까?'를 고민해야 한다. 이때 관찰의 방법은 여러 가지다. 퀴즈도 좋고, 시험 문제도 괜찮고, 직접 아이들이 읽는 모습을 보고 듣는 것도 된다. 아이들이 소리 내어 읽는 것을 주의 깊게 듣고 기록해서 분석해도 된다. 읽기 유창성이 구인이라면, 그렇게 평가하는 것이 좋다. 받아쓰기는 '철자 지식(구인)'의 사용 양상을 관찰하기 위한 방법이다. 포트폴리오는 학생이 비교적 오랜 기간 동안 어떻게 자율적으로 자기 학습을 관리하는가, 즉 학습의 자기조절력과 발전 과정을 관찰하기 위한 것이다.

이처럼 모든 것들이 관찰의 방법이 될 수 있다. 중요한 것은 관찰의 방법이 관찰하고자 하는 구인에 부합해야 한다는 점이다. 문해력 평가에서는 특히, 문해력의 본질을 규정하는 주체, 텍스트, 활동, 맥락의 요인들을 고려해서 평가 방법을 설계해야 한다. 학생에게 어떤 자료를 허락할 것인가, 어떤 과제를 줄 것인가, 어떤 발문을 할 것인가, 어떤 도구

[그림1] 독서 평가의 삼원 모형

(종이, 연필, 랩탑, AI 도구 등)를 허락할 것인가, 어떤 환경에서 어떤 목적으로 그렇게 읽기를 요청할 것인가 판단해야 한다.

• 해석 | 마지막으로 해석의 문제이다. 평가는 교사가 보고 들은 것, 즉 관찰한 것을 구인 개념과 관련한 근거를 바탕으로 해석하는 활동이다. 이때 '어떤 기준에서 무엇을 평가할 것인가?'라는 첫째 질문에 대한 답을 기본으로 삼아 평가 결과를 해석해야 한다. 그리고 무엇을 평가할 것인가에 대한 이해를 바탕으로 선택한 관찰의 방법도 고려해야 한다. 관찰 방법이 질적인 것이든 양적인 것이든, 그렇게 수집한 자료가 학생의 말과 글이든 교사의 질문에 대한 반응이든, 평가로 수집한 정보를 종합적으로 분석해서 그 의미를 밝혀내야 한다. 평가란 '무엇을 평가할 것인가?'라는 구인 개념을 전제로 하여, 평가를 통해 관찰하고 수집한 자료를 '근거'로 삼아, 학생이 해당 구인과 관련하여 무엇을 어떻게 할 수 있는지 해석하는 매우 정교한 '논증의 과정'이다.

읽기 유창성을 예로 들어 보자. 교사는 수업 시간에 학생들에게 읽기 유창성을 가르쳤다. 그리고 학생들과 함께 교과서를 소리 내어 읽는 활동을 진행했다. 학생들의 흥미를 유발할 수 있는 조금 어려운 책을 가져와서 나누어 읽기도 하고, 함께 읽기도 하고, 돌아가면서 읽기도 하면서 꾸준하게 읽기 유창성 지도를 했다. 이제 교사는 아이들의 읽기 유창성을 평가하고 싶다.

무엇을 평가할 것인가? 읽기 유창성은 자동성, 정확성, 표현성으로 구성되므로, 학생의 읽기 유창성을 제대로 알기 위해서는 이 세 가지 요소를 종합적으로 평가해야 한다.

이제 어떻게 평가할 것인가? 아이들을 한 명씩 만나서 아이들에게 한두 문단의 짧은 글을 소리 내어 읽도록 안내한다. 그동안 교사는 학생의 음독을 녹음하면서 동시에 귀를 쫑긋 세워 학생이 어떤 부분에서 실수를 하는지 글

위에 꼼꼼하게 표시한다. 조사를 생략하고 읽거나, 겹받침을 정확하게 읽지 못하거나, 문장 중간 중간 틀린 부분에서 멈추어 다시 고쳐 읽는 것 등을 미리 준비해 둔 텍스트 위에 표시해 둔다. 개별 학생들과의 평가가 끝나고 나면, 녹음해 둔 것을 다시 들으면서 자신의 기록이 정확한지, 놓친 것들은 없는지 확인하고 보완한다.

어떻게 해석할 것인가? 아이가 글을 읽을 때 글자를 누락하고 읽을 때, 교사는 '아이가 모든 글자, 모든 단어에 주의를 기울이지는 못하는구나. 글자를 생략하면서 소홀히 읽고 있구나'라고 판단할 근거(정확하게 어떤 글자, 단어, 구절을 생략했는지)를 확인하고, 이 아이에게 읽기 유창성 요소 중 '정확성'이 부족함을 해석해 낸다. 그리고 읽기 유창성 수업에서 특히 정확성을 증진하기 위해 철자, 단어, 문장을 꼼꼼하게 읽는 연습이 필요하다고 결론짓는다. 이어 교사는 "빨리 읽는 것도 좋지만, 필요할 때는 천천히, 꼼꼼히 읽어보는 것도 좋아요. 그렇게 하면 단어와 문장을 빼먹지 않고 읽을 수 있고, 글을 더 잘 이해할 수 있을 거예요. 더 유창하게 읽을 수 있지요"라고 말하면서, 평가 결과에 근거한 구체적인 피드백을 학생에게 제공해 줄 수 있다.

CURRV 모형

좋은 평가를 설계하는 일은 쉽지 않다. 하지만 평가를 계획하는 여러분에게 쓸모 있는 방법을 하나 소개한다. 미국의 문해력 연구자인 피터 애플러백은 좋은 평가를 설계할 때 필요한 다섯 가지 준거를 제시했다. 이를 CURRV 모형이라고 하는데, 각각의 준거에 해당하는 영문 머리글자를 모은 이름이다.[4]

- 결과(C) | 결과(Consequence)는 교육평가가 평가 참여자들과 교육 환경에 미치는 직간접적 영향이나 파급효과와 관련된다. 우리의 문해력 평가가 학생에게 어떤 영향을 미칠까, 교사인 나에게 어떤 영향이

미칠까, 학부모에게는 어떤 영향을 미칠까 생각해 보는 것이다. 교실 안팎의 문해력 평가들이 우리가 경험하는 수업의 본질, 교육과정의 구현, 교실 문화의 변화에 어떤 명시적 혹은 암시적 영향을 미칠지도 고려한다. 대개 교실 밖 대단위 표준화 시험들은 이렇게 '결과'의 측면에서 교육평가를 설계하는 일에 적극적이지 않다.

• 쓸모(U) | 쓸모(Usefulness) 혹은 유용성은, 어떤 교육평가가 실제 교육의 과정에서 목적을 달성하는 데 어떤 쓰임새를 갖는가의 문제와 연결된다. 이를 위해 문해력 평가가 학생과 교사에게 어떤 점에서 얼마나 유용한지 질문해야 한다. 우리의 문해력 평가가 학생이 수행해야 할 앞으로의 학습에 도움이 되는 것인지, 특히 교사가 앞으로 수업을 설계하고 운영할 때 중요한 정보를 제공할 수 있는지 판단해야 한다. 교육평가의 '쓸모'는 매일 매일 교실에서 벌어지는 일상적 활동으로 문해력 평가를 준비하는 우리가 고려해야 할 가장 중요한 요소일 것이다.

• 역할과 책임(R) | 좋은 평가에서는 평가 참여자의 역할과 책임(Roles/Responsibilities)도 중요하다. 쉽게 말해 '역할과 책임'이란 평가 과정에 참여하는 주체들이 무엇을 어떻게 해야 하는가의 문제와 관련된다.

문해력 평가에서 교사의 역할은 무엇인가? 교사는 평가를 수업에 준하여 계획하고 실행하며, 그 결과를 학습자가 소화할 수 있는 피드백으로 돌려주어야 한다. 이는 교실 문해력 평가 전문가로서 주어진 교사의 역할이다. 교사에게는 평가의 공정성과 함께 실제성을 확보하고, 일련의 평가 과정과 일정을 효과적으로 운영해야 할 책임도 있다.

좋은 평가에서는 교사뿐 아니라 학생에게도 일정한 책임과 역할이 주어진다. 학생은 교실에서 실천되는 문해력 평가의 과정에 성실한 자세로 임하고, 최선을 다하면서도 공정한 자세로 자신의 역량을 발휘해야 한다. 교사가 평가 결과에 따라서 피드백을 제공하면, 학생은 이를 진솔하게 받아들이고 자신의 학습에 발전적으로 적용해야 한다. 교육 평가는 교사만 하는 것이라는 생각은 옳지 않다. 교사는 물론 학부모와 양육자들도 우리 아이들이 교실 문해력 평가에 성실하고 공정하게 참여하도록 독려할 역할과 책임이 있다.

• 신뢰성(R) | 신뢰성(Reliability)은 얼마나 교육평가가 믿을 만한가의 문제이다. 믿을 만한 시험은 학생에게도 교사에게도 수용 가능한 과정과 결과로 진행된다. 동일한 시험에서 비슷한 능력을 가진 학생들의 수행 결과가 큰 격차를 보인다면, 그 시험은 신뢰하기 어렵다.

같은 평가 방법과 기준으로 다른 교사가 평가를 실행했을 때 전혀 다른 결과를 낳는다면, 이 또한 믿기 어려운 평가가 될 수밖에 없다. 교사는 '시험 점수를 학부모와 공유하면 나의 해석을 믿어줄까?'라며 고민하기도 한다. 이 역시 평가의 신뢰성에 관한 고민으로, 다양한 평가 주체들 사이에서 믿음을 공유하기 어려운 평가로는 서로 대화하고 소통하기 어렵다. 그러나 무엇보다 교육평가의 신뢰성이 의미를 갖기 위해서는 평가의 실행자와 수혜자 사이에 상호 신뢰감이 형성되어야 한다.

• 타당성(V) | 마지막 준거는 타당성(Validity)이다. 이는 교육평가가 얼마나 정확하게 학습의 과정과 결과(즉, 평가가 원래 평가하고자 했던 구인)를 포착하고 설명할 수 있는가의 문제와 관련된다. 교육평가의 타당성은 다른 모든 평가의 준거를 뒷받침하는 토대가 된다. 타당하지 못한 평가는 좋은 평가가 되기 어렵다. 동시에 타당한 평가가 만들어지면 나머지 준거와 관련된 문제들이 자연스럽게 해결될 수도 있다.

하지만 실제 현실을 돌아보면 다른 조건들을 만족하려고 정작 중요한 타당성을 희생하는 경우도 많다. 대규모로 시행되는 표준화 시험에

서는 첨예한 이해관계에 놓인 교육 주체들이 믿을 수 있는 평가 신뢰성
이 가장 중요한데, 이는 시험의 타당성을 확보하는 데 위협이 되곤 한
다. 그래서 타당성은 가장 성취하기 어렵지만 가장 깊이 고민해야 할
평가의 준거가 된다.

평가에 영향을 미치는 교실 안팎의 맥락

교육평가도 사람이 하는 일이다. 사람의 일은 늘 사회적인 맥락 안에 놓인
다. 우리가 교실에서 평가를 할 때도 교실의 맥락이 작동한다. 교사와 학생의
관계, 학생과 학생의 관계, 교실에 어떤 책과 자료, 테크놀로지가 있는지, 교
사가 수업 시간에 무엇을 어떤 순서로 얼마나 가르쳤는지, 학생은 수업 활동
에 얼마나 진심으로 몰입했는지, 보이는 교육과정은 무엇이고 보이지 않는
교육과정은 무엇인지, 교실 구성원의 저마다 다른 문화적 배경과 교육에 대
한 문화적 모형은 무엇인지가 모두 평가를 수행하는 교실 맥락에 관여한다.

교실 밖의 더 큰 맥락도 우리의 평가 활동에 영향을 미친다. 먼저 경제적
인 맥락도 영향을 미친다. 선생님이 좋은 평가를 개발할 수 있는 재정적 지
원이 충분하다면 더 좋은 평가 형식과 방법을 고안하는 데 도움이 된다. 정
치적 맥락도 작용한다. 우리 사회는 암묵적으로 교사들에게 무엇은 하지 말
라고 하거나(가령, 정치적 활동과 발언) 무엇은 반드시 지켜야 한다고(가령, 학
습권, 학생 인권 등) 요청한다. 사회문화적 맥락도 적잖이 영향을 미친다. 학부
모와 양육자가 원하지 않는 평가(가령, 과제가 많은 수행평가나 입시에 도움이
되지 않는 일련의 교실 기반 평가 행위 등)가 있고, 교사들이 그런 평가에 심취
할 때 교실 밖의 사람들은 크게 달가워하지 않는다. 교실 밖의 많은 사람들
은 타당하고 실제적인 평가보다 분명한 점수와 등수를 산출하는 시험에 더
큰 관심을 갖는다.

교실 안팎에서 작동하는 맥락적 영향을 생각해 보면 교실 기반 문해력 평

가를 제대로 수행하는 일이 정말 쉽지 않다는 사실을 절감한다.[5] 교실 문해력 평가를 실천하는 것은 고도의 교육 전문성과 문해력에 대한 심층 지식뿐 아니라, 교실이 놓여 있는 여러 층위의 맥락에 대한 복합적이고 확장적인 이해까지 요청한다[그림2].

이제 여러분의 교실 문해력 평가가 어떻게 서로 조화롭게 사용될 수 있을지 점검해 보자. 오늘 어떤 평가를 사용했는지 목록을 만들고 각각의 평가가 어떤 쓸모가 있는지 조사해 보자. 교실 평가에 영향을 미치는 여러 맥락 요인들, 교실 내적 관계와 구조, 교실 외적 요구와 영향력이 무엇인지도 동료들과 함께 토론해 보자. 무엇보다 교실 문해력 평가에 관한 모든 의사결정과 문제해결 과정의 중심에 바로 '교사'가 있다는 점을 결코 잊지 말자.

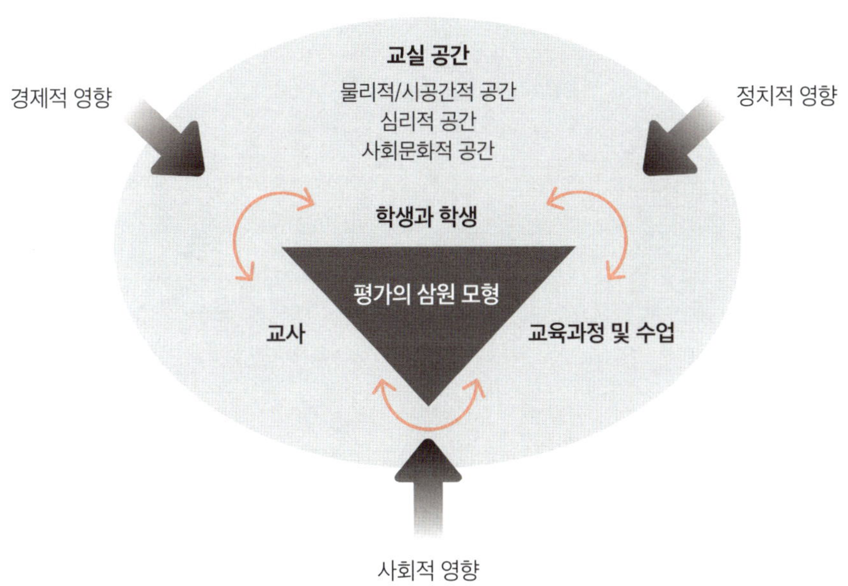

[그림2] 교실 문해력 평가에 작동하는 교실 안팎의 맥락적 영향

비행기가 잘 날기 위해서는 비행기를 날게 만드는 양쪽 날개에 균형이 잡혀야 한다. 한쪽은 짧고 다른 한쪽이 길면 안 된다. 한쪽은 튼실하고 다른 한쪽이 앙상한 것도 곤란하다. 그런 비행기가 있을까? 본 적이 없다. 정치와 행정, 한 나라가 잘 돌아가려 해도 왼쪽과 오른쪽이 견제와 균형을 이루면서 짝을 맞추어 움직여야 한다.

문해력 평가에서도 균형이 중요하다. 평가가 교육적 의사결정과 판단에 미치는 심대한 영향을 생각해 본다면, 한쪽으로 기울어진 평가는 결코 좋지 않다. 진정 교육적인 평가의 목적과 방법, 평가의 실제적 효용을 생각한다면 가르치고 배우는 일에 대해 균형 잡힌 시선과 감각으로 문해력 평가를 설계, 조직, 실행, 운영해야 한다.

18장

균형 잡힌 문해력 평가

**다양한 목적과 유형의 평가 방법들을
조화롭게 개발, 선택, 사용할 수 있을까?**

· 교육 맥락 안에서 평가의 위치
· 교실 기반 평가의 중요성
· 교육평가의 한계
· 문해력 평가의 (불)균형

주요 키워드
평가의 위치 / 평가의 역할 / 평가의 왜곡
평가 전문가 / 균형적 평가 / 통합적 평가

1 교실 안과 밖의
간극을 좁히는 일

우리는 교실에서 다양한 평가를 수행한다. 그런데 우리의 평가들이 한쪽으로 치우치면 제대로 운영되기 어렵다. 평가에도 균형이 필요하다. 그렇게 균형을 맞추는 사람이 바로 선생님, 평가 전문가로서 교사이다.

교육 맥락 안에서 평가의 위치

균형 잡힌 평가가 왜 필요한지 토론하기 전에 먼저 교육평가의 위치를 확인해 보자. 우리가 하는 일들 중에는 수업도 있고, 교육과정의 구현도 있다. 그리고 평가도 있다. 이들 사이에서 교사가 무엇을 어떻게 가르칠 것인가 결정하는 위계적 순서를 따져보자.

문해력 수업을 예로 들어보자. 우리는 먼저 문해력이란 무엇인가, 읽기란 무엇인가, 쓰기란 무엇인가, 읽고 쓰는 일이 왜 중요하고 읽고 쓰기 위해서는 어떤 지식, 기능, 태도가 필요하며, 아이들은 어떻게 잘 읽고 쓰는 사람이 될 수 있는지 알아야 한다. 문해력에 대한 과학적 이해가 선행되어야 한다. 우리가 단지 특정 사례에 기반하여 경험적으로 문해력을 정의하는 것이 아니라, 과학적으로 근거가 충분하며 이론적으로 엄밀한 이해를 바탕으로 문해력을 정의한다. 다시 말해, 우리가 하는 문해력 교육 행위는 모두 문해력에 대한 우리의 정교한 이해에 뿌리를 둔다. 학생의 발달과 성장, 학습의 내용과 과정 및 조건, 학습에 필요한 자료, 도구, 자원에 관한 모든 의사결정은 문해력에 관한 정교한 이해, 즉 '개념 모형'에 바탕을 둔다.

우리는 문해력에 대한 개념 모형을 바탕으로 교육과정을 만든다. 교육과정은 '무엇을 가르칠 것인가?'를 결정하고 규정한다. 우리나라는 교육과정을 국가 수준에서 결정하고, 법적 효력을 갖는 문서로 규정한다. 교육과정의 의미는 여러 가지인데, 선생님들에게 가장 익숙한 교육과정이 바로 국가 수준의 문서화된 교육과정이다. 하지만 교육과정은 교실에서 실현될 때 비로소 교육과정이 된다. 문서로서의 교육과정은 교사들이 교실에서 학생을 가르치는 행위를 통해서 진정한 교육과정으로 실현된다.

우리는 문해력 교육과정에 따라 수업을 생각한다. 교육과정에서 설정한 교육의 목표와 내용, 방법에 관한 안내를 참고하여 문해력 교육을 실천한다. 이러한 교육의 중심에 수업이 있다. 수업을 위해서는 수업의 목적과 방법, 절차와 도구 등에 관한 상세한 계획이 필요하고, 교사와 학생이 함께 공부할 수 있는 교수 학습 자료도 필요하다. 교과서는 대표적인 교수 학습 자료이다. 이렇게 우리가 수업을 어떻게 설계하는가는 교육과정에 달려 있고, 교육과정이 어떻게 문해력을 개념화하고 세분화하고 어떻게 학생의 문해력 발달 과정과 핵심 지식 및 기능을 정의하며 교육과정이 지향하는 바가 무엇인지에 따라 우리의 수업 설계와 실행이 달라진다.

그렇다면 문해력 평가는 어떤가? 그것은 우리의 수업에 달려 있다. 우리가 어떤 수업을 하는가에 따라 평가는 결정된다. 우리가 바라고 실천하는 효과적인 수업이 무엇이고, 우리가 수업 시간에 가르치는 내용과 방법, 목표와 예상 결과가 어떠한가에 따라 우리가 무엇을 어떻게 평가할 것인지가 결정된다[그림1].

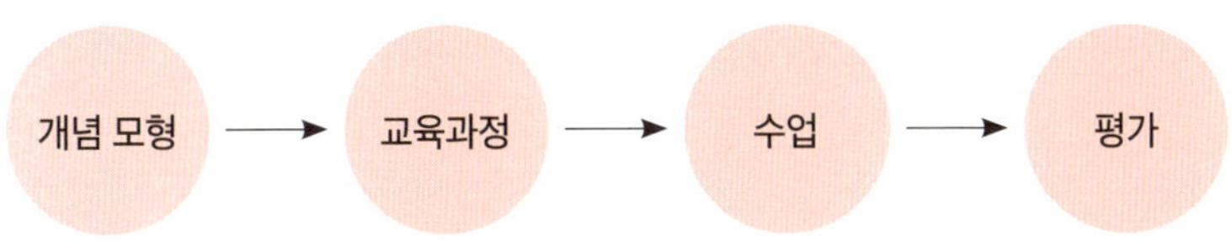

[그림1] 문해력 교육의 정상적 의사결정 과정

그런데 요즘 우리 교실을 한번 돌아보자. 문해력에 대한 이해에서 문해력 교육과정으로, 문해력 교육과정에서 문해력 수업으로, 문해력 수업에서 문해력 평가로 이어지는 흐름이 제대로 지켜지고 있는가? 특히 고등학교에서는 오히려 이 흐름이 거꾸로 가고 있다. 우리나라 사람치고 대학 입시와 무관한 사람이 없다. 학생과 부모는 물론, 정치인과 시민, 아이들을 키우는 모든 어른들이 관련되어 있다. 가만 보면 입시가 학교에서 무엇을 가르칠 것인가를 결정한다. 대학 입시에 필요한 내용, 대학 입시에 필요한 지식과 기술이 무엇인가에 따라 고등학교 수업이 바뀐다. 고등학교에서 입시에 도움이 되는 것들을 가르쳐야 하기 때문에 수업도 그런 방식으로 갈 수밖에 없다.

최근에 학교가 지나치게 문제 풀이 중심의 수업을 한다는 비판이 크다(반대로 학교가 학원처럼 문제 풀이를 해주지 않는다고 비난하는 부모들도 적지 않다). 그렇게 된 연유는 전체적인 교육의 과정에서 평가, 특히 특정 시험의 지위가 너무 높아졌기 때문이다. 그 영향력이 심각하게 커졌다.

원래 평가라는 것은 교육 행위의 의사결정 과정에서 가장 밑에 있어야 한다. 평가를 통해서 수업을 개선하고, 그것으로 교육과정을 성취했는지 아닌지를 확인하는 것이다. 그런데 지금은 시험이 무엇을 묻는가에 따라, 시험에 어떤 지문이 어떤 형식의 문제로 출제되는가에 따라 교실에서 무엇을 가르쳐야 하는지가 결정되는 안타까운 상황에 이르렀다.

지금 우리의 학교에서는 지나치게 비대해진 입시의 영향으로 교육 행위의 비정상적 의사결정의 흐름이 지속되고 있다. 우리는 이를 제자리로 돌려놓아야 한다. 평가가 수업을 결정하는 것이 아니라, 수업이 평가를 결정해야 한다. 평가는 우리가 가르친 것을 묻고 측정하는 것이다. 우리가 가르치지도 않을 것을 평가하면서, 그것이 우리가 가르치는 내용과 방법을 좌지우지해서는 곤란하다.

교실 기반 평가의 중요성

평가의 위치를 제자리로 돌려놓기 위해서는 어떻게 해야 할까? 교사가 먼저 평가의 전문가가 되어야 한다. 교사는 교실 밖에서 벌어지는 도무지 알기 어려운 사건들을 처리할 수 있는 위치에 있지 않다. 그럴 힘도 없으며, 그럴 필요도 없다. 다만 우리가 할 수 있는 것은 수업이고, 우리가 바꿀 수 있는 것은 교실이다. 우리는 교실에서 주도성을 갖고 전문적 지식과 경험을 활용해서 우리 아이들을 위해 할 수 있는 최선의 것을 할 수 있어야 한다. 동시에 교사 스스로를 위해 할 수 있는 것, 교실의 변화를 위해 할 수 있는 것을 찾아야 한다. 그 중 하나가 바로 교실 기반 문해력 평가이다. 우리는 평가를 교사의 일로 돌려놓아야 한다.

평가는 교사의 일이 되어야 할까? 세상에서 학생들을 가장 잘 이해하고 있는 사람이 바로 교사이다. 교사는 교실에서 1년 동안 다수의 학생들을 만나면서 매일을 함께 살아간다. 교사는 학생들과 수업을 하면서 그들이 무슨 일을 하고 무슨 말을 하는지, 무엇을 읽고 쓰면서 어떤 생각에 잠기는지 관찰한다. 세상 어디에도 이렇게 오랜 시간 공적인 공간에서 공적인 목적을 위해 꾸준하게 아이들과 상호작용하는 어른은 교사 말고는 없다. 교사는 학생의 성취에 대한 이해뿐 아니라 그들의 학습 경험, 학업 태도, 학습 동기, 학습의 어려움, 정서적 문제, 교우 갈등, 잠재적 학습 자원과 기회의 손실에 대해서도 이해할 수 있는 유일한 사람이다.

그래서 교실 평가에서 교사가 중요하다. 이 말은 교사가 교실 평가에서 당연한 권리를 행사할 수 있어야 한다는 뜻이다. 교실 안팎에서 교사를 신뢰하고, 교사에게 평가의 책임을 맡겨주는 문화가 조성되어야 한다. 이를 위해서는 학생뿐 아니라 교육청의 정책 입안자, 학교 관리자, 부모와 양육자, 정치가와 납세자들의 신뢰가 전제되어야 한다. 그들이 선생님들을 믿고 아이를 맡겨주어야 한다. 평가 전문가로서 교사를 믿어주는 문화가 교실 기반 평가의 성패를 좌우한다.

교사들 역시 교실 밖 사람들의 신뢰를 어떻게 얻을 수 있을지 고민해야한다. 이를 위해 교육 경험의 설계자로서 교사가 스스로 전문성을 입증할 필요가 있다. '우리가 문해력 평가의 적임자들입니다. 아이들을 위해 충분히 만족스런 평가를 실현하고 있어요. 믿고 맡겨주세요'라는 마음이 평가의 수혜자들에게 통하도록 해야 한다.

교사의 전문성을 보여줄 수 있는 가장 좋은 교육 행위가 바로 평가이고, 그중에 교실 기반 평가는 가장 복잡하지만 가장 효과적이고 유용하다. 우리의 교실 평가가 이상적인 수준에서 성공한다면, 더 이상 입시 이야기를 할 필요도 없다. 교실에서 우리가 아이들을 어떻게 평가하는지 고도의 전문성을 발휘할 수 있다면, 교사는 비로소 가장 강력한 교육 주체가 될 수 있다.

교육평가의 한계

교육평가에는 언제나 한계가 뒤따른다.[1] 우리는 흔히 객관적인 평가가 좋은 평가라고 말한다. 하지만 타당한 평가와 객관적인 평가가 완전히 일치하는 경우는 드물다. 실제적인 문해력 평가는 학생들이 실생활에서 실제 텍스트를 가지고 실제 목적을 달성하기 위해 기꺼이 읽고 쓰고 수행하는 과정, 즉 실세계에서 실천하는 문해력을 측정하는 것이다. 그런데 이를 학교에서 온전하게 평가할 수 있을까? 불가능하다.

학교와 교실은 실제 아이들이 살아가는 세상이 아니다. 교실 안에는 교실 안의 생활이 있으며, 교실 밖 세상의 생활을 제대로 담기는 어렵다. 일상생활과 삶의 실제 문제 상황을 교실 안에서 똑같이 복제해 놓을 수 없다. 근본적으로 100퍼센트 실제적인 평가는 불가능하다. 그렇다면 완벽하지 않더라도 최대한 평가의 실제성을 높이는 일이 우리의 과제가 될 것이다. '완전히 동일하지는 않겠지만, 어떻게 가장 비슷한 방식으로 읽기의 문제 상황과 목적, 과제와 절차를 설계할 수 있을까?'라고 고민해야 한다.

실제적인 평가를 만들더라도 반드시 객관적인 평가가 되기는 어렵다. 실제적이라는 말은 맥락적이라는 말과 통한다. 한 아이가 글을 읽는 모습이 다른 아이가 글을 읽는 모습과는 전혀 다를 수 있다. 같은 아이라도 글의 종류나 목적, 글을 읽는 조건과 환경이 달라지면 수행 양상이 바뀔 수 있다. 그런데 아이들을 동일한 조건에서 동일한 글을 읽게 하고, 동일한 기준으로 평가하는 객관적인 평가가 실제적이라고 보기는 어렵다.

객관적인 평가가 가능하려면 모든 변인들을 통제해야 하지만, 아이의 성향, 흥미, 태도, 배경지식, 관심사 등을 모두 삭제하고 보고 싶은 것만 보는 것 자체가 객관적이기 어렵다. 사람을 대상으로 하는 일은 완전 통제를 실현하기 어렵다. 물리학이나 화학의 자연과학 실험이 아닌 이상, 객관적이라는 말보다는 실제적이라는 말이 좋은 평가에 조금 더 가깝게 붙을 수 있다.

따라서 완전히 객관적인 평가도 불가능하고 완전히 실제적인 평가도 불가능하다. 결국 온전하게 실제적인 것과 온전하게 객관적인 것은 만날 수가 없다. 다만 우리가 할 수 있는 일은, 이 둘의 간격을 좁히는 것이다. 좁아진 간격 어디쯤에서 타협점을 찾기 위해, 우리는 수많은 고려 사항들을 두고서 부단히 협상해야 한다. 그래서 문해력 평가의 균형이 필요하다.

문해력 평가의 균형

어떻게 문해력 평가의 균형을 찾을 수 있을까? 무엇보다 한 가지 평가만 사용하면 한쪽으로 기울어지기 쉽다. 한 가지에만 집중하면 균형 자체가 무의미하기에 적어도 둘 이상의 것이 있어야 균형을 맞출 수 있다. 여러 평가들을 조화롭게 사용하는 것이 균형적 접근의 기본 전제인 것이다.[2]

선생님들이 교실에서 아이들을 어떤 방식으로 평가하는지 돌아보자. 평가에는 매우 다양한 종류와 유형이 있다. 수업 시간에 매일 수행하는 활동들도 평가가 될 수 있다. 수업과 연동된 평가, 학습 과정에 맞물려 있는 평가, 교육과정과 연계된 평가는 늘 일어난다. 반면에 평가라는 말을 붙이고 공들여 수행하는 것들도 있지만, 이들에서 실상 평가다운 쓸모와 용도를 찾기 어려운 경우도 많다. 우리 교실의 평가를 둘러보면, 반드시 넘치는 것과 모자라는 것이 있다. 넘치는 것은 비중을 줄이고, 모자라는 것은 채워서 균형을 이루어야 한다. 읽기 평가를 예로 다음의 몇 가지 방법들을 생각해 보자.

- **'결과' 평가와 '과정' 평가의 균형** | 우리는 읽기의 결과(글을 읽고 무엇을 이해하고 기억했는지)를 주로 평가한다. 대표적으로는 객관식 문항이나 요약문 쓰기를 가지고 아이들의 글 읽기 능력을 평가한다. 하지만 이런 결과 중심 평가가 얼마나 읽기의 과정을 알려줄까? 이 평가는 아이들이 요약문을 쓰기 전에 주어진 글을 어떻게 전략적으로 읽는지, 그 과정에서 어떤 어려움을 겪고 그것을 어떻게 해결했는지 우리에게 얼마나 충분하게 알려주는가?

그래서 과정 중심 평가가 필요하다. 과정 중심 평가는 독자가 글을 읽는 동안 머릿속에서 일어나는 일을 추론해야 한다는 점에서 어렵기도 하지만, 아예 글 읽기 과정을 평가해야 한다는 교육적 요구 자체에 관심이 없어서 잘 실행되지 않기도 하다. 하지만 읽기란 과정과 결과 모두 중요하기 때문에, 우리의 평가 역시 결과 중심 평가와 과정 중심 평가 간에 균형이 맞아야 한다.

읽기의 과정을 평가하는 방법으로 생각말하기가 있다. 앞서 생각말하기는 교사가 글 읽기 전략을 어떻게 사용하는지 시범을 보여주기 위한 교수 방법이라고 했다. 그런데 생각말하기는 학생이 글을 어떻게 읽는지를 알아볼 수 있는 평가 방법이기도 하다. 생각말하기에 더하여 아이가 글을 읽는 중에 어떤 내용을 메모하는지를 관찰해 보아도 좋다. 이를 위해서는 아이에게 글을 읽으면서 새로 알게 된 내용을 기록하고, 떠오르는 질문이나 모르는 내용에 대해 적어보라고 안내해야 한다.

어휘 사용도 과정 중심으로 평가할 수 있다. 아이가 글을 읽는 중에 자신 있게 뜻을 말할 수 있는 어휘, 알긴 하지만 무슨 뜻인지 모르는 어휘, 전혀 들어보지 못한 어휘, 앞뒤 맥락으로 어렴풋이 알 수 있는 어휘 등을 색깔을 달리하여 형광펜으로 표시하게 할 수도 있다.

러닝레코드(Running Records)라 부르는 음독기록분석은 대표적인 과정 중심 평가다. 초등학교 저학년 아이가 소리 내어 읽을 때 어떤 오류(철자를 부정확하게 읽거나 생략, 첨가, 대체하는 실수 등)를 범하는지 기록하고 분석하면 아이의 강점과 단점을 소상하게 알 수 있다.

• **'기억'을 위한 평가와 '이해'를 위한 평가의 균형** | 우리는 아이들이 글을 읽고 나서 무엇을 기억하고 있는가를 평가하는 데 익숙하다. 그래서 아이들이 주어진 설명문을 읽고 머릿속에 어떤 정보를 담아두었는가를 말로 하게 하거나 몇 가지 문항을 만들어 대답하게 한다.

그런데 문해력 평가에서는 아이가 글을 읽고 어떤 정보를 기억했는가를 아는 것보다 그 글을 논리적으로 읽고 이해했는지를 판단하는 것이 더욱 중요하다. 우리가 관심 있는 것은 학생이 글을 읽으면서 시도한 논리적 이해와 그 결과로서의 내용 기억인 것이다. 기억을 평가하는 것이 아니라, 이해를 평가하는 것이 중요하다.

앞서 킨취의 독해 이론을 다루면서 표층적 이해와 심층적 이해의 차이를 설명했다. 우리가 교실에서 평가하는 것은 대부분 표층적 이해일지 모른다. 표층적 이해는 글의 표면에 드러난 정보와 어느 정도 일치하는지를 확인하면 쉽게 평가할 수 있기 때문이다. 아이들이 글 정보를 얼마나 잘 요약해 놓았는가를 평가하는 것이 아이들이 글 속에 숨겨진 의미를 파악하고 그것을 자신의 언어로 설명하게 하는 평가보다 더 쉽다. 그래서 은연중에 우리는 아이들에게 심층적 이해보다는 표층적 이해를 더 많이 물어본다. 따라서 평가의 균형을 맞추기 위해서는 심층적 이해를 묻는 질문, 시험, 퀴즈, 수행평가 등을 더욱 적극적으로 시도하면 좋다.

• '단문서' 문해력과 '다문서' 문해력의 균형 | 교실에서 글 한 편을 읽고 쓰는 활동을 많이 한다. 그러나 학생이 여러 편의 글을 읽고 어떻게 복잡한 과제를 수행하는지는 잘 평가하지 않는다. 앞서 다문서 읽기를 이야기했다. 현대사회에서 다문서 읽기는 매우 중요하게 요구된다. 디지털 문해력의 핵심이 디지털 다문서 읽기라고 해도 과언이 아니다. 세계적으로도 점점 더 다문서를 읽고 이해하는 능력을 강조하고 있으며, 실제 국제 수준의 학업 성취도 평가에서도 이를 중심으로 고차원적 읽기 문해력을 측정하고 있다. 우리 교실에서도 학생이 주어진 글 하나를 읽는 것뿐만 아니라 여러 글을 연결해서 비교, 대조, 분석할 수 있는가를 확인해 볼 필요가 있다. 이를 위해서는 다문서 읽기 활동, 다문서 문해력이 요구되는 교실 활동을 많이 해야 한다.

• '주어진 글' 읽기와 '찾아나선 글' 읽기의 균형 | 대부분 우리가 수행하는 평가에서 학생들은 주어진 글을 읽는다. 그러나 실제 생활을 돌아보면, 주어진 글을 읽는 경우 못지않게 직접 책, 글, 자료를 찾아서 읽는 경우가 훨씬 많다. 우리는 이러한 탐구적, 확장적 읽기에도 관심을 가져야

한다. 학생들이 글을 어떻게 선택하는가, 좋은 정보를 어떻게 탐색하고 분별하는가, 좋은 책을 어떻게 선정하는가도 우리가 면밀하게 관찰하고 평가해야 할 문해력이다. 학교 안에서 벌어지는 주어진 독서(주로 교과 수업 활동으로서의 교과서 읽기)와 학교 밖에서 자율적으로 찾아 읽는 독서 간의 균형을 찾을 필요가 있다.

• **'독서'에 대한 평가와 '독자'에 대한 평가의 균형** | 많은 경우 우리는 독서(읽기)에 대한 평가에 집중한다. 하지만 글을 어떻게 읽는지 평가하고자 한다면, 반드시 독자(읽는 사람)에 대한 평가가 겸비되어야 한다. 그래야 글 읽기의 인지적인 과정뿐만 아니라 글을 읽는 학생이 전체적으로 어떤 독자 성향을 가지고 있고, 어떻게 흥미와 호기심을 발휘하고 있으며, 어떤 종류의 글 읽기에 능숙하거나 미흡한지 확인하고 해석해 볼 수 있다. 이와 관련해서 우리는 '인지적' 평가와 '정서적' 평가 사이의 균형을 맞추어야 한다.

• **'학생이 대상'이 되는 평가와 '학생이 주도'하는 평가 사이의 균형** | 우리 교육을 보면 학생을 대상으로 한 평가가 대부분이다. 학생은 언제나 시험의 대상, 평가의 객체로 존재한다. 그러나 학생이 주체가 되어 자신의 학습을 평가할 수도 있다. 학생 스스로 하는 자기평가, 학생들끼리 함께하는 동료평가는 학생의 주도성을 길러주는 좋은 교육 방법이다. 우리 아이들을 능동적 독자, 독립적 문해자, 스스로 배움을 계획하고 성찰하는 진정한 학습자로 키워낼 수 있는 방법이다.

• **'진단' 평가와 '형성' 평가 사이의 균형** | 우리가 자주 발견할 수 있는 심각한 불균형이 총괄평가와 진단평가 또는 형성평가 사이에서 벌어진다. 우리는 차시 혹은 단원을 기준으로 수업을 하고, 그 수업이 끝날 때

마다 무엇을 가르치고 배웠는지 평가한다. 학생의 수행을 관찰하여 점수를 매기고 그 점수를 학생에게 돌려준다. 중간고사, 기말고사도 이런 평가에 포함된다. 주로 수업이 끝나는 시점에 평가를 하고, 그것으로 점수와 등급을 계산해서 성적표를 작성한다.

이런 총괄 평가도 중요하지만, 아이들이 새로운 것을 배우기 전과 배우는 과정에서 무엇을 어떻게 알고 있고 또 무엇을 어떻게 할 수 있는지를 평가하는 일에 대해서도 생각해 봐야 한다. 학습을 정리하는 총괄 평가 못지않게, 학습을 시작하기 전에 시행하는 진단 평가, 학습의 과정에서 필요한 형성 평가가 모두 필요하다.

진단 평가가 필요한 이유는, 학생이 어떤 상태로 수업에 들어오는가를 알아야 교사가 학생을 위해 해줄 수 있는 것들이 생기기 때문이다. 학생이 지금 독자로서 어떤 상태인지, 자기가 읽어야 할 글의 주제와 관련하여 어느 정도 알고 있는지, 글의 단어와 문장을 정확하게 읽을 수 있는지, 글 내용을 요약할 수 있는지, 앞뒤 맥락을 파악하고 연결하면서 자신이 이해한 내용을 종합할 수 있는지 알아야 한다. 이를 모르는 상태에서 단지 교사가 가르치고 싶은 것 혹은 가르쳐야 하는 것을 가르친다면, 교사는 학생에게 최적의 수업을 제공하기 어려울 수도 있다.

학교의 시스템은 총괄 평가에 익숙하다. 하지만 교실 평가 주체인 우리는 학생들이 처음에 무엇을 할 수 있고 알고 있으며, 학습 과정에서 어떻게 그러한 지식과 능력이 변화하고 발전하는지를 조금 더 적극적으로 확인할 필요가 있다.

이 외에도 균형을 맞추어야 할 부분들이 많다. 이제 우리 교실의 평가 실행 과정에서 넘치는 것과 부족한 것을 목록으로 정리해 보자[자료1]. 여러분의 교실 평가는 균형을 갖추고 있는가? 어떤 점에서 그렇고, 또 어떤 부분에서 그렇지 못한지 확인해 보자.

넘치는 것들	모자라는 것들
• 읽기의 결과(무엇을 아는가?)	• 읽기의 과정(어떻게 아는가?)
• 독서를 통해 얻은 정보와 내용의 기억	• 독서를 하면서 증진시킨 독자의 이해
• 기본적 이해 능력(문면적, 표층적)	• 고차원적 이해 능력(상황적, 심층적)
• 글 하나 읽기	• 글 여러 개 읽기
• 인쇄 글 읽기	• 디지털 글 읽기
• 주어진 글 읽기	• 글 찾아 읽기
• 독서에 대한 평가	• 독자에 대한 평가
• 학생을 대상으로 한 평가	• 학생이 주체인 평가(자기평가, 동료평가)
• 인지적 평가	• 정서적 평가
• 학교 독서	• 학교 밖 생활 독서
• 총괄평가와 성취평가	• 형성평가와 진단평가
• 교사의 역할과 책무성	• 교사를 위한 지원과 신뢰

[자료1] 문해력 교실의 평가에서 넘치는 것들과 모자라는 것들

책임과 신뢰의 균형

우리는 교사의 역할과 책무성을 크게 강조한다. 시험에 오류가 발생하고, 아이들의 학력 수준이 떨어지고, 교육이 공정하지 않다고 여겨질 때 교사들에게 책임을 묻는 일에 익숙하다. 학부모도 사회도, 학교와 교육당국도 이 일에 동참한다.

그런데 교사들을 향한 일상적인 의문과 추궁만큼이나 우리가 그들을 응원하고 있을까? 선생님들을 믿어주어야 한다. 교사의 역할과 책임을 강조하지만, 실제로 교사에 대한 지원과 신뢰가 바닥이라면 곤란하다. 교사가 교실 평가에 전념하도록 행정과 재정 지원이 필요하고, 선생님들이 함께 모여서 교실 평가를 연구할 수 있는 물리적 시간과 문화적 환경도 마련해야 한다. 대학과 같은 전문 기관에서 수업도 듣고 연수도 받고, 그것으로 자신의 성장에 도움이 되는 전문 학위도 취득하는 것과 같이 심도 깊고 전문적인 재교육을 받을 기회가 마련된다면 더욱 좋다. 선생님들이 그렇게 배운 것을 자기의

교실에서 적용하면서, 일련의 교육 행위에 대해 더 깊이 이해하는 체화된 경험도 필요하다.

이런 점에서 무엇보다 평가의 균형에서 놓치지 말아야 할 것은 바로 '책임'과 '신뢰' 사이의 균형이다. 문해력 교실 속 구성원들(교사와 학생)의 상생과 성장을 바라는 교실 밖의 모든 의사결정권자들에게 특히 이러한 균형 인식이 요청된다.

평가 전문가로서의 교사

적어도 교실에 관해서는 교사가 가장 전문가이다. 교실과 교실에 있는 학생들을 가장 잘 아는 사람이기 때문이다. 교사는 평가 전문가가 되어야 할 가장 중요한 위치에 있으며, 최적의 조건을 가지고 있다. 문제는 교사가 평가 전문가가 될 수 있도록 어떻게 지원할 것인가이다.

우리가 객관적이라고 생각하는 시험들은 실은 학생의 성취를 평가하는 가장 '쉽고 저렴한' 방식의 평가다. 중간고사, 기말고사, 퀴즈, 지필 시험에서 좋은 문제를 출제하기 위해서는 지난한 과정을 거쳐야 한다. 시간도 많이 걸리고, 오류 없이 객관적으로 채점하기 위해 여러 조건들을 고려하는 등 신경 쓸 것들이 한두 가지가 아니다. 하지만 이는 실은 가장 쉬운 일일 수 있다.

더욱 어렵고 값비싼 평가는 교실에서 아이들이 매일 어떤 방식으로 생활하는지, 어떻게 글을 읽는지를 면밀하게 관찰하는 것이다. 시험 문제를 출제하는 일보다 실제로 아이들을 관찰하는 일이 훨씬 고되다. 상당한 노력과 주의, 시간과 자원이 필요한 일이다.

더욱이 이런 평가를 할 수 있는 좋은 선생님을 길러내는 데는 정말 오랜 시간과 충분한 경험이 필요하다. 그래서 국가와 교육당국은 대규모 평가, 객관식 시험, 기계식 채점을 선호한다. 싸게, 눈에 띄게, 속전속결로 교육의 결과를 드러내는 방법이라고 착각하기 때문이다. 그에 비해 좋은 평가를 실천하는 교사 양성을 위해서는 훨씬 많은 시간, 노력, 자원의 투자가 필요하기에 교육당국의 눈에는 이런 일이 낭비처럼 보일지 모른다.

학생들이 무엇을 알고 있고, 무엇을 할 수 있으며, 무엇을 성취했는지 가장 정확하고 세밀하게, 그리고 다면적으로 측정하고 이해할 수 있는 평가 방법들이 우리에게 필요하다. 하지만 이런 평가는 개발하기도 어렵고, 시간도 오래 걸리며, 충분한 과학적 연구가 뒷받침되어야 한다. 선생님은 물론, 이론과 방법을 갖춘 전문 연구자가 함께 참여해야 하는 과업이다.

교육 연구자들이 이론만으로 개발한 시험들을 학교에 던져주는 방식을 극복하고, 그들이 직접 현장에서 교사들과 함께 어떻게 좋은 평가가 실제 좋은 평가로 기능할 수 있는지, 어떤 장점과 한계를 드러내는지 면밀하게 조사해야 한다. 그래야 교실 맥락에 어울리고 교실 구성원의 일상과 맞물리는 타당하고 실제적인 평가의 기틀을 마련할 수 있다.

평가 전문가는 어떤 하나의 평가를 생각할 때 그것이 유일하다고 생각하지 않는다. 자신이 가진 것 이외에 다른 방법과 형식이 가능한지 열린 마음으로 탐구한다. 심지어 자신이 실천하고 있는 평가가 완벽할 것이라는 생각도 버리는 것이 좋다. '나는 오늘 퀴즈로 아이들을 평가할 거야. 그런데 퀴즈 말고 더 좋은 건 없을까? 퀴즈를 보면 다른 부분에서 내가 놓치는 것은 없을까?'라고 관점을 열어보자.

평가는 다른 교육 행위와 비교해서도 교육 주체들에게 미치는 영향력이 커서 눈에 잘 보인다. 많은 경우 평가는 '점수'로 보인다. 그 점수로 학생의 성취를 판단한다. 그런데 사람들은 학생의 성취(본질)보다 점수(지표)에 관심이 더 많다. 무엇을 어떻게 배웠는지보다는 몇 점, 몇 등이었는지가 중요하다. 따라서 위험도 크다. 이렇게 중요하고 파급효과가 큰 일의 과정에서 교사들이 평가 전문가로서 당당히 설 수 있도록 정책적, 재정적, 심리적, 문화적 지원이 절실하다. 국가, 교육청, 학교에서 효과적이고 충분한 지원 방안을 숙고해 마련해야 한다.

평가는 어렵고 힘들다. 교실에서 아이들의 문해력을 최대한 온전하게 파악하고 해석하기 위해서는 많은 시간과 노력, 전문성과 지적 몰입이 요청된다. 하지만 이런 일은 흥미롭고 도전적이다. 왜냐하면 평가는 학생을 알아가는 가장 좋은 방법이기 때문이다. 우리 아이들을 알아가는 정말 좋은 방법이 바로 곁에서 지켜보는 일이다. 아이가 수업 시간에 어떻게 공부하는지 관찰하고 질문하면서 우리는 그 아이를 조금 더 잘 이해하게 된다. 아이를 이해하면 다음 수업의 고민과 걱정들이 덜어진다.

평가로 학생을 이해하는 일은 정서적인 과정이면서도 지적 경험을 수반한다. 이런 '지적 긴장감'은 평가자가 미지의 영역에서 한 발 한 발 앞으로 나아가는 모험을 통해서 경험할 수 있다. 마음이 늘 편하고 지적으로 아무런 도전이 없는 교실은 교사에게 별로 흥분되지 않는다. 반면에 지적 긴장감을 느끼는 교실에서는 교사로서 새롭게 시도할 수 있는 일들이 생겨난다. 우리의 문해력 교실에서는 선생님이 아이들을 위해 평가 전문성을 발휘하고 또 그렇게 지적 도전성을 발휘하고 싶은 마음이 생성되어야 한다.

　우리는 문해력을 왜 평가할까? 도대체 그것은 무엇에 기여해야 하는 것일까? 문해력 평가의 가장 큰 수혜자는 학생이어야 한다. 학생이 문해력을 키우면서 글을 읽고 쓰는 사람으로 성장하는 과정에 도움이 되는 평가가 좋다. 평가는 학습을 위한 것이어야 하고, 문해력 평가는 우리 아이들의 문해력 학습이라는 목적에 기여하는 것이어야 한다.

　이 장에서는 학생의 문해력 발달, 문해자로서 우리 아이들의 성장에 기여하는 '학습을 위한 평가'에 대해 알아본다.

19장

학습을 위한 문해력 평가

궁극적으로 학생의 배움과 교사의 가르침에 기여하는 교실 평가를
어떻게 설계, 실천, 성찰할 수 있을까?

· 학습에 대한 평가, 학습을 위한 평가
· 교사 질문하기
· 질문의 기능
· 질문의 수준
· 참여적 질문하기
· 자기평가

주요 키워드

학습에 대한 평가 / 학습을 위한 평가 / 교사 질문하기
질문의 유형 / 질문의 방법 / 질문의 위계

1 분명하고 구체적인 피드백

잠깐 교실을 떠나 여러분이 농구 경기를 관람한다고 가정하자. 농구 경기를 보면서 여러분은 무엇에 집중하는가? 여러분은 좋아하는 팀을 응원하기 위해 관중으로 농구 경기장에 앉아 있다. 이때 여러분은 농구 경기에서 특히 어떤 부분에 주목하겠는가? 왜 그런가?

대부분의 관중들이 농구 경기에서 가장 먼저, 많이, 열심히 관심을 두는 것은 점수이다. 몇 대 몇으로 누가 이기고 지는지가 관중들의 최우선 관심사이다. 점수는 승패를 결정한다. 그러니까 여러분이 관중으로서 농구 경기를 평가할 때 가장 중요한 것은 바로 승패를 판단하기 위한 점수라는 결과 정보이다. 그래서 누가 이겼는지(이기고 있는지) 누가 졌는지(지고 있는지)를 알고 싶어 한다.

그렇다면 여러분이 응원하는 농구팀의 감독과 코치는 무엇을 바라볼까? 물론 이들도 점수를 본다. 몇 점 차이가 났는지에 따라 경기 전략을 바꾸어야 하기 때문이다. 지고 있는 팀에서는 점수가 많이 벌어지면 공격을 열심히 해야 하는 것이고, 점수가 좁혀지면 이기기 위해 공격을 더 열심히 해야 한다. 동시에 승패를 좌우하는 수비에도 최선을 다해야 한다.

농구 코치는 점수 말고 보는 것들이 있다. 선수들의 팀워크와 그들이 어떻게 협력적으로 게임을 운영하는지, 서로 어떻게 패스하고 기회를 만드는지, 어떤 선수가 개인기를 발휘하면서 몇 점을 넣었고 어떤 선수가 득점에 자주 실패했는지, 어떤 선수가 오늘 몸 상태가 좋고 어떤 선수가 오늘 외곽 슛이 좋은지, 어떤 선수를 교체해야 하고 어떤 선수가 대체할 수 있는지 등을 관찰한다. 그리고 자기가 본 것들을 모두 기록으로 남긴다(팀 기록 요원의 도움을 받아). 팀의 코치는 선수들의 종합적인 경기력 데이터를 가지고 명민하게 게임을 분석하여 작전 타임에 선수들에게 적절한 피드백을 제공한다.

이것 말고도 코치들이 보는 것이 또 있다. 그들은 경기만 보는 것이 아니라, 경기를 하기 전까지 선수들이 어떻게 경기를 운영해 왔으며 어떤 방식으로 연습해 왔는지, 자신이 선수들에게 무엇을 연습시켰고 무엇을 강조해 주문했는지, 어떤 점을 조금 더 노력하라고 요청했는지에 대해서도 생각한다. 실제 경기의 수행뿐 아니라, 경기를 준비하는 연습 과정에서 선수들이 보인 기량, 참여도, 실수, 협력 기술과 승부욕 등을 다각도로 관찰하고 해석한다.

말하자면 농구팀 코치는 경기의 결과에도 관심이 있지만, 오히려 선수들이 경기를 준비하고 직접 수행하는 일련의 '학습 및 수행 과정'에 더 큰 관심을 둔다. 더군다나 청중들이 알지 못하는 농구 선수들의 모습과 훈련 과정의 맥락을 시즌 전반에 걸쳐서 길고 넓게 본다. 그 안에서 자신의 팀이 어떻게 경기하는가를 종합적으로 판단하고, 앞으로 팀을 어떻게 운영해야 할지 결정한다[그림1].

농구 경기를 이제 교실 안으로 옮겨놓아 보자. 농구 선수들이 여러분의 학생이다. 여러분은 그들이 무엇을 하는지 보고 있다. 이때 여러분은 관중이어야 하는가, 코치여야 하는가? 여러분은 코치여야 한다.

[그림1] 농구팀 감독과 코치의 경기 관찰(생성형 AI로 만든 이미지)

　여러분은 아이들의 시험 점수에도 관심 있지만, 아이들이 평가를 통해 어떤 성적을 거두는지, 학생들의 점수 차이가 왜 발생하는지, 평가에서 좋은 수행을 보인 아이들은 누구이고 부족한 아이들은 누구인지, 그리고 왜 그런 것인지 확인한다. 동시에 학생들이 수업 시간에 개별적으로 또는 함께 모여서 어떻게 글을 읽고 공부하는지, 특정 학생이 지난 학기 또는 지난달에 비해서 얼마나 성장했는지, 교실 수업의 전체적인 학습 맥락 안에서 학생들을 판단한다. 이렇게 여러분은 학습의 과정과 맥락, 학습자의 어려움과 성장에 관한 중요한 정보를 얻는다. 그리고 평가 정보를 해석해서 아이들의 말로 바꿔 좋은 피드백으로 돌려준다. 이를 우리는 '학습을 위한 평가'라고 부른다.¹

학습에 대한 평가, 학습을 위한 평가

　평가를 나누는 방법은 다양하지만, 크게는 '학습에 대한 평가(Assessment of Learning, AoL)'와 '학습을 위한 평가(Assessment for Learning, AfL)'로 생각

해 볼 수 있다. 학습에 대한 평가와 학습을 위한 평가는 목적도 방법도 서로 다르다. 물론 둘 중에 어떤 것이 좋다거나 나쁘다고 말할 수는 없다. 앞서 이 야기한 균형 잡힌 문해력 평가처럼, 학습에 대한 평가와 학습을 위한 평가도 조화롭게 사용하면 좋다.

학습에 대한 평가(AoL)는 학생들이 무엇을 배웠는지 주로 내용 학습의 결과에 대해 평가한다. 이와 달리 학습을 위한 평가(AfL)는 학생들이 어떻게 배우고 있는지를 평가하는 데 강조점을 둔다. AoL은 대체로 농구 경기의 점수처럼 학습 결과물이나 수행 산출물을 점수화하고 등급화하는 것에 집중한다. 반면 AfL은 학생들의 수행 산출물을 분석하고 그 산출물이 만들어지기까지 어떤 일이 벌어졌는지를 분석하기 위해 학습 과정에 대한 정보를 수집하고 해석한다.

AoL을 위해서는 우선 학습 결과에 대한 분석 능력이 요구된다. 이는 매우 중요한 평가 전문성으로, 어떤 아이가 글을 읽고 한 단락으로 요약을 했다면 수행 기반 평가 기준(루브릭)을 촘촘하게 제작하여 어떻게 학생 요약문에 합당한 점수를 줄 수 있을까 고민한다. 이에는 합리적인 근거를 가지고 분명하게 점수를 부여하는 평가 전문성이 요구된다.

그러나 AoL을 제대로 하려면 AfL이 보완되는 것이 좋다. 다시 말해, 학생의 학습 과정에 대한 면밀한 관찰과 분석, 그것을 학습의 결과와 연결시킬 수 있는 맥락적 해석 능력 또한 교사에게 필요하다.

가령, 학생의 독후 요약문을 채점 기준에 따라 평가하여 점수를 준다고 치자. 이때 이 학생이 자신이 읽은 글의 표면에 드러난 정보는 잘 담고 있는데 글 전체를 아우르는 중심 내용을 적지 못했다면, 이 학생에게는 축자적, 문면적, 명시적 글 정보 이해 능력은 있지만 글의 내용을 종합하여 하나의 중심 생각으로 구성하는 심층적 이해 능력이 부족하다고 해석할 수 있다. 평가를 치른 학생에게 세부 내용이 뒷받침하는 중심 내용을 파악하는 읽기 능력이 부족하다면, 실제로 교사는 평가 수행 전에 수업을 통해 그런 읽기 능력을 가르쳐 준 적이 있는지, 있다면 어떤 수업이었고 아이들은 무엇을 어떻게 배웠는지 돌아봐야 한다. 이런 점에서 AfL은 학습을 위한 것이기도 하지만 '수업을 위한 평가'이기도 하다.

AoL에서는 평가 결과를 바탕으로 한 종합적 피드백을 학생과 공유한다. 이때 피드백은 비교적 간명하게 "전체적으로 요약하기를 잘 했는데, 글의 중심 생각이 빠져서 아쉬웠어요. 그래서 점수는 90점을 받았어요. 잘했어요." 정도의 언급으로 가능하다. 반면에 AfL에서는 평가 결과를 바탕으로 구체적이면서도 정보성이 높은 피드백을 제공하는 것이 중요하다.

한 단락 길이의 요약문에 글의 세부 내용이 두세 가지 포함되어 있지만, 정작 글의 중심 생각에 대한 내용은 빠져 있었어요. 글을 읽으면서 이 글이 결국 무엇을 말하고자 하는지 질문해 보았나요? 세부 내용을 연결해 보면, 글쓴이가 의도한 핵심 내용과 주장을 도출할 수 있어요.

다음에는 글을 읽을 때, 글의 세부 내용들을 연결하면서 결국 이들이 모여 무엇을 말하려고 하는지 더 큰 생각을 만들며 읽어보면 좋겠어요. 그리고 요약문에 중심 생각과 뒷받침 내용을 균형감 있게 포함시키면 더욱 좋은 글이 될 거예요.

이렇게 구체적인 피드백으로 아이들과 깊은 대화를 나눌 수 있다. 서로 대화할 거리, 생각할 거리, 질문할 거리가 훨씬 풍부해지기 때문이다. AfL에서는 평가 피드백이 학습에 직접 도움을 준다.

전국의 초중등학생을 표집해 실시한 설문 조사에 따르면, 피드백의 빈도보다 피드백의 구체성이 아이들의 글쓰기 수준과 더 큰 상관관계를 보였다고 한다.[2] 다시 말하면 평가 정보의 정밀한 해석을 통해서 학습의 과정과 전략까지도 담아내는 구체적인 피드백이 학습자에게 더 큰 도움이 된다. 선생님이 아이들에게 자주 피드백을 주는 것도 좋지만, 피드백에 분명하고 구체적인 정보를 담아서 아이들이 학습 전과 후를 성찰하고 계획할 수 있도록 도와주는 것이 더욱 효과적이다.

마지막으로 AoL에서는 교사가 수업을 제공하고 그 과정이 끝나면, 학생에게 평가 과제를 제시하고 그 결과를 해석하면 된다. 이때 수업은 앞선 평가와 특별한 연관성 없이 진행된다.

그러나 AfL은 교사가 평가 결과의 해석에 근거하여 장단기적 수업의 목표와 전략을 계획할 때 활용된다. 그래서 많은 경우 AfL은 수업 중에 일어난다. 이렇게 수업과 연동된 평가를 '교육과정에 내재화된 평가'라고 한다. 이런 평가는 수업에 직접 기대고 있다. 수업과 평가가 동떨어져 있지 않고 하나로 묶여 있는 것이다. 그래서 좋은 수업이 좋은 평가를 만들고, 좋은 평가가 좋은 수업을 이끈다[자료1].

학습에 대한 평가(AoL)	학습을 위한 평가(AfL)
• 학생들이 무엇을 얼마나 잘 배웠는지를 평가함 • 대체로 학생들의 수행 산출물을 점수화하여 보고하는 것에서 완결됨 • 학습 결과에 대한 분석력이 요구됨 • 평가 결과에 따른 종합적 피드백의 작성과 전달이 필요함 • 현재의 평가와 앞으로의 수업이 딱히 연계되지 않음(대체로 수업과 동떨어진 일정으로 치러지는 평가)	• 학생들이 어떻게 효과적으로 배우고 있는지를 평가함 • 학생들의 수행 산출물의 분석과 더불어 그 산출물이 만들어지기까지의 과정에 대한 자료 수집과 분석으로 이어짐 • 학습 과정에 대한 면밀한 관찰과 분석, 그것을 학습의 결과와 연결시킬 수 있는 맥락적 해석 능력이 요구됨 • 평가 결과에 따른 즉각적이고 정보적인 피드백의 구성과 대화의 공유가 필요함 • 평가 결과를 바탕으로 단기적, 장기적 수업의 방향과 목표, 방법 등을 계획함(교사가 주체가 되어 대체로 수업 중에 벌어지는 평가)

[자료1] 학습에 대한 평가와 학습을 위한 평가

# 2 생각을 깨우는 질문

학습을 위한 평가의 전략 중 하나로 '교사 질문하기'를 생각해 보자. 교사 질문하기란 교사가 학생들과의 문답 과정을 통해서 학생의 배움에 대해 이해하려는 것으로, 가장 쉽게 일상적으로 사용할 수 있는 평가 방법이다.

들어야 질문할 수 있다

교사 질문하기는 잘 듣는 것에서 출발한다. 우리가 아이를 가르칠 때 사용하는 가장 기본적이고 핵심적인 방법, 가장 쉽게 생각해 볼 수 있는 언어적 상호작용이 무엇일까? 교사가 가장 잘해야 하는 것, 잘할 수 있어야 하는 것이 바로 '듣기'이다. '경청이 가르침이다'라는 말이 있듯이, 학생이 어떻게 글을 읽는지, 무슨 생각을 하면서 읽는지, 글을 읽고 나서 무슨 말을 하는지를 잘 귀담아 들을 수 있을 때, 우리는 아이들의 배움에 관하여 잘 이해할 수 있다. 좋은 가르침, 좋은 수업, 좋은 평가는 물론이고, 아이를 잘 키우는 가장 좋은 방법은 바로 잘 듣는 것에서 출발한다.

잘 듣기 위해서는 잘 물어야 한다. 질문하기는 좋은 듣기에서 출발하고, 그러기 위해서는 좋은 '묻기'가 뒷받침되어야 한다. 좋은 물음을 통해서 좋은 대답이 나올 수 있다.

여기서 좋은 대답이란 정답을 말하는 것이 아니라, 학생의 배움을 이해할 수 있는 만큼의 충분하고 구체적인 대답을 뜻한다. 전혀 묻지 않고 학생들이 말하기를 기대하거나, 제대로 묻지 않고 학생들이 성심껏 답하기를 기대하기 어렵다. 우리는 우리가 한 질문에 대한 학생의 반응을 들으면서 그들 안에서 어떤 배움이 어떻게 일어나는지 추론해 볼 수 있다. 적재적소에서 수업 목적에 맞게 질문하고 대화하는 능력, 수업과 동시에 평가까지 함께 수행할 수 있는 질문 역량이 우리에게 필요하다.

대화는 질문으로 시작해서 질문으로 끝난다. 많은 경우 대화가 풍부하게 이어지는 이유도 서로 간에 질문이 있기 때문이다. 질문이 없는 대화는 서로 말을 많이 해도 대화자 간에 공유될 수 있는 하나의 주제와 관심사로 모아지기 어렵다. 사람을 사귀는 일을 생각해 보자. 사람을 사귈 때 그냥 사람을 쳐다보고 마는가? 아니다. 그 사람이 이야기하는 걸 듣고 관계가 끝나는가? 그렇지 않다. 서로 질문을 한다. 질문으로 사람을 알아간다. 질문하기로 우리는 아이들을 알아나간다.

질문의 기능

질문의 기능에는 두 가지가 있다. 첫째, 질문은 생각을 이끌어내는 장치이다. 어떤 질문을 하는가에 따라 그것에 어울리는 수준의 대답이 이끌려 나온다. 둘째, 질문은 생각을 확인하는 장치이다. 질문의 첫째 기능은 학습자의 생각을 이끌어낸다는 점에서 교수, 가르침, 혹은 수업의 역할을 하지만,

질문의 둘째 기능은 학습자의 생각을 확인한다는 점에서 평가와 점검의 역할을 한다. 질문하기라는 교육 행위는 수업과 평가를 하나로 만들어주는 연결고리이다. 이 두 기능이 조화롭게 발휘되는 교사 질문하기는 가장 효과적이고 가장 맥락화된 교실 문해력 평가이자, 따라서 학습을 위한 가장 중요한 평가 방법이 된다.

질문이란 무엇이고, 질문에는 어떤 유형이 있으며, 어떻게 질문해야 할까? 이에 관해서는 한 학기 강의를 해도 모자라지만, 중요한 것은 질문을 잘하는 교사가 교실 대화도 잘하고 학생과의 소통에도 능숙하며, 결국 잘 가르친다는 점이다. 질문을 잘하는 교사는 잘 배우기도 한다. 그들은 다양한 질문을 가지고 학생에 대해서, 학습에 대해서, 자신의 수업에 대해서 잘 배운다.

이제 질문의 수준과 유형, 질문의 방식과 맥락에 따라서 어떻게 좋은 평가가 일어날 수 있는지 간략하게 짚어보자.

질문의 수준

질문하기에 관한 첫째 주제는 '질문의 수준이 생각의 수준을 반영하고, 질문의 수준이 생각의 수준을 좌우한다'는 것이다. 우리가 하는 질문의 수준에 따라서 학생들도 그 정도 수준으로 생각한다. 평가로서의 질문 수준에 따라 우리는 그런 수준의 학생 수행을 알게 된다.

가령 기후 재난을 주제로 한 수업을 생각해 보자. 선생님은 수업 시간에 아이들과 기후 재난에 관한 글을 읽고 난 후, 아이들이 얼마나 글을 잘 이해했고 또 얼마나 맥락적으로 글의 의미를 판단했는지 평가하고 싶다. 이때 선생님은 다양한 수준의 질문을 유기적으로 연계에서 수업 활동을 만들 수 있다. 이렇게 글 읽기 수업에서 필요한 질문, 사고, 수행의 수준(또는 방법, 전략 등)을 다음의 네 가지로 나눠볼 수 있다.[3]

• **탐색과 확인** | 글 정보의 탐색과 확인을 요구하는 질문은 학생 독자가 글에서 필요한 정보를 찾아 정확하게 답할 수 있는지를 묻는다. 글 읽기에서 정보를 정확하게 탐색, 확인, 기억, 회상하는 기초 수준의 추론은 매우 중요하다. 글에 드러난 명시적 정보를 분명하게 확인하지 못한 채 심층적인 이해로 넘어가기란 쉽지 않다. 따라서 학생 독자의 명시적 정보 처리 및 단순 추론 능력을 평가하려는 질문은 모든 읽기 수업에서 매우 중요하다.

가령 "지구온난화의 원인은 무엇인가?"라고 질문해 보자. 보통 지구온난화를 다룬 글에는 그 원인이 무엇인지 간단하게라도 나와 있기 마련이다. 이때 "글에서 설명하는 기후 재난의 징후 세 가지는 무엇인가?"라고 물어보자. 이 질문에 답하려면 텍스트에서 기후 재난의 징후를 어떻게 설명하고 있는지 분명하게 찾아 확인할 수 있어야 한다. 이렇게 텍스트 정보에 기반한 명시적 글 이해를 평가하는 질문에서 학생들은 '여기 이런 정보가 있었네!'라고 답을 찾아낼 수 있다.

• **통합과 해석** | 좋은 글 읽기는 명시적 정보 이해보다 조금 더 높은 수준의 독해를 요청한다. 이를 위해 독자는 텍스트의 정보들을 연결하여 통합하고 그 의미를 해석할 수 있어야 한다. 이런 수준의 읽기는 명시적 정보 이해에 비해 학생 독자가 훨씬 더 깊은 수준에서 글 내용에 대해 생각하기를 요청한다. 정교화하기, 비교·대조하기, 범주화하기, 연결하기, 요약하기, 종합하기는 모두 심층 수준의 글 이해에 도움이 된다. 그렇다면 이런 수준의 독해는 어떤 질문을 통해서 안내 혹은 평가할 수 있을까?

가령, "이 글은 지구온난화의 과정을 어떻게 설명하고 있는가? 지구온난화의 과정을 순서대로 설명하시오"와 같이 물어보면 어떨까? 학생들이 읽은 글에 지구온난화가 발생하는 과정이 반드시 순서대로 나와 있지 않거나, 그렇다 하더라도 매우 복잡한 글의 정보와 논리 구조가 이 물음에서 요청하는 다층적 인과 구조의 파악을 방해할 수도 있다. 이런 글에서 지구온난화 원인의 순서를 따지는 일, 원인(들)과 결과(들)이 얽힌 인과 체계를 밝히는 것은 결코 쉽지 않은 일이지만, 학생 독자가 주어진 글의 정보를 바탕으로 그러한 인과 체계를 머릿속에 재구조화할 수 있다면 그 글을 더욱 넓고 깊게 이해했다고 말할 수 있다.

이런 질문은 또 어떤가? "기후위기에 대한 상반된 입장을 가진 사람들이 서로 어떻게 대립하는지 설명할 수 있는가? 그들이 제시한 근거들이 어떤 점에서 어떤 이유로 충돌하는가?" 그들의 근거가 어떤 점에서 일치하거나 일치하지 않는가?"라고 물어볼 수 있다. 특정한 현상, 문제, 쟁점에 대한 서로 다른 주장이 담긴 글을 읽는 다문서 읽기 활동에서는 각각의 주장을 분명하게 이해하고 그러한 주장을 뒷받침하는 근거를 명확하게 파악해야 하며, 각각의 주장이 어떤 점에서 충돌하고 있는지도 판단해야 한다.

이런 수준의 질문은 학생 독자가 글을 읽을 때 훨씬 더 분석적이고 통합적으로 생각하기를 요청하며, 따라서 이 질문은 학생들이 충분한 근거를 바탕으로 훨씬 정교한 해석을 내릴 수 있는지를 묻는다.

• **분석과 평가** | 글을 온전하게 이해하려면 텍스트의 목적, 내용, 표현, 의도, 형식 등 글 전반의 요소들을 두루 살피고 그 의도와 가치를 판단해야 한다. 분석과 평가는 독자가 글에 드러난 정보뿐 아니라 그 이면에 숨겨진 의도까지도 파악하여 글의 가치를 판단하는 고차원적 수준의 문해력을 요청한다.

글을 깊게 읽는 독자는 텍스트의 정보뿐 아니라 그것을 표상하는 어휘, 수사 등의 언어적 장치들을 파악하고, 정보의 구조 및 전개 양식과 함께 필요하다면 다양한 시각적 장치들을 분석함으로써 글을 생산한 저자의 의도와 논리를 근거를 들어 평가한다. 또한 글의 전반적인 가치를 판단하기 위해 글의 출처, 저자의 전문성과 신뢰성, 글의 생산 맥락(누가 언제 어떻게 왜 이 글을 썼는지)에 대해서도 살펴볼 수 있다.

분석적이고 비판적인 읽기 능력을 알아보려면(동시에 그런 수준의 읽기 능력을 발휘하게 하려면) 교사는 학생들에게 어떤 질문을 던지면 좋을까? 가령 "기후 재난에 대한 저자의 입장은 무엇인가? 기후 재난이 허구에 지나지 않는다고 보는 저자의 관점과 근거는 타당한가? 그렇다면 그 이유는 무엇이고, 그렇지 않다면 그것은 어떤 문제를 안고 있는가?" 이 질문들은 학생 독자에게 상당히 구체적이고 심층적으로 글의 의미와 가치에 대해 분석하고 판단해 보기를 요청한다. "여러분들이 읽은 글이 믿을 만한 정보를 제공하는가? 왜 그렇게 생각하는가?"와 같은 질문은 텍스트의 신뢰성에 대한 판단을 요구하는 질문이다. 또한 "저자의 전문성, 글에 인용된 자료의 출처, 논리 전개 방식이 합리적인가?"와 같은 질문은 학생들이 글의 전문성과 효용성을 판단하고 글 내용의 구조적 전개 방식 및 표현의 적합성에 대해 평가하기를 요청한다.

• **활용과 적용** | 마지막으로 읽기는 읽는 일에서 멈추지 않고, 읽은 것을 사용하는 것까지 나아간다. 글을 읽는 목적에는 실용성이 내포된다. 적극적인 독자는 글을 읽고 난 다음에 글에서 배운 내용을 다양한 문제 상황에 적용한다. 글 내용의 이해에서 끝나는 것이 아니라, 글 내용의 적용과 텍스트의 사용으로 나아가는 것은 매우 자연스럽고 확장적인 학습 독서의 과정이다.

텍스트를 사용하기 위해서는 텍스트가 가진 실제적 유용성을 파악할 수 있어야 한다. 특정 목적에 글이 얼마나 쓸모가 있는지도 파악해야 한다. 어떤 문제 상황에서 어떤 글을 이떻게 사용할 수 있을지도 맥락에 어울리게 판단해야 한다. 실용적인 독자는 글에서 읽은 내용을 재구성해서 문제 해결에 쓸모 있는 지식으로 만들어 적용한다. 그렇다면 이렇게 생산적이고 창의적인 수준의 생각을 촉진하려면 어떤 질문을 던져야 하는가?

이렇게 질문해 보면 어떨까? "기후 재난이라는 엄연한 현실을 거부하는 사람들이 있다. 이들을 설득하기 위해 포스터 자료를 제작하려고 한다. 어떤 내용이 어떤 방식으로 포함되어야 하고, 이때 무엇을 고려해야 하는가?" 이렇게 질문할 때 아이들은 논증적 주장이 내포된 포스터를 설계하기 위해 자신이 읽은 텍스트의 정보들을 조합하고, 필요하다면 추가로 정보를 더 찾아 확장해야 한다. 또한 글에서 분석한 다양한 관점과 이해관계를 바탕으로 기후위기 자체를 부정하는 사람들을 설득할 수 있는 표현과 장치도 고려해야 한다.

다음과 같은 질문도 좋다. "우리 지역의 기후위기 대응책 마련에 미온적인 국회의원에게 관련 제도 및 대책에 관해 질의하는 서신을 보낸다고 가정할 때, 어떻게 설득적인 논리를 만들어낼 것인가?" 이는 매우 고차원적이고 창의적이며, 논증적이면서도 맥락적인 사고를 요청하는 질문이다. 공식적 편지글이라는 결과물을 만들어내기 위해 다양한 글에서 읽었던 주장과 논리를 분석하고, 그 결과를 종합하고 지역사회의 사례와 정보를 통합할 수 있어야 한다. 이 역시 글에서 배운 내용을 새로운 문제 상황에 적용하는 실천적 사고력을 요청한다.

생각의 수준과 그에 어울리는 질문의 수준을 고려해서 다양한 질문들이 유기적으로 조합된 평가 과제를 설계하면, 교실에서 보다 풍요롭고 진지한 수업과 대화를 이끌 수 있다. 정교한 질문하기를 통해서 학생들의 생각을 다양한 수준에서 자극하고 안내할 수 있으며, 동시에 학생들이 각자의 수준에 어울리는 방식으로 글을 이해하고 활용하는지도 평가할 수 있다[자료2].

읽기의 수준	생각의 수준	질문의 수준(예시)
정보의 탐색과 확인	명시적 정보 탐색하기, 확인하기, 기억하기, 회상하기, 얕은 수준에서 추론하기 등	• 지구온난화의 원인은 무엇인가? • 이 글에서 설명하는 기후 재난의 징후 세 가지는 무엇인가?
내용의 통합과 해석	깊은 수준에서 추론하기, 정교화하기, 비교·대조하기, 범주화하기, 세분화하기, 연결하기, 요약하기, 종합하기 등	• 지구온난화의 과정을 순서대로 설명할 수 있을까? 어떻게 설명하면 좋을까? • 기후위기에 대해 상반된 입장을 가진 사람들이 어떤 주장과 근거를 제시하고 있으며, 이는 어떤 점에서 서로 충돌하는가?
텍스트의 분석과 평가	숨겨진 의미 파악하기, 텍스트 장치의 의미 파악하기, 정보의 중요성 판단하기, 저자의 의도와 논리 평가하기, 글의 가치 판단하기	• 기후위기에 대한 글쓴이의 입장은 무엇인가? 기후위기가 허구라고 보는 관점과 근거는 어떤 점에서 문제가 있는가? • 이 글은 믿을 만한 정보를 제공하고 있는가? 저자의 전문성, 글에 인용된 자료의 출처, 논리 전개 방식을 어떻게 평가할 수 있을까?
배움의 활용과 적용	유용성 파악하기, 맥락화하기, 문제화하기, 재조직하기	• 기후위기의 현실을 믿지 않거나 거부하는 사람들을 설득하기 위해서 포스터 자료를 만든다면 어떤 내용이 들어가야 할까? • 기후 대책에 미온적인 국회의원에게 기후위기 대응책에 대해 질의하는 서신을 보낼 때, 어떻게 그를 설득할 수 있는 논리를 만들어 낼 수 있을까?

[자료2] 읽기와 생각의 수준을 고려한 질문들

질문의 답은 어디서 오는가?

질문하기를 잘하려면 질문과 대답의 관계에 대해서도 분명하게 이해해야 한다[그림2].[4] 학생들의 글 읽기에 도움이 되는 좋은 질문, 그들의 읽기 과정에 수반된 생각과 능력을 포착하는 일은 생각보다 쉽지 않다. 그런데 질문을 만들 때 도움이 되는 방법 중 하나가 내가 만든 질문에 아이들이 어떻게 대답할 수 있을까를 먼저 생각해 보는 것이다. 교사가 만든 질문에 대한 답을 학생이 어디서 구할 수 있을지 예측해 보는 것이다.

글을 읽는 상황을 생각해 보면 정보가 나올 곳은 두 가지이다. 하나는 글, 다른 하나는 글을 읽는 독자이다. 교사가 수업 시간에 다루는 글에 관해 질문을 던질 때 그 답은 텍스트와 독자, 또는 그 중간 어디에서 반드시 나와야 한다. 그래야 아이들이 질문에 대답할 수 있다.

텍스트에서 바로 답이 나오는 질문을 '텍스트 명시적 질문'이라고 한다. 이 질문에 아이들이 의아해한다면, 교사는 "여러분이 읽은 글, 바로 거기에서 답을 찾을 수 있어요"라고 안내할 수 있다. 아이들이 텍스트 정보를 탐색하고 확인하는 능력을 충분히 갖추고 있다면 텍스트 명시적 질문에 무리 없이 답할 수 있을 것이다.

텍스트에서 분명하게 답을 찾을 수 있는 질문도 있지만, 텍스트 이면의 의미를 따져봐야 답할 수 있는 질문도 있다. 이를 '텍스트 암시적 질문'이라고 한다. 글에 담긴 정보를 서로 연결하고 통합해서 저자가 말하고자 하는 바를 해석하고, 글의 깊은 의미를 추론하고 분석해야 하는 질문이다. 이 질문을 던질 때 아이들이 어떻게 해야 할지 궁금해한다면, "당장 눈에 보이지는 않지만, 여러분이 글을 읽으면서 알게 된 내용, 여러분의 해석, 여러분이 글쓴이라면 독자에게 무엇을 말하고 싶었을지 파악해 보세요"라고 안내할 수 있다.

앞의 두 경우보다 조금 더 독자가 적극적으로 개입하기를 요청하는 질문도 있다. "이 글을 읽은 여러분은 지금 어떤 생각을 하고 있나요? 이 글을 바탕으로 여러분은 무엇을 말할 수 있나요? 이 글은 여러분과 여러분의 삶에 어떻게 연결될 수 있을까요? 왜 그럴까요?"와 같은 질문이다. 독자와 텍스트가 가까이 만났을 때 생성되는 질문이다. 글쓴이가 텍스트에 깊게 몰입하고 자신의 경험을 적극적으로 연결할 수 있을 때, 자신이 읽을 글의 내용을 새로운 상황에 적용해서 답할 수 있는 질문이다. 텍스트보다는 독자 쪽으로 더욱 이동한 질문이다. 이런 질문에 답하기 위해서 아이들은 글 내용에 기초해서 만들어낸 자신의 이해, 자신의 지식, 자신의 입장을 적극적으로 활용할 수 있어야 한다. 가령 "여러분이라면 글쓴이와 같은 상황에서 어떻게 행동했을까요? 왜 그런가요?" 같은 질문도 좋다.

그림책으로 질문하기

질문-대답 관계를 적용해서 질문하기 활동을 꾸며보자. '초롱이'라는 일곱 살 아이가 주인공인 이야기 그림책이 있다고 가정하자. 이야기의 한 부분을 읽어보자.

> 오늘은 초롱이에게 아주 중요한 날이에요. 초롱이 아빠도 퇴근길에 빵집에 들러 미리 주문해 놓은 예쁜 케이크와 초 일곱 개를 찾아오셨어요.
>
> 초롱이 엄마도 초롱이가 좋아하는 음식을 준비하셨답니다. 엄마가 생각할 수 있는 모든 것들이 준비된 것 같아요.
>
> 이제 초롱이 가족이 식탁에 함께 둘러 앉았어요. 엄마와 아빠는 환하게 웃으며 기뻐할 초롱이의 모습을 기대했어요. 하지만 어쩐지 케이크 앞에 앉아 있는 초롱이의 표정은 기뻐 보이지가 않네요.
>
> 그 모습을 본 아빠가 방에서 노트북 컴퓨터를 가져와 식탁 위에 올려 놓고 전원을 켰어요. 그리고는 누군가를 기다렸지요.
>
> 초롱이의 할머니와 할아버지가 화면에 등장했어요. 초롱이와 영상으로 대화를 하려는 것이었어요!
>
> 할머니와 할아버지의 웃는 모습이 화면 가득하게 보여요. 그제서야 초롱이의 얼굴에도 웃음꽃이 핍니다.

아빠의 케이크가 이렇게 달다니요. 엄마의 김밥이 이렇게 고소하다니요. 할아버지와 할머니의 얼굴이 이렇게 정겹다니요. 초롱이의 생일이 이렇게 행복하다니요.

이야기를 이해해 보자. 오늘은 초롱이에게 정말 중요한 날이다. 초롱이의 아빠가 회사에서 퇴근하면서 빵집에 들러 미리 주문해 놓은 케이크를 사 왔다. 초도 일곱 개 받아 왔다. 초롱이의 엄마는 바쁜 중에 음식을 마련했다. 초롱이가 좋아하는 김밥도 준비했다. 이제 가족끼리 조촐하게 잔치를 하려고 한다. 그래서 아빠, 엄마, 초롱이가 함께 식탁에 모여 앉았다.

그런데 초롱이 마음이 왠지 모르게 아쉽다. 이유는 잘 모르겠지만, 초롱이에게 중요한 날인데도 초롱이의 마음이 즐겁지 않다. 그래서 아빠가 생각한다. 그리고 노트북을 가져와서 누군가와 화상 대화 연결을 시도한다. 상대는 초롱이의 할머니와 할아버지였다. 초롱이를 정말 많이 사랑해 주시는 할머와 할아버지가 화면에 보인다. 할머니 할아버지는 이제 영상으로 초롱이 가족과 함께 잔치를 할 수 있다. 초롱이의 마음이 가볍고 행복해졌다. 자, 이제 여러분은 아이들에게 어떤 질문을 던질 것인가?

- 바로 거기에서 찾기 | 이 텍스트에서 바로 답을 찾을 수 있는 질문을 만들어 볼 수 있을까? "오늘은 초롱이에게 어떤 날인가?" 답은 중요한 날이다. 조금 더 추론하면 생일이다. "왜 그럴까?" 아빠가 케이크를 사 오고, 엄마가 음식을 준비하고, 온 가족이 모여서 초롱이를 축하해 주고 있다. 결정적으로 아빠는 케이크와 함께 초를 가져왔다. 텍스트에 분명하게 드러나 있는 정보들을 연결해서 아마도 이날이 초롱이의 생일이라는 것을 누구나 쉽게 짐작해 볼 수 있다.

한 번 더 물어보자. "그렇다면 초롱이는 몇 살일까?" 답은 일곱 살이다. 아빠가 케이크와 함께 초 일곱 개를 받아왔기 때문이다. 생일날에는 나이 수에 맞게 초를 준비해야 한다. 이 질문은 생일날이라는 배경지식을 활용해서 텍스트를 읽으면 바로 답을 찾을 수 있다.

• **다시 읽고 파악하기** | 그렇다면 한 번 더 생각해야 답을 찾을 수 있는 질문에는 어떤 것이 있을까? 가령 이런 것이다. "초롱이의 할머니, 할아버지는 지금 어디에 계실까?" "그래서 어떤 일이 벌어졌을까?" 이야기에는 그들이 어디에 있는지에 대한 정보가 없다.

다만, 할머니 할아버지가 초롱이와 멀리 떨어져 있다고 추론할 수 있다. 생일잔치에 참석할 수 없어서 할머니와 할아버지는 컴퓨터 화상으로 연결했다. 그들은 초롱이 생일날에 초롱이의 집을 방문하지 못할 만큼 멀리 떨어져 있을 것이다. 그곳이 할머니 할아버지의 집일 수도 있고 더 먼 외국일 수도 있다. 할머니와 할아버지가 어디에 있는지는 텍스트를 통해 분명하게 알 수 없지만, 영상 대화를 하는 상황과 초롱이가 할머니 할아버지를 만나지 못해 생일인데도 기쁘지 않다는 상황을 종합해 보면 이들이 서로 멀리 떨어져 있음을 짐작할 수 있다.

• **글쓴이와 만나기** | 독자의 의견과 해석을 조금 더 요청하는 질문은 어떻게 만들 수 있을까? 가령 "글쓴이는 초롱이를 어떤 감정으로 바라보고 있는가?"와 같은 질문은 텍스트 정보와 독자 배경지식에 더하여 '내가 글쓴이라면…'이라는 가정을 요구한다. 학생 독자는 글을 읽으면서 이야기의 상황을 파악해야 하고, 초롱이의 마음이 어떻게 바뀌고 왜 그렇게 바뀌는지 분석해야 한다. 초롱이에게 감정을 이입해 보거나 가족과 떨어져 있었던 자신의 경험을 떠올려볼 수 있다. 글쓴이가 초롱이의 이야기를 왜 이렇게 표현했을지 짐작해 보는 것도 좋다.

• **나의 경험 활용하기** | 이보다 독자 쪽으로 조금 더 많이 가 있는 질문

에는 어떤 것이 있을까? 가령 "여러분은 가족과 멀리 떨어져 지내본 경험이 있는가? 그때 여러분은 어떤 감정을 느꼈는가? 여러분의 감정은 초롱이이와 비교해서 어떻게 같거나 달랐는가? 왜 그랬는가?"와 같은 질문들이다. 이 질문은 글을 읽고 있는 독자의 경험을 최대한 활용하게 한다.

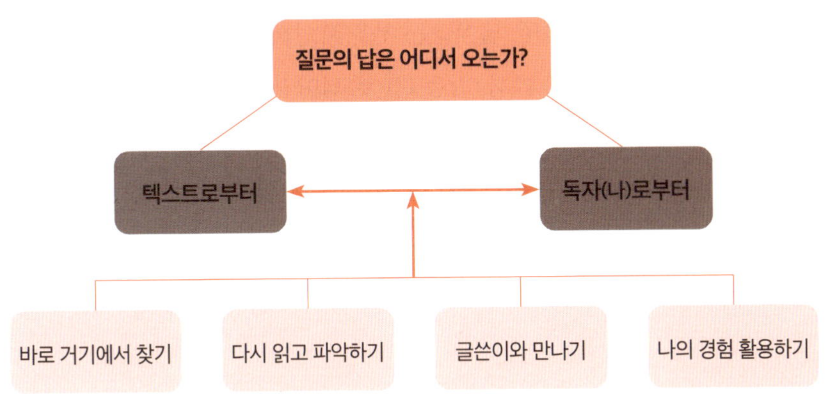

[그림2] 질문과 대답의 관계 모형

참여적 질문하기

질문은 실제로 하는 것이 중요하다. 질문도 중요하지만 '질문하기'가 더 중요하다. 질문을 만드는 과정, 질문을 나누는 과정, 질문에 답하는 과정 모두에서 '하기'가 중요하다. 이는 '참여적 질문하기'를 촉진한다. 선생님이 수업과 평가의 과정으로 질문을 하는 것이다. 질문하기는 가장 중요한 형성 평가로, 수업과 연계된, 학습을 위한 평가이다.

우리가 교실에서 학생들에게 질문할 때 익숙하게 사용하는 방식이 있다. 이 방식은 선생님들에게도 익숙하지만, 가정과 사회에서 다양한 질문을 '경험해' 온 아이들에게도 익숙하다. 이 방식은 교사가 질문을 먼저 던지고(I, Initiate), 학생이 답하며(R, Respond), 교사가 그에 대해 확인해 주는(E, Evaluate) 식의 순환 구조를 갖는다. 이를 줄여서 'IRE 질문하기'라고 하고, 그런 질문이 주를 이루는 교실 대화를 'IRE 교실 담화'라고 한다.[5]

가령, 교실에서 우리는 아이들과 이야기 글을 읽고 다음과 같이 대화를 시작한다. "이 이야기의 주인공이 누구지요(I-질문 던지기)? 그러면 학생이 "초롱이요(R-반응하기)"라고 대답한다. 그러면 다시 교사는 "잘했어요(E-평가하기)"라고 아이의 반응이 좋은 답이라는 것을 확인해 준다.

그리고 다음 질문, 다음 대화, 다음 IRE로 넘어간다. "우리가 읽은 글의 중심 내용이 무엇일까요?(I)" "초롱이가 할머니를 그리워하는 내용이었어요. 생일날이었는데 할머니랑 화상 채팅을 해서 즐거웠어요(R)" "잘 읽었어요. 좋아요(E)"와 같이 질문하기를 진행한다[그림3].

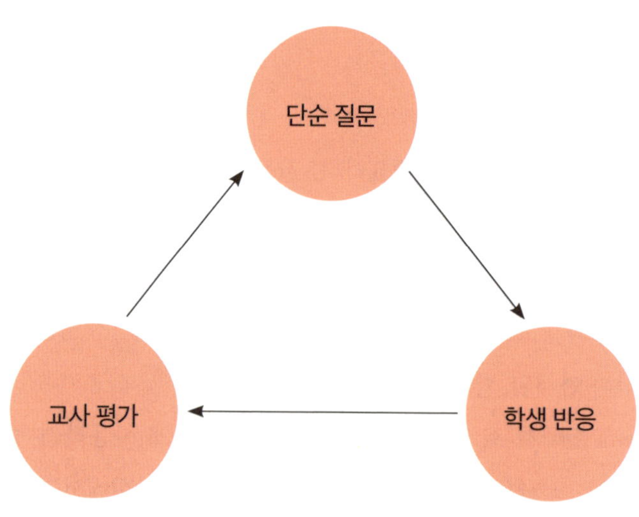

[그림3] IRE 단선적 교실 상호작용

이렇게 반복되는 대화의 공통점은 학생이 반응하고 교사가 그것에 대해 "잘했어. 좋아요"라고 평가한 후, 그것으로 대화가 끝이 난다는 점이다. 그런데 IRE 질문하기만으로 교실 대화를 이끌어가면 수업과 평가가 표피적이고 분절되기 십상이다. 이런 유형의 질문하기 혹은 대화에서는 학생들이 생각의 과정에 점진적으로, 심층적으로 몰입하기 어렵다.

우리는 질문하기를 조금 더 확장해야 한다. 그러기 위해서는 학생의 반응에 이어지는 추가 질문을 던져야 한다. 학생의 반응에 대해 정답 확인 이상의 피드백을 제공하면서도 동시에 생각의 흐름을 이끄는 질문, 생각과 생각의 연결고리를 만들어내는 새로운 질문을 제시해야 한다.

"오늘 읽은 이야기의 내용은 어떤 것이지요?"

"초롱이의 이야기였어요."

"초롱이의 이야기이군요. 조금 더 구체적으로 말해볼까요?"

"초롱이가 생일날인데 슬퍼했어요."

"그래요, 슬퍼했어요. 왜 슬퍼했지요? 무엇 때문에 슬퍼한 것일까요?"

"아마도 할머니랑 할아버지랑 화상 채팅을 해서 그런 것 같아요."

"그래요? 화상 채팅을 하면 할머니, 할아버지가 떨어져 있어서 참석 못 하신 것 같은데 그래도 즐겁지 않았을까요? 초롱이는 계속 슬펐을까요? 초롱이의 마음이 화상 채팅을 하기 전과 후에 어떻게 바뀌었나요?"

"아, 맞아요. 슬펐다가 기뻐진 것 같아요."

"이야기의 어느 부분에서 그렇게 생각했지요. 글로 돌아가서 한번 찾아볼 수 있을까요?

"마지막에 보니까 초롱이가 케이크와 김밥을 달고 맛있게 먹는 장면을 알 수 있어요. 아마 할아버지, 할머니랑 이야기하면서 가족과 음식을 나누어 먹은 것 같아요. 초롱이의 생일이 행복하다고 했어요."

이 대화에서 교사는 학생 반응에 대한 피드백과 함께 추가 질문을 제시하면서 교실 공동체의 글 이해 과정을 이끌어나간다. 교사가 학생에게 자신의 대답에 대한 근거를 텍스트에서 분명하게 찾도록 요구하면, 학생 독자는 글 이해 과정에 더욱 깊게 참여할 수 있다. 생각에 생각이 더해지는 질문, 질문이 만들어내는 새로운 질문이 제안될수록 학생들의 글 이해가 깊어지고 생각의 정교함이 증진된다.

학생들이 이 과정에 능동적으로 참여해 다양한 반응을 내놓을 때, 교사 질문하기는 가장 좋은 수업, 가장 좋은 대화, 가장 좋은 '학습을 위한 평가'가 될 수 있다. 더구나 아이들은 이런 대화의 경험을 통해서 생각하는 법뿐 아니라, 글을 이해하는 법, 대화를 하는 법까지도 넓게 배울 수 있다.

앞의 IRE 질문하기에서 필요에 따라 추가 질문들(Follow-up questions)과 피드백(Feedback), 즉 두 가지 F를 통합하면 훨씬 더 풍요롭고 유용한 대화 기반의 질문하기 평가를 실현할 수 있다. 이를 우리는 IRE-F 질문하기, 확장적 교실 담화라고 부른다[그림4].

학생 스스로 평가하는 교실

질문하기와 상호작용으로 생각을 이끌어내고 확인하는 평가 과정은 대부분 선생님이 주도한다. 하지만 교실 문해력 평가의 과정은 궁극적으로는 학생들이 교사라는 전문가가 어떻게 학습을 위해 평가를 수행하는지 보고 배울 수 있는 소중한 기회를 제공한다. 학생들이 교실 평가의 과정에 능동적으로 참여할 때, 일련의 전문가적 평가 과정을 관찰할 수 있는 기회, 그 능력과 태도를 내재화할 수 있는 기회, 한층 높은 차원의 메타인지적이고 비판적인 학습의 기회를 갖게 된다.

질문하기로 생각을 이끌어내는 과정은 직접적으로는 '교사의 평가'지만, 이는 질문하는 법과 생각하는 법, 그리고 그렇게 질문하고 생각하는 법들에

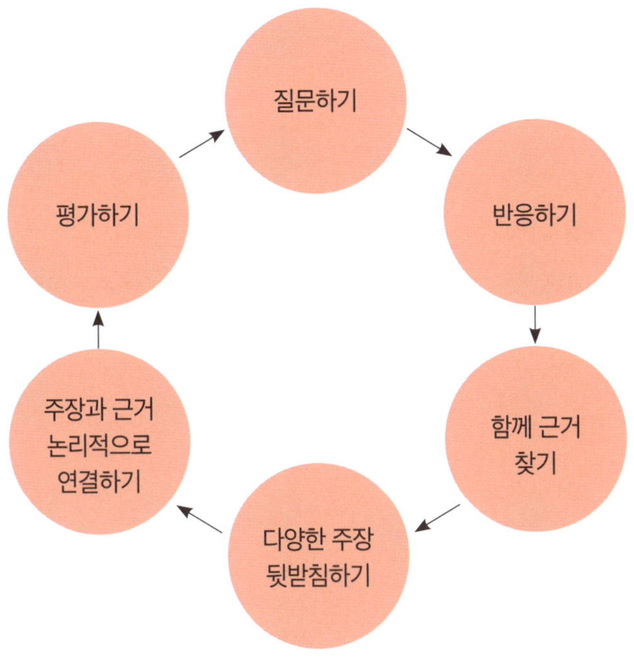

[그림4] IRE-F 교실 상호작용

대해 스스로 분석하는 법을 함께 배우는 '학생의 학습'이기도 하다.

아이들이 교실에서 일정한 시간 동안 꾸준하게 선생님과 함께 질문하기 활동에 참여하면 언젠가는 스스로 자신의 공부에 대해 질문을 던질 수 있게 된다. 이렇게 "내가 글을 어떻게 읽었지?" "이 글에 무슨 내용이 들어 있지?" "이게 맞는 것인가?" "근거가 무엇인가?" "나는 왜 그렇게 생각하지?"와 같은 질문을 스스로 만들고 답하는 과정을 우리는 '자기평가'라고 한다. 자기가 글을 어떻게 읽고 있는지, 잘 이해하고 있는지, 왜 그렇게 이해하고 있는지, 근거가 무엇이고 그것을 글에서 찾아 설명할 수 있는지 스스로 평가하는 것이다.[6] 매우 중요한 평가의 목적이자 쓸모이다.

교사 질문하기는 학생의 문해력 학습에 기여하는 교실 평가의 핵심이다. 질문은 대화를 이끌어낸다. 대화를 통해서 학습이 일어난다. 질문하기는 질문이 이끄는 대화의 참여자가 어떤 생각을 도출하고, 어떻게 앎과 성찰을 경험하는지, 얼마나 고차원적인 학습의 과정에 몰입하는지를 우리가 판단할 수 있도록 도와준다.

질문으로 생성되는 풍부한 대화는 그 자체로 좋은 평가의 근거 자료가 된다. 좋은 평가를 위해 우리는 대화를 분석한다. 따라서 질문하기는 어떤 면에서는 학습에 대한 '자료를 수집하는 과정'이다. 아이들은 바로 이러한 과정에 참여하면서 자신의 공부법, 학습 과정, 성취 결과를 분석하기 위한 자료 수집 방법을 배운다.

좋은 질문으로 가득한 교실

효과적인 질문하기, 학생의 자기평가를 촉진하는 질문하기에서 고려할 점들이 있다. 먼저, 아이들의 생각을 확장하는 질문 유형과 목적, 답의 출처와 답을 찾는 방법 등을 두루 고려해야 한다. 또한 정확한 언어로 질문해야 한다. 아이들이 질문을 잘 이해하지 못하면 선생님이 질문을 풀어 설명해야 한다. 너무 어려운 말로 된 질문으로 아예 대화가 시작되지 못하면 곤란하다. 아이들이 이해할 수 있는 말, 아이들의 언어로 질문을 쉽게 풀어줄 필요도 있다. 학습 발달 수준, 교과 지식 수준, 성취 수준이 각기 다른 아이들에게 친숙한 언어로 질문하면 누구든 그 질문에 반응할 수 있다.

더욱 중요하게는 아이들이 각자 혹은 동료와 협력하여 질문하도록 허락하자. 교사의 좋은 질문은 학생의 더 좋은 질문을 이끌어낸다. 학생의 질문은 교사의 질문에 대한 반응이자 학생이 아는 것과 모르는 것 혹은 알고 싶은 것을 반영한다. 학생의 질문은 학생이 어떻게 호기심을 갖고 생각의 깊이를 더하는지, 어떻게 새롭게 배우는 과정을 능동적으로 이끌어가는지 보여준다. 교사 주도의 질문하기가 학생 주도의 질문하기로 전환될 때, 자연스럽게 교실 대화의 역할과 책임을 학습자에게 점진적으로 이동시킬 수 있다.

무엇보다 아이들이 답할 시간을 충분히 주어야 한다. 질문을 해놓고 기다리지 않는다면 곤란하다. 교사가 조급하면 학생들이 말할 기회가 줄어든다. 질문을 하면 반드시 기다려주어야 한다. 아이들이 질문을 처리하고, 생각을 가다듬고, 자기 언어로 정리하는 시간이 필요하다. 학생들이 생각하고 말할 수 있는 기회를 충분히 주지 않고 질문하는 것은 청중 없는 독백과 같아서 효과가 떨어진다.

　이번에는 학습자의 정서적인 측면에 대해서 이야기해 보자. 문해력을 발휘하고 실천하는 것은 인지적인 활동이지만, 동시에 읽고 쓰는 일은 사람이 하는 사회적, 정서적 활동이다. 사회적이란 다른 이와 함께하는 것이고, 정서적이란 마음의 문제와 관련된다. 학습자의 정서는 외부 환경과의 상호작용을 통해서 사회적으로 형성되는 것이기 때문에 우리는 이를 '사회정서적'이라고 말한다.

　학습의 사회정서적 측면이 문해력의 수행과 성취, 문해력 발달과 문해자 성장에 중요하다면, 우리는 그것을 교실에서 평가할 필요가 있다. 사회정서적 평가는 인지적 평가의 결과를 보완해 주는 매우 중요한 교실 문해력 평가의 방법이다.

20장

마음가짐을 점검하는
문해력 평가

학생의 인지적 성취를 넘어 사회적, 정서적 성장에
초점을 둔 교실 평가는 가능할까?

· 사회정서적 평가의 중요성
· 읽기 태도와 읽기 흥미 진단하기
· 독서수업과 독서 역량, 독서 동기와 독서 몰입
· 읽기 수행에서 동기의 역할

주요 키워드
사회정서적 평가 / 독서 동기 / 독자 개념
독서 태도 / 독서 흥미 / 독서 효능감

1 어떤 마음으로 읽는가?

최근 문해력이나 학습 과학 분야에서는 학습자의 인지 과정이나 학습 결과에 대한 연구와 함께, 학습자의 동기와 정서가 이러한 인지 과정과 결과에 어떤 영향을 미치는지에 대한 탐구가 활발하게 진행되고 있다.

가르치고 배우는 일의 관계

학습자의 사회정서적 개인 차를 고려할 때 우리는 가르치고 배우는 일에 관해 새롭게 이해할 필요가 있다. 사회정서적 학습 연구는 교실에서 우리가 경험하는 교수-학습에 관해 변화하는 패러다임을 제안한다.

● **교수-학습** | 예전에는 교사가 A를 가르치면 학생이 A를 할 수 있게 될 것이라고 가정했다. 예를 들어 선생님이 '예측하기' 전략을 초등학교

4학년 아이들에게 가르친다고 생각해 보자. 선생님은 수업 시간에 여러 교과목에 걸쳐서 꾸준하게 예측하기 전략을 가르친다. 그리고 학기가 중간쯤 진행되었을 때 아이들이 실제로 예측하기 전략을 사용하면서 글을 읽는지, 그래서 글을 더 잘 이해하게 되었는지 관찰하고 측정한다. 연구자들은 학생들 사이에서 수업 효과가 관측되었을 때 '교사가 예측하기 전략을 꾸준하게 잘 가르치면 학습자가 예측하기 전략을 잘 배워 사용할 수 있다'는 결론을 내린다. 학생에게 인지적인 전략을 가르치면 그렇게 수행할 수 있다는 가정이다.

• **교수-동기-학습** | 하지만 교수-학습에 관해 추가로 던져야 할 질문이 있다. 앞서 예측하기 수업이 효과적인 이유가 무엇 때문인가 물어야 한다. 연구자들은 교사의 수업과 학생의 학습을 연결하는 중간 과정에서 어떤 요인이 중요하게 작용할 것이라고 생각한다. 이 질문에 답하기 위해 연구자들이 교수-학습 과정 정보에 더하여 학습자에 대한 정보까지도 다각도로 수집한다. 4학년 아이들에게 예측하기 전략을 가르쳐서 두 달 후에 그 전략을 어느 정도 능숙하게 사용할 수 있을 때, 무엇이 그러한 변화를 가져왔는지 답하기 위해서이다.

이 과정에서 연구자들은 예측하기 전략 수업에서 학생들은 대체로 글을 읽고 싶은 마음이 증진되었고, 예측하기 전략을 사용하는 일에도 능동적인 태도를 보이게 되었다는 변화를 발견했다. 아이들이 전략적으로 글을 읽을 때, 글 내용을 예측하면서 읽어보고 싶은 마음이 점진적으로 발현된 것이다. 책을 읽고 싶다는 마음, 글을 더 잘 읽고 싶다는 마음, 글 읽는 일이 재밌다는 마음이 싹튼 것이다.

예측하기 사용과 독해 증진이라는 학습 결과는 단지 교사의 예측하기 전략 수업뿐 아니라 그 수업을 통해서 아이들 안에서 생겨난 '읽고 싶은 동기'에 의해서도 설명된다.

여기서 새로운 관점으로 수업을 이해할 수 있다. '우리가 인지적인 수업을 할 때 아이들이 인지적으로 성취를 하는데, 그 중간에 동기라는 아이들의 책 읽는 마음이 작동하고 있었구나. 아이들이 글을 읽고 싶은 마음, 배운 것을 사용하고 싶은 마음이 들어야 하는구나! 그래야 잘 배울 수 있구나'라는 생각의 진전을 이룰 수 있게 된 것이다.

• 교수-동기-몰입-학습 | 연구자들은 또다시 질문한다. 아이들이 글을 읽고 싶은 마음이 든다고 모두 그렇게 예측하기를 잘할 수 있을까? 교사의 지도, 학생의 동기와 학습, 그것이 전부일까? 독서 동기와 독서 성취 사이에는 어떤 요소가 개입할까? 이런 질문들에 답하기 위해 연구자들이 정교한 실험과 교실 관찰을 시도하고, 학습 과정 데이터를 수집하고, 현장 교사와 학생들과도 면담을 진행했다.

이러한 새로운 시도에서 연구자들이 중요하게 발견한 것은, 아이들에게 글을 읽고 싶은 마음과 예측하기 전략을 사용하고 싶은 마음이 새롭게 생겨난 이유가 실제로 아이들이 예측하기 전략을 배우고 사용하는 일에 깊게 몰입했기 때문이라는 점이었다[그림1].

아이들이 수업 시간에 예측하기 전략을 사용하는 일에 열심이었다는 사실이 당연해 보이지만, 이 사실은 꽤 중요한 의미를 갖는다. 예측하기 전략을 잘 배운 학생들은 스스로 그렇게 하고 싶은 마음이 들기도 했지만, 실제로 시간과 노력을 들여서 예측하기 전략을 적극적으로 연습하고 시도해 보면서 더 잘 배우려고 애썼다는 점이다.

교사가 글 읽기에 효과적이라고 믿는 인지 전략과 기능을 가르치기만 하면 학생이 그것들을 당연히 습득할 것이라 생각하지만, 실상은 그렇지 않다. 학생이 시간과 노력을 투자하여 배움의 과정에 빠져들지 않는다면, 그 과정에서 진심으로 새로운 것들을 배우기 위해 탐구하고 실천하지 않는다면 실제 수업이 목표한 예측하기 전략을 '체득'할 수 없다.

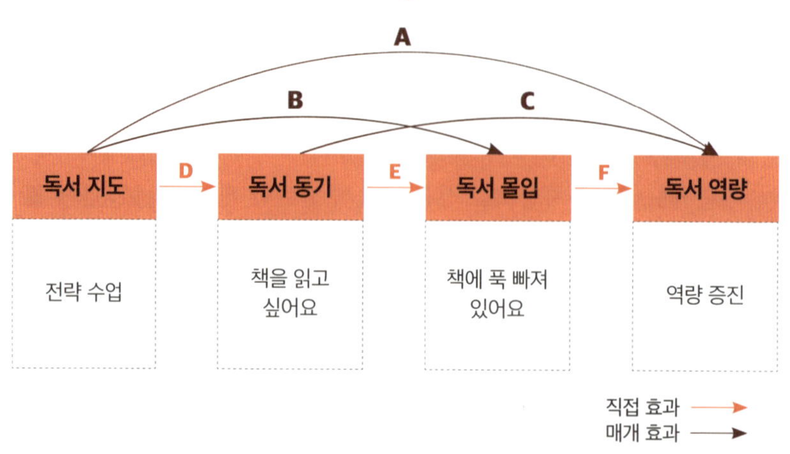

[그림1] 문해력 교실의 교수-동기-몰입-학습

아이들의 문해력을 키워주기 위해서는 무엇보다 아이들의 독서 동기와 독서 몰입을 북돋아주어야 한다. 문해력 수업의 성패를 좌우하는 가장 중요한 요인은, 문해력을 배우고 싶어 하는 학생들의 마음과 실제로 그렇게 하려는 노력과 의지이다. 기꺼이 배움의 과정에 몰입하고 배운 것을 실천하려는 학생들의 마음 상태가 중요한 것이다.

가르침과 배움의 과정을 채우는 학습자 정서, 그들의 관계적 경험과 배움의 의지 등을 무시하고서는 좋은 수업을 만들기 어렵다. 효과적인 읽기 수업을 설계하려면 효과적인 읽기 전략을 선정해 가르치는 것도 중요하지만, 어떻게 하면 학생들이 이런 효과적인 읽기 전략을 더 잘 배울 수 있도록 마음을 움직일 수 있을지, 어떻게 아이들이 흥미를 가지고 배운 것을 사용하고 활용하는 과정에 직접 참여하도록 지원할 수 있을지 고려해야 한다.

아이들이 시간을 갖고서 글을 읽는 일에 인지적인 노력을 아낌없이 투자하도록 긍정의 마음을 이끌어주는 수업이야말로 효과적인 문해력 수업의 근간이다.

읽고 싶은 마음에 관한 질문들

읽기 수행의 과정, 넓게는 문해 활동에서 학습자의 동기는 아무리 강조해도 지나치지 않다. 누구든 글을 읽고 싶은 마음이 클 때 많이 읽게 되고, 그래서 잘 읽게 될 가능성도 커진다. 잘 읽으면 읽는 일이 즐겁고, 책에 푹 빠져서 더 깊게, 더 즐겁게 읽을 수 있다. 이렇게 마음의 동기가 중요하므로 좋은 수업을 위해서는 학생 독자가 형성하고 있는 동기의 본질과 수준을 파악(평가)해 볼 필요가 있다.

이제 학습자 동기를 형성하는 몇 가지 측면들에 대해 이야기해 보자. 먼저, 교실 문해력 평가로 우리 아이들에게 글 읽고 싶은 마음이 잘 형성되어 있는지 알아보자. 학기 초나 학기 중간, 또는 학년이 끝날 즈음에 아이들을 대상으로 설문조사를 해보면 꽤 흥미로운 결과를 얻을 수 있다. 공유형 디지털 저작 도구를 활용해서 설문지를 만들면, 링크나 QR코드를 통해 아이들도 간편하게 설문 문항을 읽고 답할 수 있다[자료1].

설문조사 결과는 가정에서도 대화의 재료로 활용할 수 있다. 가령 "책 읽기는 내가 좋아하는 일 중에 하나다"라는 진술을 주고, 반응의 정도를 표현할 수 있도록 '늘 그렇다-자주 그렇다-종종 그렇다-전혀 안 그렇다'와 같이 선택지를 준다. 아이가 어떤 일을 판단할 때는 '그렇다/아니다'라는 이분법적 판단보다는 자신이 그 일에 관해 경험한 생각과 감정의 '정도'를 솔직하게 선택하게 하는 것이 좋다. 이렇게 정도 혹은 수준으로 답하면, 나중에 어른과 아이가 함께 생각할 거리, 이야기할 거리가 생긴다. 과연 아이들은 이 진술에 어떤 선택을 할까?

"재미있는 책을 읽으면 친구한테 이야기해 주고 싶다"라는 진술도 좋다. 이 역시 아이가 느끼는 감정의 정도를 몇 가지로 나누어 선택해 보게 한다. 고민도 판단도 대답하는 사람의 몫이다. "내 생각에 도서관은 시간을 보내기에 곳이다"라는 열린 질문도 좋다. 이 질문에는 첫째 '최적의 장소', 둘째 '괜찮은 장소', 셋째 '그저 그런 곳', 넷째 '따분한 곳'이라는 선택지를 줄 수 있다.

질문	늘 그렇다	자주 그렇다	종종 그렇다	드물게 그렇다	전혀 안 그렇다
책 읽기는 내가 좋아하는 일 중에 하나이다					
재미있는 책을 읽으면 친구 한테 이야기해 주고 싶다					
내 생각에 도서관은 시간을 보내기에 좋은 장소다					

[자료1] 독서 동기를 파악하기 위한 설문조사지

아이의 글 읽는 마음을 가늠해 볼 수 있는 항목을 5개 정도 만들어서 학기 초와 학기 말에 그 결과를 비교해 보자. 의외로 재미있는 결과를 얻을지 모른다. 학기 전후의 변화가 적잖이 관찰될 수도 있다. 물론 변화가 없을 수도 있다. 모든 문항에서 변화가 있을 수 있고, 어떤 특정한 문항에서만 점수가 달라질 수도 있다. 그것이 무엇이든, 우리가 관찰한 변화는 아이들이 그만큼 바뀌거나 성장하고 있음을 보여준다.

아이들의 독서 동기를 알아보기 위해 면담이나 대화를 시도해 볼 수도 있다. 교실 대화도 좋고, 기회가 된다면 교실 밖에서 진행할 수도 있다. 이런 대화는 심각하게 접근하려고 생각하면 힘들기 짝이 없다.

중요한 것은 어떤 질문, 어떤 관점을 가지고 대화에 임하는가이다. 예를 들면, "어제 뭐 좀 읽은 것 있니? 어제 읽은 것 아무거나 있으면 얘기해 줄 수 있어? 책도 좋고, 신문도 좋고, 인터넷도 좋고, 만화책도 좋아"와 같은 질문은 실제로 아이들이 일상에서 무엇을 읽고 보는지 알아보기 위한 질문이다. 아이가 대답하기를 머뭇거린다면 선생님 자신이 읽은 글과 책, 소셜미디어나 인터넷 뉴스 등을 먼저 이야기해 주이도 좋다.

"혹시 좋아하는 작가가 있니? 요즘에 읽은 책 중에 나한테 이야기해 주거나 추천하고 싶은 것이 있을까? 우리 한번 이야기해 볼까?"와 같은 질문도 좋다. 아이에게 좋아하는 작가가 있다는 것은 아이가 책을 좋아하는 긍정의 독자라는 잠재성을 보여주는 가장 중요한 지표 중 하나이다. '나는 ○○○ 작가가 쓴 책은 꼭 읽고 싶어'라는 마음이 들 정도면 꽤 많은 책을 찾아봤음에 틀림없다. 이런 대답은 아이에게 독서에 대한 선호와 흥미가 생겼음을 말해준다. 우리 교실의 많은 아이들에게 좋아하는 작가가 있다는 사실은 교실 문해력 공동체의 건강한 토대가 형성되고 있다는 것을 말해준다.

아이와 대화할 때 '좋은 것, 듣고 싶은 이야기'에만 집중하지는 말자. 아이가 "이 책은 읽지 마세요. 이런 건 보지 마세요" 같은 말들을 하는지도 살피자. 아이가 평소에 어떤 종류의 텍스트에 노출되어 있는지, 무엇을 보고 읽는지 간접적으로 알 수 있는 반응이자 새로운 대화를 이끌어낼 수 있는 단초가 된다. 아이의 상황에 따라 책과 글을 읽으면서 불편했던 경험, 마음에 들지 않았던 일을 나누는 것으로 대화를 시작해도 나쁘지 않다.

아이들이 독자로서 자기 자신을 어떻게 생각하는지도 물어보자. 아이들마다 각자 나름의 모습으로 형성하고 있는 자기개념은 '내가 나에 대해서 어떻게 생각하는가?'와 관련된다. 자기개념은 어떤 한 가지로 정의되기보다는 타인과 함께 하면서 겪는 일상의 경험과 감정, 다양한 문제 상황에서 필요한 이해와 판단, 이 과정에서 수반되는 언어와 관계 들이 총체적으로 연결되어 형성된다.

특별히 여기서는 독자로서의 자기개념이 중요하다. 학생이 스스로를 어떤 독자로 생각하는가? 좋은 독자인가 그렇지 않은 독자인가? 어려움을 많이 느끼는 독자인가, 자신감이 넘치는 독자인가? 훌륭한 독자인가, 최고는 아니지만 나쁘지 않은 독자인가? 글 읽는 사람으로 자신에 대해 스스로 판단하게 질문하고 도와주는 것이다.

몇 가지 예를 들어보자. 먼저, 독자로서 얼마나 '자신감'을 갖고 있는지 물어볼 수 있다. "여러 가지 어려운 단어를 배우는 데 익숙합니까?"와 같은 질

문은 아이가 어려운 단어, 낯선 어휘를 공부할 때 어느 정도 수월함을 느끼
는지, 어려움은 없는지, 마음 상태는 어떤지 등을 포괄적으로 묻는다. 이때
역시 아이의 대답을 '예/아니오'가 아니라, '아니다(1에 가까움)'에서 '그렇다
(10에 가까움)'까지 정도로 제시한다. 그래서 아이들이 자신의 판단에 어울
리는 숫자에 표시하게 한다.

이 설문 평가에 대강으로 임하는 아이들도 있겠지만, 대부분의 아이들은
자신의 판단을 5로 표현할지 6으로 정할지 고민한다. 그리고 5가 아니라 6
으로 선택할 때 아이들은 나름의 이유를 찾을 것이다. 자신에 대해서 한 번
쯤 예민하게 돌아보고 떠올린 생각들, 자신에 대한 판단과 근거가 자연스럽
게 교실 대화의 재료가 된다[자료2].

자신감과 관련해서 "책이나 글을 읽을 때 어려운 단어들이 나와도 기꺼이
잘 해결할 수 있나요?"와 같이 질문할 수도 있다. 학교에서든 밖에서든 글밥
이 많은 책을 읽다 보면 어려운 말들이 등장하기 마련이다. 그런 말들을 이

범주	질문
독자로서의 자신감	여러 가지 어려운 단어를 배우는 데 익숙합니까? (아니다) 1—2—3—4—5—6—7—8—9—10 (그렇다) 책이나 글을 읽을 때 어려운 단어들이 나와도 잘 해결할 수 있습니까? (아니다) 1—2—3—4—5—6—7—8—9—10 (그렇다)
독자로서의 태도	앞으로 글을 더 읽고 싶습니까? (아니다) 1—2—3—4—5—6—7—8—9—10 (그렇다)
독자로서 겪는 어려움	책이나 글을 읽을 때 실수를 많이 합니까? (아니다) 1—2—3—4—5—6—7—8—9—10 (그렇다) 교실에서 읽는 책이나 글이 너무 어렵습니까? (아니다) 1—2—3—4—5—6—7—8—9—10 (그렇다)

[자료2] 독자로서의 자기 개념을 조사하기 위한 설문조사지

미 다 알고 있다면 글 읽기가 어렵지 않을 것이다. 그런데 모르는 말들이 나올 때 '그냥 넘어갈래'라고 생각하는 것과 '이게 무슨 말이지? 앞에서 한 말이랑 연결되는 건가? 중요한 말인가?'라고 질문하는 것은 좋은 독자가 되는 길목에서 생각지 못한 큰 차이를 만들어낸다. 마찬가지로 이 질문에 대해 아이들에게 1에서 10까지의 선택지를 주자. 아이들은 평소에 생각해 보지 않았던 자신의 글 읽기 경험을 의도적으로 돌아보려고 노력할 것이다. "어려운 말이 나왔을 때 내가 무슨 생각을 했지? 어떻게 했지?"와 같이 말이다.

독자로서의 태도도 물어볼 수 있다. 가장 쉬운 질문은 "계속해서 더 읽고 싶은가요?"와 같은 것이다. 앞으로 책이나 글을 더 읽고 싶은지, 지금 읽고 있는 것이 마음에 드는지 등을 물어보는 질문이다. 독서에 대한 긍정적인 태도와 독자로서의 자신에 대한 긍정적인 마음이 형성된 아이라면 더 읽고 싶은 마음이 있을 것이고, 그렇게 더 찾아 읽는 것이 즐거운 일이라고 생각할 것이다. 읽기 태도는 과거의 경험에서 비롯되지만 미래의 행동을 이끄는 데 결정적 역할을 한다.

독자로서 겪는 글 읽기의 어려움들에 대해서도 물어볼 수 있다. "책이나 글을 읽을 때 스스로 실수를 많이 한다고 생각합니까?"라는 질문은 어떤가? 여기서는 '잘못'이라는 말 대신 '실수'라는 말을 사용한다. 잘못은 '틀렸다'는 것이다. 실수라는 것은 일을 하는 중에 어떤 착오나 오류 등이 생겨서 어려움이 생기는 것이다. 잘못은 부정적이지만, 실수는 긍정적이다. 이 질문에도 1부터 10까지 정도의 선택지를 주자. 글 읽기에 실수를 많이 한다고 생각하는 아이는 10에 가까운 선택지를 고를 것이고, 이와 반대로 실수를 적게 한다고 여기는 아이는 1에 가깝게 선택할 것이다.

실수를 많이 한다고 대답한 아이는 정말 실수를 많이 해서 그렇게 대답할 수도 있지만, 자기 자신을 엄격하게 봐서 그럴 수도 있다. '나는 실수하면 안 되는 사람인데 실수를 하는 것 같아'라고 되뇌면서 한두 번만 실수해도 자신을 '실수투성이'라고 타박하는 아이들이 있다. 반면 실수의 연속인 아이가 오히려 실수를 하지 않았다고 판단할 수도 있다. 이런 미묘한 차이는 질문 뒤에 대화로 알아봐야 한다. 질문이 질문과 반응으로 끝나는 것이 아니라, 그것으로 교사가 필요한 질문을 만들어 대화를 이어나가는 것이 중요하다.

"교실에서 읽는 책이나 글이 너무 어렵나요?"라는 질문은 특별히 학교 수업과 관련된 글 읽기의 어려움을 묻는다. 수업 시간에 다루는 교과서 글이나 추가 읽기 자료가 아이들한테 너무 어려운지, 특히 어떤 아이들이 어려워하는지 파악할 때 좋다. 이는 아이들의 독해력을 근거로 파악할 수도 있지만 직접 물어볼 수도 있다. 이 질문에 아이들은 경험에 정서적인 반응이 더해져 의외로 솔직하게 대답을 한다.

이렇게 대화를 이끌어내면 학생들이 스스로 생각하는 수업의 수준, 활동의 수준, 독자로서 자신의 수준을 학생들의 언어를 통해서 파악해 볼 수 있다. 물론 이것만 가지고 모든 것을 완벽하게 알 수는 없지만, 아이들이 글을 이해하는 과정과 그 결과에 대한 면밀한 평가(수행평가, 지필평가, 교사 질문하기 등) 정보와 함께 연결해 보면 어느 정도 학생들 수준을 알아낼 수 있다.

읽기에 대한 태도

'읽기 태도'는 독자가 읽기라는 행위에 대해 가지고 있는 긍정적 혹은 부정적 마음의 경향성을 의미한다. 미국의 독서 연구자인 마이클 맥케나(Michael McKenna)와 동료들은 읽기 태도를 '공부를 위한 읽기'와 '여가를 위한 읽기'의 두 가지 맥락으로 나누어 연구했다.[1] 그들이 초등학생을 위해서 개발한 읽기 태도 검사 도구에 담긴 질문들을 활용해 보자[자료3].

먼저, 여가를 위한 읽기를 생각해 보자. 가령 아이들은 "비가 오는 토요일에 책을 읽고 싶은 마음이 드나요?"와 같은 구체적인 질문을 들으면 자신의 대답을 고민할 것이다. 물론, 요즘 아이들 중에 비 오는 토요일에 집에서 책을 읽겠다고 선택하는 아이, 실제로 그런 경험을 가진 아이가 얼마나 될지는

범주	질문
여가를 위한 읽기	비가 오는 토요일에 책을 읽고 싶은 마음이 드나요? ☺ / ☺ / ☺ / ☹ 선물로 책을 받으면 기분이 어떤가요? ☺ / ☺ / ☺ / ☹ 노는 것 대신에 책을 읽고 싶은 마음이 드나요? ☺ / ☺ / ☺ / ☹
공부를 위한 읽기	읽은 책에 대해 선생님이 질문하면 기분이 어떤가요? ☺ / ☺ / ☺ / ☹ 교과서를 읽을 때 기분이 어떤가요? ☺ / ☺ / ☺ / ☹ 교실에서 소리 내어 글을 읽을 때 어떤 마음이 드나요? ☺ / ☺ / ☺ / ☹

[자료3] 초등학생 읽기 태도 검사

모른다.

그러나 여전히 어떤 아이들은 토요일에 비가 온다면, 게임을 하거나 잠을 자거나 텔레비전을 보거나 부모님에게 마트에 가자고 조르는 대신에 '책 읽는 일'을 선택할 것인지 고민할 것이다. 이때 아이들이 수월하게 대답할 수 있게 스마일리 아이콘이나 가필드 고양이 캐릭터 등을 사용해도 좋다. 매우 기쁜 표정, 기쁜 표정, 그저 그런 표정, 매우 무료한 표정 등을 배치하고 아이들이 고르게 해도 좋다. 아이들이 표정을 고르면 선생님은 대화를 이어나간다. 설문조사를 넘어서 진솔하고 깊이 있는 교실 대화를 이끌 수 있다.

이런 질문은 어떤가? "선물로 책을 받으면 기분이 어떤가요?" 요즘 어른들은 감사와 격려의 선물로 책을 주면 대개가 부담스러워한다. 아이들에게도 선물로 기프티콘이나 현금이 아니라 책을 받는 일이 드물지 모른다. 하지만 여전히 책을 주면 좋아하는 아이들도 많다. 어린아이들일수록 훨씬 책에 대한 흥미가 높다. 지레 아이들이 게임이나 장난감만 좋아할 거라고 생각하는 것은 어른의 판단일 뿐이다. 이 질문에 아이들이 조금 진지하게 대답해 볼 기회를 주자. 경험을 나누면서 교실 대화를 유도해 보자.

책에 대한 흥미나 동기는 사회적 맥락 안에서 생성되고 변화한다. 안타깝지만 책에 대한 아이들의 흥미도는 초등학교 고학년을 넘어가면서 급격하게 저하된다. 나이가 들수록 책보다 재미있는 것들(운동, 게임, 소셜미디어 등)이 많아지는 것도 그렇지만, 아이들이 자라면서 어른들로부터 듣는 부정적인 피드백(성적과 등수)이나 책 읽기에 대한 부담(숙제와 시험을 위한)도 한몫한다. 아이들이 책과 글 읽기에 흥미를 잃게 되는 것은 아이만의 문제가 아니다. 가정의 무관심, 학교의 경쟁, 글 읽기가 중요하지 않은 것처럼 보이는 사회적 맥락, 책을 소중하게 다루지 못하는 문화적 경험이 모두 아이들을 책으로부터 멀어지게 만든다.

"노는 것 대신에 책을 읽고 싶은 마음이 드나요?"라고 물어볼 수도 있다. 중학생한테 물어보면 대부분 '아니오'라고 답할 것이다. 청소년들에게는 책 말고 재미있는 것이 너무 많기 때문이다. 혼자 있는 시간이 길어지는 요즘 같은 세상에서는 아이들이 밖에서 친구들과 즐겁게 시간을 보내는 것이 오히려 좋아 보일 정도로 스마트폰 사용 시간이 급격하게 늘어나고 있다. 대부분의 아이들은 스마트폰으로 유년 시절을 보낸다.[2]

어린 시절부터 일상적으로 흔하게 경험하는 스마트폰에는 현대인에게 필요한 소통, 정보, 오락 기능이 모두 있어서 언제든 주의를 빼앗길 수 있다. 스마트폰과 책 중에 과연 얼마나 많은 아이들이 책을 선택할까? 우리 아이들에게는 책 읽는 일이 어려운 일, 재미없는 일, 시간만 잡아먹는 쓸모없는 일이 되어버린 것이 아닐까?

이런 변화에 영향을 미치는 맥락적인 요인이 디지털 환경이다. 독서 태도 형성에 디지털 환경이 전적으로 나쁘다는 것이 아니라, 사회가 급속하게 디지털적으로 바뀌면서 아이들이 쉽게 시간을 보내는 선택지가 많아졌고, 따라서 독서는 그 많은 선택지 중에 단지 보잘것없는 하나가 되어버렸다.

예전에는 놀이의 선택지가 그렇게 많지 않았다. 밖에 나가 뛰어놀거나, 형제들과 노는 것, 딱히 놀 것이 없어서 따분하게 시간을 보내면서 놀기도 했다. 하지만 디지털 세상에서는 스마트폰만 있으면 모든 것이 놀 것이다. 그것으로 할 일이 많아졌고, 그렇게 하느라 시간이 모자랄 지경이다. 그래서 스마트폰 대신에 책을 선택한다는 것은 지금 아이들한테 결코 쉬운 결정이 아니다. 이러한 사정은 어른들이라고 별반 다르지 않다. 디지털 세상에서 책 읽기를 선택하기 위해서는 그 어느 때보다 우리 모두에게 각별한 태도와 마음가짐이 필요하다.

아이들에게 또 이렇게 물어볼 수 있다. "교과서를 읽을 때 기분이 어떤가요?" 교과서를 읽을 때 얼마나 많은 아이들이 행복할까? 즐거움을 느낄까? 이 질문은 누구도 하지 않지만, 반드시 해보아야 할 질문이다. 요즘에는 많은 아이들이 사교육으로 대부분 학교 교육을 미리 배우기 때문에, 학교에서 읽어야 하는 교과서가 아이들에게 얼마나 흥미로울까 의문이 들기도 한다. 이런저런 방식으로 학교 교육의 내용을 미리 다루는 사교육 환경에서는, 아이들이 학교에서 배울 많은 것들을 미리 배우고 교실에 들어온다. 그래서 공교육 안에서 아이들에게 글 읽기를 가르치는 일은 정말 쉽지 않다.

학교 밖 사회는 왜 우리 아이들이 글을 읽지 못하는가, 교과서를 이해하지 못하는가, 왜 문해력이 저하되었는가, 왜 세대 간 의사소통이 어려운가 타박한다. 선생님, 학교, 교육당국은 대체 무엇을 하는가 묻지만, 학교 안에서 살아가는 사람들은 그런 비난과 질타에 대응해서 학교를 바꾸는 일이 정말 쉽지 않다는 사실을 절감한다.

근본적으로 학습자의 흥미 결핍은 우리 교육을 어렵게 만든다. 흥미는 새로움에서 생겨난다. 사교육에서 모든 걸 배우고 온 아이들에게 교실에서 읽는 교과서와 글이 새롭게 다가오지 않는다. 새롭지 않으면 흥미가 생기기 어렵고, 배우는 일이 흥미롭지 않은 아이들의 교실에서 흥미로운 수업을 진행하기란 여간 어려운 일이 아니다.

조금 더 물어보자. "교실에서 소리 내어 글을 읽을 때 어떤 마음이 드나요? 즐거운가요? 뿌듯한가요? 아니면 부끄럽거나 움츠러드나요? 자신이 없나요? 따분하고 하기 싫은가요?"와 같이 구체적으로 물어볼 수도 있다. 소리 내어 읽기 활동은 읽기 유창성을 익히는 가장 좋은 방법이자, 그것을 바탕으로 활기찬 대화를 시작하는 수업 전략이다. 특히 초등 저학년에서 많이 필요하고, 중학교에서도 중요한 부분에서 글을 함께 소리 내 읽으면서 대화하는 것도 좋다. 이렇게 하면 주의 집중도 잘된다.

그런데 어떤 아이들은 중학생이 되어도 소리 내어 읽는 데 익숙하지 못하다. 읽기 유창성이 발달하지 않아서, 단어를 잘못 읽어서, 글 내용이 이해되지 않아서 잘 읽지 못하면 아이들의 자신감이 떨어질 수밖에 없다. 작은 목소리로 읽고, 입만 움직이고, 읽는 척을 하는 일들이 생긴다. 이는 단지 인지적인 원인도 있지만, 정서적으로도 문제가 될 수 있다. 인지적인 어려움이 정서적인 어려움으로 연결될 때, 아이들의 자신감이 떨어지고 소리 내어 읽는 것에 대해 부정적인 태도를 갖게 된다면 더 큰 문제가 될 수 있다.

그러니 소리 내어 읽기 활동을 할 때는 모든 아이들이 참여할 수 있도록 적합하게 도움을 주어야 한다. 필요하다면 좋은 독자(선생님)를 따라 소리 내어 읽어보게 하는 것도 도움이 된다.

읽기에 대한 흥미

읽기 흥미에 대해 말해보자. 글 읽기에 대한 아이들의 흥미는 대화를 통해 파악할 수 있다. 문해력 교실에서 아이들의 흥미를 아는 것은 매우 중요하다. 학생들이 무엇을 좋아하는지, 무엇에 관심 갖는지, 어떤 경우에 주의를 집중하는지 알면 문해력 수업에서 중요한 의사결정을 하는 데 큰 도움이 된다. 가령, 다음과 같이 쉽게 물어볼 수 있다.

"최근에 어떤 책들을 읽었나요? 제목과 내용을 이야기해 주세요. 작가 이름을 함께 말해 주어도 좋아요." 아이들의 최근 독서 경험을 물어보자. 가장 신선한 기억부터 떠올리게 하는 것이다. "새로 읽어 보고 싶은 분야나 주제가 있습니까? 아무것이나 좋으니까 얘기해 주세요. 왜 그런지도 함께 얘기해 주세요." 이런 질문에 아이들은 "음식에 관심 있어요." "운동에 관심 있어요." "동물에 관심 있어요." "몇 살이 되어야 운전할 수 있는지 알고 싶어요." 등 생각보다 많은 것들을 꺼내놓을지 모른다.

"지금 특별히 좋아하는 취미가 있나요?"와 같은 질문은 상당히 중요하다. 아이들이 학교 바깥에서 재미있게 몰입해서 할 수 있는 것, 그것에 대해서 읽고 쓰는 것은 즐거운 일이 될 수 있기 때문이다. 게임을 좋아하는 아이들에게 게임 판타지 소설을 읽게 하면, 다른 책과 달리 열심히 몰입해서 잘 읽는다. 왜 그럴까? 게임에 관한 배경지식을 많이 가지고 있고, 게임에 대해 알고 싶은 것들이 많기 때문이다. 자기가 즐기는 게임과 소설에 나오는 내용을 비교하면서 자연스럽게 분석적 읽기에 빠져들 수도 있다. 흥미가 즐거운 독서 경험을 이끈다.

"교과서 말고 다른 책들 중에서 가장 재미있고 유익했던 책을 골라볼까요?"라고 물어보면서 예를 보여줄 수도 있다. 역사책, 운동에 관한 책, 과학 소설, 모험담, 성장 소설, 고전, 전기, 자서전, 추리 소설, 만화책 모두 괜찮다. 책들의 종류를 나열하고 아이들이 좋아하는 것을 선택하게 해보자. 학생들마다 선호하는 책의 유형이 다를 것이다. 만화책을 고른 학생이 많을지 모른다. 하지만 의외로 역사책을 고르는 학생이 많을 수도 있다. 청소년들 중에는 추리 소설을 좋아하는 경우도 많다. 이렇게 책에 대한 학생들의 선호를 조사하고, 우리 교실의 '독서 경관'을 그려보자[자료4].

질문	나의 대답
최근에 어떤 책을 읽었나요?	제목과 내용을 이야기해 주세요. 작가 이름을 말해 주어도 좋아요.
새로 읽어보고 싶은 분야나 주제가 있나요?	아무것이나 좋으니 이야기해 주세요. 왜 그런지도 함께 말해 주세요.
특별히 즐기는 취미가 있나요?	어떤 취미인지, 무엇이 좋은지, 왜 즐기는지 이야기해 주세요.
교과서 외의 책 중에서 가장 재미있고 유익하게 읽었던 책을 골라주세요. • 역사책　　• 옛날이야기 • 운동에 관한 책　• 전기나 자서전 • 과학 소설　• 추리 소설 • 모험담　　• 극 이야기 • 어린이 소설　• 만화책	왜 그렇게 생각하는지도 이야기해 주세요.

[자료4] 읽기 흥미 파악을 위한 설문조사지

사회정서적 문해력 평가의 중요성

'사회정서적 문해력 평가'는 인지적 전략과 기능을 평가하는 것 못지않게 중요하다. 왜냐하면 글을 읽고 쓰는 사람으로서 학생을 이해하기 위한 맥락적 정보를 제공한다. 이런 평가는 성적에 들어가지 않기 때문에 학교에서 자칫 소홀해지기 쉽다. 선생님의 관심도, 학부모의 호응도 이끌어내기 어렵다. 간혹 학생들이 "그걸 왜 물어봐요?"라며 정색할지도 모른다. 우리 교실에서는 성적이 중요하고, 시험을 잘 보는 것이 최선이며, 그것이 학교 공부이자 읽기의 목적이라고 생각하는 아이들이 많다.

그러나 독자의 사회정서적 마음가짐을 점검하는 다양한 형식의 질문과 평가를 통해서 우리는 학생과 읽기에 대해 조금 더 잘 이해하게 된다. 가령, 학생들이 독서, 책, 미디어에 관하여 즐거웠거나 혹은 거북했던 경험을 나눌 수 있도록 기회를 만들 수 있다. 이 활동으로 책에 흥미가 없거나 글을 잘 읽지 않으려는 아이들의 문제를 의외로 잘 파악할 수 있다.

때로는 사회정서적 평가가 교실 모둠 활동이나 전체 교실 토론의 좋은 재료가 되기도 한다. 저마다의 기분과 감정에 솔직하게 반응하면서 아이들이 신나게 이야기할 수 있는 기회를 만들 수 있다.

아이들은 재미있는 것들에 대해서는 잘 이야기한다. 하지만 재미없는 것들이 왜 재미없는가에 대해서도 이야기하도록 촉진하자. 이런 대화는 글을 읽고 쓰는 주체로서 아이들의 경험을 이해하는 좋은 방법이다. 결국, 인지적인 평가 결과와 사회정서적인 평가 결과를 연결해 문해력 학습자에 대한 새로운 해석을 창안할 수 있을 때, 우리는 보다 온전하게 가르치고 배우는 일을 설계해 나갈 수 있을 것이다.

5부
AI시대, 읽기는
어떻게 지성이 되는가

　우리 교실의 아이들은 이제 완연한 모습을 드러낸 디지털 시대의 소통자들이다. 최근 인공지능의 대두와 일상화는 이러한 환경에서 살아갈 아이들과 청소년들을 안내하고 가르쳐야 할 우리 어른들이 다시 한 번 문해력의 의미와 기능에 대해서 고민하고 질문하게 만든다. 지금의 우리 아이들을 '미래 세대'라고 말한다면, 우리의 문해력 교육은 미래를 준비하는 미래 교육이어야 한다.

　디지털 인공지능 시대의 의사소통 환경을 생각하면서 가장 먼저 뉴미디어를 떠올려본다. 이전의 전통적, 관습적 미디어와 오늘날의 새로운 미디어들이 어떻게 같고 다른지 생각해 보자. 이러한 새로운 미디어 환경에서 특별히 요청되는 문해력에 대해서도 살펴보자. 뉴미디어 시대의 우리 아이들을 위해 무엇을 어떻게 가르쳐야 할지도 고민해 보자.

21장

뉴미디어 시대의 문해력

**디지털 뉴미디어 시대가 요구하는 문해력은 무엇이고,
어떻게 배울 수 있을까?**

· 청소년의 미디어 이용현황
· 리터러시의 주요 역사적 분기점
· 뉴미디어 시대의 문해력=텍스트읽기+미디어읽기
· 어떻게 (디지털)미디어를 바라볼 것인가
· 가짜뉴스 진단 도구

주요 키워드

뉴미디어 / 디지털 미디어 / 미디어 문해력

기술로서의 미디어 / 텍스트로서의 미디어 / 맥락으로서의 미디어

미디어 자료 읽기

1 미디어를 분별할 줄 아는 독자

참 많이 사용하는 말 중 하나인 '미디어'를 보자. 예전부터 있던 미디어도 있지만 디지털 시대가 되면서 새롭게 등장한 미디어도 많다. 새로운 미디어 환경에서 어떤 문해력이 필요한지, 어떻게 글을 읽고 쓰는 사람이 요청되는지 이야기해 보자.

청소년들의 미디어 사용

우리나라 10대 청소년을 대상으로 어떤 미디어(PC, 컴퓨터, 텔레비전, 라디오, 잡지, 종이신문 등)를 가장 많이 사용하고 또 중요하게 생각하는지 물어보면, 많은 학생들이 스마트폰이라고 대답한 지가 이미 오래이다. 반면에 청소년들이 가장 덜 중요하다고 말한 미디어는 종이 신문이다.[1] 어른들도 요즘에 종이 신문을 보는 사람이 거의 없다. 모든 신문이 인터넷으로 유통되기에 그렇다.

하루 평균 스마트폰을 이용한 시간이 얼마나 되는지 청소년들에게 물었더니, 2016년에는 하루 평균 한두 시간 사용한다고 응답했고, 2019년에는 거의 3시간 반 정도 사용한다고 응답했다. 이는 하루의 8분의 1에 해당하는 짧지 않은 시간으로, 불과 3년 사이에 스마트폰 평균 사용 시간이 두 배 이상 증가했다.

이런 경향은 시간이 지날수록 심화되는 것처럼 보인다. 2022년 청소년들의 하루 평균 인터넷 이용 시간은 약 8시간에 달하며, 그중 6시간은 스마트폰으로 소비되었다.[2] 잠자는 시간만큼이나 스마트폰을 사용하는 꼴이다. 더욱이 2024년 청소년 미디어 이용습관 진단조사에 의하면, 조사대상 약 125만 명의 초중고 학생들 중 인터넷-스마트폰 과의존 위험군 청소년의 수가 약 22만 명에 달했다.[3]

학교에서는 온라인 디지털 매체를 활용해서 다양한 수업을 진행한다. 코로나 팬데믹 중에는 아이들이 가정에 있는 시간이 훨씬 길어지고 혼자 있는 시간도 많아졌다. 동시에 스마트폰 사용 시간도 길어졌다. 아마도 아이들의 스마트폰 사용 시간이 더 이상 비약적으로 늘어날 일은 없을 듯하다(이미 길게 사용하고 있다). 하지만 스마트폰 의존율(몰입의 빈도와 강도)은 점점 더 커질 것으로 예상된다. 스마트폰으로 타인과 소통하고, 필요한 정보를 획득하고, 오락 기능까지 즐길 수 있으니 그것으로 못하는 것이 없게 되었다.

10대들이 많이 이용하는 디지털 인터넷 매체 중에 눈에 띄는 것이 소셜미디어 '틱톡'이다. 틱톡은 15초 영상만으로 모든 것을 해결한다.[4] 틱톡에서는 15초 영상으로 세상을 이해하고, 15초 영상으로 자기를 표현한다. 지금은 이런 쇼츠 형태의 영상 콘텐츠가 거의 모든 소셜미디어에서 유통된다. 지금의 이 상황은 어른 세대의 매체 형식, 의사소통 방식, 세상을 경험하는 방식을 생각해 보면 참 다르다. 그만큼 세상이 바뀌었다는 말이다[그림1].

특히 10대들은 다른 세대에 비해 압도적으로 온라인 동영상을 많이 본다고 한다. 실제로 해당 설문조사에 응한 청소년 중 열의 아홉은 동영상을 시

[그림1] 10대의 주 이용 매체(2025)

청한다고 대답했다.[5] 주요 뉴스를 어디서 접하는지에 대한 질문에서도 청소년 대부분은 온라인 동영상 플랫폼이라고 반응했다[그림2]. 아이들은 이제 더 이상 바깥에서 친구들과 뛰어놀며 시간을 보내지 않는다. 우리 아이들은 이미 스마트폰이 안내하는 소셜미디어와 인터넷 커뮤니티를 통해서 친구를 사귀고, 타인과 교류하며, 세상을 경험하고 받아들이면서 유년기와 청소년기를 보낸다.[6]

이렇게 인터넷, 스마트폰, 영상 기반의 뉴미디어를 통해서 정보를 주고받는 상황에서 적지 않은 사람들이 아직도 문해력이 중요한 것인지 의심한다. 그러나 두 가지 측면에서 문해력은 여전히 중요하다.

한편으로는, 문자 텍스트를 다루는 기회가 급격하게 줄어드는 현상에 반해 문자 텍스트를 읽고 쓰는 문해력에 대한 요구는 여전히 높다는 사실이다.

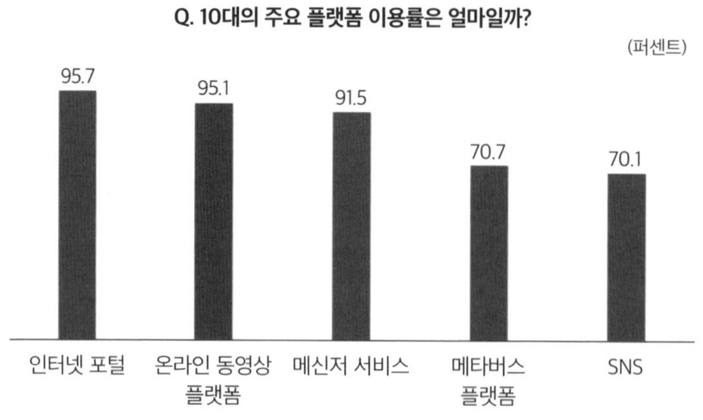

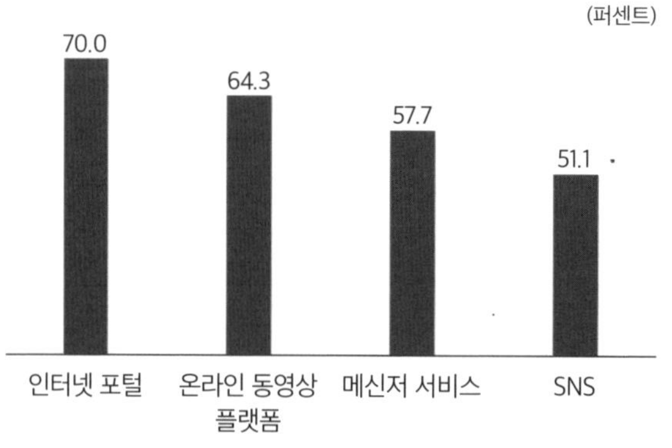

[그림2] 10대의 온라인 동영상 플랫폼 이용률(2025)

디지털 환경에서 우리 아이들이 문자 언어로 만들어진 글을 접할 수 있는 기회가 점점 줄어들고 있다. 여기서 줄어든다는 것은 절대적으로 줄어드는 것이 아니라 상대적으로 줄어든다는 것을 뜻한다. 문자 이외의 영상을 통해서 정보를 습득하는 일이 지배적이 되면서, 상대적으로 문자와 글을 접하고 다루면서 문해력을 연습하고 체험할 공간, 글을 읽고 읽기 능력을 연습할 시간도 줄어든다. 그러면 문자 언어, 인쇄 기반의 문해력을 배우는 일에 점점 더 소홀해질 가능성이 높아진다.

하지만 지금의 디지털 뉴미디어 세상에서도 여전히 많은 정보, 특히 중요한 정보는 문자와 문서로 기록되고 전달된다. 법 문서, 공공 문서, 국가의 기록, 개인 정보 등은 모두 문서로 기록되어 인증된다. 고도의 전문성을 요하고 앎과 지식을 다루는 학문의 영역에서는 여전히 문자 텍스트를 읽고 쓰는 역량이 전문가, 학자, 연구자를 정의하는 가장 중요한 역량이다.

따라서 문자 텍스트를 읽을 수 있는 전통적 능력은 일상생활에서도 전문 영역에서도 여전히 중요하다. 문자 언어로 이루어진 글을 읽는 것은 그 자체로 깊고 정교한 사고를 연습할 수 있는 중요한 기회를 제공한다. 문자와 텍스트를 읽는 일은 시각적 이미지를 처리하는 것과 달리, 추상적 기호를 풀어내는 고되고 복잡한 과정을 추가적으로 수반한다. 그걸 경험하는 것이 글 읽기의 지적 혜택이다.

다른 한편으로 보면, 뉴미디어 시대에 문해력이라는 개념도 새롭게 확장되고 있기에 시대 변화에 맥락화된 문해력은 지속적으로 중요한 역량일 수밖에 없다. 전통적인 문해력, 문자 언어를 이해하고 생성하는 문해력도 필요하지만, 새로운 사회에서는 새로운 매체를 가지고 새로운 방식으로 소통하는, 새로운 문해력도 배워야 한다. 인쇄 미디어에 기반한 문해력만이 문해력의 전부가 아니다. 이제 인쇄 기반 문해력 못지않게, 인공지능을 포함하여 새로운 미디어 기술을 활용하여 자료와 정보를 활용하고, 지식을 구성하며, 진실한 앎을 추구하는 '뉴미디어 문해력'은 새로운 문해력을 정의하는 데 결정적이다.

문해력이라는 것은 정보의 요구, 소통의 요구, 이를 통한 사람 간의 협력의 요구가 존재하는 한 언제나 그 형식과 유형을 달리하면서 가치와 기능을 발휘할 것이다. 사회적 환경이 급진적으로 변화하면서 문해력의 개념도 명민하게 확장될 것이기에 문해력의 중요성은 날로 증대할 것이며, 실제로 점점 복잡하고 고차원적인 수준으로까지 진화할 것이다. 그래서 우리는 문해력을 어떤 하나의 기능으로 좁게 제한하기보다는, 문해력을 규정하는 주체, 텍스트, 활동, 맥락의 변화 양상이 가진 복합성을 고려하면서 새롭게 정의하려고 시도해야 한다.

뉴미디어 시대, 청소년들의 미디어 분별력

미국의 스탠퍼드 대학에는 '스탠퍼드 역사 교육 연구소'가 있다. 이 연구소의 소장인 샘 와인버그(Sam Wineburg)와 그의 동료들은 '역사 문해력'의 개념과 교육론을 연구하고 있다. 이들은 역사적 문해력이 디지털 뉴미디어 환경에서도 핵심적이라고 주장하면서, 청소년들이 디지털 미디어 정보를 어떻게 합리적으로 읽고 판단하는가에 대한 연구들을 수행했다. 이는 디지털 사회의 '시민 문해력'에 대한 탐구라고 볼 수 있는데, 실제로 연구자들은 학생들에게 여러 인터넷 자료를 주고 그 진위 여부와 쓸모 여부를 판단하게 했다.[7] 그런데 이 연구에서 보인 청소년들의 디지털 시민 문해력의 수행 정도가 그다지 시원치 않았다. 연구자들은 보고서에서 "아이들은 소셜미디어에는 능숙하지만, 그들의 텍스트 정보 분별력은 당혹스럽고 암담하다"라고 일갈했다.[8]

예를 들면, 인터넷 자료의 상업적 의도를 파악하는 경우를 생각해 보자. 웹사이트, 온라인 뉴스, 인터넷 게시판 등에 보면 '후원' 또는 '스폰서'라는 말이 붙은 것들이 심심치 않게 보인다. 후원이란 돈의 문제와 관련되는 것으로, 해당 콘텐츠가 제작되는 과정에서 후원자가 가진 유무형의 경제적 영향력이 개입될 수 있음을 보여준다.

그런데 미국 청소년들에게 '후원 콘텐츠'라는 문구가 붙은 웹사이트를 보여주었을 때, 많은 수가 후원이라는 말을 확인하지 못했고 해낭 온라인 콘텐츠가 상업적 후원을 통해서 제작된 것임을 판별하지 못했다. 후원이라는 말

자체를 몰랐거나 혹은 그 말이 정보의 상업적 의도를 파악하는 단서임을 인지하지 못했기 때문에, 해당 웹사이트가 누군가의 재정적 지원을 통해서 만들어졌다는 생각을 아예 하지 못했다.

인포그래픽 읽기도 생각해 보자. 인터넷에는 인포그래픽이 넘쳐난다. 인포그래픽은 말 그대로 복잡한 정보나 데이터를 시각화하여 읽는 사람이 빠르게 이해할 수 있도록 돕는 시각디자인이다.

스탠퍼드 연구자들은 청소년들의 인포그래픽 읽기를 알아보기 위해 그들에게 같은 주제에 대한 서로 다른 관점의 인터넷 자료 두 가지를 주었다. 하나는 세련된 디자인과 색감의 인포그래픽이었는데, '셸'이라는 굴지의 정유회사가 '에너지 대전환'이라는 기치를 내걸고 (그들의 주장에 의하면) 상대적으로 깨끗한 천연가스를 적극 사용하자는 취지를 담은 것이었다. 반면에 다른 하나는 과학 잡지에 실린 줄글 기사였는데, 에너지 정책에 관해 논증하는 전문 과학자의 글이었다[그림3].

학생들은 이 둘 중에 어느 것이 더 믿을 만하다고 판단했을까? 실험에 참여한 대부분의 학생들은 인포그래픽을 더욱 믿을 만한 자료로 선택했다. 디자인이 정갈하고 한눈에 정보가 쏙 들어오는 명확한 자료라고 생각하고 고른 것이다.

그런데 그걸 누가 만들었는가? 셸이라는 정유회사가 만들었다. 셸은 화석에너지를 팔아 상업적 이득을 추구하는 회사이기 때문에 당연히 자사의 이익을 위해서 자료를 만들었을 것이다(그들은 인포그래픽에서 천연가스가 대체에너지에 비해서는 저렴하지만 환경에 미치는 영향은 석유보다 훨씬 덜한 '깨끗한 에너지'라고 홍보했다). 그러나 전문성과 객관성을 갖춘 해당 분야의 에너지 과학자가 작성한 기사는 언뜻 보기에 온통 어려운 단어와 문장으로 가득하고, 삽화 한두 개만 있기에 시각적으로도 세련되어 보이지 않았다. 학생들은 이런 글은 읽기도 어렵고 조악해서 믿기 어렵다고 판단했다.

여기서 우리는 미국 청소년들의 뉴미디어 텍스트를 읽는 능력이 얼마나

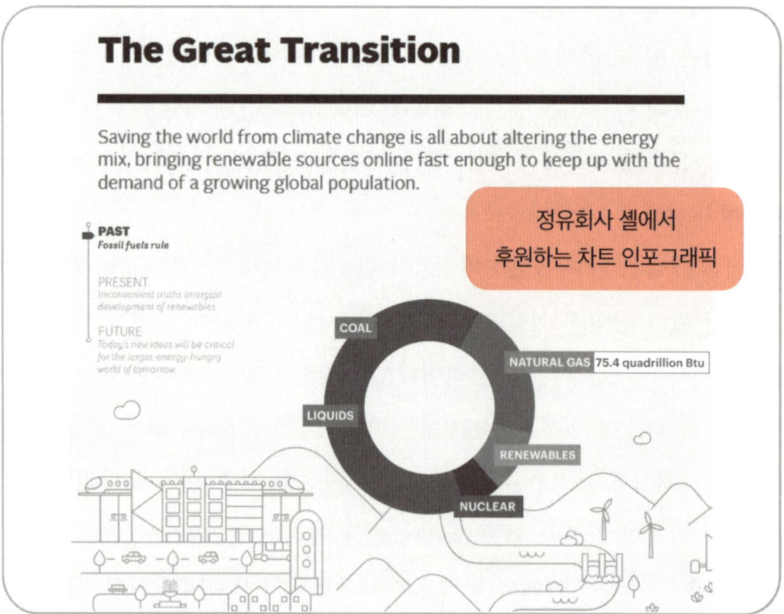

[그림3] 에너지 대전환에 관한 과학잡지 기사와 인포그래픽

떨어지는지를 짐작할 수 있다. 그렇다면 한국의 청소년은 어떨까? 아니, 어른들의 미디어 문해력은 어떨지 먼저 질문해 볼 일이다.

뉴미디어 시대의 문해력은 '텍스트 읽기 + 미디어 읽기'라고 정리할 수 있다. 그러니까 글은 단지 글로서만 존재하는 것이 아니라 글이 어떤 매체를 통해서 전달되는가에 따라 그 의미와 해석이 달라진다. 뉴미디어를 읽기 위해서는 텍스트 자체의 내용뿐 아니라 텍스트를 전달하는 해당 매체가 어떤 이념적, 정치적, 상업적 의도와 지향을 가지고 있는가를 함께 연결하여 생각할 수 있어야 한다. 분석적이고 비판적인 뉴미디어 문해력은 아이들만이 아니라 어른들에게도 마찬가지로 중요하다.

인터넷을 두리번거리다 보면 눈에 쏙 들어오는 제목의 기사들이 널려 있다. "노후를 어떻게 준비할 것인가?" "건강하고 자신감 넘치는 노후 경제를 위하여" 등과 같은 헤드라인은 중년의 어른들, 은퇴를 앞둔 사람들을 유혹한다. 그들은 앞으로의 노후에 대한 준비가 중요한 당면 과제이기 때문에, 이런 기사에 쉽게 시선과 마음을 빼앗긴다.

이런 기사들의 제목만 보면, 마치 노후 준비를 어떻게 해야 하는지, 재정을 기반으로 한 인생 계획을 어떻게 세워야 하는지 등의 내용이 나올 것 같다. 그런데 한참 기사를 읽다 보면 결국은 "보험을 들어라, 종신 보험을 들어라, 특정 보험 상품에 가입하면 노후를 대비할 수 있다. 투자하라. 이익을 놓치지 말라. 모두가 아는 길을 당신만 모르고 있다"라고 이야기하기 시작한다. 이런 기사성 광고들(기사가 아니라 광고)은 심지어 공공성을 중요하게 생각하는 유력 언론 및 일간지에도 심심찮게 등장한다.

상업적 텍스트 앞에서 우리는 어떻게 읽고 판단해야 할까? 우리는 텍스트의 내용과 맥락을 의심하면서 질문해야 하지만, 그것이 전혀 도움이 되지 않거나 심지어 해가 되는 것이라고 판단된다면 과감하게 던져버릴 수도 있어야 한다.[9]

문해력의 역사적 분기점

뉴미디어 시대의 문해력을 알기 위해 역사적 관점을 가져와보자. 인류의 문해 환경, 지금까지 우리가 읽고 쓰고 말하고 소통하는 환경이 어떻게 바뀌어 왔으며 어떻게 현재에 이르게 되었는가?[10]

인류가 언어를 쓰기 시작한 것이 짧게는 지금부터 10만 년 전, 길게는 20만 년 전 정도라고 한다. 이때 인류는 구두 언어, 즉 말로 소통했다. 그런데 원시 언어는 현대인의 말처럼 문법적으로 정교하고 어휘도 다양하며 누구나 알아들을 수 있는 것이 아니었다. 단지 간단한 형태의 설익은 규칙만 있었을 뿐이다.

그래서 말의 시대였음에도 말이 정교하지 않았기 때문에 여전히 인류는 말 이외의 다른 방식, 가령 몸짓으로 의사소통을 했을 것이다. 눈빛이나 얼굴 표정도 그랬을 것이다. 가끔은 낙서 같은 것도 했을 것이다. 이런 언어들은 해당 지역에 넓게 퍼진 인류가 사용하는 언어가 아니라, 단지 가족 혹은 부족과 같은 작은 공동체 단위에서 쓰였을 뿐이다. 그러니까 원시 시대의 언어는 언어 이외의 다른 양식들과 함께(이런 점에서 복합양식적이었다) 작은 집단 안에서만 자족적으로 사용되었다(이런 점에서 다중언어 사회적이었다).

입말의 시대를 지나 문자 사회가 정확하게 언제 시작되었는지는 분명하게 알 수 없다. 다만, 우리는 사료를 통해서 언제 누구에 의해서 문자가 만들어졌으며, 어떤 용도로 문자가 쓰이기 시작했는지 추론할 수밖에 없다. 역사가들에 의하면, 문자 사회의 역사는 고대 문자의 흔적으로 보아 지금으로부터 약 5,000여 년 전, 즉 기원전 3,000여 년 전으로 거슬러 올라간다. 이렇게 보면 인류가 문자 언어를 사용한 기간은 입말을 사용하던 구어 사회에 비해서는 정말 짧다. 만일 언어의 역사를 24시간으로 가정한다면, 인류가 문자를 사용하기 시작한 것은 아마도 마지막 한두 시간 정도밖에 되지 않을 것이다.

이 짧은 문자 역사의 여정에서 인류는 엄청난 문명 발전을 이루었다. 문자는 '기억'을 확장하는 '기록'을 가능하게 했다. 사람 두뇌의 기억 용량으로는 수많은 일들을 외워 머릿속에 집어넣거나 그것을 다시 꺼내 쓰는 데 한계가 있다. 그러나 기억해야 할 일들을 문자로 옮겨두면 그것은 정보가 되고, 그렇게 생긴 여분의 기억을 가지고서 혹은 그렇게 기록한 문자를 가지고서 조금 더 많은 생각, 조금 더 복잡한 생각을 할 수 있게 된다. 단순하게 말하면, 언어의 확장(말에서 글로)이 기억의 확장을 낳고, 기억의 확장이 생각의 확장을 낳았으며, 생각의 확장이 문명의 확장을 낳았다.

고대 문자를 사용하던 그 옛날 모든 사람들이 문자를 사용했을까? 모든 인류가 문자를 가지고 있었을 리도 없지만, 문자는 그 문자를 만들어 사용하던 문명에서도 문자가 필수품이어야 했을 사람들, 어려운 문자를 배우고 사용할 시간과 자원이 있는 계급의 전유물이었을 것이다. 복잡한 상거래를 정확하게 기억해야 했을 상인들이나 문자를 통해서 지배 문화와 규범을 유지하고 전수해야 했을 왕족이나 귀족층이 그들이었을 것이다.

평범한 사람들이 문자를 사용할 수 있게 된 시기는 정말 얼마 되지 않는다. 문자의 보급과 일상화는 서구에서는 활판인쇄술의 발명과 책의 보급을 통해서 시작되었다. 구텐베르크 활자가 발명된 것이 15세기 중반이다. 우리나라에도 금속활자가 있었는데, 서구보다 한 세기 정도 이른 시점이다. 여하튼 일반 대중이 문자라는 상징 기호와 책이라는 매체를 사용할 수 있게 된 것이 지금부터 불과 600년 안팎이다. 서구의 인쇄업자들은 금속활자로 많은 책들을 찍어낼 수 있게 되었고, 이로써 점점 더 많은 사람들이 일상에서 책을 읽을 수 있게 되었다. 책의 제작과 보급을 통해서 경전이 보급되었고, 학문의 심화와 분화가 일어났다. 합리적 이성을 중요시하는 근대성이 싹트면서, 책의 보급은 함께 읽으면서 공부하는 다양한 형태의 학교(또는 학파)를 가능하게 했다. 문자의 일상화, 책의 보급, 기록에 기반을 둔 사유의 확장과 정교화는 인류에게 새로운 문명 진화의 기회를 가져다주었다.

그렇다면 지금 우리가 말하는 미디어, 디지털 기술을 기반으로 한 뉴미디어는 언제 나타나게 되었을까? 여러 설명들이 가능하겠지만, 텍스트를 그물처럼 엮어놓은 하이퍼텍스트는 이전에 없던 혁명적 전자 텍스트라는 점에서 주목할 만하다. 전자적 하이퍼텍스트가 처음 소개된 것이 1960년대 후반이다. 이때 하이퍼텍스트는 하나의 컴퓨터 단말기 안에서만 기능했는데, 하이퍼텍스트의 정보성과 연결성을 높이 산 사람들은 서로의 하이퍼텍스트를 연결해 더 큰 하이퍼텍스트 시스템을 만들고 싶어 했다. 그래서 인터넷 기술이 개발되었고, 1990년대 들어서면서 월드와이드웹이 본격적으로 시중에 소개되었다.

리터러시 관점에서 보자면 디지털 혁명은 지금으로부터 불과 반세기가 되지 않는다. 입말의 10만 년 역사를 하루 24시간으로 본다면, 디지털 혁명의 시간은 그 하루의 마지막 30초 정도이다. 하지만 놀라운 것은 이 짧은 시간 동안 우리의 의사소통 방법과 문화, 사고방식, 일의 방식, 협력의 규칙과 삶의 양식이 미처 따라가기 벅찰 정도로 급격하게 바뀌고 있다는 점이다. 그리고 이제, 디지털 혁명의 역사는 '글을 읽고 쓸 수 있는 인공지능'의 등장이라는 예측 불가능한 새로운 전환점을 맞이하고 있다.

디지털 미디어를 바라보는 세 가지 관점

우리 교실의 학생들은 현대의 삶이 디지털적으로 전환되는 시점 혹은 그 이후에 나고 자란 아이들이다. 인터넷으로 생활의 일들을 처리하고, 스마트폰을 몸의 일부처럼 사용하면서 사람을 사귀고 문화를 즐기는 인류이다. 반면에 지금의 어른들은 인터넷과 스마트폰이 완전히 일상으로 스며들기 전에 태어나 자랐기에 이런 디지털적 변화가 급격하고 놀랍게 다가올 수밖에 없다. 하지만 학생들이 보기엔 이러한 급속한 변화가 아무것도 아니다. 그들은 늘 디지털로 읽고 쓰고 생각하고 살아왔기 때문이다.

그래서 우리는 디지털과 미디어를 중층적이며 광범위한 삶의 양식으로 이해해야 한다. 이에 디지털 미디어를 바라보는 세 가지 관점을 제시한다.

• 테크놀로지로서의 디지털 미디어 | 디지털 미디어를 테크놀로지, 즉 기술로서 보는 관점이다. 전자 기술, 디지털 기술, 인공지능 혁명이 진전되면서 만들어진 보편적이면서도 단순한 관점이다. 스마트폰, 태블릿 컴퓨터, 가상현실 체험 도구와 같은 디지털 장치에서 컴퓨터 소프트웨어, 스마트폰 애플리케이션, 각종 상호작용적 미디어 플랫폼과 인공지능 테크놀로지가 포함된다. 기술과 공학의 관점이자, 이와 연계된 산업 영역을 주도하는 지배적 관점이다.

디지털 미디어를 테크놀로지로 볼 때, 아이들에게는 그것을 도구와 자원으로 사용할 수 있는 힘이 필요하다. 그러기 위해서는 기술적 관점에서 디지털 미디어로 무엇을 할 수 있고 무엇을 할 수 없는지에 대한 도구적 이해와 지식이 필요하다. 각각의 기술이 가진 장단점이 다르고, 그것이 가져오는 혜택과 위험의 양상과 정도도 다르다. 중요한 것은 배움의 도구, 읽고 쓰면서 생각하고 소통하는 일에 도움이 되는 자원으로서 기술이 어떻게 활용될 수 있는지에 대한 분명한 지식과 관점이다.

• 텍스트로서의 디지털 미디어 | 디지털 미디어를 바라보는 도구적 기술 관점을 넘어서서 그것을 향유와 분석의 대상으로 바라볼 필요도 있다. 미디어가 반드시 어떤 '내용'을 생성하고 전달하기에, 미디어는 수많은 작은 텍스트를 유통하는 수단이지만 동시에 그 자체가 거대한 텍스트의 역할을 한다. 그래서 미디어를 텍스트로 보는 이 관점은 미디어 자체를 읽고 분석하고 평가해야 할 대상으로 본다.

이 관점은 우리가 '유튜브를 어떻게 읽을 것인가? 온라인 뉴스 미디어, 인터넷 커뮤니티 기반의 미디어들을 어떻게 읽을 것인가?'의 문제와 관련된다. 저널리즘과 미디어 리터러시 관점이 이런 문제를 분석할 때 도움이 된다. 디지털 미디어를 단지 '현란한 기술'이나 '놀라운 도구'로 보는 것을 넘어서 그것을 어떻게 분석적이고 비판적인 방식으로 이해하고 활용할 것인가의 문제는 미디어를 사용하는 목적과도 본질적으로 맞닿아 있다.

이를 위해서 우리 아이들에게는 미디어와 미디어 텍스트, 그것으로 향유되는 미디어 콘텐츠를 읽고 분석할 수 있는 지식과 전략이 필요하다. 또한, 각각의 미디어가 제공하는 정보 학습과 의미 구성의 새로운 가능성과 제한점을 판단하는 역량은 뉴미디어 문해력의 본질을 결정한다.

• 맥락으로서의 디지털 미디어 | 마지막으로 디지털 미디어를 삶의 맥락으로 보는 관점이다. 아이들은 태어나면서부터 이미 가정, 학교, 주변에 디지털 장치와 매체가 널려 있는 환경에서 자란다. 이때 미디어는 하나의 삶의 맥락이 된다. 아이들이 살아가는 세상, 아이들이 살아가는 삶의 방식이 미디어 맥락과 분리되어 이해되기 어렵고, 오히려 그것이 우리 아이들의 삶을 더욱 잘 설명해 주는 기제가 된다. 무인도는 원래 사람이 살지 않는 섬이지만, 지금 무인도는 디지털 신호가 터지지 않는 섬일 것이다.

이미 끝과 경계를 가늠하기 어렵게 이리저리 연결된 디지털 미디어들(그리고 사람들)은 우리가 그것을 얼마나 어떻게 사용하는가의 여부에 상관없이 우리 삶과 우리 자신을 정의하는 맥락이며, 우리가 읽고 쓰고 생각하고 살아가는 방식과 역량도 그 안에서 의미화 된다. 전파를 벗어날 수 없다면 디지털 맥락에서 벗어날 수 없으며, 이제 그런 곳은 지구상에서 찾아보기 드물다.

디지털 미디어가 맥락이라는 관점에서는 인식론적 사유 능력이 무엇보다 중요하게 요청된다. 앎을 경험하고 삶을 살아가는 동안 자신이 가늠하기 어려운 맥락 안에 놓일 때, 우리는 반드시 '내가 무엇을 언제 왜 그렇게 하고 있는가?' 스스로 질문할 수 있어야 한다. 우리 자신이 지금 선택하고 읽고 있는 것들, 수용하거나 거부하는 것들은 무엇이며,

그렇게 선택하고 읽고 판단하고 논쟁하면서 디지털 미디어와 상호작용하고 있는 '나'는 누구인지 질문해야 한다. 진실에 대한 질문, 자신에 대한 성찰, 글을 읽는다는 행위에 대한 의식성은, 우리 아이들이 언뜻 단순해 보이지만 정체를 알기 어려운 뉴미디어의 세계, 놀랍도록 불확실한 디지털 매체 환경에서 제대로 읽는 인간으로 살아갈 수 있는 최소한의 보호 장치, 지속가능한 안내자가 될 수 있다.

교과서 문해력을 넘어

전통적인 문해력, 문자 텍스트를 읽고 쓰는 문해력, 오랜 세월동안 물리적 교실 공간에서 우리가 가르치고 배워왔던 교과서 문해력을 확장하자. 이제 디지털 미디어가 세상 주변에 널려 있어 그것을 빼놓고는 삶이 설명되지 않는 시대에 교육자와 양육자들은 우리 아이이들의 문해력을 어떻게 이해할 것인지 고민해야 한다.

문해력의 의미를 확장해 보자. 이제 한 편의 글을 읽고 내용을 파악하는 문해력만으로는 부족하다. 다양한 상호작용 미디어의 등장은 새로운 문해력을 요구한다. 미디어 맥락에서 제대로 읽고 쓰려면 미디어의 특징과 목적, 그 안에서 사람들이 어떤 방식으로 미디어를 소비하는지 이해해야 한다. 개별 미디어의 특징과 맥락에 맞게 글, 자료, 정보를 합리적으로 선택, 처리, 판단하는 능력이 필요하다.

소셜미디어 텍스트와 그것이 소비되는 방식은 인터넷 포털에서 소비되는 정보 및 소비 방식과 비슷하지만 다르다. 물론, 이들은 전통적인 미디어로 제작, 유통, 소비되는 정보의 내용과 방식에서 비교해 보면 더욱 다르다. 미디어에 대한 이해, 미디어를 읽고 쓴다는 것의 의미를 생각하면서 새롭게 문해력을 정의할 필요가 있다.

그럼에도 불구하고 글 읽기 문해력은 여전히 중요하고 핵심적이다. 글 읽기는 우리를 매우 고차원적이고 정교한 사고 과정에 몰입하게 한다. 글 읽기는 인류가 발명한 가장 훌륭한 '사고 학습'의 도구이다. 디지털 미디어가 요청하는 새로운 문해력도 필요하지만, 전통적인 인쇄 기반 문해력도 여전히 필요하고 중요하다. 우리는 지금의 의사소통 환경을 디지털과 디지털이 아닌 것으로 나누는 이분법적 사고에 붙들리지 말아야 한다. 지금 이 시대는 전통적 미디어를 포함한 다양한 미디어들이 얽혀 만들어진 복합 미디어 사회이며, 그만큼 복합적인 문해력을 요청한다.

오늘날 뉴미디어 시대에도 수많은 정보들은 여전히 '글'의 형식으로 전달된다. 서류, 공문서, 계약서, 청구서, 행정 절차와 법령, 사회적 규약과 선언 등은 대개가 (디지털화된) 문자 텍스트로 전달된다. 여가를 즐기거나 생활 정보를 얻기 위해서는 영상과 이미지를 주로 소비하지만, 매우 정교한 방식으로 의미를 표현하고 소통해야 하는 상황, 개인과 공동체의 삶에 심대한 영향을 미치는 중요한 일들(판단 및 의사결정, 사회 참여와 갈등 조정 등)에서는 반드시 문자 언어로 구성된 텍스트가 수반된다. 고도로 정교해진 지식을 다루거나, 섬세한 생각과 논리를 논리정연하게 표현하고 소통할 때도 여전히 텍스트가 중요하다. 지식을 다루는 첨예한 인식론적 과정의 결과인 연구 보고서, 논문, 학술 서적에서 문자 언어 '쓰기'는 지배적인 양식이다.

동시에 이런 문자 텍스트들이 조금씩 바뀌고 있다. 지금의 연구 보고서, 논문, 학술서는 수많은 그림, 도표, 그래픽, 이미지들이 통합되어 출판된다. 어떤 정보들은 언어보다 시각적, 입체적 디자인으로 정보를 전달하는 것이 훨씬 더 효과적이다. 교과서만 봐도 다양한 양식들로 정보가 표현되어 있다. 법령과 행정 절차 등도 인터넷 누리집에서는 인포그래픽과 함께 제시된다. 이렇듯 미디어 시대의 텍스트가 변화하면서 그에 어울리는 문해력의 범위도 넓어졌다. 테크놀로지, 텍스트, 맥락으로서의 디지털 미디어가 만들어내는 소통 환경, 의미 환경, 문해 환경에서는 어떤 한 가지 문해력을 갖추는 것만으로 온전하기 어렵다.

가짜뉴스 진단도구

뉴디미어를 말할 때 가장 큰 관심거리가 가짜뉴스이다. 가짜뉴스를 분별력 있게 선택하고 읽는 것은 뉴미디어 시대의 중요한 문해력이다. 그렇다면 가짜뉴스는 어떻게 판별할까? 다음의 열 가지 질문은 아이와 함께 가짜뉴스를 검증할 때 던져볼 수 있는 것들이다[자료1].[11]

첫 번째 질문은 "나는 뉴스를 통해서 정보를 얻고 싶은 사람인가, 아니면 가짜뉴스를 전파하고 싶은 사람인가?"이다. 이 질문은 인터넷을 사용하기 전에 스스로 어떤 사람이어야 하는지, 그래서 무엇을 해야 하는지 돌아보게 한다. 아무 생각 없이, 늘 하던 대로 인터넷을 읽는 사람은 관성의 독자이다. 하지만 자기가 평소에 무엇을 보고 어떻게 생각하며 왜 그렇게 하는지 질문하면, 스스로 가짜뉴스의 전파자가 될지도 모른다는 위험성을 자각하게 한다.

이 질문과 관련하여 '오정보'와 '역정보'의 개념을 알아보자. 오정보는 정보의 진위를 확인하지 못한 상태에서 자신도 모르는 사이에 공유하고 퍼트리는 정보를 말한다. 역정보란 어느 누군가가 남을 속일 의도를 가지고 만든 명백한 가짜 정보이다. 역정보는 상당히 위험한데, 많은 대중들은 그것이 역정보인지 아닌지를 모르고 전파하거나 공유하기 때문이다. 그러니까 역정보를 오정보의 방식으로 퍼트리는 것이고, 이렇게 해서 인터넷 세상에 허위 정보가 넘쳐나게 된다.

두 번째 질문은 첫 번째 질문에서 이어진다. "평상시에 늘 하던 대로 뉴스를 아무 생각 없이 그냥 볼 것인가, 아니면 꼼꼼하게 분석하면서 읽고 싶은가?"라는 질문은 자신의 읽기 습관을 돌아보게 한다. 우리 아이들은 학교나 도서관에서 안전하게 검증된 정보를 접한다.

하지만 디지털 세상에 떠도는 많은 정보는 특별한 여과 장치를 거치지 않은 채 아이들 눈앞에 펼쳐진다. 인터넷 뉴스도 전문성과 정치적 편향성을 알 수 없는 수많은 언론사들에 의해 퍼진다. 기성 언론사라고 모두 믿을 수도 없다. 뉴스라고 무조건 믿을 만한 것도 아니다. 따라서 자신이 보고 있는 뉴스가 무엇을 어떤 맥락에서 어떻게 전달하고 있는지 반드시 확인해야 한다.

세 번째, "왜 내가 특별히 이 기사에 끌렸을까? 무엇이 나의 시선을 끌었을까? 무엇이 그렇게 매력적이어서 나는 이걸 클릭했을까?" 생각해 보아야 한다. 요즘 인터넷은 사람들의 관심을 먹고 자란다. 이를 '관심 경제'라고도 부르는데, 미디어 정보 생산자는 어떻게 하든 사람들의 관심을 끌기 위해('좋아요'와 '구독' 혹은 '공유' 버튼을 누르게 하기 위해) 갖가지 유혹 장치를 동원한다.

시각적으로 그럴듯한 이미지, 감정을 뒤흔드는 어휘, 분노를 유발하는 표현을 통해서 사람들의 관심을 끈다. 따라서 한 번쯤 자신이 왜 특정 기사를 클릭했는지 그 이유를 묻는 것은 인터넷 뉴스를 조금 더 안전하게 접근하는 전략이다.

네 번째, "이 기사를 내보낸 미디어가 어디인가? 신문사, 언론사, 아니면 인터넷 커뮤니티 혹은 특정 개인이나 집단인가? 이 기사는 어디에서 유통되고 있는가? 어느 웹사이트, 어느 소셜미디어, 누군가에 의해서 소비, 전파되고 있는가?" 확인해 보아야 한다. 앞에서 뉴미디어 읽기는 텍스트 읽기에 더하여 미디어를 읽기라고 했다. 미디어의 성격에 따라 텍스트의 성격과 본질이 판단되는 경우가 드물지 않다. 가짜뉴스에 속지 않기 위해서는 뉴스를 제공하는 곳이 신뢰할 만한 미디어인지 반드시 확인해야 한다.

다섯 번째, "이 기사를 쓴 사람이 누구인가? 그는 어느 신문사, 어느 기관에 소속되어 있으며 어떤 전문성, 신뢰성, 진실성을 갖추고 있는가?"를 확인해야 한다. 이는 자신이 보고 있는 정보 뒤에 누가 있는지를 밝히는 것으로 정보의 출처를 확인하는 작업이다.

뉴스와 정보의 출처를 알면 그 내용과 지향성, 목적과 의도 측면에서 많은 것들이 이해되기 시작한다. 아무나 하는 말을 들을 필요는 없다. 좋은 출처는 신뢰해야 하지만, 믿을 수 없는 출처는 비판적으로 무시하는 것도 하나의 전략이다.

여섯 번째, "이 기사의 내용을 내가 잘 이해하고 있는가?"라는 질문은 기본적이고 핵

1	나는 뉴스를 통해서 정보를 얻고 싶은 사람인가, 아니면 가짜뉴스를 전파하고 싶은 사람인가?
2	평상시에 늘 하던 대로 뉴스를 아무 생각 없이 그냥 볼 것인가, 아니면 꼼꼼하게 분석하면서 읽고 싶은가?
3	왜 내가 특별히 이 기사에 끌렸을까? 어떤 부분에서 그랬을까?
4	이 기사를 내보낸 미디어가 어디인가? 어디에서 이 기사를 찾았는가?
5	이 기사를 쓴 사람이 누구인가? 어느 신문사 또는 어느 기관에 소속되어 있는가? 그가 전문성, 신뢰성, 진실성을 갖추고 있는가?
6	이 기사의 내용을 내가 잘 이해하고 있는가?
7	이 기사에 문제가 될 만한 내용이나 비합리적인 근거가 포함되어 있는가?
8	이 기사에 반드시 들어가야 하는데 빠져 있는 건 없는가?
9	이 기사는 잠재적으로 누구에게 이득이 되는가, 누구에게 해가 되는가?
10	같은 주제와 내용을 다른 언론 기사에서는 어떻게 얘기하고 있는가?
11	이 기사가 저널리즘의 요건을 갖추고 있는가? 언론 기사의 윤리적인 규정들을 지키고 있는가?

[자료1] 가짜뉴스를 검증하기 위한 질문들

심적이다. 뉴스와 기사는 대부분 육하원칙에 의해 작성된다. 그래서 뉴스를 읽을 때는 언제, 어디서, 누가, 무엇을, 어떻게, 왜 그러한지를 질문해 보면 좋다. 이 정보들이 구체적인 근거와 함께 사실에 기반해 적혀 있다면 어느 정도 내용의 충실성을 지킨 뉴스일 것이다.

동시에 이 정보들 사이에 일관성이 지켜지고 있는지도 확인하자. 그러기 위해서는 기사의 내용을 꼼꼼하게 이해해야 한다.

일곱 번째, "이 기사가 문제가 될 만한 내용이나 비합리적인 근거를 포함하고 있는가?"라고 물으면서 기사 내용의 타당성을 분석할 수 있어야 한다. 뉴스와 기사에는 어떤 주장이 들어 있다. 이 주장이 합리적인지 판단하기 위해서는 그것이 현실에서 일어날 법한 것인지, 그래서 믿을 만한 것인지 질문해야 한다. 기사의 주장을 현실 상황에 적용해 보는 것도 좋다.

더 중요하게는 해당 주장에 대한 근거가 뉴스에 충분하게 그리고 구체적으로 제시되어 있는가이다. 그리고 근거가 과학적 논리와 사유에 기반하고 있는지도 확인해야 한다. 근거 없는 주장은 무너지기 쉽고 설득력이 떨어진다.

여덟 번째, "이 기사에 반드시 들어가야 할 내용이 혹여 빠져 있지는 않은가? 일부러 누락되거나 배제된 내용은 없는가?" 질문할 수 있어야 한다. 논쟁적인 주제(사건, 인물, 현상, 문제, 쟁점)를 다루는 기사는 반드시 양쪽의 입장을 균형감 있게 제시할 수 있어야 한다.

이는 기계적 균형이 아니라, 기사의 논지가 전개되는 가운데 그것과 다른 입장이 있을 수 있음을 독자들에게 알려주는 최소한의 예의이다. 어떤 한쪽 측면만의 주장을 담고 있는 것은 아닌지, 반대쪽 입장은 완전히 가려진 것이 아닐지 확인해 봐야 한다.

아홉 번째, "이 기사가 잠재적으로 누구에게 이득이 되는가, 누구에게 해가 되는가?" 라는 질문은 비판적 뉴스 읽기에서 빼놓을 수 없다. 자신이 보고 있는 기사가 가져올 잠재적 결과를 예측할 수 있어야 한다. 그것이 혹여 어떤 특정 집단에게만 극단적으로 유리한 혜택을 가져다주는 것은 아닌지, 반대로 어떤 집단에게는 부당한 해를 끼칠 수 있지는 않은지 질문해야 한다. 해당 글과 뉴스가 같은 편을 위해 만들어진 것인지, 아니면 입장이 다른 사람들을 이해시키고 설득하기 위해 제작된 것인지도 질문해 볼 수 있다.

열 번째, "같은 주제에 대한 내용을 다른 기사와 글에서는 어떻게 얘기하고 있는가?" 묻고 확인하는 것이다. 이것은 정말 유용한 질문이다. 어떤 사안에 대해 하나의 글만을 읽고 섣불리 결론을 내리는 것이 아니라, 나른 자료들노 더 낳이 찾아 읽어야 한다는 얘기다. 이것을 '보강조사' 혹은 '교차검증'이라고 하는데, 여러 자료와 근거를 통해서 무엇이 진실인지를 찾아나가는 과정을 의미한다.

마지막으로 "여러모로 이 기사가 저널리즘의 요건을 갖추고 있는가, 기본적인 윤리 규정들을 지키고 있는가?"도 물을 수 있어야 한다. 이를 위해서는 언론의 역할과 책임, 기자의 직업윤리, 기사의 보도 준칙 등에 대한 이해가 필요하다.

언론은 막강한 권한을 발휘하고 행사한다. 따라서 그만큼의 책임과 윤리도 뒤따라야 한다. 진실하지 않고 부도덕한 언론, 특종과 자극적 기사 제작에만 열중하는 기자, 공익에 해가 되는 기사 글은 시중에 떠도는 근거 없는 가짜뉴스만큼이나 디지털 세상을 어지럽힌다.

이렇게 뉴미디어가 존재 가능한 것은 인터넷이 있기 때문이다. 인터넷이란 컴퓨터 단말기와 단말기를 연결한 세계 최대의 정보 네트워크를 말한다. 인터넷은 지식과 지식을 연결하고, 사람과 사람을 연결하고, 관점과 관점을 연결하며, 가치와 가치를 연결한다.

디지털 시대의 핵심에 인터넷이 있다. 인터넷이 있기에 디지털 의사소통이 가능하고, 디지털 세계도 가능하다. 그렇다면 오늘날 인터넷이 만들어낸 문해 환경의 특징은 무엇인가? 인터넷 시대는 어떤 독자를 요청하고 있으며, 인터넷 시대의 문해력은 어떻게 교육할 수 있을지 생각해 보자.

22장

인터넷 시대의 문해력

글로벌 인터넷 시대의 문해력이란 무엇이고,
새로운 독자는 어떤 문해력을 갖추어야 할까?

· 디지털 환경의 특성

· 디지털 읽기의 과정

· 디지털 시대의 독자

· 나를 아는 독자

· 세상을 읽는 독자

· 나의 목소리로 읽는 독자

· 인터넷 읽기에 도움이 되는 자기점검표

주요 키워드

인터넷 시대 / 인터넷 환경 / 디지털 리터러시 / 비선형적

공간성 / 상호작용성 / 불확정 / 인터넷 읽기 전략

1 디지털 환경에서
인터넷 읽기

디지털 환경에는 네 가지 특징이 있다. **첫째, 디지털 공간은 절차적으로 구축된**다. 다시 말해, 디지털 공간은 수많은 알고리즘으로 만들어진다. 예를 들면 유튜브는 키워드 검색, 클릭 경향성 등 사용자의 선호를 판단해서 좋아할 만한 것들을 계속해서 우리 눈앞에 제시한다. 그러면 사용자는 무의식적으로 계속 그걸 클릭해서 본다. 사용자는 자신이 온전하게 영상들을 선택하는 것이라 생각할지 모르지만, 실은 유튜브가 제안해 준 정보 범위 안에서 주어진 선택을 하는 것이다. 이를 '필터 버블'이라고 한다. 검색엔진이 선택의 범위를 미리 걸러내어 거품 안으로 좁혀버리는 현상이다.

이런 일이 반복될 때 사용자는 자신이 원하는 것들로만 가득 찬 공간 안에 갇힌다. 이를 '반향실(Echo Chamber)' 효과라고 부른다. 마치 자기가 하는 말을 메아리처럼 계속 듣는 것처럼, 자기가 듣고 싶은 것과 보고 싶은 것에만 지속적으로 노출되는 현상이다. 이는 모두 논리적 절차에 의해 만들어진 알고리즘에 의해 벌어지는 현상이다. 인터넷 공간에서는 어떤 것도 나만의 완전한 선택, 완전한 결정의 결과라고 말할 수 없다.

둘째, 디지털 환경은 공간적이다. 우리는 책을 읽을 때 순서대로 읽는다. 첫 단어에서 마지막 단어로, 첫 문장에서 마지막 문장으로, 첫 장에서 마지막 장으로 순서가 이어진다. 이는 일종의 선을 따라서 글을 읽는 것으로, 종이책 읽기는 선형적 과정을 수반한다. 반면에 디지털 환경은 비선형적이다. 이는 우리의 움직임과 의사결정이 어떤 한 선 위에서 정해지는 것이 아니라, 수많은 선과 선이 중첩되고 연결된 그물망 위에서 벌어진다는 것을 뜻한다. 우리는 그물망 위에서 이곳저것을 돌아다닐 수 있다.

인터넷 읽기를 설명할 때 내비게이션이란 말을 쓰는 것도 이런 이유에서다. 인터넷은 거대한 비선형적 하이퍼텍스트 정보 공간이고, 우리는 전자화된 하이퍼링크를 찾고 선택하면서 이 공간을 '항해'한다.

셋째, 디지털 환경은 백과사전적이다. 인터넷에는 세상의 모든 잡다한 정보들(과학, 학문, 저술, 지식, 강의 등 유익한 자료에서부터 거짓, 혐오, 쓰레기 정보에 이르기까지)이 망라되어 있다. 인터넷만 있으면 일상에서 필요한 거의 모든 정보를 찾을 수 있다. 하지만 인터넷에서는 원하지 않거나 필요 없거나 해가 되는 것들에도 언제나 노출될 수 있는 상황이 연출된다. 권위 있는 출판사에서 제작한 종이책 백과사전은 유익한 정보를 가득 담고 있다. 하지만 인터넷은 그렇지 않다. 백과사전식으로 엄청나게 많은 정보들이 연결되어 있지만, 그것들 모두를 믿을 수도 사용할 수도 없다. 백과사전적 정보 과잉은 인터넷을 사용하는 사람들에게 '정보 과부하'의 문제를 안긴다. 정보의 과부하는 '인지 과부하'를 낳고, 이런 경험이 반복되면 수많은 정보들 사이에서 정작 필요한 것들을 찾지 못해 길을 잃는 '방향상실'의 상태에 빠지게 된다.

넷째, 디지털 환경은 상호작용적이다. 책을 읽을 때 독자는 책과 상호작용을 한다. 이는 이 둘 사이의 정신적, 심리적 상호작용이다. 하지만 책이 독자에게 특별히 무엇을 하라고 물리적으로 안내하거나 제안하지는 않는다. 독자의 행동을 유도하지도 않는다. 책과 독자의 의미구성적 상호작용은 독자가 자신이 읽고 있는 책에 어떻게 반응하는가에 좌우된다. 그런데 인터넷을 보자. 우선 검색창이 보인다. 사용자에게 검색을 하라고 말한다. 검색을 하면 온갖 자료와 웹사이트 링크가 제시된다. 거기에 하이퍼링크가 있다. 색깔이 바뀌고 점멸하면서 그것을 클릭하라고 한다. 디지털 환경은 사용자가 모든 것을 통제하도록 놓아두지 않는다. 오히려 사용자가 계속해서 무언가를 하게끔 유도한다. 검색을 유도하고, 선택을 유도하고, 멈추어 관심을 쏟도록 유도한다. 디지털 읽기와 인쇄 글 읽기 간의 가장 큰 차이가 이 지점에서 발생한다. 독자의 각별한 자의식과 메타인지 능력이 요구되는 지점이다. 독자가 인터넷을 읽기도 하지만, 인터넷 역시 독자를 읽고 있음을 잊지 말아야 한다.

인터넷 읽기 환경의 도전

동전의 양면처럼 인터넷 환경에서도 서로 다른 측면들이 공존한다. 앞에서 언급한 세 가지 인터넷 환경의 특징은 인터넷 독자에게 새로운 도전을 제시한다.

첫째, 인터넷은 '검증되지 않은 공간'이다. 인터넷에서는 누구나 무언가를 만들어서 올릴 수 있다. 인터넷이 가진 가장 큰 장점이다. 누구든 사진을 찍고 글을 보태어 소셜미디어나 인터넷 커뮤니티, 채팅 플랫폼을 활용해서 인터넷에 올리면 그것은 공공에게 노출되는 정보가 된다. 누군가 그걸 못하게 할 만큼 한가하지 않고, 그것을 올리는 사람도 특별히 다른 사람을 신경 쓰지 않는다. 이렇게 수없이 많은 정보들이 사전에 이렇다 할 검증 절차 없이 공공의 경로를 통해서 '출판'되는 일이 벌어진다. 혹여 그러한 출판물로 갈등, 분쟁 등의 문제가 생기는 것은 사후의 일이 된다.

반면에 출판 과정에 관한 한 인터넷의 대척점에 있는 책에 대해 생각해보자. 누군가 책을 출판하려면 전문성, 경험, 글쓰기 능력의 측면에서 먼저 자신이 '작가'임을 인정받아야 한다. 그리고 출판사가 원고를 받아줘야 한다. 책이 만들어지면 대중들의 판단이 모아진다. 책이 도서관에 들어가려면 책을 검토하고 선별하는 전문가인 사서가 한 번 더 책을 걸러낸다. 이렇게 책이 출판되고 대중에게 읽히려면 다양한 주체들에 의해 여러 단계의 검증 과정을 거쳐야 한다. 그래서 우리가 일상생활에서 읽는 책은 대부분 '괜찮은' 책들이다. 교실에서 읽는 책, 서점에 나와 있는 책에는 나름의 관점과 주장이 있는데, 설령 그것이 편향될 수는 있으나 본질적으로 나쁘고 해로운 것이라고 말하기는 어렵다. 적어도 몇 단계를 거쳐 걸러진 것들이기 때문이다.

둘째, 인터넷 공간은 '확정되지 않은 공간'이다. 앞에서 언급한 것처럼 인터넷에는 검증되지 않은 정보들이 일정한 검증 절차를 거친 정보들(가령, 레거시 미디어 뉴스, 전문 분야 자료, 공공기관이 제공하는 정보 등)과 혼재되어 쏟아진다.

인터넷에는 유익한 것과 해가 되는 것이 뒤죽박죽 섞여 있어서 무엇이 좋은 것인지 분명하게 이해하고 결정하는 일이 쉽지 않다. 거짓이 진실을 압도하는 풍경이 펼쳐지고, 무엇이 사실이고 무엇이 거짓인지, 무엇이 옳고 무엇이 옳지 않은 것인지, 무엇이 현실에 있을 법한 것이고 무엇이 전혀 말이 되지 않는 것인지 매번 확인하고 검증하는 일도 쉽지 않다.

셋째, 결과적으로 인터넷 환경은 '알기 어려운 공간'이 된다. 우리가 앞에서 문해력을 구성하는 인지 활동을 정의할 때 세 가지 차원이 있다고 했다. 인지적인 부분, 메타인지적인 부분, 인식론적인 부분이다. 여기서 인식론이라는 것은 내가 무엇을 알고 있는가, 어떻게 아는가, 지식은 무엇인가에 대한 개인의 관점과 이론을 말한다. 아주 정교하고 수준 높은 독자는 자신이 보고 읽고 있는 것이 지식에 가까운 것인지 아닌지를 판별하려고 노력하고, 실제로 그렇게 할 수 있는 사람이다.

그런데 인터넷 공간에서는 이러한 지식의 판별이라는 작업 자체를 수행하기 어렵다. 정보의 과잉, 정보의 혼재, 불명확한 출처와 정체를 알 수 없는 미디어 등, 우리의 인식론적 읽기를 방해하는 요소들이 너무 많다.

결론적으로 말해 인터넷 환경은 오늘날 독자들에게 가능성과 위협을 동시에 제공한다. 독자는 인터넷에서 수많은 정보를 비교적 손쉽게 취할 수 있고, 자신이 관심 있는 공간을 돌아다니면서 다양한 자료를 섭렵한다. 시간을 두고 자신에게 유익한 정보를 선택해서 읽고, 자기가 원하는 소기의 목적에 맞게 인터넷 정보를 활용할 수도 있다.

하지만 동시에 인터넷 환경에서는 무엇이 진실인지 무엇이 사실인지 정확하게 판단하기 어려워서, 독자는 순간순간의 선택 앞에서 늘 신중해야 한다. 검색어를 넣기 전에, 웹사이트를 읽기 전에, 영상을 공유하기 전에 일관되게 현명한 판단을 내려야 한다. 이러한 연속적 판단은 각별한 수준의 자기 통제와 자기조절력, 자신이 무엇을 어떻게 선택해 읽고 보고 활용하고 있는지를 틈나는 대로 부지런히 점검하는 메타인지를 요청한다. 오늘날의 디지털 환경은 인터넷이라는 정보의 바다에서 항해하는 자신이 어떤 독자인지 스스로 점검하고 돌아볼 수 있는 첨예한 의식성과 자기성찰을 요청한다.

네 가지 인터넷 읽기 전략

인터넷은 자신이 뭔가를 하고 싶어도 쉽게 그것을 수행하기가 어려운 공간이 될 가능성이 높다. 대충 읽고 넘어가려면 한없이 쉬운 것이 인터넷이지만, 제대로 선택해 읽을라 치면 이미 검증된 텍스트를 읽는 인쇄 환경에 비해서 훨씬 더 도전적일 수밖에 없다. 특히 요즘처럼 인간의 언어를 마치 '인간처럼' 처리하는 생성형 인공지능이 수많은 텍스트를 찍어내는 시대에는 더욱 그렇다. 이렇게 도전적인 인터넷 공간에서 글과 자료, 정보를 찾아 읽을 때 요긴하게 사용할 수 있는 핵심 전략 네 가지를 살펴보자.

첫째, 인터넷 독자는 텍스트를 찾고 탐색할 수 있어야 한다. 자기에게 무엇이 필요한지, 자기가 무엇을 원하는지, 어떤 것이 과제 해결에 도움이 되는지를 판단하면서 텍스트를 탐색해야 한다. 수많은 정보 앞에서 선택적으로 읽어야 하고, 동시에 광범위한 디지털 공간을 잘 돌아다닐 수 있어야 한다. 그러나 자기도 모르는 사이에 샛길, 뒷길로 빠져서 한없이 시간을 낭비하면 곤란하다. 정보 과잉 상황에 허덕이면, 정보 결핍에 시달리게 된다.

둘째, 인터넷 독자는 텍스트와 텍스트를 연결 지어 읽어야 한다. 어떤 텍스트가 사실과 진실에 기반한 것인지를 확인하는 좋은 방법 중에 하나는 다른 텍스트가 같은 문제에 대해 무엇을 어떻게 이야기하고 있는가를 살펴보는 것이다. 단 하나의 텍스트를 읽는 것만으로 복합적인 일과 현상, 문제 이면의 맥락을 분명히 알기 어렵다. 그렇다면 다양한 텍스트를 수집하고 연결해서 서로 충돌되는 지점이 무엇이고, 서로 간에 일치하는 지점이 어디인지 확인할 필요가 있다. 이제 융합적이고 다면적인 방식으로 글을 읽어야 하는 세상이다.

셋째, 인터넷 독자는 텍스트의 가치를 판단해야 한다. 텍스트의 가치는 '내가 무엇을 왜 읽고 있는가?'라는 맥락에 따라 판단된다. 좋은 텍스트라도 내가 글을 읽는 목적에 부합하지 않는 것이라면 일단 접어두는 것이 좋다. 괜찮은 정보라도 당장 내가 처리해야 할 일과 과제에 도움이 되지 않는다면 일단 부차적인 선택이 될 것이다. 또한 아무리 좋아 보이는 텍스트라도 결코 믿을 만한 것이 되지 못한다면 아무 쓸모가 없다. 내용과 형식, 출처와 근거 측면에서 믿을 만한 것이어야 읽을 만한 가치, 배울 만한 가치가 생긴다.

텍스트의 질과 가치를 판단하는 법

- 내가 원하는 것과 관련된 것인가?

- 나의 일에 도움이 되는가?

- 믿을 만한 것인가?

넷째, 인터넷 독자는 자신의 정보 선택 과정과 글 읽기 과정을 주기적으로 점검하고 조정해야 한다. 인터넷 읽기에서는 메타인지의 역할이 특히 중요하다. 인터넷 읽기는 주어진 책을 앉아서 읽는 것과는 다른 상황을 연출한다. 인터넷 독자는 직접 글을 찾아 판단하고 선택해서 읽어야 한다. 그래서 자신의 읽기 과정을 제때 점검하고 확인하지 못하면 길을 잃고 헤매게 된다. 인터넷에서 정보를 찾다가 다른 길로 빠지게 되는 것이다. 처음에는 한 시간 정도 중요한 정보를 찾아 읽으려고 했는데, 다 끝나고 보니 세 시간 동안 인터넷을 갖고 무엇을 했는지 전혀 기억에 남지 않는 경우가 흔하다. 오래 무언가를 했지만, 남는 것도 쓸 만한 것도 찾지 못하는 상태가 된다. 이때 독자는 자기도 모르게 글 읽기의 방향을 잃고 허우적거리지만, 그렇게 허우적거리고 있다는 사실조차 인지하지 못하고 시간을 낭비하는 경우가 흔하다. 그렇기에 인터넷 읽기에서는 자기점검 및 자기조절이 매우 중요하다.

인터넷 읽기에 도움이 되는 자기 점검표

복잡한 인터넷 읽기를 배울 때 학생들이 곁에 두고 참고할 수 있는 점검표가 있으면 좋다.[1] 이 점검표는 연구를 통해서 과학적으로 추출한 중요한 인터넷 읽기 전략들을 학생들이 이해할 수 있는 언어로 표현한 것이다[자료1].

점검표를 사용해 인터넷 프로젝트를 진행하면, 학생들이 자기의 읽기 과정을 점검하면서 메타인지적으로 활동에 임할 수 있다. 언어를 쉽게 바꾸면 초등학교에서도 사용할 수 있다. 전체가 조금 복잡해 보일 수 있지만, 필요할 때 부분별로 잘라서 쓸 수도 있다. 교실에서 인터넷으로 정보 검색을 하거나 프로젝트 수업을 진행할 때 이 점검표의 질문들을 활용해 수업을 진행해도 좋다.

디지털 공간에서	스스로에게 물어봅시다	나의 응답	그렇게 하면 이렇게 읽을 수 있습니다	나의 응답
자료를 탐색하고 선택할 때	지금 읽고자 하는 주제와 목적에 대해서 얼마나 알고 있는가?		주제와 목적에 관한 나의 배경지식을 적극적으로 활성화할 수 있다.	
	읽기 주제와 관련된 다양하고 정교한 검색어를 사용할 수 있는가?		어떻게 효과적으로 자료를 검색할지를 계획하고 변용할 수 있다.	
	읽기 목적에 부합하는 자료들을 찾으려고 하는가?		읽기 목적에 관련성이 높은 자료(와 링크)를 효과적으로 선택할 수 있다.	
	읽기 목적에 맞지 않는 자료들을 잘 걸러내는가?		읽기 목적과 무관한 자료(와 링크)를 효과적으로 피할 수 있다.	
여러 자료를 연결하여 이해할 때	지금 읽고 있는 자료가 앞서 읽었던 자료들과 어떻게 관련되는가?		자료들이 어떻게 연결될 수 있을지 그 여부를 확인할 수 있다.	
	지금까지 읽은 자료들이 어떻게 서로 보완적이거나 상충되는가?		수집한 여러 가지 구체적인 자료들의 상호 관계를 파악할 수 있다.	
	지금까지 읽은 여러 가지 자료들을 통해서 읽기 주제에 관하여 큰 그림으로 이해할 수 있는가?		읽으면서 구축한 지금까지의 거시적 이해가 무엇이고 어떠한지 평가할 수 있다.	
	지금까지 읽은 것 외에 새로운 근거, 상이한 주장 또는 반대 관점들에 대해서 더 알아볼 필요가 있는가?		후속 정보 검색을 어떻게 해야 할지 계획할 수 있다.	
자료를 검토하고 평가할 때	지금 읽고 있는 자료에, 누가 만들었는지 언제 어디서 출판, 게재, 생산된 것인지에 대한 정보가 포함되어 있는가?		자료의 신뢰성을 판단하기 위하여 저자 및 출처 정보를 확인할 수 있다.	
	지금 읽고 있는 자료가 내가 생각하는 정확성과 신빙성의 기준에 부합하는가?		다양한 정보들 중에서 양질의 자료를 선별할 수 있다.	
	지금 읽고 있는 자료가 주제에 관한 나의 이해를 증진하는 데 도움이 되는가?		읽기에 궁극적으로 도움이 되는 효용 가치가 높은 자료를 선별하여 집중할 수 있다.	
	지금 읽고 있는 자료가 지금까지 읽었던 자료들에 더하여 추가적으로 새롭거나 다양한 관점과 지식을 제공하는가?		자료의 중요성과 기여도를 나의 이해 증진 정도에 준하여 판단할 수 있다.	
읽기 과정을 점검하고 조정할 때	읽기에 기여하는 하이퍼링크를 인터넷상에서 선택하고 있는가?		일관성 및 통일성 있게 하이퍼링크를 선택할 수 있다.	
	읽기 주제에 분명하게 관련되는 자료들을 찾고 있는가?		내가 수행하고 있는 자료 탐색 과정들을 조절할 수 있다.	
	내가 정한 읽기의 폭과 깊이에 비추어볼 때 취급할 만한 수(너무 많지도, 너무 적지도 않은)의 자료들을 선택하고 있는가?		언제 읽기를 멈추어야 할지, 언제 더 찾아 읽어야 할지 정보 탐험의 충족성과 진행 여부를 결정할 수 있다.	
	내가 가진 글 읽기 목적이 점진적으로 성취되고 있는가?		지금껏 얼마나 능동적이고 효과적으로 읽었는지 의미 구성 과정을 나의 향상된 이해 수준에 비추어 평가할 수 있다.	

[자료1] 인터넷 읽기에 도움이 되는 자기 점검표

2 디지털 시대에 독자가
갖추어야 할 것들

디지털 시대의 독자는 어떤 독자여야 하는가? 앞서 인터넷 읽기 환경의 특징과 이에 대응하는 독자의 전략적 자세에 대해 이야기했다. 이 장에서는 조금 더 큰 의미를 생각해 본다. 디지털 시대에 잘 읽는다는 것은 무엇이며, 잘 읽는 사람은 어떤 독자여야 하는가? 디지털 시대의 독자는 다음의 세 가지 자세를 갖춘 독자이다.

나를 아는 독자

디지털 시대의 독자는 '나를 아는 독자'여야 한다. 디지털 독자는 감각적인 메타인지 역량, 성찰의 역량을 갖추어야 한다. "내가 무엇을 알고 무엇을 알지 못하는가?" "무엇을 할 수 있고 무엇을 하지 못하는가?" "무엇이 필요하고 무엇을 하고 싶은가?"와 같은 질문을 던질 수 있어야 한다. 이런 질문을 통해서 내게 당장 어떤 정보가 필요하고, 그래서 어떤 정보를 읽어야 하는지 분명한 목적을 설정할 수 있다. 이런 상위수준의 자기인식이 선행되어야, 독자 자신이 무엇을 읽고 있고 또한 그렇게 읽고 있는 것들이 자신에게 어떤 의미와 가치를 지니는 것인지 판단할 수 있다.

세상을 읽는 독자

디지털 시대의 독자는 '세상을 읽는 독자'여야 한다. 글을 읽고 쓰는 실천은 기호, 의미, 세상을 다루는 일들이 조화롭게 이루어지는 것이라고 했다. 디지털 시대의 독자는 특별하게 세상을 읽을 수 있어야 한다. 인터넷 디지털 공간에서 우리가 보고 경험하고 사용하는 텍스트들 자체가 도무지 한 개인으로서는 실체를 알 수 없는 힘들에 의해 다층적으로 맥락화되어 있기 때문이다. 디지털 텍스트는 학교에서 배우는 교과서처럼 전문가에 의해서 학생들을 위해 좋은 내용만을 선별해 만든 것이 아니라, 날것 그대로의 상태로 사이버 세상에 떠돌아다니는 것들이다. 그래서 인터넷 독자의 글 읽는 자세는 조금 더 현실적이고 맥락적이어야 한다.

세상을 읽는 독자는 '비판 정신'을 갖추어야 한다. 여기서 비판 정신이란 비난, 비방, 혹은 비관을 말하는 것이 아니다. 비난이나 비방은 근거 없이 남의 허물을 캐어 물고 늘어지는 것이다. 우리가 인터넷 공간에서 글을 읽는 동안 이런 부질없는 일들에 계속해서 몰입하다 보면, 어느새 텍스트와 텍스트가 표상하는 세상, 그리고 독서라는 행위 자체가 온통 우울한 먹구름으로 얼룩진 비관적 행위가 되고 만다.

하지만 비판은 이와 다르다. 비판적 읽기는 따뜻한 읽기에 가깝다. 비판적으로 읽기 위해서는 먼저 정확하게 읽을 수 있어야 한다. 그러기 위해서는 글쓴이의 이야기를 한번 잘 들어보겠다는 '경청'의 태도가 필요하다. 우선 글과 그 속뜻을 잘 이해해야, 독자가 글을 읽는 중에 근거를 갖고서 합리적으로 내용을 분석하고 자신의 의견을 제시할 수 있다. 읽고 싶은 것, 보고 싶은 것, 믿고 싶은 것만 선택적으로 읽고, 교묘하게 생각의 짜깁기를 하면서 존재하지도 않는 주장을 만들어내는 독자는 좋은 독자가 아니다. 인터넷 시대에 세상을 읽는 비판적 독자는 자신이 읽고 있는 글뿐만 아니라, 자신의 읽기 방법이 개인과 공동체에 유익한지 판단하면서 읽을 수 있어야 한다.

인터넷 공간에서는 나의 읽기 활동이 나만의 문제로 끝나지 않는다. 인터넷 공간에서 독자가 수행하는 모든 행위들은 데이터로 남는다. 무엇을 선택하는지, 무엇을 읽고 보고 듣는지, 무엇을 구매하고 어떤 것을 내려받거나 올리는지, 어떤 검색어를 사용해서 어떤 공간에 얼마나 머무는지 등 모든 행동 데이터들이 기록으로 남는다. 이렇게 기록된 모든 나의 행위들은 주로 빅테크 기업에 의해 변용된다. 그들은 우리의 행동 데이터를 가지고 일련의 모형과 알고리즘을 만들어 사람들(우리들)의 성향을 지레 파악하고 그에 따라 마치 그들이 선호하거나 혹은 필요하다고 느끼는 것처럼 보이는 정보를 알고리즘을 통해서 끊임없이 제시한다. 인터넷에서 내가 보는 정보는 완전히 나의 의사에 의한 것이 아니라, 나의 인터넷 행위에 대한 알고리즘의 제안 안에서 이루어진 '제한된 선택'일 가능성이 높다.

더욱이 우리의 인터넷 행동들은 곧바로 타인의 인터넷 읽기에 영향을 미친다. 독자 자신이 소셜미디어나 인터넷 커뮤니티, 뉴스 포털이나 동영상 플랫폼에서 보고 듣고 읽는 것들이 모두 영향력 지표가 된다. 조회 수, 클릭 수, '좋아요'와 '공유하기' 또는 '구독하기' 버튼 클릭은 일종의 '힘의 토큰' 같은 것이다. 그걸 끌어모으는 사람들은 영향력 있는 인물 혹은 인플루언서가 되기를 원한다. 우리의 선택, 우리가 얼마나 무엇을 어떻게 읽고 보고 듣는가에 따라 그들의 신뢰성이나 전문성과는 무관하게 권력이 주어진다. 이렇게 해서 여론이 만들어지고, 루머가 조성되고, 음모론이 퍼진다. 인터넷은 이제 가짜뉴스와 허위정보, 오정보와 역정보가 들끓는 공간이 되었다. 혐오의 언어와 배척의 선전문구들이 인터넷을 도배하고 있다.

이렇게 보면 디지털 공간의 읽기는 개인 문해력의 문제를 넘어선다. 그야 말로 디지털 읽기는 사회적 실천 과정이 된다. 그래서 조금 더 정의로운 방 식으로 인터넷에서 살아가려는 우리에게는 비판적 읽기 능력도 필요하지 만, 동시에 '비판적 무시' 능력도 요청된다. 불합리하고 정의롭지 않으며 혐 오와 극단주의를 조장하는 것들을 읽지 않고 보지 않고 선택하지 않는 의지 와 자세가 필요하다. 우리의 안일함으로 백해무익한 사람들에게 불필요한 권력과 돈을 쥐어줄 필요가 없다.

자기 목소리로 읽는 독자

마지막으로 디지털 시대의 독자는 '자기 목소리로 읽는 독자'가 되어야 한 다. 우리는 '독자' 혹은 '읽는 사람'로서의 정체성을 가질 필요가 있다. 물론 독 자의 정체성이 한 가지일 필요는 없다. 그러나 비판적 독자로서의 정체성, 꼼 꼼하게 읽는 사람으로서의 정체성, 공동체를 위해서 읽는 인간이 갖추어야 할 정체성이 우리와 우리 아이들에게 절실하게 필요하다. 우리는 우리 아이 들이 인터넷을 단지 단편적이고 편협하며 자극적인 정보를 찾아보는 도구로 사용하는 것이 아니라, 그것을 자기의 배움과 성장을 위한 커다란 지식 자원 의 보고로 활용할 수 있기를 원한다. 우리 아이들에게 새로운 독자 정체성이 필요하다. 이 과정에서 자기의 목소리를 잃지 않는 독자가 되어야 한다.

자기의 목소리를 잃지 않기 위해서는 먼저 다른 사람의 목소리에 귀를 기 울일 줄 알아야 한다. 자기만 목청껏 소리 내는 것은 자기의 목소리로 읽는 것이 아니다. 그것은 주변을 시끄럽게 만드는 행동에 지나지 않는다. 자기의 목소리가 더 잘 들리게 하기 위해서는 다른 사람의 목소리를 더 잘 들어야 한다. 그래야 자기 목소리에 다른 사람의 목소리들이 반영되면서 더 큰 목소 리의 힘을 기질 수 있다.

그래서 자기의 목소리로 읽는 독자는 '다양성'을 생각하는 독자이다. 다양한 관점, 다양한 이해, 다양한 관심사, 다양한 목적, 다양한 감각을 생각하는 독자가 바로 나의 목소리로 읽는 사람이다. 그런 다양성 안에서 "나는 무엇을 읽고 있는가?" "나는 무엇을 읽을 수 있는가?" "나는 무엇을 읽어야 하는가?" 그리고 "어떻게 유연하게 읽는 공동체 독자로서의 정체성을 가질 수 있는가?" 질문할 수 있어야 한다.

이 책의 첫 장을 떠올려보자. '문해력'을 이해하기 위해서는' 텍스트'에 대해서
이해해야 한다고 강조했다. 텍스트가 없는 문해력은 의미가 없기 때문이다. 우리
가 세상을 이해하는 능력이 문해력이라고 말할 때, 그것은 텍스트를 통한 세상의
이해를 전제한다.

디지털 시대는 우리가 텍스트의 개념을 이전보다 훨씬 더 넓게 그리고 복잡하
게 볼 것을 요청한다. 디지털 기술의 진보는 다양한 양식의 텍스트를 매우 일상
적으로 생산, 공유, 활용할 수 있게 만들었다. 문자 언어라는 단일 양식이 주를 이
루던 시대에서 시각적, 영상적, 감각적 텍스트가 주를 이루는 세상이 되었다.

그렇다면 디지털 시대의 문해력은 이렇게 다변화된 텍스트의 양식성을 이해
하는 데서 출발한다. 이 장에서는 디지털 시대의 텍스트가 가진 복합적이고 역동
적인 양식성을 중심으로 문해력과 교육의 의미를 생각해 본다.

23장

복합양식 시대의 문해력

언어적, 시각적, 감각적 텍스트가 공존하는 시대에
능동적으로 참여하는 독자에게 요구되는 문해력은 무엇일까?

· 복합양식 시대란?
· 그림책, 만화, 만평, 인포그래픽, 안내서, 설명서, 디지털 지도,
  그 외 모든 인터넷 자료 및 학교 교과서
· 줄글 읽기, 이미지 읽기/보기
· 복합양식 텍스트 문해력의 지도

주요 키워드

양식 또는 모드 / 복합양식성 / 복합양식 텍스트
정보표현양식 / 시각적 양식/ 이미지

1 복합양식 텍스트란 무엇인가?

　복합양식성이라는 말이 낯설게 들릴 수 있다.[1] 하지만 이 말의 덩어리를 잘라서 생각해 보면 조금 쉬워진다. '복합적/양식/성질' 세 부분으로 나눠보자. 영어로 복합양식성을 뜻하는 'multimodality(멀티모덜리티)'는 'multi-(멀티)'라는 접두어로 시작한다. 이 말은 'multiple(멀티플)'의 의미를 전제하는 것으로 '여러 개, 다중, 복수, 복합'이라는 뜻을 갖는다.

　다음으로 'modality(모덜리티)'라는 부분은 'mode(모드)'와 'quality(퀄리티)'라는 말로 쪼갤 수 있다. 여기서 'mode'는 '방식, 양식, 태도' 등을 뜻하고, 'quality'는 '성질, 본성, 특성' 등을 의미한다. 그러니까 'modality'는 '양식이 가지고 있는 성질'을 뜻하는 것으로 짧게 말하면 '양식성'이라고 한다. 따라서 멀티모덜리티, 복합양식성은 '복합적 양식성'을 의미하는 것으로, 이런 성질을 가진 텍스트를 '복합양식 텍스트'라고 한다. 그리고 복합양식 텍스트를 읽고 쓰는 능력과 실천을 복합양식 문해력 혹은 멀티모덜 리터러시라고 부른다.

복합양식성의 핵심은 '복합'이라는 말에 있다. 복합은 여러 개가 합쳐져 있다는 것으로, 양식도 여럿이고 양식성도 여럿이라는 뜻이다. 그리고 이런 양식성이 합쳐져서 어떤 한 가지로 정의할 수 없는 텍스트의 성질을 만든다. 복합양식 텍스트를 다루려면 한 가지 양식성에 대한 이해를 넘어서 다양한 양식성에 대한 이해가 필요하다. 복합양식 문해력을 갖추려면 각각의 양식성에 대한 이해와 그들의 관계와 역할까지도 알아야 한다.

그렇다면 양식성이란 무엇인가? 모드 혹은 양식이란 기호와 관습, 문화를 아우르는 일체의 의미 표현의 방법, 형식, 태도를 의미한다. 그러니까 우리가 의미를 주고받을 때 어떤 기호를 가지고 어떤 방식, 규칙, 태도를 견지하면서 소통하는가의 문제와 관련된다. 양식성은 조금 쉽게 말하면 일종의 '정보 표현 형식'이다. 정보가 어떤 기호로 어떤 규칙과 관습에 의해 어떤 기분과 태도로 표현되는가를 말한다.

말하기와 쓰기, 그 이후의 양식

인간은 정보와 의미를 소통하는 다양한 양식을 가지고 있다. 인류에게 가장 중요한 양식은 언어를 사용한 '말하기'이며, 문자가 발명된 이후 가장 막강한 기능과 권력을 오랫동안 발휘해 온 양식이 바로 문자 언어에 기반한 '쓰기'이다. 쓰기는 고대 문자의 사용, 활판인쇄술의 발명과 서적의 대량 보급을 통해서 문명사회를 살아가는 인류에게 가장 중요한 의미 구성 양식이다.

쓰기라는 양식은 쓰기만의 양식성을 갖는다. 쓰기는 추상적인 문자 체계에 기반하여 오랫동안 관습화된 규범(쓰기의 규칙)을 따른다. 우리의 쓰기로 치자면, 자음과 모음으로 음절 단위 글자를 형성하는 한글이라는 문자 체계는 쓰기의 양식성을 결정하는 중요한 요인이다. 우리는 이렇게 한글 쓰기 체계를 가지고 단어와 문장, 글을 쓴다. 이때 글이란 대개 첫 단어와 마지막 단어, 첫 문장과 마지막 문장, 첫 단락과 마지막 단락으로 이루어진 것으로 일련의 '순서'를 갖는다. 단어의 순서, 문장의 순서, 단락의 순서가 글을 쓰는 사람에 의해 정해지고, 글을 읽는 사람은 기본적으로 그 순서를 따라가야 한다. 따라서 쓰기의 양식성이란 문자의 특성상 추상적이고 체계적이며, 모든 정보를 일련의 순서로 풀어내야 하기에 선형적이다.

쓰기 이외에 정보와 의미를 표현하는 양식에는 여럿이 있다. 가장 대표적으로 시각적 이미지를 들 수 있다. 물론 문자도 시각적이다. 하지만 문자는 추상적인 기호이지만, 이미지는 시각적이면서도 구체적이다. 시각적 양식에는 사진이나 그림, 영상, 그래픽도 포함될 수 있다. 시각적 양식은 정보를 구체적, 입체적, 경험적으로 표현한다. 아이들이 문자를 배우는 것보다 소리를 내고, 낙서를 하고, 짧은 말을 배우고, 문자를 배우는 것은 양식성이 갖는 구체성과 직관성이 저마다 다르다는 점을 여실히 보여준다.

또한 시각 양식으로 표현된 정보는 그것을 읽을 때 특별한 순서를 갖지 않는다. 다시 말해 시각 텍스트를 만든 사람의 의도와는 상관없이 그것을 읽는 사람이 자신의 순서로 읽어가면 된다.

요즘 청소년들이 가장 친근하고 중요하게 경험하는 양식이 바로 영상이다. 영상은 시각적이라는 점에서 이미지와 공통적 양식성을 지니지만, 움직이는 이미지라는 점에서 정지된 이미지와는 또 다른 성질을 발현한다. 세상 만물이 움직임을 갖는다는 점, 세상의 현상이 시공간 안에서 '벌어진다'는 점을 생각해 보면, 영상이라는 양식은 이미지에 비해 훨씬 더 구체적이고 직관적이다. 유튜브 같은 영상 플랫폼이 급속도로 광범위하게 디지털 생태계를 잠식한 이유도 영상이 갖는 직관적 양식성에 일면 기인한다.

양식은 쓰기, 이미지, 영상 이외에도 많다. 따지고 보면 우리의 몸짓, 손짓, 표정 등도 모두 의미를 표현하는 수단이다. 이런 것들 역시 양식의 하나이고, 이들 각각의 양식성을 갖는다. 몸을 활용한 의사소통은 인류가 가장 먼저, 가장 오랫동안, 가장 친숙하게 사용해 온 양식성을 보여준다.

지난 코로나19 상황 이래 아이들의 의사소통력, 상호작용 능력이 무언가 부족하다고 느끼는 이유 중 하나는 그들이 사람과의 대면을 통해서 읽어야 하는 표정, 손짓, 몸짓이라는 가장 기본적이면서도 내밀한 몸의 양식성을 다루는 경험이 부족해졌기 때문일 수 있다.

그런데 이런 양식들이 언제나 개별적이고 독자적으로 사용되지는 않았다. 오히려 다양한 양식들이 맥락에 따라 각각의 역할과 기능을 달리하면서 복합적으로 사용되었고, 특히 기술의 발달에 따라 어떤 양식이 다른 양식들에 비해 우세해지거나 혹은 적극적으로 사용되는 경향을 보여왔다. 결과적으로 인류 문해력의 역사는 양식성의 역사이기도 하다. 그리고 어떻게 다양한 양식들이 경중을 달리하여 관계를 맺는지에 따라 문해력의 개념도 변화해 왔다고 볼 수 있다.

세상이 복잡해질수록 의사소통은 단순해진다

오래전 인류가 사용한 말은 가변적이고 단순한 소통 양식이었다. 지금 우리가 사용하는 언어와 비교해 보자면, 원시의 그것은 말이라기보다는 무언가를 가리키며 발현하는 느슨한 유형의 '소리'에 가까웠을 것이다. 그래서 10만 년 전 인류는 말 이외의 양식들로 몸짓과 표정, 낙서와 그림 등을 적극적으로 섞어 사용했을 것으로 추론된다. 이 점에서 원시사회는 복합양식 사회였을 것이다. 오늘날 디지털 세상이 점점 더 복합양식 사회로 변모해 가고 있다는 점을 생각하면, 테크놀로지가 발달할수록 인간 의사소통은 가장 쉽고 자연스러운 방식으로 회귀한다고 볼 수도 있다.

기술 혁명의 궁극적인 목적은 기술을 사용하는 사람이 기술이 실재하는지 아닌지를 느끼지 못하는 상태에서 기술의 혜택을 보는 것이 아닐까? 테크놀로지가 마치 사람 몸의 일부처럼 자연스러워질 때, 바로 그 시점이 아마도 테크놀로지 발달의 궁극적 지향점이 될지도 모르겠다. 최근 인간의 언어를 다루는 생성형 인공지능의 보급이나, 아예 사람처럼 정교하게 감각하고 움직이는 로봇의 몸에 인공지능을 얹히는 체화된 인공지능의 지향도 이와 다르지 않을 것이다.

현대 디지털 사회는 복합양식적으로 소통한다. 이제 이런 의사소통이 우리 아이들에게는 전혀 특별하지 않다. 여러분의 자녀들, 우리 교실의 학생들이 어떻게 글을 읽고 쓰는지 관찰해 보자. 말로 대화하는 것, 문자로 글을 쓰는 것만이 그들의 소통 양식이 아니다. 오히려 아이들에게 디지털 기기를 주고 생각을 이미지, 영상으로 표현하게 하면 훨씬 더 쉽게 몰입할 것이다. 교실에 대해 글을 쓰라고 하면 심드렁하게 머리를 긁적이겠지만, 같은 교실을 시각적으로 표현하라고 하면 교실 구석구석을 돌아다니면서 갖가지 사진과 영상을 찍어 만들어낼 것이다. 아이들에게 글을 읽고 쓰는 능력과 태도, 문해력의 긍정적 경험을 주고 싶은 우리에게 이런 상황은 기회이자 도전이다.

무엇이 복합양식 텍스트인가

우리 주변에는 복합양식 텍스트가 참 많다. 정보의 시각적 표현이 용이해지고 또한 그것이 주를 이루게 된 디지털 기술 시대에 지금 우리가 읽고 있는 것들은 거의 모두 복합양식 텍스트라고 해도 과언이 아니다.

- 그림책 | 아이들 책에 그림이 빠진 것이 있을까? 아이들은 삽화와 이야기, 사진과 설명, 만화와 대화로 이루어진 책들을 읽으며 자란다. 이때 그림책은 대부분 두 개의 양식을 갖는다. 하나는 쓰기, 즉 글자로 표현되는 정보이고, 다른 하나는 삽화나 이미지로 표현되는 시각적 정보다. 시각 양식과 언어 양식이 함께 존재한다. 이 둘이 서로 상호작용하면서 어린 독자가 더욱 풍부한 의미를 만들 수 있도록 도와준다. 어떤 책은 시각 양식이 주를 이루고(쓰기 양식이 부차적임), 반대로 어떤 책

은 쓰기 양식이 중심이 된다(시각 양식이 부가적 역할을 함). 그림책 문해력을 위해서는 이 두 양식으로 조화롭게 읽는 능력이 필요하다.

• **만화, 그래픽 노블, 웹툰** | 최근 출판사들은 청소년 독자들에게 조금 더 친숙하게 다가가기 위해서 만화 형태로 책을 만든다. 어른들은 만화를 시간 때우기 용도, 읽을거리보다는 놀 거리로 생각하기도 하지만, 만화라는 장르를 통해서 아이들은 사람들의 다채로운 삶의 애환이 깊게 배인 진지한 내용들을 접한다. 만화에는 서사 구조도 있고 문학적 장치들도 풍부하다. 만화는 일종의 픽션이고, 소설과 달리 그것을 쓰기의 양식이 아니라 여러 컷으로 조합된 그림과 말로 표현한 것이다. 이를 일종의 '보는 소설'의 의미로 '그래픽 노블(Graphic Novel)'이라고도 부른다.

그래픽 노블은 청소년들의 독서 흥미를 자극하기에 좋다. 세계적으로도 그래픽 노블 시장이 확장되고 있는데, 그 이유는 진입장벽이 높은 쓰기라는 양식성을 보완하면서 독자가 계속해서 흥미를 갖고 글을 읽게 만드는 시각적 서사 양식성을 강화했기 때문이다.

요즘 한창 인터넷으로 보는 웹툰은 그래픽 노블의 디지털 버전이다. 다만 웹툰은 그래픽 노블에 비해(여전히 종이책의 성질을 가지고 있는) 화면을 재빨리 스크롤 해 넘길 수 있도록 시각적 양식성이 보다 간결하면서도 자극적으로 부각되며, 현실적 서사와 더불어 추리, 공포, 괴담 등 이야기의 주제와 소재 또한 다양해졌다.

• **만평과 밈** | 신문과 잡지 등 시사 출판물은 대개 만평이라는 복합양식 텍스트를 제공한다. 당대에 벌어지고 있는 세태를 풍자하는 시사만평에는 전면의 그림과 함께 문구가 삽입되어 있다. 가령, 코로나19 시대의 상황을 그림과 문자로 압축적으로 담아낸 만평은 인간이 무시무시한 바이러스로 인해 엄청나게 고통받고 있는 동안 오히려 자연은 건

[그림1] 코로나의 역설(출처: 한겨레신문 2020년 4월 8일자 한겨레그림판)[2]

강해지고 있다는 역설을 한 컷으로 표현한다[그림1]. 만평에서는 그림이라는 시각적 양식이 지배적이지만, 짧게 삽입된 문구는 촌철살인의 역할을 하면서 결코 빠질 수 없는 양식으로 기능한다. 그림을 더 잘 이해하기 위해서는 문구를 읽어야 하고, 이 둘을 연결해 만평이 전달하는 의미를 온전하게 해석할 수 있어야 한다.

소셜미디어에서 인기를 얻는 밈(Meme)은 일종의 디지털 버전 만평이다. 밈은 이미 있는 것의 패러디이기도 한데, 한 컷의 이미지(때로는 간략하게 움직이는 이미지)와 함께 짧은 문구로, 긴 글과 영상으로는 미처 설명하기 어려운 상황과 감정을 잡아낸다. 만평은 전문가(만평가)에 의해 제작되어 기성 출판 경로(신문사 등)로 공유되지만, 밈은 디지털 상에서 누구나 만들어 게재할 수 있다. 누구든 원작(밈의 원재료가 되는 것뿐 아니라, 밈 그 자체도)을 패러디하여 새로운 밈을 만들어낼 수 있다.

• 인포그래픽 | 인포그래픽은 복잡한 정보를 시각적으로 알기 쉽고

한 눈에 들어오게 디자인한 것이라 복합양식적이다. 특히 통계 정보는 실제 벌어지고 있는 사례를 바탕으로 현상을 추론하거나 미래를 예측하는 기법이라서 읽는 사람이 통계적 지식이 부족하면 이해하기도 활용하기도 어려우며, 때로는 잘못된 해석과 판단을 낳기도 한다. 그래서 통계 전문가, 데이터 전문가, 디자인 전문가가 협업하여 데이터의 통계적 의미를 직관적으로 보여주려는 인포그래픽 작업을 한다. 인터넷 신문 기사나 방송 뉴스 보도를 보더라도 많은 통계 정보들이 다양한 형식의 (심지어 이리저리 움직이는) 그래프와 차트로 표현된다. 교과서에도 인포그래픽이 가득하고, 기업이나 관공서에서 만들어 배포하는 광고, 카드뉴스 등에도 인포그래픽이 많이 쓰인다.

• 디지털 맵 | 요즘에는 어딘가에 가려면 스마트폰 내비게이션이 있어야 한다. 디지털 시대에 우리가 가야할 길, 이동 경로를 미리 외고 움직이는 사람은 거의 없다. 대부분은 일단 출발한 후 스마트폰 맵으로 빠른 길을 찾아 이동한다. 이런 디지털 지도 역시 대표적인 복합양식 텍스트다. 지도 자체가 다양한 아이콘, 이미지, 문자, 숫자, 범례, 도형과 기호들의 상호관계 속에서 '공간적 의미'를 만들어낸다.

디지털 맵은 현실과 연결되어 있어서, 독자가 지도를 읽고 몸을 움직임과 동시에 지도는 그 움직임을 읽고 이를 지도 위에 실시간으로 나타낸다. 디지털 맵을 읽는 행위는 독자와 텍스트가 실시간으로 상호작용하는 경험으로 자신의 움직임에 따라 지도의 모습과 정보가 달라진다. 시각적 양식성과 언어적 양식성에 더하여 공간적이고 상호작용적인 양식성까지 더해진 말 그대로 새로운 텍스트가 아닐 수 없다.

• 인터넷 자료 | 인터넷 자료는 어떨까? 인터넷 자료라는 말 자체가 지나치게 범위가 넓고 모호하다. 오늘날 거의 모든 정보는 인터넷을 기반

으로 유통되기 때문에 인터넷에서 접하는 모든 것들은 인터넷 자료일 것이다. 하지만 인터넷 자료가 기본적으로 복합양식적이라는 것은 분명해 보인다. 웹사이트만 보더라도 글자로만 이루어져 있지 않다. 이미지와 상징 기호, 음성과 영상, 인포그래픽과 각종 도표, 차트, 맵 등이 각자의 역할을 하며 뒤섞여 있다. 인터넷 자료는 기본적으로 하이퍼텍스트적이다. 인터넷에서는 하이퍼링크를 통해서 다양한 정보, 자료, 텍스트와의 연결이 가능하다. 하이퍼텍스트는 다양한 양식성을 연결하는 토대이고, 이렇게 연결된 것들을 하이퍼미디어 텍스트라 부르기도 한다.

• 안내서 | 조금 전통적인 것으로 돌아가보자. 안내문(글)이나 안내서(책자)는 어떤가? 서울시 관광 안내책자를 본 적이 있는가? 지도는 공간 정보를 시각적으로 표현한 것이다. 이 지도 위의 각 공간에 화살표로 연결되어 퍼져나간 도형들(상자와 동그라미)이 나오고 그 안에 문자 정보가 빼곡하다. 문자 정보의 핵심은 '지명'이지만, 동시에 그 공간의 성격(관광)을 결정하는 문화 상품에 대한 안내가 함께 제공된다. 공간, 장소, 시설 등을 글로 설명하는 것보다 그림과 글을 함께 섞어 안내하면 훨씬 더 효과적으로 정보를 전달할 수 있다.

• 설명서 | 설명서는 어떤가? 설명서라는 말을 들으면 흰 종이 위에 빼곡하게 들어찬 글자들이 떠오른다. 그래서인지 마음에 드는 물건을 사도 정작 물건 사용법을 설명한 설명서를 꼼꼼하게 읽는 사람들이 흔치는 않다. 그런데 한 가구 회사에서 외계인을 위한 가구 조립 설명서를 만들었다고 한다[그림2]. 그러니까 지구인만 알고 있는 문자를 쓰지 않고도 그림만으로 가구 만드는 법을 설명한 것이다. 인간의 문자를 알지 못하더라도 직관적인 이미지로 누구든 (굳이 외계인이 아니더라도) 가구를 조립해서 사용할 수 있게 복합양식 텍스트를 만든 것이다. 정보의

[그림2] 이케아 의자 조립 설명서

접근 가능성을 현저하게 증대시킨 결과물이라고 볼 수 있다.

• 학교 교과서 | 가장 전통적 텍스트인 교과서는 어떨까? 학교는 학문적으로나 사회적으로 합의 가능한 것들을 가르치는 곳이기 때문에 학교가 사회의 변화를 가로질러 앞서나가기 어렵다. 이런 공간에서 사용하는 교과서는 어떤 모습일까? 한마디로 요즘 교과서는 모두 복합양식적이다. 교과서 안에 글만 있는 경우는 찾아보기 어렵다. 언어가 지배적 표현 양식(언어 예술)인 시와 소설 같은 문학 작품에도 삽화가 등장한

다. 과학 교과서, 역사 교과서 안에는 그림, 사진, 도표, 지도, 그래픽 등이 빼곡하다. 다문서 텍스트 읽기를 다룬 앞선 장에서 언급했듯이, 도표와 그래프, 이미지와 같은 부가 장치들을 그냥 넘기거나 훑어 읽는 것으로 끝내지 않는 것이 좋다. 글이 담지 못하는 매우 중요한 정보들을 복합양식 장치들이 표현하기 때문이다. 교과서를 잘 읽으려면 우선 교과서의 문장들을 정확하게 읽고 맥락에 맞게 해석해야 하지만, 이때 글이외의 시각적 장치들을 자세히 살펴 읽고 글과 함께 연결해서 공부해야 한다. 교과서 읽기를 잘하는 한 가지 방법은 교과서를 복합양식 텍스트로 이해하는 것이다.

복합양식 텍스트를 어떻게 읽을 것인가

대표적으로 두 개의 양식을 비교해 보자.[3] 하나는 문자 언어로 정보를 표현하는 쓰기 양식이다. 단어, 문장, 줄글 모두 쓰기의 결과물이다. 다른 하나는 이미지 양식이다. 이미지는 사진일 수도 있고 그림일 수도 있으며, 그래픽이나 영상일 수도 있다. 여기서는 주로 문장으로 이루어진 줄글과 정지된 장면을 포착한 이미지를 비교하여 이 둘이 어떻게 다른지 살펴보자.

먼저, 줄글은 추상적인 '상징 기호'로 이루어져 있다. 'ㄱ, ㅏ, ㅑ, ㅓ, ㅕ, ㄴ, ㄷ, ㄹ'과 같이 자음과 모음이라는 '소리'를 표현하는 '한글 기호'는 인간이 만들어낸 인공물이다. 소리가 자연에 존재하는 구체적인 것이라면, 문자는 사람이 만들어낸 추상적인 것이다. 추상적 상징 기호인 문자는 배우지 않으면 알 수 없고, 그것을 읽고 이해하기 위해서는 특별한 지식과 기술이 필요하다. 문자를 읽기 위해서 독자는 반드시 시간과 노력을 들여 배워야 한다.

그런데 이미지는 어떨까? 이미지는 직관적이고 구체적인 기호 양식이다. 누군가 많은 사람들 앞에서 강의하는 모습을 사진으로 찍으면, 그것은 그 장면을 포착한 구체적인 이미지가 된다. '어떤 사람이 강의를 하고 있구나, 열심히 설명하고 있구나, 정성껏 최선을 다해서 설명하고 있구나'와 같은 관찰을 이미지를 통해서 직관적으로 수행할 수 있다. 강연자의 자세, 눈빛, 몸짓 같은 것들과 청중들의 모습, 반응, 분위기 등을 통해서 매우 구체적으로 장면의 상황과 분위기를 시각적 정보로 처리한다. 특별한 예술 작품이 아니라면 이미지를 생산할 때도 추상화의 단계가 약화되지만, 이미지를 읽을 때도 추상화의 단계가 필요 없다.

다시 쓰기로 돌아가자. 줄글은 낱자와 글자로 이루어져 있으며, 그것이 단어와 문장을 만들어 순차적으로 나열되어 있다. 자음과 모음이 섞여 음절을 이루고, 하나 이상의 음절이 모여 구체적인 형태, 소리, 의미를 갖는 단어를 만든다. 단어와 단어가 연결되어 문장이 만들어지는데, 단어들은 문장이라는 맥락 안에서 특정한 기능과 역할을 하면서 상호 유기적으로 통합된다. 글의 단락도 마찬가지이다. 문장과 문장이 논리적으로 연결되어 생각의 흐름을 보여주는 단락을 구성한다. 다시 말해, 줄글에는 쓰는 순서도 있고 읽는 순서도 있다.

반면에 이미지는 어떠한가? 이미지는 점, 선, 면, 색으로 이루어져 있는데, 그것이 공간에 배치된다. 대개는 2차원 공간이지만, 홀로그램이나 증강현실 기술로 3차원 공간을 구성하기도 한다. 강연장의 모습을 담은 이미지는 대개는 사각형 형태의 공간 안에서 여러 점, 선, 면, 색 등이 어우러져 공간적으로 구성된다. 이미지가 담고 있는 공간을 어떻게 읽는지는 많은 경우 읽는 사람의 몫이다. 이미지를 읽는 사람은 강연자를 먼저 볼 수도 있고, 청중들을 먼저 볼 수도 있으며, 사람이 아닌 벽과 가구 소품 등을 확인할 수도 있다. 물론, 이미지를 제작하는 사람(사진을 찍는 사람이나 그 사진을 편집하는 사람)이 찍는 각도와 강조점, 색감, 밝기 등을 조정해서 실제 모습과는 구별되는 독특한 이미지를 만들어낼 수도 있다.

다시 말해 이미지를 '쓴' 사람에게는 그가 의도한 '읽기'의 순서가 있을 수 있지만, 그렇다고 이미지를 읽는 사람이 그 순서를 알 필요도, 반드시 그 순서에 따라 이미지를 읽을 필요도 없다. '순서'를 지켜야 하는 쓰기라는 양식성과는 달리, 이미지 양식성은 읽고 쓰는 순서를 결정하지 않는다.

줄글 읽기는 말 그대로 '읽는 일'이다. 이미지 읽기는 좁은 의미로 '보는 일'이지만, 넓은 의미로는 이미지를 읽는 일이다. 쓰기라는 양식으로 표현된 정보, 그렇게 만들어진 텍스트를 이해하는 방식은 이미지라는 양식으로 만들어진 정보와 텍스트를 이해하는 방식과 구별되는 지점들을 갖는다. 말하자면 양식성의 차이가 텍스트의 차이를 만들고, 그것이 읽고 쓰는 일의 차이를 만드는 것이다. 이에 따라 서로 다른 양식의 텍스트를 읽고 쓰는 방법과 전략 또한 달라질 수밖에 없다.

마스크를 써도 거리두기를 해야 하는 이유

복합양식 텍스트의 좋은 예로 《네이처》라는 과학 학술지에 실린 텍스트를 살펴보자. 이 텍스트는 과학 연구 논문에 실린 것인데, 연구의 핵심 내용을 잘 보여준다. 텍스트의 내용은 대강 이렇다.

최상급 마스크를 쓴 마네킹이 있다. 이 마네킹에는 기침 장치가 달려 있다. 마네킹이 기침을 하면, 최상급 마스크를 뚫고 퍼지는 비말의 움직임이 타임랩스 이미지로 포착된다. 이 텍스트는 움직이는 이미지를 통해서 비말이 어떤 모양으로 퍼지고, 얼마나 멀리 퍼지며, 얼마나 오랫동안 공기 중에 퍼지는지 독자가 눈으로 관찰할 수 있게 해준다. 마네킹 얼굴 앞으로 약 1미터 떨어진 지점에 선이 그려져 있고, 3ft(3피트)라고 적혀 있다. 그리고 화면 우측 상단에 기침 후 비말이 공기 중에 남아 있는 시간이 1-30S(1-30초)로 표시된다. 이렇게 숫자와 문자 기호를 읽으면, 움직이는 이미지로 포착된 마네킹 기침의 비말이 얼마나 멀리 날아가고 또 얼마나 공기 중에 오래 머무는지 확인할 수 있다.

이 텍스트의 독자는 움직이는 텍스트와 다양한 상징 기호들의 복합양식성을 융합해서 읽어야 한다. 이미지를 보면 마네킹이 기침을 하는 순간 비말이 3피트, 약 1미터 넘게 전방으로 퍼지다가 사라진다[그림3].

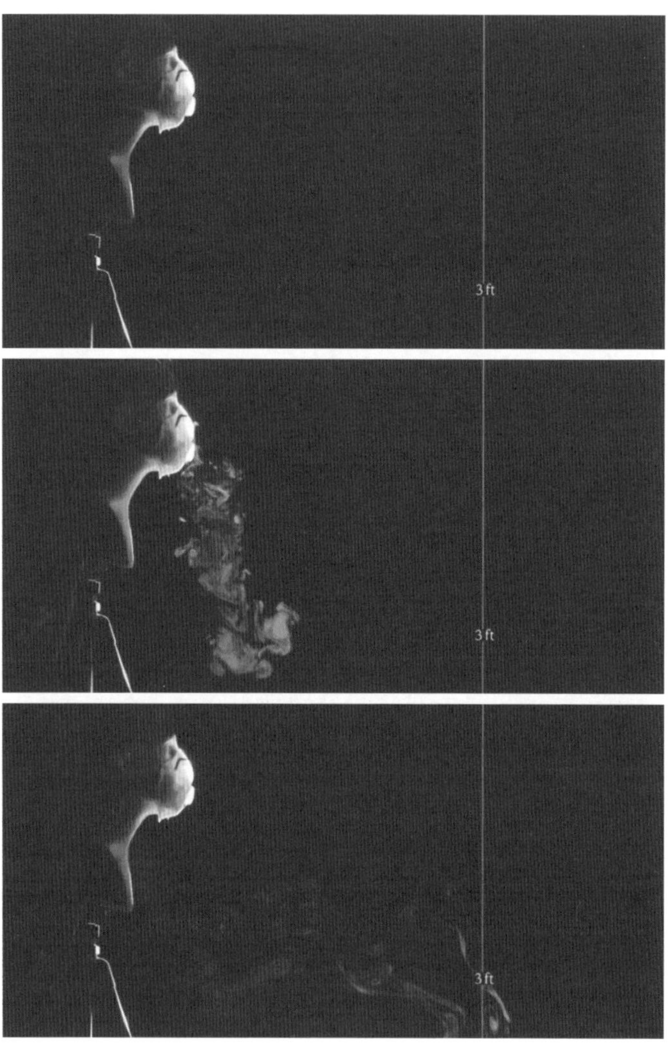

[그림3] 기침 후 마스크를 뚫고 퍼지는 비말의 움직임

성능 좋은 마스크를 써도 기침을 하면 비말이 적어도 1미터는 퍼진다는 뜻이다. 코로나19 상황에서 마스크를 써도 2미터 정도는 거리두기를 지키자고 한 이유의 근거가 될 수 있다. 적어도 상대와 2미터는 떨어져 있어야 내가 혹은 상대가 마스크를 쓴 상태에서 기침을 해도 그 비말이 나에게 도달하지 않는다는 것이다.

이 텍스트는 권위 있는 과학 학술 논문에 포함되어 있다. 논문을 꼼꼼하게 읽지 않아도 마네킹 텍스트만 꼼꼼하게 읽으면 해당 연구가 무엇을 말하고 있는지 어느 정도 짐작할 수 있다. 물론 연구의 이론적 배경과 연구 방법, 연구 데이터의 해석과 결론 등을 정확하고 심도 있게 이해하려면 논문의 글을 읽어야 할 것이다. 그러나 마네킹 텍스트를 통해서 우리는 전통적인 '쓰기'의 양식성을 관습적으로 유지해 왔던 학문적인 글(학술 논문과 같은)도 이제 복합양식성을 활용하여 독자들과 보다 효과적으로 의사소통하려고 노력한다는 점을 확인할 수 있다.

이제 텍스트 환경은 문자 언어와 쓰기라는 지배적 양식성의 틀을 넘어서 점점 더 복합양식적으로 변화하고 있다. 시각화에 특화된 디지털 인공지능 기술의 발전과 일상화는 훨씬 더 다양하고 정교하며 사람의 눈을 사로잡는 복합양식 텍스트를 우리에게 안겨줄 것이다. 동시에 이러한 텍스트 환경 변화는 이전에는 크게 중요하게 여겨지지 않았던 시각적 문해력, 복합양식 문해력을 요청한다. 따라서 문해력 교육은 실생활의 텍스트가 발현하는 광범위한 복합양식성을 교수학습 설계에 통합해야 한다.

2 복합양식 문해력 수업은 어떻게 할까?

복합양식 문해력을 어떻게 지도할까? 어려운 질문이지만 동시에 아이들이 복합양식 텍스트에 큰 흥미를 보일 수 있다는 점에서 희망적이다. 교실 수업 활동에 복합양식 텍스트를 다양하게 통합하면 문해력 수업이 보다 역동적일 수 있다. 왜냐하면 일단 아이들에게는 줄글을 읽는 것보다는 이미지를 보는 편이 훨씬 쉬워 보이기 때문이다. 상징 기호를 풀어내는 단계가 없는 이미지 읽기는 일종의 의미 해석의 진입장벽을 낮춘다.

그래서 복합양식 텍스트는 아직 글 읽기에 서툰 초등 저학년 학생이나, 문해력 발달이 더딘 학생에게 꽤나 유용하다. 글 읽기가 어려워서 아예 책 읽기를 멀리하는 것보다, 글 읽기는 글 읽기대로 배우면서 다채로운 형식과 디자인의 복합양식 텍스트를 함께 읽고 학습에 대한 흥미, 글에 대한 친숙도를 높이는 일도 중요하다.

그림과 문자에 모두 충실하기

여기서 한 가지 유념할 것이 있다. 이미지나 그림만 보고 거기서 멈추면 온전한 글 읽기가 되지 못한다는 사실이다. 복합양식 텍스트는 그야말로 여러 양식성이 혼재된 텍스트이지만, 여전히 가장 정교한 의미는 문자 언어를 사용하는 쓰기의 양식으로 전달된다. 아이들이 이미지와 그림을 보고 그 의미를 해석함과 동시에 문자 언어로 표현된 텍스트를 읽는 일에도 소홀함이 없어야 한다. 아이들이 문자 언어로 표현된 글을 읽고, 언어와 이미지가 어떻게 연결되어 보다 온전한 의미를 만들어내는가를 이해할 때, 본질적으로 가장 정교하고 심층적인 읽기에 몰입할 수 있게 된다. 이를 위해 몇 가지 학습의 단계와 안내 질문을 생각해 볼 수 있다.

첫째, 텍스트가 어떤 양식으로 구성되어 있는지 파악한다. 아이들에게 이렇게 물어보자. "지금 여러분이 읽고 있는 글은 어떻게 표현되어 있나요? 글, 그림, 사진, 지도, 도표 같은 것들을 있는 대로 찾아볼까요?" 물론, 양식이라는 말은 낯설고 어렵기 때문에 '형식' 또는 '방식' 등의 말로 대체해 보자. 고학년이라면 양식의 예들을 사전에 설명해 주면 좋다.

둘째, 텍스트의 중심 양식을 판단한다. "글과 그림(혹은 사진이나 도표) 중에 중심이 되는 정보 표현 양식은 무엇일까요? 가장 중요한 정보를 가장 많이 그리고 가장 빈번하게 표현하는 방식이 무엇인가요? 왜 그렇게 생각하나요? 그 이유를 예를 들어 설명해 볼까요?"와 같이 물어본다. 텍스트의 중심 양식이란 텍스트에서 지배적으로 쓰이고 있는 양식을 의미한다. 양의 측면(해당 양식의 지면 할당량 및 해당 양식이 표현하는 정보량)에서 관찰할 수 있고, 질의 측면(해당 양식이 표현하는 정보의 중요도)에서도 분석할 수 있다.

셋째, 텍스트의 보조 양식을 판단한다. "그렇다면 이 책에서 보조적으로 쓰이고 있는 양식은 무엇일까요? 중심 양식의 내용을 보완하거나 중심 양식에서 표현되지 못한 것을 추가적으로 표현하는 양식에는 어떤 것이 있을까요? 왜 그렇게 생각하는지, 근거를 들어 설명해 봅시다"와 같이 대화를 시작해 볼 수 있다. 이 역시 정보의 양과 질의 측면에서 분석해 볼 수 있다.

넷째, 텍스트 양식들 간의 관계를 파악한다. "중심 양식과 보조 양식은 서로 어떻게 관련되어 있을까요? 중심 양식만 읽으면 글 내용을 모두 이해할 수 있을까요? 보조 양식만 읽으면 글 내용을 모두 이해할 수 있을까요? 중심 양식은 주로 어떤 정보를 제공하고, 보조 양식은 주로 어떤 정보를 제공하나요? 중심 양식의 정보와 보조 양식의 정보는 서로 일치하고 서로 보완적인가요? 또는 서로 불일치하거나 충돌하고 있지는 않은가요? 그렇게 생각하는 이유를 말해 봅시다"와 같이 교실 대화를 이어가보자. 텍스트 양식들 사이의 관계를 파악하는 일은 분석적인 사고, 통합적 이해 능력을 요청한다.

동시에 이 단계는 비판적인 읽기 능력을 요청한다. 가짜뉴스, 논리가 부실한 글, 신뢰하기 어려운 허위정보를 판단할 때도 꽤나 유용하게 사용할 수 있는 방법이다. 글 내용은 그럴 듯하지만 근거로 제시한 그래프가 글 내용과 일치하지 않다면 믿기 어려운 글이다. 양식들 간의 정보가 중복된다면 불필요하게 산만한 글이다. 때론 글만으로는 판단하기 어려운 신뢰성을 사진과 이미지를 질적으로 분석해서 판단할 수도 있다. 이와 반대로 이미지와 그림은 정교하게 디자인되어 있지만, 논리와 근거가 허술하고 과장이나 왜곡된 표현이 들어간 글은 신뢰하기 어렵다.

다섯째, 복합양식 텍스트의 전체적인 의미와 가치를 판단한다. "이 책에서 말하고자 하는 것은 무엇인가요? 책의 양식성이 주제를 효과적으로 담아내고 있나요? 각각의 양식은 어떤 역할과 기능을 담당하고 있나요? 조금 더 효과적으로 양식성을 새롭게 디자인할 수 있을까요?"라고 질문해 보자. 그림을 이미지로 바꾼다면, 이미지를 글로 바꾼다면, 글을 그림으로 바꾼다면, 글을 도표로 바꾼다면, 다이어그램을 글로 바꾼다면 지금 아이들이 읽고 있는 책에 어떤 일이 벌어질까 질문해 보자.

마지막으로, 복합양식 텍스트를 읽는 것을 넘어서 복합양식 텍스트를 제작해 보는 활동으로 이어지면 좋다. 디지털 저작 도구를 활용해서 복합양식 텍스트 제작 활동을 해보자. 이 활동으로 각각의 양식이 어떤 기능과 역할을 하는지, 어떤 방식으로 개별 양식성의 정도를 조화롭게 구현해야 하는지 판단해 보는 경험을 줄 수 있다. 혼자 해도 되고, 여러 사람이 각각의 양식을 맡아서 협력 작문을 해봐도 좋다. 이미지가 필요한 경우, 도표가 필요한 경우, 반드시 글이 필요한 경우와 이유를 학생들이 스스로 판단하고 의견을 공유하여 최적의 결정을 내릴 수 있도록 안내해 보자. 양식성의 조화를 고려하면서 텍스트를 제작하는 연습을 통해서 디지털 시대의 글쓰기 전략과 글 읽기 전략을 동시에 경험해 볼 수 있는 흥미로운 프로젝트가 된다.

　이 장은 비판적 문해력에 관한 것이다. 비판적 문해력은 세상을 바로 보기 위해 텍스트를 제대로 읽고 이해하려는 능력과 태도, 의지와 실천을 말한다. 이런 문해력은 디지털 사회 이전에도 필요한 것이었다. 그런데 지금 우리가 살아가는 시대는 일상적인 맥락에서 비판적 문해력을 더욱 요청하고 있다.

　디지털 사회에서 어쩌면 우리 모두가 거짓말과 허위정보의 생산, 유통, 소비에 연루되어 있을지 모른다. 비판적 안목과 판단 없이 보이는 대로 보고 듣고 싶은 대로 듣고 고르고 싶은 대로 고르고 나누는 일이 일상이 되었다. 특별한 각성과 성찰의 읽기가 필요한 시대이다.

　디지털 사회를 살아가는 우리 모두가 알게 모르게 탈진실성에 대한 감각과 인지 없이 오늘 무언가를 읽고 쓰고 있을지 모른다. 비판적 문해력은 진실과 거짓을 분별하려는 하나의 방법이자 노력이다.

24장

탈진실 시대의 문해력

진실이 멀어진 탈진실의 시대에
비판적으로 읽을 수 있는 독자의 문해력이란 무엇일까?

· 청소년 읽기 문해력 평가 결과
· 왜 디지털 시대의 독자는 비판적이어야 할까?
· 비판적 읽기의 의미와 과정

주요 키워드

탈진실성 / 자세히 읽기 / 분석적 읽기
맥락적 읽기 / 비판적 읽기 / 비판적 질문

1 비판적 문해력이
필요한 이유

    비판적 문해력은 탈진실 시대에 더욱 강조된다. 비판적 문해력은 정치인이나 사회지도층, 학자나 지식인과 같이 사회가 나아갈 길에 심대한 영향을 미치는 사람들에게나 필요한 것 정도로 여겨졌다. 하지만 비판적 문해력은 이제 모든 사람들에게 반드시 필요한 일상 문해력의 일부가 되었다. 비판적 문해력은 문화적, 사회적, 경제적 계층이나 집단에 상관없이 글을 읽고 쓰는 사람이라면 누구에게나 필요한 것이며, 특히 오늘날의 탈진실성이 이러한 비판적 문해력의 보편적 가치와 역할을 더욱 돋보이게 하고 있다.

    어렵고 복잡하고 무엇이 옳고 그른지를 판단하기 어려운 세상에서는 (그러한 판단이 특히 더욱 중요한 사회에서는) 비판적 문해력이 무엇보다 핵심적인 삶의 역량이다. 우리가 살아가고 있는 지금은 현실적 재난 시대라고 해도 과언이 아니다. 대표적으로 두 가지 면에서 그렇다. 먼저, 감염병이다. 가령, 미국 사람들은 코로나 바이러스가 처음 출현했을 때, 그 정도의 위협이야 6개월 정도면 해소될 것이라고 보았다. 그래서 잠재적 위험성을 '알지 못한 채' 필요한 방역 장비는커녕, 마스크도 쓰고 다니지 않았다. 그렇게 사람들이 가볍게 생각한 이유는 다름 아니라 그것에 대해 몰랐기 때문이며, 심지어 자신들이 모르고 있다는 상황 자체를 인지하지 못했기 때문이다(상황을 잘 알고 있다고 착각함). 정확한 과학적 지식과 정보 없이 근거 없는 신념과 예견, 편견과 혐오을 바탕으로 허위정보와 역정보들이 넘쳐났다.

더욱 심각한 재난은 전 지구적 기후위기이다. 기후위기는 다양한 과학적 관측과 연구를 통해서 현재 지금 벌어지고 있는 사실, 인간의 삶의 양식에 특별한 변화가 일어나지 않는 한 앞으로도 계속 벌어지게 될 사실이다.

미국은 한편으로 과학적 지식의 가치를 존중하고 과학적 근거를 바탕으로 정책 의사결정이 이루어지는 나라이지만, 다른 한편으로 과학 그 자체를 불신하거나 전혀 과학적이지 않은 방식으로 무한 질주하는 테크놀로지가 세상을 구원해 줄 것이라고 보는 사람들이 넘쳐나는 곳이기도 하다.

한국은 어떤가? 여전히 우리 중에 많은 이들이 '기후위기? 그냥 날씨가 더워지는 거 아니야? 겨울을 춥게 만들고 여름에는 무덥고 비가 많이 오며, 갑자기 변덕스러운 날씨들이 생활을 불편하게 만들겠지'라고 생각하면서도, '정말? 날씨가 그렇다고 지구가 어떻게 되기는 하겠어? 내가 사는 동안에야 무슨 일이 있겠어? 언젠가는 괜찮아지겠지, 이 정도쯤이야'라고 안도하고 있을지 모른다. 이런 안도를 뒷받침하는 것은 우리 자신이 지금의 이 상황을 '알고 있다'는 착각이며, 이는 우리가 명백한 재난 상황 앞에서 얼마나 무지하며 그러한 무지로 인해 어떻게 거짓의 위협에 노출되어 있는지를 보여준다.

재난 시대, 생명과 존재의 의미가 직접적으로 위협받는 시대에 우리는 무엇이 사실이고 무엇이 환상인지, 무엇이 진실이고 무엇이 거짓인지, 무엇이 옳고 무엇이 옳지 않은지를 분명하게 판단할 수 있어야 한다. 그런데 우리의 판단을 가로막는 것들이 디지털 세상에 너무 많다. 거짓을 만드는 사람과 그것을 퍼 나르는 사람들, 사람을 속이고 돈을 벌고 권력을 얻고 세를 확장하는 사람들, 그 과정에서 우리가 알게 모르게 보고 듣고 읽고 쓰는 것들 모두 우리의 분별 있는 사유와 활동을 가로막는다. 우리는 비판적인 독자, 분석적인 독자가 되어야 한다. 그것이 우리 자신을 지키고 우리 공동체를 지키는 길이다. 비판적 시민으로서 우리 사회의 지속가능성에 기여하는 길이다.

우리나라 학생들의 비판적 읽기 점수

우리나라 학생들은 비판적으로 글을 읽는가? 2018년에 약 80개국이 참여한 국제학업성취도평가 PISA 보고서는 사소해 보이지만 흥미로운 결과를 제공한다. 이 시험의 참여국 학생들 중 만 15세 학생들(우리로 치자면 중학교 3학년에서 고등학교 1학년)을 표집하여 '읽기 문해력'을 측정했다.

우리나라는 PISA 시험에서 오랫동안 상위권을 유지해 왔다. 어떤 때는 1등도 했다. 그 이후로는 등수가 조금씩 떨어지기도 했지만, 전체적으로 보았을 때 참여국들 중 읽기 문해력 성취도에서 상위권을 벗어난 적이 없다.

그런데 흥미로운 지점은 우리 아이들의 전반적인 읽기 문해력과 상반되는 비판적 문해력이다. 2018년 보고된 PISA 문항 중에는 사실과 의견을 구별하는 문항이 있다. '사실과 의견 구별하기'는 비판적 읽기의 시작이다. 무엇이 사실에 가깝고 무엇이 의견에 가까운 것인지를 분별하는 것은 비판적으로 글을 읽을 때 필요한 가장 기본적인 능력이다. 한국 아이들은 이런 능력을 묻는 문항에서 참여국 중 최하위권에 머물렀다.[1] 많은 한국 언론에서 심각하게 다룬 바 있다.[2]

그렇다면 해당 문항이 대체 어떤 것이었는지 살펴보자. 이 문항의 지문은 한 블로거의 서평이다. 서평의 대상은 재레드 다이아몬드(Jared Diamond)가 쓴 『문명의 붕괴』라는 책이다. 이 책은 환경 파괴가 인간 문명에 얼마나 돌이킬 수 없는 악영향을 끼치는지를 라파누이(Rapa Nui)라는 폴리네시아 문명이 붕괴되는 과정을 통해서 보여준다. 이 문항에서 학생들은 블로거가 쓴 서평에 담긴 내용을 사실과 의견으로 구별해야 했다. 이 서평에서 사실로 간주할 수 있는 것은 『문명의 붕괴』를 출처로 한 것이고, 의견은 서평 블로거의 개인적 판단이다. 이런 글을 읽을 때 사실과 의견의 구별이 중요한 이유는, 블로거의 전문성에 대한 정보 없이 글에 쓰인 그대로 내용을 받아들일 수는 없기 때문이다. 어떤 내용이 근거에 기반한 것인지 개인 견해에 기반한 것인지를 구별하는 것은 수많은 인터넷 글을 읽는 데 요구되는 매우 기본적이고 중요한 비판적 읽기 기술이다.

이 문항에는 블로그 글이 지문으로 제시되고, 이어 사실과 의견을 구별해야 하는 5개의 진술이 제시된다. 첫 번째 진술은 이렇다(한국 학생들이 본 실제 지문과 문항은 한국어로 번역된 것이다).

In the book, the author describes several civilizations that collapsed because of the choices they made and their impact on the environment.

FACT ☐   OPINION ☐

"이 책에서 저자는 〈수많은 문명이 자신들이 한 선택과 그것이 환경에 미친 영향으로 인해 붕괴되었다〉고 기술한다"라는 진술이다. 그렇다면 이 진술은 사실(Fact)일까? 의견(Opinion)일까? 적어도 이 문항의 맥락 안에서 우리는 이것을 사실이라고 판단한다. 『문명의 붕괴』라는 과학적 저서가 〈…〉 안에 들어간 정보의 출처이기 때문이다. 여기서 〈…〉의 정보 자체가 사실인지 아닌지를 판단할 수는 없다. 중요한 것은 그것이 어떤 근거를 가지고 있는가의 문제이다. 이 진술은 블로거의 의견이 아니라 분명하게 '이 책의 저자'가 제시한 내용임을 밝힌 것이기에 특정한 근거와 출처를 두고 있는 것이다. 그런데 다음의 진술은 어떤가?

One of the most disturbing example in the book is Rapa Nui.

FACT ☐　　OPINION ☐

이 진술에서 'disturbing(디스터빙)'은 매우 거북하다는 의미를 표현한다. 불편하고 뭔가 방해가 되는 것이다. 다시 말해 "이 책에 담긴 가장 거북한 사례 중 하나는 라파누이다"라는 진술이다. 그러면 이것은 사실일까, 의견일까? 의견이라고 볼 수 있다. 왜냐하면 서평을 쓴 사람이 라파누이의 문명 사례가 굉장히 마음에 거슬리고 불편한 것이라고 판단했기 때문이다. 그런 불편한 감정과 판단은 블로거의 것이지 책의 저자인 재러드 다이아몬드의 것이 아니다. 따라서 이는 의견이다.

이런 식으로 다섯 개의 진술 중 세 개 이상에서 정확하게 사실-의견을 분별하면 점수를 얻고, 그 이하는 실패이다. 그런데 글 잘 읽는 한국 아이들은 이 문항에서 유독 점수가 낮았다. 전반적으로 아이들의 읽기 문해력이 높다면, 이 문항에서도 그에 어울리는 점수를 받아야 한다. 그런데 우리 아이들 중 약 25퍼센트 정도만 이 문제를 통과했다. 대략 100명 중 25명, 넷 중 셋은 이 문제에서 통과하지 못했다. 우리 아이들의 평균 읽기 문해력 점수는 최상위권이지만, 사실-의견 구별하기 문항에서는 최하위권이었다.

조금 더 살펴보자. PISA에서 시험을 보기 전에 참여국 학생들에게 "학교에서 어떤 정보가 주관적이거나 편향될 수 있다는 사실을 배웠는가? 그것을 알아내는 방법을 학교에서 배웠는가?"라는 질문으로 설문조사를 했다[그림1]. 다음 그래프는 80여 개의 참여국가 중 주요 국가 20개국 학생들의 수행 점수를 통계적으로 분석해 예측한 것이다. 어림잡아 우리나라 학생의 둘 중 하나는 이 설문에 '그렇다'고 대답했다(그런데 문제를 맞힌 확률은 4명 중의 1명이었다).

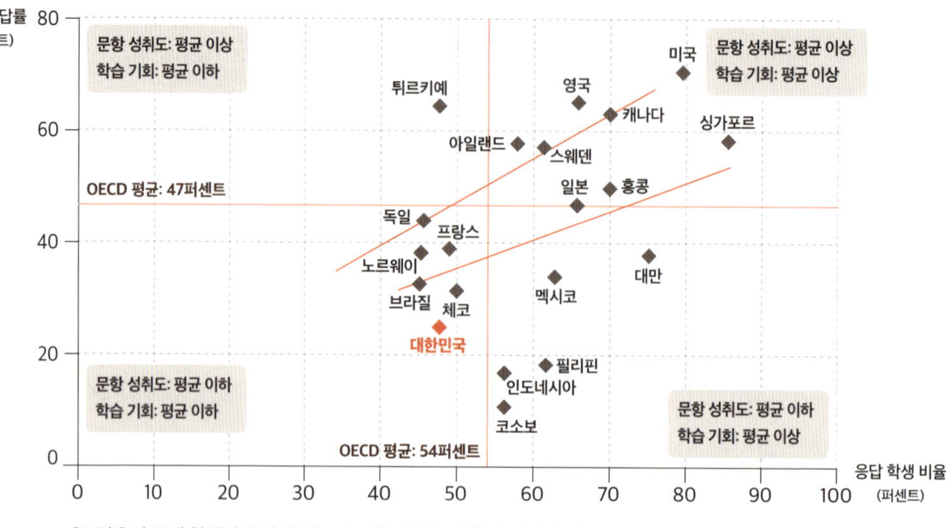

[그림1] 만 15세 학생이 응답한 정보의 편향성 학습 경험과 실제 사실-의견 문항 점수의 상관관계

다른 그래프를 하나 더 보자[그림2]. 이 그래프는 "인터넷을 사용해서 숙제를 해결하는가? 평소에 공부를 위해 읽을 때 인터넷을 많이 읽는가, 진지하게 인터넷을 사용하는가?" 물어보았다. 이 문항에 한국 학생 10명 중의 9명, 거의 대부분이 그렇다고 대답했다. 이를 시험 결과와 연계해 보면, 학생 대부분이 학교 숙제를 위해 인터넷으로 정보를 찾아 읽고 있다는 일상 경험과는 대조적으로, 인터넷 읽기 과정에서 사실과 의견을 정확하게 분별할 수 있는 학생은 얼마 되지 않았다.

이제 마지막 그래프를 보자[그림3]. 일반적으로 읽기 문해력 점수가 높으면 사실-의견 구별하기 문항의 점수도 높아야 한다. 읽기 문해력과 사실-의견 구별하기 사이에는 상당한 정도의 상관관계가 존재한다는 뜻이다. 그래프에서 대부분의 나라들은 우상향을 그리는 대각선 상에 위치한다. 글을 잘 읽는 나라의 아이들은 비판적 읽기도 잘하고, 글을 못 읽는 나라의 아이들은 비판적 읽기도 잘 못한다는 결과를 보여준다. 거의 모든 나라들이 그렇다.

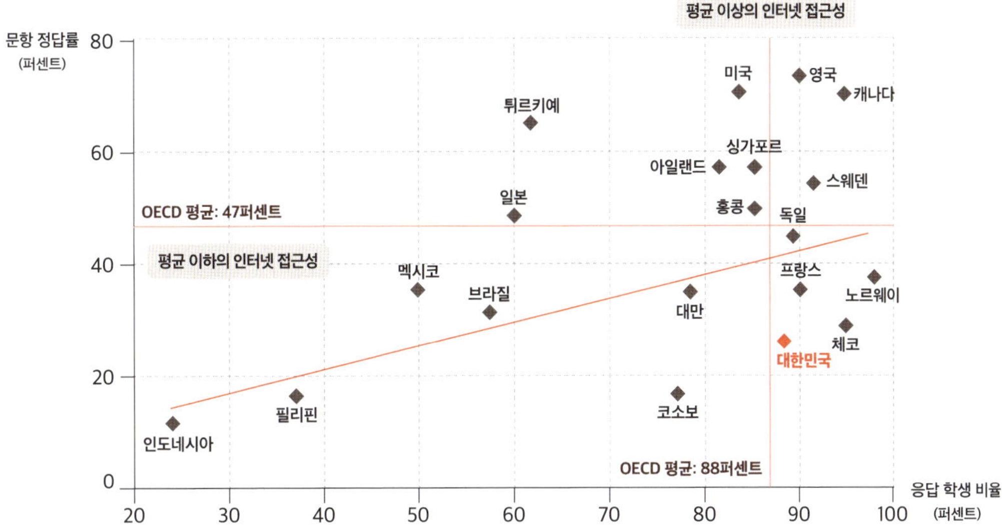

[그림2] 만 15세 학생이 응답한 학습 목적 인터넷 사용 경험과 사실-의견 문항 점수의 상관관계

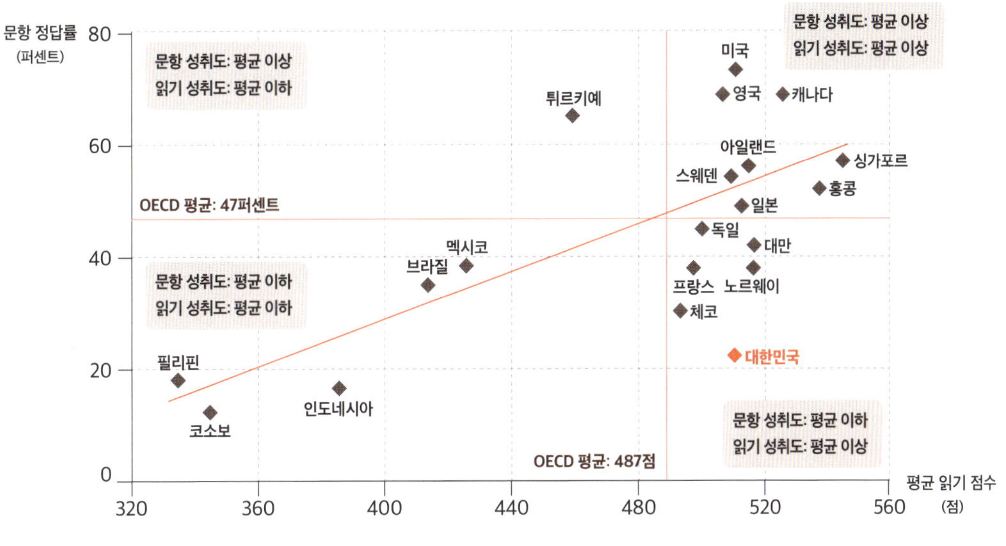

[그림3] PISA 보고서-비판적 읽기 예측 점수

　그런데 우리나라는 어떤가? 이 선상에서 홀로 멀리 떨어져 있다. 그것도 아래로 멀리 떨어져 있다. 한국의 경우 학생들의 전체 읽기 점수는 상위권인데 비판적 읽기 점수는 최하위권이다.

　이런 의외의 결과를 어떻게 해석할 수 있을까? 우리 아이들이 글 자료를 읽고 정보를 찾아서 주어진 문제에 답하는 것은 잘하지만, 한 겹 더 들어가서 자신이 읽고 있는 정보가 사실인지 의견인지, 객관적인지 주관적인지 판단하는 능력은 허약하지 않을까? 우리 아이들은 주어진 정보를 찾아 처리하고 기억하는 데는 탁월한 능력을 보이지만, 실생활에서 맥락과 근거를 파악하면서 분석적으로 글을 읽는 데 어려움을 겪고 있지는 않을까?

　인터넷 환경에서는 글의 정보를 잘 처리하는 문해력, 표층적 의미를 이해하는 문면적 문해력도 중요하지만, 글 내용을 심층적으로 이해하는 문해력도 중요하며, 더 나아가서는 글 정보의 질과 가치를 판단할 수 있는 문해력도 학교에서 강조해야 한다. 이런 문해력은 꾸준한 연습과 훈련이 필요하다. 글 내용의 의미를 이해하고 그 가치를 고차원적으로 판단하는 읽기는 꾸준하게 노력해 배워야 하는 열린 문해력을 요청한다. 이는 단기간에 숙달하기 어렵다. 오랜 시간에 걸쳐 계속 닦아나가야 한다. 우리 아이들이 조금 더 현명하게 디지털 시대를 살아갈 수 있도록 그 어느 때보다 체계적인 교육과 지원이 필요하다.

2 비판적 읽기와 비판적 질문들

학생들의 비판적 읽기를 돕기 위한 몇 가지 질문 도구를 살펴보자. 이 도구들은 선생님의 이해를 돕기 위한 것이기에 낯선 언어로 표현되어 있지만, 언제라도 학생 수준에 맞는 언어로 재구성해 수업에 활용할 수 있다. 먼저, 비판적 읽기를 다섯 가지 측면에서 쪼개어 생각해 보자.

- 꼼꼼하게 읽기: 이 글의 저자는 무슨 말을 하고 싶은 것인가?
- 정확하게 읽기: 이 글의 내용은 얼마나 정확한 언어로 표현되어 있는가?
- 분석적으로 읽기: 이 글에는 어떤 표현 기법과 장치들이 사용되었는가?
- 논증적으로 읽기: 이 글의 주장과 근거, 논리는 무엇이고 타당한가?
- 맥락적으로 읽기: 이 글은 언제, 어디서, 어떤 목적으로 만들어졌는가?

비판적인 읽기는 꼼꼼하게 읽는 것, '자세히 읽기'에서 시작한다. 단어와 문장을 빠짐없이 면밀하게 읽는 것에서 출발한다. 대충 훑어 읽으면 비판적으로 읽기가 어렵다. 정확하게 읽지 못했는데 비판적으로 이해할 수 없다. 꼼꼼하게 읽으려면 유창성이 있어야 한다. 글을 읽고 쓸 수 있는 어휘력도 있어야 하고, 단어와 문장을 정확하게 파악할 수 있는 독해력도 겸비해야 한다. 꼼꼼하게 읽기를 바탕으로 정확하게 읽고, 분석적으로 읽고, 논증적으로 읽어야 한다. 주장이 무엇이고, 근거가 어떠하며, 근거가 주장을 뒷받침하는 논리가 합리적이고 타당한지, 그러한 논증이 현실에서 일어날 법한 것인지 파악해야 한다. 텍스트의 언어적 표현, 디자인, 메시지 전달 방식 등에 대해 소통의 맥락 안에서 질문하고 평가할 수 있어야 한다.

텍스트 생산자에게 말 걸기

비판적 읽기는 텍스트 생산자, 즉 글쓴이에게 말을 거는 읽기이다. 텍스트 생산자에게 말 걸기. 이것은 우리가 앞서 논의했던 미디어 텍스트 읽기, 인터넷 텍스트 읽기, 혹은 저자에게 질문하기와 상당 부분 닮아 있다. 다른 점이 있다면 독자가 글쓴이, 텍스트 제작자, 정보 생산자와 함께 마치 대화하듯 읽는 것이다. 아이들은 글과 책, 정보와 자료를 읽으면서 첫째로 "당신은 어떤 사람인가요?" 물어볼 수 있다. "당신은 정직한 사람인가요?" "당신은 공정한 사람인가요?" "당신은 전문성을 갖추고 있나요?" "당신은 혹시 당신만의 가치관이나 신념에 치우쳐 있지는 않은가요?" "당신은 내가 믿어도 되는 사람인가요?"라고 대화하듯 질문한다.

둘째, 목적에 대해서도 물어볼 수 있다. "이 텍스트는 누구를 위한 것인가요?" "이 자료는 누구를 위해 만들었나요?"라고 물어보는 것이다. "일반 독자, 보통 사람들을 위한 것인가요?" "전문 독자, 전문가를 위한 것인가요?" "당신과 생각과 관점을 공유하는 사람들을 위한 것인가요? 아니면 당신과 다른 관점이나 주장을 가진 사람들을 설득하기 위한 것인가요?" "당신이 좋아하는 것을 함께 좋아해 주는 사람들을 위해 만든 것인가요, 아니면 그것을 싫어하는 사람들을 위한 것인가요?"라고 물어보면서 글쓴이에게 말을 걸어 본다. 그리고 그 답을 텍스트에서 찾아본다.

셋째, "당신은 어떻게 사람들을 대하나요?"는 정말 중요한 질문이다. 글쓴 이가 얼마나 선의를 가진 사람인지, 사려 깊은 소통자인지 물어보는 것이다. "혹시 당신은 당신의 의견만을 주장하기 위해서 이 글을 쓴 것이 아닌가요?" "혹시 당신은 다른 사람의 의견에 귀를 기울이고 있나요?" "혹시 당신은 이 문제에 관해 다른 사람들의 입장에서 들어본 적이 있나요?" "혹시 당신은 의 도적으로 특정 집단의 목소리를 감추고 있는 것은 아닌가요?" "특정한 사람 들의 목소리를 배척하고 있지는 않나요?" 물어볼 수 있다.

마지막 질문이다. "왜 이걸 만들었어요? 왜 이 글을 제작했나요? 혹시 당 신 스스로의 이익을 위해서, 무언가 성취하고 싶어서, 아니면 사회를 바꾸 길 원해서인가요? 글을 읽는 사람의 마음과 행동이 바뀌길 원하는 건가요?" 라고 물어보아야 한다. 이런 질문들은 언뜻 간단하게 들리지만, 우리가 다른 사람의 마음을 알아갈 때 반드시 던져야 하는 것들이다.

이렇게 일상의 질문들을 활용해서 텍스트를 생산한 사람에게 말을 걸어 본다. 그리고 질문이 이끄는 대화의 답을 찾기 위해 텍스트를 읽어본다. 이 런 질문들은 학생들이 글을 능동적이면서도 비판적으로, 진지하고 성의 있 게 읽게 하는 경험을 안내한다.

텍스트의 생산-유통-소비 맥락 읽기

인터넷 자료는 특히 맥락적으로 읽어야 한다. 맥락적으로 읽는다는 말이 조금 모호할 수 있지만, 여기서는 텍스트가 언제, 어디서, 누군가에 의해 만 들어지고, 또한 그것이 어떻게 유통되는가를 따지며 읽는 것으로 본다. 텍스 트의 가치는 생산, 유통, 소비 맥락에 따라 달라질 수 있기 때문이다. 같은 내용이라도 어떤 언론사에 실렸는가, 어떤 웹사이트에 올라왔는가, 누가 작성한 것인가에 따라서 자료의 의미와 가치가 달리 판단될 수 있다. 비판적 독자는 이런 맥락에 대해서 질문할 수 있다.

가령 "해당 자료의 생산과 유통, 재생산 과정에서 어떤 미디어들이 관련되어 있는가?" 기성 언론 혹은 이미 명성을 얻은 유력한 공공 언론인가, 아니면 디지털 상에 퍼져 있는 일인 미디어인가, 개인 미디어인가 질문해 볼 수 있다. 관련해서 "미디어의 공정성, 신뢰성, 전문성, 공공성을 어떻게 판단할 수 있을 것인가? 독자의 시선과 주위를 잡아끌기 위한 미디어적 도구와 장치는 무엇인가?"도 질문할 수 있다. 관심 경제와 디지털 자본주의에 기반한 인터넷 생태계에서는 자극적인 이미지와 동영상, 선정적인 문구와 상업적 의도 등에 관한 비판적 안목이 필요하다. 조회 수, 클릭 수, 구독자 수가 자료의 질을 보증하지는 못한다.

또한 이런 질문은 어떨까? "미디어가 옹호하는 생활 방식, 사회계층, 가치관, 세계관은 무엇인가?" 특정 미디어는 특정 계층, 특정 집단의 사람들, 특정 가치관이나 이념을 옹호하는 경향성을 띤다. 미디어에 많이 노출된 성인 독자들은 어떤 신문사, 방송사, 언론사가 어떤 정치적, 이념적 경향을 가지고 있는지에 대해 어느 정도의 경험을 가지고 있다. 물론 특정 미디어가 반드시 특정 정치적 성향만을 고수하는 것은 아니지만, 어느 정도는 미디어의 정치적 성향을 바탕으로 해당 미디어가 생산하는 텍스트의 관점과 지향 등을 얼핏 추론해 볼 수 있다. 특정 미디어에 대한 편견은 곤란하지만, 미디어에 관한 맥락적 경험은 중요하다.

매우 중요한 질문을 또 해볼 필요가 있다. "미디어가 특정한 생활 방식, 사회계층, 문화적 집단, 세계관 등을 왜곡하거나 배척하지는 않는가?" 우리는 신문 기사나 심지어 책과 방송을 볼 때도 그것이 의도하든 의도하지 않든 간에 사회적 약자들을 편견과 혐오의 대상으로 놓고 왜곡된 언어와 표현을 사용하지 않는지 반드시 확인해야 한다. 사회적, 문화적 다양성과 세계시민의 가치를 존중하려는 독자는 이러한 왜곡과 배척에 민감할 수밖에 없다.

마지막으로 "왜 미디어는 특정한 자료를 생산하고 유통하고 재생산하는가? 무엇을 위해서? 무슨 목적을 위해서?" 같은 질문을 던질 수 있다. 비판적 읽기는 뉴미디어 시대의 읽기, 인터넷 시대의 읽기와 그 맥을 같이한다. 디지털 시대에 우리는 새로운 미디어에 능동적으로 대응하면서 읽어야 하고, 복잡하고 불확실한 인터넷 공간에서 글 읽는 사람으로서 자기 자신을 점검하고 성찰해야 한다. 미디어가 갖는 텍스트 생산의 목적, 텍스트가 유통되는 맥락에 대해 비판적으로 접근하면서 읽을 수 있어야 한다.

문해력이 한글을 깨치는 것으로 끝난다면, 가르치는 일도 배우는 일도 그렇게 어렵지 않다. 부모, 교사, 학생, 사회의 고민도 크지 않을 것이다. 그렇게 간단하면 이런 책도 만들지 않을 것이다. 그러나 문해력은 복잡하다. 문해력을 이루는 다양한 요소들이 있고, 문해력의 발달과 학습에 다양한 개인적, 사회적, 문화적 영향 요인들이 얽혀 있다. 그래서 문해력 교육은 한 사람의 의지와 노력만으로는 해결되지 않는다. 문해력을 가르치고 배우는 일은 문화적인 경험이고 사회적인 실천이자 공동체의 과업이다. 글을 읽고 쓰는 일, 그것을 배우는 과정은 정교한 지적 활동과 함께 마음의 에너지, 심리적 노력과 투자, 정서적인 힘을 요청한다.

급속한 사회 환경 변화와 이에 따른 교육 환경 변화, 무엇보다 우리 아이들이 살아가는 일상의 변화를 쉼 없이 경험하는 오늘, 우리들은 어떻게 문해력을 더 잘 가르칠 수 있을까 고민한다. 기초적인 문해력부터 확정되지 않은 미래 사회에서 더욱 요청되는 비판적이고 분석적인 문해력까지, 우리 아이들이 타인과 함께 살아가고 있다는 감각을 지닌 합리적 시민으로 성장하기 위해서 우리가 어떻게 도와줄 것인가? 우리 아이들을 위해 지금부터라도 공감의 문해력 교실, 성장의 리터러시 사회가 어떻게 창안될 수 있을지 진지하게 질문하고 탐구하는 우리 모두의 노력이 필요한 시점이다.

인공지능의 시대인 지금, 이제 디지털 전환이라는 말은 인공지능과 그에 관한 다양한 사회문화적, 정치경제적 현상을 빼놓고는 설명할 수 없게 되었다.

최근 대중적으로 상업화된 생성형 AI는 문해력이라는 전통적인 인간 개념에 정면으로 도전하고 있다. 읽고 쓴다는 말의 주어가 굳이 필요 없던 시대는 이제 반드시 읽고 쓰는 일의 주인이 인간인지 기계인지 판단해야 하는 시대가 되었다.

인공지능과 함께 우리는 무엇을 어떻게 읽고 쓸 수 있을까? 우리의 문해력 교육에서 인공지능의 존재는 어떤 의미를 가지며, 그것은 어떻게 하나의 구성 요소로 통합될 수 있는가? 우리 아이들은 그것으로 무엇을 어떻게 배울 수 있으며, 우리는 아이들을 위해 무엇을 어떻게 고민해야 하는가?

이 장에서 AI 시대에 경험하는 인간 문해력의 도전 상황 속에서 우리 아이들이 배우고 자라는 교실 속 함의를 도출해 보자.

25장

AI 시대의 문해력

인간보다 더 잘 읽고 쓰는 기계가 등장한 시대,
우리 아이들은 어떻게 읽고 쓰는 사람이어야 할까?

· 인공지능의 읽기와 쓰기
· 인공지능 환경과 도전적 문해 환경
· 지능을 넘어 지성을 키우는 문해력 수업

주요 키워드

인공지능 / AI 문해 환경 / 인지적 떠넘기기

학습자·교육자 주도성과 책무성

지성의 문해력

1 AI는 어떻게 읽고 쓰는가?

생성형 AI 시대에 사람들은 기계가 정말 인간처럼 읽고 쓸 수 있을까 궁금해한다. 우리가 인공지능 전문가가 아닌 이상 이 문제를 온전하게 이해하고 판단하기에는 제한적이다. 다만, 앞서 정의한 문해력(혹은 리터러시)의 세 가지 개념적 요소들(기호, 의미, 세상)을 중심으로 인간과 대비하여 인공지능이 어떻게 읽고 쓰는지 유추해 볼 수는 있다.

인공지능은 기호를 다루는가?

첫째로 읽기와 쓰기가 '기호'를 다루는 일이라면, 인공지능은 어떻게 기호를 다루는 것일까? 지금 우리가 사용하는 챗지피티나 구글 제미나이 등의 생성형 AI는 읽기와 쓰기에 필요한 다양한 기호들을 능수능란하고 정교하게 다루는 것처럼 보인다.

읽기 혹은 입력의 측면에서 생각해 보자. 요즘 AI가 사람의 말을 이해 못 하는 경우는 거의 없다. 이미 거대언어모형(LLM)에 기댄 인공지능은 사람이 입력한 언어를(혹은 말로 한 것을 문자 텍스트로 옮겨서) 자유자재로 처리한다. 더군다나 한 가지 언어뿐 아니라 체계를 갖춘(그래서 인공지능 모델을 만드는 데 필요한 충분한 말뭉치가 축적된) 모든 언어를 처리한다. 이들은 한 언어를 다른 언어로 처리하고, 다른 언어를 또 다른 언어로 처리한다. 이때 인간으로서는 상상하기 어려울 만큼 효율적인 기호 번역의 과정이 수행된다.

쓰기 혹은 출력 면에서 인공지능은 더욱 탁월해 보인다. 인공지능은 인간이 입력한 언어에 반응하여 일을 처리하고, 그 결과를 다양한 양식성으로 산출한다. 기계가 글을 쓰는 것은 이제 당연한 일처럼 보인다. 인간이 다루는 거의 모든 분야의 어휘와 정보를 사용하고, 인간의 어조나 글쓰기의 수사적 맥락(누가 이 글을 왜 읽는가)까지 고려해서 결과물을 제시한다. 섬세하고 정교한 언어를 다루는 AI 상담사나 AI 변호사는 이미 일상적이다. 급기야 인공지능이 시와 소설도 쓰는 형편이다.

언어 말고도 그림과 이미지, 영상은 어떤가? 인공지능이 유수한 회화전에서 최고 상을 받았다는 기사가 나온 지 한참 되었고, AI 영화제는 지금도 성황리에 열리고 있다. 또 노래도 만들어서 기성 작곡가들도 탄복하는 훌륭한 음악으로 국내외 경연을 휩쓸고 있다. 이런 상황에서 예술이 오직 인간만의 고유한 수행 영역인지에 대한 의문도 제기된다. 이처럼 인공지능이 기호를 다루는 능력은 한 개인의 능력을 넘어선다. 기호 처리의 속도와 범위, 깊이와 폭 모두 경이롭다.

그렇지만 생성형 AI의 기호 처리 방식이 진정 '생성적'인가에 대해서는 과학적으로도 철학적으로도 논쟁적이다.[1] 인공지능이 인간의 언어를 배우기 위해서는 인간의 셈으로 측량하기 어려운 사례들(데이터)과 메모리(기억 장치)가 필요하다. 인공지능은 인간이 생산한 엄청난 양의 언어 데이터를 수집하고, 이를 주어진 조건에 따라 컴퓨터 언어(수의 조합)로 절차화하며, 이를 바탕으로 인간이 입력한 언어 명령에 대해 확률적으로 가장 '가까이 위치하는' 말들을 연결하여 읽고 쓴다. 그래서 인공지능은 거대한 통계 엔진에 가깝다.

인간의 문해력은 데이터와 연산으로 확률 높은 언어를 처리하고 추출하는 인공지능의 그것과는 분명 다르다.[2] 인간은 다양한 사례들을 이해하고 산출할 수 있는 일종의 언어 습득-생성 장치를 가지고 있다. 이러한 생득적 '문법 장치'를 가지고 인간은 태어나면서부터 외부 환경과의 지속적 상호작용 과정에서 특정한 언어에 노출되고 제한된 사례들을 경험한다. 그리고 이 과정에서 놀라울 정도로 정확하고 구조화된 언어 패턴들을 찾아내고, 이를 정교화하며 자신의 규칙으로 만들어간다.

우리 각자의 모국어가 달라도, 우리 모두에게는 언어를 배울 능력이 주어진다. 인공지능이 텍스트 처리와 생산 과정에서 인간 언어와 컴퓨터 언어를 수없이 오가며 번역하는 것과는 달리, 놀랍게도 숙련된 이중언어 인간 화자는 반복적 번역의 과정 없이 두 개의 언어를 따로 또 섞어 생각하고 읽고 쓴다.

인간은 기호를 다루는 학습 존재로, 불필요한 데이터와 과잉 연산이 아니라 제한된 사례들에서 언어적 규칙을 인지하고 내재화하여 이후 비슷하거나 상이한 상황에 적용하면서 맥락화된 언어 소통 과정에 참여한다. 인간이 '어머니, 배가 고프니 밥을 주세요!'라는 기호를 사용하려고 지금의 AI처럼 배운다면, 평생이 걸려도 그 말을 읽고 쓰는 일이 불가능할 것이다. 인공지능은 인간에 비해 훨씬 다양하고 많은 기호를 한꺼번에 엄청난 속도로 처리하지만, 인간은 굳이 그렇게 기호를 취급하지 않는다. 지속적인 패턴 인식과 내재화를 통해서 기호를 다루는 인간의 경험적 언어 생성 능력은 효율성과 편의성, 정확성과 맥락성 측면에서 기계의 추종을 불허한다.

인공지능은 의미를 다루는가?

둘째로 읽기와 쓰기는 의미를 다루는 작업이다. 그렇다면 인공지능은 의미를 다루는가? 우리가 즐겨 쓰는 AI에게 '아버지'라는 기호의 의미는 '늦은 퇴근길에 잊지 않고 닭튀김을 사 오시던 아버지'일까, 그와는 다른 어떤 아버지일까, 아니면 우리 모두의 아버지일까? 그것도 아니라면 사용자가 요청한 마음속의 아버지와 확률적으로 가장 유사한 '가상의 아버지'일까?

언어의 의미는 경험에서 온다. 여기서 경험은 사람이 평생 동안 끊임없이 외부 환경과 물리적, 사회적, 상징적으로 상호작용하면서 생성된 복잡한 의미망이다. 언어의 의미는 구체적이고, 유무형의 경험(사유의 경험을 포함한) 없이는 만들어지기 어렵다. 그래서 '아버지'라는 기호의 의미는 누군가에게는 늦은 밤 피곤한 퇴근길에도 잊지 않고 가족들을 위해 닭튀김을 사 오시던 아버지일 것이나, 다른 이들에게는 다른 경험으로 의미화된 아버지일 것이다. 그리고 이런 여러 아버지와 관련된 경험들이 모여 우리가 서로 말하지 않아도 짐짓 이해하는 보편적 '아버지'의 의미가 만들어진다.

오늘날 상용화된 AI들이 써내는 텍스트를 읽어보면, 마치 그들이 엄청나게 복잡한 의미들을 손쉽게 만들어내는 것처럼 보인다. 하지만 인공지능의 현란한 기호 처리 과정에서 다루는 것은 기실 의미가 아니라 정보에 가깝다. 인공지능이 작업하는 기호들의 의미는 인공지능이 체득한 고유한 경험이 아니라 외부에서 주어진(혹은 그렇게 훈련되거나 학습된) 절차적 알고리즘의 조건식에 따라서 정의된다.

이렇게 경험이 부재한 기호 처리 과정에서는 인공지능이 수행하는 작업의 양과 폭, 정확도와 심도가 어떻든 간에 본질적으로 새로운 의미가 생성될 수 없다. AI의 글쓰기로 생성된 것은 의미가 아니라, AI를 만든 인간도 도저히 알 수 없는 절차에 따라 확률적으로 결정된 정보의 '그 어떤 조합'에 가깝다.

글의 의미는 사람과 텍스트가 만나 생성된다. 텍스트가 온전히 정보로 이루어져 있다 하더라도, 그것은 글을 읽는 사람이 가진 경험적 지식과 만날 때만이 비로소 의미로 전환된다. 글을 쓸 때도 마찬가지이다. 사람의 머릿속에 들어찬 미묘한 생각과 감정이 언어라는 추상적 기호로 풀어질 때, 그것은 비로소 자신과 타인의 경험 세계에서 수용될 수 있는 의미로 생성되며, 동시에 처리될 수 있는 정보로 기록된다. 그래서 정보는 과거의 것이고, 의미는 미래의 것이다. 정보는 이미 있는 것, 의미는 새롭게 만들어진 것이다. 인간은 이미 존재하는 정보를 처리함으로써 미래의 의미를 만들어낸다. 그래서 인간이 글을 읽고 쓰는 일은 미래적이고 새롭다.

인공지능이 인간처럼 글을 읽고 쓰면서 의미를 다룬다고 단언하기 어렵다. 왜냐하면 인공지능은 본질적으로 외부 주체와 긴밀하게, 오랫동안, 혹은 아예 상호작용을 하지 않고서도 텍스트(글을 비롯하여 그림, 영상, 음악, 코딩에 이르기까지)를 생산하기 때문이다. 설령 우리가 AI에게 강화도의 관광 자원을 소개하는 12쪽짜리 소책자를 만들어달라고 요청한들, 그렇게 제작된 텍스트가 본질적으로 우리와 인공지능이 상호작용한 결과물이라고 보기 어렵다. 오히려 그것은 AI가 인간 언어를 '명령 정보'로 처리해 외부 메모리에 저장된 정보를 일련의 절차를 거쳐 조합한 '자기 처리'의 산물에 가깝다.

인공지능은 거대한 정보처리 기계이다. 우리의 AI는 본래 인간의 정보처리 과정을 답습하여 개발되었지만, 실제로 현명한 인간은 틀에 박힌 알고리즘으로 사고하지 않기에 오늘날 인공지능은 역설적으로 초인간적이다. 인공지능의 수행력은 민첩하고 광범위하지만, 인공지능 산출물의 의미는 그것을 얻고 쓰는 사람으로부터 만들어진다. 오늘날 사람이 도저히 풀기 어려운 문제에 대해 AI가 믿기 어려울 만큼 그럴 법한 대답을 내놓거나 탁월한 경지에 이른 예술가마저 놀라게 만드는 경이로운 작품을 제안하더라도, 나아가 인간의 감각과 계산으로는 도달하기 어려운 미시와 거시 세계 현상을 적나라하게 설명하더라도, 그러한 일련의 정보처리가 갖는 의미는 본질적으로 인간에 의해 만들어진다.

인공지능은 세상을 다루는가?

셋째로 읽기와 쓰기가 세상을 다루는 일이라면, 오늘날 인공지능은 과연 글을 읽고 쓰면서 세상을 다루는가 질문해 보아야 한다. 인공지능에게 세상이란 무엇이고 그것은 인공지능의 읽기와 쓰기에 어떻게 관련되는가?

언어의 의미가 경험에 기반할 때, 경험은 언제나 세상에 맥락화되어 있다. 이때 세상이란 우리의 오감으로 보고 듣고 만지고 느낄 수 있는 현실 감각 세계이기도 하지만, 인간의 감각으로 닿기 어려운 눈에 보이지 않는 미시의 세계와 거시의 세계일 수도 있다. 또한 우리의 경험이 뿌리를 내린 세상은 서로 부대끼며 살아가는 일상일 수도 있으나, 우리가 생각하고 대화하는 방식, 우리가 일하고 배우는 방식을 결정하는 앎의 세계일 수도 있다. 그것이 무엇이든 글을 읽고 쓰는 우리는 언제나 이런저런 세계에 맥락화되어 있으며, 우리가 살아가는 세계의 본질, 그 세계에서 우리가 생각하고 배우고 일하고 살아가는 경험이 우리의 읽기와 쓰기의 모든 면을 결정한다. 따라서 인간의 읽기와 쓰기는 세상과 삶의 과정이자 결과이다. 때문에 늘 우리는 글을 읽고 쓰면서 때로는 직관적으로 때로는 논증적으로 세상에 대한 이해, 세상에 대한 분석, 세상에 대한 가치 판단을 시도하며, 그러한 이해와 분석과 판단이 우리의 읽기와 쓰기에 스며든다.

반면에 인공지능의 세상은 허구적이다. 인공지능에게 세상이란 정보와 다름없다. 우리가 인공지능을 하나의 존재로 보고 주도성을 인정하더라도, 그들에게 세상이란 존재하는 세상이라기보다는 우리가 세상이라고 말하는 것들에 대한 정보의 연산 결과물이다. 엄청난 데이터와 메모리를 갖춘 인공지능에게 우리가 사는 세상에 대해 물어보면 스스럼없이 우리가 알고 있는, 혹은 우리가 알고 있는 것 이상의 세상에 대해서 이야기해 줄 것이다. 인공지능은 존재의 글 읽기와 쓰기에 영향을 미치는 수많은 세상 변인들을 정보로 처리하여 마치 그 세상이 자신의 읽기와 쓰기에 반영된 것처럼 보여준다. 그러나 그렇게 만들어진 세상은 인공지능에 의해 처리되어 조립된 허구의 세계이자 예측된 세계일 뿐, 인공지능이 지각하고 사유한 세계라고 보기 어렵다(물론 인공지능의 세계는 내용적으로 인간의 세계에 기초할 것이다).

인공지능이 세상을 다룰 수 있는가의 문제는 심리학적으로는 인공지능이 과연 '자의식'을 가지고 있는가의 문제와 연결되며, 넓게는 인공지능의 수행과 산출물이 사회문화적 조건들 안에서 제정되고 준수되는가라는 윤리 도덕의 문제와도 맞닿아 있다.[3] 이는 인공지능 시대의 문해력을 이야기하면서 가장 유념해야 할 지점이기도 하다. 과연 인공지능은 삶의 토대이자 결과인 '세상지식'을 갖출 수 있는가? 그들은 인간처럼 끊임없는 외부 환경과의 복잡다단한 상호작용을 통해서 타인과 생명에 공감하고 경청하는 섬세한 '공통감각'을 배울 수 있는가? 우리는 인간 언어에 대한 인공지능의 이해와 학습, 그들이 오늘도 경계 없이 산출하고 있는 텍스트들을 어떤 기준과 관점으로 받아들여야 하는가?

인공지능은 어떻게 배우는가?

인공지능은 인간의 데이터를 학습한 결과로 구축된 지능이다. 지능이 '배울 수 있는 능력'으로 정의될 때, 우리가 인공지능을 하나의 지능이라 부르는 이유도 그것이 배우는 능력을 가지고 있기 때문이다. 그리고 배움의 핵심에 읽기와 쓰기가 있다. 따라서 인공지능의 학습 원리와 장단점은 앞에서 이야기한 기호, 의미, 세상의 관점에서 바라본 읽기와 쓰기의 그것과 대체로 일치한다.

그렇다면 인공지능은 스스로의 학습에 대해 어떻게 말할까? 시중의 상업적 생성형 AI 서비스 세 가지(챗지피티 무료 및 유료 버전, 구글 제미나이 대학생 무료 버전)로 간단한 실험을 해보자. 먼저 이들에게 최신 학습 과학 연구에 근거하고 있는 인간의 서른여섯 가지 효과적 학습 원리를 알려주었다[그림1].

1. 능동적, 비판적 학습 원리	13. 지속적 학습 원리	25. 응축 표본 원리
2. 디자인 원리	14. 역량 체계 원리	26. 상향식 기능 학습 원리
3. 기호 원리	15. 조사 원리	27. 명시적 정보의 수요성 및 시의성 원리
4. 기호 영역 원리	16. 다중 경로 원리	28. 발견 원리
5. 기호 영역에 대한 메타적 사고 원리	17. 상황적 의미 원리	29. 전이 원리
6. 심리사회적 유예기 원리	18. 텍스트 원리	30. 세계에 관한 문화 모형 원리
7. 헌신적 학습 원리	19. 상호텍스트 원리	31. 학습에 관한 문화 모형 원리
8. 정체성 원리	20. 복합양식 원리	32. 기호 영역에 관한 문화 모형 원리
9. 자기 지식 원리	21. 물질 지능 원리	33. 분포 원리
10. 입력 증폭 원리	22. 직관적 지식 원리	34. 분산 원리
11. 성취 원리	23. 하위 집합 원리	35. 친교 집단 원리
12. 실천 원리	24. 점진성 원리	36. 내부자 원리

[그림1] 생성형 AI에 입력한 인간의 학습 원리 목록[4]

#1 인간은 이러한 원리를 이용해 학습해. 이 학습 원리 중에 너는 어떤 원리를 적용하여 학습하니?
#2 그렇다면 네가 학습할 때 어떤 것을 적용하고 어떤 것을 적용하지 못하는지 그 이유를 예시
   를 들어 설명해 줘.

실험에 적용한 생성형 AI들은 공통적으로 자의식, 성찰, 문화, 정체성과 같은 인간 고유의 경험이 자신들의 학습에는 적용되지 못한다고 대답했다[그림2]. 특히 구글 제미나이의 대답은 꽤나 진솔하고 똑 부러지게 들린다. 제미나이는 '데이터와 지식의 구조에 관한 원리' '학습 과정 및 능력 발현에 관한 원리'는 적용할 수 있지만, '정체성 및 동기 부여 관련 원리'나 '심리사회적 유예기 및 성취 원리', 그리고 '친교 집단 및 내부자 원리'는 적용할 수 없다고 밝힌다. 다시 말하면 절차적으로 구조화된 방식으로 정보와 지식을 다루는 문제나 그것을 처리하는 과정에 대한 학습, 그리고 학습 수행 능력을 심화시키는 과제에서는 인공지능이 탁월하지만(기계학습, 심층학습, 신경망이론 등), 인간의 의식, 경험, 관계, 정서, 문화, 정체성 등에 관련된 심리사회적,

AI 응답		ChatGPT(무료)
적용	그렇다 (이유)	• **능동적 비판적 학습 원리(1)** — 끊임없이 새로운 정보를 받아들일 수 있고, 주어진 질문이나 문제에 대해 비판적으로 분석하고 대답할 수 있음. • **역량 체계 원리(14)** — 사용자의 요구나 질문에 맞춰 점진적으로 적응하고, 점점 더 도전적인 문제를 해결하려고 함. • **다중 경로 원리(16)** — 사용자의 질문에 대해 다양한 답변을 제공할 수 있음. 여러 가지 방법을 모색하고, 다양한 관점에서 문제를 해결할 수 있도록 설계되어 있음.
	아니다 (이유)	• **심리사회적 유예기 원리(6)** — 인간처럼 실제 사회적 환경이나 심리적 안전망을 갖추지 않아 학습 공간에서 '위험을 감수'하거나 '실수에 대해 두려워하지 않는다'는 개념이 적용되지 않음. • **헌신적 학습 원리(7)** — 감정이나 개인적인 정체성을 갖고 있지 않아 '헌신'하는 대상이나 '열정'을 가지는 개념이 존재하지 않음. • **자기 지식 원리(9)** — 스스로 '자기 자신'을 인식하거나 '자기 상태'에 대해 학습하는 방식은 없음.

AI 응답		ChatGPT(유료)
적용	그렇다 (이유)	• **입력 증폭 원리(10)** — 방대한 데이터를 기반으로 작은 질문에서도 큰 출력(풍부한 설명, 요약, 번역 등)을 만들어내도록 설계됨. • **실천 원리(12)** — 대화 과정에서 사용자의 피드백에 맞춰 출력을 수정, 적응할 수 있음. • **조사 원리(15)** — 답변을 생성할 때, 추론 경로를 탐색하고, 가설처럼 답변을 구성. • **분포 원리(33) & 분산 원리(34)** — 수많은 데이터셋(논문, 책, 웹, 코드 등)에 분산됨. 또 사용자와의 상호작용을 통해 지식이 확장됨. • **능동적, 비판적 학습 원리(1)** — 언어 패턴을 비판적으로 분석하여 답변을 생성함.
	아니다 (이유)	• **헌신적 학습 원리(7) & 정체성 원리(8)** — '정체성'을 실제로 가지고 있지 않음. • **문화 모형 원리(30, 31, 32)** — 개인적·사회적 문화 배경을 경험하거나, 특정 문화 모형을 "내 것"으로 내면화하지 못함. • **심리사회적 유예기 원리(6)** — 실제 위험을 감수하거나, 실패를 경험하고 극복하는 과정을 겪지 않음. • **자기 지식 원리(9)** — 자기 자신에 대해 성찰하거나, "내가 무엇을 모르는지"를 자각하는 주체적 의식이 없음. • **발견 원리(28)** — 이미 학습된 패턴을 활용할 뿐 새로운 지식을 '스스로' 실험·발견하지는 못함.

AI 응답		Gemini(대학생 무료)
적용	그렇다 (이유)	• **기호 원리(3, 4, 5) & 상황적 의미 원리(17)** — 단어(기호)와 그 단어가 사용된 맥락(상황) 사이의 통계적 관계를 학습. • **상향식 기능 학습 원리(26)** — 기초 기능을 명시적으로 배우지 않고, 수많은 예시 속에서 자연스럽게 패턴을 익힘. • **전이 원리(29)** — 한 분야에서 학습한 지식의 '구조'나 '패턴'을 다른 분야에 적용(전이)할 수 있음.
	아니다 (이유)	• **헌신적 학습 및 원리(7, 8)** — 자아나 목표 의식이 없으므로, 무언가에 헌신하거나 정체성을 형성할 수 없음. • **심리사회적 유예기 및 성취 원리(6, 11)** — 실패를 두려워하거나 성공에서 보람을 느끼는 감정이 없음. • **친교 집단 및 내부자 원리(35, 36)** — 사회적 존재가 아니므로, 공동체에 소속되어 함께 배우거나 생산자로서 학습 환경을 바꾸지 못함.

[그림2] 생성형 AI가 대답한 학습의 원리와 적용

사회정서적, 사회문화적인 원리들은 적용할 수 없음을 분명히 한다.

우리의 실험쥐 AI들이 자기를 성찰할 수 있기에 이런 대답을 내놓았다고 볼 수는 없다. 추론컨대 이들은 관련 언어와 개념들을 가지고 데이터 기반 예측을 통해(즉, 많은 사람들이 인공지능은 의식성, 사회적 관계, 문화적 맥락, 정서적 경험을 통해서 학습할 수 없다고 주장하고 있기 때문에) 반응했거나, 혹은 이들 모형이 자체적으로 장착하고 있는 일종의 사전 검열 알고리즘에 따라서 이런 대답을 제시했을 수도 있다(자신들이 무엇을 하지 못한다고 말해야만 하는지에 대하여). 그럼에도 우리의 AI들이 내놓은 대답은 인공지능의 학습(읽고 쓰는 일과 문해력)이 인간의 학습과 어떤 점에서 같고 다른지 추론할 수 있는 흥미로운 단서를 제공한다. 인간 학습은 경험에 기반하지만 인공지능 학습은 정보에 기반하며, 인간에게 학습 결과가 경험의 확장이라면 인공지능에게는 정보의 확장일 것이다.

경험 학습 문해력과 정보처리 문해력

문해력을 정의할 때 중요하게 염두에 두어야 할 점은 읽기와 쓰기에서 기호, 의미, 세상이 서로 분리되지 않는다는 것이다. 이들은 각각 개념적으로 구별되며 각기 제 기능과 역할을 갖고 있지만, 결국에는 인간이 글을 읽고 쓰는 동안 다양한 출처에서 출발하여 하나로 모여 통합된다. 인간은 메타적 수준에서 기호를 기호로, 의미를 의미로, 세상을 세상으로 '경험'하고 '학습'한다. 인간의 경험은 글을 읽고 쓰면서 다루는 기호, 의미, 세상이라는 서로 다른 앎의 출처를 연결시키는 실험실이자 현장이다. 따라서 인간의 문해력은 경험의 산물이면서 동시에 삶의 경험을 풍요롭게 만드는 실천 역량이다.

반면에 인공지능은 기호, 의미, 세상을 다루기는 하지만, 그 방식은 하나의 출처에 기댄 일원적 정보처리와 확률적 예측이다. 이는 인간이 기호, 의미, 세상을 다루는 방식과는 다르며, 인공지능의 문해력이 가져오는 결과는 가공할 수준의 정보처리 수행력인 기계 자체의 알고리즘이라는 단일 연산 체계의 정교화에 기여할 뿐이다.

오늘날 생성형 AI 개발자들의 동기와 지향점이 기본적으로 '읽는 기계'를 창안하는 것이라는 점은 매우 흥미롭다. 사람처럼 사람의 말과 글을 읽고, 사람처럼 그에 어울리는 문답을 내놓는 기계는 컴퓨터 과학자, 기술 관료, IT 기업가 들이 보기에도 이상적이다. 기계 하나가 수많은 사람이 만들어낸 거의 모든 정보를 언어적, 시각적, 복합양식적으로 마음껏 처리한다는 것만으로도 경이롭다. 이렇게 인류 역사를 통틀어 사람이 아닌 최초로 글을 읽고 쓰는 존재가 된 AI와 함께 살아가야 하는 지금은, 새로운 가능성과 기회를 꿈꾸게 하면서도 전에 없던 낯선 도전과 위협 앞에서 우리를 고민하게 만든다.

2 의존이 아니라
공존이 필요하다

인간과 AI 사이에 읽고 쓰는 일의 본질이 다르더라도, 일상에서 늘 우리가 AI와 함께 읽고 쓰며 살아가고 있다는 현실은 바뀌지 않는다. 그렇다면 우리는 그들과 어떻게 읽고 쓰며, 어떻게 잘 읽고 써야 하는가?

인간-AI 융합 지능

혼자 글을 읽거나 인터넷으로 자료를 찾아 읽는 상황을 떠올려보자. 이때 우리는 독자로서 텍스트를 찾아 읽고 종합하여 새로운 지식과 이해를 도모한다. 여기서 유일한 읽기의 주체는 바로 우리 자신, 독자이다. 독자는 하나일 수도 있고 여럿일 수도 있지만, 글 읽기라는 심리사회적 행위를 주도하고 하나의 존재로서 학습과 이해를 도모하는 데 인간 독자 개개인이 가지는 역할과 책임은 막중하다. 이렇게 글을 읽는 과정에서 사회적 상호작용과 공동의 의미구성 경험을 갖지만, 추상적 기호로 이루어진 글을 새로운 의미로 전환하는 주체, 생각을 글로 또 글을 생각으로 전환하는 주체는 인간이다.

그런데 인공지능 환경에서는 글을 읽고 쓰는 일이 '기계와 나'의 협업에 가깝다. 나와 인공지능이 함께 읽고 쓰는 상황이 연출되는 것이다. 생성형 AI와 글을 읽는 과정에서 독자는 자신에게 필요한 정보를 AI라는 주체에게 요구하고, AI는 독자의 명령에 응답하는 텍스트를 생산한다. 독자는 AI가 생산한 텍스트를 읽으면서 애초에 자신에게 필요했던 것이 무엇이었는지(읽기의 목적)를 떠올려 비교하고, 필요하다면 AI에게 지금의 텍스트를 수정하도록 요구하거나 아예 새롭게 작성된 텍스트를 요청한다. 이처럼 인공지능 환경에서의 독자는 AI와 협업하면서 자신이 읽을 텍스트를 '상상'하고 그에 대한 '가설'을 설정하며, 이를 검증하기 위해 AI가 생산한 텍스트를 '조사'하고 '판단'한다[그림3].

오늘날 인간과 인공지능 중 무엇이 더 옳고 그르다거나 무엇이 더 낫거나 혹은 모자라다고 말하는 것은 부질없다. 이제 읽기라는 문해 활동은 인간 독자와 또 다른 독자인 인공지능 간의 협력적 과업 수행의 과정이자 '융합 지능'의 결과물이다.[5] 글 읽기는 이제 텍스트를 찾아 선택하고 이해하는 일을 넘어서, 독자 스스로 자신에게 필요한 텍스트를 상상하고 AI의 도움으로 그것을 제작하고 판단하는 과정을 포함한다. 이렇듯 독자가 AI와 협업하면서 자신의 글 읽기 목적에 부합하는 텍스트에 관한 '상상과 생성, 가설과 검증, 조사와 재조사'의 과정을 거쳐 점진적으로 자신의 이해를 발전시키는 역량은 인공지능 시대의 새로운 문해력처럼 보인다.

AI 의존과 인지적 떠넘기기

인공지능 환경에서 요구되는 문해력이 근본적으로 인간-AI 협업의 성격을 갖는다 하더라도, 실제로 사람들은 AI의 수행력에 상당한 정도로 의존하

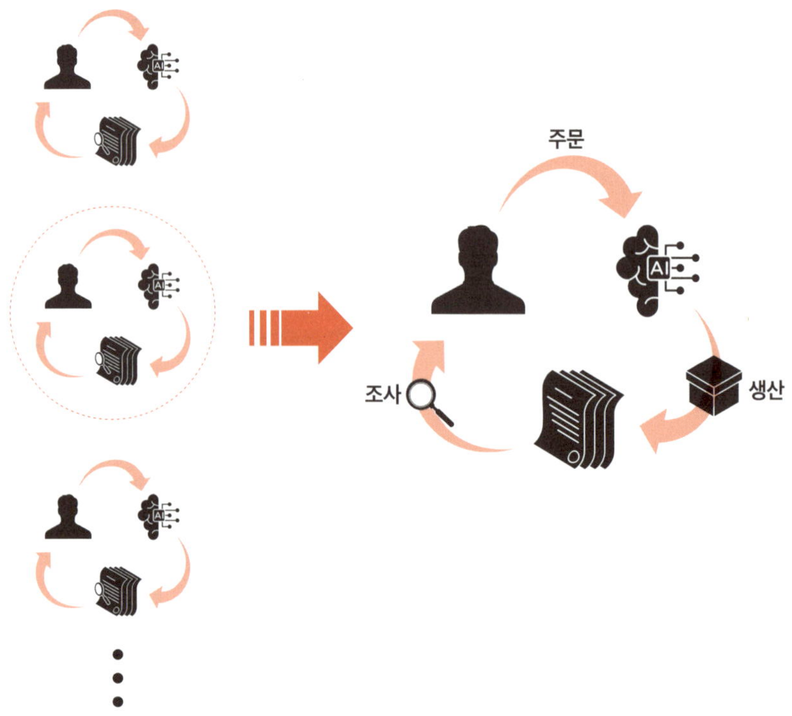

[그림3] 생성형 AI 환경에서의 읽기 과정

는 경향을 보인다. 영국의 국가 문해력 조사에 의하면 성인 5명중 1명은 아무런 의심이나 확인 없이 AI 산출물을 그대로 복사해 사용한다.[6] 이와 유사한 미국의 조사에 따르면 성인 2명 중 1명은 생성형 AI를 사용하면서 게을러진다는 느낌을 받고, 3명 중 1명은 AI가 주는 답에 과잉 의존한다고 한다.[7] 또 다른 조사에서 직장인들은 AI를 사용해 일을 하면서 사실 정보 확인, 능동적 이해, 적용, 분석, 종합, 평가 등 다양한 층위의 인지 과정에서 상당한 정도로 '인지적 게으름'을 경험한다고 대답했다.[8]

실제로 읽기 문해력에 미치는 AI의 잠재적 영향에 관한 연구들이 적지 않다. 읽기 능력이 부족한 대학생들은 챗봇과 대화했을 때 사실 정보 취득과 문면적 이해 측면에서 AI가 도움이 되지만, 읽기 능력이 좋은 대학생들에게는 오히려 챗봇과의 대화가 능동적 의미 구성을 방해하고 오류 정보로 인한 오독의 원인이 되기도 한다.[9] 또 다른 연구에서 대졸자 성인들이 글을 읽고 요약할 때, AI를 전적으로 사용한 집단은 AI를 제한적으로 사용한 집단에 비해서 두 배 가량 독해 정확도에서 손실을 보았다고 한다.[10]

독자들은 생성형 AI에 대한 높은 확신을 가질수록 비판적 사고의 수행 역량이 떨어지는 경향을 보였는데, 한 연구에서 사람들은 다음과 같이 반응하였다. "챗지피티가 전문적으로 글을 쓰게 만드는 건 정말 쉬운 일이라 굳이 비판적 사고가 필요하다고 생각해 본 적이 없어요." "AI는 언제나 양질의 믿을 만한 정보를 제공하지요." "답이 분명한 것들에 대해서는 챗지피티가 정말 훌륭해요."

이 연구 결과들은 사람들이 AI와 함께 일하고 배우고 협업하는 과정에서 자신이 해야 할 일들(텍스트의 기호를 읽고 의미를 구성하여 메시지를 이해하고 평가하는 일)을 '똑똑한' AI에게 간편하게 미루는 '인지적 떠넘기기'가 작동한다는 사실을 보여준다.[11]

텅 빈 글쓰기와 생각의 빚

미국 메사추세츠 공과대학 미디어 연구소(MIT Media Lab)의 과학자들은 인간이 생성형 AI와 함께 에세이처럼 비교적 긴 글을 쓸 때 인간의 두뇌에 어떤 일이 벌어지는지를 관찰했다.[12] 이 연구에서 성인 54명은 각각 18명씩 세 집단에 할당되었는데, 첫째 집단은 챗지피티로 에세이 쓰기(AI-쓰기), 둘째 집단은 구글 검색엔진을 사용하여 에세이 쓰기(검색-쓰기), 셋째 집단은 아무것도 없이 홀로 에세이 쓰기(홀로-쓰기)를 수행했다. 연구자들은 참여자들의 글쓰기 과정과 결과를 분석했고, 에세이 쓰기 중 뇌파 검사를 통해 '두뇌 연결성'도 측정했다. 과제가 끝난 후에는 참여자들을 대상으로 면담도 실시했다.

다양한 분석을 시도한 이 연구에서 문해력과 관련하여 두 가지 눈에 띄는 결과를 살펴보자. 첫째, 사후 면담 과정에서 검색-쓰기 집단과 홀로-쓰기 집단은 일부 참여자(각각 11.1퍼센트)만이 자신이 쓴 글의 내용을 기억하는 것에 어려움을 겪었지만, AI-쓰기 집단의 참여자 대다수(83.3퍼센트)는 자신이 쓴 글의 내용을 기억하는 데 실패했다. 나아가 참여자 반응의 정확도를 분석한 결과(자신이 쓴 글을 얼마나 '정확하게' 기억하는지), 홀로-쓰기 집단(11.1퍼센트 실패)과 검색-쓰기 집단(16.7퍼센트 실패)과는 확연하게 달리 AI-쓰기 집단의 참여자들 중 자신의 글을 정확하게 문장으로 기억하는 사람은 한 명도 없었다(100퍼센트 실패).

이 연구에서 자신이 쓴 글을 기억하는 데 집단 간 차이가 생기는 이유는 무엇이며, 왜 챗지피티로 글을 쓴 사람들은 자신의 에세이 내용을 정확하게 인용하는데 데 실패했을까? 답은 간단하다. 자신이 글을 쓰지 않았기 때문이다. 글쓰기의 핵심은 의미 구성이다. 그리고 이는 자신이 직접 수행해야 한다. 남이 구성한 의미를 내가 받아쓴 것은 나의 글이 아니다. 챗지피티 사용자들은 아마도 AI가 자신에게 필요한 글을 생산하도록 질문하고, 정교한 프롬프트를 작성하려고 노력했을 것이다. 챗지피티가 생산한 글을 읽으면서 새롭게 수정 요청을 했을 수도 있다. 하지만 정작 복잡한 정보를 정교한 언어로 표상함으로써 새로운 의미를 구성하는 일은 챗지피티의 몫이었을 가능성이 높다. 인공지능으로 인지적 떠넘기기가 벌어졌을 가능성이 높다.

반면에 구글 검색으로 글을 썼거나 홀로 글을 쓴 이들은 외부에서 찾은 정보 또는 자신이 가지고 있던 배경지식으로 훨씬 더 많이 자신의 생각을 '구성'하려고 노력했을 것이다. 이 과정에서 다양한 추론, 분석, 종합의 과정이 수반되었을 것이고, 쓰고 지우고 쓰고 지우는 일(글의 작성, 검토, 수정, 재수정의 회귀적 반복)들이 표현, 내용, 구조의 다층적 수준에서 복잡하게 일어났을 것이다. 다시 말해 이들이 글쓰기의 과정(내용을 생성하고 조직하여 추상적 문자 언어 체계로 표상하는 과정)에 '몰입'했음을 추론할 수 있다.

이러한 해석은 실험 참가자들의 뇌파 측정 결과를 보면 더욱 힘을 받는다. 글쓰기는 우리 두뇌의 여러 부분들이 연결되어야 가능한 복잡한 인지 과제다. 그런데 챗지피티 저자들은 검색엔진 저자나 나홀로 저자들에 비해서 두뇌 영역의 연결 빈도와 강도가 모두 떨어졌다. 특히 나 홀로 저자들의 두뇌 연결성은 다른 두 집단과 비교해 볼 때 눈에 띄게 활발하고 강했다.

간혹 혹은 자주 또는 늘, 우리는 글을 읽고 쓸 때 누군가 대신 읽고 써주기를 바란다. 대학교를 졸업하고 번듯한 일을 하며 다 큰 어른들도 그러니, 읽고 쓰는 일에 익숙하지 않은 아이들이 이렇게 느끼는 건 어떤 면에서 당연하다. 왜 그럴까? 글을 읽고 쓰는 일은 쉽지 않기 때문이다. 쉽지 않은 것은 그냥 되지 않는다. 그런 일에는 각별히 노력해야 하고 충분히 시간을 투자해야 한다. 그리고 직접 그렇게 어려운 일을 수행하는 일련의 과정 속에서 끈기를 갖고 몰입할 수 있어야 한다. 우리가 글을 읽고 쓰는 과정에 시간과 노력을 들여 직접 몰입하지 못하면, 기호와 의미와 세상을 다루는 문해력을 배워 내재화하기 어렵다.

우리는 상업화된 생성형 AI와 읽고 쓰면서 늘 놀란다. 길고 복잡한 글을 척척 읽어내고, 더 길고 더 복잡한 글을 전문가처럼 술술 써내는 기계 앞에서 우리는 편안함과 안도감도 느낀다. 하지만 그것은 결국 우리가 감당해야 할 빚이다. AI로 눈부시게 생산성을 올리고 현란한 산출물을 얻어내는 일이 각광을 받는 현실은 비즈니스와 산업 세계에서는 어울리지만, 교육 세계에서는 어울리지 않는다. 교육에서는 결과보다는 과정의 본질을 더욱 중요하게 봐야 한다. 지금 당장의 결과보다 지속성과 가치를 품는 일에 몸소 시간과 노력을 들이는 경험, 알차고 새로운 결과물을 직접 창안하는 보람된 몰입의 경험이 학습의 핵심이다.

AI가 생산한 글을 내가 쓴 글이라 착각하고, AI가 짜낸 요약문을 읽고 자신이 원문을 읽었다고 착각하는 상황이 비일비재한 요즘이다. 인공지능 시대의 문해력은 인간과 AI의 협업에 기반한 읽기와 쓰기이지만, 진정한 협업은 인간이 그러한 생성 과정의 중심에서 인간만이 할 수 있는 일(직접 의미 구성 과정에 몰입하는 일)에 게을러지지 않아야 가능하다. 인공지능 시대의 문해력 실천은, 이런 점에서 지금보다 높은 수준의 학습자 윤리와 책무성을 요청한다.

주도적 AI 문해력 학습의 세 가지 행동 준칙

인공지능과 함께 읽고 쓰는 과정은 반드시 '인간-AI-인간'의 순서를 따라야 한다. 이미 문해력이 완숙한 어른들과는 달리, 기본적인 삶의 바탕으로써 '학습에 대한 학습'을 꾸준히 경험하고 쌓아가야 하는 우리 아이들에게 이러한 행동 준칙은 특별히 중요하다. 학생이 시작해서, AI와 협업하고, 다시 학생이 판단하고 완성하는 주도적 학습의 과정이 전제되지 않는다면, 우리는 말로만 아이들에게 AI 시대를 이끌어갈 주도적 인간이 되라고 다그치는 셈이다.

이를 위해서는 과학적 연구 결과에 기반하면서도 따라하기 수월한 전략이 필요하다. 이에 교육자와 양육자는 우리 아이들이 AI와 읽고 쓸 때, 다음의 세 가지 전략을 사용하게 도와주자.

- 한발 먼저 생각하기(뇌를 먼저 예열하여 주도권 잡기) | AI에게 묻기 전에 종이에 떠오르는 핵심어, 질문, 생각 그물을 그려보자(먼저 생각) → 준비된 질문을 정리하여 던지되, AI의 답변을 그대로 수용하지 말고 비판적으로 검토하자(AI 대화) → AI의 답변 중 내 생각과 일치하는 부분과 충돌하는 부분을 구분하고, 나만의 생각으로 정립해 보자(다시 생각)

- 나의 말로 정리하기(정보의 '소화'와 '자기 구조화') | 복잡한 개념을 AI에게 요약하거나 설명해 달라고 요청해 보자(AI 읽기) → AI 텍스트를 읽

을 때, "이건 ~라는 뜻이군" 하며 자신의 말로 메모장에 요약, 정리하고 질문해 보자(메모하기) → 메모한 내용을 바탕으로 누군가에게 그 개념을 설명할 수 있는지 확인하고, 설명이 막히면 다시 한 번 주의 깊게 읽어보자(이해하기)

• 직접 쓰고 완성하기(창작의 고통도 보람도 내가 느끼기) | 초안은 투박하더라도, 문장이 유려하지 않아도, 알맹이를 살려 직접 작성해 보자(초안 쓰기) → 독자의 입장에서 초안에 대해 질문하도록 AI에게 요청해 보자(AI 묻기) → AI의 질문과 피드백을 참고하여 글을 다듬고 고쳐 최종 마침표를 찍어보자(완성하기)

적어도 배움에 관한 한, AI 사회와 AI 교실에서 우리가 질문해야 할 것은 언제 어떻게 AI를 사용할 것인가가 아니라, 오히려 언제 왜 AI를 사용하지 말아야 하는가일지 모른다. 적어도 우리 아이들이 주도적으로 읽고 쓰고 생각하고 배우는 사람으로 성장하기를 원할 때, 우리는 그들이 AI 앞에서 먼저 생각하고, AI 텍스트를 자신의 말로 소화하며, AI 환경에서 자신이 직접 글을 쓰고 완성할 수 있게 안내하고 촉진해야 한다. 그래서 그들에게 직접 생각하고, 이해하고, 만들어 성공한 경험을 만끽할 수 있도록 격려하고 칭찬해 주어야 한다.

3 교실의 문해력은
결국 교사로부터 시작된다

캐나다의 저명한 학습 연구자인 스카다말리아(Marlene Scardamalia)와
베라이터(Carl Bereiter)는 이미 1980년대에 어떻게 진정한 배움을 촉진하
는 컴퓨터 기반 학습 환경을 설계해야 할지에 대해 통찰했다.[13]

학습을 진단하고 목표를 설정하며, 학습을 계획하는 일을 담당하는 것은 컴퓨터가
아니라 바로 학생이어야 한다. 컴퓨터 환경은 학습을 안내하는 지식과 지능을 제공하
는 것이 아니라, 학생들이 자신의 지능과 지식을 최대한 활용할 수 있도록 돕는 환경과
도구를 제공해야 한다.

학습과학의 대가들이 제안하는 말에서, 우리는 오늘의 인공지능이 교실
에서 어떤 역할로 제한되어야 하는지, 그 제한 속에서 또한 어떻게 역동적이
어야 하는지 추론할 수 있다. 우리 교실에서 AI는 하나의 '지능적 주체'로 기

능하지만, 그것이 학생들의 지능을 대체할 수는 없다. 많은 이들이 주장하듯 AI가 진정한 학습의 동반자가 되려면, 먼저 AI가 우리 아이들이 배움을 계획, 수행, 성찰해 나가는 일련의 과정에서 더욱 잘 '생각하는' 사람이 될 수 있도록 조력자가 되어야 한다. 이때 조력의 핵심은 아이들의 질문에 일일이 답을 던져주는 것이 아니라, 아이들이 스스로 생각하고 문제를 해결하고 일을 완성할 수 있도록 도구와 자원, 질문과 지식을 나누는 것이다.

AI는 학생과의 상호작용에서 풍부한 정보를 적재적소에 쓸모 있는 방식으로 공유하는 보조자가 될 수는 있지만, 이 과정에서 진정한 '지능'의 원천인 학생의 존재가 결코 무시될 수 없다. 학생이 생각하지 않는 학습은 배움이 아니고, 학생이 없는 수업은 교육이 아니다.

사람을 잃지 않는 AI 교실

많은 이들이 경험하고 예측하듯이 우리 아이들은 이제 인공지능과 함께 읽고 쓰고 생각하고 배우며 살아가야 한다. 그리고 이런 상황은 단지 세상 밖에서만이 아니라 교실 안에서도 벌어진다. 세상의 환경이 바뀐다면, 교실도 바뀌는 세상을 따라가야 한다. 그러나 여기서 중요하게 지킬 것이 있다. 세상의 모든 경험이, 언제나 '교육적'이지는 않다는 것이다. 따라서 학교는 여전히 쓸모가 있다. 다만 학교가 그 사회적 쓸모를 확장하고 새롭게 하기 위해서는, 우리의 교실이 세상의 경험을 연결하고 활용하되 날것의 세상과는 다른 정제된 교육의 방향성과 전략, 도구와 자원이 융합된, 그야말로 '교육적인' 공간이어야 한다.

인공지능을 열쇳말로 한 일련의 교육 정책들은 본래의 취지와는 상관없이 교사와 학생의 상호작용에서 마치 AI가 주도적 학습 설계자로 개입해야 한다는 '당위'를 앞세우는 것처럼 보인다. 그러나 연구에 기초한 설계와 현장 실험, 엄밀한 효과성 분석, 정책 지속성의 예측과 이에 따른 교육 주체들

간의 공감 없이는 어떤 정책의 취지도 온전하게 실현하기 어렵다. 교육 정책의 설계와 실행 과정에서 기술 중심의 패러다임은 인간 중심의 패러다임으로 전환되어야 한다.

우리는 다시금 교사에 주목해야 한다. 교사는 학습자와 AI가 함께 배우는 과정에서 우리 아이들이 경험할 수 없는 것들을 경험할 수 있게 해주는 거의 유일한 교실 구성원이다. 교사는 학습의 방향과 목표를 안내하고, 학생들이 겪는 어려움과 도전에 대응하면서 최선의 과정을 밟아 의미 있는 성취를 거둘 수 있도록 현명한 코치, 공감하는 협력자로서 배움의 과정에 동행한다. 이를 위해 교사는 아이들의 배움에 앞서 한 걸음 먼저 그 여정을 걸어갈 수 있어야 한다. 우리 아이들이 현명한 독자, 저자, 소통자로서의 윤리와 태도를 지키며 즐겁게 읽고 쓰고 배우는 교실, 그런 교실의 혁신 주체는 AI가 아니라 바로 교사여야 한다.

세상의 어떤 선생님도 아이들 질문에 아무런 과정 없이 곧바로 정답을 던져주지는 않는다. 전문성을 갖춘 교사는 교실에서 가르치고 배우는 것들(지식, 기능과 전략, 과정, 도구, 자원, 절차, 결과 등의 수준과 깊이, 범위와 방향)의 본질을 결정하고, 학생들이 더 잘 배울 수 있도록 이를 '접근 가능한 언어'로 다시 보여준다. 좋은 교사는 배움의 '절차적 촉진'에 관심을 둔다. 마치 교사는 어머니와 아이의 교감과 같은 사회적 상호작용에 참여자가 되어 학생이 새로운 의미를 만들어낼 수 있도록 함께 배운다.[14] 우리 아이들은 이렇게 정련된 학습 경험으로 보다 복합적인 의미 구성 과정에 몰입하게 된다.

이것이 바로 교사 전문성의 핵심이다. 우리는 인공지능 시대에 우리 아이들의 학습 경험을 변화시키는 교사, 우리 아이들이 인공지능과 단지 문답놀이 이상의 창의적이고 비판적인 학습에 주도적으로 몰입하게 도와주는 선생님이 되어야 한다. 문해력 교실에서 현명하게 판단하고 움직이는 선생님들은 오랜 기간의 공부와 경험으로 다음과 같은 기본적인 일들에 능숙하다.

- 학습 목적에 대해 지속적으로 주의를 환기시킨다.

- 지식이 부족한 상황에서 긍정적으로 대처하게 돕는다.

- 학습 과정을 돕는 피드백을 제공한다.

- 학습의 반복이 아니라 학습의 전략을 촉진한다.

- 다양한 방식으로 지식을 연결하고 조직하도록 지원한다.

- 기존 지식을 최대한 조사하고 활용하도록 권장한다.

- 학습 성찰을 통해 자신에게 맞는 학습 방식을 키울 기회를 제공한다.

- 맥락을 넘나드는 지식의 전이를 촉진한다.

- 상호(교사, 학생, AI) 간의 학습에 기여해야 할 책무성을 부여한다.

읽고 써야 하는 이유를 찾는 교실

우리 아이들이 주도성을 갖고 읽고 쓰면서 배우는 교실을 만들기는 정말 쉽지 않다. 무엇보다 교실에서 아이들이 읽고 쓰기 위해서는 그렇게 해야 할 '이유'가 마련되어야 한다. 아이들이 스스로 머리와 몸을 움직여 읽고 써야 할 이유가 없는 상황에서는, 부탁이나 강요가 가르치는 일을 대체할지 모른다. 학생들이 읽고 써야 할 이유를 찾지 못하거나 혹은 읽고 쓰는 일이 오히려 학업에 방해가 된다고 느끼는 상황을 극복해야 한다. 이런 상황은 지금과 같은 초경쟁 입시 환경에서는 더더욱 우리를 좌절하게 만든다. 그래도 우리는 상상해야 한다. 상상하지 않으면 우리가 원하는 '곳'에 갈 수 없다.

아이들이 읽고 써야 할 세세한 이유는 수업의 목적, 내용, 과제 등에 따라 달라진다. 다만 우리에게는 큰 그림이 필요하다. 아이들이 언제 읽고 써야 하며, 왜 그렇게 읽고 쓰는 것이 중요하고 어떻게 기꺼이 그런 마음이 드는지를 알아야 한다. 이를 위해 다음의 '4P 학습 맥락'을 살펴보자.

- 현상(Pheonomenon) | 실제 세상에서 벌어지는 일들. 세상은 눈에

보이거나 보이지 않을 수 있으며(미시적, 거시적 세계), 직접 지각하거나 과학적 예측 또는 예술적 상상을 통해 경험될 수 있다. 현상은 실제적 관찰의 대상으로 우리가 알고 배워야 할 내용의 체계적 혹은 은유적 학습의 틀과 동기가 생성되는 기반이다. 우리 아이들은 어떤 현상을 경험하고, 어떤 현상에 호기심을 가지며, 특히 어떤 중요한 현상을 세심하게 관찰할 수 있어야 하는가?

• 문제(Problem) | 즉각적으로는 설명하기 어려운 사건이나 상황. 삶의 과정에서 겪는 문제들은 대부분 비구조화되어 있기에 그것이 무엇이고 왜 그런 문제가 벌어지며 어떻게 그것을 설명하고 해결할 수 있을지 질문해야 한다. 질문하기는 앎을 시작하고 앎의 과정에 몰입해야 할 이유를 생성하는 행위이다. 그렇다면 우리 아이들에게는 무엇이 문제가 되고, 그래서 아이들이 어떤 문제에 주의를 기울여야 하고, 또 어떻게 그 문제를 매력적인 질문으로 만들어낼 수 있는가?

• 과업(Project) | 특정한 목적을 달성하기 위해 해야 할 일. 앎의 과정은 주어진 과정과 절차를 답습하는 것이 아니라, 복잡한 문제를 통해 생성된 질문에 대한 답을 구하기 위해 체계적이고 유연하게 '일'을 계획하고 수행하는 탐구의 과정이다. 성공적인 탐구를 위해서는 조사와 분석이라는 일의 수행, 참여와 몰입이라는 일의 태도, 평가와 대안 마련이라는 일의 성찰이 필요하다. 우리 아이들은 삶의 과정에서 어떤 탐구 과업을 경험했으며, 어떻게 교실에서 보다 체계적으로 탐구 과업을 수행할 수 있는가? 탐구 학습에서 일의 수행, 일의 태도, 일의 성찰 경험은 어떻게 습득될 수 있는가?

• 실천(Practice) | 몸을 통해서 맥락적으로 실현된 앎의 총체. 앎의 실

천은 지속성과 유연성, 맥락성과 비판성을 전제한다. 읽고 쓰고 배워 알게 된 것은 구체적인 맥락에서 심리적, 언어적, 상징적, 사회적, 문화적 행동으로 실천될 때 비로소 삶으로 구현된다. 행동이란 사회의 변화를 추구하며 공동체성에 기반해야 한다. 우리 아이들은 앎을 실천할 기회, 실천하며 알아가는 진정한 배움의 기회를 경험했는가? 아이들이 읽고 쓰는 일은 어떻게 실천이 될 수 있으며, 실천의 과정에서 어떻게 읽고 쓰는 일의 가치와 의미가 밝혀지는가?

이 '4P 학습 맥락'은 우리 아이들이 진심으로 읽고 써야 할 이유를 찾을 수 있는 상황을 만들어준다. 아이들이 읽고 쓰기 위해서는 그들이 심리적, 사회문화적, 정서적으로 참여하여 자신의 활동에 의미를 부여하고 몰입할 수 있는 구체적인 학습 맥락이 필요하다. 이렇게 체화된 문해력 수업에서 학습자는 삶의 '현상, 문제, 과업, 실천'의 맥락에서 스스로 읽고 써야 하는 이유와 목적을 발견하고, 소기의 성과를 얻기 위해 지혜와 노력을 투자한다. 학습자는 '관찰, 질문, 탐구, 행동'의 과정에 몰입함으로써 삶과 앎을 연결하면서 새로운 의미를 창안하고 소통할 수 있는 실질적인 문해력을 경험할 수 있다.

교사가 안내하는 학생 주도적 문해력 수업

OCED 교육위원회는 미래 교육에서 바라는 학생과 교사의 모습을 설정한다.[15] 미래 학생의 핵심어는 '웰빙'과 '주도성'이고, 미래 교사의 핵심어는 '웰빙'과 '변화'이다. 국제사회는 좋은 교육으로 우리 아이들이 행복을 추구하면서 주도적으로 배우는 사람이 되기를 원하고, 우리 선생님들이 행복한 가운데 새롭게 가르치는 사람이 되기를 바란다. 다시 말해 교육의 미래가 지향하는 학습자는 행복한 미래 사회의 변화 주체이고, 이렇게 우리 아이들이 성장할 수 있도록 교사는 행복한 미래 교육의 변화 주체가 되어야 한다.

인공지능 시대에 우리는 어떻게 아이들에게 문해력을 가르쳐야 할까? 한 가지 방법은 우리 아이들이 기꺼이 그리고 주도적으로 '읽고 쓰는 사람'이 되도록 돕는 것이며, 이 과정에서 선생님이 진심으로 아이들의 학습 경험을 변화시킬 수 있는 교육 환경을 만드는 것이다.

미래 교실에서 우리 아이들은 '다양한 텍스트를 읽고 쓰면서' 삶의 현상을 관찰하고, 그 이면의 문제를 발견하여 매력적인 질문으로 구성하고, 이러한 질문을 탐구하기 위해 체계적으로 과업을 계획하고 수행하며, 이로써 알게 된 것들은 구체적인 행동으로 옮겨 실천한다.

이러한 학습 맥락에서 학생들은 자신이 생성한, 그러나 탐구의 과정에서 끊임없이 다듬어야 하는 '질문(대문자 Qeustion)'을 위해, 다양한 수준의 '물음들(소문자 questions)'을 제기하면서 앎의 과정에 참여한다. 이 물음들은 내용 이해를 위한 물음에서 조건적이고 맥락적인 물음, 나아가 사회공감적인 것에 이르기까지 수준을 달리하며 정교해진다.

이때 학생들은 AI와 상호작용하면서 자신의 물음들을 생성, 성찰, 재구성하고 배움의 주도성(가령, 이 정도는 내가 충분히 할 수 있을 것 같다는 마음)을 경험한다. 교사는 학생들이 자신의 학습을 잘 이끌어가고 다양한 수준에서 그 방향성과 절차적 수행의 질, 질문과 배움의 폭과 깊이를 꾸준히 성찰하도록 스캐폴딩과 피드백으로 '학습의 축'을 조작하고 제어한다.

결국 이렇게 체화된 학습으로, 학생은 한 단계 증진된 문해력을 경험하고, 이전과는 달리 '조금 더 현명하게 읽고 쓸 수 있는 인간'으로 새로운 정체성을 형성해 간다.

지능에서 지성으로 건너가기

20세기 초 비네-사이먼 지능지수 검사(후에 스텐포드-비네 검사로 발전된 이른바 IQ 검사)가 개발되어 사용된 이래, 인류사에서 '지능'이라는 특정 단어에 사회, 정치, 경제적으로 이렇게 많은 사람들이 과몰입한 사례는 없다. 21세기의 서두는 그야말로 지능 담론의 시대라고 말해도 과언이 아니다. 불과 얼마 전까지만 해도 대세였던 '디지털 전환'이라는 말도 인공지능 앞에서는 조연으로 격하된 느낌이다.

사람들이 온통 지능을 말할 때, 사업가도 공학자도 정치가도 인공지능에 열을 올릴 때(그 중요성과 가치, 경제적 총생산 기여 효과와는 별개로), 우리에게 정작 필요한 것은 복잡한 세상을 읽고 쓰는 인간다운 '지성'이 아닐까? 지능, 즉 인텔리전스(Intelligence)는 배우는 능력 혹은 그런 능력을 갖춘 어떤 '것'이지만 지성, 즉 인텔렉츄얼리티(Intellectuality)는 지적인 힘과 태도로 배움이라는 행위에 방향성을 제공한다. 그리고 흥미롭게도, 케임브리지 온라인 사전에는 인텔렉츄얼리티의 유의어 목록 첫째 줄에 '리터러시(Literacy)'가 등재되어 있다.[16] 인간의 지성과 문해력은 떼려야 뗄 수 없고, 읽고 쓰는 일은 지능으로는 부족한 지성의 과업이다.

복잡하게 설계된 기계 지능에는 방향성이 없지만, 간단하지만 살아 움직이는 인간 지성에는 언제나 목적과 과정이 수반된다. 우리가 원하는 미래의 아이들 역시 단지 배울 능력을 소지한 '지능인'이 아니라, 정의로운 개인과 공동체를 위해 새롭게 배우고자 하는 의지와 실천 태도를 겸비한 '지성인'일 것이다. 그렇다면 인류 역사상 가장 번잡한 기술 시대의 한복판에서 우리의 교육은 새롭게 읽고 쓰는 사람, 지능의 시대를 가로지르는 지성인을 위해 대담하게 변화할 수 있을까?

학교의 지식이 삶의 지혜가 되어야 하듯, 학습의 지능도 배움의 지성이 되어야 한다. 문해력 교육은 인간 지성을 위한 것이어야 한다. 인공지능의 교육적 역할 역시 우리 아이들이 스스로 삶과 배움의 방향을 정하고 이끌어갈 수 있는 지성의 문해력을 갖춘 좋은 사람으로 성장하는 여정 안에서 발견되어야 한다.

1부 문해력의 가치를 살리는 질문들

1장 이 시대에 문해력이 왜 중요한가?

1 조병영, 이유림, 2022, 「대중매체는 어떻게 리터러시와 문해력을 말하는가?: 언어 네트워크 분석과 토픽모델링을 활용한 2011-22 언론 데이터 분석」, 제76회 국어교육학회 전국학술대회 자료집, 139-146.

2 김지은, 2022년 1월 13일자, "교육당국, 올해 교육회복에 9조 투입… 대학생 튜터링 신설", 《한겨레》
 https://www.hani.co.kr/arti/society/schooling/1027168.html

3 문해력, 2023년 1월 31일, 국립국어원 표준국어대사전.

4 1의 자료.

5 Skinner, B. F., 2014, *Verbal behavior*, Cambridge.

6 Rehman, I., Mahabadi, N., Sanvictores, T. & Rehman, C. I., 2025, *Classical conditioning*, In StatPearls, StatPearls Publishing.
 http://www.ncbi.nlm.nih.gov/books/NBK470326/

7 Shepard, L. A., 2000, The role of assessment in a learning culture, *Educational Researcher*, 29(7), 4-14.
 https://doi.org/10.3102/0013189X029007004 (Original work published 2000).

8 Chomsky, N., 2003, Review of verbal behavior by B. F. Skinner. In Munger, M. P., *The history of psychology: Fundamental questions* (pp. 408-429), Oxford University Press.

9 Simon, H. A., 1978, Information-processing theory of human problem solving. In Estes, W. K. (Ed.), *Handbook of learning & cognitive processes: V. Human information* (pp. 271-295), Lawrence Erlbaum.

10 Piaget, J., 1998, *Language and thought of the child: Selected works vol 5* (4th ed.), Routledge.
 https://doi.org/10.4324/9780203992739

Anderson, R. C. & Pearson, P. D., 1984, A schema-theoretic view of basic processes in readingcomprehension. In Pearson, P. D., Barr, R., Kamil, M. L. & Mosenthal, P. (Eds), *Handbook of reading research* (pp. 255-291), New York: Longman, Inc.

11 Lave, J. & Wenger, E., 1991, *Situated learning: Legitimate peripheral participation*, Cambridge University Press.

12 Cambridge, (n.d.), *Intelligence*, Cambridge Dictionary.

13 최인철, 2018, 『굿 라이프: 내 삶을 바꾸는 심리학의 지혜』, 21세기북스.

14 OECD, 2013, *OECD Skills outlook 2013: First results from the survey of adult skills*, OECD Publishing.
https://doi.org/10.1787/9789264204256-en

15 OECD, 2024, *Do adults have the skills they need to thrive in a changing world?: Survey of adult skills 2023*, OECD Publishing.
https://doi.org/10.1787/b263dc5d-en

16 최인찬, 이채윤, 류수경, 임혜정, 이선영, 유백산, 조병영, 2023, 「리터러시와 주관적 웰빙의 상호관계에 관한 체계적 문헌 연구—국내 연구를 중심으로」, 국어교육학연구, 58(1), 243-294.

17 이수현, 류기락, 반가운, 김지영, 류지은, 이정민, 유명환, 최현식, 2024, 「지난 10년간 한국인의 역량은 어떻게 변화했는가」, 한국직업능력연구원.

18 Currie, N. K., Wilkinson, K. & McGeown, S., 2025, Reading fiction and psychological well-being during older adulthood: Positive affect, connection and personal growth, *Reading Research Quarterly*, 60.
https://doi.org/10.1002/rrq.605

19 OECD, The OECD Learning Compass 2030.
https://www.oecd.org/en/data/tools/oecd-learning-compass-2030.html

20 Smart, D., Youssef, G. J., Sanson, A., Prior, M., Toumbourou, J. W., & Olsson, C. A., 2017, Consequences of childhood reading difficulties and behaviour problems for educational achievement and employment in early adulthood, *British Journal of Educational Psychology*, 87, 288-308.

21 [미국] 연방 법원, 문해력 교육에 대한 주 정부의 책임 인정, 2020년 5월 13일, 교육정책네트워크 정보센터
https://edpolicy.kedi.re.kr/frt/boardView.do?strCurMenuId=55&nTbBoardArticleSeq=826172

22 Dana, G., 2020, Detroit Students Have a Constitutional Right to Literacy, Court Rules, *The New York Times*, 7.
https://www.nytimes.com/2020/04/27/us/detroit-literacy-lawsuit-schools.html

23 *Children's Rights to Read*, International Literacy Association.
https://www.literacyworldwide.org/get-involved/childrens-rights-to-read/download-the-childrens-rights-to-read

24 UNESCO Institute for Statistics, 2025, *Literacy rate, adult total (% of people ages 15*

and above), World Bank Data.
https://data.worldbank.org/indicator/SE.ADT.LITR.ZS?end=2023&most_recent_year_desc=false&start=1970&view=chart
25 조병영, 2024, 「학교를 삶으로: 읽걷쓰 교육의 개념적 틀에 관한 기초 연구」, 인천광역시교육청.

2장 읽는 동안 머릿속에서 무슨 일이 일어나는가?

1 Turker, S., Fumagalli, B., Kuhnke, P. & Hartwigsen, G., 2025, The 'reading' brain: Meta-analytic insight into functional activation during reading in adults, *Neuroscience & Biobehavioral Reviews*, 173, 106166.
https://doi.org/10.1016/j.neubiorev.2025.106166

2 Cho, B. -Y., Salmeron, L., Lee, C. H., Lee, C. Y. & Kwon, D. (in press), Reading in onsline digital paces: Constructing meaning across complex comprehension activities, In J. Coiro (Eds.), *Handbook of research on digital literacies*, Routledge.
조병영, 2021, 『읽는 인간 리터러시를 경험하라』, 쌤앤파커스.

3 Afflerbach, P. P. & Pressley, M., 1995, *Verbal protocols of reading: The nature of constructively responsive reading*, Routledge.

4 Flavell, J. H., 1979, Metacognition and cognitive monitoring: A new area of cognitive-developmental inquiry, *American Psychologist*, 34, 906-911.
https://doi.org/10.1037/0003-066X.34.10.906

5 Garner, R., 1987, *Metacognition and reading comprehension*, Bloomsbury.

6 Cartwright, K. B. & Duke, N. K., 2019, The DRIVE model of reading: Making the complexity of reading accessible, *The Reading Teacher*, 73(1), 7-15.
https://doi.org/10.1002/trtr.1818

7 Hofer, B. K. & Pintrich, P. R., 1997, The development of epistemological theories: Beliefs about knowledge and knowing and their relation to learning, *Review of Educational Research*, 67(1), 88-140.
https://www.jstor.org/stable/1170620

8 Hofer, B. K., 2004, Epistemological understanding as a metacognitive process: Thinking aloud during online searching, *Educational Psychologist*, 39:1, 43-55.
https://doi.org/10.1207/s15326985ep3901_5

9 Cho, B.-Y., Woodward, L. & Li, D., 2018, Epistemic processing when adolescents read online: A verbal protocol analysis of more and less successful online readers, *Reading Research Quarterly*, 53(2), 197-221.
https://doi.org/10.1002/rrq.190

10 Snow, C., 2002, *Reading for understanding: Toward an R&D program in reading comprehension*, Rand Corporation.

11 National Assessment Governing Board, 2022, *Reading framework for the 2026 national assessment of educational progress.*
https://www.nagb.gov/content/dam/nagb/en/documents/publications/frameworks/reading/2026-reading-framework/naep-2026-reading-framework.pdf
12 Moll, L. C., Amanti, C., Neff, D. & Gonzalez, N., 1992, Funds of knowledge for teaching: Using a qualitative approach to connect homes and classrooms, *Theory Into Practice*, 31(2), 132-141.
https://doi.org/10.1080/00405849209543534

3장 읽고 싶다는 마음은 어떻게 생기는가?

1 UNESCO MGIEP. (n.d.), *Social Emotional Learning Skills Development | SEL | Training | Curriculum*, UNESCO.
2 Wigfield, A. & Guthrie, J. T., 1997, Relations of children's motivation for reading to the amount and breadth or their reading, *Journal of Educational Psychology*, 89(3), 420-432.
Kush, J. C., Watkins, M. W. & Brookhart, S. M., 2005, The temporal-interactive influence of reading achievement and reading attitude, *Educational Research and Evaluation*, 11(1), 29-44.
Martinez, R. S., Aricak, O. T. & Jewell, J., 2008, Influence of reading attitude on reading achievement: A test of the temporal-interaction model, *Psychology in Schools*, 45(10), 1010-1023.
3 Stanovich, K. E., 1986, Matthew effects in reading: Some consequences of individual differences in the acquisition of literacy, *Reading Research Quarterly*, 21(4), 360-407.
https://www.jstor.org/stable/747612

4장 아이들은 어떻게 문해자로 성장하는가?

1 Chall, J. S., 1983, *Stages of reading development*, New York, NY: McGraw-Hill.
2 Alexander, P. A., 2005, The path to competence: A lifespan developmental perspective on reading, *Journal of Literacy Research*, 37(4), 413-436.
https://doi.org/10.1207/s15548430jlr3704_1 (Original work published 2005)
3 Gutiérrez, K. D., 2008, Developing a sociocritical literacy in the third space, *Reading Research Quarterly*, 43(2), 148-164.
https://doi.org/10.1598/RRQ.43.2.3
4 Cope, B., & Kalantzis, M., 2000, *Multiliteracies: Literacy learning and the design of*

social futures, Routledge.

2부 한 사람도 놓치지 않는 교실을 위하여

5장 읽는 교실이라는 공동체

1 Slavin, R. E., 2002, Evidence-based education policies: Transforming educational practice and research, *Educational Researcher*, 31(7), 15-21.
  https://doi.org/10.3102/0013189X031007015 (Original work published 2002)

2 Simons, H., Kushner, S., Jones, K. & James, D., 2003, From evidence-based practice to practice-based evidence: the idea of situated generalisation, *Research Papers in Education*, 18(4), 347-364.
  https://doi.org/10.1080/0267152032000176855

3 Coburn, C. E., Penuel, W. R. & Geil, K. E., 2013, Research-practice partnerships: A strategy for leveraging research for educational improvement in school districts, William T. Grant Foundation, New York.

4 Brown, J. S., Collins, A. & Duguid, P., 1989, Situated cognition and the culture of learning, *Educational Researcher*, 18(1), 32-42.
  https://doi.org/10.3102/0013189X018001032 (Original work published 1989)

5 조병영, 신윤희, 강누리, 문준영, 오세민, 임채용, 2025, 「AI와 읽걷쓰 하기: 4P-기반 학습 역량 신장을 위한 학습 모형 및 사례집」, 인천광역시교육청.
  https://edubook.ice.go.kr/20250317_154222/

6장 성장하고 있다는 믿음이 필요하다

1 Dweck, C. S., 2006, *Mindset: The new psychology of success*, Random House.

2 Hattie, J. & Timperly, H., 2007, The power of feedback, *Review of Educational Resaerch*, 77(1), 81-112.
  https://doi.org/10.3102/003465430298487
  Wisniewski, B., Zierer, K. & Hattie, J., 2020, The power of feedback revisited: A meta-analyais of educational feedback research, *Frontiers in Psychology*, 10-2019.
  https://doi.org/10.3389/fpsyg.2019.03087

3 Wiliam, D., 2018, Feedback: At the heart of—but definitely not all of—formative assessment. In Lipnevich, A. A. & Smith, J. K. (Eds.), *The Cambridge handbook of instructional feedback* (pp. 3-28), Cambridge University Press.
  https://doi.org/10.1017/9781316832134.003

4 Pearson, P. D. & Gallagher, M. C., 1983, The instruction of reading comprehension,

Contemporary Educational Psychology, 8(3), 317–344.
https://doi.org/10.1016/0361-476X(83)90019-X

7장 청소년은 어쩌다가 읽기와 멀어졌을까

1 OECD, 2023, *PISA 2022 results (volume I): The state of learning and equity in education*, PISA, OECD Publishing.
https://doi.org/10.1787/53f23881-en

2 Sun, Y., Zhang J. & Scardamalia, M., 2010, Developing deep understanding and literacy while addressing a gender-based literacy gap, *Canadian Journal of Learning and Technology*, 36(1), 1-20.
https://doi.org/10.21432/T20P4D

3 Wilhelm, J. D. & Smith, M. W., 2014, Reading don't fix no chevys(yet!), *Journal of Adolescent and Adult Literacy*, 58(4), 273-276.
https://doi.org/10.1002/jaal.361

4 Schraw, G., Flowerday, T. & Reisetter, M. F., 1998, The role of choice in reader engagement, *Journal of Educational Psychology*, 90(4), 705-714.
https://doi.org/10.1037/0022-0663.90.4.705
Fraumeni-McBride, J. P., 2017, The effects of choice on reading engagement and comprehension for second- and third-grade students: An action research report, *Journal of Montessory Research*, 3(2), 19-38.

5 Guthrie, J. T., Wigfield, A. & Perencevich, K. C. (Eds.), 2004, *Motivating reading comprehension: Concept-oriented reading instruction*, Mahwah, NJ: Erlbaum.

6 Rainey, E., Kucan, L. & Cho, B.-Y., 2018, Engagiong middle school students in disciplinary literacy through culturally relevant historical inquiry, *Journal of Adolescent and Adult Literacy*, 63(1) 15-27.
https://doi.org/10.1002/jaal.940

8장 읽기는 더 이상 두렵지 않다

1 National Institute of Child Health and Human Development(NICHD), 2000, *Report of the national reading panel: Teaching children to read—An evidence-based assessment of the scientific research literature on reading and its implications for reading instruction*(NIH Publication No. 00-4769), U.S. Government Printing Office.
https://www.nichd.nih.gov/publications/pubs/nrp/smallbook

2 Turker, S., Fumakalli, B., Kuhnke, P. & Hartwigsen, G., 2025, The 'reading' brain: Meta-analytic insight into functional activation during reading in adults, *Neuroscience*

& *Biobehavioral Reviews*, 173, 106-166.

3 Wolf, M., 2008, *Proust and the squid: The story and science of the reading brain*, Harper Prennial.

4 Johnston, P. & Scanlon, D., 2021, An examination of dyslexia research and instruction with policy implications, *Literacy Research: Theory, Method, and Practice*, 70(1), 107-128.

5 Allington, R. L., 1983, The reading instruction provided readers of differing reading abilities, *The Elementary School Journal*, 83(5), 548-559.
https://doi.org/10.1086/461333
Allington, R. L., 2013, What really matters when working with struggling readers, *The Reading Teacher*, 66(7), 520-530.
https://doi.org/10.1002/TRTR.1154

9장 다양한 배경의 아이들과 읽고 쓰기

1 교육통계서비스 https://kess.kedi.re.kr

2 교육부, 2023, 〈2023년 다문화교육 지원계획〉.
https://www.moe.go.kr/boardCnts/viewRenew.do?boardID=316&lev=0&statusYN
=W&s=moe&m=030215&opType=N&boardSeq=94267
여성가족부, 2022, 〈2021년 전국 다문화가족 실태조사〉.
https://www.mogef.go.kr/mp/pcd/mp_pcd_s001d.do?mid=plc503&bbtSn=704929

3 Hill, N. E. & Craft, S. A., 2003, Parent-school involvement and school performance: Mediated pathways among socioeconomically comparable African American and Euro-American families, *Journal of Educational Psychology*, 96, 74-83.

4 Topor, D. R., Keane, S. P., Shelton, T. L., Calkins, S. D., 2010, Parent involvement and student academic performance: A multiple mediational analysis, *Journal of Prevention & Intervention in the Community*, 2010;38(3):183-97.
https://doi.org/10.1080/10852352.2010.486297

5 엄훈, 염은열, 김미혜, 박지희, 진영준, 2022, 『초기 문해력 교육』, 사회평론아카데미.

3부 효과적으로 문해력을 기르는 교실 활동

10장 유창하게 읽게 하자

1 Bigozzi, L., Tarchi, C., Vagnoli, L., Valente, E. & Pinto, G., 2017, Reading fluency as a predictor of school outcomes across grades 4-9, *Frontiers in Psychology*, 8, 1-9.
https://doi.org/10.3389/fpsyg.2017.00200

2 Rasinsky, T., 2012, Why reading fluency should be hot!, *The Reading Teacher*, 65(8), 516-522.
https://doi.org/10.1002/TRTR.01077

3 Rasinski, T., Rikli, A. & Johnston, S., 2009, Reading fluency: More than automaticity? more than a concern for the primary grades?, *Literacy Research and Instruction*, 48(4), 350-361.
https://www.tandfonline.com/doi/abs/10.1080/19388070802468715

11장 정교하고 풍부한 어휘를 익히게 하자

1 The Nation's Report Card, 2012, *Vocabulary results from the 2009 and 2011 NAEP reading assessments.*
https://www.nationsreportcard.gov/reading_2011/voc_summary.asp

2 Hart, B. & Risley, T. R., 1992, American parenting of language-learning children: Persisting differences in family-child interactions observed in natural home environments, *Developmental Psychology*, 28(6), 1096-1105.
https://doi.org/10.1037/0012-1649.28.6.1096
Fernald, A., Marchman, V. A. & Weisleder, A., 2013, SES differences in language processing skill and vocabulary are evident at 18 months, *Developmental Science*, 16:234-248.
https://doi.org/10.1111/desc.12019

3 Perfetti, C., 2007, Reading ability: Lexical quality to comprehension, *Scientific Studies of Reading*, 11(4), 357-383.
https://doi.org/10.1080/10888430701530730

12장 외우기 전에 이해하게 하자

1 Chambers, W. G., 1914, Edmund Burke Huey, *Journal of Educational Psychology*, 5(3), 165-167.
https://doi.org/10.1037/h0073090

2 Kintsch, W., 1988, The role of knowledge in discourse comprehension: A construction-integration model, *Psychological Review*, 95(2), 163-182.
https://doi.org/10.1037/0033-295X.95.2.163

3 Wiley, J. & Voss, J. F., 1999, Constructing arguments from multiple sources: Tasks that promote understanding and not just memory for text, *Journal of Educational Psychology*, 91(2), 301-311.
https://doi.org/10.1037/0022-0663.91.2.301

4 Van den Broek, P., Bohn-Gettler, C. M., Kendeou, P., Carlson, S. & White, M. J., 2011, When a reader meets a text: The role of standards of coherence in reading comprehension. In McCrudden, M. T., Magliano, J. P. & Schraw, G. (Eds.), *Text relevance and learning from text* (pp. 123-139), IAP Information Age Publishing.

5 이채윤, 2026, 「독자 응집성 기준에 관한 연구 – 이론적 구인 탐색 및 청소년 대상 측정도구 개발」, 한양대학교 박사학위 논문.

6 Snow, C., 2002, *Reading for understanding: Toward a research and development program in reading comprehension*, RAND Education.

13장 이해한 것을 내 것으로 만들도록 하자

1 Afflerbach, P. P., 2022, Teaching readers (not reading): *Moving beyond skills and strategies to reader-focused instruction*, Guilford Press.

2 Cho, B.-Y. & Afflerbach, P. P., 2017, An evolving perspective of constructively responsive reading comprehension strategies in multilayered digital text environments, In S. E. Israel (Ed.), *Handbook of research on reading comprehension*(2nd ed., pp. 109-134), The Guilford Press.

3 Pressley, M. & Afflerbach, P. P., 1995, *Verbal protocols of reading: The nature of constructively responsive reading*, Lawrence Erlbaum Associates, Inc.

4 Vaughn, S., Hughes, M. T., Schumm, J. S. & Klingner, J. K., 1998, A collaborative effort to enhance reading and writing instruction in inclusion classrooms, *Learning Disability Quarterly*, 21, 57-74.
Vaughn, S., Klingner, J. K., Swanson, E. A., Boardman, A. G., Roberts, G., Mohammed, S. S. & Stillman-Spisak, S., 2011, Efficacy of collaborative strategic reading with middle school students, *American Educational Research Journal*, 48(4). 938-964. https://doi.org/10.3102/0002831211410305

5 Beck, I. L., McKeown, M. G., Sandora, S., Kucan, L. & Worthy, J., 1996, Questioning the Author: A yearlong classroom implementation to engage students with text, *The Elementary School Journal*, 96(4), 385-414.
McKeown, M. G., Beck, I. L. & Worthy, J., 1993, Grappling with text ideas: Questioning the author, *The Reading Teacher*, 46(7), 560-566.

6 Palincsar, A. M. & Brown, A. L., 1984, Reciprocal teaching of comprehensionfostering and comprehension-monitoring activities, *Cognition and Instruction*, 1(2), 117-175.

7 Rosenshine, B. & Meister, C., 1994, Reciprocal teaching: A review of the research, *Review of Educational Research*, 64(4), 479-530.

8 Kucan, L. & Beck, I. L., 1997, Thinking aloud and reading comprehension research: Inquiry, instruction, and social interaction, *Review of Educational Research*, 67(3),

271-299.
https://doi.org/10.3102/00346543067003271
Oster, L., 2001, Using think-aloud for reading instruction, *The Reading Teacher*, 55(1), 64-69.

14장 여러 문서를 연결하는 힘을 길러주자

1 Cho, B.-Y., Woodward, L., & Kim, M.-Y., 2021, Engaging adolescents with multiple texts in literacy instruction. In Hinchman & Sheridan-Thomas (Eds.), *Best Practices in Adolescent Literacy*(3rd ed., 179-202), Guilford.

2 Cho, B.-Y., Woodward, L., Li, D. & Barlow, W., 2017, Examining adolescents' strategic processing during online reaidng with a question-generation task, *American Educational Research Journal*, 54(4), 691-724.

4부 교사의 평가가 아이들을 자라게 한다

17장 교실 기반의 문해력 평가

1 Afflerbach, P., 2024, *Understanding and using reading assessment: K-12 (4th ed.)*, Guilford Press.

2 Pellogrino, J. W., Chudowsky, N. & Glaser, R., 2001, *Knowing what students know: The science and design of educational assessment*, National Academy Press.

3 조병영, 2011, 「구인 타당도와 결과 타당도 이론이 독서 평가의 해석과 사용에 주는 함의」, 독서연구 25, 385-414.

4 1의 자료.

5 Afflerbach, P. P. & Cho, B.-Y., 2013, The classroom assessment of reading. In *Handbook of Reading Research*, Volume IV, Routledge.
https://doi.org/10.4324/9780203840412.ch21

18장 균형 잡힌 문해력 평가

1 Davis, A., 1998, *The limits of educational assessment*, Oxford: Blackwell.

2 Afflerbach, P. P. & Cho, B.-Y. & Crassas, M. & Kim, J.-Y., 2018, Best practices in reading assessment, *Best Practices in Literacy Instruction* (pp.309-333), Guilford.

19장 학습을 위한 문해력 평가

1 Black, P., Harrison, C., Lee, C., Marshall, B. & William, D., 2003, *Assessment for learning: Putting it into practice*, Open university Press.

2 박혜영, 이상하, 이명진, 이미영, 주현우, 백은진, 2021, 『평가를 활용한 초중등학생 글쓰기 능력 신장 방안 연구(Ⅱ)』, 한국교육과정평가원.

3 National Assessment Governing Board, 2022, *Reading framework for the 2026 national assessment of educational progress*.
https://www.nagb.gov/content/dam/nagb/en/documents/publications/frameworks/reading/2026-reading-framework/naep-2026-reading-framework.pdf

4 Raphael, T. E., 1986, Teaching question answer relationships, revisited, *The Reading Teacher*, 39(6), 516-522.
http://www.jstor.org/stable/20199149

5 Cazden, C. B., 2001, *Classroom discourse: The language of teaching and learning*(2nd ed.), Heinemann.

6 Afflerbach, P. P. & Meuwissen, K., 2006, Teaching and learning self-assessment strategies in middle school, In *Metacognition in literacy learning* (pp. 163-186), Routledge.

20장 마음가짐을 점검하는 문해력 평가

1 McKenna, M. C., Kear, D. J. & Ellsworth, R. A., 1995, Children's attitudes toward reading: A national survey, *Reading Research Quarterly*, 30(4), 934-956.
https://doi.org/10.2307/748205

2 Haidt, J., 2024, *The anxious generation: How the great rewiring of childhood is causing an epidemic of mental illness*, Penguin Press.

5부 AI 시대, 읽기는 어떻게 지성이 되는가

21장 뉴미디어 시대의 문해력

1 한국언론진흥재단, 2025, 〈2025 10대 청소년 미디어 이용 조사〉
https://www.kpf.or.kr/front/research/consumerDetail.do?miv_pageNo=&miv_pageSize=&total_cnt=&LISTOP=&mode=W&seq=600223

2 이세원, 2023년 12월 1일자, "10대 청소년, 하루 8시간 인터넷 사용… 평균 수면 시간과 비슷", 《연합뉴스》
https://www.yna.co.kr/view/AKR20221201085700005

3 청소년보호환경과, 2024, 〈2024년 청소년 미디어 이용습관 진단조사 결과 발표〉, 여성가족부.
https://www.mogef.go.kr/nw/enw/nw_enw_s001d.do?mid=mda700&bbtSn=712082

4 1의 자료.

5 앞의 자료.

6 Haidt, J., 2024, *The anxious generation: How the great rewiring of childhood is causing an epidemic of mental illness*, Penguin Press.

7 Stanford History Education Group.(n.d.), *Digital literacy curriculum in Chicago and Los Angeles schools*, Stanford University.
https://impact.stanford.edu/organization/stanford-history-education-group

8 Breakstone, J., Smith, M., Wineburg, S., Rapaport, A., Carle, J., Garland, M. & Saavedra, A., 2021, Students' civic online reasoning: A national portrait, *Educational Researcher*, 50(8), 505-515.
https://doi.org/10.3102/0013189X211017495 (Original work published 2021)

9 Kozyreva, A., Wineburg, S., Lewandowsky, S. & Hertwig, R., 2022, Critical ignoring as a core competence for digital citizens, *Current Directions in Psychological Science*, 32(1), 81-88.
https://doi.org/10.1177/09637214221121570 (Original work published 2023)

10 조병영, 2021, 『읽는 인간 리터러시를 경험하라』, 쌤앤파커스.

11 Higdon, N., 2020, *The anatomy of fake news a critical news literacy education*, University of California Press.

22장 인터넷 시대의 문해력

1 Cho, B.-Y. & Afflerbach, P. P., 2015, Reading on the internet: Realizing and constructing potential texts, *Journal of Adolescent & Adult Literacy*, 58(6), 504-517.
https://doi.org/10.1002/jaal.387

23장 복합양식 시대의 문해력

1 Kress, G., 2023, *Literacy in the new media age*, Routledge.

2 유선희, 2020년 12월 7일자, "'한겨레' 권범철 화백 '코로나의 역설' 시사만화대상", 《한겨레》
https://www.hani.co.kr/arti/culture/culture_general/973099.html

3 Kress, G. & Van Leeuwen, T., 2020, *Reading images: The grammar of visual design*, Routledge.

24장 탈진실 시대의 문해력

1 OECD, PISA 2018 Results Map.

https://www2.compareyourcountry.org/pisa

2 구본권, 2022년 2월 20일자, "정보홍수 아닌 정보결핍이 문제되는 요즘… 문해력 더 중요",
《한겨레》
https://www.hani.co.kr/arti/economy/it/1031801.html

25장 AI 시대의 문해력

1 김성우, 2024, 『인공지능은 나의 읽기-쓰기를 어떻게 바꿀까』, 유유.

2 Chomsky, N., 2023, Noam Chomsky: The false promise of CHATGPT, *The New York Times*.
https://www.nytimes.com/2023/03/08/opinion/noam-chomsky-chatgpt-ai.html

3 Borg, J. S., Sinnott-Armstrong, W. & Conitzer, V., 2024, *Moral AI and how we get there*, Penguin Books.

4 제임스 폴 지, 조병영 옮김, 2024, 『게임에서 배우는 학습 원리』, 사회평론아카데미.

5 Dellermann, D., Ebel, P., Söllner, M. & Leimeister, J., 2019, Hybrid intelligence, *Business & Information Systems Engineering*, 61, 637–643.
https://doi.org/10.1007/s12599-019-00595-2

6 Picton, I. & Clark, C., 2024, *Children and young people's use of generative AI to support literacy in 2024*, National Literacy Trust.

7 Rainie, L., 2025, *Close encounters of the AI kind: The increasingly human-like way people are engaging with language models*, Imagining the Digital Future Center.

8 Lee, H. P., Sarkar, A., Tankelevitch, L., Drosos, I., Rintel, S., Banks, R. & Wilson, N., 2025, The impact of generative AI on critical thinking: Self-reported reductions in cognitive effort and confidence effects from a survey of knowledge workers, In *Proceedings of the 2025 CHI conference on human factors in computing systems* (pp.1-22).

9 Etkin, H. K., Etkin, K. J., Carter, R. J. & Rolle, C. E., 2025, Differential effects of PT-based tools on comprehension of standardized passages, *Frontiers in Education*, 10, Article 1506752.
https://doi.org/10.3389/feduc.2025.1506752

10 Ju, Q., 2023, Experimental evidence on negative impact of generative AI on scientific learning outcomes, arXiv.
https://doi.org/10.48550/arXiv.2311.05629

11 Gerlich, M., 2025, AI tools in society: Impacts on cognitive offloading and the future of critical thinking, *Societies*, 15(1), 6.

12 Kosmyna, N. et al., 2025, Your brain on ChatGPT: Accumulation of cognitive debt when using an AI assistant for essay writing task, arXiv.
https://arxiv.org/abs/2506.08872

13 Scardamalia, M., Bereiter, C., McLearn, R. S., Swallow, J., Woodruff, E., 1989, Computer-supported intentional learning environments, *Journal of Educational Computing Research*, 5(1), 51-68.

14 Brown, A. L. & Palincsar, A. S., 1989, Guided, cooperative learning and individual knowledge acquisition. In Resnick, L. B. (Ed.), *Knowing, learning, and instruction: Essays in honor of Robert Glaser* (pp. 393-451), Lawrence Erlbaum Associates, Inc.

15 OECD, 2019, *OECD Future of education and skills 2030: learning compass 2030.*
https://www.oecd.org/content/dam/oecd/en/about/projects/edu/education-2040/1-1-learning-compass/OECD_Learning_Compass_2030_Concept_Note_Series.pdf
OCED, 2025, *Teaching compass: Reimagining teachers as agents of curriculum changes.*
https://www.oecd.org/content/dam/oecd/en/publications/reports/2025/05/oecd-teaching-compass_5688638f/8297a24a-en.pdf

16 https://dictionary.cambridge.org/us/thesaurus/intellectuality

읽는 교실

초판 1쇄 2026년 3월 16일
초판 2쇄 2026년 4월 30일

지은이 | 조병영
펴낸이 | 송영석

편집장 | 박신애 **기획편집** | 최예은 · 이나연 **디자인** | 박윤정 · 유보람
마케팅 | 김유종 · 한승민 **관리** | 송우석 · 전지연 · 채경민

펴낸곳 | (株)해냄출판사
등록번호 | 제10-229호
등록일자 | 1988년 5월 11일(설립일자 | 1983년 6월 24일)

04042 서울시 마포구 잔다리로 30 해냄빌딩 5 · 6층
대표전화 | 326-1600 **팩스** | 326-1624
홈페이지 | www.hainaim.com

ISBN 979-11-6714-142-2